Volker Ullrich

Deutschland 1923

Volker Ullrich

Deutschland 1923

Das Jahr am Abgrund

C.H.Beck

Mit 25 Abbildungen
3. Auflage. 2023

www.chbeck.de
Umschlaggestaltung: Rothfos & Gabler, Hamburg
Umschlagabbildung: Französischer Soldat im Ruhrgebiet, 1. 3. 1923

Satz: Janß GmbH, Pfungstadt
Druck und Bindung: Pustet, Regensburg
Gedruckt auf säurefreiem und alterungsbeständigem Papier
Printed in Germany
ISBN 978 3 406 79103 1

klimaneutral produziert
www.chbeck.de/nachhaltig

Inhalt

Vorwort

«Möge 1923 besser werden, als dies nach jeder Richtung schlimmste 1922. Amen!» Mit diesen Worten beendete Hedwig Pringsheim, die Schwiegermutter Thomas Manns, ihren Tagebucheintrag am Silvesterabend 1922.[1] Sie dürfte kaum geahnt haben, wie schlimm es tatsächlich kommen würde. 1923 wurde zur größten Bewährungsprobe der noch jungen Weimarer Republik. «Kein Volk der Welt hat erlebt, was dem deutschen ‹1923›-Erlebnis entspricht», erinnerte sich der Journalist Sebastian Haffner 1939 im englischen Exil.[2] Und der Schriftsteller Stefan Zweig schrieb in seiner ebenfalls im Exil verfassten Autobiographie «Die Welt von gestern», er glaube, Geschichte gründlich zu kennen, doch seines Wissens habe sie «nie eine ähnliche Tollhauszeit in solchen riesigen Proportionen produziert».[3]

Von dieser «Tollhauszeit» handelt dieses Buch. Es war ein Jahr, in dem die Geldentwertung schwindelerregende Ausmaße annahm, in dem faktisch ein Ausnahmezustand in Permanenz herrschte, das politische System dem Kollaps nahe war, rechte und linke Extremisten zum Sturm auf die Republik ansetzten und separatistische Bewegungen den Bestand des Reiches bedrohten. Hinzu kam massiver Druck von außen. Der Einmarsch französischer und belgischer Truppen ins Ruhrgebiet im Januar und die sich daran anschließenden Auseinandersetzungen wirkten in hohem Maße krisenverschärfend. Im Herbst 1923 stand das Land buchstäblich am Abgrund. Schon Zeitgenossen erschien es fast wie ein Wunder, dass die erste deutsche Demokratie diese existenzielle Gefährdung überlebte.

«The Great Disorder» – «Die große Unordnung» – hat der amerikanische Historiker Gerald D. Feldman seine voluminöse Darstellung des Inflationsjahrzehnts 1914 bis 1924 genannt.[4] Krieg, militärische Niederlage und Revolution hatten das scheinbar unerschütterliche monarchische System des Kaiserreichs hinweggefegt. Die neue, 1918/19 errichtete demokratische Ordnung kam aus dem nach-revolutionären Krisenmodus nicht heraus. Auch nach dem Abschluss des Friedensvertrages von Versailles und der Verabschiedung der Weimarer Reichsverfassung blieb die Lage prekär. Die alten wilhelminischen Eliten aus Großindustrie, Großlandwirtschaft, Militär und Bürokratie verharrten in Fundamentalopposition gegen das «System von Weimar». Umsturzversuche von rechts und links erschütterten das Land. Politische Morde, verübt von rechten Terroristen an Repräsentanten der Republik, waren an der Tagesordnung. «Die Sicherheit für politisch Missliebige ist gegenwärtig in Deutschland geringer als in den verrufensten südamerikanischen Republiken oder im Rom der Borgia», konstatierte der Diplomat und Kunstmäzen Harry Graf Kessler im Mai 1920.[5]

Ihren bizarren Höhepunkt erreichte die krisenhafte Entwicklung mit der Hyperinflation 1923. Ganz Deutschland schien wie von einem Fieberwahn erfasst. «Die Zeit ist allzusehr aus den Fugen», klagte der in Dresden lehrende Romanist jüdischer Herkunft Victor Klemperer Ende Mai 1923, und Anfang September notierte er: «Jeder fühlt etwas Bedrohlichstes in nächster Nähe, niemand weiß, was wird.»[6] Dass alles wankte, es keine Sicherheiten mehr gab und auf nichts mehr Verlass war – das war das Grundgefühl dieser Monate. Nicht nur verlor das Geld seinen Wert als Tauschmittel; im Wirbel der Inflation lösten sich auch die überkommenen Wertvorstellungen und Normen auf. Von einer «doppelten Entwertung» hat der Schriftsteller Elias Canetti zu Recht gesprochen.[7] Damit verbunden war ein fundamentaler Verlust des Vertrauens in die Funktionsfähigkeit der staatlichen Institutionen. Eine «Art Alltagsanarchismus», ein Kampf aller gegen alle war die Folge.[8]

Der Sturz ins Bodenlose, den Deutschland im Herbst 1923 erlebte, entzog sich jeder rationalen Erklärung. Er machte buchstäblich fassungslos. «Oft erscheint mir alles, was ich damals sah und erlebte, wie ein phantastischer Traum», erinnerte sich der Maler George Grosz, und er fügte hinzu: «Aber komisch: je höher die Preise stiegen, umso höher stieg die Lebenslust. Heißa, war das Leben schön!»[9] Das war die paradoxe Kehrseite jenes Elends, in das breite Bevölkerungsschichten durch den schlagartigen Verlust ihrer Ersparnisse gestürzt wurden. Eine unbändige Lust nach Zerstreuung, nach Räuschen aller Art griff um sich. Die Vergnügungsindustrie boomte wie nie zuvor. «Der Amüsierrummel erreichte Ausmaße, denen gegenüber die panisch enthemmten Gelage in den Pestjahren des Mittelalters wie schlichte Veranstaltungen gesitteter Gesangsvereine anmuteten», hat der DDR-Historiker Wolfgang Ruge pointiert geurteilt.[10]

Wer sich als Historiker mit dem Irrwitz dieser Zeit beschäftigt, sieht sich mit einem geradezu atemlosen Ablauf des Geschehens konfrontiert. Die sich überstürzenden Ereignisse und Entwicklungen folgten nicht einem zeitlichen Nacheinander, sondern liefen zum Teil parallel ab, überlagerten und verstärkten sich. Das hat Konsequenzen für die Darstellung. Die Geschichte des extremen Jahres 1923 sperrt sich gegen eine rein chronologische Erzählung. Aus Gründen der Übersichtlichkeit habe ich daher versucht, das verwickelte Knäuel der Krisenphänomene zu entwirren und die Fäden unter thematischen Gesichtspunkten neu zu ordnen. Daraus ergibt sich eine die Chronologie immer wieder durchbrechende Kapitelfolge.

Das erste Kapitel behandelt die Besetzung des Ruhrgebiets durch Franzosen und Belgier im Januar, mit der das Krisenjahr eröffnet wurde. Es schildert die ruinösen Folgen des von der deutschen Regierung proklamierten passiven Widerstands, die letztlich zum Sturz des Reichskanzlers Wilhelm Cuno im August führten.

Das zweite Kapitel geht den Ursachen von Inflation und Hyperinflation nach und ermittelt, wer davon profitierte und wer dabei auf der Strecke blieb. Im Mittelpunkt steht die Frage, wie die deutsche Gesellschaft die rasante Entwertung der Mark erlebte und wie sich dadurch der Alltag der Menschen veränderte.

Das dritte Kapitel beschäftigt sich mit der Bildung der Regierung der Großen Koalition unter Reichskanzler Gustav Stresemann und deren Versuchen, Wege aus der Krise zu finden. Dazu gehörten sowohl der Abbruch des passiven Widerstands im September als auch die Einleitung einer Währungsreform durch Gründung der «Rentenbank» Mitte Oktober.

Das vierte Kapitel berichtet von den Plänen der Moskauer Zentrale der Bolschewiki, das Chaos der Hyperinflation auszunutzen, um in Deutschland eine revolutionäre Situation herbeizuführen. Die Initialzündung sollte der Eintritt der KPD in die SPD-geführten Regierungen in Sachsen und Thüringen sein. Der «deutsche Oktober» fand nicht statt – ein Aufstand in Hamburg wurde rasch niedergeschlagen –, doch die Folgen der gescheiterten Aktion waren gravierend. Denn das scharfe Vorgehen der Reichswehr gegen Sachsen und Thüringen, das in deutlichem Kontrast stand zur Nachsicht gegenüber dem abtrünnigen Bayern, führte zum Ausscheiden der SPD aus der Regierung und damit zum Ende der Großen Koalition.

Das fünfte Kapitel lenkt den Blick auf die andere Seite des politischen Spektrums: auf die von der radikalen Rechten im Herbst 1923 verfolgten Pläne zur Etablierung einer «nationalen Diktatur», in deren Mittelpunkt der Chef der Reichswehr, General Hans von Seeckt, stand. In diesem Kontext wird auch noch einmal ausführlich auf Vorgeschichte, Verlauf und Wirkungen von Hitlers Putsch in München am 8./9. November eingegangen. Er war, so zeigt sich, kein isoliertes Unternehmen, sondern ordnet sich ein in die Bestrebungen von maßgeblichen Kreisen in Industrie, Reichswehr und auf der politischen Rechten, das parlamentarische System von Weimar zu Fall zu bringen und eine autoritäre Ordnung zu errichten.

Im sechsten Kapitel geht es um die von Frankreich unterstützten separatistischen Strömungen im Rheinland und in der Pfalz, die im Herbst 1923 in der Proklamation autonomer Republiken kulminierten. Auch wenn diesen nur eine kurze Lebensdauer beschieden war, galten sie doch als Symptom für die Auflösung staatlicher Autorität im Westen des Reiches.

Das siebte Kapitel steht im Zeichen der Stabilisierung, die mit dem «Wunder» der am 15. November eingeführten «Rentenmark» ihren signifikantesten Ausdruck fand. Unter Stresemanns Nachfolger, dem Zentrumspolitiker Wilhelm Marx, wurden die eingeleiteten Schritte zur Sanierung der Finanzen entschlossen fortgesetzt. Eine Tour d'horizon über Kommentare zum Jahresende macht deutlich, dass auch im Bewusstsein der Zeitgenossen das Gröbste überstanden war.

Das achte Kapitel fällt in gewisser Weise aus dem Rahmen des bislang skizzierten Krisentableaus. Denn im Unterschied zu den Zerfallserscheinungen in Wirtschaft, Gesellschaft und Politik zeichnete sich die Kultur von Weimar auch schon in den frühen zwanziger Jahren durch eine bemerkenswerte Blüte aus. Anhand von Beispielen aus Film, Theater, Literatur, bildender Kunst und Architektur wird gezeigt, zu welchen Leistungen avantgardistische Künstler und Kulturschaffende gerade in den schweren Zeiten der Inflation imstande waren, aber auch, mit welchen Widerständen aus kulturkonservativen Kreisen sie zu kämpfen hatten.

Das neunte und letzte Kapitel unternimmt einen Ausblick auf das Jahr 1924, das mit der Annahme des Dawes-Plans Ende August eine vorläufige einvernehmliche Regelung der Reparationsfrage brachte. Der Weg zur Entspannung auch in der Außenpolitik war damit frei, die Nachkriegszeit definitiv beendet. Vor allem ist hier von Interesse, inwieweit die innen- und außenpolitische Konsolidierung der Republik nachhaltig war – oder ob sich hinter der Fassade einer scheinbar gefestigten parlamentarischen Demokratie neues Unheil ankündigte.

In den Forschungen zur Geschichte der Weimarer Republik stand – angefangen von der bahnbrechenden Studie von Karl Dietrich Bracher (1955) bis hin zu den großen Gesamtdarstellungen von Hans Mommsen (1989) und Heinrich August Winkler (1993) – die Frage im Vordergrund, warum die erste deutsche Demokratie bereits nach vierzehn Jahren unterging, um der verbrecherischen Diktatur des Nationalsozialismus Platz zu machen.[11] Seit Ende der 1990er Jahre sind demgegenüber verstärkt Tendenzen zu beobachten, die Republik nicht von ihrem Ende, unter der Perspektive ihres Scheiterns, darzustellen und zu deuten. Statt die Epoche zwischen 1918 und 1933 auf die Rolle eines bloßen Vorspiels des «Dritten Reiches» zu reduzieren, sollte sie, so lautet die Forderung, in ihrem «Eigenrecht» betrachtet werden, und das heißt, dass neben den belastenden Faktoren verstärkt auch nach den zukunftsfähigen Elementen zu fragen sei.[12] Gerade unter dieser Perspektive stellt sich 1923 als ein Schlüsseljahr dar. Denn an ihm lassen sich sowohl das Ausmaß der Gefährdungen als auch die Chancen einer Stabilisierung ablesen. Dass sich die Weimarer Republik auch unter den extremen Belastungen dieses Jahres behauptete, ist in jedem Fall ein starkes Argument gegen die Annahme, sie sei von Anfang an zum Scheitern verurteilt gewesen.[13]

Die Exzesse der Inflationsperiode haben sich tief ins kollektive Gedächtnis der Nation eingebrannt. Die kalte Enteignung weiter Schichten der Bevölkerung – laut dem Urteil des linkssozialistischen Historikers Arthur Rosenberg «eine der größten Räubereien der Weltgeschichte»[14] – sorgte für eine ungeheure Verbitterung. Für viele Deutsche war die plötzliche Entwertung ihrer Vermögen und Ersparnisse eine traumatische Erfahrung, von der sie sich niemals ganz erholen sollten. Die Angst vor einer neuen Inflation wurde an die nachfolgenden Generationen weitergegeben. Sie ist in Deutschland bis heute viel virulenter als in anderen europäischen Ländern.[15] So erklärt sich auch, dass, als im Zuge der Corona-Pandemie die Preise stark anstiegen, sofort das Schreckgespenst der Hyperinflation von 1923 beschworen wurde. Man tut allerdings gut daran, die Unterschiede zwischen den heutigen wirtschaftlichen und politischen Verhältnissen und der damaligen singulären Konstellation nicht aus den Augen zu verlieren. Die vorliegende Darstellung soll auch dafür den Blick schärfen.

Dieses Buch musste unter den erschwerenden Bedingungen der Corona-Pandemie geschrieben werden. Meine ursprüngliche Absicht, umfangreiche Archivrecherchen vorzunehmen, wurde dadurch vereitelt. Allerdings konnte ich besonders für Kapitel 5 auf Archivalien zurückgreifen, die ich im Zusammenhang mit meiner Hitler-Biographie gesammelt hatte. Wichtig war es mir wiederum, die Zeitgenossen in Tagebüchern, Briefen und Erinnerungen ausführlich zu Worte kommen zu lassen. Darin spiegeln sich, so eindrücklich wie in keiner anderen Quelle, die alltäglichen Erlebnisse und Erfahrungen der Menschen in jenem Hexenkessel der großen Inflation vor hundert Jahren.

I.

Ruhrbesetzung und Ruhrkampf • • • •

Kurz nach der Besetzung des Ruhrgebiets am 11. Januar fährt ein französischer Panzerwagen durch die Straßen von Essen.

. . . .

Das Jahr 1923 begann mit einem Paukenschlag: Am 11. Januar marschierten französische und belgische Truppen ins Ruhrgebiet ein. Zur Begründung wurde angeführt, dass Deutschland bei den vereinbarten Sachlieferungen zum Wiederaufbau der im Ersten Weltkrieg zerstörten Gebiete in Frankreich und Belgien in Rückstand geraten war. Ganz überraschend kam die spektakuläre Aktion nicht. Bereits in den Jahren zuvor hatten die Siegermächte immer wieder mit Sanktionen gedroht für den Fall, dass die deutsche Regierung ihren Reparationsverpflichtungen nicht nachkommen würde.[1] Dabei war auch von einer Besetzung über die linksrheinischen Gebiete hinaus die Rede gewesen, die nach den Bestimmungen des Versailler Vertrages für fünfzehn Jahre entmilitarisiert bleiben sollten. Nachdem am 4. Januar eine Reparationskonferenz in Paris ergebnislos auseinandergegangen war, hatte sich die Situation rasch zugespitzt. «Die politische Lage ist jetzt wieder so, dass sie sogar stumpfe Nerven bedrückt: Franzosen-Einmarsch nach gescheiterter Reparations-Conferenz bevorstehend», notierte Victor Klemperer am 5. Januar in sein Tagebuch.[2]

. . . .

Seit Kriegsende hatte der Streit um die Reparationen die ohnehin schwierigen Beziehungen zwischen dem besiegten Reich und den Alliierten dauerhaft belastet. Bereits im Waffenstillstandsabkommen vom 11. November 1918 hatte Deutschland sich zur Abgabe von 5000 Lokomotiven, 150 000 Eisenbahnwagen und 5000 Lastkraftwagen verpflichten müssen. Im Versailler Vertrag, den die deutsche Delegation am 28. Juni 1919 im Spiegelsaal von Versailles hatte unterzeichnen müssen, wurde der Anspruch auf Wiedergutmachung begründet mit dem Artikel 231, der die alleinige Verantwortung des Kaiserreichs und seiner Verbündeten für den Kriegsausbruch festgestellt und sie für alle daraus resultierenden Verluste und Schäden haftbar gemacht hatte. Allerdings wurde die Höhe der Summe, die Deutschland aufbringen musste, noch offengehalten. Artikel 233 bestimmte die Einsetzung einer Kommission, die bis zum 1. Mai 1921 den Gesamtbetrag der Reparationen festlegen sollte. Bis dahin sollten 20 Milliarden Goldmark an Devisen und Sachwerten gezahlt werden.[3]

Die ungelöste Reparationsfrage blieb das beherrschende außenpolitische Problem der Nachkriegsära. Kompliziert wurde es dadurch, dass sich Frankreich, Belgien und auch England während des Krieges bei den Vereinigten Staaten von Amerika hoch verschuldet hatten. Solange die USA auf die vollständige Rückzahlung ihrer Kredite bestanden, musste ihren europäischen Partnern daran gelegen sein, von den Deutschen möglichst umfangreiche Reparationen zu bekommen.[4] Für die französische und belgische Regierung stellte sich diese Notwendigkeit umso dringlicher, als weite Gebiete von den deutschen Truppen bei ihren Rückzügen mutwillig zerstört worden waren – eine Tatsache, die ohne Wenn und Aber anzuerkennen sich alle deutschen Regierungen und weite Teile der deutschen Öffentlichkeit nach dem Krieg beharrlich weigerten. Als Harry Graf Kessler im August 1922 durch Nordfrankreich reiste, war er erschüttert über das Bild, das sich ihm vier Jahre nach Kriegsende immer noch bot: «Große unkultivierte Flächen, die von blühendem Unkraut überwachsen sind, und auch zwischen bestellten Feldern auffallend viele unbestellte. Zerschossene Häuser, eingestürzte Dächer, kleine Barackendörfer, neue Landhäuschen von trostloser Scheußlichkeit. St. Quentin ist nicht vollkommen zerstört, wie man gesagt hat, aber die Bahnhofstraße und viele Häuser sind noch immer, nach vier Jahren, Trümmerhaufen, und die Kathedrale thront fensterlos, unter einem Wellblechschutzdach als erhabene, weithin sichtbare Ruine über der zerschossenen Stadt. Chauny, Noyon sind im selben traurigen Zustand. Die Kathedrale von Noyon macht einen besonders erschütternden u(nd) großartigen Eindruck mit ihren beiden massigen, zerschossenen, von Gerüsten umgebenen Türmen.»[5]

Hinzu kam, dass in der französischen Regierung und Gesellschaft die Furcht vor einer deutschen Revanche allgegenwärtig war. Daraus erwuchs ein ausgeprägtes Sicherheitsbedürfnis, das sich durch die Besetzung der linksrheinischen Gebiete noch nicht hinreichend befriedigt sah. Die Reparationsfrage bot in den Augen französischer Politiker und Militärs einen geeigneten Hebel, um nicht nur ein Wiedererstarken Deutschlands zu verhindern, sondern sich auch Eingriffsmöglichkeiten offenzuhalten.

Die britische Regierung unter Premierminister David Lloyd George hingegen war angesichts wachsender Schwierigkeiten mit ihrem Empire an einer Stabilisierung der Verhältnisse in Mitteleuropa interessiert. Das hieß aber auch, dass Deutschland ökonomisch nicht so weit geschwächt werden durfte, dass dadurch die wirtschaftliche Erholung des europäischen Kontinents beeinträchtigt wurde. Aus diesem Grund war man in London eher geneigt, der deutschen Regierung in der Reparationsfrage entgegenzukommen, was wiederum zu Spannungen mit dem Hauptverbündeten Frankreich führen musste. Für die britische Politik der Nachkriegszeit stellte sich so die doppelte Aufgabe, es einerseits nicht auf einen Bruch der Entente ankommen, andererseits aber auch Frankreich nicht zu mächtig werden zu lassen.[6]

• • • • • • • •

In einer Serie von Konferenzen suchten sich die Alliierten auf eine gemeinsame Linie gegenüber Deutschland zu verständigen. Auf der Konferenz im belgischen Spa im Juli 1920 stand die Frage der Reparationszahlungen noch nicht auf der Tagesordnung. Vielmehr konzentrierten sich die Debatten auf die deutschen Kohlelieferungen. Am Ende gelang es Lloyd George, den Franzosen die Zustimmung zur Reduzierung der Forderung von 2,4 auf 2 Millionen Tonnen für zunächst 6 Monate abzuringen. Der Gegenwert sollte zum Inlandspreis auf das Reparationskonto gutgeschrieben werden. Es war das erste Abkommen nach dem Krieg, das nicht durch Diktat, sondern durch Verhandlungen mit den Deutschen zustande kam.[7]

Erst auf einer Konferenz des Obersten Rats der Alliierten in Paris Ende Januar 1921 verständigten sich Briten und Franzosen auf einen gemeinsamen Reparationsplan. Danach sollte Deutschland insgesamt 226 Milliarden Goldmark innerhalb von 42 Jahren zahlen, wobei die Jahresraten mit 2 Milliarden Goldmark beginnen und nach und nach auf 6 Milliarden Goldmark ansteigen sollten. Außerdem sollte jährlich ein Betrag im Wert von 12 % des deutschen Exports abgeführt werden.[8] Diese Forderung sorgte in der deutschen Öffentlichkeit für ein böses Erwachen. «42 Jahre unendliche Milliarden zu zahlen», hielt Victor Klemperer in seinem Tagebuch fest. «Es ist so

Kongo-artig, so bitter, so märchenhaft – wenn man an das denkt, was wir 1914 waren –, dass ich mich bemühe, erfolgreich bemühe, möglichst gar nicht daran zu denken.»[9] Reichspräsident Friedrich Ebert vertraute einem Brief an den ehemaligen preußischen Kriegsminister Walther Reinhardt von Anfang Februar 1921 an, es habe «Toren» gegeben, die geglaubt hätten, «das Schlimmste liege schon hinter uns»: «Umso niederschmetternder wirkten auf sie die letzten Ereignisse. Die Situation ist sehr ernst. Ob sich ein Ausweg findet, ist sehr zweifelhaft.»[10]

Auf der Londoner Konferenz von Anfang März 1921 wies Reichsaußenminister Walter Simons den Pariser Zahlungsplan als unannehmbar zurück, weil er die wirtschaftliche Leistungskraft Deutschlands bei weitem übersteige. Stattdessen präsentierte er einen Gegenvorschlag: Die Reichsregierung erklärte sich zu einer Zahlung von 50 Milliarden Goldmark bereit, von der allerdings noch einmal 20 Milliarden, die bereits als Sachlieferungen geleistet worden seien, abgezogen werden sollten. Dieses Angebot betrachteten wiederum die Alliierten als völlig unzureichend. Nachdem Berlin eine Frist für die Annahme des Reparationsplans hatte verstreichen lassen, machten sie ihre Sanktionsdrohung wahr und besetzten Düsseldorf, Duisburg und Ruhrort. Im gesamten besetzten Gebiet übernahm die Interalliierte Rheinlandkommission die Zollverwaltung.[11]

Ende April 1921 legte die alliierte Reparationskommission ihre Reparationsrechnung vor. Sie belief sich auf 132 Milliarden Goldmark – gegenüber den ursprünglich geforderten 226 Milliarden Goldmark bedeutete das eine erhebliche Reduzierung. Dennoch löste auch dieser Vorschlag in Deutschland Empörung aus. Von einer künftige Generationen belastenden «Schuldknechtschaft» war die Rede. Am 5. Mai 1921 bestellte Lloyd George den deutschen Botschafter in London ein und überreichte ihm ein Ultimatum: Blieben die Deutschen bei ihrer Verweigerungshaltung, kündigten die Alliierten für den 12. Mai die Besetzung des Ruhrgebiets an.

Der neue Zahlungsplan teilte die deutschen Verbindlichkeiten in drei Serien von Schuldverschreibungen (Bonds): Die «A»- und «B»-Bonds in Höhe von 50 Milliarden Goldmark sollten ab 1921 getilgt und verzinst werden. Die Bedienung der «C»-Bonds, die mit 82 Milliarden den größten Teil der Reparationen ausmachten, wurde auf eine unbestimmte Zukunft verschoben. Außerdem sollten 26 % des Wertes der deutschen Ausfuhr transferiert werden. Insgesamt ergaben sich daraus jährliche Zahlungen von rund

3 Milliarden Goldmark – zweifellos immer noch eine erhebliche Belastung, die aber gar nicht so weit von dem Angebot der Reichsregierung vom März entfernt lag und bei einer normalen Wirtschaftsentwicklung wohl auch hätte verkraftet werden können.[12]

• • • • • • • •

Bereits einen Tag vor Eintreffen des Londoner Ultimatums war die Regierung unter dem Zentrumspolitiker Konstantin Fehrenbach, der seit Juni 1920 einem bürgerlichen Minderheitskabinett aus Zentrum, Deutscher Demokratischer Partei (DDP) und Deutscher Volkspartei (DVP) vorgestanden hatte, zurückgetreten, nachdem der Versuch gescheitert war, die Vereinigten Staaten für eine Vermittlerrolle zu gewinnen. Reichspräsident Ebert ernannte den badischen Zentrumspolitiker Joseph Wirth, zuvor Finanzminister im Kabinett Fehrenbach, zum neuen Reichskanzler. Er bildete ein Kabinett aus Zentrum, DDP und SPD. Es handelte sich also um eine Neuauflage der Weimarer Koalition von 1919/20; allerdings besaß sie im Unterschied zu damals keine parlamentarische Mehrheit mehr. Dennoch konnte der Reichstag am 10. Mai 1921 die Annahme des Londoner Ultimatums beschließen, weil auch die USPD und einige Abgeordnete der DVP zustimmten. Die Regierung Wirth hatte ihre erste Kraftprobe bestanden.[13] «Die Annahme des Ultimatums bedeutet keine Niederlage», kommentierte der radikaldemokratische Journalist und Pazifist Carl von Ossietzky in der «Berliner Volkszeitung», «sie kann eine neue und bessere Ära eröffnen, wenn man endlich von der Politik des Sich-Treibenlassens, die seit Versailles leider vorherrschte, zu eigener Aktivität übergeht. Im vergangenen Jahr lebte man allzu gern von der faulen Hoffnung, sich schließlich doch um die eine oder andere der auferlegten Verpflichtungen drücken zu können, und die Handlung war allein auf der anderen Seite; man ließ sich stoßen und drängen, und die Faust peinlich im Rücken spürend protestierte man. Das war unwürdig, unwürdig eines großen Volkes, das immerhin genügend Köpfe aufweisen sollte, die imstande sind, die Konsequenzen eines verlorenen Krieges zu erfassen.»[14]

Eben darum war es Wirth zu tun. Er wollte seinen guten Willen demonstrieren, indem er äußerste Anstrengungen unternahm, um die Reparationsverpflichtungen zu erfüllen – dies allerdings mit dem Hintergedanken, gerade dadurch ihre Undurchführbarkeit unter Beweis zu stellen und sie in Verhandlungen mit den Alliierten auf ein für Deutschland akzeptables

Maß zurückzuführen. Sein Ziel sei nicht, erklärte der Reichskanzler im Reichstag, «Erfüllungspolitik um ihrer selbst willen zu treiben, sondern der Welt durch die Erfüllung im Rahmen des Möglichen den praktischen Nachweis zu erbringen, wo die Grenze des Erfüllbaren liegt und wo sie nicht überschritten werden kann».[15]

Mit dieser Strategie verfolgten Wirth und seine Mitstreiter noch eine weitere Absicht, nämlich die noch ausstehende Entscheidung über den Status Oberschlesiens zu Deutschlands Gunsten zu beeinflussen. Obwohl sich in einer Abstimmung im März 1921 eine deutliche Mehrheit für den Verbleib bei Deutschland ausgesprochen hatte, beschloss der Oberste Rat der Alliierten am 20. Oktober 1921, der Empfehlung des Völkerbunds zu folgen und Oberschlesien zu teilen. Rund 25 % des Gebiets mit fast dem gesamten Industrierevier fielen an Polen. Aus Enttäuschung über diese Entscheidung erklärte Wirth am 22. Oktober seinen Rücktritt, wurde aber von Ebert erneut mit der Regierungsbildung beauftragt. Die parlamentarische Basis seines zweiten Kabinetts war noch schmaler als die erste, weil sich die DDP diesmal verweigerte.[16]

Ein weiterer Umstand stellte Wirths «Erfüllungspolitik» vor scheinbar unüberwindliche Probleme: der rapide Kursverfall der Mark (auf dessen Ursachen im folgenden Kapitel eingegangen wird). Die Flucht ausländischen Kapitals setzte sich fort; Devisenüberschüsse für den Reparationstransfer zu erwirtschaften, erwies sich als immer schwieriger. Nur mit Mühe gelang es der deutschen Regierung, die erste Rate von 1 Milliarde Goldmark pünktlich zum 31. August 1921 zu überweisen. Aber es war absehbar, dass sich für die im Januar und Februar 1922 fälligen Raten die notwendigen Mittel nur schwer würden auftreiben lassen.[17]

Der Plan, eine große Anleihe auf den internationalen Devisenmärkten aufzunehmen, scheiterte angesichts des schwindenden Vertrauens in die deutsche Zahlungsfähigkeit. Und auch der Versuch, durch einen von der deutschen Industrie im Ausland aufzunehmenden Kredit zu einer gemeinsamen Lösung des Reparationsproblems beizutragen, schlug fehl, weil die der DVP nahestehende Schwerindustrie, allen voran Hugo Stinnes, eine solche Aktion mit unannehmbaren Forderungen, unter anderem die Privatisierung der Reichsbahn, verband. Im Dezember 1921 musste die Regierung Wirth um einen Zahlungsaufschub bitten.[18]

Auf einer Tagung des Obersten Alliierten Rates in Cannes im Januar 1922 wurde den Deutschen ein vorläufiges Moratorium für die Januar- und Februarrate in Aussicht gestellt unter der Auflage, einen Plan zur Sanierung des Staatshaushalts vorzulegen. Dem kam die deutsche Regierung nach. Doch die Antwortnote der Reparationskommission vom 21. März 1922 war wiederum eine Enttäuschung. Zwar wurde ein partieller Zahlungsaufschub für das Jahr 1922 gewährt – Deutschland sollte nur 720 Millionen Goldmark in bar und zusätzliche Sachlieferungen entrichten –, doch wurde das Zugeständnis mit weitreichenden Bedingungen verknüpft, unter anderem durchgreifende Maßnahmen gegen die Kapitalflucht, eine von der Reichsregierung unabhängige Stellung der Reichsbank und eine Kontrolle des Haushalts durch die Kommission. Diese Forderungen wies die deutsche Regierung in ihrer Antwortnote vom 7. April zurück.[19]

• • • • • • • •

Seit Jahresbeginn 1922 hatten sich die Aussichten auf ein einvernehmliches Reparationsabkommen weiter verschlechtert. Noch während der Konferenz in Cannes war der französische Ministerpräsident Aristide Briand zurückgetreten. In der nationalistisch erregten französischen Öffentlichkeit war ihm eine allzu nachgiebige Haltung gegen Deutschland vorgeworfen worden. Sein Nachfolger wurde Raymond Poincaré, der eine kompromisslose Linie in der Reparationsfrage vertrat. Poincaré hatte als Zehnjähriger 1870 den Einmarsch preußischer Truppen in seine Heimatstadt Bar-le-Duc im Département Meuse erlebt – eine Erfahrung, die seine Einstellung zu den Deutschen prägen sollte. Nach einer brillanten Karriere als Anwalt hatte er sich der Politik zugewandt und in mehreren Kabinetten der Dritten Republik den Posten eines Unterrichts- und Finanzministers bekleidet. Als Ministerpräsident und Außenminister hatte er vor 1914 eine wichtige Rolle bei der Festigung des Bündnisses zwischen Frankreich und dem Zarenreich gespielt. Im Januar 1913 zum Präsidenten der Republik gewählt, war er in der Julikrise 1914 nach St. Petersburg gereist und hatte der russischen Regierung im Konflikt mit Österreich-Ungarn und dem deutschen Kaiserreich den Rücken gestärkt. Während des Krieges war er von seinem Gegenspieler, Ministerpräsident Georges Clemenceau, an den Rand gedrängt worden. Dennoch war er es, der am 18. Januar 1919 die Friedenskonferenz in Paris mit einer großen Rede eröffnen durfte, in der er Deutschlands Kriegsschuld brandmarkte, die besonderen Opfer Frankreichs herausstrich und daraus das Recht auf umfassende Wiedergutmachung ableitete.[20]

Poincaré bestand auf einer buchstabengetreuen Erfüllung des Versailler Vertrages und der darin vorgesehenen Zwangsmaßnahmen. Er war der Auffassung, dass die deutsche Regierung die Währung bewusst verfallen ließ, um sich vor ihren Reparationsverpflichtungen zu drücken. Angesichts der vermeintlichen deutschen Zahlungsunwilligkeit entwickelte er die Idee der «produktiven Pfänder», das heißt, ein Zahlungsaufschub kam für ihn überhaupt nur in Frage, wenn Frankreich dafür umfassende Sicherheiten und Garantien erhielt. Dabei dachte er in erster Linie an einen Zugriff auf die Kohlevorkommen des Ruhrgebiets. Letztlich zielte der Plan darauf ab, den potenziell gefährlichen Nachbarn im Osten in seiner Wirtschaftskraft nachhaltig zu schwächen, um dadurch die Machtverhältnisse auf dem Kontinent dauerhaft zugunsten Frankreichs zu wenden.[21] Die Frage war allerdings, wie man jemals hohe Reparationszahlungen erzwingen wollte, wenn gleichzeitig die ökonomischen Möglichkeiten Deutschlands, sie zu leisten, radikal beschnitten wurden.

So stand denn auch die Konferenz in Genua, die auf Wunsch der britischen Regierung im April 1922 einberufen wurde, von vornherein unter einem ungünstigen Stern. An ihr nahmen die deutschen Delegierten – an ihrer Spitze Reichskanzler Wirth und der Industrielle Walther Rathenau, seit dem 31. Januar 1922 deutscher Außenminister – erstmals als gleichberechtigte Partner teil. In der Reparationsfrage wurden keine entscheidenden Fortschritte erzielt, weil Poincaré die französische Delegation unter Louis Barthou auf eine unnachgiebige Haltung festgelegt hatte. Das wichtigste Ereignis war nicht die Konferenz selbst, sondern das, was sich an ihrem Rand abspielte: Am 16. April unterzeichneten Rathenau und der russische Volkskommissar des Äußeren, Georgi W. Tschitscherin, im nahebei gelegenen Badeort Rapallo einen Vertrag. In ihm verzichteten die einstigen Kriegsgegner gegenseitig auf Reparationen und vereinbarten die Wiederaufnahme der diplomatischen Beziehungen sowie eine engere wirtschaftliche Zusammenarbeit.[22]

Unter den Westmächten löste der überraschende Vertragsabschluss erhebliche Irritationen aus. Der britische Premier Lloyd George, der mit großen Hoffnungen nach Genua gereist war, fühlte sich düpiert, und die französische Regierung sah sich in ihrem grundsätzlichen Misstrauen gegen

Deutschland bestätigt. In einer Rede in Bar-le-Duc am 24. April bezeichnete Poincaré den Rapallo-Vertrag als einen feindseligen Akt und schloss die Möglichkeit einer militärischen Intervention Frankreichs nicht aus, sollte Deutschland weiterhin seinen vertraglichen Verpflichtungen nicht nachkommen. Auf ein substanzielles Entgegenkommen in der Reparationsfrage konnte die Regierung Wirth kaum noch hoffen. Harry Graf Kessler, der als Beobachter an der Konferenz teilnahm, stellte enttäuscht fest, dass die für Rapallo Verantwortlichen «die kostbare u(nd) mühsam wieder zusammengeleimte Vase des europäischen Vertrauens fallen lassen und von Neuem zerschmissen» hätten.[23] Eben diese Wirkung hatte Reichspräsident Ebert befürchtet. Er war von Wirth über den bevorstehenden Vertrag mit Sowjetrussland nicht unterrichtet worden und erfuhr vom Abschluss erst aus der Presse. Das vergaß er dem Reichskanzler nicht. Seit Rapallo war ihr Verhältnis zerrüttet.[24]

• • • • • • • •

Unterdessen hatte die radikale Rechte in Deutschland eine wüste Kampagne gegen die «Erfüllungspolitiker» entfesselt. Zielscheibe war wegen seiner jüdischen Herkunft besonders Außenminister Rathenau. Seit Frühjahr 1922 steigerte sich die Hetze zur offenen Morddrohung. «Knallt ab den Walther Rathenau, die gottverdammte Judensau», lautete die Schlusszeile eines an völkisch-antisemitischen Stammtischen gern angestimmten Liedes.[25] Rathenau wusste um die Gefährdung. Die Belastung durch das Amt sei an sich schon auf die Dauer physisch kaum auszuhalten, klagte er in einem Gespräch mit Harry Graf Kessler. «Aber das Schlimmste sei doch die bösartige Gegnerschaft in Deutschland selbst. Jeden Tag bekomme er nicht bloß Drohbriefe, sondern auch ernstzunehmende Polizei-Anzeigen.»[26] Dennoch verzichtete Rathenau auf besondere Schutzmaßnahmen. Am 24. Juni 1922 wurde er auf dem Weg ins Auswärtige Amt von Mitgliedern der «Organisation Consul» ermordet – eines Geheimbunds, der auch schon für den Mord an dem Zentrumspolitiker und ehemaligen Finanzminister Matthias Erzberger am 26. August 1921 und das Blausäureattentat auf den ersten Ministerpräsidenten der Republik und Kasseler Oberbürgermeister, den SPD-Politiker Philipp Scheidemann, am 4. Juni 1922 verantwortlich war. «Mit grenzenloser Niedrigkeit, mit unergründlicher Gemeinheit ist Rathenau in den deutschnationalen und deutschvölkischen Versammlungen und in den

Außenminister Walther Rathenau auf dem Weg in den Reichstag. Am 24. Juni 1922 wurde der wegen seiner jüdischen Herkunft besonders verhasste Industrielle von Mitgliedern der rechtsradikalen «Organisation Consul» ermordet.

meisten Blättern dieser Richtungen verleumdet und beschmutzt worden», schrieb der Chefredakteur des liberalen «Berliner Tageblatts», Theodor Wolff, in einem Leitartikel, «und diese geistige Vorbereitung hat die Tat möglich, hat sie unvermeidlich gemacht.»[27]

Die unmittelbare Folge der Ermordung Rathenaus war ein beschleunigter Verfall der Mark. Die Reichsregierung war nicht mehr in der Lage, die im Moratorium vereinbarten Beträge zu zahlen und sah sich gezwungen, in zwei Noten vom 12. und 14. Juli 1922 um eine Befreiung von allen Zahlungen – die Sachleistungen ausgenommen – bis Ende 1924 zu bitten. Damit war Wirths «Erfüllungspolitik» an ein Ende gelangt. Poincaré glaubte seinem Ziel, «produktive Pfänder» einzufordern, näher gekommen zu sein. Zwar gewährten die Alliierten Ende August 1922 noch einmal einen Zahlungsaufschub von sechs Monaten, gleichzeitig aber erhöhte die französische Regierung ihren Druck auf Deutschland, eine Reform der öffentlichen Finanzen in Angriff zu nehmen, wobei die Drohung mit einer Besetzung des Ruhrgebiets im Hintergrund mitschwang.[28] Für einen nüchternen Beobachter wie den britischen Botschafter in Berlin, Edgar Vincent D'Abernon, stand zu diesem Zeitpunkt fest, dass Deutschland aufgrund seiner desaströsen Finanzlage Reparationen zu zahlen nicht mehr in der Lage war. Ehe nicht die Notenpresse zum Stillstand gebracht und die Währung stabilisiert worden sei, gebe es «keine feste Basis für irgendwelche Zahlungsversprechungen». In einer Unterredung mit Reichskanzler Wirth Ende August 1922 eröffnete ihm dieser, es sei zweifelhaft, ob Deutschland angesichts des «katastrophalen Sturzes der Mark» die Bevölkerung im kommenden Winter überhaupt noch mit genügend Lebensmitteln versorgen könne. «Brot komme vor Reparationen – er habe es bereits gesagt und halte daran fest.» Es müsse «ein vollkommenes Moratorium oder eine Atempause eingeräumt werden».[29]

In einer Note an die Reparationskonferenz vom 14. November 1922 bat die Regierung Wirth um ein Moratorium für alle Barzahlungen und Sachleistungen für drei bis vier Jahre sowie um eine Rückführung der im Londoner Ultimatum festgelegten Gesamtschuld auf ein für die deutsche Leistungsfähigkeit tragbares Maß. Als Sofortmaßnahme wurde eine großangelegte Stützungsaktion der Reichsbank angekündigt, um die Währung zu stabilisieren und den Haushalt ins Gleichgewicht zu bringen.[30]

• • • • • • • •

Diese Note war die letzte Amtshandlung Wirths. Noch am selben Tag trat er zurück, nachdem sein Versuch fehlgeschlagen war, die parlamentarische Basis seiner Regierung zu verbreitern. Im September 1922 hatte sich die SPD mit dem Rest der USPD zusammengeschlossen. (Die Mehrheit der USPD war nach der Spaltung der Partei im Oktober 1920 der Kommunistischen Partei beigetreten.) Das Ergebnis war ein entschiedener Ruck nach links. Für eine Zusammenarbeit mit der DVP, die unter Führung ihres Vorsitzenden Gustav Stresemann vor allem großindustrielle Interessen vertrat, war die «Vereinigte Sozialdemokratische Partei» vorerst nicht zu haben. Wirth aber hatte sein politisches Schicksal an die Bildung einer Großen Koalition gebunden, und Reichspräsident Ebert, bei dem der Stachel der Enttäuschung über die Rapallo-Politik tief saß, tat nichts, um den Reichskanzler zu halten.[31]

Zum Nachfolger Wirths ernannte Ebert am 22. November einen Mann der Wirtschaft, den Generaldirektor der Hamburger Großreederei Hapag

Wilhelm Cuno. Der 1876 im thüringischen Suhl geborene promovierte Jurist hatte im Weltkrieg die Reichsgetreidestelle geleitet und war Ende 1917 als Geheimer Oberregierungsrat aus dem Staatsdienst ausgeschieden, um einem Ruf des mächtigen Reeders Albert Ballin ins Direktorium der Hapag zu folgen. Nach dem Selbstmord Ballins Anfang November 1918 übernahm er die Leitung des Unternehmens und erwarb sich einige Meriten beim Wiederaufbau der deutschen Handelsflotte. Der erfolgreiche Manager gehörte keiner Partei an, stand aber der DVP nahe. Politisch war Cuno kein unbeschriebenes Blatt – er tauchte nicht «plötzlich wie Lohengrin mitten im politischen Betrieb auf», wie Botschafter D'Abernon meinte.[32] Mehrfach war er bereits als Minister gehandelt worden, und er hatte als Sachverständiger an der Konferenz von Genua teilgenommen. Damals hatte Rathenau, die Ambitionen des Wirtschaftsführers richtig einschätzend, sarkastisch bemerkt, Cuno sei «eine dicke Zigarre; man werde sie wegen ihrer schönen Bauchbinde doch einmal rauchen müssen».[33]

«Cuno baumlang, jünglinghaft, fast feminin, scheint ganz aus Grazie zu bestehen; blond bis zur Farblosigkeit», so charakterisierte ihn Harry Graf Kessler.[34] Seine Berufung zum Reichskanzler verdankte Cuno vor allem der Wertschätzung Eberts. Der Generaldirektor verfügte über gute Geschäftsbeziehungen zu den Vereinigten Staaten und Großbritannien. Von seinem Verhandlungsgeschick und seinem gewandten Auftreten versprach sich der Reichspräsident Fortschritte bei der Lösung der Reparationsfrage. Außerdem erschien ihm der parteilich nicht gebundene Wirtschaftsexperte besonders geeignet, innenpolitisch als ein Mann des Ausgleichs zu wirken und die der Republik reserviert bis feindlich gegenüberstehende deutsche Unternehmerschaft mit der neuen demokratischen Ordnung zu versöhnen.[35]

Auch Cuno scheiterte bei dem Versuch, eine Große Koalition unter Einschluss der DVP und der wiedervereinigten Sozialdemokratie zustande zu bringen. So bildete er, ein Novum in der jungen Geschichte der Republik, ein sogenanntes «Geschäftsministerium», dem außer ihm selbst vier parteilose Fachminister angehörten: der bisherige Gesandte in Kopenhagen Frederic von Rosenberg als Außenminister; der Oberbürgermeister von Essen Hans Luther als Ernährungs- und Landwirtschaftsminister; der frühere Generalquartiermeister Wilhelm Groener als Verkehrsminister – ein Amt, das er auch schon unter Fehrenbach und Wirth bekleidet hatte; der ehemalige Staatssekretär in der Reichskanzlei Heinrich Albert als Schatzminister. Die übrigen Ressorts verteilten sich auf die bürgerlichen Parteien. Der DVP gehörten Johann Becker als Wirtschaftsminister und Rudolf Heinze als Justizminister an. Das Zentrum stellte mit Andreas Hermes den Finanzminister und mit Heinrich Brauns den Arbeitsminister. Die DDP war mit dem bisherigen Wehrminister Otto Geßler und Innenminister Rudolf Oeser vertreten. Postminister wurde Karl Stingl von der Bayerischen Volkspartei (BVP). Das wichtige Amt des Staatssekretärs in der Reichskanzlei übertrug Cuno dem DDP-Politiker Eduard Hamm. Insgesamt handelte es sich bei diesem «Kabinett der Persönlichkeiten» um eine bürgerliche Minderheitsregierung, die ohne förmliche Koalitionsvereinbarung zustande gekommen war und auf Unterstützung oder zumindest Duldung der SPD oder der rechtskonservativen Deutschnationalen Volkspartei (DNVP) angewiesen war.[36]

In seiner Regierungserklärung vom 24. November 1922 stellte sich Cuno «ohne Einschränkung» auf den Boden der deutschen Note vom 14. November und richtete an die Reparationskommission die Bitte, dem darin enthaltenen Antrag auf einen drei- bis vierjährigen Zahlungsaufschub im Hinblick auf die schlechte wirtschaftliche und finanzielle Lage Deutschlands möglichst rasch stattzugeben.[37] Die Reaktion aus Paris kam prompt: Am 27. November ließ die französische Regierung über die Presse eine Erklärung verbreiten, in der sie die deutsche Bitte mit aller Schärfe zurückwies und nun offen die Besetzung von Zweidritteln des Ruhrgebiets, einschließlich Essens und Bochums, androhte.[38]

Im Grunde war die Entscheidung bereits gefallen. Poincaré und seine Ratgeber waren überzeugt, dass die Regierung Cuno – wie ihre Vorgänger – auf Zeit spielte und ebenso wenig gewillt war, die Reparationslasten zu tragen. Am 27. November beschloss der Ministerrat unter der Leitung des Präsidenten der Republik, Alexandre Millerand, die Besetzung des Ruhrgebiets.[39] Der neue britische Premierminister Andrew Bonar Law, der Ende Oktober 1922 Lloyd George abgelöst hatte, ließ bei einem Treffen mit Poincaré unmissverständlich durchblicken, dass er eine Ruhrbesetzung für verfehlt hielt, doch war er ebenso wenig wie sein Vorgänger bereit, der französischen Politik in den Arm zu fallen. In einem Gespräch mit Botschafter D'Abernon äußerte er am 15. Dezember die Hoffnung, nur ein «energisches Vorgehen» der Vereinigten Staaten könne Poincaré von seinem Vorhaben abbringen.[40]

Tatsächlich meldete sich am Ende des Jahres 1922 der amerikanische Außenminister Charles Hughes zu Wort: In einer Rede vor der amerikanischen Historikergesellschaft in New Haven erteilte er der französischen Sanktionspolitik eine Absage und regte die Einberufung einer unparteiischen internationalen Sachverständigenkommission an, welche die deutsche Leistungsfähigkeit überprüfen und danach die Reparationssumme bestimmen sollte. Doch auch diese Initiative stieß in Paris auf taube Ohren.[41] Die Eskalation nahm ihren Lauf. Man trete «jetzt in die schwierigste Periode der Reparationsfrage ein», ließ der deutsche Botschafter in Paris, Wilhelm Mayer, Harry Graf Kessler am 2. Januar 1923 wissen: «Frankreich könne die ungeheure Enttäuschung über die Reparationen nicht ohne Explosion hinnehmen.»[42]

• • • • • • • •

Poincaré benötigte nur noch einen Vorwand für die geplante Ruhrinvasion. Den lieferte die Reparationskommission: Nachdem sie bereits am 26. Dezember, gegen die Stimme des britischen Vertreters John Bradbury, Versäumnisse bei der Lieferung von Schnittholz und Telegrafenstangen festgestellt hatte, folgte am 9. Januar 1923, wiederum gegen das Votum Bradburys, eine Verurteilung Deutschlands wegen zu geringer Kohlelieferungen. Zwei Tage später begann die Besetzung.[43]

Laut offizieller Begründung, die Poincaré am 10. Januar dem deutschen Botschafter überreichte, handelte es sich bei dem Einmarsch nicht um eine militärische Operation. Vielmehr sollten die entsandten Truppen lediglich den Schutz einer Kommission aus französischen und belgischen Ingenieuren übernehmen. Dieser «Mission interallié de controle des usines et de mines» (Interalliierte Kommission zur Kontrolle der Fabriken und Kohlegruben – MICUM) sei die Aufgabe zugedacht, «die strikte Ausführung der auf die Reparationen bezüglichen Bestimmungen des Vertrages von Versailles sicherzustellen».[44] In Wirklichkeit trug die Invasion durchaus einen kriegerischen Charakter. Der Sonderkorrespondent des «Berliner Tageblatts» berichtete am Nachmittag des 11. Januar aus Essen: «Gegen 2 Uhr erfolgte der Einmarsch der Franzosen in die Stadt. Voran einige Radfahrer, ihnen folgend Infanterie und anschließend einige tausend Mann Kavallerie im Trab. Langsam ratterten drei schwere Panzerautos durch die Straßen, ihnen folgte Infanterie und Artillerie, auch Maschinengewehre sah man. Den Schluss bildeten mehrere Lastautos mit Mannschaften. Sämtliche öffentliche Gebäude und der Bahnhof wurden ebenso wie sämtliche Straßenkreuzungen durch Posten mit aufgepflanztem Bajonett besetzt.»[45]

Noch am selben Tag verhängte der Befehlshaber der französischen Besatzungstruppen, General Jean-Marie Joseph Degoutte, den Belagerungszustand.[46] Innerhalb weniger Tage besetzte das Militär auch Gelsenkirchen, Bochum, Recklinghausen, Hattingen, Dortmund und weitere Orte zwischen der Ruhr im Süden und der Lippe im Norden. Bis März 1923 wurden zwischen 70 000 und 100 000 Besatzungstruppen stationiert. Das relativ kleine belgische Kontingent von 8000 Mann unterstand dem Oberkommando Degouttes.[47]

• • • • • • • •

In der deutschen Öffentlichkeit schlugen die Wogen der Erregung hoch. «Der Rubikon ist überschritten», empörte sich die «Vossische Zeitung». Die Note, mit der das Vorgehen gerechtfertigt werde, verrate «deutlich die Unsicherheit einer Politik, die nicht vorwärts und nicht zurück kann». Poincaré mache «den Eindruck eines Mannes, der weiß, dass er und sein Land in die größte Dummheit hineinschliddert».[48] Ähnlich lautete der Kommentar des «Berliner Tageblatts»: Franzosen und Belgier hätten die Sprache der Diplomatie um eine neue Formel bereichert – «die militärische Besetzung in friedlicher Absicht». Mit einem Schlage zerreiße der Einmarsch «wie Spinnenweben alle juristischen Verkleidungen, durch die der Advokat an der Spitze Frankreichs den brutalen Gewaltakt zu verschleiern sucht».[49] Durch den Überfall sei «eine gänzlich veränderte politische Situation für Deutschland und Europa geschaffen» worden, konstatierte die «Deutsche Allgemeine Zeitung», das publizistische Sprachrohr des Ruhrindustriellen Hugo Stinnes, unter der Schlagzeile «Landgraf werde hart!». Nun gelte es, «die Nerven zusammenzureißen und ungebeugt zu Volk und Vaterland zu stehen». Die ganze Nation müsse sich vereinigen in der «heiligen Überzeugung, dass die gute Sache siegen wird».[50]

Tatsächlich löste die Okkupation des Ruhrgebiets zunächst eine starke Welle nationaler Solidarität aus. Manche Beobachter fühlten sich an den August 1914 erinnert, als zwischen den sich bislang heftig befehdenden Interessengruppen ein «Burgfrieden» geschlossen worden war. «Die Franzosen haben durch die Ruhrbesetzung (…) mehr für den Zusammenschluss aller Parteien und Klassen getan, als es sich durch andere Mittel hätte bewerkstelligen lassen», bemerkte der britische Botschafter D'Abernon. «Im Augenblick ist jeder Klassenhass der Arbeitnehmer gegen die Arbeitgeber durch die patriotische Welle hinweggeschwemmt worden. Das ganze Land scheint zu einer Einheit verschmolzen.»[51]

Charakteristisch für die antifranzösischen Emotionen, die in diesen Tagen hochkochten, war eine Rede, die der Historiker und Kriegsfreiwillige von 1914, Gerhard Ritter – damals Privatdozent in Heidelberg – anlässlich der Reichsgründungsfeier am 20. Januar 1923 hielt. Eigentlich, so begann er, sei ja niemandem zum Feiern zumute, um dann fortzufahren: «Nicht feiern – handeln möchten wir dürfen – den Säbel und das alte Kriegspistol von der Wand reißen, den Stahlhelm aufstülpen und das feige Diebesgesindel herauswerfen, das sich in unserem Hause herumtreibt.»[52]

In der bayerischen Festung Niederschönenfeld, wo er seit Oktober 1920 einsaß, notierte der Schriftsteller und Anarchist Erich Mühsam, der wegen Beteiligung an der Münchener Räterepublik zu 15 Jahren Festungshaft verurteilt worden war: «Ganz Deutschland treibt schon wieder im Strom nationalistischer Wallungen.»[53] Doch so einmütig war die Stimmung nicht. Es gab auch Zeitgenossen, die direkt abgestoßen waren vom hemmungslosen Chauvinismus, der an den antifranzösischen Furor aus den Zeiten der «Befreiungskriege» 1813 und der «Rheinkrise» von 1840 anknüpfte. «Die französische Besetzung des Ruhrgebiets macht, dass das patriotische Deutschland, wo es nur geht, seinen Hass austobt», beobachtete Thea Sternheim, die Frau des Dramatikers Carl Sternheim, bei einem Kinobesuch in Dresden. «In einem Film, der den Rhein in Vergangenheit und Gegenwart zeigt, werden unter donnerndem Applaus aufputschende und sentimentale Gesangseinlagen gebracht, eine Nymphe spricht zur Jugend gewendet den Prolog der Rache. Erscheint Blücher auf der Leinwand, rast der Saal vollends.»[54] Angewidert konstatierte auch der Dichter Rainer Maria Rilke, der seit Juli 1921 in einem Chateau im schweizerischen Wallis lebte, dass viele deutsche Zeitungen «sofort wieder in den Ton der Kriegsjahre verfallen» seien: «Ihr Papier verursacht schon ein hetzerisches Geräusch, wenn man's aufblättert.»[55]

Hin- und hergerissen zeigte sich Victor Klemperer. Als national empfindender deutscher Jude lehnte er das Ruhrabenteuer Poincarés ab; als Professor für Romanistik, der mit der französischen Sprache und Kultur eng verbunden war, betrachtete er das «Aufzüngeln der Revanchestimmung» mit gemischten Gefühlen: «Ich kann mir nicht vorstellen, wann u(nd) wie wir den Befreiungskrieg führen sollen (...) – die Ruhrsache u(nd) die ganze jetzige Lage ist zu grässlich.»[56]

Ähnlich empfand es der in München lebende Schriftsteller Thomas Mann. Die Franzosen schienen «es sich in den Kopf gesetzt zu haben, jedem das Konzept zu verderben, der in Deutschland zum Guten redet», schrieb er an seinen Bruder, den Schriftsteller Heinrich Mann, Mitte Februar 1923. Der «Ingrimm» über ihr Vorgehen sei «fürchterlich – tiefer und einheitlicher, als der, der Napoleon zu Fall brachte». Man sehe nicht, wo das enden solle, und «das Schlimmste» sei, «dass ein französisches Fiasko, so sehr es zu begrüßen wäre, innenpolitisch den Triumph des Nationalismus bedeuten würde».[57]

Auch Heinrich Mann sagte in einem Brief an den französischen Germanisten Félix Bertaux «eine scharfe Radikalisierung der inneren Politik» voraus. Allerdings schien ihm der hochschäumende Nationalismus nicht mehr «die Furchtbarkeit von 1914» zu besitzen. Er wirke «unsicher, überanstrengt, bedauernswert». So müsse man sich in Geduld fassen, «bis das Unheil sich abgenützt» habe. Weiterhin bleibe der Gedanke einer Verständigung zwischen Frankreich und Deutschland eine «unbedingte Lebensnotwendigkeit».[58]

Was die Franzosen mit ihrem Vorgehen bewirkten, sei «eine Vergiftung Europas für hundert Jahre», beklagte «Das Tage-Buch», die von den linksliberalen Publizisten Stefan Großmann und Leopold Schwarzschild herausgegebene Berliner Wochenschrift.[59] Und auch die ebenfalls in Berlin erscheinende «Weltbühne», das Organ der kritischen Linksintellektuellen, fand scharfe Worte der Verurteilung: «Vier Jahre nach einem – immerhin – nach einem Friedensschluss rücken fremde Soldaten, feldmarschmäßig, mit Artillerie und allen Mitteln des modernen Krieges ins Land (...) und spielen, wenn schon nicht Krieg, so doch Etappe. Das ist und bleibt eine Ungeheuerlichkeit.» Doch zugleich fragte die Zeitschrift, ob die deutsche Regierung durch ihre Verweigerungshaltung nicht zu dem Desaster beigetragen habe: «War wirklich nötig, bei allen Lieferungen zu protestieren und abzuhandeln und im Rückstand zu bleiben? (...) War die Methode des ständigen Querulierens (...) wirklich die richtige?»[60]

• • • • • • • •

Der französische Schritt scheine ihm «höchst verfehlt», rief Außenminister Frederic von Rosenberg dem britischen Botschafter D'Abernon zu. Aber er sei «soweit ganz ruhig, da jetzt nicht nur das Schicksal Deutschlands, sondern ganz Europas – ja, der ganzen Welt auf dem Spiele steht».[61] Tatsächlich wurde die Cuno-Regierung durch die Ruhrbesetzung weitgehend unvorbereitet getroffen, obwohl es Poincaré an Drohungen nicht hatte fehlen lassen. Erst am Abend des 9. Januar 1923, unter dem Eindruck des unmittelbar bevorstehenden Einmarsches, berief Ebert die Mitglieder des Kabinetts zu einer Besprechung in seinen Amtssitz in der Wilhelmstraße. Es komme nun darauf an, «mit Klarheit, festem Willen, ruhiger Einsicht und völliger Einigkeit den kommenden Ereignissen entgegenzusehen». In diesem Sinne hatte der Reichspräsident bereits am Nachmittag einen Aufruf an die Ruhrbevölkerung gerichtet, den er nun den Ministern zur Kenntnis gab. Der Reichskanzler kündigte als erste Gegenmaßnahme die Abberufung des deutschen Botschafters in Paris, Wilhelm Mayer, an. Allerdings sollten die Beziehungen zu Frankreich nicht abgebrochen, sondern die Geschäfte durch Botschaftsrat Leopold von Hoesch weitergeführt werden. Wie Ebert war auch Cuno davon überzeugt, dass, sollten die Franzosen ihre Drohung wahrmachen, es zu einer «starken nationalen Welle» kommen würde. Diese müsse «dem Staate dienstbar» gemacht werden.[62]

Was das hieß, ließ bereits die gemeinsame Proklamation des Reichspräsidenten und der Reichsregierung «An das deutsche Volk!» vom 11. Januar erahnen. In markigen Worten geißelte sie den «neuen Gewaltstreich» als eine «Tat der Verblendung», die sich gegen «den unbeschützten Lebenspunkt der deutschen Wirtschaft» richte. Vom passiven Widerstand, der die Politik der Regierung in den folgenden Wochen und Monaten bestimmen sollte, war noch nicht ausdrücklich die Rede; allerdings wurde die Bevölkerung aufgerufen, sich in «eiserner Selbstbeherrschung» zu üben und alles zu unterlassen, was der «gerechten Sache» schaden könne.[63] Deutlicher wurde die deutsche Regierung in ihrer Protestnote vom 12. Januar. Darin bezeichnete sie den Einmarsch als «denkbar schwerste Verletzung der deutschen Hoheitsrechte». Gegen den völkerrechtlich nicht legitimierten Gewaltakt könne Deutschland sich nicht gewaltsam zur Wehr setzen. Andererseits sei man aber auch nicht gewillt, sich dem Rechtsbruch zu fügen und womöglich sogar bei der Durchführung der französischen Absichten mitzuwirken. Solange der vertragswidrige Zustand anhalte, sehe sich die Regierung außerstande, weiterhin irgendwelche Reparationsleistungen zu erbringen.[64]

Am 13. Januar trat der Reichstag zu einer Sondersitzung zusammen. Vor dem Parlamentsgebäude wehten die Flaggen auf halbmast. Zahlreiche Abgeordnete trugen Trauer. Auf der Regierungsbank hatten sämtliche Minister und Staatssekretäre Platz genommen. Die Zuschauertribünen waren bis auf den letzten Platz besetzt. Nach dem Reichstagspräsidenten, dem Sozialdemokraten Paul Löbe, ergriff Cuno das Wort: Es handle sich bei der französischen Aggression, erklärte er, nicht um die Eintreibung von Reparationen, sondern um die Verwirklichung eines «alten Ziels», das die französische Politik seit den Tagen Ludwigs XIV. und Napoleons verfolgt und das auch noch den Beschlüssen von Versailles zugrunde gelegen habe: nämlich Frankreichs Macht auf Kosten Deutschlands auszudehnen. Dieser Politik müsse man mit Entschiedenheit, aber auch Besonnenheit entgegentreten. «Dazu lassen Sie uns alle Kraft der Herzen und der Hände unserem Volk und Vaterland zuwenden, allen müßigen Streit begraben (...).»[65] Die Rede fand, obwohl in geschäftsmäßig-kühlem Ton vom Blatt abgelesen, stürmische Zustimmung. Eine vom Zentrum eingebrachte Resolution, die der Regierung die volle Unterstützung des Hauses zusicherte, wurde mit 283 gegen 12 Stimmen der KPD und 6 Enthaltungen der SPD angenommen. Allerdings war das Bild einer fast geschlossenen Einheitsfront auch hier trügerisch. Denn immerhin hatten 49 Mitglieder der sozialdemokratischen Fraktion, überwiegend wohl ehemalige USPD-Vertreter, ihre Ablehnung dadurch zum Ausdruck gebracht, dass sie der Abstimmung fernblieben.[66]

Für Sonntag, den 14. Januar, hatte die Regierung zu Protestkundgebungen im ganzen Land aufgerufen. «Wie sich der Reichstag hinter die Regierung gestellt hatte, so bekräftigten die Massen wiederum die Haltung des Parlaments», schrieb die «Vossische Zeitung». «Seit langem sind nicht so viele Hochrufe auf eine deutsche Regierung ausgebracht und zustimmend aufgenommen worden wie gestern. (...) Wenn etwas an den Erlebnissen dieser Tage tröstlich ist, so ist es dieser Zusammenschluss, der durch Druck von außen doch noch einmal zustande gekommen ist, trotz aller deprimierenden und zersplitternden Erlebnisse der letzten Jahre.»[67] Allein auf dem Königsplatz in Berlin drängten sich Hunderttausende. «Wer diese geschlossene Masse entblößten Hauptes vor den Stufen des Reichstags, rings um das Bismarckdenkmal und die Siegessäule, stehen und schwören und beten sah, der vergisst es nie», wusste der euphorisierte Reporter der «Deutschen Allgemeinen Zeitung» zu berichten. Vor dem Brandenburger Tor hatte eine starke Abteilung Schutzpolizei Stellung bezogen, um die am Pariser Platz gelegene französische Botschaft vor Übergriffen aufgebrachter Demonstranten zu schützen.[68]

• • • • • • • •

Ein passiver Widerstand gegen die Ruhrbesetzung war nur möglich, wenn sich die Gewerkschaften zur Kooperation bereitfanden. Denn ohne die Unterstützung der Arbeitnehmerorganisationen ließ sich eine wirkungsvolle Abwehr im besetzten Gebiet nicht organisieren. Am 8. Januar 1923 hatten Reichspräsident Ebert und nach ihm auch Reichskanzler Cuno Spitzenleute des Allgemeinen Deutschen Gewerkschaftsbundes (ADGB) zu sich gebeten, um zu erkunden, welche Gegenmaßnahmen die Gewerkschaften im Falle eines Einmarsches planten. Einen Generalstreik zu proklamieren, lehnten die Gewerkschaftsvertreter als «unzweckmäßig» ab, weil er «unter Umständen den Franzosen willkommen sein könnte»: «Zweifellos würde durch den Einmarsch ein wirtschaftliches Durcheinander entstehen, und die Franzosen würden selbstverständlich, wenn zur gleichen Zeit die Arbeiterschaft in den Streik trete, die Schuld daran auf die Arbeiterschaft abwälzen.» Andererseits war man sich einig, dass man die Besetzung des Ruhrgebiets nicht unbeantwortet lassen dürfe. Unter anderem wurde der Gedanke eines kurzfristigen Demonstrationsstreiks erörtert, ein konkreter Beschluss aber noch nicht gefasst.[69]

In einer gemeinsamen Erklärung verurteilten ADGB, der Allgemeine Freie Angestelltenbund (Afa-Bund) und der Allgemeine Deutsche Beamtenbund am 11. Januar den Ruhreinmarsch als «Ausdruck schlimmster imperialistischer Gewaltpolitik, die von den organisierten deutschen Arbeitnehmern stets bekämpft worden» sei. Arbeiter, Angestellte und Beamte wurden aufgefordert, «alles Trennende in ihren Reihen zurückzustellen und den ihnen aufgezwungenen Kampf gegen den unersättlichen und kriegerischen Imperialismus geschlossen zu führen».[70] Wie dieser Kampf geführt werden sollte, erläuterte der Vorsitzende des ADGB, Theodor Leipart, auf einer Sitzung des Bundesausschusses am 24. Januar: Mit «möglichst geringem Kräfteaufwand» sollte der größtmögliche Effekt erzielt werden. Das hieß, dass sich die Freien Gewerkschaften auf das Konzept des passiven Widerstands festlegten, wobei sie gleichzeitig den Willen zur Wiedergutmachung betonten und sich von nationalistischen Exzessen distanzierten. In den Worten des Sitzungsprotokolls: «Lediglich passive Resistenz soll Anwendung finden unter Aufrechter-

Reichspräsident Friedrich Ebert spricht in Hamm vor Delegierten aus dem besetzten Ruhrgebiet und sichert ihnen die Solidarität des Reiches zu (18. März 1923).

haltung des Erfüllungswillens und unter Ablehnung jedes nationalistischen Einschlags.»[71]

Zwischen Gewerkschaften und Unternehmern herrschte in der Anfangsphase der Ruhrbesetzung eine seltene Einmütigkeit. Bereits am 9. Januar hatte Stinnes die ADBG-Vertreter über die beabsichtigte Verlegung des Rheinisch-Westfälischen Kohlensyndikats, der wirtschaftlichen Schaltstelle des Ruhrbergbaus, von Essen nach Hamburg informiert. Damit wurden den Besatzern die Unterlagen über Förderverhältnisse, Förderanlagen und Absatzmengen entzogen, die sie benötigten, um direkt auf die Kohle zugreifen zu können. Nach Auffassung der «Deutschen Allgemeinen Zeitung» war dieser Schritt nicht nur von großer wirtschaftlicher, sondern auch politisch-psychologischer Bedeutung: «Indem er den einbrechenden Landesfeind um seine gierigsten Erwartungen mit einem Schlage prellte, erfüllte er die gesamte politische Atmosphäre Deutschlands sofort mit Hochspannung.»[72]

Hugo Stinnes hatte zwar die Ruhrbesetzung lange kommen sehen, dennoch war er, als sie eintrat, ebenso überrascht wie die Reichsregierung. Von der Woge antifranzösischer Emotionen ließ auch er sich mitreißen. In einem Brief an Emil Kirdorf, den Generaldirektor der Gelsenkirchner Bergwerks-AG, vom 17. Januar nannte er die patriotische Erregung über den Einmarsch «ein Glück für unser Land»: «Wie vor hundert Jahren» beginne «sich nunmehr das Volk zusammenzuschließen im gemeinsamen Leid und im gemeinsamen Hass.»[73] Auch bei den meisten anderen Unternehmern an Rhein und Ruhr stieß der von der Regierung Cuno in Absprache mit den Gewerkschaften verkündete passive Widerstand auf große Sympathien: «Es freut mich übrigens, dass unsere Regierung fest geblieben ist und Widerstand leistet», schrieb Carl Duisberg, der Generaldirektor und Aufsichtsratsvorsitzende der Farbenfabriken vorm. Friedrich Bayer & Co. «Endlich einmal Taten statt Worte, selbst auf die Gefahr hin, dass dadurch auch für unsere Wirtschaft ein Durcheinander entsteht.»[74]

Einer der rührigsten Befürworter des passiven Widerstands unter den Ruhrindustriellen war Paul Reusch, der Generaldirektor der Gutehoffnungshütte in Oberhausen. Unmittelbar bevor die Franzosen am 11. Januar die Stadt besetzten, verlegte er den Firmensitz nach Nürnberg und entzog ihn so dem Zugriff der Besatzungsmacht. In den folgenden Wochen war der Konzernherr im ganzen Land unterwegs, um die antifranzösische Stimmung zu schüren und den Widerstandsgeist anzustacheln.[75]

• • • • • • • •

Wie zwischen Gewerkschaften und Unternehmern gab es auch unter den Parteien ein hohes Maß an Übereinstimmung. In seinem Aufruf an die Mitglieder vom 11. Januar lehnte es der Vorstand der Vereinigten Sozialdemokratischen Partei zwar ab, sich an den für den 14. Januar geplanten öffentlichen Kundgebungen zu beteiligen – stattdessen wollte man in geschlossenen Versammlungen den Protest zum Ausdruck bringen. Im Ton aber unterschied sich der Appell kaum vom nationalen Pathos der bürgerlichen Parteien. Der Einmarsch ins Ruhrgebiet wurde als ein eklatanter Bruch des Völkerrechts gebrandmarkt. Er beweise, «dass auch vier Jahre nach dem Kriegsende der französische Militarismus, gefolgt von belgischen Hilfstruppen, noch mit den Mitteln des Krieges arbeitet».[76] In der Reichstagsdebatte vom 13. Januar bezeichnete Hermann Müller, Mitglied des SPD-Parteivorstands und vom März bis Juni 1920 Reichskanzler der Weimarer Koalition, den Weg, den Poincaré eingeschlagen habe, als «imperialistisches Abenteuer» und Ausfluss einer brutalen Machtpolitik, die gänzlich ungeeignet sei, die Mittel zu beschaffen, die Frankreich für seine notleidenden Staatsfinanzen benötige. «Bajonette sind keine Wünschelruten, die anzeigen, wo Goldmilliarden im Boden zu haben sind.»[77]

In derselben Reichstagssitzung gab Gustav Stresemann im Namen der bürgerlichen Fraktionen – DDP, DVP, BVP und DNVP – eine Erklärung ab, die in schärfsten Worten Protest einlegte gegen «die Vergewaltigung des deutschen Volkes». Keine äußere Bedrohung gebe Frankreich «einen Entschuldigungsgrund für diesen Überfall und diesen Raubzug im deutschen Lande». Letztlich ziele die Politik Poincarés auf «die Vernichtung Deutschlands». Dagegen gelte es, fest zusammenzustehen und alle innenpolitischen Gegensätze zurückzustellen. «Jede Hoffnung auf Deutschlands Uneinigkeit muss zerschellen am einheitlichen deutschen Willen und Wollen.» Auch in den folgenden Wochen spielte der DVP-Vorsitzende eine wichtige Rolle unter den Befürwortern einer harten Haltung gegenüber Frankreich, wobei er seine Funktion als Vorsitzender des Auswärtigen Ausschusses des Reichstags nutzen konnte.[78] Dass sich hinter der Fassade der Einigkeit Risse auftaten, zeigte sich aber bereits wenige Tage später im Reichstag, als der prominente Abgeordnete der DNVP, Karl Helfferich, die Regierung Cuno kritisierte, weil sie die diplomatischen Beziehungen zu Frankreich nicht gänzlich abgebrochen und den Vertrag von Versailles für null und nichtig erklärt habe. Denn mit der völkerrechtswidrigen Besetzung deutschen Territoriums habe Frankreich selbst «den ganzen sogenannten Friedensvertrag in Stücke gerissen».[79]

Von Anfang an aus der nationalen «Einheitsfront» gegen die Ruhrbesetzung ausgeschert war der aufstrebende Lokalmatador der völkischen Rechten in München, der Vorsitzende der Nationalsozialistischen Deutschen Arbeiterpartei (NSDAP), Adolf Hitler. Am Abend des 11. Januar 1923 hielt er eine Rede im Zirkus Krone, in der er nicht etwa gegen Frankreich, sondern gegen die sogenannten «Novemberverbrecher» – gemeint waren Demokraten und Juden – vom Leder zog. Durch ihren «Dolchstoß» in den Rücken des deutschen Heeres hätten sie Deutschland wehrlos gemacht und der «völligen Versklavung» anheimgegeben. Eine «deutsche Wiedergeburt nach außen» könne es erst geben, «wenn die Verbrecher zur Verantwortung gezogen und ihrem gerechten Schicksal überliefert» würden. Das «Geschwätz von der Einheitsfront» sei nur geeignet, die Bevölkerung von dieser Aufgabe abzulenken.[80] Folgerichtig verweigerte Hitler auch die Teilnahme an einer Kundgebung gegen den «Erbfeind» Frankreich, zu der die «vaterländischen Verbände» am 14. Januar in München aufriefen.

Für Theodor Wolff, den Chefredakteur des «Berliner Tageblatts», lautete die Parole der Stunde: «Ruhe, Ordnung, Einigkeit und Disziplin», und zwar «bis zu dem Augenblick, wo der französische Imperialismus seinen Raub wieder herausgeben wird». Gegen dieses Gebot verstieß seiner Ansicht nach nicht nur die radikale Rechte, sondern auch die radikale Linke: «Wenn ein rechtsradikaler Volkstribun, ohne Widerspruch in den eigenen Reihen hervorzurufen, in solcher Zeit erklären darf, es gelte nicht den Kampf gegen Frankreich, sondern den Kampf gegen die deutschen Novemberrevolutionäre, so genieren sich die Kommunisten erst recht nicht zu verkünden, die ‹Bourgeoisie› sei der Feind. Wobei sie wenigstens auch die französische Bourgeoisie in ihre Ablehnung einschließen (…).»[81]

Tatsächlich waren die deutschen Kommunisten der Überzeugung, dass der Kampf an zwei Fronten geführt werden müsse: gegen die französische und die deutsche Bourgeoisie. Deshalb setzte die Zentrale der KPD in einem Aufruf an das deutsche Proletariat vom 22. Januar der Aufforderung zum passiven Widerstand die Parole entgegen: «Schlagt Poincaré und Cuno an der Ruhr und an der Spree!» Die französischen Kapitalisten seien «um keinen Deut besser als die deutschen, und die Bajonette der französischen Besatzungstruppen (…) nicht weniger scharf als die der Reichswehr», hieß es. Dementsprechend wurden die Arbeiter des Ruhrgebiets aufgefordert, «den Abwehrkampf gegen die französischen Besatzungsbehörden mit voller Energie zu führen», aber nur dort, wo Arbeiterrechte auf dem Spiel stünden. Nur wenn die Arbeiterschaft als «selbständige Kraft», getrennt von der deutschen Bourgeoisie, auftrete, könne sie der Gefahr entgehen, dem «nationalistischen Taumel» zu erliegen, und nur dadurch könne sie auch die Unterstützung der internationalen Arbeiterklasse, vor allem der französischen Arbeiter, gewinnen.[82]

Allerdings hielt sich die Solidarität der Kommunistischen Partei Frankreichs (PCF) mit den deutschen Klassenbrüdern in Grenzen. Zu einer wirkungsvollen Aktion gegen die Ruhrbesetzung vermochte sie die französische Arbeiterschaft nicht zu mobilisieren. Und auch die deutschen Kommunisten mussten sehr bald die Erfahrung machen, dass der von ihnen propagierte revolutionäre Kampf nach zwei Seiten unter der Arbeiterschaft im besetzten Gebiet weitgehend ungehört verhallte. In der Konsequenz sollte die KPD-Führung ihre Propaganda bald in erster Linie gegen die fremde Besatzungsmacht richten.[83]

• • • • • • • •

Manche Beobachter sahen in den ersten Wochen der Ruhrbesetzung bereits einen neuen Krieg zwischen Frankreich und Deutschland heraufziehen. Und der Chef der Heeresleitung, General Hans von Seeckt, tat einiges, um Öl ins Feuer zu gießen. Durch seinen «frechen Einfall» habe Frankreich «das Friedensdiktat zerrissen und uns in den Befreiungskrieg hineingezwungen», erklärte er am 15. Januar in einem Aufruf im «Militärwochenblatt».[84] Freilich wusste Seeckt nur zu gut, dass er mit der auf 100 000 Mann reduzierten Reichswehr einen militärischen Konflikt mit dem westlichen Nachbarn nicht riskieren konnte. In der «Vossischen Zeitung» mahnte auch Chefredakteur Georg Bernhard zur Zurückhaltung: Niemand zweifle daran, dass, wenn das Volk zu den Waffen gerufen werde, «der Strom der Begeisterung Millionen Männer aller Lebensalter zu den Werbeplätzen führen» würde. Aber so leichtfertig dürfe keine deutsche Regierung sein: «Wie will jetzt das entwaffnete, von höchster Finanznot heimgesuchte deutsche Volk einen Krieg gegen die intakte Kampfmaschine seiner Gegner führen?»[85]

War also im Westen an eine offene Gegenwehr nicht zu denken, so galt das nicht für die Grenze im Osten. Sollte Polen die Ruhrokkupation nutzen, um seinerseits deutsche Gebiete zu besetzen, dann – darin waren sich Regierung und Öffentlichkeit einig – sollte Deutschland sich auch militärisch zur Wehr setzen. «Wenn das Reich im Westen nicht Widerstand leisten kann, so ist damit nicht auch gesagt, dass wir den Osten einem Einbruch schutzlos preisgeben würden», verkündete Reichskanzler Cuno in einer Rede vor den Ministerpräsidenten der Länder am 12. Januar.[86] Eine ähnliche Versicherung gab Seeckt dem deutschen Botschafter in Warschau, Ulrich von Rauscher: Sollte Frankreich Polen drängen, in Ostpreußen und Oberschlesien einzufallen, dann würde eine solche Aggression mit allen Mitteln abgewehrt werden.[87]

Insgeheim betrieb die militärische Führung sehr zielstrebig den Aufbau einer illegalen «Schwarzen Reichswehr», unter anderem durch Rekrutierung von Zeitfreiwilligen und durch eine Zusammenarbeit mit den formell aufgelösten, faktisch aber vielerorts weiterexistierenden Wehrverbänden der Rechten. Am 30. Januar 1923 schloss das Reichswehrministerium eine förmliche Vereinbarung mit dem preußischen Innenminister, dem SPD-Politiker Carl Severing, in dem dieser die Unterstützung der preußischen Verwaltungsstellen in Fragen des «Landesschutzes» zusagte. Die Hoffnung Severings, die Reichswehr mit diesem Abkommen daran zu hindern, weiterhin gemeinsame Sache mit den paramilitärischen Verbänden der Rechten zu machen, sollte sich allerdings nicht erfüllen.[88] Darüber hinaus richteten die deutschen Militärs ihre Blicke auf die Sowjetunion. Im Februar 1923 machte sich eine Delegation des Reichswehrministeriums auf den Weg nach Moskau, um die Möglichkeiten einer engeren rüstungswirtschaftlichen Kooperation zu sondieren. Waren die Ergebnisse zunächst noch nicht sehr vielversprechend, so war damit doch ein neues Kapitel in den militärischen Beziehungen zwischen beiden Ländern aufgeschlagen.[89]

• • • • • • • •

Auch wenn die Regierung Cuno eine militärische Antwort auf die Ruhrbesetzung ausschloss, besaß sie im Rahmen der Politik des passiven Widerstands einige Mittel, um die Besatzungsmächte empfindlich zu treffen. Noch am Tag des Einmarsches wies Ernst Stutz, der Reichskommissar für die Kohleverteilung, die Zechenbesitzer an, die Kohlelieferungen an Frankreich und Belgien einzustellen. Auf Befehl des Generals Degoutte und des Präsidenten der MICUM, Coste, die Lieferungen wiederaufzunehmen, antworteten die Zechenvertreter am 17. Januar, niemand könne gezwungen werden, «gegen sein Vaterland zu handeln und eine ehrlose Handlung zu begehen».[90] Zwei Tage später untersagte die Regierung allen Beamten, den Anordnungen der Besatzungsmächte Folge zu leisten. Das galt auch für das Personal der Reichsbahn und die Bediensteten von Reichspost und Telegraphenverwaltung.[91] Der Sinn der Maßnahmen war, wie in der Kabinettssitzung vom 22. Januar festgestellt wurde, «der Besatzungsmacht Schwierigkeiten» zu bereiten, «wo und wie man könne».[92]

Diese Strategie war zunächst durchaus erfolgreich. In den ersten Wochen des Ruhrkampfs sah alles danach aus, dass der Versuch Frankreichs, die Kohlegruben als «produktive Pfänder» in Besitz zu nehmen, misslingen würde. Von der Einstellung der deutschen Lieferungen waren vor allem die Eisen- und Stahlwerke in Lothringen und im Gebiet Longwy-Nancy betroffen, die auf Ruhrkohle angewiesen waren.[93] «Der erste Monat hat für die französische Regierung mit einem schweren Defizit geschlossen», zog Friedrich Stampfer, der Chefredakteur des sozialdemokratischen «Vorwärts», Bilanz. «Sie hat im Gegensatz zu der Zeit vor dem Einmarsch, in der sie aus dem Bezug der Reparationskohle mühelose Einnahmen erzielte, im ersten Monat ihres Abenteuers aus dem Ruhrrevier keine Gewinne erzielt, sondern nur Ausgaben für militärische Operationen in noch unbekanntem Ausmaß bestreiten müssen.» Größer als die finanziellen Verluste seien aber die moralischen. Frankreich habe durch sein Vorgehen viele Sympathien in der Welt eingebüßt. «Reitpeitsche, Bajonett und Revolver sind nun einmal keine Mittel, um Menschen zur Liebe zu erziehen.»[94]

Die Frage war allerdings, wie lange der passive Widerstand durchgehalten werden konnte. Anfang Februar 1923 reiste Reichskanzler Cuno in geheimer Mission ins besetzte Ruhrgebiet, um sich ein Bild von der Lage zu machen. In Besprechungen mit Vertretern der Industrie und der Arbeiterschaft machte er deutlich, dass der Zeitpunkt für Verhandlungen noch nicht gekommen sei. Vielmehr müsse man den Abwehrkampf solange fortsetzen, bis die Franzosen selbst zur Einsicht kämen, «dass sie mit diesem ganzen Unternehmen ein Fiasko erlitten haben».[95] Nach seiner Rückkehr äußerte sich der Reichskanzler im Kabinett zufrieden über seine Eindrücke: «Es stehe an der Front gut. Er habe von allen Kreisen die übereinstimmende Versicherung erhalten, dass man durchhalten werde, insbesondere hätten auch die Arbeitervertreter sich in diesem Sinne geäußert.» Als besonders wichtig bezeichnete der Kanzler, dass die Bevölkerung im besetzten Gebiet ausreichend mit Lebensmitteln versorgt werde, denn davon hänge «der günstige Ausgang des Widerstandes in erster Linie» ab.[96]

• • • • • • • •

In der ersten Zeit des Ruhrkampfs erfreute sich Cuno eines großen Rückhalts in der Bevölkerung. Dass er sich persönlich ins besetzte Gebiet begeben hatte – was nicht ganz ohne Risiko war –, trug ihm Sympathien auch in Arbeiterkreisen ein.[97] Während eines Besuchs in München und Stuttgart im März 1923 wurden dem Reichskanzler förmliche Ovationen bereitet. Auch bei dieser Gelegenheit betonte Cuno, dass von Verhandlungen mit Frankreich erst die Rede sein könne, wenn zuvor das besetzte Ruhrgebiet «vorbehaltlos» geräumt sei.[98] Allerdings war diese Position schon nicht mehr unumstritten. So hatte Gustav Krupp von Bohlen und Halbach, der Chef der Krupp-Werke in Essen, bereits in einem Gespräch mit Harry Graf

Kessler Anfang Februar 1923 bemängelt, dass die Regierung kein neues Angebot an Frankreich in der Reparationsfrage gemacht habe. Der passive Widerstand sei zwar nötig und solle energisch durchgeführt werden, gleichzeitig aber müsse die Regierung alles tun, um nach Verhandlungsmöglichkeiten zu suchen.[99] Auch der Vorsitzende des ADGB, Theodor Leipart, drängte den Reichskanzler in einer Unterredung Ende Februar 1923, öffentlich seine Bereitschaft zu Verhandlungen zu erklären. Mit der Auskunft Cunos, er könne «unter dem Druck der Bajonette nicht verhandeln», gab er sich nicht zufrieden.[100]

Dem Ruf nach Verhandlungen lag die realistische Einschätzung zugrunde, dass Frankreich am längeren Hebel saß und über die stärkeren Druckmittel verfügte. Der spanische Korrespondent in Berlin, Eugeni Xammar, der im Auftrag seiner in Barcelona erscheinenden Zeitung «La Veu de Catalunya» im Februar und März 1923 das besetzte Ruhrgebiet bereiste, war beeindruckt von der Entschlossenheit, mit der die Bevölkerung der Besatzungsmacht trotzte. Nach seiner Rückkehr berichtete er, dass der Widerstandsgeist «ungebrochen» sei, prophezeite aber zugleich, dass Deutschland den «Krieg an der Ruhr» verlieren würde, faktisch habe es ihn «vom ersten Tag an verloren».[101]

• • • • • • • •

Die französische Regierung hatte die Heftigkeit der deutschen Gegenwehr unterschätzt. Der drohende Fehlschlag der Intervention machte die Ruhrbesetzung erst recht zu einer Frage des nationalen Prestiges. Nichts lag ihr in dieser Situation ferner als der Gedanke an einen Rückzug. «Ohne an Eroberungen oder Annexionen zu denken, aber entschlossen, sich die Sicherungen und gerechten Reparationen aufgrund der Friedensverträge zu erzwingen, wird Frankreich durch nichts sich von seinem Standpunkt abbringen lassen», verkündete Staatspräsident Millerand am 22. Februar.[102] Um den passiven Widerstand zu brechen, ließen sich die Besatzungsmächte eine ganze Reihe von zum Teil drastischen Sanktionen einfallen. Am 26. Januar stellte die Reparationskommission auf französischen Antrag fest, dass Deutschland mit der Aussetzung aller Reparationslieferungen gegen den Versailler Vertrag verstoßen habe und damit der Antrag auf ein Moratorium hinfällig geworden sei. Stattdessen sollte der Londoner Zahlungsplan vom Mai 1921 mit der Gesamtforderung von 132 Goldmark wieder in Kraft treten.[103]

Am 29. Januar rief General Degoutte, der Oberbefehlshaber der Besatzungstruppen, den «verschärften Belagerungszustand» aus: Jeder Sabotageversuch werde mit Waffengewalt beantwortet und jede Kundgebung ebenso rigoros unterdrückt.[104] Unternehmer, die sich den französischen Anordnungen widersetzten, mussten mit harten Strafen rechnen. Besonderes Aufsehen erregte die Verhaftung des Industriellen Fritz Thyssen und fünf weiterer Bergwerksdirektoren am 20. Januar, weil sie sich geweigert hatten, Kohle an die Besatzungsmächte zu liefern. Ein Kriegsgericht in Mainz verurteilte sie zu hohen Geldstrafen.[105] Im Anschluss an die Urteilsverkündung kam es in Mainz zu spontanen Solidaritätsbekundungen zumeist jugendlicher Demonstranten, die mit Liedern wie «Siegreich wollen wir Frankreich schlagen» durch die Straßen zogen und französische Soldaten mit Steinen bewarfen.[106]

Auch Beamte, die eine Zusammenarbeit mit den Besatzern verweigerten, wurden in großer Zahl festgenommen und aus dem Besatzungsgebiet abgeschoben. Insgesamt wurden bis zum Oktober 1923 rund 140 000 Personen, darunter 37 000 Beamte, häufig mitsamt ihren Familien ausgewiesen – eine Maßnahme, die für große Erbitterung sorgte.[107] «Dergleichen macht man sonst mit Landstreichern, nichtlegitimierten Eindringlingen, gefährlichen politischen Agenten fremder Staaten und dergleichen (…)», kommentierte die «Vossische Zeitung» unter der Schlagzeile «Der Terror im Ruhrgebiet». Doch die Franzosen täuschten sich, wenn sie glaubten, «die zurückgebliebenen Beamten zu zermürben, indem sie eine Anzahl Widerspenstiger aus ihrer Mitte nehmen».[108] In einer Besprechung in der Reichskanzlei am 24. Januar hatten Vertreter der Beamtenorganisationen versichert, dass «die Beamtenschaft geschlossen hinter Regierung und Volk» trete. Es handele sich bei dem Kampf an der Ruhr «um die letzte Phase des Weltkrieges, um einen Krieg mit andern, nämlich mit wirtschaftlichen Mitteln»: «Wer hier unterliege, habe den Weltkrieg endgültig verloren.»[109]

Nachdem Reichskanzler Cuno und der preußische Innenminister Severing das besetzte Gebiet besucht hatten, verhängte Degoutte im Februar 1923 ein Einreiseverbot für alle Reichsminister und Minister der deutschen Länder.[110] Angesichts der Rechtsunsicherheit entschloss sich der DVP-Vorsitzende Gustav Stresemann, obwohl kein Minister, zu einer besonderen Vorsichtsmaßnahme, als er am 21. Februar Dortmund einen Besuch abstattete: Er ließ sich einen falschen Personalausweis unter dem Namen «Friedrich Erlenkamp» und der Berufsangabe: «Versicherungs-Inspektor» ausstellen. «Wer uns das Rheinland und Westfalen nehmen wollte, würde uns das Herz nehmen», rief er in einer Rede aus. «Wehe dem, der nicht wüsste, dass es sich jetzt um die Zukunft Deutschlands handelt.»[111]

Die Besatzungsmächte verfügten über ein ganzes Arsenal von Möglichkeiten, um den Druck auf die Reichsregierung und die deutsche Bevölkerung Schritt für Schritt zu erhöhen. Besonders einschneidend wirkte sich die Errichtung einer Zollgrenze zwischen dem besetzten und dem unbesetzten Gebiet aus. Ende Januar 1923 wurde der Export von Kohle ins Reich verboten. «Das bedeutet den zweiten Akt der französischen ‹Sanktionen›, wie man jetzt ja solche Gewaltmaßnahmen mit einem schönen Fremdwort zu bezeichnen pflegt», entrüstete sich die «Vossische Zeitung». «Wenn es gelingt, die Kohlenzufuhr aus dem Ruhrgebiet zu unterbinden, so muss Deutschland schwer um den Ersatz kämpfen, der es ihm ermöglicht, wenigstens einigermaßen den Gang des wirtschaftlichen Lebens aufrechtzuerhalten.»[112] Als Folge der wirtschaftlichen Abtrennung des Ruhrgebiets vom übrigen Deutschland sollten sich bald ernste Versorgungsengpässe auch für die industrielle Produktion im Reich ergeben.

Da sich die Eisenbahner geweigert hatten, für die Okkupanten zu arbeiten, übernahmen diese die Bahnen im besetzten Gebiet in eigene Regie. Das Personal rekrutierten sie vor allem aus den nach dem Krieg an Frankreich zurückgefallenen Provinzen Elsass und Lothringen. Es war mit der Bedienung der deutschen Maschinen vertraut und konnte sich mit der Bevölkerung verständigen. Die auf Halde liegenden Kohlebestände konnten in wachsendem Maße abtransportiert werden. Damit war der anfänglich so wirksame passive Widerstand an einer wichtigen Stelle durchbrochen worden.[113] Zunehmend gingen die Besatzungsmächte dazu über, Betriebe in eigene Kontrolle zu nehmen und Belegschaften auszusperren. Ausländische Arbeitskräfte, darunter polnische Bergleute, wurden angeworben, um stillgelegte Kohlegruben wieder in Betrieb zu nehmen. Die Zeit arbeitete erkennbar für Frankreich. Von Woche zu Woche zeichnete sich deutlicher ab, dass Poincaré drauf und dran war, die «produktiven Pfänder» doch noch produktiv zu machen.

• • • • • • • •

Umgekehrt erwies sich der passive Widerstand an der Ruhr immer mehr als «ein Fass ohne Boden».[114] Die Beamten und Angestellten, die aus dem besetzten Gebiet ausgewiesen worden waren, mussten mit öffentlichen Mitteln unterstützt werden. Die Reichsregierung übernahm auch die Fortzahlung der Löhne für Arbeiter, die durch die Stilllegung von Betrieben arbeitslos geworden waren – «Cuno-Rentner» nannte sie der Berliner Volksmund –, und sie gewährte den Unternehmen vor allem der Schwerindustrie darüber hinaus großzügige Kredite als Ausgleich für Produktions- und Gewinnausfälle, während gleichzeitig die Steuereinnahmen aus dem besetzten Gebiet wegbrachen. Sehr ungünstig wirkte sich auch das Ausfuhrverbot für Ruhrkohle aus. Denn es zwang die Regierung, sollte ein Zusammenbruch der deutschen Wirtschaft verhindert werden, zu teuren Kohleimporten aus England, wodurch ein Teil der ohnehin knappen Devisenreserven in Anspruch genommen werden musste.

Gedeckt wurde der steigende Finanzbedarf durch eine hemmungslose Betätigung der Notenpresse. Die Verschuldung des Reichs stieg sprunghaft an, und mit ihr beschleunigte sich der Verfall der deutschen Währung seit April 1923.[115] Einsichtigen Beobachtern war bereits damals klar, dass die Kosten auf Dauer nicht aufgebracht werden konnten. «Wir müssen damit rechnen, zu dem Punkt zu kommen, von wo der Widerstand nicht weitergeführt werden kann», vertraute der preußische Ministerpräsident Otto Braun dem Staatssekretär in der Reichskanzlei Eduard Hamm an.[116]

• • • • • • • •

Waren schon die zahlreichen Einschränkungen und Reglementierungen für die Bevölkerung im Ruhrgebiet nur schwer erträglich, so wirkte die Präsenz der französischen Truppen zusätzlich aufreizend. «Wer sich im Ruhrgebiet aufhält, begegnet auf Schritt und Tritt der französischen Armee», berichtete der spanische Korrespondent Eugeni Xammar. «Mal ist es ein französischer Posten, der einem den Durchgang durch eine Gasse versperrt, dann wieder ein General, der feierlich vorüberstolziert, begleitet von seinem Adjutanten und gefolgt von einer bewaffneten Eskorte (…) Panzer beherrschen das Straßenbild. In Essen und auf den Landstraßen des Ruhrgebiets bietet sich dem Betrachter das gleiche Schauspiel wie an der Somme und in Amiens im Sommer 1916.»[117]

Auf Verstöße gegen ihre Anordnungen reagierten die Besatzungstruppen mit großer Härte. Bei gewaltsamen Zusammenstößen im Ruhrgebiet zwischen Januar und Dezember 1923 kamen nach deutschen Quellen insgesamt 109 Personen zu Tode.[118] Der schwerwiegendste Zwischenfall ereignete sich am 31. März, einen Tag vor Ostern, auf dem Gelände der Firma Krupp in Essen.[119] Um 7 Uhr morgens drang eine Gruppe von elf französischen Soldaten unter Führung von Leutnant Durieux in die Kraftwagenhalle der Krupp-Werke ein, um Fahrzeuge zu requirieren. Die Nachricht verbreitete sich mit Windeseile unter der Belegschaft und löste große Unruhe aus. Zwei Mitglieder des Betriebsrats versuchten Durieux von seinem Vorhaben abzubringen – vergeblich. Um 9 Uhr ertönten die Werkssirenen. Die Arbeiter verließen ihre Arbeitsplätze und versammelten sich vor der Wagenhalle, die inmitten der Gussstahlfabrik gegenüber der Hauptverwaltung lag. Die Betriebsräte mahnten, die Ruhe zu bewahren, doch die Stimmung unter den Arbeitern wurde immer erregter und feindseliger. Vaterländische Lieder wurden angestimmt; Demonstranten schwenkten ihre Werkzeuge. Einige Heißsporne kletterten auf das Glasdach der Wagenhalle und warfen Gegenstände hinein. Außerdem wurde durch ein zerbrochenes Fenster heißer Dampf eingeleitet. Die französischen Soldaten fühlten sich von allen Seiten eingekesselt und bedroht. Als die Menge Anstalten machte, das Eingangstor zur Halle einzudrücken, ließ Durieux einen Warnschuss abgeben. Kurz danach, gegen 11 Uhr, gab er den Befehl, scharf zu schießen. 13 Tote und zahlreiche Verletzte waren das traurige Resultat.

Wie konnte es zu der Tragödie kommen? Der Sonderberichterstatter des «Berliner Tageblatts», Paul Scheffer, fand eine einleuchtende Erklärung: «Ein Ereignis, wie es sich in der Automobilabteilung der Firma Krupp heute Mittag abgespielt hat, war seit dem Einmarsch der Franzosen zu erwarten. Neunundneunzigmal konnte es gutgehen, das hundertste Mal musste ein Unglück geschehen. (…) Immer das gleiche: die Franzosen erscheinen im Fabrikbezirk, die Arbeiter strömen zusammen, die Franzosen versuchen, irgendein Ziel zu erreichen: Betriebsaufnahme oder, wie diesmal, eine Beschlagnahme. Der Rückzug durch die Arbeitermassen, die sich Kopf an Kopf gedrängt um die eingezogenen Truppen drängen, ist noch schwieriger als das Eindringen. Jede dieser französischen Expeditionen ist haarscharf an einer Explosion, die von beiden Seiten kommen musste, vorbeigestreift. Die Arbeiter, ohne Ausnahme, empfinden die Anwesenheit der Franzosen im Ruhrgebiet als ein großes, ungeheuerliches Unrecht. Ihr Erscheinen auf den Arbeitsstätten betrachten sie aber als die denkbar stärkste Herausforderung ihres Arbeitsstolzes durch Bajonette und Uniformen und als den Beginn der direkten Bedrohung ihrer wirtschaftlichen Existenz.»[120]

Der «Essener Blutsamstag» löste eine Flut empörter Reaktionen aus. Die deutsche Regierung protestierte in einer Note vom 4. April gegen «die frivole Bluttat». Die Verantwortung dafür falle nicht allein den französischen Truppen, sondern auch der französischen Regierung zu.[121] Auch Reichspräsident Ebert äußerte sein Entsetzen über das «Blutbad, das französischer Militarismus unter friedlichen wehrlosen Arbeitern angerichtet» habe.[122] Für die deutschen Gewerkschaften stellte das Massaker von Essen «den neuesten und furchtbarsten, aber keineswegs den einzigen Fall der Hinschlachtung unbewaffneter Arbeiter durch den französischen Militarismus» dar.[123] Selbst ein so besonnener liberaler Journalist wie Theodor Wolff fand Worte heftigsten Abscheus: «Den Tempel des Osterfestes hat der militaristische Gewaltgeist mit dem Blute von Menschenopfern befleckt.» Einmal werde man den Toten ein Denkmal errichten müssen mit der Inschrift: «Ihren Ruhrkämpfern – die deutsche Republik.»[124] Noch Tage nach dem schrecklichen Ereignis zitterte die Erregung in Essen nach. Die Kommunisten beeilten sich, daraus propagandistisches Kapital zu schlagen. Von der ursprünglichen Parole «Schlagt Poincaré und Cuno an der Ruhr und an der Spree» war keine Rede mehr. Stattdessen geißelte nun auch die KPD-Zentrale den verbrecherischen französischen Militarismus.[125]

Am 10. April wurden die Opfer in Essen zu Grabe getragen. Alle Betriebe und Geschäfte hatten geschlossen; Hundertausende säumten die Straßen. «Noch nie hat deutscher Boden ein solches Trauerbegräbnis gesehen», meldete die «Kölnische Zeitung». «Arbeitgeber und Arbeitnehmer, Beamte und Angestellte, sämtliche politische Parteien von rechts bis links mit schwarzweißroten Kranzschleifen und Moskauer Farben, zogen einträchtig hinter den Toten her.»[126]

Noch am Ostersonntag hatte die französische Besatzungsmacht vier Krupp-Direktoren verhaftet. Der Firmenchef, Gustav Krupp von Bohlen und Halbach, reiste von Berlin nach Essen, um sich einer Vernehmung zu stellen. Auch er wurde festgenommen und angeklagt. Im Prozess, der vom 4. bis 8. Mai in Werden stattfand, verurteilte das Militärgericht die Angeklagten zu Gefängnisstrafen von 10 bis 20 Jahren. Gustav Krupp erhielt 15 Jahre; außerdem musste er eine hohe Geldstrafe zahlen. Das harte Urteil sorgte abermals für Empörung. Damit habe sich die französische Justiz «unverhüllt zur Dirne des französischen Militarismus erniedrigt», hieß es in einer Stellungnahme der Reichsregierung.[127] Paul Reusch sandte ein Telegramm an

Krupps Schwager, Freiherrn Tilo von Wilmowsky: Seine Gedanken seien «in diesen Tagen bei den Männern (...), welche im Interesse des Vaterlandes schweres Unrecht über sich ergehen lassen mussten».[128] Aber auch Gewerkschaften und Sozialdemokratie bekundeten ihre Solidarität mit den Verurteilten: Was immer die sozialdemokratischen Arbeiter des Ruhrreviers «mit den Vertretern des Kapitals auszufechten haben mögen, in ihrer Ablehnung der französischen Gewaltpolitik und dem Willen, ihr passiven Widerstand zu leisten, sind sie sich völlig einig», schrieb der «Vorwärts».[129] «Wollen uns die Franzosen zu Tollheiten treiben?», fragte «Das Tage-Buch». Eben deshalb dürfe man sich nicht provozieren lassen, sondern müsse sich «die Maske der Kaltblütigkeit fester ums Gesicht binden»: «Auch das Schandurteil vom 8. Mai soll Deutschland nicht in Kopflosigkeit stürzen.»[130] Viel zu leiden hatte Gustav Krupp übrigens während seiner Haft nicht. Im Düsseldorfer Gefängnis genoss er alle möglichen Erleichterungen, und nach sieben Monaten sollte er wieder auf freiem Fuß sein.[131]

Begleitet waren die Zusammenstöße zwischen Soldaten und Zivilbevölkerung von einer sich in Ausmaß und Intensität steigernden Propaganda. In einer Flut von Broschüren, Flugblättern, Postkarten, Karikaturen wurde die Brutalität der Besatzer angeprangert. «Die Propaganda gegen die Franzosen anhand von Zetteln und Plakaten ist allgegenwärtig», fiel Eugeni Xammar in Essen auf. «Alle Mauern sind voll davon. Jeden Morgen müssen Patrouillen französischer Soldaten durch die Straßen ziehen und mit den Bajonetten die neuen Plakate abreißen, die in der Nacht angebracht wurden. Flugblätter jeder Art finden sich überall: auf den Ladentheken, auf den Taxisitzen, in den Nachttischschubladen des Hotelzimmers.»[132] Auch Satireblätter wie der Münchner «Simplicissimus» oder der Berliner «Kladderadatsch» beteiligten sich an der Propagandaschlacht. So brachte der «Kladderadatsch» im Februar 1923 unter der Überschrift «Le Jour de Gloire» eine Karikatur, die zeigte, wie ein französischer Soldat aus der Luke seines Panzers heraus einen auf der Straße spielenden Jungen erschießt. Darunter stellte das Blatt ein Zitat aus der französischen Zeitung «Matin»: «Die ruhmreiche französische Armee hat die ihr gestellte schwierige Aufgabe auf den Buchstaben erfüllt.»[133]

Ein unerschöpfliches Thema der deutschen Propaganda waren auch die angeblichen massenhaften Vergewaltigungen deutscher Frauen und Mädchen durch «schwarze» französische Soldaten. «Dass das Bild des afrikanischen Tirailleurs, der eine junge deutsche Frau vergewaltigt, sogar zum Symbol für die Ruhrbesetzung insgesamt werden konnte, sagt viel über den allumfassenden Rassismus der deutschen Nachkriegsgesellschaft aus», schreibt der Pariser Historiker Stanislas Jeannesson. Dabei hielt sich die Zahl der Vergewaltigungen im Ruhrgebiet zwischen Januar und Dezember 1923 mit 22 Fällen durchaus in Grenzen, und sie gingen nicht allein auf das Konto algerischer und marokkanischer Soldaten.[134]

• • • • • • • •

Je härter das französische und belgische Militär gegen die Zivilbevölkerung vorgingen, desto mehr sahen sich jene Kräfte in Deutschland ermutigt, die ohnehin nur darauf warteten, vom passiven in den aktiven Widerstand überzugehen. Im Frühjahr und Frühsommer 1923 führten eine «Organisation Heinz» unter Leitung des ehemaligen Freikorpsführers Heinz Oskar Hauenstein und eine in Münster ansässige «Zentrale Nord» einen Kleinkrieg im besetzten Gebiet: Sie sprengten Eisenbahngleise und Brücken, um den Abtransport von Kohle zu unterbinden, verübten Anschläge auf Einrichtungen der Besatzungsmacht und griffen auch einzelne Angehörige der Besatzungstruppen an.[135] Einer der Aktivisten in der «Organisation Heinz» war Albert Leo Schlageter. Der damals 28-jährige Sohn eines Landwirts aus dem badischen Schönau hatte sich 1914 nach dem Notabitur freiwillig gemeldet und war als Leutnant aus dem Krieg zurückgekehrt. Das Studium der Nationalökonomie gab er bald auf, um an den Nachkriegskämpfen im Baltikum gegen die Bolschewiki und in Oberschlesien gegen die aufständischen Polen teilzunehmen. Nach dem Einmarsch der Franzosen und Belgier begab er sich ins Ruhrgebiet, wo er als Leiter einer der drei Einsatzgruppen für mehrere Sprengstoffanschläge verantwortlich war, unter anderem auf die Eisenbahngleise und die Haarbachbrücke in Kalkum am 15. März 1923, wodurch die Strecke Düsseldorf-Duisburg unterbrochen wurde.[136]

Am 7. April wurde Schlageter in einem Essener Hotel, wo er sich unter regulärem Namen eingetragen hatte, von der französischen Militärpolizei verhaftet. Das Kriegsgericht in Düsseldorf verurteilte ihn am 9. Mai zum Tode. Nachdem mehrere Gnadengesuche abgewiesen worden waren, wurde das Urteil am 26. Mai auf der Golzheimer Heide bei Düsseldorf durch ein französisches Exekutionskommando vollstreckt. Der Leichnam wurde Anfang Juni auf dem Nordfriedhof Düsseldorf exhumiert und auf dem Gemeindefriedhof in Schönau bestattet.[137]

Die Reichsregierung protestierte in einer scharfen Note vom 29. Mai dagegen, dass sich französische Gerichte anmaßten, «über die Freiheit oder gar über Leben und Tod von Deutschen zu befinden». Der Tatbestand, der dem Urteil zugrunde liege, sei ihr «nur aus Pressemeldungen bekannt» und könne daher von ihr «nicht nachgeprüft werden».[138] Doch das war nur die halbe Wahrheit. Denn die «Organisation Heinz» hatte ihre Anschläge mit Wissen und Billigung des Reichswehrministeriums und der Eisenbahnbetriebsleitung in Elberfeld, einer Dienststelle des Reichsverkehrsministeriums, durchgeführt. Verbindung hielt die Gruppe auch zu Kreisen der Großindustrie, unter anderem zu Managern der Krupp-Werke.[139]

Die Regierung Cuno zeigte sich zögernd in der Bekämpfung der Sabotageorganisationen, weil sie, wie Außenminister Frederic von Rosenberg Harry Graf Kessler wissen ließ, auf «das Vertrauen auch der rechtsgerichteten Kreise» angewiesen sei: «Wenn sie zu scharf gegen die Saboteure vorgingen oder von ihnen abrückten, dann würden sie dieses Vertrauen verlieren. Die jetzige Regierung habe überhaupt nur durch ein ständiges Lavieren zwischen rechts und links das deutsche Volk für den geschlossenen Widerstand zusammenhalten können.»[140] Faktisch konnten sich die ehemaligen Freikorpsleute und Angehörigen der nationalistischen Wehrverbände durch die Duldsamkeit der Regierung direkt ermutigt sehen, ihr das moralische Ansehen Deutschlands schwer schädigendes Treiben fortzusetzen.

Die gesamte politische Rechte, von den Deutschnationalen bis zu den Nationalsozialisten, feierte Schlageter als nationalen Märtyrer. Sein Grab in Schönau wurde zur Wallfahrtstätte. In der Golzheimer Heide, dem Ort der Hinrichtung, wurde 1931 ein großes Denkmal errichtet, an dessen Finanzierung sich unter anderen die Industriellen Paul Reusch und Fritz Thyssen beteiligten.[141] Der Dramatiker Hanns Johst, der spätere Präsident der NS-Reichsschrifttumskammer, widmete Schlageter ein Schauspiel, das ihn als «Ersten Soldaten des Dritten Reiches» verklärte. Die Uraufführung fand am 20. April 1933, Hitlers erstem Geburtstag als Reichskanzler, im Staatlichen Schauspielhaus Berlin unter Beisein von Propagandaminister Joseph Goebbels statt. «Am Schluss, nach der Erschießungsszene, kein Applaus – nach kurzem Schweigen singt das Publikum stehend den ersten Vers des Deutschlandliedes, dann den ersten des Horst-Wessel-Liedes», schrieb der Theaterkritiker Paul Fechter in der «Deutschen Allgemeinen Zeitung». «Danach erst bricht der Beifall los, ehrlich begeistert, und holt Johst und die Schauspieler immer wieder vor den Vorhang: es wurde ein ganz starker Erfolg. Das neue deutsche Drama ist auf dem Wege.»[142]

Doch nicht nur die nationalistische Rechte in Deutschland stilisierte Schlageter zu einer Ikone des Widerstands. In einer Rede vor dem Erweiterten Exekutivkomitee der Kommunistischen Internationale am 21. Juni 1923 erwies auch Karl Radek, Mitglied des Führungszirkels der Russischen Kommunistischen Partei und Deutschlandexperte, Schlageter seine Reverenz. Er pries ihn als «Märtyrer des deutschen Nationalismus» und «mutigen Soldaten der Konterrevolution», der es verdiene, «von uns, Soldaten der Revolution, männlich und ehrlich gewürdigt zu werden». Radek beschwor den Geist Gneisenaus und Scharnhorsts in den «Befreiungskriegen» gegen Napoleon, in denen Preußen mit Russland verbündet gewesen war, und knüpfte daran die Frage: «Gegen wen wollen die deutschen Völkischen kämpfen: gegen das Ententekapital oder das russische Volk? Mit wem wollen sie sich verbinden? Mit den russischen Arbeitern und Bauern zur gemeinsamen Abschüttelung des Jochs des Ententekapitals oder mit dem Ententekapital zur Versklavung des deutschen und russischen Volkes? Schlageter ist tot. Er kann die Frage nicht beantworten. An seinem Grabe haben seine Kampfgenossen die Fortführung seines Kampfes beschworen. Sie müssen antworten: gegen wen, an wessen Seite.»

Das war ein unverhülltes Angebot, ein Bündnis zwischen der radikalen Linken und der extremen Rechten zu schließen, und dies zugleich unter nationalem wie sozialrevolutionärem Vorzeichen. «Aber wir glauben, dass die große Mehrheit der national empfindenden Massen nicht in das Lager des Kapitals, sondern in das Lager der Arbeit gehört. Wir wollen und werden zu diesen Massen den Weg suchen und den Weg finden. Wir werden alles dafür tun, dass Männer wie Schlageter, die bereit waren für eine allgemeine Sache in den Tod zu gehen, nicht Wanderer ins Nichts, sondern Wanderer in eine bessere Zukunft der gesamten Menschheit werden, dass sie ihr heißes, uneigennütziges Blut nicht verspritzen für die Profite der Kohlen- und Eisenbarone, sondern für die Sache des großen arbeitenden deutschen Volkes, das ein Glied ist in der Familie der um ihre Befreiung kämpfenden Völker.»

Zweifellos hatte Radek seine aufsehenerregende Rede nicht im Alleingang verfasst, sondern sie zuvor mit den Genossen in Moskau abgestimmt. Mit der taktischen Linie des «Nationalbolschewismus» verfolgte die Komintern-Leitung eine doppelte Absicht: Zum einen wollte sie die nationalistische Rechte in Deutschland spalten und der Kommunistischen Partei neue Anhänger aus ihren Reihen zuführen; zum anderen warb sie unüberhörbar für eine verstärkte Zusammenarbeit mit Deutschland, gewissermaßen als Fortführung der Rapallo-Politik. Auf sowjetischer Seite befürchtete man, dass die deutsche Regierung dem französischen Druck bald erliegen und sich von den Ententemächten in eine Frontstellung gegen die Sowjetunion hineinmanövrieren lassen könne.[143] Tatsächlich deutete einiges auf einen Kursschwenk in der deutschen Politik hin.

• • • • • • • •

Im Laufe des Frühjahrs war deutlich geworden, dass der passive Widerstand nicht unbegrenzt aufrechterhalten werden konnte. Immer nachdrücklicher wurde die Reichsregierung aufgefordert, Verhandlungen mit den Besatzungsmächten anzuknüpfen. Diejenigen, die davon redeten, dass unter gar keinen Umständen verhandelt werden dürfe, solange die Besetzung andauere, seien «politische Narren», die «vor lauter nationaler Berauschung nicht über den Tag hinaus denken» könnten, schrieb Ludwig Quidde, der Vorsitzende des Deutschen Friedenskartells und Mitglied der DDP, Anfang März 1923 an den Staatssekretär in der Reichskanzlei, Eduard Hamm.[144] Passiver Widerstand allein sei «keine Politik», es müsse «aktive Politik dazu kommen», erklärte der SPD-Politiker Hermann Müller Ende März im Ausschuss für Auswärtige Angelegenheiten des Reichstags.[145] Vor allem die Gewerkschaften drängten darauf, die Zeit zu nutzen, solange der Widerstand der Arbeiterschaft noch ungebrochen sei. Im Gespräch mit Staatssekretär Hamm teilte der ADGB-Vorsitzende Theodor Leipart mit, dass die Widerstandsbereitschaft der Arbeiter im Ruhrgebiet ihren Höhepunkt überschritten habe: «Wir glauben, dass der Zeitpunkt für Verhandlungen jetzt gegeben ist, da es besser ist zu verhandeln, ehe die Kraft sichtbar abnimmt, als dann, wenn die Gegner das Erlahmen schon beobachten.»[146]

Doch die Regierung machte zunächst keine Anstalten, um dem Drängen auf Verhandlungen nachzukommen. Sie fürchtete, dass eine Initiative in diese Richtung als Zeichen der Schwäche ausgelegt werden könnte. In der außenpolitischen Debatte im Reichstag am 16. und 17. April wiederholte Außenminister Rosenberg nur das sattsam bekannte Argument, dass Deutschland in den vorangegangenen Jahren mit seinen Reparationsvorschlägen bereits bis an die äußerste Grenze seiner Leistungsfähigkeit gegangen sei. Er verband die Behauptung mit einer scharfen Polemik gegen Poincaré, der starrsinnig an seiner Gewaltpolitik festhalte. Solange aber Frankreich nicht einlenke, gelte es, «weiter die Zähne aufeinanderzubeißen, zusammenzustehen und im Vertrauen auf unser Recht (...) im Widerstand auszuharren».[147] Kritische Beobachter wie Harry Graf Kessler waren von der Rede Rosenbergs maßlos enttäuscht: «Das Format ist es, was Rosenberg, ebenso wie unseren Staatsmännern im Kriege, fehlt. Mit seiner kleinen Figur, seinen kleinen Bewegungen, seinem kleinen Intellekt machte er den Eindruck eines Zwerges, der mit Kieselsteinen einen in den Abgrund rollenden Riesenwagen aufhalten will.»[148]

Die eigentliche Überraschung der Debatte war der Auftritt Stresemanns. Der DVP-Vorsitzende, der bislang ebenfalls eine unnachgiebige Linie gegen Frankreich vertreten hatte, schlug plötzlich ungewohnte Töne an. Scheinbar an Rosenbergs Rede anknüpfend, in Wirklichkeit sich rhetorisch geschickt von ihr absetzend, plädierte er für eine «aktive Politik», und das hieß für ihn, die Fähigkeit der deutschen Diplomatie zurückzugewinnen, «handelnd ein(zu)greifen» und «den Weg frei(zu)machen für internationale Abmachungen». Über die Reparationsverpflichtungen hinaus, über deren Erfüllung im Rahmen ihrer Leistungsmöglichkeiten die Regierung niemanden im Unklaren lassen dürfe, gelte es, das Vertrauen zwischen den europäischen Mächten wiederherzustellen und eine Lösung zu finden, «die an Stelle der militärischen Gewalt die internationale Verständigung setzt». In diesem Zusammenhang warb Stresemann für eine engere wirtschaftliche Zusammenarbeit mit Frankreich, die «vielleicht in ganz anderer Weise die Möglichkeit» eröffne, «die Wunden des Krieges zu heilen».[149]

Mit seiner Rede habe Stresemann «eine besondere Leistung vollbracht», lobte Georg Bernhard in der «Vossischen Zeitung». Ihre größte Stärke sei der Freimut gewesen, mit dem darin Kritik geübt wurde, dass ein neues deutsches Angebot so lange habe auf sich warten lassen. So habe er einen Weg aufgezeigt, der zu Verhandlungen mit der Entente, insbesondere mit Frankreich, führen könne.[150] Der Kommentator der «Weltbühne» betonte darüber hinaus den innenpolitischen Aspekt der Rede: Mit «kühnem Bogen» habe Stresemann «die Brücke von der Deutschen Volkspartei zur

Sozialdemokratie» geschlagen. Sollte ihm das Kunststück gelingen, «Kapital und Arbeit zu einer ehrlichen und auch für den Vertragsgegner vertrauenswürdigen Reparationspolitik zusammenzuführen, so wäre das eine Leistung, derentwillen alle Sünden der Nationalliberalen Partei in der Vergangenheit (…) vergessen und vergeben sein sollten».[151]

Zum Druck von innen kam ein verstärktes Drängen von außen. Am 20. April hielt der britische Außenminister Lord Curzon im Oberhaus eine Rede, in der er die deutsche Regierung in moderatem Ton aufforderte, den ersten Schritt zu tun und ein neues Verhandlungsangebot zu unterbreiten. Wenn Deutschland unmissverständlich seine Bereitschaft erkläre, Reparationen zu zahlen und die Summe «durch eigens mit dieser Aufgabe betraute Autoritäten» festsetzen zu lassen, wenn es darüber hinaus Bürgschaften für die Zahlungen anbiete, dann sei er, Curzon, zuversichtlich, dass Fortschritte erzielt werden könnten. Jedenfalls sehe er die Tür für Verhandlungen nicht als verschlossen an.[152]

Curzons Rede fand in der deutschen Öffentlichkeit größte Beachtung. Mit ihr sei «eine neue politische Sachlage» geschaffen worden, «die auch von der deutschen Regierung entsprechend gewertet werden wird», zeigte sich Stresemann im Reichstag zuversichtlich.[153] Curzon habe es der Cuno-Regierung «wirklich leicht gemacht», um mit einem Angebot an die Alliierten hervorzutreten, stellte auch Harry Graf Kessler in seinem Tagebuch fest. «Wenn sie jetzt noch zögert, dann wird man nicht umhinkönnen, sie davonzujagen.»[154]

• • • • • • • •

Cuno und sein Kabinett waren nun im Zugzwang. Einen weiteren Aufschub konnten sie sich nicht leisten. Am 25. April wurde in der Ministerrunde erstmals erörtert, wie auf die Curzon-Rede geantwortet werden könne; ein Beschluss wurde aber noch nicht gefasst.[155] Drei Tage später legte Außenminister Rosenberg den ersten Entwurf einer Note vor. Bei den Beratungen traten jedoch große Meinungsverschiedenheiten zutage. Während eine Gruppe von Ministern, vor allem Reichsarbeitsminister Brauns von der Zentrumspartei, für ein möglichst großzügiges Angebot eintrat, um einen psychologisch günstigen Anknüpfungspunkt für Verhandlungen zu schaffen, verlangte eine andere Gruppe, angeführt von Reichswirtschaftsminister Becker von der DVP, man dürfe keineswegs über die bisherigen Angebote hinausgehen, weil man dadurch nicht nur Poincaré eine Rechtfertigung für die Ruhrbesetzung liefern, sondern auch das Vertrauen der Ruhrleute verspielen würde, die sich mit Recht fragen könnten, «ob man nicht im Januar mehr bieten und so den Ruhreinmarsch hätte verhüten können».[156] Der Reichskanzler und sein Außenminister lavierten zwischen beiden Positionen. Sie wollten eine möglichst breite Unterstützung für die Note erreichen und glaubten – wie schon in der Frage der Freikorps und Wehrverbände – auf die Rechtsparteien Rücksicht nehmen zu sollen. Der britische Botschafter D'Abernon, der über die Differenzen im Regierungslager gut unterrichtet war, bezweifelte denn auch, ob die Deutschen «die vorteilhafte Gelegenheit» beim Schopfe ergreifen würden: «Es ist viel wahrscheinlicher, dass sie irgendein ungenügendes Angebot mit zahllosen und überflüssigen Voraussetzungen unterbreiten werden.»[157]

Tatsächlich trug der endgültige Text der deutschen Note vom 2. Mai alle Merkmale eines halbherzigen Kompromisses. In einer Präambel betonte die Reichsregierung zwar ihren Willen zur Verständigung, machte aber zugleich deutlich, dass der passive Widerstand solange fortgesetzt werde, «bis die Räumung der über den Vertrag von Versailles hinaus besetzten Gebiete und die Wiederherstellung vertragsmäßiger Zustände in den Rheinlanden erreicht» seien. Es folgte ein konkreter Reparationsvorschlag, der aber nicht über frühere Angebote hinausging. Die Regierung erklärte sich bereit, nach einem vierjährigen Moratorium eine Summe von insgesamt 30 Milliarden Goldmark zu zahlen, die in drei Raten bis zum Juli 1931 auf dem Anleiheweg aufgebracht werden sollte. Damit sei man, so hieß es, «an die äußerste Grenze dessen gegangen, was Deutschland bei Anspannung aller Kräfte zu leisten vermag». Sollten die Alliierten nicht einverstanden sein, bot man an, gemäß der Anregung des amerikanischen Außenministers Hughes vom Dezember 1922, den Vorschlag einer «unabhängigen internationalen Kommission» zu unterbreiten, deren Urteil man sich unterwerfen wolle. Was den Bereich der Sicherungen und Garantien für die Reparationsleistungen betraf, blieb die Note ganz unpräzise. Stattdessen wurde am Ende noch einmal als unverzichtbare Bedingung für die Aufnahme von Verhandlungen verlangt, dass «innerhalb kürzester Frist der Status quo ante wiederherzustellen» sei, das heißt die besetzten Gebiete geräumt werden müssten.[158]

Für jene Deutschen, die sich einen entschlossenen Schritt nach vorn erhofft hatten, war die Note eine große Enttäuschung. Sie sei «noch viel schlechter, als er erwartet habe», gab der SPD-Finanzpolitiker Rudolf Hilferding im Gespräch mit Harry Graf Kessler zu erkennen. Vor allem mit der Forderung, dass die Räumung des Ruhrgebiets Ausgangspunkt aller Verhandlungen sein müsse, sei «die ganze Aktion von vornherein aussichtslos» und werde ihre Wirkung auf die öffentliche Meinung im Ausland mit Sicherheit verfehlen. Hilferding vermutete, dass die Angst vor der extremen Rechten der Regierung die Feder geführt habe: «der Mann, der den größten Einfluss auf die Abfassung der Note gehabt habe, sei offenbar Hitler gewesen».[159]

Andere Kommentatoren stießen sich vor allem an der undiplomatischen Form der Note. Hätte man sie «in einer geschickteren und anmutigeren Verpackung der Welt überreicht», so wäre man vermutlich ein ganzes Stück weiter gekommen, meinte Georg Bernhard in der «Vossischen Zeitung».[160] In der «Weltbühne» kritisierte Richard Lewinsohn, dass in der «großsprecherischen Präambel (...) ganz unnötigerweise mit der Waffe des passiven Widerstands herumgefuchtelt» werde. Auch in der Politik mache der Ton die Musik, und die «ungewöhnlich misslungene Form der Note» müsse selbst das «wohlmeinende, verständigungsbereite Ausland» abstoßen.[161] Theodor Wolff vertrat in seinem Leitartikel im «Berliner Tageblatt» die Ansicht, dass gegen die stilistische Ausgestaltung der Note und ihre ganze Inszenierung einiges zu sagen wäre, fand aber andererseits, dass «trotz aller Fehler das deutsche Angebot durchaus eine geeignete Grundlage für Verhandlungen bieten könnte», wenn auf der Gegenseite eine ehrliche Bereitschaft zur Verständigung vorhanden wäre.[162]

Davon konnte allerdings auf französischer Seite nicht die Rede sein. In Ihrer Antwortnote vom 6. Mai wies die französische Regierung die deutschen Vorschläge als «völlig unannehmbar» zurück. Die angebotenen 30 Milliarden Goldmark stellten nicht einmal ein Viertel der im Londoner Zahlungsplan vom Mai 1921 festgesetzten Summe dar. Außerdem würden keine Sicherheiten und Garantien dafür geboten, dass die Summe tatsächlich gezahlt würde. Ebenso sprachen sich die französische und die belgische Regierung dagegen aus, dass anstelle der Reparationskommission eine internationale Kommission die deutschen Verbindlichkeiten klären sollte. Schließlich stellten sie klar, dass sie keinerlei Verhandlungen in Betracht ziehen wurden, solange der passive Widerstand aufrechterhalten werde. An ihrem Beschluss, «die neu besetzten Gebiete nur nach Maßgabe und im Verhältnis der abgeleisteten Zahlungen zu räumen», werde festgehalten.[163]

Die französische Antwort löste in der rechtsgerichteten Presse einen Empörungssturm aus. Besonders die darin enthaltene Behauptung, dass die Besetzung des Ruhrgebiets «ohne jede Gewaltanwendung» erfolgt sei, erregte die Gemüter. Die «Deutsche Allgemeine Zeitung» sprach von einem «Dokument unerträglicher Beleidigung und frecher Dummheit»: «Sarkastische Polemik eines impotenten Advokaten zieht sich wie ein roter Faden durch die Antwortnote.»[164]

Für die Cuno-Regierung beunruhigender als die heftige französische Ablehnung war die Reaktion der englischen Regierung. In seiner Antwort vom 13. Mai verhehlte Außenminister Curzon nicht, dass die deutschen Vorschläge im Vereinigten Königreich «große Enttäuschungen» hervorgerufen hätten. Sie seien sowohl der Form als auch dem Inhalt nach weit von dem entfernt, was man in London erwartet habe. Vor allem unterlasse es das deutsche Angebot, die Art der Garantien genauer zu bezeichnen, welche die deutsche Regierung anzubieten bereit sei. Am Ende gab Curzon den Verantwortlichen in Berlin den Rat, ihre Vorschläge noch einmal zu überprüfen und sie so zu erweitern, «dass sie zu einer brauchbaren Grundlage für eine weitere Erörterung werden».[165] Das war, wenn auch gemäßigt im Ton, eine diplomatische Ohrfeige. «Viel bitterer als die Erregtheit der französischen Antwort ist der schroffe Tadel in der ruhigen englischen Note, die voller Verwunderung feststellt, wie wenig es die deutsche Regierung verstanden hat, den ihr geöffneten Weg erfolgreich zu beschreiten», kommentierte die «Vossische Zeitung».[166]

Die Initiative vom 2. Mai hatte sich als kompletter Fehlschlag erwiesen. Anstatt einen Keil zwischen England und Frankreich zu treiben, hatte man beide Mächte erst recht zusammengeführt. Deutschland war erneut isoliert. Viscount D'Abernon fand Außenminister Rosenberg einen Tag nach dem Eingang der britischen Note «enttäuscht und deprimiert». Die Situation könne «nicht ernster sein»; er sehe keinen Ausweg mehr, nachdem das deutsche Angebot eine so deutliche Abfuhr erhalten habe. Einige Tage später eröffnete Rosenberg dem britischen Botschafter im Vertrauen, dass die Regierung sofort nach dem Eingang der Curzon-Note ihren Rücktritt hätte erklären sollen.[167]

• • • • • • • •

Der außenpolitische Rückschlag war für Reichskanzler Cuno und seinen Außenminister eine schwere Schlappe. Immer deutlicher zeigte sich, dass sie unfähig waren, die Krise zu lösen. Ende Mai 1923 verdichteten sich Gerüchte, dass Gustav Stresemann, der durch seine Reichstagsrede vom 14. April deutlich an Statur gewonnen hatte, zum Kanzler einer Großen Koalition ernannt werden könnte. Zwar äußerte sich der DVP-Vorsitzende im vertraulichen Gespräch mit Harry Graf Kessler «sehr abfällig» über die Regierung Cuno, die durch den Misserfolg ihrer Note vom 2. Mai «im Parlament sehr an Ansehen verloren» habe.[168] Aber zu diesem Zeitpunkt war Stresemann noch nicht bereit, die Erbschaft Cunos anzutreten. Das wäre «beinahe politischer Selbstmord», schrieb er seiner Frau Käte am 28. Mai. Und einige Tage später bemerkte er: «Es steht noch nicht fest, wie lange Cuno bleibt, aber alle sprechen von mir als der letzten großen Reserve, die Deutschland hätte, und viele drängen mich, jetzt in die Bresche zu springen. Wie wenig ich mich danach sehne, weißt Du.»[169]

So unternahm Stresemann nichts, um Cuno zu stürzen. Im Gegenteil, in Verhandlungen mit den Fraktionen von Zentrum und DDP und in einem Artikel für das Berliner DVP-Blatt «Die Zeit» von Ende Mai warb er dafür, dem Kabinett weiter den Rücken zu stärken. Die angelaufene diplomatische Aktion müsse weitergeführt werden und dulde keinen Wechsel zum gegenwärtigen Zeitpunkt.[170] Allerdings gab es auch in der SPD, trotz aller Kritik an Cuno, immer noch große Widerstände, ein Bündnis mit der DVP einzugehen. Einen Rücktritt der Regierung zu riskieren, ohne selbst Verantwortung zu übernehmen, dazu war die Partei noch nicht bereit.[171]

Unterdessen bemühte sich Cuno um Schadensbegrenzung. In der Absicht die Lage zu entspannen, entschloss er sich, Curzons Anregung aufzugreifen und bestimmte Passagen der Note vom 2. Mai zu präzisieren. Dabei stand die Frage der Sicherheiten und Garantien im Mittelpunkt. Um hier zu einem Ergebnis zu kommen, benötigte der Kanzler die Unterstützung der Wirtschaft. Ein erster Versuch, die stärkste Interessenorganisation, den Reichsverband der Deutschen Industrie (RDI), dazu zu bewegen, an der Erfüllung der Reparationsleistungen mitzuwirken, scheiterte am Einspruch von Hugo Stinnes – ein Beleg dafür, wie stark seine Stellung im industriellen Spitzenverband, wie groß aber auch sein Einfluss auf die Regierung war. Am 15. Mai unternahm Cuno einen neuen Anlauf, indem er den RDI förmlich um eine Stellungnahme ersuchte, wie er sich die Mitwirkung der Industrie bei der Aufbringung der Reparationen denke. Nach längeren Beratungen kam der Reichsverband in einer Denkschrift vom 25. Mai, die deutlich die Handschrift von Stinnes trug, der Bitte nach. Grundsätzlich erklärte sich die Industrie zur Übernahme von Garantien bereit, verknüpfte diese Zusage aber – wie schon bei der «Kreditaktion» vom Herbst 1921 – mit schwer erfüllbaren Bedingungen: Der Staat müsse sich von der privaten Gütererzeugung und -verteilung fernhalten, die noch bestehenden Bestimmungen der Kriegs- und Zwangswirtschaft aufheben, für Steuererleichterungen und eine «Steigerung der allgemeinen Arbeitsleistung» sorgen und schließlich die Wirtschaft von «unproduktiven Löhnen» entlasten. Hinter diesen Forderungen verbarg sich unverkennbar der Wunsch, die Zwangslage der Regierung in der Reparationsfrage dazu zu benutzen, um zu den für die Unternehmer so vorteilhaften wirtschaftlichen und sozialen Zuständen der Vorkriegszeit zurückzukehren.[172]

Es sei keine Überraschung, stellte Richard Lewinsohn in der «Weltbühne» fest, dass die Industriellen «selbst im Augenblick der größten Gefahr innenpolitische Geschäfte machen wollen». Die Denkschrift sei der schlagende Beweis dafür, dass sie sich nicht über «den engsten Interessenstandpunkt» hinwegzusetzen vermöchten.[173] Entsprechend heftig fiel die Reaktion der Gewerkschaften aus. «Die Industrie versucht hier, mit dem Staat als unabhängige Macht zu verhandeln und stellt Forderungen, wo es sich darum handelt, die Bürgerpflichten gegen den Staat zu erfüllen», hieß es in einem Schreiben aller drei freigewerkschaftlichen Spitzenverbände an den Reichskanzler vom 1. Juni. «Die Staatsautorität muss unerträglich geschwächt werden, wenn die Reichsregierung sich auf Bedingungen des Reichsverbandes einließe. (…) Die Forderung der grundsätzlichen Fernhaltung des Staates von der privaten Gütererzeugung und -verteilung würde Zustände wiederbringen, wie sie vor 80 Jahren in der Wirtschaft herrschten. Das heißt, es würde lediglich Profitstreben der Antriebsmotor der Wirtschaft sein und gemeinwirtschaftliches Denken vollständig ertötet werden. Es ist für uns unmöglich, über die Preisgabe des Achtstundentages, Aufhebung aller Entlassungsbeschränkungen und die anderen in dieser Richtung erhobenen Forderungen des Reichsverbandes zu verhandeln.»[174] Die «Einheitsfront» von Unternehmern und Gewerkschaften, die zu Beginn der Ruhrbesetzung feierlich beschworen worden war – spätestens jetzt war sie zerbrochen.

Am 7. Juni ließ Cuno den alliierten Regierungen ein Memorandum überreichen, das viel kürzer und im Ton nüchterner gehalten war als die Note vom 2. Mai. Es wiederholte einerseits die Bereitschaft Deutschlands, die Entscheidung über Höhe und Art der Reparationszahlungen einer «unparteiischen internationalen Instanz» anzuvertrauen, und kam andererseits dem Wunsch Curzons nach, die verlangten Garantien und Sicherheiten zu konkretisieren. Es wurde angeboten, die Reichsbahn in ein Sondervermögen zu verwandeln und mit Obligationen in Höhe von 10 Milliarden Goldmark zu belasten, deren Verzinsung eine Jahresleistung von 500 Millionen Goldmark sicherstellen sollte. Weitere 500 Millionen Goldmark sollten durch die Belastung des Grundbesitzes von Industrie, Handel, Verkehr und Landwirtschaft aufgebracht werden. Außerdem sollte eine Reihe von Zöllen und Verbrauchssteuern als Sicherheit für die Jahresleistungen verpfändet werden. Am Ende hieß es knapp und eindeutig: «Deutschland erkennt seine Verpflichtung zur Reparation an. Die deutsche Regierung wiederholt ihr Ersuchen, eine Konferenz zu berufen, um den besten Weg zur Erfüllung dieser Verpflichtung zu vereinbaren.»[175]

Das deutsche Memorandum fand in Großbritannien, wo Ende Mai 1923 Premierminister Bonar Law durch den bisherigen Schatzkanzler Stanley Baldwin abgelöst worden war – Curzon blieb Außenminister –, eine freundliche Aufnahme. «Aufrichtigkeit des Angebots wird im schroffen Gegensatz zu früher nirgends angezweifelt. Gelobt wird kurzweg prägnante Formulierung und Fortlassung aller Kontroversen», berichtete der deutsche Botschafter in London, Friedrich Sthamer.[176] Auch der englische Botschafter in Berlin D'Abernon fand, dass die neue deutsche Note «eine durchaus annehmbare Verhandlungsbasis» darstelle: «Wenn Paris sie kurzerhand ablehnt, wird es ersichtlich werden, dass man dort kein Abkommen will, sondern nur eine Fortdauer der heutigen Spannung.»[177]

Tatsächlich kam aus der französischen Hauptstadt wiederum nur ein schroffes Nein: An Verhandlungen sei nicht zu denken, bevor Deutschland nicht den passiven Widerstand aufgebe. Am 29. Juni bekräftigte Poincaré im Senat: «Die letzten deutschen Vorschläge sind nicht seriös, sie verdienen keine Beantwortung. Wenn Deutschland das nicht versteht, um so schlimmer für Deutschland! Wir werden ein so kostbares Pfand wie das Ruhrgebiet nicht aufgeben, ehe wir bezahlt sind.»[178]

Wäre es unter diesen Umständen nicht an der Zeit gewesen, den passiven

Widerstand abzubrechen? Eben dazu riet der Geschäftsträger an der deutschen Botschaft in Paris, Leopold von Hoesch: Es sei illusorisch, so warnte er, auf irgendwelche Zugeständnisse von französischer Seite zu hoffen. Poincaré werde sich von seiner Forderung nach bedingungsloser Aufgabe des passiven Widerstands nicht abbringen lassen.[179] Doch darauf einzugehen, war die deutsche Regierung noch nicht bereit. Das würde, erklärte Außenminister Rosenberg, «eine vollkommene Kapitulation und Demütigung Deutschlands» bedeuten.[180] Auch der Reichspräsident stand noch hinter der Politik des Cuno-Kabinetts. Mehrfach habe Ebert signalisiert, teilte der Ministerialdirektor im Auswärtigen Amt, Carl Schubert, Mitte Juni 1923 mit, dass er und mit ihm die Regierung zurücktreten würden, sollte Deutschland den passiven Widerstand ohne Weiteres aufgeben.[181]

Der Parteivorstand der SPD und die Führung des ADGB wiederum fürchteten, zum Opfer einer neuen Dolchstoßlegende zu werden, falls sie eine Initiative zum Abbruch des passiven Widerstands ergriffen. Noch am 31. Mai bekräftigten Vertrauensleute von Sozialdemokratie und Freien Gewerkschaften aus den besetzten Gebieten bei einer Zusammenkunft mit Vertretern der Berliner Zentralen ihre Entschlossenheit, den passiven Widerstand «mit der bisherigen Energie» fortzusetzen.[182] Niemand wolle das Odium auf sich nehmen, den «Kanzler des Widerstands» zu stürzen, analysierte Richard Lewinsohn in der «Weltbühne». Manche hätten sogar eine heimliche Freude daran, dass derjenige, der die Suppe eingebrockt habe, sie nun auch auslöffeln müsse: «So kann der Herr Cuno vorerst ungestört weiterregieren.»[183]

• • • • • • • •

Dabei zeigten sich die desaströsen Folgen von Cunos Politik im Sommer 1923 immer deutlicher. Die ungeheuren Ausgaben für die Subventionierung des besetzten Gebiets führten zu einer außerordentlichen Beschleunigung der Inflation. Die Geldentwertung erreichte neue Höchststände. Die Löhne blieben immer weiter hinter den Preissteigerungen vor allem für Lebensmittel zurück. Zunehmend erfasste die Krise die gesamte Wirtschaft. Die Arbeitslosigkeit nahm sprunghaft zu. In weitesten Kreisen des deutschen Volkes herrsche «große Erregung und tiefe Bitterkeit», stellte Staatssekretär Hamm Mitte Juni 1923 fest.[184] Von einem «Gemisch aus Erbitterung und Verzweiflung» all jener, die auf feste Bezüge angewiesen seien, berichtete auch der SPD-Reichstagsabgeordnete und frühere Reichswirtschaftsminister Rudolf Wissell am 22. Juni vor dem Währungsausschuss des Reichswirtschaftsrats. Die Stimmung unter den Arbeitern habe ihn geradezu erschreckt und erfülle ihn mit ernster Sorge für die Zukunft. Es fehle nur noch eine zündende Parole, um den noch schlummernden «revolutionären Geist» wie 1918 «explosionsartig» zum Ausbruch zu bringen.[185]

Bereits in der zweiten Maihälfte hatte sich die Erbitterung in einer großen, von Dortmund ausgehenden «wilden» Streikbewegung entladen, an der sich zeitweise rund 300 000 Arbeiter beteiligten. Von Juni bis August wurde auch der unbesetzte Teil des Reiches zum Schauplatz zahlreicher Streiks. Dabei ging es in der Regel um eine Anpassung der Löhne an den galoppierenden Kaufkraftschwund der Mark. Vielerorts kam es zu Hungerdemonstrationen und Plünderungen von Geschäften. Solche spontanen Selbsthilfeaktionen waren Ausdruck einer extremen Notlage, die immer weiter um sich griff.[186] Ende Juli 1923 war die Geduld vieler Gewerkschaftsfunktionäre im besetzten Gebiet erschöpft. In einem Bericht an den Reichskanzler warnte der Essener Bezirksleiter des Deutschen Metallarbeiterverbandes, Karl Wolf, vor einer «Demoralisation der Arbeiterschaft», welche «die schlimmsten Folgen nach sich ziehen» müsse: «Wir halten es für zwingend geboten, endlich einmal das Übel bei der Wurzel anzufassen und einmal allen Ernstes an die Beendigung der Ruhraktion zu denken.»[187]

Nutznießer der katastrophalen wirtschaftlichen Lage waren die Nationalsozialisten, die in München und Bayern einen starken Zulauf zu verzeichnen hatten.[188] Aber auch die Kommunisten sahen sich im Aufwind. Bei Wahlen zu den Betriebsräten, zu Landtagen und kommunalen Parlamenten erzielten sie deutliche Stimmengewinne. Die Zahl der Mitglieder stieg zwischen September 1922 und September 1923 von knapp 225 000 auf fast 295 000.[189] Offenkundig war es die nackte Verzweiflung vieler Arbeiter, die der KPD neue Anhänger zutrieb. Dass die Partei im Sommer 1923 «ohne Zweifel» die Mehrheit des deutschen Proletariats hinter sich gehabt habe, wie der linkssozialistische Historiker Arthur Rosenberg in seiner immer noch anregenden «Geschichte der Weimarer Republik» aus dem Jahr 1935 gemeint hat, dürfte allerdings eine Übertreibung sein.[190]

Ihre nationalbolschewistischen Parolen hinderten die KPD-Führung nicht daran, gleichzeitig eine lebhafte antifaschistische Agitation zu entfalten. Dadurch sollte offenbar der ungünstige Eindruck abgeschwächt werden, den die «Schlageter-Linie» auf die nichtkommunistischen Teile der Arbeiterschaft gemacht hatte. Am 12. Juli 1923 veröffentlichte «Die Rote Fahne» auf ihrer Titelseite einen Aufruf der Zentrale «An die Partei!», der an Radikalität kaum zu überbieten war. Er begann mit der Feststellung, dass das Kabinett Cuno «bankrott» sei und «die innere und äußere Krise» in den kommenden Tagen «zur absoluten Katastrophe» führen müsse. Angeblich planten faschistische Verbände in Süddeutschland einen Aufstand. Dagegen müssten sich die «proletarischen Abwehrorganisationen» wappnen: «Der Faschistenaufstand kann nur niedergeworfen werden, wenn dem weißen Terror der Rote Terror entgegengestellt wird. Erschlagen die Faschisten, die bis auf die Zähne bewaffnet sind, die proletarischen Kämpfer, so müssen diese erbarmungslos alle Faschisten vernichten. Stellen die Faschisten jeden zehnten Streikenden an die Wand, so müssen die revolutionären Arbeiter jeden fünften Angehörigen der Faschistenorganisationen an die Wand stellen.»[191] Der Aufruf war, wie der amerikanische Historiker Werner T. Angress festgestellt hat, «ziemlich starker Tobak». Denn von einem unmittelbar bevorstehenden Putsch konnte im Sommer 1923 weder in Bayern noch im übrigen Reich die Rede sein.[192] Und die martialische Sprache dürfte eher dazu angetan gewesen sein, Sympathisanten der KPD abzuschrecken als anzuziehen.

Für den 19. Juli rief die KPD-Zentrale in Berlin zu einem «Antifaschistentag» im ganzen Reich auf. Dabei kam es ihr vor allem darauf an, durch Mobilisierung ihrer Anhänger zu testen, wie groß ihr Einfluss auf die Massen war. Aufgeschreckt durch den aggressiven Ton der jüngsten kommunistischen Verlautbarungen, interpretierte die Reichsregierung den geplanten Aufmarsch als Auftakt zu einem Umsturzversuch und empfahl den Ländern, Kundgebungen unter freiem Himmel zu verbieten. Die meisten Länder folgten der Empfehlung. Auf eine offene Kraftprobe wollte es die KPD-Führung zu diesem Zeitpunkt noch nicht ankommen lassen. So empfahl sie ihren Mitgliedern, Demonstrationen nur dort durchzuführen, wo sie erlaubt waren, ansonsten aber Versammlungen in geschlossenen Räumen abzuhalten. In einem Artikel in der «Roten Fahne» rechtfertigte Karl Radek das Zurückweichen: Der Augenblick für die «Generalschlacht» sei noch nicht gekommen. «Wir müssen die Schlachten schlagen, vor die uns die Geschichte stellt, aber wir müssen dabei immer im Auge behalten, dass wir momentan noch schwächer sind.»[193]

• • • • • • • •

Trotz wachsender Kritik dachten weder Cuno noch sein Außenminister ans Aufgeben. «Wir werden ausharren und unsere Politik fortführen, bis man uns in Stücke reißt», versicherte Rosenberg Anfang August 1923 dem britischen Botschafter.[194] Doch das war nichts weiter als Selbsttäuschung. Zu groß war der Vertrauensverlust der Regierung während der vorangegangenen Monate. «Politisch treiben wir rasend dem Abgrund entgegen», notierte Georg Escherich, der Organisator der inzwischen aufgelösten bayerischen Einwohnerwehren, Ende Juli 1923. Die Regierung Cuno sei «mehr und mehr mit ihrem Latein am Ende».[195] Weder in der Reparationsfrage noch bei der Stabilisierung der Währung hatte Cuno entscheidende Fortschritte erzielt. Im Gegenteil, die Mark befand sich im freien Fall, und dass der englische Außenminister Curzon am 11. August in einer Note an die französische Regierung die Legalität der Ruhrbesetzung in Zweifel zog und sich der Forderung nach einer unabhängigen Sachverständigenkommission zwecks Festsetzung der Reparationsschuld anschloss, konnte nicht darüber hinwegtäuschen, dass Deutschlands außenpolitische Lage nach wie vor prekär war.[196]

Bereits am 27. Juli hatte das Berliner Zentrumsblatt «Germania» in einem Leitartikel, überschrieben «In höchster Not», einen Frontalangriff auf die Regierung eröffnet. Sie sei eine «einzige Enttäuschung», und es sei zu bezweifeln, ob sie sich überhaupt noch zu durchgreifenden Maßnahmen aufraffen könne.[197] Der Artikel habe «wie eine Bombe eingeschlagen», schrieb Stresemann einem Parteifreund. Was darin über die Untätigkeit der Regierung mitgeteilt werde, sei «Allgemeinempfinden»: «Über der Regierung waltet ein Unstern. Man achtet die Persönlichkeiten der Minister, man hat aber die Empfindung, dass diesen Leuten nichts mehr gelingt.»[198] Vorstand und Fraktion des Zentrums distanzierten sich zwar von dem Artikel, doch dass zur gleichen Zeit auch die «Kölnische Zeitung», das führende westdeutsche Zentrumsblatt, mit dem Alarmruf: «Es ist fünf Minuten vor zwölf!» in die Kritik einstimmte, deutete darauf hin, wie verbreitet die Unzufriedenheit über Cuno auch in Zentrumskreisen war.[199] Keiner glaube mehr an diesen «hoffnungslosen Kanzler», diagnostizierte «Das Tage-Buch», und dass er überhaupt noch im Amt sei, sei allein darauf zurückzuführen, dass die Rolle des Nachfolgers eine allzu undankbare sei: «In dieses harte Bett will niemand sich legen. Aber wird die Erbschaft besser, wenn sie später angetreten wird?»[200]

Am 27. Juli, dem Tag, als der aufsehenerregende «Germania»-Artikel erschien, berief Reichspräsident Ebert das Kabinett ein. Mit Kritik an den Versäumnissen der Regierung hielt er sich spürbar zurück: «Es wäre vielleicht besser gewesen, wenn das eine oder andere früher geschehen wäre. Aber es sei noch nicht zu spät.» Alles komme nun darauf an, «schnell zu handeln, um die innenpolitischen Schwierigkeiten zu überwinden». Ebert empfahl, sich mit einer «geschickten Kundgebung» an die Öffentlichkeit zu wenden.[201] Das geschah zwei Tage später. In einem gemeinsamen Aufruf des Reichspräsidenten und der Reichsregierung wurde ein Programm vorgestellt, mit dem man die Reichsfinanzen zu konsolidieren hoffte. So sollte die Einkommenssteuer bereits während des Veranlagungsjahres entsprechend der Geldentwertung geleistet werden, ebenso sollten Vermögenssteuern, Erbschaftssteuern, Verbrauchssteuern sowie Löhne und Gehälter der Inflationsrate angepasst werden. Ferner war ein «Opfer für Rhein und Ruhr» vorgesehen, das vor allem von den einkommensstarken Schichten aufzubringen war, und eine wertbeständige Anleihe ausgegeben werden, die Sparer vor der Entwertung ihrer Anlagen schützen sollte.[202] Das waren Maßnahmen, die schon längst hätten beschlossen werden können. In der zugespitzten Krise des Sommers 1923 blieb ihre Ankündigung ohne jede Wirkung. «Alles, was heute die Regierung an Maßnahmen vorschlägt, macht sie ähnlich dem Mann, der es unternimmt, mit einem Automobil um die Wette zu laufen», schrieb Georg Bernhard in der «Vossischen Zeitung».[203]

Am 8. August trat der Reichstag zu einer außerordentlichen Sitzung zusammen. Cunos Rede war mit Spannung erwartet worden, doch sie enttäuschte allgemein. Abermals wies er das Verlangen Frankreichs nach Beendigung des passiven Widerstands kategorisch zurück – damit würde die Regierung «ihre einzige Waffe auf Gnade und Ungnade dem Gegner ausliefern» –, um danach umständlich die geplanten neuen Steuergesetze zu erläutern.[204] Beobachter wie Theodor Wolff gewannen den Eindruck, dass der Reichskanzler den Belastungen seines Amtes nicht mehr gewachsen sei. Er habe seine «papierne Rede mit einer Müdigkeit» vorgetragen, die umso mehr aufgefallen sei, «wenn er, um zu kraftvollem Ausharren aufzufordern, ein wenig die Stimme erhob». Man habe förmlich die Erleichterung im Parlament gespürt, als Stresemann am folgenden Tag «mit robuster Entschlossenheit» gesprochen habe: «Niemand weiß, was Stresemann als handelnder Staatsmann leisten würde, aber wenigstens als Redner leidet er nicht an müder Resignation.»[205] Nicht nur der Chefredakteur des «Berliner Tageblatts» hielt mittlerweile einen Kabinettswechsel für notwendig und sah in Stresemann den kommenden Kanzler.

• • • • • • • •

Das Ende der Regierung Cuno kam rascher als erwartet. Am 10. August traten die Buchdrucker in den Streik. Davon betroffen waren auch die Betriebe der Reichsdruckerei in Berlin, die für den Nachschub an Banknoten sorgten. Sofort machte sich ein Mangel an Papiermark bemerkbar. Am Abend rief Ebert das Kabinett erneut zusammen, um, wie er erklärte, die Lage, die «sehr ernst, um nicht zu sagen bedenklich» sei, zu besprechen. Es müsse alles getan werden, um rasch Zahlungsmittel zu beschaffen. «Wenn die große Masse kein Geld hat und schließlich Hunger leidet, kommt der Krawall auf die Straße.»[206] Am 11. August, dem 4. Jahrestag der Verfassung, rief eine von den Kommunisten dominierte Vollversammlung der revolutionären Betriebsräte in Groß-Berlin zum Generalstreik auf mit dem Ziel, die Regierung Cuno zu stürzen. Die «Cuno-Streiks» weiteten sich über Berlin auf andere Gebiete aus, unter anderen auf Hamburg, die Lausitz, die preußische Provinz Sachsen sowie die Länder Sachsen und Thüringen.[207]

Unter dem Druck dieser Ereignisse kehrte sich auch die Stimmung in der SPD endgültig gegen die Regierung. Am Nachmittag des 11. August beschloss die sozialdemokratische Reichstagsfraktion, dem Kabinett Cuno die Unterstützung aufzukündigen. Angesichts der «schweren außen- und innenpolitischen Situation» halte sie «eine vom Vertrauen der breiten Masse mitgetragene und gestützte Regierung, die stärker ist als die gegenwärtige, für notwendig», hieß es in einer Erklärung. Damit drückten die Sozialdemokraten ihre Bereitschaft aus, in einem Kabinett der Großen Koalition Regierungsverantwortung zu übernehmen. Allerdings stellten sie dafür eine Reihe von Bedingungen, unter anderem eine Finanz- und Währungsreform, wertbeständige Löhne, Sozialrenten und Erwerbslosenhilfen, die «Loslösung der Reichswehr von allen illegalen Organisationen», und schließlich eine stärkere «außenpolitische Aktivität zur Lösung der Reparationsfrage».[208]

Bereits am 10. August hatte Hilferding in einer Unterredung mit Stresemann auf die Bildung einer Großen Koalition gedrängt.[209] Doch der DVP-Vorsitzende zögerte noch, sich schärfer gegen die Regierung zu wenden. Da er von vielen Seiten als Nachfolger Cunos gehandelt werde, würde jede Kritik «nicht sachlich, sondern persönlich aufgefasst werden», ließ er einen Parteifreund wissen.[210] Offensichtlich wollte Stresemann nicht das Odium des Kanzlersturzes auf sich nehmen. Noch in der Fraktionssitzung der DVP am 10. August erklärte er: Finde das Kabinett «aus eigener Kraft den Entschluss zu bleiben», so werde man es «selbstverständlich unterstützen und mit ihm kämpfen». Finde Cuno diese Kraft nicht und führe die Entwicklung zum Rücktritt des Kabinetts, so sei die Bildung einer Großen Koalition «unter bürgerlicher Führung» die günstigste Lösung.[211]

Unterstützung für seinen Kurs fand Stresemann auch bei der «Deutschen Allgemeinen Zeitung». Nachdem der Beschluss der SPD-Reichstagsfraktion bekannt geworden war, schrieb das Stinnes-Blatt: «Grundsätzlich sagen wir heute schon: ein Kabinett der großen Koalition wäre in diesem Augenblick, wo die ganze Welt auf den Ausgang des französischen Vernichtungsfeldzugs gegen Deutschland wartet, die stärkste Bekundung des deutschen Einheits- und Abwehrwillens.»[212]

Auch bei den anderen bürgerlichen Parteien hatte sich viel Unzufriedenheit über die Regierung Cuno angestaut. Auch sie sahen in der Bildung einer Großen Koalition den einzig gangbaren Ausweg aus der Krise. Allerdings wollten sie es vermeiden, dem Kanzler offen das Misstrauen auszusprechen, weil das einer Desavouierung der eigenen Minister im Kabinett gleichgekommen wäre. Lediglich auf die Unterstützung der Deutschnationalen Volkspartei konnte Cuno noch zählen. Ihr Sprecher, Karl Helfferich, bestürmte den Kanzler noch auf dem Höhepunkt der Krise, auf keinen Fall zurückzutreten.[213]

Doch Cuno war keine Kämpfernatur. Anfang August fand er sich bei Reichswehrminister Geßler in der Bendlerstraße ein und bat ihn: «Lassen Sie mich hier ein paar Stunden still sitzen, ich habe das Gefühl, über mir stürze das Haus ein.»[214] Erschöpft und nervlich am Ende, scheint der Reichskanzler geradezu erleichtert gewesen zu sein, als sich ihm die Gelegenheit bot, das ungeliebte Amt aufzugeben. Als er die Ministerrunde am Mittag des 12. August um sich versammelte, war er bereits zum Rücktritt bereit. Der Beschluss der SPD-Fraktion allein, erklärte er, hätte ihn nicht zu diesem Schritt bewogen, wenn nicht auch die Führer der parlamentarischen

«Arbeitsgemeinschaft der Mitte» ihm signalisiert hätten, dass «der Gedanke der Ersetzung des Kabinetts durch eine Regierung der großen Koalition» auch bei ihren Parteien Anklang gefunden habe. Damit seien die Voraussetzungen entfallen, unter denen er sein Amt weiterführen könne. In einer anschließenden Besprechung mit den Parteiführern bekräftigte Cuno, dass es im gegenwärtigen Moment das Richtige sei, «die Regierung auf breiter Basis der Parteien und des Parlaments zu festigen und damit die Einheitlichkeit der Politik nach innen und eine kraftvolle Politik nach außen zu sichern».[215]

Am Abend des 12. August reichte Cuno sein Abschiedsgesuch ein. Umgehend beauftragte Ebert Stresemann mit der Regierungsbildung. Das war für niemanden mehr eine Überraschung. Der Reichspräsident habe den Kanzler nicht halten können, weil dieser sich selbst aufgegeben habe, schrieb der Chef der Heeresleitung, Hans von Seeckt, an seine Schwester: «Stresemann lag in der Luft; es war gut für ihn vorgearbeitet, und man muss auch zugeben, dass sein letztes parlamentarisches Auftreten sehr geschickt war. Er ist sicherlich ein sehr gewandter und auch zäher Politiker.»[216]

• • • • • • • •

Cuno war auf ganzer Linie gescheitert. Sein Abgang wurde ganz überwiegend begrüßt. Es habe sich zuletzt immer deutlicher gezeigt, dass sein Kabinett «das Reichsschiff mit gebrochenem Steuer umhertreiben ließ», merkte Georg Bernhard in der «Vossischen Zeitung» an.[217] Geradezu vernichtend lautete die Bilanz, die Carl von Ossietzky in der «Berliner Volks-Zeitung» zog: Cunos Regierung habe einen «Trümmerhaufen» hinterlassen, «ein verwüstetes, von Flammen zerfressenes Haus». Das deutsche Volk bezahle die Blankovollmacht, die es dem «Kabinett der Persönlichkeiten» im November 1922 ausgestellt habe, «mit einer hoffnungslos festgelaufenen Außenpolitik, mit einer völlig demolierten Wirtschaft und mit einer innenpolitischen Situation, die sich vom Zustande des Bürgerkrieges nicht viel unterscheidet».[218] Auch «Die Weltbühne» stellte der scheidenden Regierung «ein Armuts- und Unfähigkeitszeugnis» aus, wie es kein Kabinett sich je hatte ausstellen lassen müssen.[219]

Gegenüber solchen harschen Urteilen erinnerte Theodor Wolff daran, dass Cuno zu Beginn seiner Amtszeit außerordentlich populär gewesen war und «auf seinen Fahrten durch das Land wie ein Held begrüßt» worden sei.

Sein größter Fehler sei gewesen, dass er als ein Mann der Wirtschaft zu sehr den «Ideen großkapitalistischer Kreise» gefolgt sei. Abschließend stellte der Chefredakteur des «Berliner Tageblatts» fest: «Das Kabinett Cuno hat im Sturm die Seemannsregeln vergessen, und hat, um Lawinen aufzuhalten, kleine Regenschirme aufgespannt.»[220]

In der «Deutschen Allgemeinen Zeitung» überwog hingegen das Lob: Unter Cunos Kanzlerschaft habe «der deutsche Name im Ausland wieder Klang bekommen». Mit dem von ihm initiierten «Ruhrkrieg» sei der Bruch mit der «Erfüllungspolitik des Herrn Wirth» vollzogen worden. Bemängelt wurde allerdings, dass Cuno es in der Innenpolitik an Energie habe fehlen lassen. So habe er es versäumt, «den Arbeitern gegenüber mit allem Nachdruck die Notwendigkeit der Mehrarbeit und der Hebung unserer nationalen Produktivität zu betonen».[221] Unüberhörbar machte sich das Blatt hier zum Sprachrohr großindustrieller Interessen. Mit der Forderung nach einer Zurücknahme der sozialpolitischen Errungenschaften von 1918/19, insbesondere des Achtstundentages, sollte auch die neue Reichsregierung bald konfrontiert werden.

II.

Von der Inflation zur Hyperinflation • • •

Jagd nach Lebensmitteln: Im Zuge der Hyperinflation bilden sich überall lange Schlangen vor den Geschäften.

. . . .

Am Morgen des 12. August 1923 fuhr Thea Sternheim mit ihren beiden Kindern zum Einkauf nach Dresden: «Da die übliche Jagd nach Lebensmitteln. Keine Butter, kein Ei, drei Pfund Fleisch kosten 3 000 000 Mark.»[1] Dass am selben Tag die Regierung Cuno zurückgetreten war, erwähnte Sternheim in ihrem Tagebuch mit keinem Wort. Auch Victor Klemperer war der Abgang Cunos nur eine Zeile wert. Beherrschendes Thema blieb auch in seinen Tagebuchaufzeichnungen die rasende Geldentwertung, von der die Zeitungsannoncen am 12. August einen plastischen Eindruck vermittelten: «Renner, ein billiges Warenhaus, zeigte an: Herrenstiefel 16 ½ Mill., Herrenhosen 6,5 Mill., Mützen 3,6 Mill., Damenkleider 55,41, ein billigstes nur 5,740 Millionen. Damenstrümpfe, die billigsten ½ Million usw. usw.»[2]

Nationalistische Kreise in Deutschland machten die horrenden Reparationsleistungen für die galoppierende Inflation verantwortlich. Doch die Ursachen lagen tiefer und reichten bis in die Zeit des Ersten Weltkriegs zurück. Das Deutsche Reich hatte den Krieg nicht durch eine Erhöhung der Steuern, sondern überwiegend durch inländische Anleihen finanziert – in der Erwartung, dass man die Rückzahlung den besiegten Gegnern aufbürden könne. Außerdem hatte die Reichsbank, da die Erträge aus den Anleihen seit 1916 zur Deckung der explosiv steigenden Kriegskosten nicht mehr ausreichten, eine sehr lockere Kreditpolitik betrieben. Der Geldumlauf erhöhte sich zwischen dem 1. August 1914 und 1. Dezember 1918 von 2,9 auf 18,6 Milliarden Mark. Die Gesamtverschuldung des Reiches belief sich bei Kriegsende auf 156 Milliarden Mark. Allein der Zinsendienst für diese riesige Summe verschlang im letzten Kriegsjahr 90 % der ordentlichen

Reichsausgaben. Faktisch war der Außenwert der Mark im Vergleich zur Vorkriegszeit um fast die Hälfte gesunken.[3]

«Das alte Regime hat diesen Krieg geführt wie ein verzweifeltes Hazardspiel, bei dem alles auf eine Karte gesetzt wurde», bemerkte der Wirtschaftsjournalist Felix Pinner im «Berliner Tageblatt» Ende Dezember 1918. «Sinnlose Überpreise wurden bewilligt, um die Produktion anzuregen. Die hohen Preise zogen hohe Löhne nach sich und umgekehrt. Die bis zu einem gewissen Grade unvermeidliche Inflation nahm einen unheimlichen Umfang an.»[4]

Ein währungspolitischer Neuanfang wäre also nach 1918 notwendig gewesen. Doch davor schreckten die demokratischen Nachkriegsregierungen zurück. Die Aufrechterhaltung des sozialen Friedens war ihnen wichtiger als die Sanierung des Reichshaushalts und die Stabilisierung der Währung. Um die Folgelasten des verlorenen Krieges zu finanzieren, setzten sie die inflationäre Politik fort. Millionen Soldaten mussten demobilisiert und wieder in den Arbeitsprozess eingegliedert, Kriegsopfer und Erwerbslose unterstützt, die Wirtschaft durch staatliche Subventionen auf Friedensproduktion umgestellt, Betriebe für den Verlust ihres Besitzes in den abgetretenen Gebieten entschädigt werden. All das trieb die Staatsverschuldung in neue Höhen. Hinzu kam eine kräftige Steigerung von Löhnen, Gehältern und Sozialleistungen nach dem Krieg. Staat, Unternehmer und Gewerkschaften sahen darin ein probates Mittel, um revolutionären Unruhen vorzubeugen und einer Radikalisierung der Arbeiterschaft zu begegnen. So bildete sich in den ersten Nachkriegsjahren ein regelrechter «Inflationskonsens» zwischen den relevanten gesellschaftlichen Gruppen aus.[5]

Auch die von Reichsfinanzminister Matthias Erzberger im Juli 1919 vorgelegte Finanzreform änderte daran nichts Grundlegendes. Sie sicherte zwar die Finanzhoheit des Reiches gegenüber den Ländern und schuf die Grundlage für ein modernes Steuersystem. Durch ein ganzes Bündel von Gesetzen – darunter auch eine einmalig erhobene Vermögensabgabe im Dezember 1919 – wollte Erzberger die vermögenden und besitzenden Schichten stärker zur Kasse bitten. Doch gelang es nicht, die Inflation und die Staatsverschuldung wirksam einzudämmen. Höhere Abgaben auf Vermögen und Einkommen wurden von den Unternehmern auf die Preise abgewälzt. Und nach wie vor blieben die Einnahmen hinter den Ausgaben zurück, konnte die Lücke nur durch die Aufnahme von neuen Schulden geschlossen werden. 1920 lag die Gesamtschuld des Reiches bereits bei 184,9 Milliarden Mark, 1921 stieg sie auf 248,8 Milliarden Mark an.[6]

Andererseits bot die Inflation der deutschen Wirtschaft einige beachtliche Vorteile. Die billige Mark begünstigte den Export. Anders als die anderen großen Industrieländer des Westens, die nach dem Krieg in eine schwere Rezession hineinsteuerten, erlebte Deutschland in den Jahren 1920 bis 1922 eine Sonderkonjunktur. Die Arbeitslosigkeit blieb konstant niedrig und erreichte im Oktober 1921 mit 1,2 % einen Tiefstand. Im selben Monat beobachtete der Berliner Korrespondent des «Manchester Guardian»: «Die Geldentwertung hat drei Folgen: Erstens blüht die deutsche Industrie in beispielloser Weise. Die Gewinne sind enorm, große Dividenden werden gezahlt, der Export ist angeregt, die Produktion steigt, und die Arbeitslosigkeit ist fast verschwunden. Zweitens steigen die Lebenshaltungskosten, und der Lebensstandard sinkt. Drittens haben andere Länder härter denn je mit der deutschen Konkurrenz zu kämpfen.»[7]

Und noch einen Vorteil bot das Treibenlassen der Inflation: Es erleichterte der Reichsregierung, die tatsächliche Leistungsfähigkeit der deutschen Wirtschaft gegenüber den Alliierten zu verschleiern und ihnen die Unerfüllbarkeit der Reparationsforderungen vor Augen zu führen. Der Verdacht insbesondere der französischen Regierung, dass die Deutschen den Wert ihrer Währung bewusst verfallen ließen, um sich ihren Verpflichtungen zu entziehen, war insofern nicht von der Hand zu weisen. Im Januar 1921 erklärte Walther Rathenau in einer Sitzung des Auswärtigen Amtes, er fürchte die Inflation nicht. Um einer Wirtschaftskrise wie in England «einen Damm entgegensetzen zu können», empfahl er, «die Notenpresse noch etwas mehr arbeiten (zu) lassen»: «Es sei nicht richtig, wenn man sage, die Notenpresse mache uns kaputt.»[8]

• • • • • • • •

Allerdings entwickelte sich die Inflation nicht gleichmäßig, sondern in Schüben. Zwischen Frühjahr 1919 und Frühjahr 1920 verlor die deutsche Währung rasch an Wert. Der Wechselkurs, der vor dem Krieg bei 4,20 Mark für einen Dollar gelegen hatte, sank im Mai 1919 nach Bekanntwerden der harten Bedingungen des Versailler Vertrages auf 13,50 Mark und stand am Ende des Jahres bei 49 Mark. Nach einem weiteren dramatischen Kurssturz – im Februar 1920 mussten für einen Dollar über 90 Mark bezahlt werden – setzte eine Periode relativer Stabilisierung ein, die bis zum Sommer 1921 anhielt. Im Juli 1920 erreichte die Mark mit 37,95 sogar den niedrigsten Stand gegenüber dem Dollar seit über einem Jahr. Zwischen Oktober 1920 und Juni 1921 schwankte der Wechselkurs zwischen 62 und 75 Dollar. Es schien, als habe sich die deutsche Währung endgültig erholt. Im Vertrauen auf eine weitere Wertsteigerung der Mark floss viel spekulatives ausländisches Kapital nach Deutschland und trug zur Stützung des Kurses bei.[9]

Doch nach der Annahme des Londoner Ultimatums vom Mai 1921, mit dem die Alliierten ihre Reparationsrechnung präsentierten, begann der Außenwert der Mark im Juni erneut zu fallen, erst langsam und seit Oktober 1921 immer schneller. Im Dezember 1921 stand der Kurs bereit bei 217 Mark für einen Dollar. Zur gleichen Zeit lag die Arbeitslosenquote bei 1,6 %. In seiner Neujahrsbetrachtung 1922 schrieb Georg Bernhard in der «Vossischen Zeitung»: «Dass die Inflation in Deutschland abgebaut werden muss, ist nun allmählich zu einem Schlagwort geworden.» Es habe sich aber bisher noch keiner an diese Aufgabe herangewagt, und jeder wisse, warum: «Die Inflation ist ein riesengroßer Betrug, der wohlgefällige Bilder vor die Sinne gaukelt. Die lebhafte Geschäftstätigkeit, das Steigen aller Preise und Löhne bedeutet zwar Ausverkauf unter dem wirklichen Preis, bedeutet Bewucherung der Massen als Konsumenten und Unterbezahlung aller Arbeitskräfte als Produzenten. Aber weil die Summen steigen, an denen noch der alte Vorstellungsinhalt klebt, wird es nur langsam oder gar nicht gemerkt, und weil jeder, der arbeiten will, Arbeit und Entlohnung findet, so verstärkt die günstige Arbeitsmarktstatistik den Dunst und den Nebel, die uns umlagern.» Demgegenüber würde eine deflationäre Politik «ein grausames Erwachen» bedeuten, «wie nach einem Opiumrausch». Nicht nur das Produzieren, auch das Regieren würde schwerer. «Und deshalb will keiner den Anfang machen, solange es mit dem Notendruck bequemer geht.»[10]

In seinem Tagebuch registrierte Victor Klemperer die fortschreitende Geldentwertung mit steigender Besorgnis. «Furchtbare Teuernis des Haushalts, des Brennstoffs. Notwendigkeit einer neuen Hose, drohende Arztrechnungen (…) Ich rechne nicht mehr, bin dem Geld gegenüber recht stumpf geworden, dem Gewinnen wie dem Zerrinnen gegenüber. Ein Hundertmarkschein ist wie eine Mark», notierte er am 8. September 1921.[11] Und zwei Monate später klagte er: «Die Finanzen fangen an, sehr bedrückend zu werden. Die Preise für alles steigen entsetzlich. Kaffee über 30, Butter über 40 M. Dabei ständige Nebenausgaben (…). Geht es so weiter, dann müssen sich unsere Reserven rasch aufzehren.»[12] Einen Tag vor Heiligabend 1921, nachdem er die letzten Weihnachtseinkäufe in der Dresdner Altstadt erledigt hatte, hielt er fest: «Für die geringsten Kleinigkeiten des Alltags (Wurst, Haarwasser etc., etc.), ist ein Hunderter leichter ausgegeben als früher ein Zehner.»[13]

Viele Menschen in Berlin hätten sich diesmal verabredet, sich Weihnachten nichts zu schenken, «weil die Preise langsam sinnlos geworden sind», berichtete der Theaterkritiker Alfred Kerr in einem seiner «Plauderbriefe» aus der Reichshauptstadt: «Allenthalben wirft man ja eine besorgte Pupille auf das, was die Zukunft an höchst Unerwartetem noch bringen kann. Ein gewisser Lawinencharakter im Abrollen der Entwicklung lässt sich nicht länger verheimlichen.»[14]

Von den allgemeinen Preissteigerungen war zunächst das Telefonieren ausgenommen, und so gab Sling (das ist Paul Schlesinger), der Reporter der «Vossischen Zeitung», den Lesern und Leserinnen Mitte November 1921 einen Tipp: «Setzen wir uns abends an unser Telefon. Kostet ja nur zwanzig Pfennige (…) In vier Wochen werden wir vielleicht das Doppelte zahlen müssen. Aber momentan ist es das Billigste in Deutschland. Nutzen wir die Gelegenheit – aus Leibeskräften jetzt: Nichts als Telefonieren!»[15]

Wie stark die Wechselkurse inzwischen auch von der ungelösten Reparationsfrage bestimmt wurden, spiegelte sich im Auf und Ab der Mark im Frühjahr und Frühsommer 1922. Mussten Anfang April für einen Dollar 326 Mark bezahlt werden, so ließ die Hoffnung auf einen günstigen Ausgang der Konferenz von Genua den Kurs hochschnellen, um Mitte Mai, als die Konferenz sich als Fehlschlag erwiesen und der Rapallo-Vertrag das Misstrauen vor allem Frankreichs verstärkt hatte, wieder auf 314 Mark abzusacken. Im Juni sorgte die Aussicht auf einen großen internationalen Kredit, mit dem Deutschland einen Teil seiner Reparationsschuld begleichen wollte, für eine vorübergehende Erholung. Nachdem sich auch diese Hoffnung zerschlagen hatte, setzte sich der Abwärtstrend fort. «Ja, jetzt kriegen wir allmählich zu merken, dass Deutschland den Krieg verloren hat», schrieb der Herausgeber der «Weltbühne», Siegfried Jacobsohn, der in Kampen auf Sylt Urlaub machte, Mitte Juni an seinen begabtesten und fleißigsten Mitarbeiter, Kurt Tucholsky.[16]

Die enormen Preissteigerungen bekam auch der Strafgefangene Erich Mühsam zu spüren. «Der Markkurs kreist nun schon seit vielen Wochen um den ungefähr gleichen Stand herum – 270 bis 310 vom Dollarkurs aus: Aber die Preise gehen rapider in die Höhe, als wir's je gesehen haben», notierte er Ende Mai 1922 in seiner Zelle in der Festung Niederschönenfeld. «Die Zeitung, für die ich im Mai 24 Mark zahlen musste, kostet vom 1. Juni ab 40 Mark. Meine Ovomaltine, die Kraftnahrung, die ich der Nerven wegen täglich zum Frühstück brauche (Friedenspreis drei Mark) ist seit sechs Wochen von 35 auf 45 Mark gestiegen, Milch kostet statt früher zehn Pfennig jetzt zehn Mark pro Liter. Mit Kartoffeln, Brot und allen wichtigen Nahrungsmitteln, auch Obst, sieht's noch widriger aus.»[17]

Eine ähnliche Beobachtung machte Thea Sternheim beim Gang durch die Innenstadt von Frankfurt am Main Ende April 1922: «Die Preise haben sich seit Januar verdoppelt und verdreifacht. Phantastische Summen in den Auslagen (...). Im Frankfurter Hof kostet eine Portion Rindfleisch 70, eine Tagessuppe dreißig Mark. Kommt ein Brot dazu, ein Getränk sind für Zwei gleich dreihundert Mark beisammen und mehr.»[18]

Der Schock des Rathenau-Mords am 24. Juni 1922 zerstörte mit einem Schlage, was noch an Vertrauen im In- und Ausland vorhanden war. «Die deutsche Mark, das deutsche Ansehen in der Welt ist so tief gesunken wie noch niemals zuvor», konstatierte Richard Lewinsohn in der «Weltbühne».[19] Bis zum 1. Juli sank der Kurs auf 402 Mark für einen Dollar, Ende Juli stand er bei 670. «Mit einem Ruck stürzte die Mark, und es gab kein Halten mehr (...). Nun erst begann der wahre Hexensabbat von Inflation», erinnerte sich der Schriftsteller Stefan Zweig.[20] Von Monat zu Monat stiegen die Inlandspreise um mehr als 50 %. Deutschland war in die Phase der Hyperinflation eingetreten.

Der 53-jährige August Heinrich von der Ohe, der als Lehrer und Kantor in der Lüneburger Heide lebte, führte in seinem Tagebuch penibel Buch über die galoppierende Geldentwertung:

«4. August 1922: Der Dollar steht auf etwa 800 Mark. Es ist eine krisenhafte Zeit.

18. August 1922: Der Roggen soll 2000 Mark kosten. Molkereibutter 150 Mark, Bauernbutter 120 Mark. Der Dollar steht auf 1040 Mark. Eine ungeheure Preissteigerung im ganzen Land.

27. August 1922: Die Mark fiel: 1 Dollar gleich 2400 Mark. Nun steht

die Katastrophe vor der Tür. Die Preise stiegen in wenigen Tagen schwindelhaft (...). Die Geschäfte wurden gestürmt, denn jeder wollte noch kaufen. Butter kostet 200 Mark, ein Liter Milch 30 Mark. Ein Zentner Weizen kostet schon 3000 Mark.»[21]

Man könne sich kaum vorstellen, welche düstere Stimmung geherrscht habe, «als der Dollar in den Straßen Berlins von Mund zu Mund und durch stürmische Ausrufe mit der Zahl 2000 in Verbindung gebracht wurde», schrieb Alfred Kerr Ende August 1922. Den einzigen Trost fand er in der Annahme, dass «dieses rapide Sinken der Mark den blödesten, verranntesten Gegnern und dem übrigen Europa die Augen öffnen müsste, wie es um uns steht.»[22]

Doch es sollte noch sehr viel schlimmer kommen. Am 8. November 1922 stieg der Dollar auf 9172. «Wie die Fiebertemperatur eines Schwerkranken zeigt der Dollarstand täglich den Fortschritt unseres Verfalls an», bemerkte Harry Graf Kessler.[23] Die Ernennung der wirtschaftsfreundlichen Regierung Cuno sorgte vorübergehend für eine Beruhigung. Am 22. November kostete der Dollar 6300 Mark, Ende November kletterte der Kurs aber wieder auf 7368 Mark.[24] Weihnachten 1922 stand ganz im Zeichen der rasanten Teuerung. Thea Sternheim, die mit ihrem Mann, dem Dramatiker Carl Sternheim, am 20. Dezember nach Dresden fuhr, um letzte Weihnachtsbesorgungen zu machen, musste enttäuscht feststellen: «Die Geschäfte sind leer. Wer kann, wo ein bescheidener Wollstoff 5–8000 Mark kostet, seinen Kindern Kleider schenken? Schmuck für ein winziges Christbäumchen kostet mich Tausende. Der Sachse, an Süßigkeiten gewohnt, legt sein letztes Geld in Stollen an.»[25]

• • • • • • • •

Mit dem Übergang zur Hyperinflation endete die deutsche Sonderkonjunktur. Seit August 1922 ging der Export zurück. Die Wettbewerbsvorteile, die die Industrie aus dem Währungsdumping gezogen hatte, hörten auf. Die wichtigsten Industrieländer hatten inzwischen ihre Nachkriegsrezession überwunden und produzierten viele Güter selbst, die sie zuvor aus Deutschland importiert hatten. Außerdem wurden die Geschäfte seit Ende 1922 zunehmend statt in Mark in Goldwährung abgewickelt. Für die Unternehmer begann die Geldentwertung ihren Nutzen zu verlieren. Der Inflationskonsens, der in den Jahren zuvor für einen sozialpolitischen «Burgfrieden» gesorgt hatte, zerbrach.[26]

Der passive Widerstand, den die Regierung Cuno im Januar 1923 proklamierte, versetzte der deutschen Währung den Todesstoß. Am 5. Februar stand der Dollarkurs bei 42 250; im Vergleich zu Mitte Januar, als er bei knapp 12 000 gelegen hatte, war die Mark nur noch ein Viertel wert. «Die Geldsache wird immer dunkler u(nd) unübersehbarer», notierte Victor Klemperer Anfang Februar. «Die Preise sind allzu wahnsinnig (Margarine 4000 M das Pfund, der Dollar steht zwischen 40- u(nd) 50 000).»[27] Durch eine Stützungsaktion der Reichsbank gelang es ab Mitte Februar 1923, den Kurs der Mark für zwei Monate bei rund 21 000 zu stabilisieren. Doch nachdem die Aktion aus Devisenmangel hatte beendet werden müssen, brachen alle Dämme. Am 18. April sackte der Kurs der Mark auf 25 000 ab, Ende Mai lag er bei 54 300, einen Monat später bei 114 250. Dementsprechend explodierten die Preise. «Wir kauften noch sehr billigen Kaffeevorrat: das Pfund 48 000 M. Heute kostet es schon 60 000. Und so ist es mit allem», hielt Victor Klemperer in seinem Tagebuch fest.[28]

Und der Sturz ins Bodenlose setzte sich fort. Ende Juli 1923 musste für einen Dollar bereits 1 Million Mark gezahlt werden. Eine Aufzeichnung des Staatssekretärs in der Reichskanzlei, Eduard Hamm, kam zu dem Ergebnis, dass alle Versuche, den Währungsverfall aufzuhalten, gescheitert seien. Die Folge sei, dass auf den Devisenmärkten des Auslands «das letzte Vertrauen» geschwunden und die Mark «nahezu unverkäuflich» sei. Im Inland habe sie ihre Funktion «als Wertmesser und Wertbewahrungsmittel» verloren.[29]

Eben diese Erfahrung mussten auch die Zeitgenossen machen. «Der Dollar steht auf: 1 200 000 Mark, d. h. die Mark ist fast nichts mehr wert», stellte August Heinrich von der Ohe am 1. August fest. «Heute habe ich die ersten 5 Millionen Scheine gesehen. Neue Kartoffeln kosten 6000 Mark das Pfund. Anzugstoffe kosten 3 Millionen Mark das Meter. Die Läden schließen früher. Sie werden bestürmt. Alles flieht vor der Mark.»[30] Die Preise stiegen nicht mehr nur täglich, sondern stündlich. In seinem Tagebuch hielt Victor Klemperer Anfang August eine bezeichnende Episode fest. Auf der Rückfahrt von ihrem Urlaub in Ostpreußen bestellte seine Frau Eva in einem Wartesaal einen Kaffee: «Die Preistafel zeigte 6000 M. Das verschwand, während sie trank. Beim Kassieren verlangte der Kellner 12 000. Sie sagte, es hätte doch vorhin 6000 dort gestanden. ‹Ach, Sie waren schon während des alten Preises hier? Dann zahlen Sie 6000›.»[31]

Auf dem Höhepunkt der Hyperinflation: Das fast wertlos gewordene Papiergeld wird abgewogen.

Am 13. August 1923, als Stresemann sein Amt als Reichskanzler antrat, stand der Dollar bei 3,7 Millionen Mark.[32] Die Notenpressen liefen auf Hochtouren, um immer neue Geldscheine mit immer höheren Nominalwerten auszuspucken. Neben der zentralen Reichsdruckerei in Berlin waren über hundert Druckereien unentwegt damit beschäftigt, den Bedarf an Papiergeld zu befriedigen.[33] Angesichts der galoppierenden Geldentwertung und des schreienden Missverhältnisses zwischen Einnahmen und Ausgaben des Staates stellte die «Vossische Zeitung» die ernsthafte Frage, ob es überhaupt noch sinnvoll sei, Steuern zu erheben, oder ob das Reich nicht besser daran täte, «wenn es die Finanzämter abschaffte und seinen Verbrauch restlos aus der Notenpresse bestreiten würde».[34]

• • • • • • • •

Von Inflation und Hyperinflation wurden die verschiedenen gesellschaftlichen Gruppen in sehr unterschiedlichem Maße in Mitleidenschaft gezogen.[35] Katastrophale Folgen hatte die Geldentwertung vor allem für jene

Schicht der «Rentiers», vorwiegend ältere Menschen, die bislang von den Zinsen ihrer langfristig angelegten Geldvermögen gelebt hatte. Infolge der Entwertung der Sparguthaben, Lebensversicherungen und Kapitalrenten wurde sie fast vollständig enteignet. Zu den Verlierern gehörten auch viele Angehörige des Bildungsbürgertums, die im Krieg aus vermeintlichem Patriotismus reichlich Staatsanleihen gezeichnet hatten und nun mit ansehen mussten, wie sich ihre Vermögen in Nichts auflösten. Auch Rentner und Empfänger öffentlicher Unterstützungen, darunter Erwerbslose, Kriegsbeschädigte und Hinterbliebene, gerieten mit steigender Inflation zunehmend in Not, weil die Zahlungen immer nur verzögert und unzureichend der Geldentwertung angepasst wurden.

Das galt auch für Beamte und Angestellte, die feste Monatsgehälter bezogen. Die Teuerungszulagen wurden zunächst rückwirkend ausgezahlt, wenn die Mark schon weiter im Wert gesunken war, so dass sie keinen Ausgleich für die enormen Preissteigerungen bieten konnten. «Höchst empfindlich ist die Herabdrückung der Lebenshaltung in dem ganzen sogenannten Mittelstande und dem Beamtentum», schrieb der Religionsphilosoph Ernst Troeltsch im März 1922 in einem seiner berühmten «Spektator-Briefe». «Alles Einkommen geht für Wohnung, Beheizung und Ernährung auf; in den übrigen Dingen lebt man so gut es geht von alten Sachen und nützt seine alten Kleider aufs äußerste aus (...). Aller Luxus an Kunst und Wissenschaft, alles Reisen ist in diesen Kreisen zu Ende.»[36]

Für viele mittelständische Familien bedeutete das auch, dass sie die höhere Ausbildung ihrer Kinder nicht mehr aus Ersparnissen finanzieren konnten. So mussten sich ihre Söhne oder Töchter das Studium selbst verdienen, indem sie etwa eine Arbeit in der Fabrik, im Büro und in der Landwirtschaft annahmen oder sich als Hilfskräfte in einem sozialen Beruf verdingten. «Was die Eltern sich in vielen Jahren am Munde abgespart hatten, löste sich in nichts auf», erinnerte sich der angehende Journalist und Schriftsteller Erich Kästner, der in Leipzig Germanistik, Philosophie und Theatergeschichte studierte. «Ich wurde Werkstudent, das heißt, ich arbeitete in einem Büro, bekam als Lohn am Ende der Woche eine ganze Aktenmappe voll Geld und musste rennen, wenn ich dafür zu essen kaufen wollte.»[37] «Werkstudent» – das war ein neues Phänomen der Inflationsperiode, das gerade in der Sicht von Bildungsbürgern als ein schlimmes Zeichen für den Statusverlust empfunden wurde.[38]

Welche Einschränkungen die Inflation für das Leben eines höheren Beamten mit sich brachte, lässt sich den Tagebuchaufzeichnungen Klemperers entnehmen, der Ende 1919 einen Ruf als ordentlicher Professor für Romanistik an die Technische Hochschule Dresden erhalten hatte. «Die Finanznot ist furchtbar», schrieb er im November 1922. «Mit der Nachzahlung vom letzten Freitag bin ich für diesen Monat auf 50 000 M gekommen – sie werden nicht reichen. Der einzelne Tag kostet an Essen allein über 1000 M, ein halbes Pfund Butter 600 M. Unser Kaffee geht zu Ende – wie sollen wir neuen kaufen? Wir leben immer primitiver, an ein Dienstmädchen ist gar nicht mehr zu denken. Der Kaffee ist unser fast einziges Genussmittel, dazu das Kino – wo der Platz jetzt 80 M kostet.»[39] Einen Monat später hieß es: «Alle Preise haben das 1000.fache der Friedenssumme erreicht (...). Nur das Professorengehalt ist eben erst bei einer Million. Dem Tausendfachen entsprächen 7 Millionen. Und so scheuert man, schleppt Kohlen etc.»[40]

In der ersten Jahreshälfte 1923 entspannte sich die Situation für Beamte insofern etwas, als die Gehälter vierteljährlich im Voraus ausgezahlt wurden. Wie sich das zum Beispiel auf das Gehalt eines Lehrers auswirkte, führte August Heinrich von der Ohe am 31. März in seinem Tagebuch auf: «Unser Gehalt schon ausbezahlt. Ich bekam für das Vierteljahr April bis Juli 1 086 336 Mark. Davon gehen 99 091 Mark Steuern ab. Monatlich bekomme ich Grundgehalt: 25 900 Mark, Ortszuschlag 2700 Mark, Teuerungszuschlag 269 412 Mark, Frauenbeihilfe 12 000 Mark, Kinderbeihilfe 52 100 Mark, zusammen monatlich 362 112 Mark.»[41] Doch auch diese beträchtliche Erhöhung der Einkünfte vermochte den exorbitanten Verfall der Währung seit Ende April 1923 nicht mehr zu kompensieren.

Für Arbeiter fiel die Bilanz ambivalent aus. In den ersten Jahren der Inflation profitierten sie von dem Inflationskonsens. Die Arbeitslosigkeit blieb niedrig, und die Reallöhne bewegten sich auf relativ hohem Niveau, auch wenn sie nicht den Vorkriegsstand erreichten. Am besten schnitten die früher gering entlohnten Gruppen der ungelernten und angelernten Arbeiter ab, die ihre Position gegenüber den gut bezahlten Facharbeitern deutlich verbessern konnten. So bewirkte die Inflation eine beträchtliche Einkommensnivellierung innerhalb der Arbeiterschaft. Erst die Hyperinflation beendete die positive Entwicklung. Waren im Juli 1922 nur 0,6 % der Gewerkschaftsmitglieder ohne Erwerb gewesen, so belief sich diese Zahl im Januar 1923 auf 4,2 und im Oktober 1923 auf 19,1 %. Die wachsende Arbeitslosigkeit übte einen starken Druck auf die Löhne aus. Im Juli 1923 lagen die wöchentlichen Reallöhne nur noch bei 48 % des Standes von 1913. Auch in vielen Arbeiterfamilien kehrte bittere Not ein. Da die Preise für Lebensmittel und Bedarfsartikel den Löhnen immer mehr davonliefen, gingen zahlreiche Betriebe dazu über, die Arbeiter zweimal in der Woche, am Ende sogar Tag für Tag zu entlohnen.[42]

• • • • • • • •

Eindeutig privilegiert waren die Sachwertbesitzer, deren Vermögen an Grund- und Hausbesitz durch die Geldentwertung unangetastet blieb, sowie all jene, die Schulden gemacht hatten. Das galt vor allem für den Staat, der sich auf diese Weise seiner inländischen Verpflichtungen, etwa der Rückzahlung der Kriegsanleihen, entledigte, aber auch für Landwirte und Großgrundbesitzer, die ihre Höfe und Güter mühelos entschulden konnten. So sah sich Helmuth Adolf von Moltke, ein Neffe des berühmten Feldmarschalls, 1922 in der Lage, die auf seinem schlesischen Gut Kreisau liegenden Schulden in Höhe von 250 000 Mark mit den 315 Pfund abzuzahlen, welche die Eltern seiner Frau Dorothy aus Südafrika geschickt hatten. «Vor dem Krieg war es eine Schuld von 12 500 Pfund – unglaublich, das ist jetzt mit 315 Pfund gedeckt!», schrieb Dorothy Anfang Januar 1922 nach Pretoria.[43] Darüber hinaus besaßen die ländlichen Produzenten den Vorteil, dass sie immer genug zu essen hatten und dass sie von hungernden Städtern, die hamsternd aufs Land zogen, für Lebensmittel wertvolle Dinge eintauschen konnten. Andererseits wurde dieser Vorteil zum Teil dadurch aufgewogen, dass die Preise für Saatgut, Dünger, Jungvieh und landwirtschaftliche Nutzgeräte ebenfalls stark anstiegen.[44]

Hauptgewinner der Inflation waren die industriellen Großunternehmer. Ihr Anlagevermögen blieb stabil, und sie erhielten billige Kredite, die es ihnen erlaubten, für einen Spottpreis Fabrikanlagen, Immobilien und ganze Firmen aufzukaufen. Auf diese Weise wurde der Konzentrationsprozess vor allem in der Schwerindustrie außerordentlich beschleunigt. «Es hat eine Approbation des Besitzes in wenigen, aber kraftigen Händen stattgefunden», analysierte der Leipziger Sozialwissenschaftler Franz Eulenburg 1924. «Die kleinen und mittleren Unternehmen sind zwar nicht enteignet, aber in stärkerem Maße an die Konzerne angegliedert. Dadurch ist die Vermögensverteilung wesentlich ungleicher geworden.»[45]

• • • • • • • •

Als Prototyp des Inflationsgewinnlers galt der Ruhrindustrielle Hugo Stinnes. Rein äußerlich entsprach er nur wenig dem Bilde eines der mächtigsten Wirtschaftsführer Deutschlands. Harry Graf Kessler, der ihn bei einem Diner im Mai 1923 scharf beobachtete, beschrieb ihn so: «Schwarz, vollbärtig, unelegant (er war zwar im Frack, aber mit schwarzer Krawatte, und trug dazu viereckige Wichsstiefel), ein Mittelding zwischen einem Gewerkschaftssekretär und dem Fliegenden Holländer; denn in seinen Augen und seinem ganzen Wesen liegt etwas Verschleiertes, Geheimnisvolles, man glaubt: irgendeine große Passion, vielleicht die Leidenschaft zur Vermehrung seines Besitzes. Dazu kommt eine überraschend hohe, schwache Stimme, die fast knabenhaft klingt. Wenn er kein Geld hätte und kein berühmter Mann wäre, würde ich ihn als einen etwas undurchsichtigen Abenteurer empfinden.»[46]

Bereits 1893, mit 22 Jahren, hatte der Sohn eines Unternehmers aus Mülheim seine eigene Firma, die Kohlenaufbereitungsanstalt in Straßburg, gegründet, die er Schritt für Schritt zum wichtigsten Kohlehandelsunternehmen in Deutschland ausbaute. Noch bedeutender war seine Tätigkeit als Aufsichtsratsvorsitzender in mehreren großen Konzernen, darunter vor allem in dem 1898 gegründeten Rhein-Westfälischen Elektrizitätswerk (RWE).[47] Stinnes' Unternehmerstrategie zielte auf vertikale Konzentration, das heißt auf die enge Verzahnung des Kohlebergbaus mit der Eisen- und Stahlbranche, den Trägern der Energieversorgung und den Verkehrsbetrieben. Wie selbstverständlich ging er davon aus, dass die Politik sich den ökonomischen Interessen unterzuordnen hätte. Vor 1914 hatte er für den politischen Betrieb allerdings noch kein großes Interesse gezeigt.

Das änderte sich im Ersten Weltkrieg. Stinnes stand an der Spitze der schwerindustriellen Kriegszielbewegung, die sich gegen einen Verständigungsfrieden und für weitreichende Annexionen aussprach. Nachdrücklich setzte er sich dafür ein, Tausende von belgischen Arbeitern zwangsweise in die deutsche Rüstungsindustrie zu verbringen – eine Vorstufe der nationalsozialistischen «Fremdarbeiter»-Politik. Noch im Sommer 1918, als der Krieg verloren war, glaubte er im Vertrauen auf Ludendorffs Feldherrngenie an den deutschen Sieg.

Mit der Novemberrevolution kam das böse Erwachen. In dieser für die Großunternehmer äußerst prekären Situation bewies Stinnes taktische

Flexibilität. Auf seine Initiative kam ein Pakt der Unternehmer mit den Gewerkschaftsführern unter der Regie von Carl Legien, das sogenannte «Stinnes-Legien-Abkommen» zustande. Es brachte den Arbeitern den Achtstundentag ohne Lohnkürzungen, die Anerkennung der Gewerkschaften als Vertreter der Arbeiterschaft, verpflichtende Tarifverträge und das Recht, in Betrieben mit mehr als 50 Beschäftigten «Arbeiterausschüsse» zu bilden. Für die Industriellen ging es bei diesen Zugeständnissen nicht um eine langfristige Sozialpartnerschaft mit den Gewerkschaften, sondern darum, die Zeit des revolutionären Umbruchs vom Kaiserreich zur Weimarer Republik möglichst glimpflich zu überstehen. Denn gerade im Ruhrgebiet war die Bewegung für eine Sozialisierung der Schlüsselindustrien im Frühjahr 1919 außerordentlich stark.

Im Juni 1920 ließ sich Stinnes auf der Liste der DVP in den Reichstag wählen. Als Abgeordneter, der zusammen mit Albert Vögler, dem Generaldirektor der zum Stinnes-Konzern gehörenden Deutsch-Luxemburgischen Bergwerks- und Hütten AG, und anderen den rechten, schwerindustriellen Flügel in der Partei repräsentierte, konnte er seinen politischen Einfluss noch unmittelbarer zur Geltung bringen. Wie kein zweiter verstand es der Wirtschaftsmagnat, sich die Inflation zunutze zu machen. Er kaufte zusammen, was nur zu kaufen war: Betriebe, Landgüter, Schiffe, Hotels (wie das «Esplanade» in Berlin), Zellulose- und Papierfabriken, Zeitungen, darunter die «Deutsche Allgemeine Zeitung», ehemals halboffizielles Organ der deutschen Reichsleitung. So entstand ein riesiges, kaum noch überschaubares Konglomerat an Gesellschaften, Zusammenschlüssen, Beteiligungen – ein Wirtschaftsimperium, wie man es in dieser Dimension in Deutschland noch nicht gekannt hatte. Unter den «Königen der Inflation», bemerkte ein Zeitgenosse, habe Hugo Stinnes den Rang eingenommen, «den früher der deutsche Kaiser unter den deutschen Landesfürsten einnahm».[48] «Die Weltbühne» kam in einer Serie über die deutschen Wirtschaftsführer zu dem Resultat: «Es gibt zweifellos in Deutschland heut keinen Zweiten, der dank seinem Besitz, seinen Erfolgen und seinem geschäftlichen Nimbus so viel Macht in seiner Hand zusammengeballt hat wie Hugo Stinnes, dieser kleine, unscheinbare und der Rede so unmächtige Erzwestfale, dem der Parlamentswitz wegen seines orientalischen Aussehens den Beinamen ‹Assyrerkönig› gegeben hat.»[49]

• • • • • • • •

Zu den Nutznießern der Geldentwertung gehörten auch Ausländer, die über Devisen verfügten. Ihnen erschien das Deutschland der Inflationsjahre geradezu wie ein Schlaraffenland: «Hier war für sie der Himmel offen. Für sie floss hier Milch und Honig und Sekt und alles Gute in Hülle und Fülle.»[50] Im Dezember 1921 traf Alfred Kerr eine alte Bekannte wieder, die nach Dänemark gezogen war. Er erkannte sie kaum wieder: «Vor Jahren kam sie manchmal nach Berlin aus ihrer nördlichen Kleinstadt und war dürftig angezogen. Beamtenfamilie. Jetzt? mit Pelzwerk behängt; gar nicht mehr derselbe Mensch. (...) In ihren äußeren Verhältnissen hat sich nichts geändert – aber sie kann nach Berlin fahren und sich einkleiden. Pik, prima, fein mit Ei – wie man hier sagt. Bilden wir es uns ein oder ist es wirklich – diese Menschen scheinen etwas Gönnerhaftes zu haben, wenn sie jetzt mit uns reden.»[51]

Der amerikanische Schriftsteller Ernest Hemingway, der als Korrespondent des «Toronto Star» in Paris seinen Lebensunterhalt verdiente, reiste im August 1922 mit seiner Frau in die deutsche Grenzstadt Kehl am Rhein, um für seine Zeitung über den Sturz der deutschen Währung zu berichten. Für 10 Francs, gleich 90 kanadischen Cents, tauschten sie am Bahnhof 670 Mark ein. Diese Summe reichte für den ganzen Tag. «Wir leisteten uns eine ganze Menge. Am Ende hatten wir noch 120 Mark übrig.» Für ein Mittagessen im besten Hotel der Stadt mussten sie umgerechnet nur 15 kanadische Cents bezahlen. Die Cafés waren voller Franzosen, die sich für billiges Geld köstliche Cremetorten schmecken ließen. Der Konditor und sein Gehilfe «sahen nicht besonders froh aus, als aller Kuchen verkauft war», bemerkte Hemingway. «Die Mark fällt schneller, als sie backen können.»[52]

Berlin wurde zum Eldorado besonders für Amerikaner. Für einen Dollar konnten sie eine Woche in Saus und Braus leben. Sie bevölkerten die Etablissements der Vergnügungsindustrie, konnten in Antiquitätengeschäften oder auf Kunstauktionen für billiges Geld wertvolle Objekte erwerben – und sie erfreuten sich in Luxushotels bevorzugter Behandlung. Dort beobachtete sie der Journalist und Schriftsteller Joseph Roth, der 1920 von Wien nach Berlin gezogen war: «Die Fremden lagern in den großen Lederfauteuils der Hotelhallen (...). Von Kellnern umwedelt, von Direktoren lächelnd begrüßt, von roten Liftboys umsäumt, horchen sie auf die Fünf-Uhrtee-Musik. (...) Wenn alles flüstert, lärmen sie; wenn alles kniet, stehen sie;

wenn alle spekulieren, warten sie; wenn alle schlafen, wachen sie; wenn die Mark fällt, steigen sie.»[53]

1923 besuchte der amerikanische Literaturkritiker Malcolm Cowley seinen Freund Matthew Josephson, der Anfang der Zwanziger Jahre nach Berlin gezogen war, weil er dort seine Zeitschrift «Broom» billiger produzieren konnte. Cowley war verblüfft, dass sich der Kleinverleger von seinem Monatseinkommen von 100 Dollar eine «zweigeschossige Wohnung mit zwei Hausmädchen, Reitstunden für seine Frau, Abendessen ausschließlich in den teuersten Restaurants, Trinkgelder für die Kapelle, den Aufbau einer Gemäldesammlung und wohltätige Gaben für notleidende deutsche Schriftsteller» leisten konnte.[54]

Der Gegensatz zur wachsenden Verelendung der Einheimischen stach ins Auge und weckte ausländerfeindliche Stimmungen. Im November 1922 entrüstete sich ein Anonymus in der «Weltbühne» über die Lebensführung ausländischer Diplomaten in Berlin. Selbst Missionschefs mittelgroßer und kleiner Staaten könnten «im allergrößten (...) Stil repräsentieren», könnten «mit reichlicher Dienerschaft, mit Stadt- und Touren-Autos ein Leben voller Wonne führen, ihren Damen kostbare Perlen und beinah noch kostbarere Pelze an- und umlegen; kurz: sich hier in einem irdischen Paradiese fühlen». Der Autor wies jeden Gedanken an «chauvinistischen Nationalismus» von sich, doch forderte er: «So unbedingt wir dafür eintreten, dass der gesellschaftliche Verkehr mit dem Ausland sich in vollster Offenheit, in allerverbindlichsten, höflichsten Formen vollzieht, so sehr muss uns abstoßen, dass man – während unsre Intelligenz Hungers stirbt, unser Mittelstand physisch und moralisch zugrunde geht – aus unserm Münzelend sich mästet.»[55]

• • • • • • • •

Noch gravierender als die wirtschaftlichen und gesellschaftlichen Auswirkungen der Währungskatastrophe waren ihre Folgen für die Sozialmoral. Mit der fast totalen Entwertung des Geldes ging eine fundamentale Entwertung bisher gültiger Normen und Werte einher. Tugenden wie Sparsamkeit, Rechtschaffenheit, Gemeinsinn verloren ihre Verbindlichkeit, Egoismus, Skrupellosigkeit, Zynismus waren Trumpf. In einem Gedicht mit dem Titel «Revidiertes Volkslied» glossierte der Schriftsteller Hans Reimann in der «Weltbühne» die radikale Umkehrung des Wertekanons: «Üb jaaa nicht Treu und Redlichkeit, / Sonst gräbst du dir dein Grab! / Und weiche kilometerbreit / Von Gottes Wegen ab! / Die Kinderstube flieht dahin; / Wer brav ist, der krepiert. / Auch Christentum bringt kein Gewinn. / Sei dreist und ungeniert!»[56]

Auf das Trauma der Kriegsniederlage folgte nun die Erfahrung einer weiteren tiefgreifenden lebensgeschichtlichen Zäsur. «Wir hatten das große Kriegsspiel hinter uns und den Schock des Ausgangs; einen sehr desillusionierenden politischen Lehrgang in Revolution, und jetzt das tägliche Schaustück des Zusammenbruchs aller Lebensregeln und des Bankrotts von Alter und Erfahrung», erinnerte sich Sebastian Haffner, der das Jahr 1923 als sechzehnjähriger Schüler in Berlin erlebte.[57]

Der Verlust des Vertrauens in die Funktion des Geldes als Wertmesser zog den Verlust des Vertrauens in die bestehende politische und gesellschaftliche Ordnung nach sich. Worauf war denn noch Verlass, wenn das möglich war? Woran sollte man sich noch halten? Diese Fragen stellte sich wie viele Angehöriger seiner Generation auch der damals siebzehnjährige Klaus Mann, der älteste Sohn Thomas Manns. «Unser bewusstes Leben begann in einer Zeit beklemmender Ungewissheit», schrieb er in seiner Autobiographie «Der Wendepunkt». «Da um uns herum alles barst und schwankte, woran hätten wir uns halten, nach welchen Gesetzen orientieren sollen? Die Zivilisation, deren Bekanntschaft wir in den zwanziger Jahren machten, schien ohne Balance, ohne Ziel, ohne Lebenswillen, reif zum Ruin, bereit zum Untergang. Ja, wir waren früh vertraut mit apokalyptischen Stimmungen, erfahren in mancherlei Exzessen und Abenteuern.»[58]

• • • • • • • •

Eine Begleiterscheinung der apokalyptischen Stimmungen, die durch die galoppierende Geldentwertung geschürt wurden, war das Auftreten der sogenannten «Inflationsheiligen».[59] Sie zogen über die Landstraßen, mit wallenden Christus-Haaren, gewandet in sackleinernen Kutten, an den bloßen Füßen Sandalen. Wo sie hinkamen, verkündeten sie einem teils irritierten, teils fasziniertem Publikum die «Erlösung vom Chaos», die «Erneuerung der Welt aus dem Geist der Liebe». «Den neuzeitlichen Erlösern mit dem langen Haarwuchs und den dreisten Phantasien läuft alles zu, die schwachen Naturen besonders, die nicht ohne Stütze sein können», schrieb die «Kölnische Volkszeitung» im September 1922. «Für den Geisteszustand im heutigen Deutschland ist dies Prophetentum ein gefährliches Symptom. Man soll es nicht unterschätzen; es wird sich in Krisen, die noch kommen, noch mehr ausbreiten.»[60] Die Wanderer mit dem Jesus-Appeal waren eine Antwort auf die Nöte der Zeit. An sie hefteten sich die Erlösungssehnsüchte und Erweckungsphantasien gerade der deklassierten oder von der Deklassierung bedrohten Schichten der Bevölkerung.

Einer dieser Propheten war Friedrich Muck-Lamberty, der «Messias von Thüringen». Mit der von ihm gegründeten «Neuen Schar», einer jugendlichen Tanz- und Spielgruppe, zog er 1920 durch Städte und Dörfer. Und überall, wo der Zug haltmachte, entfesselte er einen regelrechten Tanztaumel, versetzte er Tausende von Menschen in ekstatische Rauschzustände, in denen soziale Unterschiede verschwammen und Alltagssorgen wenigstens für kurze Zeit vergessen werden konnten.

Als ein weiterer Heilsverkünder machte der Maler Max Schulze-Sölde, Sohn aus großbürgerlichem Haus, von sich reden. Nach 1918 war er zum religiösen Sozialismus konvertiert und gründete mit anderen die Landkommune «Lindenhof» bei Itzehoe. Danach arbeitete er freiwillig auf einer Zeche bei Hamborn, um die Bergarbeiter zu neuer revolutionärer Tat anzuspornen. Damit gescheitert, wechselte er die Rolle des linken Polit-Agitators mit der eines wiedergekehrten «Apostels Johannes», der kreuz und quer durch Deutschland zog und für seine Idee einer «christsozialistischen Volksgemeinschaft» warb.

An Wirkung weit übertroffen wurden Muck-Lamberty und Schulze-Sölde von Ludwig Christian Haeusser – der wohl schillerndsten Gestalt unter den Inflationsheiligen. Der ehemalige Sektfabrikant hatte sich unter dem Eindruck des Weltkriegs zum Lebensreformer gemausert, der sich mehr und mehr in einer Christus-Rolle gefiel. Er sammelte eine Schar von Jüngern und Jüngerinnen um sich, darunter auch manche von ihm sexuell abhängige Frau, die sich nichts sehnlicher wünschte, als von dem vergötterten Meister den «neuen Menschen» zu empfangen. Haeusser warb für seine Vorträge mit den modernen Mitteln der Reklametechnik. Seine Rhetorik, die ein Massenpublikum anzog, war eine eigentümliche Mischung aus religiöser Inbrunst, derber Fäkalsprache und wilhelminischer Großmannssucht. Als einziger unter den Inflationsheiligen wagte Haeusser den Schritt in die Politik. 1922 gründete er die «Christlich-radikale Volkspartei», die aber ebenso wenig wie der spätere «Haeusser-Bund» über das Stadium einer Sekte hinausgelangte.

Wie Haeusser verstanden sich seine zahlreichen Jünger und Imitatoren als «Wahrheitsmenschen», als Suchende auf dem Weg zu neuen Ufern menschlicher Gemeinschaft. Die von ihnen gewählte Existenzform eines asketischen Wanderlebens unterschied sich deutlich vom protzigen Lebensstil der neureichen Kriegs- und Inflationsgewinnler. Ihre Selbstgewissheit schöpften sie nicht aus äußeren Gütern, sondern aus dem Rückzug auf das eigene Ich, der bei manchen freilich Züge einer krankhaften Selbstvergötterung annehmen konnte.

«Mutanten des Typus Hitler» nennt der Historiker Ulrich Linse die Inflationsheiligen.[61] In der Tat gab es einige auffällige Gemeinsamkeiten im öffentlichen Auftreten und in der Programmatik, etwa den Kult des messianisch überhöhten «Führers», die Ablehnung der «Parteienwirtschaft» oder die Betonung der alle Klassenschranken aufhebenden «Volksgemeinschaft». Dennoch sollte man sich davor hüten, die Wanderprediger zu sehr in die Nähe des Münchner Demagogen zu rücken und ihnen gar eine Wegbereiterfunktion zuzusprechen. Denn ihre Lehren waren insgesamt zu wirr und unausgegoren, als dass sie einem bestimmten politischen Lager zugeordnet werden könnten. Neben Berührungspunkten zum Nationalsozialismus gab es auch Verbindungen zum Linkskommunismus und Anarchismus, und zuweilen konnte sogar beides zusammen auftreten: das Hakenkreuz neben Hammer und Sichel. Das provozierende Spiel mit Symbolen, die Lust an schockierenden Reizen waren den Inflationsheiligen wichtiger als ein durchdachtes Programm und eine zielgerichtete politische Strategie. Nicht zuletzt deshalb waren sie für den Trommler Hitler keine ernsthafte Konkurrenz. Ihren größten Zuspruch erhielten sie 1923, als die Hyperinflation ihrem Höhepunkt zutrieb. In den folgenden Jahren der ökonomischen und politischen Stabilisierung der Weimarer Republik sollte ihr Einfluss bis zur Bedeutungslosigkeit schwinden.

• • • • • • • •

Zu den selbsternannten Heilsbringern der Inflationsperiode zählte auch der Wettbetrüger Max Klante, ein ehemaliger Bürstenbinder und Fotograf. Im Dezember 1920 gründete er den «Klante-Konzern» – eine «Genossenschaft der Volksaktionäre», die von allen «großkapitalistischen Einflüssen» ferngehalten werden sollte. In Berlin erwarb er in der Frankfurter Straße ein modernes Bürohaus, und bald wurden in fast allen deutschen Großstädten Filialen eröffnet. Klante versprach eine Traumrendite von 200 %, und rund

260 000 Menschen vertrauten ihm ihr Geld an. Von seinen Anlegern ließ sich der Schwindler mit «Heil» grüßen, und eine Musikkapelle spielte den eigens komponierten «Max-Klante-Marsch»: «Es braust ein Ruf durch ganz Berlin. / Voran! Lasst uns mit Klante ziehn. / Wär der Weg auch hart, der Weg so steil, / Wir rufen laut: Max Klante Heil, ja Heil!»

Über Monate konnte Klante die zugesagten Zinsen aus Wettgewinnen auf der Berliner Rennbahn Hoppegarten bestreiten. Doch im September 1921 brach sein System wie ein Kartenhaus zusammen. Er wurde verhaftet und im Dezember 1922 in einem Prozess vor der Strafkammer des Berliner Landgerichts zu drei Jahren Gefängnis verurteilt.[62]

In der «Weltbühne» kommentierte Richard Lewinsohn den Prozess mit einer gehörigen Portion Sarkasmus: Man brauche «Mätzchen» wie die von Klante angerichteten gar nicht mehr. Denn: «Der Verfall der deutschen Mark sorgt dafür, dass jeder Besitz, zahlenmäßig, ins Riesenhafte wächst, dass jeder Pracher heute Millionär ist, dass jeder, der pumpt, verliert, und jeder, der mit Leihgeld arbeitet, gewinnt (...). In einer Zeit, wo das Fundament der Wirtschaft: die Währung ins Rutschen gekommen ist, bedarf es keiner Extra-Schiebung, um vorwärts zu kommen. Wer im Strom steht, wird mitgeschoben.»[63]

• • • • • • • •

Das Gespräch über die galoppierende Geldentwertung beherrschte die alltägliche Kommunikation. «Wenn früher unter Menschen im Gespräch Eingehen auf den Partner sich von selbst verstand, wird es nun durch die Frage nach dem Preis seiner Schuhe oder seines Regenschirmes ersetzt. Unabweisbar drängt sich in jede gesellige Unterhaltung das Thema der Lebensverhältnisse, des Geldes», schrieb der Philosoph und Kulturkritiker Walter Benjamin in seiner Betrachtung «Reise durch die deutsche Inflation».[64] War der Absturz der Mark nach dem Rathenau-Mord noch als ein Schock empfunden worden, so setzte, je schneller der Währungsverfall voranschritt, ein Gewöhnungseffekt ein. Eine Art Inflationsmentalität machte sich breit. Er sei «jetzt an die irrsinnigen Zahlen gewohnt», notierte Victor Klemperer am 28. Juli 1923, als der Dollar bei 760 000 Mark stand. Am 8. August, als er für einen Brathering 75 000 Mark und für ein Kinobillet 50 000 Mark hinblättern musste, regte ihn dies nicht mehr auf, weil, wie er schrieb, «man dem in Permanenz erklärten Katastrophenzustand u(nd) den irrsinnigen Zahlen ge genüber abstumpft».[65] Man habe sich inzwischen «an die Nullen gewöhnt», bemerkte auch Georg Bernhard in der «Vossischen Zeitung» Ende Juli 1923, und «ob ein bisschen mehr oder weniger davorsteht, ängstigt die meisten nicht mehr».[66]

Der spanische Korrespondent in Berlin, Eugeni Xammar, gewann den Eindruck, dass sich manche Deutsche an den Zahlen mit den vielen Nullen regelrecht berauschten und eine geheime Lust verspürten, damit zu jonglieren. Er könne sich manchmal des Gedankens nicht erwehren, berichtete er, dass «der Währungsverfall tief in der Psyche wurzelt und unbewusst gewollt» sei.[67] Einen ähnlichen Eindruck gewann Leopold Schwarzschild, der Herausgeber des «Tage-Buchs»: «Zahlenspuk, Zifferntarantella – bald ist jeder Trambahnschaffner Millionär und freut sich darüber so (und versucht, sich auch so zu benehmen), als ob eine Million wirklich noch eine Million wäre.»[68]

Zeitungsleser wurden mit einer neuen Variante des aufregenden Zahlenspiels konfrontiert: Hatte im Krieg die Anzahl der Gefangenen, der erbeuteten Geschütze und dergleichen die Schlagzeilen beherrscht, so waren es jetzt die Notierungen des Dollars, auf die sich alle Augen wie gebannt richteten. «Die Schwankungen des Dollarwertes waren das Barometer, an dem man mit einer Mischung aus Angst und Erregung den Sturz der Mark ablas», erinnerte sich Sebastian Haffner.[69] Nach der Beobachtung der Berliner Journalistin Hedwig Hirschbach prägte sich die Dollarfixierung bis in die Physiognomie mancher großstädtischen Bewohner aus: «Das Dollargesicht grinst dich an (...). Es ist da mit dem symptomatisch kühlen, ewig rechnenden Blick; mit der poesielosen Stirn, hinter der der Kurszettel vom Abend vorher sichtbarlich rekapituliert wird.»[70]

• • • • • • • •

Um sich vor der Geldentwertung zu schützen, verfielen viele auf die Idee, Aktien zu kaufen. Sie schienen die einzige Geldanlage zu sein, die einige Sicherheit bot. Eine wahre Spekulationswut griff um sich. «In Berlin sind im Augenblick alle Freunde, die man hat, Spekulanten und lassen den Dollar nicht eine Sekunde lang aus den Augen», teilte Eugeni Xammar im Februar 1923 seinen spanischen Lesern mit.[71] Vor den Schaltern der Banken herrschte Hochbetrieb, und es waren nicht nur die professionellen Anleger, sondern vor allem Amateurspekulanten, die hier ihr Glück versuchten. «Von der halbverhungerten Rentiere bis zum Droschkenkutscher sind sie alle wieder da», bemerkte Richard Lewinsohn im November 1922. «Die Spielwut triumphiert.»[72]

Der Börsentipp war gefragt wie nie zuvor: «Ihm huldigte alles abends am Stammtisch, morgens beim Barbier, im Autobus und in der Vorortbahn (...). Und auch die Liebenden unterhielten sich in der Sprache der Börse, zwischen den Küssen wurde der beste Tipp mitgeteilt: I. G. Farben, Zellstoff oder Sarotti. Dann wusste jeder, welche Aktien er zu kaufen hatte.»[73]

Nicht alle waren bereit, an diesem Spiel teilzunehmen. Sebastian Haffners Vater etwa, ein liberaler Reformpädagoge, der es in der Weimarer Republik zum Regierungsdirektor im preußischen Kultusministerium brachte, lehnte es ab, sich vom Aktienfieber anstecken zu lassen. «Ein preußischer Beamter spekuliert nicht», pflegte er zu sagen. Sein Sohn hielt das seinerzeit, wie er in seinen Erinnerungen «Geschichte eines Deutschen» freimütig bekennt, für «ein außerordentliches Beispiel von Engstirnigkeit». Erst im Nachhinein habe er den Ekel nachempfinden können, mit dem sein Vater diesem ganzen Treiben zusah.[74]

Anders verhielt sich zum Beispiel Victor Klemperer. Im Mai 1923 ließ er sich von einer Verwandten dazu überreden, Geld in eine Aktie anzulegen, deren Wert sich zu seiner Genugtuung innerhalb kurzer Zeit nahezu verdoppelte: «So füllt das Spekulationsdenken jetzt alle Hirne u(nd) Stunden (...). Die Zeit ist allzu sehr aus den Fugen.»[75] Allerdings war der Spekulationsgewinn durch die ungeheure Geldentwertung bereits Anfang Juni wieder aufgezehrt: «Alles schwimmt fort bei der maßlosen Teuerung.»[76] Ende Juni 1923 entschloss sich Klemperer, zum ersten Mal selbst einen Börsenauftrag bei der Dresdner Staatsbank aufzugeben – mit 2 Millionen Spekulationspapier «gleich ungemein unvorsichtig», wie er in seinem Tagebuch anmerkte. «Ich spiele mit dem vollen Einsatz weiter», hieß es einige Tage später. «Eine ständige Sensation, aber auch eine Sorge u(nd) Ablenkung ist das Börsenspiel.» Nachdem die Kurse vorübergehend etwas nachgegeben hatten, notierte er: «So geht das hin u(nd) her und ist eine nervenpeitschende Sensation. Und immer wieder sagt man sich, dass nichts hinter den Riesenzahlen steht, und immer wieder wirken sie berauschend.»[77]

• • • • • • • •

In einer vorteilhaften Position befanden sich all jene, die Zugang zu Auslandsdevisen hatten. Der Dramatiker Carl Sternheim, der mit seiner Familie aus dem schweizerischen Uttwil in die Nähe Dresdens gezogen war, konnte Ende Januar 1923 für 100 Schweizer Franken über 400 000 Mark eintauschen, Anfang Juni 1923 erhielt er für 80 Schweizer Franken bereits eine Million Mark.[78] Der liberale Politiker Theodor Heuss, Dozent an der neuen Hochschule für Politik in Berlin, überstand die Zeit der galoppierenden Inflation einigermaßen glimpflich, weil er für ausländische Zeitungen, die «Svenska Tidskrift» in Stockholm, das «Argentinische Tageblatt» in Buenos Aires und ein Blatt der Siebenbürger Sachsen, schreiben konnte: «Ich denke mit Rührung an die Kronen, die Pesos, auch an die rumänischen Lei – da war man plötzlich wohlhabend», schrieb er in seinen Erinnerungen.[79] Heuss hatte auch nichts dagegen, sich am großen Börsenspiel zu beteiligen. «Ich weiß nicht, ob Du Dein Auge auf Kursbewegungen lenkst», versuchte er Anfang Februar 1923 seinen Schwiegervater, den Nationalökonomen Georg Friedrich Knapp, zu animieren. «Im September hat ein Freund mir 37 000 Mk angelegt, die heute etwas über 3,5 Millionen Kurswert erreicht haben. Mit andern Papieren ist es ähnlich.»[80]

Auch Thomas Mann machte die schwindelerregende Geldentwertung zu schaffen. Die Ersparnisse lösten sich in Nichts auf, und seine Münchner Schwiegereltern, die Pringsheims, mussten große Einbußen an ihrem Vermögen hinnehmen. Für den Schriftsteller war es wie ein Geschenk des Himmels, dass er 1923 mit der amerikanischen Zeitschrift «The Dial» einen Vertrag über eine Reihe von Beiträgen zu jeweils 25 Dollar abschließen konnte. So musste er die Arbeiten an seinem Roman «Der Zauberberg» immer wieder unterbrechen, um einen seiner «German Letters» zu verfassen. «Sobald ich ein bisschen zu Atem komme, muss ich wieder einen amerikanischen Artikel schreiben, denn die Kinder schreien nach Brot», schrieb er Anfang September 1923.[81]

Im «Tage-Buch» reimte der Schriftsteller Siegfried von Vegesack: «Kauf Devisen! Kauf Devisen! / Und vor allem die begehrte / Dollarnote, Dollarwerte, / Gulden, Pfund und Schwedenkrone, / Selbst die Lira ist nicht ohne, / Schweizer Frank und Yen sodann, – / Kauf dir einen ganzen Haufen, / Alles, alles ist zu kaufen, / Wenn man es bezahlen kann! / Selbst mit ein paar Tschechen-Kronen / Kann sich das Geschäft noch lohnen.»[82] In Berlin entstanden an allen Ecken und Enden sogenannte «Dollarbuden», Häuschen aus Glas, wo fremde Währung eingetauscht werden konnte. «Sie sind ständig voller Leute, und weil darin wenig Platz ist, drängen sich auch draußen viele», beobachtete der Reporter Egon Erwin Kisch. «Die Börse gibt ununterbrochen die Kurse durch (...). Hier werden Lei, Peseten, Pfunde, Tschechenkronen, polnische Mark und Wiener Kronen, Dollar und Yen gewechselt, hier wird die Nietzschesche ‹Umwertung aller Werte› vollzogen, deren Tempel sie sind.»[83]

• • • • • • • •

Niemand repräsentierte die «Umwertung der Werte» so wie die «Schieber» – oder «Raffkes», wie der Berliner Volksmund sie nannte. Schon durch ihr Äußeres stachen sie hervor. In seinen Erinnerungen «Als wär's ein Stück von mir» hat der Schriftsteller Carl Zuckmayer diesen Typus beschrieben: «Die Schieber mit weiten ‹Tangohosen› und einem koketten Gürtelchen auf der Rückseite des knapp geschnittenen Sakkos, der sich in auffälligen Farben hielt, rotbraun, orange und lila, großkariert – die zackigen Hochstapler, die Totogewinnner der Börse und der Literatur, mit schwarzer Hornbrille und sogenanntem ‹Bolschewikenschnitt›, das Haar glatt zurückgekämmt, den Nacken scharf ausrasiert und dick mit Puder bestreut, füllten die Cafés und gaben den Ton an. Der Ton war bewusst zynisch, kaltschnäuzig, salopp, womit eine permanente Unsicherheit kess zugedeckt wurde.»[84] Die Schieber fuhren schnelle Autos, rauchten teure Zigarren, speisten in «Schlemmerlokalen» – und umgaben sich mit mondänen Frauen. Zumeist handelte es sich um relativ junge Leute, die keine Hemmungen kannten, um sich in der Wolfsgesellschaft der Inflationszeit über gängige Konventionen und traditionelle Spielregeln hinwegzusetzen. «Den Jungen und Flinken ging es gut», erinnerte sich Sebastian Haffner. «Über Nacht wurden sie frei, reich, unabhängig. Es war eine Lage, in der Geistesträgheit und Verlass auf frühere Erfahrung mit Hunger und Tod bestraft, aber Impulshandeln und schnelles Erfassen einer neuen Lage mit plötzlichem, ungeheurem Reichtum belohnt wurde. Der einundzwanzigjährige Bankdirektor trat auf, wie auch der Primaner, der sich an die Börsenratschläge seiner etwas älteren Freunde hielt. Er trug Oscar-Wilde-Schlipse, organisierte Champagnerfeste; und unterhielt seinen verlegenen Vater.»[85]

In einem satirischen Beitrag schwang sich «Die Weltbühne» im Dezember 1922 zu einer «Verteidigung des Schiebers» auf. «Wir sind die neuen Männer, die die verknöcherten Routiniers, die Leute mit den abgewirtschafteten Traditionen ersetzen. Die Lebensnahen mit den eisernen Nerven», ließ das Blatt einen typischen Vertreter dieser Abzockergeneration selbstbewusst verkünden. «Wir sind Kinder des Volkes, die emporkommen. Wir sind die wahren Revolutionäre. Schieber? Wir sind Deutschlands Zukunft.»[86]

Häufig wurde der Typus des Schiebers mit dem Stereotyp des «jüdischen Spekulanten» in Verbindung gebracht. Da sich die galoppierende Geldentwertung einer rationalen Erklärung entzog, lag es für viele nahe, dafür das Wirken finsterer Mächte verantwortlich zu machen. So verstärkte die Inflation antisemitische Ressentiments, die in der Kriegs- und Revolutionszeit einen starken Auftrieb erhalten hatten. Bereits im Frühjahr 1920 hieß es in einem Stimmungsbericht aus Bayern: «Der Hass weitester Kreise richtet sich in gesteigertem Maße gegen die Juden, die den größten Teil des Handels an sich reißen und sich nach Anschauung aller am meisten auf Kosten ihrer Mitmenschen in der gewissenlosesten Weise bereichern. In Eisenbahn- und Straßenbahnwagen und bei allen nur möglichen Gelegenheiten hört man auf die Juden schimpfen.»[87] Hitler sollte sich hier ein idealer Resonanzboden für seine hemmungslose Demagogie bieten.

• • • • • • • •

Besorgt registrierten die Behörden einen allgemeinen Verfall der Sitten. Vor allem Berlin wurde zum Inbegriff der Dekadenz und des Lasters. Klaus Mann, der, noch nicht ganz siebzehn, im Sommer 1923 mit seiner älteren Schwester Erika zum ersten Mal die Hauptstadt besuchte, war fasziniert: «Die Stadt erschien zugleich erbarmungswürdig und verführerisch: grau, schäbig, verkommen und doch vibrierend von nervöser Vitalität, gleißend, glitzernd, phosphoreszierend, hektisch, animiert, voll Spannung und Versprechen.» Ein großes Vergnügen bereitete es ihm, den Prostituierten zuzuschauen, die allabendlich in der Tauentzienstraße oder der Oranienburger Straße promenierten: «Manche von ihnen war kindlich jung, während andere die tiefen Furchen um Mund und Augen mit keiner Schminke mehr kaschieren konnten (...). Es gab Weiblichkeit in jeder Preislage, für jeden Geschmack, selbst für den ausgefallensten. Einige Damen – grimmige Matronen in strenggeschnittenen Kostümen – fielen durch hohe Stiefel aus rotem oder grünem Leder auf. Es war eine dieser Gestiefelten, die mir zu meinem Entzücken zuflüsterte: ‹Magste Sklave sein?›, wozu sie auch noch eine Reitgerte an meiner Wange vorbei durch die Luft zischen ließ. Ich fand das wundervoll.»[88]

Ein Transvestitenpaar tanzt auf einer Party im Homosexuellen-Club L'Eldorado in der Motzstraße in Berlin (Januar 1926).

Neben der gewöhnlichen Prostitution gab es auch immer mehr junge Frauen aus gutbürgerlichen Familien, die, von der nackten Not getrieben, ihre Dienste feilboten. Der russische Schriftsteller Ilja Ehrenburg, der von 1921 bis 1923 in Berlin lebte, berichtet in seinen Erinnerungen, was er eines Abends mit seinem Freund in einer Privatwohnung erlebte: Nachdem ihnen Sekt eingeschenkt worden war, «erschienen die beiden Töchter des Hauses im Evakostüm und tanzten (…). Die Mutter blickte die ausländischen Gäste erwartungsvoll an: Vielleicht würden sie die Töchter anziehend genug finden, um Geld springen zu lassen – Dollars natürlich (…). ‹Und so was nennt sich Leben!› seufzte die ehrbare Frau Mama. ‹Der Weltuntergang ist das.›»[09]

Auch der Männerstrich florierte. Homosexualität war zwar strafbar, aber Berlin stand in dem Ruf, dass Schwule hier in Ruhe gelassen wurden. «Den Kurfürstendamm entlang promenierten geschminkte Jungen mit künstlichen Taillen und nicht nur Professionelle», beobachtete Stefan Zweig. «Jeder Gymnasiast wollte sich etwas verdienen, und in den verdunkelten

Bars sah man Staatssekretäre und hohe Finanzleute ohne Scham betrunkene Matrosen zärtlich hofieren.»[90]

Aber auch die sogenannte «freie Liebe» nahm bisher nicht gekannte Dimensionen an. Warum sollte eine junge Frau aus der Mittelschicht bis zur Ehe keusch bleiben, wo doch das Mitgiftsystem, das bisher die Heiratspläne reguliert hatte, durch die Geldentwertung außer Kraft gesetzt wurde? Mit der Inflation setzte sich bei vielen Mädchen die Ansicht durch, dass Jungfräulichkeit sich nicht mehr lohne.[91] «Jetzt gehörte es dazu, ‹miteinander zu schlafen› – gleichgültig, ob man den Partner oder die Partnerin liebte oder auch nur zu lieben glaubte. Es gehörte einfach dazu. Es war schick, Verhältnisse zu haben», erinnerte sich der Schriftsteller Curt Riess, in den zwanziger Jahren Sportreporter und später Theater- und Filmkritiker beim «12-Uhr-Blatt» in Berlin.[92] Über eine ähnliche Erfahrung berichtet Sebastian Haffner: «Überall war jeder mit der Liebe beschäftigt mit Hast und Lust. Ja, die Liebe hatte selbst einen inflationären Charakter angenommen. Die Gelegenheit musste ergriffen werden (…). Der ‹neue Realismus› der Liebe wurde entdeckt. Es gab einen Ausbruch sorgloser, hektischer, fröhlicher Leichtlebigkeit. Typisch folgten Liebesaffären einem extrem schnellen Lauf ohne Umwege. Die Jungen, die in jenen Tagen lieben lernten, übersprangen die Romantik und umarmten den Zynismus.»[93] Ausdruck dieses Lebensgefühls war einer der populärsten Schlager der damaligen Zeit, der mit den Versen begann: «Warum denn weinen, wenn man auseinandergeht, / Wenn an der nächsten Ecke schon ein andrer steht.»[94]

• • • • • • • •

Da ungewiss war, was das Morgen bringen würde, lebten viele Menschen für das Heute, für den Genuss des Augenblicks. «Nach uns die Sintflut», lautete die Devise.[95] Das Verlangen, sich zu amüsieren, kannte keine Grenzen mehr. Clubs, Bars und Nachtlokale schossen wie Pilze aus dem Boden. Wie schon in den ersten Monaten nach Kriegsende griff eine regelrechte Tanzwut um sich. «Millionen von unterernährten, verzweifelt geilen, wütend vergnügungssüchtigen Männern und Frauen torkeln und taumeln dahin im Jazz-Delirium. Der Tanz wird zur Manie, zur *idée fixe*, zum Kult», beschrieb Klaus Mann die ausschweifende Szene in Berlin. «Man tanzt Foxtrott, Shimmy, Tango, den altertümlichen Walzer und den schicken Veitstanz. Man tanzt Hunger und Hysterie, Angst und Gier, Panik und Entsetzen (...). Ein geschlagenes, verarmtes, demoralisiertes Volk sucht Vergessen im Tanz.»[96]

Besonders wild ging es nach der Schilderung Stefan Zweigs in den Berliner Transvestitenlokalen zu: «Selbst das Rom des Sueton hat keine solche Orgien gekannt wie die Transvestitenbälle, wo Hunderte von Männern in Frauenkleidern und Frauen in Männerkleidung unter den wohlwollenden Blicken der Polizei tanzten. Eine Art Irrsinn ergriff im Sturz aller Werte gerade die bürgerlichen, in ihrer Ordnung unerschütterlichen Kreise.»[97]

Die Tanzwut blieb nicht auf öffentliche Lokale beschränkt. Auch bei privaten Zusammenkünften wurde getanzt wie nie zuvor. So erlebte Victor Klemperer an einem Abend im März 1923, wie sich in der Villa eines befreundeten Paares die ganze Gesellschaft nach dem Essen in einen großen Raum begab, um sich ganz dem Tanzvergnügen hinzugeben. «Dort haben sie ein Grammophon, u(nd) dort tanzen sie, die Ehepaare für sich u(nd) unter sich (...). Nun lernten wir sie kennen, u(nd) es war wirklich hübsch. Die amerikanischen, exotisch-erotisch-wahnsinnigen Tänze, die Melodien, die uns vom Kino her vertraut sind.»[98]

Ausdruck der Zeitstimmung waren auch die Lieder, die zum Tanz in Bars und Kaffeehäusern gesungen wurden. Ein anderer Schlager, der sich in den Jahren der Inflation besonderer Beliebtheit erfreute, endete mit dem Refrain: «Wir versaufen unser Oma ihr klein Häuschen, / Wir versaufen unser Oma ihr klein Häuschen, und die erste und die zweite Hypothek.» In der «Weltbühne» interpretierte Kurt Tucholsky das Lied als «vollendetsten Ausdruck der Volksseele». Es enthalte «klipp und klar die augenblickliche volkswirtschaftliche Lage»: «Wir leben von der Substanz. So, wie der Rentner nicht mehr von seinen Zinsen existieren kann, sondern gezwungen ist, sein Kapital anzugreifen – so auch hier. Man beachte mit welcher Feinheit die beiden Generationen einander gegenübergestellt sind: die alte Generation der Großmutter, die noch ein Häuschen hat, erworben von den emsig verdienten Spargroschen – und die zweite und dritte Generation, die das Familienvermögen keck angreifen und den sauren Schweiß der Voreltern durch die Gurgel jagen!»[99]

• • • • • • • •

Nacktheit wurde in einem nie zuvor gekannten Ausmaß enttabuisiert. In Revuetheatern, Kabaretts und Lokalen traten einzelne oder Gruppen von Tänzerinnen auf, die ihre Reize kaum verhüllt zur Schau stellten. In Berlin machte die Nackttänzerin Anita Berber Furore. Grell geschminkt, dem Kokain zugeneigt, verkörperte die knabenhaft schlanke, dunkle Schönheit wie keine zweite die fiebrige Atmosphäre der Inflationszeit. Auch privat nahm sie es mit der Moral nicht so genau. Sie hatte drei Ehemänner und ungezählte Liebschaften, mit Männern und Frauen gleichermaßen. Als Berber im November 1928, mit nur 29 Jahren, vom Rauschgift- und Alkoholkonsum zermürbt, starb, gab ihr die Halbwelt Berlins das letzte Geleit.[100]

Für Amüsement und Zerstreuung sorgte nicht nur das zügellose Nachtleben. Auch die Sportbegeisterung feierte in den Jahren der Inflation neue Triumphe. Großer Beliebtheit erfreuten sich die Sechstagerennen im Berliner Sportpalast in der Potsdamer Straße. Im Parkett und auf den Tribünen drängten sich Tausende Menschen, darunter viel Prominenz aus Film und Theater. «Dreizehn Radrennfahrer, jeder zu einem Paar gehörend, begannen am Freitag, um neun Uhr abends die Pedale zu treten (…), und seither tobt Tag und Nacht, Nacht und Tag das wahnwitzige Karussell», schrieb Egon Erwin Kisch in einer Reportage über das Spektakel.[101] Als 1923 erstmals der Walzer «Wiener Praterleben» gespielt wurde, begleitete Reinhold Habisch, genannt «Krücke» – er hatte bei einem Unfall ein Bein verloren –, jeden dritten Takt der Komposition mit schrillen Pfiffen. So wurde der «Sportpalastwalzer» zur Hymne der Sechstagerennen.

Auch der Boxsport entwickelte sich zu einer Hauptattraktion. Er stand für beides: für Vergnügungssucht und die Lust an der rohen Gewalt. Im archaischen Duell Mann gegen Mann im Ring, im jähen Wechsel von Triumph und Niederlage spiegelte sich das Drama einer Welt, in der es keine Sicherheiten mehr gab und viele Menschen mehr denn je den Wechselfällen des Glücks ausgesetzt waren.[102] Zu den Lieblingen des Publikums zählte Hans Breitensträter. 1919 startete er seine Profi-Karriere als Boxer – fünf Jahre, bevor Max Schmeling in den Ring treten und es bald zu internationalem Ruhm bringen sollte. Im April 1920 gewann Breitensträter die deutsche Meisterschaft im Schwergewicht, die er in den Jahren der Inflation verteidigte. Ende Februar 1924 verlor er den Titel an Paul Samson-Körner in der dritten Runde durch K. O. Der «blonde Hans», wie er genannt wurde, boxte nicht nur attraktiv, er kam mit seinem durchtrainierten Körper auch

Kriegsinvaliden prägten noch lange nach 1918 das Straßenbild in deutschen Städten. Die Inflation traf sie besonders hart und machte Tausende von ihnen zu Bettlern und Almosenempfängern.

den Vorstellungen eines Modellathleten nahe. Das Vitale, Unversehrte sprach besonders an in einer Zeit, als der Anblick der Kriegsinvaliden noch überall präsent war.[103]

• • • • • • • •

Luxus und Vergnügungsgier der Neureichen und Ausländer kontrastierten scharf mit der elenden Situation der Kriegsversehrten. «An jeder Ecke standen die Opfer des verlorenen Krieges. Zerlumpt und auf Krücken oder ohne Beine auf der Erde hockend, hielten sie ihre alten, zerschlissenen Soldatenmützen auf», erinnerte sich die Schauspielerin und Kabarettistin Trude Hesterberg. «Was sollte man hineintun? Fünfhundert, tausend, eine Million? Am Tag darauf war das soviel wert wie ein Pfennig!»[104] Wie in einem Brennspiegel trafen in der Wartehalle des Bahnhofs Zoo, mitten im Vergnügungsviertel des Berliner Westens, die sozialen Gegensätze aufeinander: «In Spitzen- und Seidenkleidern, pelzbesetzten Ballmänteln und im Smoking saß das Amüsierpublikum zwischen den wenigen müden Reisenden, die nicht genug Geld hatten, um die Nacht in einem Hotelbett zu verbringen und die hier auf ihren ersten Zug warteten. Die andern, Gäste aus Dollarika, aus dem holländischen Guldenland und mit Schmuck behängte Emigrantenfrauen aus Russland saßen neben Stars von Bühne und Film, neben frecher Inflationsjugend, zwischen Banklehrlingen und Dollarschiebern. Daneben drängte sich der geschminkte Abhub der Straße, vor allem halbreife Weiblichkeit. Das gab ein lärmendes, schreiendes Bild, wie es in Berlin noch nicht dagewesen war (...). Während man unter den Stadtbahnbogen weitertobte, standen draußen auf der Straße die Kriegskrüppel und boten Streichhölzer oder Schnürsenkel an. Armselige Winkeldirnen strichen herum, die selbst um die Preisgabe ihres Körpers damals nicht den Unterhalt für den nächsten Tag erschwingen konnten.»[105]

Angesichts des sprunghaften Markverfalls blieb vielen Menschen gar nichts anderes übrig, als die «Flucht in die Sachwerte» anzutreten – ein Begriff, der sich 1922/23 fest im deutschen Schlagwortrepertoire etablierte.[106] Das Geld möglichst rasch auszugeben, bevor es weiter an Wert verlor, wurde zur Überlebensfrage. In Phasen besonders schneller Teuerung kam es zu regelrechten «Kaufpaniken». So berichtete die «Deutsche Allgemeine Zeitung» im Juli 1923: «Unruhe und Nervosität greifen Platz. Man stürzt sich auf die Läden. Man kauft, was zu kaufen ist. Man hamstert notwendige und überflüssige Dinge (...). Der Riesenbedarf steigert den Preis. Die Teuerung wächst. Alle Millionen reichen nicht für den dringendsten Magenbedarf.»[107] Und in der «Berliner Illustrierten Zeitung» beobachtete ein Journalist einen Monat später: «Das trommelt täglich auf die Nerven: der Zahlenwahnsinn, die ungewisse Zukunft, das über Nacht wieder fraglich gewordene Heute und Morgen. Epidemie der Angst, der nacktesten Not: dem Blick längst entwöhnt gewesene Käuferschlangen stehen wieder vor den Läden (...), die Stadt, die große steinerne Stadt wird wieder einmal leer gekauft. Reis, gestern noch das Pfund 80 000 Mark, kostet heute 160 000 Mark, morgen vielleicht das Doppelte, übermorgen zuckt der Mann hinterm Ladentisch die Achseln: ‹Reis ist alle.› Also Nudeln! ‹Nudeln sind alle.› Also Graupen, Grieß, Bohnen, Linsen, nur kaufen, kaufen, kaufen! Das Stück Papier, das funkelnagelneue Banknotenpapier, noch feucht vom Druck, heute früh als Wochenlohn ausgezahlt, schrumpft an Wert auf dem hastigen Weg zum Kaufmannsladen. Die Nullen, die wachsenden

Nullen! ‹Ne Null is eben nischt!› – Mit dem Dollar steigt das: Hass, Verzweiflung, Not.»[108]

Wie sich unter solchen Bedingungen der Alltag in einer einst gutsituierten Berliner Beamtenfamilie gestaltete, hat Sebastian Haffner in der Rückschau anschaulich beschrieben. Wenn der Vater am Monatsende sein Gehalt bekam, kaufte er auf der Stelle eine Monatskarte für die U-Bahn. Danach wurden rasch Schecks für die Miete und das Schulgeld ausgestellt, und am Nachmittag ging die ganze Familie zum Friseur. Am nächsten Morgen, gegen fünf Uhr früh, fuhr die Mutter mit den Kindern und dem Dienstmädchen mit einem Taxi zum Großmarkt. Dort wurde innerhalb einer Stunde der größte Teil des Monatsgehalts für unverderbliche Lebensmittel ausgegeben: «Riesige Käse, ganze Schinken, Kartoffeln zentnerweise wurden in das Taxi geladen. Wenn der Platz nicht ausreichte, besorgte das Dienstmädchen mit einem von uns noch einen Handkarren. Ungefähr um acht Uhr, noch vor Schulanfang, kehrten wir nach Hause (zurück), mehr oder weniger für eine einmonatige Belagerung versorgt.»[109]

Neben der Flucht in die Sachwerte gab es auch das umgekehrte Phänomen: eine Flucht aus den Sachwerten. Angehörige der Mittelschicht, die weder über regelmäßiges Einkommen noch über Rücklagen oder ausländische Devisen verfügten, waren gezwungen, in improvisierten Auktionen alte Erbstücke oder sonstige Kostbarkeiten zu veräußern. «Ein Gang durch den kleinen Verkaufsraum mit seinen Tischen und Glasschränken bewegt das Herz», berichtete die «Niederdeutsche Zeitung» im Oktober 1922. «Da liegen so mancherlei Herrlichkeiten ausgebreitet, die das Auge erfreuen: (...) wundervolle türkische und gestickte Seidenschals, ziervoll geschnitzte Figürchen, alte Porzellane, Uhren, Perlenarbeiten, Leinenstickereien, Silbergerät – kurz alles, was einst einen Haushalt schmückte, ist hier zusammengetragen (...). Ein Blick aus dem Fenster – da gleitet das unruhige Leben der Großstadt vorüber, da prunken Seidenstrümpfe und kostbare Pelze, da flitzen Autos mit fetten Schiebergestalten darin (...), und hier drin, im stillen Raum, da weint still und schmerzvoll das verarmende Deutschland sein lautloses Elend.»[110]

....

Wie die überkommenen Moralvorstellungen lösten sich in der Inflation auch die traditionellen bürgerlichen Eigentumsbegriffe auf. Die Unterschiede zwischen «Mein» und «Dein» verschwammen. Die Kriminalitätsdelikte nahmen zu. Taschendiebe hatten Hochkonjunktur. Diebesbanden durchkämmten Berlin und andere Großstädte und klauten, was nicht niet- und nagelfest war – Messingklinken an den Türen, bronzene Grabplatten auf Friedhöfen oder Kunstwerke in Kirchen und Museen. Fassadenkletterer brachen in Wohnungen ein und entwendeten Schmuck, Pelze und Silberzeug. Der größte Teil der Kleinkriminalität bezog sich freilich auf die Dinge des täglichen Bedarfs. Vielerorts griffen notleidende Städter zur Selbsthilfe und plünderten Gemüseläden oder Bäckereien.[111]

Andere fuhren mit Rucksäcken aufs Land, um hier Lebensmittel zu hamstern: Butter, Schinken, Eier, Mehl, Kartoffeln. Statt der zunehmend wertlosen Papiermark verlangten die Bauern als Entgelt Tauschware: Schmuck, Tafelsilber, Teppiche, Porzellan. So gingen auch viele Familienerbstücke in den Besitz der Landbevölkerung über. Wer nichts Wertvolles anzubieten hatte, der suchte sich nicht selten durch Felddiebstähle das Notwendige zu beschaffen.[112] Aufrufe der Regierung zur Solidarität von Stadt und Land verhallten ungehört. Im Tollhaus der Hyperinflation war sich jeder selbst der Nächste, war der Kampf aller gegen alle zur neuen Normalität geworden. «Wolf unter Wölfen» hat Hans Fallada seinen Inflationsroman aus dem Jahr 1937 genannt, der noch einmal die Erinnerung an eine Zeit wachrief, in der «alles täglich dem Dollarkurs entgegen fieberte, da fast aller Gedanken sich um Geld drehten, um Zahlen, um gedrucktes Papier, um mit immer mehr Nullen bedrucktes Papier».[113]

III.

Versuche einer Krisenlösung: die Große Koalition unter Stresemann

«In schwerster Stunde das schwerste Amt»: Am 13. August 1923 wird Gustav Stresemann zum Reichskanzler und Außenminister ernannt.

. . . .

Noch nie seit der Berufung Bülows im Jahr 1900 sei ein neuer Reichskanzler «mit solcher Selbstverständlichkeit designiert» worden, begrüßte die «Weltbühne» die Ernennung Stresemanns am 13. August 1923. Seit Monaten habe festgestanden, dass eigentlich nur er in Frage komme: «Es ist einer der interessantesten und merkwürdigsten Vorgänge in unserem gewiss nicht übermäßig interessanten parlamentarischen Leben, wie dieser Taktiker, den man vorher bestenfalls für einen gewandten Jongleur hielt, seit dem Tode Rathenaus an Einfluss und Geltung und schließlich wohl auch an Kraft und Geschicklichkeit gewachsen ist.»[1] Ganz ähnlich lautete das Urteil Theodor Wolffs: Nur wenige deutsche Politiker, so schrieb er in seinem Leitartikel im «Berliner Tageblatt», hätten aus den Ereignissen der Vergangenheit so gelernt wie Stresemann. Und dass er bereit sei, «in schwerster Stunde das schwerste Amt» zu übernehmen, statt sich «behutsam für bequemere Zeiten» aufzubewahren, müsse man ihm hoch anrechnen.[2]

Tatsächlich hatte Stresemann, der mit 45 Jahren in das Reichskanzlerpalais in der Wilhelmstraße einzog, eine schillernde Vergangenheit.[3] Aufgewachsen war das achte und jüngste Kind des Ehepaars Ernst August und Mathilde Stresemann in einem kleinbürgerlichen Milieu. Der Vater betrieb einen Getränkehandel mit angeschlossener Schankwirtschaft in der Berliner Luisenstadt. Der Besuch des Andreas-Realgymnasiums öffnete dem lernbegierigen Jungen den Weg zu sozialem Aufstieg. Nach dem Abitur 1897 absolvierte er ein Studium der Nationalökonomie, das er 1901 mit einer Promotion abschloss. Das Thema seiner Doktorarbeit «Die Entwicklung des Berliner Flaschenbiergeschäfts», mit dem er sich noch einmal seinem Herkunftsmilieu zuwandte, sollte seinen Gegnern Anlass zu manch höhnischer Bemerkung sein. Joseph Goebbels, seit 1926 Gauleiter der NSDAP in Berlin, verunglimpfte Stresemann gern als «Flaschenbierdoktor».

Nach dem Studium legte Stresemann eine bemerkenswerte Karriere hin, die ihn innerhalb weniger Jahre in Schlüsselpositionen von Wirtschaft und Politik einrücken ließ. Bereits 1902, mit 24 Jahren, wurde er zum Syndikus des Verbands Sächsischer Industrieller, einem der größten regionalen Wirtschaftsverbände, gewählt – das Sprungbrett für die politische Laufbahn. 1907, noch vor seinem 29. Geburtstag, zog er als jüngster Abgeordneter für die Nationalliberale Partei in den Reichstag ein. Der rhetorisch begabte Parlamentarier, der sich zum glühenden Verfechter wilhelminischer Flotten- und Kolonialpolitik entwickelte, erfreute sich bald besonderer Protektion des nationalliberalen Parteiführers Ernst Bassermann. Auch im Privatleben wusste Stresemann die richtigen Kontakte zu knüpfen: 1903 heiratete er Käte Kleefeld, Tochter aus großbürgerlicher jüdischer Familie, die dem karrierebewussten Aufsteiger gesellschaftlichen Schliff beibrachte.

Im Ersten Weltkrieg zählte Stresemann zu den eifrigsten Befürwortern weitreichender Kriegsziele in West und Ost. Sein hybrider Traum vom «größeren Deutschland» und sein unbedingtes Eintreten für den unbeschränkten U-Bootkrieg machten ihn zum Bundesgenossen der Obersten Heeresleitung unter Paul von Hindenburg und Erich Ludendorff, der er im Juli 1917 half, den als «Flaumacher» denunzierten Reichskanzler Theobald von Bethmann Hollweg zu stürzen. Bis zuletzt glaubte er, den Lügen der Militärs vertrauend, an einen «Siegfrieden». Noch im August 1918, als die Niederlage des Kaiserreichs endgültig feststand, schrieb er an Oberstleutnant Max Bauer, Ludendorffs rechte Hand: «Der deutsche Staatsmann, der einmal Lloyd George eins aufs Maul geben würde, dass dieser Mann vier Wochen lang das Sprechen vergisst, der würde von Ostpreußen bis nach Konstanz vom Jubel des deutschen Volkes umbraust sein.»[4]

Die Novemberrevolution erlebte Stresemann als Zusammenbruch einer geliebten Ordnung, die ihm den Aufstieg ermöglicht und mit deren Repräsentanten er sich voll identifiziert hatte. Durch seinen schrankenlosen Annexionismus im Krieg hatte er sich in den Augen der Linksliberalen so diskreditiert, dass nicht zuletzt an seiner Person die Pläne zur Fusion der liberalen Parteien scheiterten. Mit der Gründung der Deutschen Demokratischen Partei (DDP) und der Deutschen Volkspartei (DVP) bestand der Riss zwischen Links- und Rechtsliberalen fort. Stresemann übernahm im

Dezember 1918 den Vorsitz der DVP, die zunächst erklärtermaßen in Opposition zur Republik von Weimar stand. An seiner Überzeugung, dass die Monarchie die beste Staatsform sei, wollte er vorerst nicht rütteln lassen. Im Januar 1919 übermittelte er dem abgedankten Kaiser Wilhelm II. zu dessen 60. Geburtstag «ehrfurchtsvolle Glückwünsche» ins holländische Exil. Während des gegenrevolutionären Kapp-Lüttwitz-Putsches im März 1920 spielten Stresemann und die DVP-Führung eine ausgesprochen zwielichtige Rolle. Zwar waren sie an den Putschvorbereitungen nicht beteiligt, aber nach dem Einmarsch der Brigade Ehrhardt in Berlin konnten sie sich gar nicht schnell genug auf den Boden der «neuen Tatsachen» stellen, um nach dem Scheitern des Unternehmens ebenso schnell auf Distanz zu den Putschisten zu gehen.

Stresemanns Wandlung vom Herzensmonarchisten zum Vernunftrepublikaner erfolgte nicht abrupt, sondern in einem längeren Lernprozess. Allmählich gelangte der DVP-Vorsitzende zur Einsicht, dass mit einer Restauration der Monarchie vorerst nicht zu rechnen sei und man sich unter den gegebenen Umständen mit der Republik abzufinden habe. Das bedeutete aber auch, dass seine Partei, die 1920 bei den Reichstagswahlen 13,9 % der Stimmen bekam und die DDP deutlich überflügelte, sich pragmatisch auf den Boden des parlamentarischen Systems stellen und zur Kooperation mit den demokratischen Parteien bereitfinden musste. Im Minderheitskabinett des Zentrumspolitikers Fehrenbach 1920/21 übernahm sie erstmals Regierungsverantwortung, und auch in der Regierung Cuno war sie mit zwei Ministern vertreten. Stresemanns Reichstagsreden vom 17. April und 9. August 1923 fanden gerade deshalb so große Beachtung, weil er sich hier unzweideutig zur Verfassungsordnung von Weimar bekannte und damit eine Brücke schlug zur politischen Linken – eine unabdingbare Voraussetzung zur Bildung der Großen Koalition von der DVP bis zur SPD.

Am Abend des 13. August hielt Stresemann seine Ernennungsurkunde zum Reichskanzler in Händen. Er war nicht gerade der Wunschkandidat Eberts. Der Reichspräsident hatte nicht vergessen, welche Rolle der Parteigänger Ludendorffs im Weltkrieg gespielt hatte, und er hegte Misstrauen gegen den wendigen Parlamentarier, von dem im Reichstag der Spruch umging: «Ein jeder weiß, dass Stresemann / mal so und manchmal anders kann.»[5] Aber stärker als diese persönlichen Animositäten wog, dass nun endlich mit der Großen Koalition das Regierungsbündnis zustande gekommen war, auf das Ebert schon seit längerem gedrängt hatte. Allerdings wies er den neuen Reichskanzler mit Schreiben vom 14. August ausdrücklich auf die Notwendigkeit hin, ihn schriftlich oder durch mündlichen Vortrag stets auf dem Laufenden zu halten.[6]

• • • • • • • •

Die Regierungsbildung vollzog sich ungewöhnlich schnell. Bereits am 14. August konnte Stresemann die Kabinettsliste präsentieren – ein Zeichen dafür, wie sorgfältig er sich auf die neue Aufgabe vorbereitet hatte.[7] Probleme hatte es nur bei der Besetzung des Postens des Reichswehrministers gegeben. Die SPD forderte die Ablösung Otto Geßlers (DDP), dem sie eine allzu große Nähe zum Chef der Heeresleitung, General von Seeckt, vorwarf. Nachdem der Reichspräsident für den Fall von Geßlers Ausscheiden mit seinem Rücktritt gedroht hatte, nahm die SPD von ihrer Forderung Abstand, bestand aber als Ausgleich auf das Innenministerium, das der Kölner Reichstagsabgeordnete und Chefredakteur der «Rheinischen Zeitung», Wilhelm Sollmann, übernahm. Außerdem stellten die Sozialdemokraten drei weitere Minister: Robert Schmidt wurde Vizekanzler und Wiederaufbauminister, Gustav Radbruch Justizminister. Beide hatten bereits dem zweiten Kabinett Wirth angehört. Überraschung löste die Ernennung des ehemaligen USPD-Mitglieds und Verfassers des Buchs «Das Finanzkapital» (1910), Rudolf Hilferding, zum Finanzminister aus, galt er doch eher als Theoretiker denn als praktisch veranlagter Politiker. Stresemann hatte sich aber für ihn entschieden, weil er ihm zutraute, unorthodoxe Lösungen für die drängende Finanz- und Währungskrise zu finden.

Gleichsam als Gegengewicht zu Hilferding übernahm der DVP-Abgeordnete Hans von Raumer, ein führender Verbandspolitiker der Elektrizitätswirtschaft und entschiedener Befürworter der Großen Koalition, das Wirtschaftsministerium. Als stärkste Figur im Kabinett neben Stresemann galt der parteilose, aber der DVP nahestehende ehemalige Oberbürgermeister von Essen, Hans Luther, der das Amt des Ernährungsministers bereits in der Regierung Cuno innegehabt hatte. Ebenfalls in seinem Amt als Arbeitsminister blieb der Zentrumspolitiker Heinrich Brauns. Außerdem stellte das Zentrum mit Anton Höfle den Postminister und mit Johannes Fuchs, dem früheren Oberpräsidenten der Rheinprovinz, den Leiter eines neugeschaffenen Ministeriums für die besetzten Gebiete. Für die DDP, den kleinsten

Koalitionspartner, verblieb neben dem Reichswehrministerium das Verkehrsministerium, mit dem der Innenmister im Cuno-Kabinett, Rudolf Oeser, betraut wurde.

Stresemann selbst reservierte für sich neben dem Kanzleramt auch noch das Außenministerium. Hier standen ihm vor allem der Staatssekretär Adolf Georg Otto («Ago») von Maltzan und Ministerialdirektor Carl von Schubert, der Leiter der Abteilung England und Amerika, zur Seite. Zum Staatssekretär in der Reichskanzlei berief Stresemann seinen Parteifreund, den Reichstagsabgeordneten und früheren Marineattaché in Rom, Werner von Rheinbaben. Darüber hinaus brachte er als seinen Privatsekretär Henry Bernhard mit, mit dem er bereits während des Krieges zusammengearbeitet hatte und der sich nach Stresemanns Tod 1929 als Herausgeber von dessen «Vermächtnis» in drei Bänden einen Namen machen sollte.

Die Doppelbelastung als Reichskanzler und Außenminister hätte schon einen physisch robusten Politiker vor große Anforderungen gestellt. Doch Stresemanns Gesundheit war labil. Er litt an einer Überfunktion der Schilddrüse und immer wieder an Herzattacken und Nierenproblemen. Wenige Tage nach seiner Ernennung mahnte ihn sein Arzt zur Vorsicht: «So sehr es mir eine Freude ist, dass Sie die Führung unseres Volkes übernommen haben, so war es mir doch eine Sorge, dass nunmehr die Arbeitslast noch unabweisbarer für Sie wird.»[8]

Doch schonen konnte sich Stresemann nicht. Erst recht nicht in einer Zeit, in der sich die Republik in einer dramatischen Krise befand, deren Bewältigung alle Kräfte beanspruchte. Ein Sechzehn- bis Achtzehnstundentag war für den Kanzler die Regel. Trotz aller Widrigkeiten strahlte er Optimismus aus. «Wenn man eine Hürde zu nehmen hat, muss man zuerst sein Herz hinüberwerfen», zitierte er im Gespräch mit dem britischen Botschafter ein Wort Bismarcks, um hinzuzufügen: «Ich habe mein Herz hinübergeworfen, und ich hoffe, dass auch Pferd und Reiter wohlbehalten auf der anderen Seite ankommen werden.»[9]

Im Kabinett pflegte Stresemann einen kollegialen Führungsstil. Der «taktischen Geschicklichkeit» des Kanzlers sei «soviel menschliche Wärme beigemischt» gewesen, rühmte Gustav Radbruch im Rückblick, dass er auch persönlich für sich habe einnehmen können. So sei das Verhältnis der sozialdemokratischen Minister zu ihm, zumindest in den ersten Wochen seiner Amtszeit, «das denkbar beste gewesen».[10]

• • • • • • • •

Am Nachmittag des 14. August stellte Stresemann im Reichstag das neue Kabinett vor und gab eine kurze Regierungserklärung ab, in der er energische Maßnahmen zur Lösung der Ruhrfrage und zur Behebung der Wirtschaftskrise ankündigte. Immer wieder von lärmenden Zwischenrufen der Kommunisten unterbrochen, warb er um Vertrauen des Parlaments: Das Land stünde innen- und außenpolitisch vor großen Entscheidungen, und die verlangten «den Zusammenschluss aller den verfassungsmäßigen Staatsgedanken bejahenden Kräfte».[11] «Ein junger Ton, ein frischer Klang», kommentierte Georg Bernhard in der «Vossischen Zeitung» die Rede. «Endlich stand gestern seit Wirths Tagen zum ersten Mal wieder ein Mann von der Reichskanzlerecke der Ministerbank im Reichstag auf, der das Wort zu gebrauchen weiß (...). Es war ein Vergnügen, die gewandte Fechtkunst dieses geschickten Parlamentariers zu verfolgen.»[12]

Stresemanns Ausführungen fanden bei den Abgeordneten der SPD und der bürgerlichen Parteien viel Beifall. Nur die Abgeordneten der Deutschnationalen Volkspartei (DNVP) blieben völlig ungerührt. «Mit verschränkten Armen saßen sie wie Stein gewordene Menschen da», beobachtete Erich Dombrowski, der leitende Redakteur des Ressorts Innenpolitik beim «Berliner Tageblatt». «Keiner verzog eine Miene, keiner rührte eine Hand. Stumm ringsum. Eiseskälte ging von dieser Ecke aus. Niemand konnte sich darüber täuschen, wie, nach dieser äußeren Haltung, das Urteil über die neue Regierung auf diesen Bänken ausfallen würde.»[13] Tatsächlich kündigte der Vorsitzende der DNVP, Oskar Hergt, eine scharfe Opposition seiner Partei an.[14]

Bei der Abstimmung sprachen 239 Abgeordnete der Koalitionsparteien der Regierung das Vertrauen aus. 76 Abgeordnete – Kommunisten, Deutschnationale, Deutsch-Völkische, die zwei Mitglieder der Rumpf-USPD und zwei Sozialdemokraten – stimmten dagegen. 25 Abgeordnete, darunter die Vertreter der Bayerischen Volkspartei (BVP), enthielten sich der Stimme. Der sozialdemokratische «Vorwärts» sprach vom bisher «größten parlamentarischen Erfolg» einer Reichsregierung in der Weimarer Republik.[15] Doch wies das Ergebnis einen Schönheitsfehler auf: 43 Abgeordnete der SPD, überwiegend wohl ehemalige Unabhängige, aber auch 23 Abgeordnete der DVP, darunter vor allem Vertreter des rechten Parteiflügels, blieben der Abstimmung fern – ein Beleg dafür, wie fragil das von Stresemann geschmiedete Koalitionsbündnis war.[16]

Weder bei den Sozialdemokraten noch in seiner eigenen Partei konnte der Kanzler auf die geschlossene Unterstützung bauen. Das Unbehagen in Teilen der SPD hatte sich bereits bei der Abstimmung in der Fraktion am 13. August gezeigt, bei der sich 83 Abgeordnete für und 39 gegen eine Regierungsbeteiligung ausgesprochen hatten. In der DVP-Fraktion wiederum war der Unmut groß, dass der SPD vier Ministerien, darunter mit dem Finanz-, Justiz- und Innenministerium drei der wichtigsten, zugefallen waren. Als er das Kanzleramt übernahm, hatte Stresemann den Fraktionsvorsitz an Ernst Scholz abgegeben, den ehemaligen Wirtschaftsminister im Kabinett Fehrenbach. Scholz tendierte zum rechten Flügel der Partei, der die Interessen der Schwerindustrie vertrat und eine Zusammenarbeit mit der Sozialdemokratie ablehnte. So zeigten sich auch auf der parlamentarischen Ebene Risse in der Koalition, die aber zunächst die Aktionsfähigkeit der Regierung nicht beeinträchtigten, weil der Reichstag sich am 15. August vertagte und erst am 27. September wieder zusammentrat.[17]

• • • • • • • •

Die Bildung der Großen Koalition wurde in republikanischen Kreisen mit großen Erwartungen begrüßt. Mit ihr sei «die breiteste Ordnungs- und Widerstandsfront, die wir seit den Novembertagen je hatten, hergestellt», schrieb der liberale Berliner Historiker Friedrich Meinecke.[18] Große Hoffnungen knüpften sich vor allem an die Person Stresemanns. Wenn er sich als Kanzler das bewahre, was ihn bereits als Abgeordneten ausgezeichnet habe – «eine Ursprünglichkeit, die nicht an Formen und Konzepten klebt» –, dann bringe er die zur Meisterung der Schwierigkeiten wichtigste Voraussetzung mit: «den Mut, rasch und unzweideutig zu handeln», führte Georg Bernhard in der «Vossischen Zeitung» den neuen Kanzler ein. Gerade weil Stresemanns nationale Gesinnung außer Zweifel stehe, könne er «rückhaltlos das tun, was seine Vernunft ihn zu tun heißt».[19] Niemand könne voraussagen, ob es Stresemann gelingen werde, die Geschlossenheit der Koalition «über die politischen Stürme der nächsten Zeit hinweg» zu erhalten, meinte Erich Dombrowski im «Berliner Tageblatt». Auf alle Fälle aber müsse man ihm für «den Mut und die Entschlossenheit» danken, dass er «in einem Augenblick allgemeiner Zerfahrenheit das Steuerruder in die Hand genommen hat».[20] Viel Zeit bleibe der neuen Regierung nicht, um die notwendigen Schritte in der Währungs- und Wirtschaftspolitik zu vollziehen, mahnte

Stefan Großmann im «Tage-Buch». «Klipp und klar gesagt: Herr Dr. Stresemann ist die letzte Reserve, die der deutsche Parlamentarismus zu vergeben hat.»[21]

Für die Kommunisten bedeutete die Bildung der Großen Koalition keinen Einschnitt. Vielmehr werde «die alte bankrotte Koalitions- und Arbeitsgemeinschaftspolitik (…) nun mit offener Beteiligung der Sozialdemokratie weitergeführt», hieß es in einem Aufruf der KPD-Zentrale vom 14. August. «Neue Katastrophen sind unvermeidlich. Ein neuer Zusammenbruch kann nur die Frage einer ganz kurzen Zeit sein.»[22]

Noch feindseliger fiel das Echo auf Seiten der radikalen Rechten aus. Dass die neue Regierung eine breite parlamentarische Basis besaß und ihr auch wieder Sozialdemokraten angehörten, betrachteten sie als einen Rückschritt in ihren Bemühungen, die parlamentarische Demokratie auszuhebeln und einer autoritären Krisenlösung den Weg zu ebnen. Besondere Zielscheibe ihres Hasses war wegen seiner jüdischen Herkunft Finanzminister Hilferding. Die Deutschnationale Volkspartei ließ von Anfang an keinen Zweifel an ihrer Fundamentalopposition. Der DNVP-Abgeordnete und ehemalige Krupp-Direktor Alfred Hugenberg, der in den Zwanzigerjahren einen mächtigen rechten Medienkonzern aufbaute, hatte noch in einem Brief an Hugo Stinnes vom 11. August vor der Ernennung Stresemanns gewarnt. Dieser habe «weder Nerven», noch sei er «innerlich fest», habe keinen «politischen Instinkt» und tue deshalb «im entscheidenden Augenblick (…) nie das Richtige». Sollte er Kanzler werden, wäre das «verhängnisvoll für das deutsche Bürgertum».[23]

Die Obstruktion, welche die Deutschnationalen vom ersten Tag an gegen die neue Regierung übten, war selbst der «Allgemeinen Deutschen Zeitung», dem Stinnes-Blatt, zu viel: Es müsse doch die Frage gestellt werden, «ob eine so erbitterte und die inneren Wunden fast unheilbar vertiefende Opposition irgendwie im nationalen Interesse liegen kann».[24] Man habe nicht erwartet, dass die deutschnationale Presse das Kabinett Stresemann mit Vorschusslorbeeren bedenken würde, schrieb die «Vossische Zeitung». Dennoch überrasche der «aggressive Ton», müssten sich doch auch die Deutschnationalen darüber im Klaren sein, dass, sollte Stresemann scheitern, «es einfach niemanden» gäbe, «der im Augenblick ihn ersetzen könnte».[25]

Vehemente Ablehnung schlug der Regierung Stresemann auch aus

Bayern entgegen. Die überwiegende Mehrheit der bayerischen Bevölkerung sehe in der Großen Koalition «keinen Fortschritt, sondern eher eine Gefahr für eine national kraftvolle Staatsführung starker Persönlichkeiten und für die Wahrung bayerischer politischer und wirtschaftlicher Belange», berichtete der DDP-Abgeordnete Eduard Hamm, unter Cuno Staatssekretär in der Reichskanzlei, am 16. August aus München. Die Besetzung der Ministerien des Innern, der Justiz und der Finanzen bedeute in ihren Augen eine «Auslieferung der politischen Macht an die Sozialdemokratie», die als «nicht im Einklang mit dem tatsächlichen Verhältnis der Volkskräfte» empfunden werde. Hamm empfahl eine «offene vertrauensvolle Aussprache» mit der bayerischen Regierung.[26]

Wenige Tage später wandte sich Stresemann mit der Bitte an den bayerischen Ministerpräsidenten, Eugen Ritter von Knilling, ihn «bei der Führung der Reichsgeschäfte gütigst unterstützen zu wollen». Die Entwicklung der politischen Verhältnisse habe sich «in letzter Zeit so überstürzt, dass die Entscheidung über die Bildung einer neuen Regierung in kürzester Zeit erfolgen musste». Nach Lage der Dinge sei das Kabinett der Großen Koalition «der einzige Ausweg», um der Schwierigkeiten Herr zu werden.[27] Am 24. August reiste Stresemann nach München, um sich mit dem bayerischen Ministerpräsidenten auszusprechen. Die Unterredung sei «erst sehr erregt, später sehr freundlich» gewesen, hielt er in seinem Taschenkalender fest, und im Kabinett erzählte er, dass es «zu einem Einverständnis in allen Fragen gekommen» sei.[28] Doch davon konnte, wie sich sehr bald zeigen sollte, keine Rede sein.

• • • • • • • •

«Die Regierung der Großen Koalition ist die letzte Regierung, die Deutschland im Rahmen der Weimarer Verfassung aufzubringen vermag. Noch niemals zuvor hat eine Regierung ihr Amt in einem schwierigeren Augenblick übernommen als dem gegenwärtigen», berichtete der österreichische Gesandte Richard Riedl aus Berlin.[29] Tatsächlich waren die Probleme, vor die sich Stresemann und sein Kabinett gestellt sahen, geradezu erdrückend. Der passive Widerstand an der Ruhr stand faktisch vor dem Zusammenbruch. Die Hyperinflation ging von Tag zu Tag ungebremst weiter. Der Zustand der Finanzen war desaströs; er übertreffe «die schlimmsten Erwartungen», musste Hilferding den Parteiführern am 22. August eröffnen.[30] Gleichzeitig machten die Radikalen von rechts und links gegen die Republik mobil, blühten Putschgerüchte. Und überdies regten sich in den linksrheinischen Gebieten verstärkt separatistische Bestrebungen. Am 21. August teilte der Industrielle Otto Wolff Stresemann mit, dass im Rheinland «anarchische Zustände» herrschten: Er habe den Eindruck, «dass die Bewegung, die auf ein selbständiges Rheinland hinziele, rasende Fortschritte gemacht habe».[31]

Für jeden Einsichtigen war klar: Ohne eine Sanierung der Währung war an eine wirtschaftliche Erholung nicht zu denken. Die Inflation aber konnte nur eingedämmt werden, wenn mit der finanziell untragbaren Subventionierung des Ruhrkampfs Schluss gemacht wurde. Der «springende Punkt» sei, führte Richard Lewinsohn in der «Weltbühne» aus, ob es dem Kabinett Stresemann gelinge, «rasch mit der Ruhrfrage fertig zu werden, mit anderen Worten: ob die neuen Männer den Mut aufbringen, dem deutschen Volk zu zeigen, dass ein Siegfriede an der Ruhr unmöglich ist, und dass das Einzige, was wir heute vielleicht noch erreichen können, ein bescheidener, sehr bescheidener Akkord ist, wenn wir den Konkurs vermeiden wollen».[32]

In der Kabinettssitzung vom 23. August malte der preußische Innenminister Severing ein düsteres Bild: Von einem passiven Widerstand an der Ruhr könne keine Rede mehr sein; die Einheitsfront sei «von oben bis unten durchlöchert». Unterstützt vom preußischen Ministerpräsidenten Otto Braun, zog Severing die Konsequenz: «Entweder es gelingt in kürzester Zeit, zu einer Beendigung des Ruhrkampfs zu kommen, oder aber es gelingt nicht, dann ist Deutschland rettungslos verloren.»[33]

Dieser Einsicht verschloss sich Stresemann nicht. Allerdings wollte er den Abbruch des passiven Widerstands noch etwas hinauszögern, weil er hoffte, durch verstärkte außenpolitische Aktivität internationalen Beistand mobilisieren und Frankreich zu Zugeständnissen bewegen zu können. Die Situation dürfe «durchaus nicht verloren gegeben» werden, erklärte er in derselben Kabinettssitzung. Andererseits möge man sich auch keiner Selbsttäuschung hingeben: «Es müsse bereits als ein ehrenhafter Ausgang des Ruhrkampfs angesehen werden, wenn es dem Deutschen Reich gelingt, seine Souveränität (über die besetzten Gebiete) aufrechtzuerhalten.»[34] Dabei ging es Stresemann auch darum, das Gesicht zu wahren. Der von ihm als notwendig erkannte Schritt sollte nicht als Kapitulation erscheinen. Es sei unmöglich, ließ er dem britischen Botschafter mitteilen, den passiven Widerstand bedingungslos aufzugeben, «ohne schwere Unruhen heraufzubeschwören».[35]

Da sich der Reichstag vertagt hatte und damit als Tribüne ausfiel, nutzte Stresemann andere Wege, um die deutsche Öffentlichkeit auf die Aufgabe des passiven Widerstands vorzubereiten. So hielt er am 2. September in Stuttgart eine Rede vor Pressevertretern, in der er die deutsche Position noch einmal grundsätzlich darlegte. Deutschland sei zu «schweren materiellen Opfern» bereit, erklärte er, aber nicht willens, «die Freiheit deutschen Bodens irgend jemand gegenüber preiszugeben». Ein «Deutschland ohne Rhein und Ruhr» sei nicht lebensfähig und außerstande, Reparationsleistungen zu erbringen. Gleichzeitig warb er für die Idee eines «Rheinpaktes», welcher der französischen Politik die «denkbar größte Friedenssicherheit» bieten würde. «Eine Zerstückelung Deutschlands, der Versuch der Abtrennung deutscher Gebiete oder der Versuch einer wirtschaftlichen und verkehrstechnischen Beherrschung deutscher Grenzbezirke würde dem Geist eines solchen Abschlusses dauernd entgegenwirken.»[36]

«Bravo, Kanzler!», lobte Georg Bernhard in der «Vossischen Zeitung» den Stuttgarter Auftritt. Mit seiner Rede habe sich Stresemann «einen ebenbürtigen Platz in der Reihe der führenden Staatsmänner Europas erobert».[37] Und auch Theodor Wolff pries im «Berliner Tageblatt» die Rede als «große staatsmännische Kundgebung». Sie müsste im ganzen Land verbreitet werden, und sie würde dann «ohne Zweifel aufrüttelnd, klärend und, trotz hartem Verzicht auf Schönfärberei, ermutigend wirken».[38] In einer Rede vor Vertretern der ausländischen Presse am 6. September bekräftigte der Reichskanzler seinen Standpunkt: «Nachgiebigkeit in materiellen Dingen, aber Unnachgiebigkeit in der Verteidigung des deutschen Bodens.»[39]

Auf eine englische Vermittlung setzte Stresemann keine allzu großen Hoffnungen. Zwar hatte der britische Außenminister in einer Note vom 11. August die Unrechtmäßigkeit der Ruhrbesetzung festgestellt, aber daraus sei «noch keine materielle Unterstützung» der deutschen Politik erwachsen, teilte der Kanzler am 23. August dem Kabinett mit.[40] In einer Unterredung mit dem britischen Botschafter D'Abernon am 4. September drängte er auf eine diplomatische Initiative Londons. Die Engländer müssten «bald etwas tun», da die deutsche Regierung sonst gezwungen sein könnte, «sich mit den Franzosen zu arrangieren».[41]

Tatsächlich hatte Stresemann bereits Fühler in Richtung Paris ausgestreckt. Am 3. September, unmittelbar nach seiner Stuttgarter Rede, hatte er den französischen Botschafter Bruno Jacquin Pierre de Margerie zu einem vertraulichen Gespräch in der Reichskanzlei empfangen. Dabei hob er hervor, dass die Lösung der Ruhrfrage für ihn oberste Priorität habe. Doch würde es die deutsche Öffentlichkeit nicht verstehen, wenn die Regierung den passiven Widerstand abbreche, ohne dass ihr die Aussicht auf «eine ehrenvolle Beendigung» geboten werde. Als Bedingungen nannte der Kanzler: die Wiederherstellung der Souveränität des Reiches über Rhein und Ruhr, die Rückkehr der aus den besetzten Gebieten Ausgewiesenen und eine Amnestierung der Gefangenen.[42]

Man könne nicht länger auf England warten, deshalb habe er «offiziöse Verhandlungen» mit Frankreich eingeleitet, gab Stresemann am 7. September im Kabinett bekannt.[43] Noch am 15. September sprach sich der Reichskanzler vor den Ministern und Vertretern der Länder gegen eine sofortige Beendigung des passiven Widerstands aus, weil er einerseits das Ergebnis der Verhandlungen abwarten wolle, und andererseits ein solcher Schritt zu «schweren Erschütterungen im Reich», namentlich in Bayern, führen müsse. Der anwesende bayerische Gesandte in Berlin, Heinrich Karl von Papius, bestätigte die Befürchtungen: Ein plötzlicher Abbruch des Ruhrkampfs würde als «Waffenstreckung» empfunden und könne bei der in Bayern, insbesondere in München, herrschenden Stimmung «eine Auflösung des Reichs» nach sich ziehen: «Man befürchte ein zweites Versailles.»[44]

Im Gespräch mit dem belgischen Gesandten in Berlin, Comte della Faille de Leverghem, am 16. September erklärte Stresemann noch einmal seine grundsätzliche Bereitschaft, den passiven Widerstand aufzugeben, doch müsse dies mit Rücksicht auf die öffentliche Meinung in Deutschland an «bestimmte Voraussetzungen» geknüpft werden. Bei einem bedingungslosen Abbruch, so habe ihm der Vorsitzende der DNVP, Hergt, gedroht, sei er, der Reichskanzler, «ein – zumindest politisch – toter Mann».[45]

Doch Poincaré dachte gar nicht daran, sich ernsthaft auf Verhandlungen einzulassen. Nach wie vor bestand er auf einer bedingungslosen Beendigung des passiven Widerstands. Am 17. September teilte der französische Botschafter dem Reichskanzler mit, er habe die Instruktion aus Paris erhalten, «sich auf Diskussion von Details nicht einzulassen, solange der passive Widerstand nicht eingestellt sei».[46] Im Kabinett musste Stresemann am folgenden Tag einräumen, dass sich die französische Haltung «in allerletzter Zeit» verhärtet habe, was sich auch in einem neuen Feldzug der französischen Presse gegen Deutschland niederschlage.[47]

Sollte sich der Kanzler noch leise Hoffnungen auf eine britische Unterstützung gemacht haben, so wurden sie am 19. September endgültig enttäuscht. Nach einer Begegnung Poincarés mit dem britischen Premierminister Baldwin in Paris hieß es in einem gemeinsamen Kommuniqué, dass es in keiner einzigen Frage Meinungsverschiedenheiten zwischen beiden Regierungen gäbe, die eine Zusammenarbeit gefährden könnten.[48] Jetzt stand fest: Am bedingungslosen Abbruch des passiven Widerstands führte kein Weg mehr vorbei.

Einen Tag später bereitete Stresemann das Kabinett darauf vor, dass aufgrund der «endgültigen Stellungnahme in Paris» entscheidende Beschlüsse gefasst werden müssten.[49] Am 24. September bestellte der Kanzler Vertreter der Parteien aus den besetzten Gebieten nach Berlin und eröffnete ihnen, dass seine Versuche gescheitert seien, Bedingungen für die Aufgabe des passiven Widerstands auszuhandeln. Die finanzielle Lage des Reiches mache diesen Schritt aber unabdingbar. «Allein in der Woche vom 16. bis 22. September seien 3448 Billionen Papiermark für den passiven Widerstand ausgegeben worden. Völliger Markverfall sei die Folge.» Alle Anwesenden stimmten Stresemann zu, bis auf den Vertreter der DNVP, Johannes van den Kerkhoff, Fabrikdirektor und Mitglied im Hauptausschuss des Reichsverbandes der Industrie (RdI). Er forderte, dass Deutschland sich auf keinerlei Verhandlungen mehr einlassen dürfe, sondern den Versailler Vertrag, den Frankreich gebrochen habe, für nichtig zu erklären: «Das besetzte Gebiet würde alsdann wohl zum Kriegsgebiet erklärt werden.»[50] In einer am selben Tag abgehaltenen Besprechung mit Vertretern der Wirtschaftsverbände und Beamtenorganisationen der besetzten Gebiete pflichtete der Oberbürgermeister von Duisburg, Karl Jarres, der Notwendigkeit bei, den Widerstand aufzugeben, verlangte aber auch eine öffentliche Erklärung der Reichsregierung, dass sie sich an den Versailler Vertrag nicht mehr gebunden fühle. Das lehnte Stresemann entschieden ab, weil das hieße, «die Bevölkerung des besetzten Gebietes ihrem Schicksal (zu) überlassen und jede Rechtsbasis (zu) beseitigen, aufgrund derer gegebenenfalls andere Mächte zugunsten Deutschlands ihren Einfluss geltend machen könnten».[51]

Am 25. September traf sich Stresemann mit den Ministerpräsidenten der Länder und den Parteiführen und erbat ihre Zustimmung zum Abbruch des passiven Widerstands. Bis auf den DNVP-Vorsitzenden Hergt, der einen völligen «Bruch» mit Frankreich verlangte, und den bayerischen Ministerpräsidenten Knilling, der sich ebenfalls für die Aufkündigung des Versailler Vertrags aussprach, erkannten alle Teilnehmer die Unausweichlichkeit der Entscheidung an.[52] Unter dem Vorsitz Friedrich Eberts verabschiedete das Kabinett noch am Abend eine Proklamation, die am nächsten Tag veröffentlicht wurde. Darin legten Reichspräsident und Reichsregierung noch einmal Protest ein gegen die Rechtswidrigkeit der Ruhrbesetzung und verkündeten das Ende des passiven Widerstands: «Um das Leben von Volk und Staat zu erhalten, stehen wir heute vor der bitteren Notwendigkeit, den Kampf abzubrechen. Wir wissen, dass wir damit von den Bewohnern der besetzten Gebiete noch größere seelische Opfer als bisher verlangen. Heroisch war ihr Kampf, beispiellos ihre Selbstbeherrschung (...). Reichspräsident und Reichsregierung versichern hierdurch feierlich, dass sie sich zu keiner Abmachung verstehen werden, die auch nur das kleinste Stück deutscher Erde vom Deutschen Reiche loslöst.»[53]

Zweifellos hatte Stresemann Mut bewiesen. Er übernahm die Verantwortung für eine Entscheidung, die unpopulär und in den Reihen der eigenen Partei umstritten war. Und was die außenpolitische Wirkung betraf, konnte er nicht einmal sicher sein, ob Poincaré den Schritt honorieren und sich nunmehr zu Verhandlungen bereitfinden würde. Am 27. September unterrichtete der Kanzler die Botschafter der Alliierten. Der Beschluss, den passiven Widerstand aufzugeben, sei der Reichsregierung «sehr schwer» gefallen, da sie voraussehen konnte, dass er «große nationale Erregung und Leidenschaft» hervorrufen würde.[54]

Tatsächlich fielen die Reaktionen heftig aus. Im Ruhrgebiet löste die Nachricht bei der überwiegenden Mehrheit der Arbeiter «tiefe Niedergeschlagenheit» aus, wie der Korrespondent des «Berliner Tageblatts» berichtete.[55] Die nationalistische Rechte entfesselte eine bösartige Kampagne. Von einer «Kapitulation» vor den Franzosen und von einem «Verrat» an der nationalen Sache war die Rede. «Man spricht ganz offen davon, dass Stresemann möglichst schnell Rathenau und Erzberger folgen müsse. Die nationalistischen Instinkte werden bis zur Leidenschaft aufgeputscht», hieß es in einem Bericht über die Stimmung in deutsch-völkischen Kreisen im Ruhrgebiet. Dabei werde wider besseren Wissens behauptet, dass der Widerstand an der Ruhr kurz vor dem Sieg gestanden hätte, wenn nicht «wie im Jahre 1918 die Judenregierung uns verkauft und verriet».[56] Die «Rheinisch-Westfälische Zeitung», das vom völkischen Nationalisten Theodor von Reismann-Grone geleitete Sprachrohr der Schwerindustrie, forderte, Stresemann wegen «Hochverrats» vor den Staatsgerichtshof zu stellen.[57] Nichts sei «verbrecherischer und lügenhafter» als der Vorwurf an die Regierung, sie habe eine «Kapitulation» vollzogen, schrieb Carl von Ossietzky in der «Berliner Volks-Zeitung». «Nein, sie hat das getan, was allein für sie zu tun übrigblieb (…). Das Spiel ist zu Ende. Wir wollen ehrlich zugeben, dass wir es verloren haben.»[58]

• • • • • • • •

Der schärfste Protest kam aus Bayern. Noch am selben Tag, an dem Berlin das Ende des passiven Widerstands bekannt gegeben hatte, verhängte die bayerische Staatsregierung den Ausnahmezustand nach Artikel 48 und ernannte den Regierungspräsidenten und vormaligen bayerischen Ministerpräsidenten, Gustav Ritter von Kahr, zum «Generalstaatskommissar» mit quasi diktatorischen Vollmachten. In einer Unterredung mit dem Vertreter der Reichsregierung rechtfertigte Ministerpräsident Knilling die Maßnahme mit der «sehr bedrohlichen Lage», die er nach seiner Rückkehr in München vorgefunden habe. Die Kampfverbände der Rechten hätten vor dem Entschluss gestanden loszuschlagen. Um einem möglichen Putsch vorzubeugen, habe man sich zu dem radikalen Schritt entschließen müssen. Knilling räumte ein, dass die Wahl Kahrs ein Wagnis sei, doch sei ihm, der «das Vertrauen der vaterländischen Verbände in weitestgehendem Maße» genieße, am ehesten zuzutrauen, die Ordnung aufrechtzuerhalten und «ohne Blutvergießen» seine Anordnungen durchzusetzen.[59] Freilich richtete sich der bayerische Alleingang nicht nur gegen die zunehmend putschbereiten Kräfte der Hitler-Bewegung, sondern auch gegen die Berliner Regierung, der man die Schmach der «Kapitulation» vor Frankreich nicht verzieh.

Stresemann und sein Kabinett reagierten prompt. Noch in der Nacht vom 26. auf den 27. September beschlossen sie, durch eine Notverordnung des Reichspräsidenten den Ausnahmezustand über das Reich zu verhängen und Reichswehrminister Geßler mit der vollziehenden Gewalt zu betrauen, der sie seinerseits auf die Militärbefehlshaber in den einzelnen Wehrkreisbezirken übertragen konnte.[60]

Vom rein juristischen Standpunkt aus betrachtet, wären Reichspräsident und Reichsregierung berechtigt, wenn nicht sogar verpflichtet gewesen, von Bayern die Aufhebung des Ausnahmezustands zu verlangen. Eben darauf drängte Innenminister Sollmann in der Kabinettssitzung vom 27. September: Die Ernennung von Kahrs zum Generalstaatskommissar bedeute «eine starke Herausforderung an alle republikanischen Kreise». Man müsse der bayerischen Regierung mit allem Nachdruck klarmachen, «dass die Reichsgewalt über der Landesgewalt stehe». Doch davor scheuten der Kanzler und die bürgerlichen Koalitionspartner zurück. «Wenn man nicht die Sicherheit habe, dass Bayern diesem Ersuchen unverzüglich stattgebe, so sei es besser, dass man ein derartiges Ersuchen erst gar nicht an die Bayerische Regierung richte», erklärte Stresemann.[61]

Offensichtlich wollte der Kanzler eine offene Machtprobe vermeiden. In der Kabinettssitzung vom 30. September legte er den Entwurf eines Briefes vor, in dem die bayerische Regierung in höflichem Ton darauf hingewiesen wurde, dass der Ausnahmezustand in Bayern mit der Notverordnung des Reichspräsidenten seine Geltung verloren habe. Daran schloss sich die Bitte an, die rechtliche Stellung des Generalstaatskommissars zu «klären» und die Aufhebung der eigenen Verordnung zu «prüfen». Doch selbst ein so behutsamer Schritt war den bürgerlichen Ministern zu viel. Arbeitsminister Brauns meinte, dass Kahr das Schreiben «einfach ignorieren» würde, wodurch die Reichsregierung in «die peinlichste Lage» gebracht würde. Andere gaben zu bedenken, dass scharfe Töne aus Berlin die Bayern erst recht aufbringen würden, und die Angelegenheit besser durch Verhandlungen beigelegt werde. Dagegen beharrten die SPD-Minister auf einer Absendung des Schreibens: Es würde den Sozialdemokraten in Bayern, gegen den sich der Kampf Kahrs in erster Linie richte, «Rückendeckung» geben und zu einer «Entspannung der Lage» beitragen.[62] In der Sitzung am folgenden Tag schlug Reichspräsident Ebert einen Kompromiss vor: Stresemann sollte in seiner Erklärung vor dem Reichstag den Brief ankündigen, von dessen Absendung aber zunächst noch Abstand nehmen.[63]

Die fast absurd anmutende Auseinandersetzung um den niemals abgeschickten Brief legte ein Kernproblem bloß: Die Reichsregierung glaubte keine Machtmittel zu besitzen, um die Machthaber in München zur Räson zu bringen. Von einer Anrufung des Staatsgerichtshofes, wie sie Justizminister Radbruch vorschlug, versprachen sich weder Ebert noch Stresemann etwas. Einen Einsatz der Reichwehr hatte wiederum Geßler bereits am 30. September kategorisch abgelehnt: «Eine Reichsexekution in Bayern mit Truppenmacht sei ausgeschlossen.»[64]

Dass auf die Loyalität der Reichswehrführung in Bayern kein Verlass war, zeigte sich in diesen Tagen an einem weiteren spektakulären Vorfall. Am 27. September hatte der «Völkische Beobachter», das Zentralorgan der NSDAP, einen Artikel mit der Überschrift «Die Diktatoren Stresemann – Seeckt» veröffentlicht. Darin wurden der Reichskanzler und der Chef der Heeresleitung scharf angegriffen, wobei auch der Hinweis, dass sie mit Frauen jüdischer Abstammung verheiratet waren, nicht fehlte.[65] Daraufhin ordnete Reichswehrminister Geßler das Verbot des Blattes an. Doch General Otto von Lossow, der Kommandeur der Reichswehrtruppen in Bayern, weigerte sich, das Verbot gegen den Willen Kahrs zu vollstrecken. Das war ein klarer Fall von Befehlsverweigerung. Doch auch jetzt reagierten Reichspräsident und Reichsregierung mit bemerkenswerter Zurückhaltung. «In Berlin befolgt man immer noch die Taktik, die bayerische Frage mit besonders weicher Hand zu behandeln», kritisierte Georg Bernhard in der «Vossischen Zeitung». «Aber es scheint, als ob Herr von Kahr solche zarte Behandlung nicht würdigt. Und da muss jedes Paktieren aufhören. Entweder besteht noch ein einheitliches Reich oder nicht.»[66] Es sollte noch Wochen dauern, ehe Ebert am 20. Oktober in seiner Eigenschaft als Oberbefehlshaber der Reichswehr die Amtsenthebung Lossows verfügte – eine Maßnahme, die Kahr umgehend damit beantwortete, dass er seinerseits Lossow mit der Weiterführung des Kommandos über die Reichswehrkontingente in Bayern betraute.[67] Demonstrativer konnte die Autorität der Reichsregierung kaum in Frage gestellt werden.

• • • • • • • •

Nicht nur der schwelende Konflikt mit Bayern belastete die Arbeit der Großen Koalition. Ende September 1923 sah sie sich, sowohl in der Außen- als auch in der Innenpolitik, mit weiteren schweren Herausforderungen konfrontiert. Die Hoffnungen Stresemanns, Frankreich werde nach der Beendigung des passiven Widerstands an den Verhandlungstisch zurückkehren, erfüllten sich nicht. Poincaré wollte seinen Trumpf noch nicht aus der Hand geben. Dem deutschen Geschäftsträger in Paris teilte er mit, Verhandlungen könnten erst beginnen, wenn die Reparationszahlungen wieder aufgenommen würden. Vermutlich stand dahinter das Kalkül, das Chaos in Deutschland noch zu verstärken und auf diesem Wege den separatistischen Bestrebungen im Rheinland weiteren Auftrieb zu geben.[68]

Stattdessen verhandelte die MICUM, die interalliierte Kontrollkommission für die Betriebe und Bergwerke an der Ruhr, direkt mit Vertretern der Ruhrindustrie, allen voran mit Hugo Stinnes, über die Wiederaufnahme der Produktion und der Reparationsleistungen. Stresemann sah wohl ein, dass diese Verhandlungen geführt werden mussten, solange Poincaré die Gespräche von Regierung zu Regierung verweigerte. Er bestand aber darauf, dass dabei keine Vereinbarungen getroffen wurden, welche «die staatlichen Rechte, insbesondere Hoheitsrechte betreffen».[69] Dass Otto Wolff für die Phönix/Rheinstahl-Gruppe Anfang Oktober ein Abkommen mit der MICUM geschlossen hatte, ohne die Regierung darüber zu informieren, hatte den Kanzler alarmiert. Dadurch sei «die Autorität der Regierung schwer geschädigt» worden, erklärte er im Kabinett. Es sollte verhindert werden, dass andere Industrielle diesem Beispiel folgten.[70]

Auch innenpolitisch geriet die Große Koalition Ende September unter starken Druck. Maßgebliche Kreise der Großindustrie hielten nun die Stunde für gekommen, um endlich eine Revision der Arbeitszeitregelung durchzusetzen. Am 30. September beschlossen die Zechenbesitzer des Ruhrgebiets in Unna unter Missachtung der gesetzlichen Bestimmungen, die tägliche Arbeitszeit im Bergbau unter Tage ab 8. Oktober von sieben auf achteinhalb Stunden zu verlängern, also den Vorkriegsstand wiederherzustellen.[71] Die Unternehmeroffensive zielte, wie Heinrich August Winkler plausibel dargelegt hat, auf nichts weniger als auf «die Sprengung des Kabinetts Stresemann». Nachdem der passive Widerstand beendet worden war, hatte die Große Koalition in den Augen der Schwerindustriellen ihren Zweck erfüllt und sollte durch eine weiter rechtsstehende Regierung ersetzt werden. Es war vorauszusehen, dass die Sozialdemokraten in die Abschaffung des Achtstundentags, der wichtigsten sozialpolitischen Errungenschaft der Novemberrevolution, nicht einwilligen würden und ihnen so auch noch die Verantwortung für den Bruch der Koalition aufgebürdet werden konnte.[72]

In der letzten Septemberwoche gelang es Stinnes und seinen Mitstreitern, Albert Vögler und Reinhold Quaatz, dem Ersten Syndikus der Handelskammer Essen, einen erheblichen Teil der DVP-Reichstagsfraktion unter dem Vorsitzenden Ernst Scholz auf ihren Kurs festzulegen. Gleichzeitig orchestrierten die der Wirtschaft nahestehenden Blätter ihre Angriffe gegen Sozialdemokratie und Gewerkschaften. So polemisierte die «Deutsche Allgemeine Zeitung» in der Ausgabe vom 29. September gegen einen

Artikel des ADGB-Vorsitzenden Leipart im «Vorwärts», in dem dieser die Aufforderung zur Mehrarbeit zurückgewiesen hatte: «Es ist direkt tragisch hier lesen zu müssen, mit welch weltfremder Erhabenheit der auf seinen Gewerkschaftsdogmen eingeschlafene Arbeiterführer argumentiert (...). Wir stehen nun einmal vor der Entscheidung, entweder mehr zu arbeiten oder zu verhungern.»[73]

In ihren Wahlkreisen ließen Vögler und Scholz die Nachricht streuen, die Partei werde sich «noch in der laufenden Woche von den Sozialdemokraten trennen». Dabei sei folgendes Szenario geplant: «a. Die Sozialdemokraten sollen aus der Reichsregierung dadurch gebracht werden, dass man von ihr sofortigen Abbau der schädlichen, auf marxistischer Grundlage stehenden Gesetze verlangt, insbesondere die Aufhebung des Achtstundentages und der die Wirtschaft knebelnden Bestimmungen des Demobilmachungs- und Betriebsrätegesetzes. b. Nach dem Ausscheiden der Sozialdemokraten werden die Deutschnationalen in die Regierung aufgenommen.»[74]

Doch in der Kabinettssitzung am 1. Oktober zeigten sich die sozialdemokratischen Minister überraschend nachgiebig. Als Arbeitsminister Brauns sich dafür einsetzte, die Arbeitszeit soweit zu erhöhen, wie das mit der Gesundheit verträglich sei – er sprach von der Einführung eines «sanitären Maximalarbeitstages» –, erhoben sie keinen Widerspruch. Vizekanzler Schmidt bat lediglich darum, der Kanzler möge in seiner für den folgenden Tag geplanten Regierungserklärung mit Rücksicht auf die SPD über die Arbeitszeitfrage «möglichst wenig sprechen, um nicht eine vorzeitige umfangreiche Diskussion in der Öffentlichkeit (...) zu entfesseln»: «Man sollte gerade in dieser Frage handeln, ohne viel zu reden.» Ohne große Debatte stimmte das Kabinett auch Stresemanns Vorschlag zu, ein Ermächtigungsgesetz einzubringen, mit dessen Hilfe die notwendigen Maßnahmen auf finanz-, sozial- und wirtschaftspolitischem Gebiet ergriffen werden sollten.[75]

Offenbar aber hatten die SPD-Minister die Stimmung in ihrer Partei falsch eingeschätzt. In einer interfraktionellen Besprechung mit dem Kanzler am Vormittag des 2. Oktober lehnte der SPD-Fraktionsvorsitzende Hermann Müller zwar erweiterte Vollmachten der Regierung nicht grundsätzlich ab, sprach sich aber gegen die Regelung der Arbeitszeit durch ein Ermächtigungsgesetz aus, weil das nur «Erregung» hervorrufen würde. Am besten sei es, diese Frage zum gegenwärtigen Zeitpunkt überhaupt nicht zur Debatte zu stellen.

Die eigentliche Sensation aber war die Erklärung des DVP-Fraktionsvorsitzenden Ernst Scholz. Denn er verlangte nicht nur eine umfassende Abkehr vom Achtstundentag, sondern nun ganz offen auch eine Neuformierung des Kabinetts: Es müssten alle Anstrengungen unternommen werden, «um die Deutschnationalen in das Kabinett zu bringen».[76] Da die SPD sich auf diese Forderung niemals einlassen konnte, war jedermann klar, was der Vorstoß bezweckte. Die Forderung, die DNVP an der Regierung zu beteiligen, kommentierte Ernst Feder im «Berliner Tageblatt», laufe praktisch auf «die Herausdrängung der Sozialdemokratie aus dem Kabinett» heraus. Damit habe sich Scholz «zum Fürsprecher jener Agitation» gemacht, «die von Deutschvölkischen und von Deutschnationalen seit Wochen mit einer nicht zu leugnenden Rührigkeit betrieben worden ist».[77]

Die «Deutsche Allgemeine Zeitung», die noch im August für die Bildung der Großen Koalition geworben hatte, schwenkte nun um und befürwortete den Eintritt der Deutschnationalen in die Regierung. In der Konsequenz hieße das: «Sprengung der Großen Koalition und Einschränkung des parlamentarischen Wesens».[78] Kaum verhüllt war damit ausgesprochen, dass es den Strippenziehern hinter der Kulisse um mehr ging, als nur um die Ausbootung der Sozialdemokratie, nämlich um eine Abkehr vom parlamentarischen System von Weimar und die Errichtung eines wie immer gearteten autoritären Regimes. Nun habe die «Deutsche Allgemeine Zeitung» «die Maske abgeworfen», schrieb die «Vossische Zeitung», und sie verschwieg ihren Lesern nicht, wer als «Seele» hinter der großangelegten Intrige steckte, nämlich kein anderer als Hugo Stinnes, der die Fronde in der DVP anführte.[79] «Das Tage-Buch» sprach von einem perfiden «Dolchstoß von hinten»: «Wen, der dieses dumpfe Treiben einer verächtlichen Menschengattung aus der Nähe besieht, wen musste nicht Ekel vor diesen Ränkespinnern überfallen.»[80]

Nachdem am Vormittag des 2. Oktober die Unvereinbarkeit der Positionen in der Koalition deutlich geworden war, sagte Stresemann seine Regierungserklärung ab: «Ich kann nicht mit innerlich zerbrochenem Kabinett vor (den) Reichstag treten.»[81] Die Regierungskrise trieb ihrem Höhepunkt zu. Auch eine weitere Parteiführerbesprechung am frühen Abend trug nichts zu einer Annäherung der Standpunkte bei. Ultimativ verlangte Scholz den Rücktritt von Finanzminister Hilferding und von Wirtschaftsminister Raumer, der als Garant der Großen Koalition in der

DVP galt. Raumer erbat, da er keinen Rückhalt für seine Arbeit in der eigenen Partei mehr sah, noch am selben Tag seine Entlassung. Hermann Müller wiederholte, dass er es für falsch halte, die Arbeitszeitfrage «aufzurollen». Seine Partei werde einem Ermächtigungsgesetz nur zustimmen, wenn sich die vorgesehenen Vollmachten auf Währung und Finanzen beschränkten, die Bereiche Sozialpolitik und Arbeitszeit aber ausgeklammert blieben.[82]

Als Stresemann am Abend des 2. Oktober, gegen 21.30 Uhr, das Kabinett versammelte, schien der Rücktritt der Regierung unmittelbar bevorzustehen. Doch zur allgemeinen Überraschung deutete sich eine Entspannung an. Die Minister von Zentrum und DDP erklärten übereinstimmend, dass es nicht in ihrer Absicht liege, die SPD aus dem Kabinett heraus zu drängen. Die sozialdemokratischen Minister ihrerseits signalisierten Kompromissbereitschaft in der Frage der Arbeitszeit. Man einigte sich auf einen Entwurf, der weitgehend den Vorstellungen von Arbeitsminister Brauns vom «sanitären Maximalarbeitstag» entsprach: Die «äußerste Not», in der sich Deutschland befinde, zwinge dazu, «die Arbeitszeit auf das Maß zu erhöhen, das gesundheitlich tragbar erscheint». Im Bergbau sei eine Arbeitszeit von 8 Stunden einschließlich Ein- und Ausfahrt «unentbehrlich», und auch in der Industrie müsse «die Möglichkeit zur Überschreitung der achtstündigen Arbeitszeit» gewährt werden.[83]

Doch schon am 3. Oktober spitzte sich die Lage wieder zu. Die SPD-Fraktion blieb bei ihrem grundsätzlichen Nein, und auch ein von Postminister Höfle eingebrachter Kompromissvorschlag, nach dem sozialpolitische Fragen in das Ermächtigungsgesetz einbezogen, die Arbeitszeitfrage aber durch ein besonderes Gesetz geregelt werden sollte, wurde mit 61 gegen 54 Stimmen abgelehnt. Vergeblich mahnte Vizekanzler Schmidt in der Abendsitzung des Kabinetts, die Koalition an dieser Frage nicht scheitern zu lassen: «Für seine Partei sei es unmöglich, die Arbeitszeit durch Verordnung zu regeln, sie könne die Arbeiterschaft nicht verprellen. Die Sozialdemokraten wollten auf finanziellem und wirtschaftlichem Gebiet energisch eingreifen, in der Arbeitszeitfrage könne sie aber nicht weiter entgegenkommen (...). Der Achtstundentag sei das Einzige, was der Arbeiterschaft noch geblieben sei.» Stresemann erwiderte, dass nach Auffassung seiner Partei ein Ermächtigungsgesetz keinen Sinn mache, wenn nicht der gesamte Komplex der finanziellen, wirtschaftlichen und sozialpolitischen Fragen als «ein untrennbares Ganzes» behandelt würden. Nach den Voten der Fraktionen könne er nicht mehr vor den Reichstag treten, und es bleibe nur mehr die Demission des Kabinetts.[84] Kurz vor Mitternacht begab sich der Reichskanzler zum Reichspräsidenten und teilte ihm den Rücktritt der Regierung mit.

«Tiefste Depression» vertraute Stresemann am 4. Oktober seinem Taschenkalender an, und sein Sohn erinnerte sich, er habe seinen Vater «selten so deprimiert erlebt» wie an diesem Tag. Er habe befürchtet, dass man sich an ihn nur als den Kanzler erinnern werde, der die Kapitulation an der Ruhr vollzogen habe.[85]

Zweifellos trug die schwerindustrielle Gruppe in der DVP um Hugo Stinnes die Hauptverantwortung am Scheitern der ersten Regierung der Großen Koalition. Sie hatte die Arbeitszeitfrage als Hebel benutzt, um die Partei auf einen Konfliktkurs gegen die Sozialdemokratie festzulegen und die Koalition zu sprengen. Aber auch die SPD-Fraktion traf ein gerüttelt Maß Schuld an der Koalitionskrise. «Die Sozialdemokratie hat es, verärgert und verstimmt, ja provoziert durch den Vorstoß der Deutschen Volkspartei, nicht über sich bringen können, die höheren staatspolitischen Notwendigkeiten über das letzten Endes kleinliche Parteiinteresse zu stellen», bemerkte Erich Dombrowski im «Berliner Tageblatt».[86] Aus Furcht davor, weitere Teile ihrer Anhängerschaft an die Konkurrenz von links, die Kommunisten, zu verlieren, hatte die Mehrheit der Abgeordneten sich gegen einen Kompromiss entschieden, dem die SPD-Minister schweren Herzens zugestimmt hatten.

• • • • • • • •

In der liberalen Öffentlichkeit war die Enttäuschung über das vermeintliche Ende der Großen Koalition groß. «Innerhalb weniger Tage haben parlamentarische Intrigen das Werk von Monaten und die Hoffnung zerstört, dass es möglich sein werde, auf einer breiten demokratischen Basis das so schwer geprüfte deutsche Volk zu geordneter Wirtschaft zurückzuführen», konstatierte Georg Bernhard in der «Vossischen Zeitung».[87] Eine parlamentarische Krisenlösung schien nach alledem kaum noch möglich. Republikgegner inner- und außerhalb des Parlaments glaubten sich ihrem Ziel, Stresemann zu stürzen und eine Rechtsregierung unter weitgehender Ausschaltung des Reichstags zu errichten, einen großen Schritt näher gekommen zu sein.

Doch sie sollten sich täuschen. Zur Überraschung vieler erlebte die

Große Koalition nur zwei Tage später eine Wiederauferstehung. Entscheidenden Anteil daran hatte Reichspräsident Ebert. Noch in der Nacht zum 4. Oktober hatte er Stresemann erneut mit der Kabinettsbildung beauftragt. Die Idee, eine bürgerliche Minderheitsregierung unter Beteiligung von Wirtschaftsführern zu installieren, erwies sich rasch als undurchführbar. Die DNVP weigerte sich strikt, in ein Kabinett unter Führung Stresemann einzutreten, und eine Mehrheit in der DVP war nicht bereit, ihren Vorsitzenden zu opfern. So lief nach Lage der Dinge alles auf eine Erneuerung der Großen Koalition hinaus, für die sich besonders das Zentrum und die DDP stark machten.[88]

In der Nacht vom 5. auf den 6. Oktober wurde ein Durchbruch in der Frage der Arbeitszeit erzielt. Nach stundenlangen Verhandlungen einigte man sich darauf, am Achtstundentag grundsätzlich festzuhalten; Ausnahmen sollten aber durch tarifliche oder gesetzliche Vereinbarungen gestattet werden. Damit konnten die Sozialdemokraten zunächst einen Teilerfolg verbuchen. Einer Neuauflage der Großen Koalition stand nichts mehr im Wege.[89]

Am 6. Oktober stellte Stresemann sein neues Kabinett vor. Die Sozialdemokraten waren nur noch mit drei Ministern vertreten: Robert Schmidt, Gustav Radbruch und Wilhelm Sollmann. Der von der Rechten besonders heftig attackierte Finanzminister Rudolf Hilferding hatte seinen Posten aufgeben müssen. An seine Stelle trat der bisherige Ernährungsminister, der parteilose Hans Luther. Für den zurückgetretenen Wirtschaftsminister Raumer rückte der ebenfalls parteilose Joseph Koeth nach, der 1918/19 das Reichsamt für wirtschaftliche Demobilmachung geleitet hatte. Das Amt des Ernährungsministers blieb zunächst vakant, wurde aber einige Tage später mit Gerhard Graf von Kanitz besetzt, der dafür seine Mitgliedschaft in der DNVP aufgab. Kanitz stand als Großgrundbesitzer agrarischen Kreisen nahe, und seine Nominierung war das deutlichste Zeichen dafür, dass sich die Gewichte im Kabinett nach rechts verschoben hatten. Schließlich trennte sich Stresemann auch vom Leiter der Reichskanzlei, Werner von Rheinbaben, und ersetzte ihn durch den Reichstagsabgeordneten und Vorsitzenden des Geschäftsführenden Ausschusses der DVP, Adolf Kempkes, auf dessen Loyalität er sich verlassen konnte.[90]

Als Stresemann an der Spitze seines Kabinetts am Nachmittag des 6. Oktober den Plenarsaal des Reichstags betrat, war das Haus bis auf den letzten Platz gefüllt. «Kopf an Kopf drängte sich die Menge: auf der Regierungsestrade, im Parkett der Abgeordneten und auf den Tribünen», berichtete das «Berliner Tageblatt». «Nach all den aufregenden und wechselvollen Momenten der letzten Tage und Nächte trat jetzt eine gewisse Entspannung ein. Der Reichskanzler selbst sah blass und angegriffen aus. Seine Ministerkollegen nicht minder.»[91] Während seiner Rede ließ Stresemann jedoch keine Zeichen von Müdigkeit erkennen. Mit großer Entschiedenheit verteidigte er die Aufgabe des passiven Widerstands: «Ich war mir bewusst, dass ich in dem Augenblick, wo ich das tat als Führer meiner Partei, die nach einer ganz anderen Richtung eingestellt war, damit vielleicht nicht nur die eigene Stellung in der Partei, ja das Leben aufs Spiel setzte. Aber was fehlt uns im deutschen Volke? Uns fehlt der Mut zur Verantwortlichkeit.» Eben daran ließen es jene Kreise vermissen, die mit den «Ideen der Diktatur» liebäugelten. Ebenso nachdrücklich rechtfertigte der Kanzler die Verhängung des Ausnahmezustands, durch den verhindert werden solle, dass Deutschland «in einen Krieg der Bürger gegen die Bürger» abgleite. Er schloss mit der Bemerkung, dass kaum jemals ein Kabinett die Führung der deutschen Politik «in schwererer Zeit und in schwererer Not» übernommen habe: «Trotzdem werden wir nicht untergehen, wenn wir nicht an uns selbst verzweifeln.»[92]

In der Reichstagsdebatte zwei Tage später griff der Sprecher der DNVP, Kuno Graf von Westarp, die Regierung scharf an. Ganz unverhohlen legte er dar, worauf sich die Absichten der Deutschnationalen richteten: «Wir verlangen, wir betreiben die Loslösung der Regierung von der Sozialdemokratie. Das ist für uns der beherrschende Gesichtspunkt.» Nur wenn endlich mit dem Ruf «Los vom Marxismus» Ernst gemacht würde, könne die DNVP an einer Regierung mitwirken.[93] Stresemann wies die Behauptung, dass die Regierung «unter der Vorherrschaft der Sozialdemokratie oder marxistischer Ideen» stünde, als reine Demagogie zurück. Allerdings verlange die Zusammenarbeit in einer Koalition Kompromissbereitschaft, und zwar besonders von den beiden Flügelparteien, die am meisten von dem aufgeben müssten, was sie tun würden, wenn sie die Geschicke des Landes allein gestalten könnten. Wer das als Schwäche denunziere, verkenne, dass «Koalitionspolitik die einzige Realpolitik» sei, die in Deutschland betrieben werden könne, solange man auf verfassungsmäßigem Boden regieren wolle. «Ein minutenlanger Beifallssturm durchbrauste das Haus, den die Deutschnationalen schweigend mit anhören mussten», beobachtete Georg Bernhard.

«Dieser Beifall, in den sich ordnungswidrig auch die Tribünen mischten, wird dem Kanzler bewiesen haben, dass er auf dem rechten Wege ist und dass er (...) das Land so lange unbedingt hinter sich haben wird, als er sich selbst treu bleibt.»[94]

• • • • • • • •

Am 7. Oktober notierte Stresemann in seinen Kalender: «Große seelische Ruhe nach dem Sturm der letzten Woche.»[95] Doch sollte ihm nur eine kurze Atempause vergönnt sein. Informierte Beobachter wie der amerikanische Botschafter in Berlin, Alanson B. Houghton, prophezeiten auch dem zweiten Kabinett der Großen Koalition keine lange Lebensdauer.[96] Eine erste Bewährungsprobe musste es mit der Einbringung des Ermächtigungsgesetzes in den Reichstag bestehen. Laut Verfassung mussten mindestens Zweidrittel der Abgeordneten bei der Abstimmung anwesend sein und von diesen Zweidrittel der Gesetzesvorlage zustimmen. Die Annahme galt keineswegs als sicher. Es sei «selbstverständliche Pflicht» der Regierungsparteien, dafür zu sorgen, dass ihre Stimmen geschlossen für das Gesetz abgegeben würden, mahnte das «Berliner Tageblatt». Denn sollte das Gesetz scheitern und damit die Möglichkeit, «das unbedingt Notwendige auf verfassungsmäßigem Wege» zu tun, dann stünde man «vor Erschütterungen, deren Tragweite noch nicht zu überblicken» sei.[97]

Doch bei der für den 11. Oktober angesetzten dritten Lesung stellte sich heraus, dass nicht genügend Abgeordnete anwesend waren, um dem Gesetz zur qualifizierten Mehrheit zu verhelfen. Nur durch eine Vertagung der Abstimmung auf den 13. Oktober entging die Koalition einer Niederlage. Daraufhin eilte Stresemann zum Reichspräsidenten und holte sich von ihm die Vollmacht, im Falle einer Ablehnung des Ermächtigungsgesetzes den Reichstag auflösen zu dürfen.[98]

Die Drohung mit Neuwahlen wirkte disziplinierend. Mit 348 abgegebenen Stimmen wurde das notwendige Quorum deutlich überschritten. 316 Abgeordnete der Koalitionsparteien stimmten für das Ermächtigungsgesetz, 24 dagegen, 7 enthielten sich der Stimme. Die Deutschnationalen und die Kommunisten hatten das Plenum vor der Abstimmung verlassen. «Bravo, Reichstag!» lobte die «Vossische Zeitung».[99] Doch wiederum war das Ergebnis weniger eindrucksvoll, als es zunächst den Anschein hatte. Obwohl die SPD Fraktionszwang beschlossen hatte, waren 13 Abgeordnete der Abstimmung ferngeblieben; 31 Abgeordnete gaben eine Erklärung ab, dass sie nur unter Zwang und um der Einheit der Partei willen zugestimmt hätten. Sechs Abgeordnete vom rechten Flügel der DVP, darunter Stinnes, Vögler und Quaatz, hatten sich der Stimme enthalten. So zeigte auch dieses Votum, wie stark die zentrifugalen Kräfte innerhalb der Großen Koalition immer noch waren.[100]

Das Ermächtigungsgesetz räumte der Regierung außerordentliche Vollmachten auf wirtschaftlichem, finanziellem und sozialem Gebiet ein. Die Regelung der Arbeitszeit wurde ausdrücklich davon ausgenommen. Die Gültigkeit war zeitlich begrenzt: Bei einem Wechsel der Regierung bzw. einer Änderung ihrer parteipolitischen Zusammensetzung, spätestens aber am 31. März 1924, sollte es außer Kraft treten.[101]

• • • • • • • •

Mit dem Ermächtigungsgesetz hatte die Regierung Stresemann nun ein Instrument zur Hand, um entschlossen die Maßnahmen zu ergreifen, die zur Lösung der Krise notwendig waren. Das galt vor allem für die zweite große Aufgabe, die sie sich vorgenommen hatte: die Sanierung der Finanzen und die Stabilisierung der Währung. Was sie auf diesem Felde unternehme, waren sich die meinungsbildenden liberalen Blätter einig, werde der «Prüfstein für ihre Fähigkeit» sein, «die Vollmachten richtig zu gebrauchen, die der Reichstag ihr jetzt gegeben hat».[102]

Seit dem Amtsantritt Stresemann am 13. August hatte sich die Hyperinflation noch einmal rasant beschleunigt. Hatte der Dollarkurs damals bei 3,7 Millionen Mark gestanden, so war er am 1. September bereits auf 10,5 Millionen gestiegen, um weitere zwei Wochen später auf 109 Millionen und bis Ende September auf 160 Millionen hochzuschnellen.[103] Und im selben Tempo kletterten die Preise. Für eine Kinokarte, die ihn noch ein paar Wochen zuvor 10 000 Mark gekostet hatte, musste Victor Klemperer Ende August bereits 300 000 Mark hinblättern. «Unsinnige Höhe der Börse, des Dollars, der Preise. Gefühl unmittelbar bevorstehender Katastrophe (…). Jeder fühlt etwas Bedrohliches in nächster Nähe, niemand weiß, was wird», notierte er am 6. September.[104] Und am 30. September klagte er: «Gestern kostete ein Semmel auf Marken eine Million u(nd) eine Straßenbahnfahrt 10 Millionen. Die wahnsinnige Teuerung und qualvolle Finanzlage frisst alles Geistige u(nd) Seelische auf.»[105]

Da sich viele Berliner die Fahrt mit der Straßenbahn nicht mehr leisten konnten, stiegen sie auf das Fahrrad um. «Berlin ist jetzt die Stadt der Fahrräder geworden», berichtete das «Berliner Tageblatt» Anfang September 1923: «Wenn man morgens und in den Nachmittagsstunden an den Zufahrtsstraßen der Vororte steht, dann gleitet in unabsehbaren Reigen das radelnde Berlin vorbei. Das Fahrrad ist jetzt das billigste Beförderungsmittel für Angestellte, für Geschäftsleute und Ausflügler.»[106]

Ende September meldeten die Gewerkschaftsverbände, dass ihnen aus weiten Kreisen der arbeitenden Bevölkerung «Notschreie» zugingen, weil sie bei den derzeitigen Preisen nicht mehr in der Lage seien, den gewohnten Bedarf an Kartoffeln und Kohlen einzukaufen. Man blicke dem kommenden Winter «mit der größten Sorge» entgegen.[107]

Wie von einem unaufhaltsamen Schwungrad angetrieben, stieg der Dollar Anfang Oktober fast täglich nicht mehr nur in Zehn-Millionen-, sondern in Hundert-Millionen-Schritten. «Der Dollar auf 200 Mill., auf 300 Mill., auf 400 Mill.», hielt Klemperer am 4. Oktober fest.[108] Da die Menge des gedruckten Papiergeldes häufig nicht ausreichte, um den täglichen Bedarf zu decken, gingen viele Kommunen und Betriebe dazu über, Notgeld auszugeben. Nur wenige brachten dabei so viel schwarzen Humor auf wie ein Unternehmer, der die Ausgabe eines 500 000-Mark Scheines mit der Empfehlung versah: «Sollt' ein Brikett noch teurer sein, steck' ruhig mich in' Ofen rein.»[109]

Am 9. Oktober überstieg der Dollar erstmals die Milliardengrenze. An diesem Tag schrieb Betty Scholem, die Frau eines jüdischen Berliner Druckereibesitzers, an ihren Sohn Gershom, der Mitte September 1923, abgestoßen durch den grassierenden Antisemitismus in Deutschland, nach Palästina ausgewandert war: «Ich kann mir denken, dass dort draußen die sonderbarsten Vorstellungen von Deutschland herrschen, noch viel sonderbarer ist es aber in Wirklichkeit. Als Du abreisest, kostete z. B. die Wurst, so ich Dir mitgab, 12 Millionen das Pfund, heute 240 Millionen, u(nd) in diesem u(nd) noch größerem Tempo ist alles gestiegen, die Elektrische 10 Millionen, man kann nur noch mit Milliardenscheinen einkaufen gehen. Der Zusammenbruch der Wirtschaft ist vollkommen.» Dabei gehörte der Betrieb von Arthur Scholem noch zu den Nutznießern der Krise, da er im Auftrag der Reichsdruckerei nun auch Geld drucken durfte: «Im ganzen Betrieb herrscht große Freude u(nd) Emsigkeit, denn über Allen schwebte schon die drohende Entlassung.»[110]

Nur sechs Tage später musste Betty Scholem in einem zweiten Brief an ihren Sohn berichten, dass sich die Zustände noch einmal «katastrophal verschlimmert» hätten. Der wöchentliche Lohn ihrer Beschäftigten betrage 8 Milliarden, aber es seien schon Verhandlungen im Gange, weil die Arbeiter das Doppelte verlangten. «Die Brotkarte ist aufgehoben, ein Einheitsbrot kostet heute 540 Millionen, morgen gewiss wieder das Doppelte. Die Elektrische 20 Millionen (morgen 50 Millionen!). Ach Gott, Du hast wahrscheinlich keinen Schimmer mehr von diesem Hexensabbat (…).»[111]

• • • • • • • •

An dem Tag, als Betty Scholem dies schrieb, am 15. Oktober 1923, verkündete die Regierung Stresemann eine wichtige Maßnahme, mit der sie der Hyperinflation Herr zu werden hoffte: die Gründung einer «Rentenbank».

Diesem Befreiungsschlag waren zähe Verhandlungen vorausgegangen, wobei man die unterschiedlichsten Konzepte diskutiert hatte. Stresemann, der in Finanz- und Währungsfragen nur über geringe Fachkenntnisse verfügte, überließ die Vorbereitung der Währungsreform seinem Finanzminister Hilferding. Dieser war um einen möglichst breiten Konsens bemüht. Am 18. August lud er den Reichstagsabgeordneten der DNVP, Karl Helfferich, zu einem Vortrag ins Kabinett ein. Der ehemalige Banker und Staatssekretär des Reichsschatzamtes hatte bereits in den letzten Tagen der Cuno-Regierung ein Programm zur Sanierung der Währung entwickelt, das er nun der Ministerrunde unter Vorsitz Stresemanns vorstellte. Danach sollte für eine Übergangszeit eine Währungsbank geschaffen werden, die von Vertretern der Privatwirtschaft geleitet und weder der Reichsbank noch der Reichsregierung verpflichtet sein sollte. Helfferich begründete diese Forderung damit, dass die wirtschaftlichen «Berufsstände» (Industrie, Landwirtschaft, Gewerbe und Handel) «wenigstens über Kredit verfügten, nicht das Reich». Die Privatbank sollte eine neue Währung herausgeben, die durch eine Hypothek auf die Roggenvorräte des Landes abgesichert werden sollte. Da die Wirtschaft die Wertbeständigkeit dieser «Roggenmark» garantieren müsse, sollte sie im Gegenzug von den sie belastenden, gerade erst am 11. August beschlossenen Sondersteuern befreit werden.[112]

Für Hilferding war die Idee einer von den «Berufsständen» getragenen

Währungsbank unannehmbar. Er vermutete dahinter den Versuch der alten Eliten aus Großindustrie und Großlandwirtschaft, der Regierung die Kontrolle über die Finanz- und Wirtschaftspolitik streitig zu machen. Der «Primat des Staates» aber müsse «unbedingt gewahrt» werden.[113] Außerdem hielt der Finanzminister den Roggen als Wertmaßstab für zu unsicher, eine solide Währung könne nur durch Gold gedeckt werden. Allerdings verzichtete Hilferding zunächst darauf, einen detaillierten Plan vorzulegen, da die Lösung des Ruhrproblems der Währungsreform vorausgehen müsse. Nur «eine Operation im Wege der Außenpolitik» könne helfen, erklärte er am 30. August im Kabinett.[114]

Vom Reichskanzler und seinen Ministerkollegen unter Druck gesetzt, fand sich Hilferding Anfang September bereit, Leitlinien für ein eigenes Konzept auszuarbeiten, das er in den Kabinettssitzungen vom 7. und 10. September zur Diskussion stellte. Darin sprach er sich für die Einrichtung einer selbständigen «Goldnotenbank» aus, deren Anfangskapital durch Mobilisierung des noch vorhandenen Reichsbankgoldes und durch Auflegung einer zusätzlichen Goldanleihe aufgebracht werden sollte. Um eine Entwertung der neuen «Goldmark» zu verhindern, sollte die Bindung an die alte Papiermark aufgehoben werden, die aber noch einige Zeit in Umlauf bleiben sollte. Von seinem Gegenspieler Helfferich übernahm Hilferding lediglich den Vorschlag, durch hypothekarische Belastung des Besitzes die Wirtschaft mit heranzuziehen, um dem Staat Kredit zu verschaffen und die Einlösung von Geldnoten zu erleichtern. Das Kabinett stimmte am 10. September Hilferdings Plan grundsätzlich zu und drängte auf schnelle Umsetzung.[115]

Das Kabinett Stresemann sei «energisch dabei, etwas Ordnung in die von leichtfertigen Finanzpfuschern zerschlagene und durcheinander gerüttelte Wirtschaft zu bringen», teilte Theodor Wolff den Lesern des «Berliner Tageblatts mit. «Wenn es gelingen sollte, (...) mit der Festigung der Staatsfinanzen die Säuberung der moralischen Atmosphäre zu erreichen, die aus dem Sumpf entsprossenen Schmutzpilze, die wuchernden Verderber der Volksgesundheit und die neu eingekleideten, lebensfrohen Spekulationsbengel zu dämpfen, so wäre unsere Dankbarkeit unbegrenzt.»[116]

Doch bereits einen Tag nach dem Beschluss des Kabinetts lehnte die Reichsbank die sofortige Gründung einer Goldnotenbank ab. Die Zeit sei noch nicht reif für eine neue Währung auf Goldbasis, und daher sei Helfferichs Projekt einer Interimslösung vorzuziehen. Außerdem wünschte die Reichsbank, «für die nächste Zeit vollkommen losgelöst zu werden von der Finanzgebarung des Reichs». Daher wolle sie demnächst die Diskontierung von Schatzanweisungen einstellen.[117] Auch die Spitzen des Reichsverbandes der deutschen Industrie (RdI) meldeten Bedenken an, und im Kabinett selbst machten sich Wirtschaftsminister Raumer und Ernährungsminister Luther zu Fürsprechern einer Übergangslösung.

In der Kabinettssitzung vom 13. September verständigte man sich auf einen Kompromiss zwischen den Vorschlägen Hilferdings und Helfferichs: Einerseits sollte eine Goldnotenbank so schnell wie möglich errichtet, andererseits aber für eine Übergangszeit ein wertbeständiges Zahlungsmittel eingeführt werden, «das die Ernte mobilisiert». Eine solche auf Roggen gestützte Währung käme «der Psychologie der Landwirtschaft sehr entgegen», erklärte Stresemann. Es müsse auf alle Fälle verhindert werden, dass die landwirtschaftlichen Produzenten ihre Lieferungen zurückhielten. Eine Kommission unter dem Vorsitz Hilferdings wurde beauftragt, die Arbeiten am Währungsreformpaket zum Abschluss zu bringen.[118]

Unterdessen verstärkte sich der Druck auf die Regierung, endlich zu handeln. So mahnte der preußische Finanzminister, der DVP-Mann Ernst von Richter, es dürfe keine Zeit mehr verloren gehen. Die endlosen Verhandlungen trügen dazu bei, dass die Mark täglich ihren Wert als Zahlungsmittel verliere. Man sei an einem Punkt angelangt, wo die Währungsmisere die wirtschaftliche und politische Desintegration vorantreibe und den Zusammenhalt des Reiches bedrohe.[119]

Am 26. September, dem Tag, an dem der passive Widerstand abgebrochen wurde, verabschiedete das Kabinett einen Gesetzentwurf, der wenige Tage später dem Reichsrat und kurz darauf dem Reichstag zugleitet wurde. Er trug in einigen wichtigen Punkten die Handschrift Helfferichs. Für eine Übergangszeit sollte eine von den «Berufsständen», im wesentlichen also Industrie und Landwirtschaft, getragene Währungsbank geschaffen werden. Bei der Bestellung ihres Präsidenten sollte allerdings, abweichend vom ursprünglichen Konzept Helfferichs, die Reichsregierung ausschlaggebend sein. Auch sollte die neu ausgegebene Währung nicht mehr «Roggenmark», sondern «Bodenmark» heißen und auf eine Belastung der Sachwerte fundiert sein. Als Wertmaßstab galt, Hilferdings Forderung entsprechend, nicht Roggen, sondern Gold.[120] Die «Vossische Zeitung» begrüßte, dass dem Entwurf «wenigstens der Giftzahn der Roggenmark ausgebrochen» worden sei, kritisierte aber, dass die Regierung «einer gewissen Suggestion der Wirtschaftskreise» erlegen sei. Redakteur Richard Lewinsohn, später Leiter des Wirtschaftsressorts des Blattes, forderte gar dazu auf, zu verhindern, dass «der verfehlte Entwurf Helfferich-Hilferding zur Ausführung gelangt».[121]

Zu einer Abstimmung kam es aufgrund der Koalitionskrise und der Demission des ersten Kabinetts Stresemann nicht mehr. Hilferding musste, wie erwähnt, gehen. Mit «seiner immer an der Theorie haftenden Art» sei er nicht nur ihm, sondern «allmählich dem ganzen Kabinett auf die Nerven gegangen», hat sein Nachfolger Hans Luther in seinen Erinnerungen bemerkt.[122] Unter der Regie des neuen Finanzministers wurden noch einmal einige Änderungen am ursprünglichen Entwurf vorgenommen. Am 15. Oktober verabschiedete das Kabinett schließlich die Verordnung über die Schaffung einer «Rentenbank», wie das neue Finanzinstitut nun hieß. Dementsprechend wurde das neue Wertzeichen nicht mehr «Roggenmark» oder «Bodenmark», sondern «Rentenmark» genannt. Die Rentenbank sollte mit einem Kapital von 3,2 Milliarden Rentenmark ausgestattet werden, das zu gleichen Teilen von Landwirtschaft, Industrie, Handel und Gewerbe aufzubringen war. 1,2 Milliarden sollten dem Reich zur Verfügung gestellt werden, davon 500 Millionen als zinsloses Darlehen. Gleichzeitig mit der Ausgabe der Rentenmark, die für Anfang November angesetzt wurde, sollte die Reichsbank die Diskontierung von Schatzanweisungen des Reiches einstellen und damit eine der Hauptinflationsquellen verstopft werden. Die Rentenbanknote sollte jederzeit in «Rentenbriefen» einlösbar sein, die mit 5 % zu verzinsen waren. Neben der Rentenmark blieb die Papiermark vorerst gesetzliches Zahlungsmittel. Überdies sollten, um die Zeit bis zur Ausgabe der Rentenmark zu überbrücken, kleine Stücke der Goldanleihe (1, 2 und 5 Dollar) als Zahlungsmittel in Verkehr gebracht werden. Der Grundgedanke, der dem gesamten Reformpaket zugrunde lag, war, dass für eine Übergangszeit eine Zwischenlösung gefunden wurde, bis nach der Stabilisierung der Verhältnisse eine Rückkehr zur goldgestützten Währung möglich sein würde.[123] Zwischen der Schaffung der Rentenbank am 15. Oktober und der Ausgabe der Rentenmark am 15. November sollte noch einmal ein ganzer Monat verstreichen. Entscheidend, ob das Publikum im In- und Ausland Vertrauen zum neuen Geld fasse, sei, prophezeite die «Vossische Zeitung», dass die Regierung unverzüglich die Sanierung der Finanzen in Angriff nehme. «Wenn man in den nächsten Wochen davon hören wird, dass die Steuerreform fortschreitet, dass die Einkünfte des Reiches sich mehren, und ebenso energisch an einem Abbau der Ausgaben gearbeitet wird, dann wird auch die Rentenmark allen theoretischen Einwendungen zum Trotz, ihren Wert behalten.»[124]

• • • • • • • •

Auch in der Außenpolitik zeichnete sich ein Silberstreifen am Horizont ab. Am 15. Oktober, als die Gründung der Rentenbank bekanntgegeben wurde, beschloss das Kabinett, einer Anregung des früheren Finanzministers Hilferding vom 4. Oktober zu folgen. Es wurde eine Note an die Reparationskommission gerichtet, in der die deutsche Regierung sich angesichts des «völligen Zerfalls der Währung» vorerst für außerstande erklärte, die Reparationszahlungen wiederaufzunehmen. Zugleich bat man darum, die finanzielle Leistungsfähigkeit Deutschlands zu überprüfen.[125] Die Note wurde am 24. Oktober abgesandt. Stresemann und seine Kabinettskollegen waren sich sicher, dass ein totaler wirtschaftlicher Zusammenbruch nicht im englischen Interesse liegen könne und ihre Initiative zumindest in London positiv aufgenommen würde. Am 12. Oktober hatte die britische Regierung sich an die amerikanische Regierung mit der Aufforderung gewandt, sich an einer Sachverständigenkonferenz zu beteiligen, wie sie der US-Außenminister Hughes bereits Ende Dezember 1922 vorgeschlagen hatte. Die Reaktion aus Washington war ermutigend ausgefallen. Am 25. Oktober stimmte auch Poincaré der Initiative zu, allerdings unter der Bedingung, dass das Expertengremium von der Reparationskommission berufen werden sollte. Der Hauptgrund für das überraschende Einlenken war, dass Hughes den Franzosen hatte wissen lassen, dass die USA eine Zustimmung Frankreichs honorieren würden, indem sie erstmals von ihrer bisherigen Weigerung abrückten, die Überprüfung der Reparationsfrage mit einer Erörterung des interalliierten Schuldenproblems zu verbinden. «Endlich kann ein Fortschritt verzeichnet werden», freute sich der britische Botschafter D'Abernon. «Die Amerikaner haben sich entschlossen, an einer Untersuchung der deutschen Zahlungsfähigkeit teilzunehmen, und Poincaré ging zögernd auf den Vorschlag ein.»[126]

Schien sich hier ein Weg zu öffnen, um aus der außenpolitischen Sackgasse herauszukommen, so konnte doch von einer allgemeinen Entspannung nicht die Rede sein. Im Gegenteil: Gerade in der Innenpolitik sah sich die Regierung der Großen Koalition in den letzten Oktoberwochen neuen schweren Belastungsproben ausgesetzt.

IV.

Deutscher Oktober

Unter dem Eindruck der sich verschärfenden Krise kam es im Herbst 1923 zu Umsturzversuchen von links und rechts. Im «roten» Hamburger Stadtteil Barmbek werden am 23. Oktober Straßenbarrikaden errichtet, nachdem zuvor Polizeiwachen überfallen worden waren.

. . . .

Mitte September 1923 konstatierte der Journalist und SPD-Reichstagsabgeordnete Ludwig Quessel in einem Beitrag für die «Weltbühne», in Deutschland herrsche eine «Neunte-November-Stimmung»: «Eine wilde, verzehrende Angst trägt Verbitterung in alle menschlichen Lebensbeziehungen. Panik und Besessenheit bemächtigt sich der Seelen. Sieben Wochen revolutionärer Gärung liegen schon hinter uns, ohne dass ein Anzeichen der Besserung am Horizont der Zeiten auftaucht. Im Gegenteil: es geht täglich weiter bergab.»[1] Auch einen Monat später hatte sich an der chaotischen Situation noch nichts Grundlegendes geändert. «Man sagt sich jeden Tag, nun müsse eine Katastrophe eintreten – ich weiß nicht welche, aber irgend eine: Zerfall des Reiches, Bürgerkrieg, irgend ein Sturm, ein Novum, ein Anderes», notierte Victor Klemperer am 14. Oktober, «u(nd) immer bleibt die gleiche verpestete Stille – Unsinn häuft sich auf Unsinn, Schmach auf Schmach, Milliardenschein auf Zehnmilliardenschein, u(nd) in der unbeweglichen Stille wächst die Not u(nd) das Elend.»[2]

Eine Stille vor dem Sturm: Die Spannungen hatten sich im Spätsommer und Frühherbst derart verschärft, dass eine gewaltsame Entladung in der Luft zu liegen schien. Nicht nur die radikale Rechte witterte ihre Chance und schmiedete Putschpläne. Auch in Moskau hielt man nun die Situation reif für einen bewaffneten Aufstand, für einen «deutschen Oktober», der die proletarische Revolution nach Mittel- und Westeuropa tragen und die Sowjetunion aus ihrer Isolierung befreien sollte.

Auf der Tagung des Exekutivkomitees der Kommunistischen Internationalen (EKKI) im Juni 1923, auf der Radek seine berühmt-berüchtigte Schlageter-Rede gehalten hatte, war von der Vorbereitung eines Aufstands noch nicht die Rede gewesen, und auch in der KPD scheute man, aller revolutionären Rhetorik zum Trotz, vor einer Machtprobe zurück. Ende Juli drängte Grigorij Sinowjew, der Vorsitzende der Komintern, die deutsche KP-Führung um Heinrich Brandler und August Thalheimer aus seinem Urlaubsort im Kaukasus zu einem offensiveren Vorgehen. Doch Josef Stalin, der Generalsekretär der russischen KP, nach Lenins schwerer Erkrankung der starke Mann in der sowjetischen Führung, mahnte zur Vorsicht: «Wenn heute in Deutschland die Macht sozusagen stürzt, und die Kommunisten sie aufheben, dann werden sie mit Pauken und Trompeten scheitern. Im besten Falle. Im schlechtesten wird man sie in Stücke hauen und weit zurückwerfen (...). Meiner Meinung nach muss man die Deutschen zurückhalten und nicht ermuntern.»[3]

Doch seit Mitte August, als sich die Krise in Deutschland zuspitzte und die Regierung Cuno auch unter dem Eindruck der Massenstreiks zurücktrat, bahnte sich in Moskau ein fundamentaler Meinungsumschwung an. In seinen Leitsätzen «Die Lage in Deutschland und unsere Aufgaben» erklärte Sinowjew, dass «eine zweite, wirklich proletarische Revolution» heraufziehe und alles getan werden müsse, um sie zu unterstützen.[4] Das Politbüro des ZK der russischen KP schloss sich am 21. August dieser Sicht der Dinge an: Nach einer Umwälzung in Deutschland, der immer noch mächtigsten Industriemacht des Kontinents, glaubte man, auch der inneren Schwierigkeiten beim Aufbau des Sozialismus in der Sowjetunion Herr werden zu können. Für Stalin war dies nun die Existenzfrage schlechthin: «Entweder scheitert die Revolution in Deutschland und erschlägt uns, oder die Revolution gelingt dort, alles läuft gut und unsere Lage ist abgesichert. Eine andere Wahl gibt es nicht.»[5]

Tags darauf fasste das Politbüro den Grundsatzbeschluss: Von der Einschätzung ausgehend, «dass das deutsche Proletariat unmittelbar vor entscheidenden Kämpfen um die Macht steht», sollte die gesamte Tätigkeit der Komintern auf die Vorbereitung des bewaffneten Aufstands in Deutschland ausgerichtet werden. Dem ZK der KPD wurde ein spezieller Fonds von 400 000 Dollar zur Verfügung gestellt; mit dem Geld sollten vor allem Waffen beschafft werden. Der Stellvertreter Leo Trotzkis im Revolutionären Militärrat, Josef Unschlicht, begab sich illegal nach Deutschland, um beim Aufbau des geheimen Militärapparats zu helfen.[6]

Bei seiner Entscheidung vom 22. August stand das Politbüro unter dem

Eindruck von Nachrichten aus KPD-Kreisen, in denen von einer «ungeheuren Erregung» der deutschen Arbeiterschaft die Rede war.[7] Die Situation in Deutschland im Spätsommer 1923 schien den führenden Bolschewiki vergleichbar mit der in Russland zwischen April und Oktober 1917. Dabei übersahen sie, dass Deutschland nicht Russland war und dass es in der Zentrale der KPD «weder einen Lenin noch einen Trotzki gab».[8]

In einer Serie von Konferenzen, die am 20. September in Moskau begannen, wurde die Delegation der KPD auf das gemeinsame Ziel eingeschworen. «Wir schätzen die Situation so ein, dass die Ereignisse herangereift sind, dass sie in ganz kurzer Zeit entschieden werden. Wir (...) haben alle Chancen, dass wir siegen werden, wenn wir alle Kräfte einsetzen», erklärte Sinowjew. Und Trotzki forderte ohne Umschweife: «Es gilt jetzt, die Macht in Deutschland zu ergreifen. Das ist die Aufgabe, alles andere wird sich daraus ergeben.» Der KPD-Vorsitzende Heinrich Brandler, der noch im August vor übereilten Schritten gewarnt hatte, schwenkte nun um und malte die Erfolgsaussichten des Unternehmens in rosigsten Farben: 250 000 Proletarier stünden zum Kampf bereit; aus ihnen könnten in sechs bis acht Wochen 15 Divisionen gebildet werden; Waffen seien in genügender Zahl vorhanden, nur die Verteilung bereite noch Schwierigkeiten.[9]

In den letzten September- und ersten Oktobertagen wurde ein konkreter Aktionsplan beschlossen. Als Erstes sollte die KPD in die Landesregierung Sachsen eintreten und diese strategische Position nutzen, um die Bewaffnung der Arbeiterschaft voranzutreiben. Als Termin für den Aufstand wurde vorläufig der 9. November, der 5. Jahrestag der deutschen Revolution von 1918, ins Auge gefasst. Eine «Vierergruppe» von hochrangigen Funktionären, an der Spitze der Deutschland-Experte Karl Radek, wurde nach Berlin entsandt, um die deutschen Genossen bei der Vorbereitung zu unterstützen.[10]

• • • • • • • •

Dass gerade Sachsen als Sprungbrett für den «deutschen Oktober» ausgewählt wurde, war alles andere als ein Zufall.[11] Seit 1919 regierte dort die SPD, zunächst allein, dann in einer Koalition mit der DDP und seit Dezember 1920 in einer Minderheitskoalition mit der USPD. Ende Januar 1923 wurde die sächsische Regierung unter Ministerpräsident Wilhelm Buck durch einen von den bürgerlichen Parteien und den Kommunisten gemeinsam eingebrachten Misstrauensantrag zum Rücktritt gezwungen. Anfang März beschloss eine unter dem starken Einfluss des linken Parteiflügels stehende Landeskonferenz der sächsischen SPD gegen die Empfehlung des Berliner Parteivorstands, keine Koalitionsgespräche mit der DDP zu führen, sondern eine Verständigung mit den Kommunisten zu suchen. Am 18. März einigten sich SPD und KPD auf ein Programm für eine rein sozialdemokratische, aber von den Kommunisten tolerierte Regierung. Hauptpunkte waren die Bildung von «proletarischen Abwehrorganisationen» gegen den «Faschismus» und die Einrichtung von Preisprüfungsstellen und Kontrollausschüssen zur Bekämpfung des Wuchers.[12] Am 21. März wählte der sächsische Landtag in Dresden den bisherigen Justizminister Erich Zeigner mit 49 gegen 46 Stimmen zum neuen Ministerpräsidenten.

Der damals 37-jährige promovierte Jurist und exponierte Vertreter des linken Parteiflügels gehörte zu den «Novembersozialisten», das heißt, er war erst nach der Revolution in die SPD eingetreten. Als Justizminister im Kabinett Buck hatte er sich für eine Modernisierung des Strafvollzugs, für eine Demokratisierung der Verwaltung und eine scharfe Verfolgung rechtsextremistischer Vereinigungen eingesetzt.[13] Den Kurs entschiedener Reformen setzte er als Ministerpräsident fort. Galt er in den Augen der republikanischen Linken als Hoffnungsträger, so betrachtete man im SPD-Parteivorstand das Zusammengehen mit der KPD als ein gefährliches, für die Gesamtpartei schädliches Experiment. Und auch in Reichswehrkreisen verfolgte man die Aktivitäten Zeigners mit Argusaugen, da er kaum eine Gelegenheit ausließ, um die illegale Zusammenarbeit zwischen Militärs und rechtsradikalen Wehrverbänden anzuprangern. Bereits in seiner Regierungserklärung vom 10. April hatte er die Reichswehr scharf kritisiert: «Sie, die der Republik dienen, sie schützen sollte, die gedacht ist, als Machtinstrument der Republik, hat sich mehr und mehr zu einer Bedrohung der Republik entwickelt.» Daher könne man es der Arbeiterschaft nicht verdenken, wenn sie zum Schutz ihrer Einrichtungen «Abwehrmaßnahmen gegen putschistische Elemente» ergreife.[14]

Für den Befehlshaber der Reichswehrtruppen in Sachsen, General Alfred Müller, war damit die Grenze des Erträglichen überschritten. Aus Zeigners Ausführungen gehe hervor, meldete er nach Berlin, dass sich die sächsische Regierung «nahezu restlos an die Wünsche der Kommunistischen Partei gebunden» habe. Das abgegebene «Werturteil» über die Reichswehr verlange eine scharfe Erwiderung des Reichswehrministers.[15] Ende Mai reiste Geßler zu einer Aussprache mit Zeigner nach Dresden. Man kam überein, die bisherigen Beschwerden als erledigt zu betrachten und künftige zuerst an die betroffene Stelle zu richten, statt sie in die Öffentlichkeit zu tragen.[16] Doch damit war der Streit nicht beigelegt. Vor allem der Aufbau der Abwehrorganisationen, der sogenannten «proletarischen Hundertschaften», sorgte für neuen Konfliktstoff. Während sie im Mai in Preußen durch Innenminister Severing verboten wurden, erfreuten sie sich in Sachsen einer wohlwollenden Duldung, wenn nicht gar direkten Förderung durch die Regierung. Mitglieder waren neben Kommunisten auch Sozialdemokraten und Gewerkschafter; die politische Führung lag zumeist in den Händen der KPD. In der Regel verfügten die Hundertschaften nicht über Schusswaffen, sondern nur über Gummiknüppel.[17]

Mitte Juni beschwerten sich Vertreter des Verbandes Sächsischer Industrieller in Berlin über die Zustände in Sachsen, insbesondere über das Auftreten der proletarischen Hundertschaften. Sie übten bei allen Verhandlungen zwischen Unternehmern und Arbeitnehmern einen «Terror der Straße» aus, organisierten Demonstrationen und stellten unerfüllbare Forderungen auf. Die Folge sei, dass keine Aufträge mehr nach Sachsen vergeben würden. Mochten solche Berichte auch übertrieben sein, verfehlten sie doch nicht ihre Wirkung auf Reichsregierung und Reichswehr. Innenminister Oeser wollte zwar von einem Einsatz des Militärs gegen Sachsen noch nichts wissen, sollte sich aber die Situation verschärfen, müsse man «selbstverständlich durchgreifen». Major Kurt von Schleicher, der den Reichswehrminister vertrat, beruhigte die sächsischen Industriellen, was die Bewaffnung der proletarischen Hundertschaften betraf. Auch er ließ aber keinen Zweifel daran, dass im Ernstfall durch «Einsatz der bewaffneten Macht jederzeit in Kürze die Ordnung wiederhergestellt werden» könne.[18]

Ministerpräsident Zeigner trug wenig dazu bei, die Lage zu entspannen. Am 16. Juni hielt er auf einer SPD-Fraktionstagung in Planitz bei Zwickau eine Rede, die in bürgerlichen Kreisen als Provokation empfunden wurde. Er bekräftigte seine Vorwürfe gegen die Reichswehr, bezichtigte die Großindustrie korrupter Praktiken im Ruhrkampf und richtete scharfe Angriffe auch gegen die Regierung Cuno, die auf ganzer Linie «bankrott» sei. Ein wegen dieser Rede im sächsischen Landtag eingebrachter Misstrauensantrag der bürgerlichen Parteien wurde mit den Stimmen der Sozialdemokraten und Kommunisten abgelehnt. Cuno rief Zeigner nach Berlin und drohte mit strafrechtlichen Konsequenzen, sollte er weiter «ohne Rücksicht auf gewisse Interessen des Reichs» vorgehen. Auch wenn der sächsische Ministerpräsident versuchte, die aufgeregten Wogen zu glätten – über seine nicht für die Öffentlichkeit bestimmte Rede sei falsch berichtet worden –, blieb eine schwere Verstimmung zurück.[19]

Am 7. August legte Zeigner in einer Rede in Leipzig nach. Erneut stellte er die republikanische Zuverlässigkeit der Reichswehr in Frage. Er kritisierte das undurchsichtige Verhalten der Reichsregierung gegenüber den Geheimorganisationen von rechts und forderte die SPD auf, sich in schärfster Weise von der Regierung Cuno zu distanzieren. Nun war auch Reichspräsident Ebert mit seiner Geduld am Ende. Es sei an der Zeit, mit dem sächsischen Ministerpräsidenten «eine ernste und entschiedene Sprache» zu führen.[20] Reichswehrminister Geßler nahm die Rede Zeigners zum Anlass, um eine Teilnahme der Reichswehr an der am 11. August stattfindenden Verfassungsfeier in Dresden zu untersagen. Außerdem sollten die Offiziere des Wehrkreiskommandos künftig jeden weiteren Verkehr mit der sächsischen Regierung vermeiden.[21]

Als Redner zur Feier in der Semperoper hatte die sächsische Regierung den Schriftsteller Heinrich Mann bestimmt, der sich bei den Rechten besonders verhasst gemacht hatte, seit er in seinem 1918 veröffentlichten Roman «Der Untertan» der wilhelminischen Gesellschaft einen entlarvenden Spiegel vorgehalten hatte. Victor Klemperer beobachtete von einer Loge des dritten Ranges die Zeremonie: «Beethovenmusik vor u(nd) nach der Rede, die Heinrich Mann auf der Bühne hielt. Grüne Bäume, violette Tuchwände, rote Schleife am Rednerpult. Ich konnte den Mann nicht erkennen, kleines, dunkles Schnurrbärtchen, sonst glattes Gesicht. Er las mit gedämpfter, sehr deutlicher Stimme vom Blatt, nur wenige Male sprach er ein paar Sätze frei, auch sie gedämpft. Aber aus der Gedämpftheit sprach eine furchtbare Erbitterung u(nd) Verbitterung.»[22] Tatsächlich machte Heinrich Mann aus seiner tiefen Enttäuschung über die Entwicklung seit 1918 keinen Hehl. Alles, was die Weimarer Verfassung an Freiheitsversprechen enthalte, werde durch die antirepublikanischen Kräfte in Reichswehr und Großindustrie zunehmend bedroht. In deutlicher Anspielung auf die gegen die sächsische Regierung gerichteten Drohungen mit dem Einsatz des Militärs fragte Mann: «Soll die Reichsexekutive vielleicht vorbereitet werden, gegen solche Regierungen, die den Staat als freien Volksstaat verstehen möchten?»[23]

• • • • • • • •

Nach Bildung der Regierung der Großen Koalition schienen sich die Beziehungen zwischen Sachsen und Berlin zunächst zu entspannen. Am 17. August, nur wenige Tage nach seinem Amtsantritt, empfing Stresemann den sächsischen Ministerpräsidenten zu einer Aussprache. Nach dem anschließend veröffentlichten Kommuniqué bekräftigte Zeigner bei dieser Gelegenheit «den festen Willen der sächsischen Regierung, Ruhe und Ordnung im Lande aufrecht zu erhalten». Um die Lage zu beruhigen, sollte künftig davon abgesehen werden, die Differenzen mit dem Reichswehrministerium «zu politischen Zwecken aufzubauschen». Am Ende hieß es: «Im Ganzen stellte der Reichskanzler die volle Zustimmung des sächsischen Ministerpräsidenten dazu fest, im Zusammenwirken mit der Reichsregierung die Grundlagen der heutigen Staatsordnung mit allen zur Verfügung stehenden Mitteln zu schützen.»[24]

In einer weiteren Unterredung am 22. August versprach Stresemann, auf den ihm seit seiner vormaligen Tätigkeit als Syndikus gut bekannten Verband Sächsischer Industrieller einzuwirken, «von einer Weiterführung des Kampfes gegen das Ministerium Zeigner Abstand zu nehmen». Der sächsische Ministerpräsident seinerseits signalisierte seine Bereitschaft, auf «eine ähnliche politische Konstellation» hinzusteuern wie im Reich und in Preußen, also auch in Sachsen eine Große Koalition zu bilden, was von Stresemann lebhaft begrüßt wurde.[25] Allerdings bezweifelten politische Beobachter in Sachsen die Ernsthaftigkeit dieser Offerte. So glaubte der Generalsekretär der sächsischen DVP, Johannes Dieckmann, den Reichskanzler warnen zu müssen, dass es sich um ein reines Täuschungsmanöver handele. Der sächsische Ministerpräsident habe sich zwar in Gesprächen unter vier Augen «stets als ein Mann gegeben, der unter dem kommunistischen Druck selbst schwer leidet (und) eine Änderung des jetzigen Zustands in der Richtung eines Zusammenwirkens mit den Bürgerlichen anstrebt». In Wirklichkeit aber habe er gar nicht die Absicht, dies zu tun, weil er «in einer Art pathologischem Hörigkeitsverhältnis» zu den Kommunisten stehe.[26]

Auch Reichswehrminister Geßler blieb bei seiner unversöhnlichen Haltung. Am 22. August, also am selben Tag, an dem Stresemann Zeigner zu einer Aussprache empfing, legte er dem Reichskanzler eine Denkschrift vor, in der er die Auseinandersetzungen zwischen seinem Ministerium und dem sächsischen Ministerpräsidenten Revue passieren ließ und damit drohte, das gesamte Material der Öffentlichkeit zu übergeben. Man sei jetzt an einem Punkt angelangt, wo die gegenseitigen Beziehungen «nur durch eine vollständige Änderung des Verhaltens der sächsischen Regierung und durch öffentliche Zurücknahme ihrer Beschuldigungen gegen die Reichswehr wieder in normale Bahnen gelenkt werden» könnten. Unter den gegebenen Verhältnissen müsse er selbst jeden Verkehr mit der Regierung Zeigner ablehnen und könne ihn auch den ihm unterstellten Behörden nicht zumuten. Außerdem bat Geßler den Reichskanzler zu prüfen, ob die Leipziger Rede Zeigners vom 7. August nicht die Eröffnung eines Verfahrens wegen «Landesverrats» notwendig mache.[27]

Doch Stresemann glaubte immer noch, den «unerquicklichen Streit» bald beilegen zu können, wie er am 7. September im Reichsrat für auswärtige Angelegenheiten ausführte. Und auch Zeigner, der an der Sitzung teilnahm, zeigte sich wiederum entgegenkommend. Doch kaum war er in Dresden zurück, richtete er erneut heftige Angriffe gegen Geßler, mehr noch: Er gab vertrauliche Mitteilungen Stresemanns über die Beendigung des Ruhrkonflikts preis. Damit war auch für den Reichskanzler das Maß voll: In der Kabinettssitzung am 10. September missbilligte er das Verhalten Zeigners aufs schärfste. Dadurch werde «die verantwortliche Leitung der Reichspolitik unmöglich» gemacht.[28]

• • • • • • • •

Die Beziehungen zwischen der Reichsregierung und Sachsen hatten einen neuen Tiefpunkt erreicht. In dieser Situation schaltete sich der thüringische Ministerpräsident August Frölich ein, der seit Herbst 1921 einer sozialdemokratischen Minderheitsregierung vorstand. Wie im Nachbarland Sachsen hatten auch in Thüringen im Frühjahr 1923 Verhandlungen mit den Kommunisten über die Bildung einer Koalition stattgefunden, sie waren jedoch abgebrochen worden, weil die Bedingungen, welche die KPD für den Eintritt in die Regierung stellte, der SPD als nicht annehmbar erschienen. Am 10. September wandte sich Frölich an Reichspräsident Ebert mit der Bitte um Vermittlung im Streit zwischen Zeigner und der Reichsregierung. Er schlug vor, die Ministerpräsidenten der Länder, die «sich bislang für die deutsche Republik besonders eingesetzt» hatten – allesamt Sozialdemokraten –, zu einer Aussprache nach Berlin einzuladen. Doch bereits einen Tag später, am 11. September, wurde dem Kabinett Frölich durch ein von den bürgerlichen Fraktionen im Weimarer Parlament gestellten und von der KPD unterstützten Antrag das Misstrauen ausgesprochen. Deshalb antwortete Ebert, als ihm die Anregung Frölichs am 12. September vorgelegt wurde, dass erst die Neubildung der thüringischen Regierung erfolgen müsse. Tatsächlich kam es nicht dazu, weil der Antrag der bürgerlichen Parteien auf Auflösung des Landtags und Neuwahlen von den Kommunisten nicht unterstützt wurde. So führte Frölich die Geschäfte seines Minderheitskabinetts vorerst weiter.[29]

Das Treffen der Ministerpräsidenten fand nicht statt. Stattdessen lud Stresemann die Kontrahenten Geßler und Zeigner zu einer Aussprache, an der neben einigen Ministern auch die SPD-Vorsitzenden Otto Wels und Arthur Chrispien sowie der preußische Innenminister Severing teilnahmen. Soweit das nur stichwortartig geführte Protokoll erkennen lässt, endete auch dieser Vermittlungsversuch ziemlich fruchtlos. Beide Seiten ergingen sich in heftigen gegenseitigen Vorwürfen, und das einzige, worauf man sich schließlich verständigte, war eine öffentliche Erklärung Geßlers, dass die Reichswehr keine Beziehungen zu verfassungsfeindlichen Organisationen unterhalte.[30] In seinem Aufruf vom 14. September spielte Geßler das Ausmaß der Zusammenarbeit der Reichswehr mit rechtsradikalen, paramilitärischen Verbänden herunter. Derartige Verbindungen seien «durch klare Befehle längst verboten», und dort, wo sie «in Einzelfällen wirklich einmal bestanden» hätten, längst gelöst worden: «Ich bin überzeugt, dass auch in den kommenden schweren Zeiten die Ehre des deutschen Soldaten blank bleibt.»[31]

Unterdessen geriet Stresemann immer stärker unter den Druck seiner eigenen Partei. In der Fraktionssitzung der DVP am 12. September bezeichnete der Abgeordnete Siegfried von Kardorff das Auftreten Zeigners als «überaus peinlich». Man müsse in Sachsen «Schluss machen, gegebenenfalls (den) Belagerungszustand verhängen». Franz Brüninghaus, der Abgeordnete aus dem Wahlkreis Chemnitz-Zwickau, behauptete, dass die Bürger Sachsens «vogelfrei» seien: «Wenn die Regierung nicht energisch eingreift, werden wir in Kürze in Sachsen und Thüringen den Kommunismus haben.» Und Hugo Stinnes forderte knapp und eindeutig: «Sachsen und Thüringen exekutieren. Kein Tag darf verloren gehen, sonst wird die Straße das Kabinett Stresemann stürzen.» Doch noch widersetzte sich Stresemann dem Drängen. Die Reichsexekution gegen ein Land müsse «bis zum letzten Augenblick aufgespart» werden. Wenn notwendig, werde er aber «die ganze Macht des Staates rücksichtslos einzusetzen wissen».[32]

Der Reichskanzler stand vor einem schwierigen Spagat: Weder wollte er wegen der sächsischen Frage die Sozialdemokratie vor den Kopf stoßen und damit die Große Koalition aufs Spiel setzen, noch sich von den Kritikern in seiner eigenen Partei Untätigkeit vorwerfen lassen, und schon gar nicht wollte er einen Konflikt mit Geßler und der Reichswehr riskieren, auf deren Loyalität er angewiesen war.

• • • • • • • •

Mit der Verhängung des Ausnahmezustands über das Reich am 27. September ging die vollziehende Gewalt auf den Reichswehrminister über. Dieser übertrug die Befugnisse für Sachsen auf General Alfred Müller, den Befehlshaber des Wehrkreises IV, und für Thüringen auf den ehemaligen preußischen Kriegsminister, General Walther Reinhardt, den Befehlshaber des Wehrkreises V. Damit spitzten sich die Konflikte zwischen Landesregierung und Militär auch in Thüringen zu. Als erste Maßnahme verfügte Reinhardt am 28. September ein Verbot aller öffentlichen Versammlungen und Umzüge, verbunden mit der Drohung, «jeden Versuch, die öffentliche Ruhe und Ordnung zu stören», rigoros zu unterdrücken. General Müller in Sachsen ordnete darüber hinaus an, dass Offiziere der Reichswehr polizeiliche Funktionen ausüben konnten und Flugblätter und neue Zeitungen einer Genehmigung des Militärbefehlshabers bedurften.[33]

Geßler nutzte die neugewonnene Machtposition, um auf ein schärferes Vorgehen gegen Sachsen zu drängen. Bereits in der ersten Sitzung des zweiten Kabinetts Stresemann am Mittag des 6. Oktober verlangte er, die bevorstehende Sitzung des sächsischen Landtags zu unterbinden, weil dort auf kommunistischen Antrag hin die undurchsichtige Rolle der Reichswehr erörtert und die Forderung nach Rücktritt des Reichswehrministers gestellt werden sollte. Die drei sozialdemokratischen Minister wiesen jedoch ein Einschreiten gegen das Landesparlament zurück, weil es dafür keine rechtliche Handhabe gebe. Auch politisch sei es «höchst bedenklich», gegen Sachsen Härte zu demonstrieren, während man gleichzeitig das unbotmäßige Bayern mit Samthandschuhen anfasse. Geßler drohte daraufhin mit seinem

Rücktritt, ja er kündigte an, in diesem Fall «für die Haltung der Reichswehr keine Gewähr übernehmen» zu können.[34]

In der abendlichen Sitzung des Kabinetts am 6. Oktober ging Geßler noch einen Schritt weiter. Ganz unverblümt forderte er nun, die sächsische Regierung abzusetzen und einen Reichskommissar zu bestellen: «Die Reichsexekution müsse gegen Sachsen angewendet werden.» Stresemann hielt den Zeitpunkt noch nicht für gekommen. Man müsse erst einmal abwarten, was der sächsische Landtag beschließe, gleichzeitig aber darauf vorbereitet sein, «die schärfsten Maßnahmen zu ergreifen». Justizminister Radbruch pflichtete ihm bei – man dürfe «nicht das Prävenire spielen» –, und Innenminister Sollmann gab der Kabinettsrunde bekannt, dass die Stellung Zeigners bereits «erschüttert» sei, man also auch ohne Reichsexekution zum Ziel gelangen könne. Am Ende erklärte sich Geßler damit einverstanden, vor den Landtagsverhandlungen nichts zu unternehmen. Danach aber müsse man «die letzten Konsequenzen ziehen».[35]

So deutlich wie in den Tagen des Kapp-Lüttwitz-Putsches vom März 1920 zeigte sich hier ein grundlegendes Strukturproblem der Weimarer Republik: dass auf die Reichswehr kein Verlass war. Wenn etwas gegen rechte Regierungen wie die in Bayern unternommen werden sollte, konnte die politische Führung nicht mit der Unterstützung der bewaffneten Macht rechnen. Wenn es gegen linke Regierungen wie die in Sachsen ging, musste die Reichswehr gar nicht erst gebeten werden, ja sie war kaum zu bremsen in ihrem Aktionsdrang.

• • • • • • • •

Die Entwicklung in Sachsen spielte Geßler in die Karten. Am 5. Oktober erklärte die KPD, der Direktive des Generalsekretärs der Komintern Sinowjew folgend, ihre Bereitschaft in die sächsische Regierung einzutreten. Fünf Tage später waren die Verhandlungen über die Bildung einer sozialdemokratisch-kommunistischen Regierung abgeschlossen. Mit dem Finanzminister Paul Böttcher und dem Wirtschaftsminister Fritz Heckert besetzten die Kommunisten zwei Schlüsselressorts. Außerdem wurde der KPD-Vorsitzende Heinrich Brandler Leiter der sächsischen Staatskanzlei. In der Koalitionsvereinbarung wurde unter anderem der verstärkte Ausbau und die Bewaffnung der proletarischen Hundertschaften sowie die «Bildung eines mitteldeutschen Abwehrblocks Sachsen-Thüringen zur Abwehr des bayerisch-faschistischen Angriffs» gefordert.[36] In seiner Regierungserklärung vom 12. Oktober nannte Zeigner das umgebildete Kabinett eine «Regierung der republikanischen und proletarischen Verteidigung», deren Hauptaufgabe darin bestehe, «die Gefahr einer großkapitalistischen Militärdiktatur (zu) bannen».[37]

Auch in Thüringen verständigten sich SPD und KPD auf ein gemeinsames Regierungsprogramm. Am 16. Oktober traten die Kommunisten in das Kabinett Frölich ein, wo ihnen mit Albin Tenner als Wirtschafts- und Karl Korsch als Justizminister ebenfalls zwei wichtige Ressorts zufielen. Einige Tage später verlas Frölich im Landtag eine Erklärung, in der er auf die besondere Situation Thüringens aufmerksam machte: Es grenze an Bayern, des Landes also, in dem «die Gegner der Republik faktisch die Staatsgewalt» besäßen und sich darauf vorbereiteten, den «Marsch auf Berlin» anzutreten. Das aber würde den «offenen blutigen Bürgerkrieg» und den «Zerfall der Reichseinheit» bedeuten. Demgegenüber betonte der thüringische Ministerpräsident die «unverbrüchliche Treue» seines Landes zur Einheit des Reiches und zur deutschen Republik.[38]

Mit der Bildung der Einheitsfrontregierungen in Sachsen und Thüringen trat der Konflikt in eine entscheidende Phase. Zwar waren sie strikt legal, auf parlamentarischem Wege, zustande gekommen, und weder Zeigner noch Frölich ließen es, anders als Generalstaatskommissar von Kahr in Bayern, an Loyalitätsbekenntnissen zur Reichsregierung fehlen. Aber in Berlin war man überzeugt, dass die Kommunisten weitergehende revolutionäre Ziele verfolgten. Genauere Informationen über das, was in Moskau im August/September 1923 im Blick auf einen «deutschen Oktober» beschlossen worden war, lagen nicht vor. Doch der Reichskommissar für die Überwachung der öffentlichen Ordnung, Hermann Emil Kuenzer, glaubte fest daran, dass der Eintritt der Kommunisten in die Regierungen von Sachsen und Thüringen nur das Sprungbrett sein sollte für einen gewaltsamen Umsturzversuch auf Reichsebene. Die gesamte Partei befinde sich in «zurzeit höchster Alarmbereitschaft». Die Gefahr ging in den Augen Kuenzers von den proletarischen Hundertschaften aus: «Ihre Organisation ist eine durchaus militärische; es wird möglichste Bewaffnung angestrebt und ein militärischer Nachrichten- und Kurierdienst ist vorbereitet. Sie sind für die Durchführung des bewaffneten offenen Aufstands in erster Linie bestimmt.»[39]

General Müller reagierte prompt. Am 13. Oktober ordnete er die Auflösung der proletarischen Hundertschaften und «anderer ähnlicher Organisationen» an mit der Begründung, dass durch sie der «Terror» einer «gewalttätigen Minderheit» über die große Mehrheit der Bevölkerung ausgeübt werde.[40] Drei Tage später gab er bekannt, dass die gesamte sächsische Polizei der unmittelbaren Befehlsgewalt der Reichswehr unterstellt sei. Das war bereits ein großer Schritt hin zu einer völligen Entmachtung der sächsischen Regierung. Doch der General beließ es nicht dabei, sondern versuchte seinen Kontrahenten mit allen möglichen Mitteln zu provozieren. So wies er Zeigner am 15. Oktober zurecht, weil der es versäumt hatte, vor Plakatierung seiner Regierungserklärung die Genehmigung des Militärbefehlshabers einzuholen.[41] Und am 17. Oktober forderte Müller den sächsischen Ministerpräsidenten in ultimativer Form dazu auf, sich von einer Rede seines Finanzministers Böttcher zu distanzieren, in der dieser von einer Bewaffnung der Arbeiterschaft und dem kommenden «proletarischen Befreiungskampf» gesprochen hatte.[42]

In einem Schreiben an die Reichsregierung vom 17. Oktober legte Zeigner «schärfste Verwahrung» ein gegen das Verhalten des Generals Müller. Dessen Handhabung des Ausnahmezustands sei geeignet, «die Gegensätze zu verschärfen und politische Verwicklungen herbeizuführen». Insbesondere das Verbot der proletarischen Hundertschaften sei «eine Kampfansage schärfster Art an die Regierungen der republikanisch gesinnten Länder». Und ebenso müsse sich die Landesregierung dagegen zur Wehr setzen, dass ihr mit der Unterstellung der Polizei unter militärisches Kommando «der letzte Rest von Souveränität aus der Hand genommen» werde. Nach alledem entstehe in den republiktreuen Teilen der Bevölkerung der Eindruck, dass sich das Vorgehen der Reichswehr «in erster Linie gegen Sachsen und die anderen Länder mit sozialistischer Regierung» richte, «während Bayern gegenüber die größte Zurückhaltung geübt» werde. Nachdrücklich forderte Zeigner die Reichsregierung auf, die «unhaltbaren Zustände» zu beenden und den militärischen Ausnahmezustand aufzuheben.[43]

Einen Tag später prangerte Zeigner in einer Rede im Landtag erneut die Zusammenarbeit der Reichswehr mit paramilitärischen Organisationen der Rechten an, ja er ging so weit, den französischen General Charles Nollet von der Interalliierten Militärkommission zum Einschreiten gegen die illegalen, gegen den Versailler Vertrag verstoßenden Praktiken aufzufordern. In den Augen der Militärs war dies glatter Landesverrat. Ein Eingreifen in Sachsen war für sie nur noch eine Frage der Zeit. An der sächsischen Grenze wurden Truppen aus verschiedenen Wehrkreisen für einen «konzentrischen Einmarsch» bereitgestellt.[44]

Auch für Stresemann war der Eintritt der Kommunisten in die Regierungen von Sachsen und Thüringen der Grund, um seine ausgleichende Haltung aufzugeben und auf die Linie der Militärs einzuschwenken. Als Innenminister Sollmann am 17. Oktober im Kabinett die Lage in Sachsen zur Sprache brachte und sich insbesondere über das Verhalten des Generals Müller beschwerte, das «eine Provokation der gesamten Sozialdemokratie» darstelle, entgegnete der Reichskanzler nur kühl, er halte den sächsischen Ministerpräsidenten «für einen nicht voll zurechnungsfähigen Menschen». Im Übrigen seien die Eingriffe des Militärbefehlshabers in vollem Einverständnis des Reichspräsidenten erfolgt, und sie seien bislang «sehr zurückhaltend» ausgefallen. Es müsse jetzt scharf durchgegriffen werden, weil sonst die Gefahr bestünde, dass sich die in Sachsen bedrohten Kreise des Bürgertums mit der Bitte um Hilfe an Bayern wendeten: «Dass dies den Bürgerkrieg und damit den Zerfall des Reiches bedeute, brauche er nicht besonders auszusprechen.»[45]

Am 19. Oktober informierte Stresemann seine Kabinettskollegen, dass, um die Rechtssicherheit in Sachsen und Thüringen zu garantieren, Reichswehrtruppen «an gewissen Stellen zusammengezogen» würden: «Hiervon sei eine Einschüchterung der aktionsbereiten radikalen Elemente und eine Wiederherstellung der öffentlichen Ordnung und Sicherheit zu erwarten.»[46] Mit dieser Ankündigung nahm der Reichskanzler bewusst das Risiko eines Ausscheidens der SPD-Minister aus seiner Regierung in Kauf, denn es war abzusehen, dass ein militärisches Eingreifen gegen die Regierungen in Sachsen und Thüringen die Sozialdemokratie einer schweren Zerreißprobe aussetzen musste.

• • • • • • • •

Dies war der Stand der Dinge, als am 21. Oktober in Chemnitz eine Arbeiterkonferenz zusammentrat. Nach dem ursprünglichen Aktionsplan hatte die KPD eine Reichskonferenz der Betriebsräte einberufen wollen. Doch dafür blieb nicht mehr genügend Zeit, nachdem am 20. Oktober die ersten Nachrichten über einen unmittelbar bevorstehenden Einmarsch der Reichswehr in Sachsen bekannt geworden waren. Auf der eilends improvisierten

Konferenz in Chemnitz, an der neben Delegierten der KPD, der revolutionären Betriebsräte, der Gewerkschaften und Kontrollausschüsse auch einige SPD-Vertreter teilnahmen, sollte nach den Vorstellungen der Kommunisten die Stimmung in der Arbeiterschaft getestet und, falls das Ergebnis positiv ausfiel, der Generalstreik proklamiert werden, der wiederum das Signal zum Aufstand geben sollte. Hauptredner waren der SPD-Arbeitsminister im Zeigner-Kabinett, Georg Graupe, sowie die kommunistischen Minister Böttcher und Heckert. Alle drei sprachen über die kritische Lebensmittelversorgung, die katastrophale finanzielle Lage und das Elend der Arbeitslosen. In der anschließenden Diskussion wurden auch die Krise in Sachsen und die drohende «Militärdiktatur» zur Sprache gebracht.

Das war für den KPD-Vorsitzenden Brandler das Signal, um das Wort zu ergreifen und die Versammlung aufzufordern, unverzüglich über die Ausrufung des Generalstreiks abzustimmen. Doch statt begeisterter Zustimmung erntete Brandler eisiges Schweigen. Arbeitsminister Graupe erklärte, dass er und seine Genossen die Sitzung sofort verließen, falls die Kommunisten auf dem Antrag bestehen sollten. Einige Jahre später erinnerte sich August Thalheimer, neben Brandler der führende Kopf der KPD: «In einer wirklich revolutionären, kampfentschlossenen Versammlung hätte ein Sturm der Empörung die Flaumacher weggefegt. Aber das Gegenteil geschah. Die Versammlung beschloss daraufhin, auf den unmittelbaren Aufruf zum Generalstreik zu verzichten und stattdessen eine kleine Kommission zu ernennen, die darüber befinden sollte. Es war dies ein Begräbnis dritter Klasse.»[47]

Es war klar zutage getreten, dass sowohl die Komintern als auch die deutschen Kommunisten die Stimmung in der Arbeiterschaft falsch eingeschätzt hatten. Nicht einmal in Sachsen hatten sie ihre Anhänger dazu bewegen können, das Wagnis einer revolutionären Massenaktion einzugehen. Unter diesen Umständen zog die Zentrale der KPD die einzig mögliche Konsequenz: Ohne die Ankunft Karl Radeks abzuwarten, beschloss sie, den Plan eines bewaffneten Aufstands aufzugeben. Kuriere brachen noch am Abend des 21. Oktober von Chemnitz auf, um den KPD-Bezirksleitungen die Nachricht zu überbringen.[48]

Radek, der am 22. Oktober in Berlin eintraf, billigte die Entscheidung vorbehaltlos. Die Absicht, «die Macht zuerst in Sachsen zu ergreifen», um sie danach auf die übrigen Gebiete des Reichs auszudehnen, habe sich als «völlige Illusion» erwiesen, berichtete er nach Moskau. Derselbe Mann, der noch einige Wochen zuvor die Aussichten auf eine proletarische Revolution in Deutschland trotz mancher Zweifel als günstig beurteilt hatte, bezeichnete nun die Rede davon, dass die Proklamation eines Generalstreiks den bewaffneten Aufstand hätte auslösen können, als «reine Phrasendrescherei».[49]

• • • • • • • •

Der Beschluss der KPD-Zentrale, den «deutschen Oktober» abzusagen, wurde allgemein befolgt. Bis auf eine Ausnahme: In Hamburg setzte am 23. Oktober ein bewaffneter Aufstand ein. Wie es dazu kam, ist nie ganz eindeutig geklärt worden. Eine Hypothese geht von einer Panne aus: Die Weisung der Zentrale sei durch eine Reihe unglücklicher Umstände nicht rechtzeitig nach Hamburg gelangt. Eine andere Hypothese besagt, dass die Hamburger Parteileitung sich bewusst über den Chemnitzer Beschluss hinweggesetzt habe, um mit der Aktion ein Fanal zu setzen für die revolutionäre Erhebung im ganzen Reich.[50]

Wie auch immer: Am Abend des 22. Oktober trat die Leitung des KPD-Oberbezirks Nordwest unter Ernst Thälmann, dem Hamburger KPD-Vorsitzenden, zusammen und beschloss, am Morgen des kommenden Tages loszuschlagen. Da die Bewaffnung der Kampftrupps ganz unzureichend war – sie besaßen gerade einmal 19 Gewehre und 27 Pistolen –, sollten zunächst die Polizeiwachen in den Vororten überfallen werden, um die notwendigen Waffen zu beschaffen. Danach sollten sich die Aufständischen in das Zentrum Hamburgs begeben und strategisch wichtige Punkte besetzen.[51]

Am 23. Oktober, pünktlich um 5 Uhr morgens, begannen die einzelnen Kampfgruppen den Sturm auf die Polizeiwachen. Von 26 Wachen, die überfallen wurden, konnten 17 überwältigt werden. Den Polizeibeamten wurden Waffen und Munition abgenommen, und sie wurden, soweit sie keinen Widerstand leisteten, freigelassen.[52]

Die Hamburger Polizeiführung wurde, obwohl ihr Warnungen zugegangen waren, vom Beginn des Aufstands überrascht. Doch sie fing sich rasch und leitete bereits am Vormittag des 23. Oktober Gegenmaßnahmen ein. Die heftigsten Kämpfe entbrannten in Barmbek, einem traditionell «roten» Stadtteil. Hier stießen die Aufständischen auf viele Sympathien unter den Einwohnern. In fieberhafter Eile wurden Barrikaden errichtet, 58 allein im südlichen Distrikt. Frauen und Kinder halfen mit. «Die Barrikaden wuchsen wie aus der Erde, vermehrten sich mit unglaublicher Schnelligkeit», schrieb die russische Revolutionärin Larissa Reissner, die Geliebte Karl Radeks, in ihrer Reportage über die Hamburger Ereignisse.[53] Bis zum Abend gelang es den Ordnungskräften nicht, den Aufruhr in Barmbek niederzuschlagen. Polizeioberst Danner befahl daraufhin, den Kampf über Nacht einzustellen.

Einen besonderen Verlauf nahm der Aufstand in Schiffbek, einem östlichen Arbeitervorort. Hier begnügten sich die Kommunisten nicht damit, die Polizeiwachen auszuschalten, sie trafen auch Vorbereitungen für die Ausrufung einer Räterepublik. Ein provisorischer Vollzugsausschuss setzte den Magistrat ab und wandte sich mit einem Aufruf an die Bevölkerung, in dem Plünderern die Todesstrafe angedroht und alle wehrfähigen Arbeiter aufgefordert wurden, sich für den «proletarischen Selbstschutz» zur Verfügung zu stellen: «Arbeitsbrüder! Der Sieg ist unser! Nun gilt es, das Errungene zu verteidigen und auszubauen.»[54] In Schiffbek konnten sich die Aufständischen zwei Tage lang behaupten. Erst als die Kämpfe in Barmbek beendet waren, rückte hier am Nachmittag des 24. Oktober ein starkes Polizeiaufgebot ein.

Im Laufe desselben Tages beschloss die KPD-Leitung, den Kampf abzubrechen und zum geordneten Rückzug aufzurufen. Inzwischen hatte sich herausgestellt, dass die Aufständischen, allem Opfermut zum Trotz, den überlegenen Polizeikräften nicht gewachsen waren. Noch schwerer wog, dass der Aufstand isoliert geblieben war. Obwohl sich Werft- und Hafenarbeiter seit dem 20. Oktober im Streik befanden, war es nicht gelungen, sie in die Kämpfe mit einzubeziehen. Enttäuscht musste der militärische Leiter bei der Zentrale der KPD, Valdemar Rose, der am 24. Oktober in Hamburg eintraf, feststellen, dass sich in der Hansestadt «keine Massenaktion, sondern ein Putsch» ereignet hatte: «Die Arbeiter Hamburgs – im ganzen genommen – reagierten nicht mit dem Generalstreik auf den Aufstand.»[55] So zeigte sich auch in Hamburg, dass die Annahme, die Situation sei reif für eine proletarische Erhebung, auf einer Fehleinschätzung beruhte.

Während der Kämpfe waren 24 Kommunisten und 17 Polizisten zu Tode gekommen, zahlreiche weitere verletzt worden. Noch größer war die Zahl der Opfer unter denen, die beim Barrikadenbau geholfen und auf die Polizisten das Feuer eröffnet hatten. Mindesten 61 Menschen, darunter auch zahlreiche Frauen, hatten ihr Leben verloren.[56]

Mit dem Hamburger Aufstand endete das letzte Kapitel des «deutschen

Oktober». In Moskau suchte man nach einem Sündenbock für das Desaster, und er war rasch gefunden. In einem Schreiben vom 5. November warf das EKKI der KPD-Führung vor, die Lage in Deutschland bewusst falsch dargestellt zu haben: «Für uns ist es jetzt schon vollständig klar, dass Eure Mitteilungen in Moskau über den Grad der organisatorischen und technischen Vorbereitung, insbesondere der Bewaffnung, unerhört übertrieben waren.»[57] Davon, dass man selbst die revolutionäre Situation auf groteske Weise übertrieben und die deutschen Genossen erst zu ihrem Abenteuer verleitet hatte, war keine Rede mehr. Die «Troika» an der Spitze der sowjetischen KP (Stalin, Sinowjew, Kamenew) nutzte die Kritik an der als «opportunistisch» bezeichneten «rechten» Brandler-Gruppe, um zugleich gegen Trotzki und seine Anhänger vorzugehen.

Der Streit über die Ursachen der Oktober-Niederlage wurde so verknüpft mit den Fraktionskämpfen in der sowjetischen Führung. Aus diesen Auseinandersetzungen sollte Stalin als Sieger hervorgehen. Er und seine Gefolgsleute in der Komintern sorgten dafür, dass die alte Führung der KPD abgelöst und durch eine neue ersetzt wurde, in der die Parteilinke (Ruth Fischer, Arkadi Maslow, Ernst Thälmann) den Ton angab. Thälmanns Ruf hatte durch die Ereignisse vom Oktober 1923 nicht gelitten. Im Gegenteil: Um den kläglichen Hamburger Aufstand bildete sich bald eine glorifizierende Legende, in deren Mittelpunkt Thälmann als der strahlende Held und «hervorragende Führer des Hamburger Proletariats» stand.[58]

• • • • • • • •

Am 22. Oktober, einen Tag nach der Chemnitzer Konferenz, rollten Eisenbahnzüge, vollbesetzt mit Reichswehrtruppen, aus allen Teilen Deutschlands über die sächsische Grenze. Bald standen 60 000 zum Kampf gerüstete Soldaten im Land. «Sachsen ist mit Reichswehr überschwemmt; in zahllosen Trupps von 6–8 Mann patrouilliert scharfbewaffnetes, von Württemberg und Mecklenburg eingerücktes Militär durch die Straßen», beobachtete Thea Sternheim in Dresden.[59] In Meißen, Pirna, Freital, Chemnitz und anderen Orten kam es zu Zusammenstoßen mit der Bevölkerung. Der schwerste Zwischenfall ereignete sich am 27. Oktober in Freiberg am Fuße des Erzgebirges. Hier eröffneten Soldaten das Feuer auf Demonstranten; 23 Tote und 21 Verletzte waren zu beklagen. Willkürliche Verhaftungen und Misshandlungen von Gefangenen waren an der Tagesordnung.[60] «Wer vorige

Woche in sächsischen Städten die dumpfe, verzweifelte, machtlose Wut auf den Gesichtern und in Gesprächen der Arbeiter miterlebt hat, dazu den festlichen, manchmal auch blutigen Einzug der Reichswehr, die grausig-lächerlichen amtlichen Heeresberichte des Wehrkreiskommandos in Dresden, das Blutbad in Freiberg und die hämische Freude aller ordnungsliebenden Bürger – der ist von jeder Illusion über die deutsche Republik der Gegenwart für immer geheilt», schrieb der Berichterstatter der «Weltbühne».[61]

Die sächsische Regierung legte am 25. Oktober über ihren Gesandten in Berlin, Georg Gradnauer, Beschwerde gegen den Einmarsch der Reichswehr ein. Doch erst zwei Tage später befasste sich das Kabinett wieder mit dem sächsischen Problem. Reichswehrminister Geßler nahm die Zusammenstöße zwischen Militär und Demonstranten zum Vorwand, um nun die längst ins Auge gefasste Einsetzung eines Reichskommissars in Sachsen zu fordern, der die Staatsgewalt bis zur Bildung einer neuen Regierung ohne Kommunisten ausüben sollte. Geschehe dies nicht, würde die Lage der Reichswehr «unerträglich» werden. Justizminister Radbruch widersprach aus verfassungsrechtlichen Gründen: Nach den Bestimmungen von Artikel 48 der Reichsverfassung sei es nicht zulässig, eine Landesregierung einfach abzusetzen. Im Übrigen habe sich die Reichswehr durch ihr martialisches Auftreten die entstandene Lage selbst zuzuschreiben. Innenminister Sollmann wiederum äußerte Zweifel, ob, falls im Sinne Geßlers vorgegangen werde, die Große Koalition im Reich Bestand haben könne. Ein «einseitiges Vorgehen gegen Sachsen» werde von der Mehrheit der Arbeiter nicht verstanden und auch von den sozialdemokratischen Abgeordneten nicht gebilligt werden.

Der Reichskanzler schlug sich jedoch ganz auf die Seite Geßlers. Eine Regierung mit kommunistischen Ministern könne er «als verfassungsmäßig nicht anerkennen». Wenn er im selben Atemzug erklärte, dass eine «Wiederherstellung verfassungsmäßiger Zustände» in Sachsen die Stellung des Reichs gegenüber Bayern «erheblich verstärken» würde, ließ er sein eigentliches Motiv erkennen: Von einem scharfen Durchgreifen gegen die Linksregierung in Sachsen erhoffte er sich, zu einem Modus vivendi mit dem Kahr-Regime in München zu gelangen.

Unterstützung fand Stresemann nicht nur bei den bürgerlichen Kabinettsmitgliedern, die sich für ein «energisches Vorgehen gegen den unerträglichen Terror von links» aussprachen, sondern auch bei Otto Meissner, dem

Ministerialdirektor in der Präsidialkanzlei, den Geßler als Sachverständigen in die Ministerrunde eingeführt hatte, um eventuelle verfassungsrechtliche Bedenken aus dem Weg zu räumen. Der Vertraute Eberts erklärte nun kurzerhand alle Maßnahmen für verfassungskonform, die der Reichspräsident oder der Inhaber der vollziehenden Gewalt für notwendig erachteten, um Ruhe und Ordnung wiederherzustellen. Die SPD-Minister erbaten daraufhin eine Unterbrechung der Sitzung, damit sie die Sache noch einmal überdenken und mit ihren Parteifreunden beraten könnten.

Nach Wiederbeginn der Sitzung teilte der Vizekanzler und Reichsminister für Wiederaufbau, Robert Schmidt, das Ergebnis der internen Beratungen mit: Die Sozialdemokraten lehnten es ab, eine Landesregierung abzusetzen, die sich auf eine parlamentarische Mehrheit stützen konnte und auf verfassungsmäßigem Wege zustande gekommen war. Stattdessen sollte der Versuch gemacht werden, Ministerpräsident Zeigner zum freiwilligen Rücktritt zu bewegen. Gehe er darauf nicht ein, so sollte das Kabinett «freie Hand» haben, alle erforderlichen Maßnahmen zu veranlassen. In dieselbe Richtung ging nun auch ein Vermittlungsvorschlag, den Meissner im Auftrag des Reichspräsidenten präsentierte: Der Reichskanzler sollte einen Brief an Zeigner schreiben und ihn zum Rücktritt auffordern, wobei für die Antwort eine möglichst kurze Frist zu setzen sei. Gleichzeitig sollte der Inhaber der vollziehenden Gewalt, der Reichswehrminister, alles Notwendige vorbereiten, um im Falle einer unbefriedigenden Antwort aus Dresden die Übernahme der Regierung durch einen Staatskommissar in die Wege zu leiten. Geßler zeigte sich zwar ungehalten über die Verzögerung, stimmte aber, da er sich «dem Rate des Reichspräsidenten nicht entziehen» könne, dem Vorschlag zu. Der Inhalt des Briefes an Zeigner wurde in groben Zügen festgelegt, ohne dass die SPD-Minister darauf bestanden, ihn vor der Absendung noch einmal vorgelegt zu bekommen. Radbruch bat lediglich darum, die begleitende Pressemitteilung möglichst zurückhaltend zu formulieren, um die Lage der Sozialdemokratie nicht noch zusätzlich zu erschweren.[62]

In seinem Schreiben an Zeigner, das noch am 27. Oktober herausging, ließ Stresemann alle diplomatischen Rücksichten fallen. In äußerst schroffem Ton forderte er den Ministerpräsidenten auf, ihm den Rücktritt der Regierung noch im Laufe des nächsten Tages zur Kenntnis zu geben. Sollte die Neubildung der Regierung ohne Beteiligung kommunistischer Minister nicht sofort in die Wege geleitet werden, würde der Inhaber der vollziehenden Gewalt einen Reichskommissar einsetzen, der die Verwaltung des Landes «bis zur Wiederherstellung verfassungsmäßiger Zustände» in die Hand nehmen würde. Zur Begründung verwies der Reichskanzler auf die Propaganda der KPD, insbesondere auf die Rede Brandlers in Chemnitz am 21. Oktober, in der zum gewaltsamen Umsturz der Reichsverfassung aufgerufen worden sei.[63]

Um die Reichsexekution noch in letzter Minute zu verhindern, begab sich eine Abordnung der SPD, darunter die Minister Schmidt und Radbruch, der frühere Finanzminister Hilferding sowie das Vorstandsmitglied Wilhelm Dittmann und der sächsische Gesandte in Berlin Gradnauer, nach Dresden, um Zeigner zum Einlenken zu bewegen. Der sächsische Ministerpräsident war inzwischen selbst zur Überzeugung gelangt, dass das Experiment einer Einheitsfrontregierung in Sachsen aufgrund des äußeren Drucks, aber auch wegen der Alleingänge der kommunistischen Minister gescheitert war. In den Beratungen mit den Berliner Abgesandten am 28. Oktober erklärte er sich bereit, nicht nur die Zusammenarbeit mit den Kommunisten aufzukündigen, sondern am 30. Oktober im Landtag zugleich seine eigene Demission bekanntzugeben. Doch im Landesarbeitsausschuss der sächsischen SPD und bei einer Mehrheit ihrer Landtagsfraktion war die Empörung über Stresemanns Ultimatum so groß, dass sie der Empfehlung des Ministerpräsidenten nicht folgten. So blieb Zeigner nichts anderes übrig, als in seiner Antwort das Verlangen der Reichsregierung als verfassungsrechtlich unzulässig zurückzuweisen: «Nur der sächsische Landtag ist legitimiert, die sächsische Regierung abzuberufen. Solange das nicht geschieht, wird die sächsische Regierung auf ihrem Posten ausharren.»[64]

Bevor Zeigners Antwort in Berlin eintraf, erfuhr Stresemann durch eine offiziöse Pressemitteilung aus Dresden von der Ablehnung seines Ultimatums. Auf der Stelle ließ er bekanntgeben, dass die Reichsregierung entschlossen sei, einen Reichskommissar in Sachsen einzusetzen. Noch am späten Abend unterrichtete er Radbruch, Hilferding und Gradnauer, die gerade aus Dresden zurückgekehrt waren, von seinem Entschluss. Offenbar waren der SPD-Führung inzwischen Bedenken gekommen, ob man Stresemann am Vortag nicht zu weit entgegengekommen war, und so baten die drei SPD-Vertreter darum, dass der Reichskommissar keine Maßnahmen treffe, ehe man im Kabinett darüber gesprochen habe. Doch der Kanzler machte deutlich, dass er nicht mehr gewillt war, irgendwelche Rücksichten auf den sozialdemokra-

Reichsexekution gegen Sachsen. Eine Reichswehrkompanie auf dem Weg zum Landtagsgebäude in Dresden (29. Oktober 1923).

tischen Koalitionspartner zu nehmen. Alle «Weiterungen» in der sächsischen Affäre, erklärte er brüsk, ergäben sich aus seinem Schreiben an Zeigner. Die darin angedrohten Konsequenzen seien im Kabinett ausführlich besprochen worden. Nach der Unterredung versuchte Stresemann den Reichspräsidenten zu erreichen, um von ihm die Ermächtigung zur Reichsexekution gegen Sachsen zu erbitten. Doch Ebert schlief bereits, so dass er sich noch einige Stunden gedulden musste.[65]

••••••••

Am Vormittag des 29. Oktober, gegen 11 Uhr, traf die Verordnung Eberts in der Reichskanzlei ein. Sie ermächtigte den Kanzler, gemäß Artikel 48 der Verfassung «Mitglieder der sächsischen Landesregierung (…) ihrer Stellung zu entheben und andere Personen mit der Führung der Amtsgeschäfte zu betrauen».[66] Noch bevor er im Besitz der Order war, hatte Stresemann den DVP-Reichstagsabgeordneten Rudolf Heinze zum Reichskommissar bestellt. Da der ehemalige königlich-sächsische Minister kaum als unparteiisch gelten konnte, wirkte seine Ernennung wie ein Liebesdienst Stresemanns an seine alten Partei- und Industriefreunde in Sachsen. Und Heinze nutzte seine Vollmacht umgehend, indem er gegen 12.30 Uhr der sächsischen Regierung durch einen Hauptmann die Nachricht überbringen ließ, dass sie ihres Amtes enthoben sei, und sie aufforderte, bis 15 Uhr ihre Amtszimmer zu räumen. Ebert war über das eigenmächtige Vorgehen äußerst verstimmt, denn er hatte seine Verordnung mit der Erwartung verbunden, dass der Reichskanzler vor konkreten Schritten zunächst eine Verständigung mit den Parteiführern im Kabinett herbeiführen würde.[67]

Als Stresemann um 11 Uhr die Parteiführer zu einer Besprechung zusammenrief, teilte er ihnen die Ernennung Heinzes bereits als ein Fait accompli mit. Der Vorsitzende der SPD-Fraktion Hermann Müller erhob schwere Vorwürfe: Gegen Bayern unternehme man nichts, während man gegen Sachsen die schärfsten Maßnahmen ergreife. Die Anhänger der Republik fühlten sich im Stich gelassen, und wenn man weiterhin mit zweierlei Maß messe, werde sich in der Fraktionssitzung keine Mehrheit für einen Fortbestand der Großen Koalition finden. Stresemann hingegen bekannte sich zu seinem Vorpreschen: Die Verhältnisse in Bayern würden erst dann wieder in Ordnung kommen, wenn die sächsische Frage «bereinigt» sei.[68]

Auch in der anschließenden Kabinettssitzung verteidigte Stresemann seine Politik gegen die Kritik der SPD-Minister. Innenminister Sollmann beschwerte sich, dass es Stresemann versäumt hatte, vor Ernennung Heinzes einen Beschluss des Kabinetts herbeizuführen. «Er halte den eingeschlagenen Weg für falsch und insbesondere die Berufung eines Mitglieds der Deutschen Volkspartei für verfehlt.» Sein Kabinettskollege Schmidt mahnte, von weiteren schwerwiegenden Maßnahmen abzusehen, ehe nicht der Versuch unternommen worden sei, eine neue Regierung ohne Zeigner zu bilden. Ganz ohne Wirkung scheinen die Proteste nicht gewesen zu sein, denn am Ende versprach Stresemann, den Reichskommissar aufzufordern, «vor Empfang weiterer Weisungen keine Schritte zu unternehmen».[69]

Doch inzwischen hatte Heinze in Dresden vollendete Tatsachen geschaffen. Noch während das Kabinett tagte, hatte er kurz nach 15 Uhr eine Kompanie Reichswehr mit klingendem Spiel vor das sächsische Staatsministerium aufmarschieren lassen und die sächsischen Minister, die sich geweigert hatten, freiwillig ihre Plätze zu räumen, zwangsweise von Soldaten mit schussbereiten Waffen aus dem Gebäude entfernen lassen. Kurze Zeit später wurde auch der Landtag von einer weiteren Kompanie Reichswehr besetzt und ein

Zusammentritt des Parlaments bis auf weiteres verboten. «In der Stadt selbst und unter der Bevölkerung herrscht außerordentliche Nervosität», berichtete der Sonderkorrespondent der «Vossischen Zeitung». «Radfahrerpatrouillen und Patrouillen der Reichswehr in Automobilen durchfahren seit Eintritt der Dunkelheit die Straßen, in denen eine gewaltige Menschenmenge auf und nieder wogt. Wohin die Entwicklung führt, können erst die nächsten Tage lehren.»[70]

Das rabiate Verhalten der Reichswehr bei der Absetzung der sächsischen Regierung war in der Kabinettssitzung am Abend des 29. Oktober Gegenstand heftiger Auseinandersetzungen. Stresemann räumte ein, dass «manches in Dresden geschehen sei, was anders hätte gemacht werden können», stellte aber eine provokatorische Absicht der Militärs und des Reichskommissars Heinze in Abrede. Demgegenüber erklärte Innenminister Sollmann, dass er und seine Ministerkollegen die Verantwortung für die Geschehnisse in Sachsen nicht mittragen könnten und deshalb keine andere Möglichkeit sähen, als aus dem Kabinett auszuscheiden. Die endgültige Entscheidung darüber müsse aber der Reichstagsfraktion vorbehalten bleiben. Der Reichskanzler und die bürgerlichen Mitglieder des Kabinetts appellierten an die Sozialdemokraten, sich nicht durch die Erregung des Augenblicks zu übereilten Beschlüssen hinreißen zu lassen. Stresemann verwies darüber hinaus auf die ersten hoffnungsvollen Anzeichen eines französischen Einlenkens in der Reparationsfrage. Es wäre «geradezu ein Verhängnis», wenn das, was sich hier anbahne, durch eine Regierungskrise im Innern zunichte gemacht würde.[71] Dass er selbst es gewesen war, der mit seinem schroffen Ultimatum an Zeigner und der übereilten Ernennung Heinzes zum Reichskommissar die Sozialdemokratie überhaupt erst in die Zwangslage gebracht hatte, die er nun beklagte – dieser Einsicht verschloss sich der Kanzler.

Immerhin unternahm Stresemann noch am 29. Oktober einige Anstrengungen, um den allzu eigenmächtig agierenden Reichskommissar Heinze in die Schranken zu weisen. Der hatte bereits, ohne ausdrücklich dazu autorisiert worden zu sein, damit begonnen, in Sachsen ein weit rechts stehendes «Beamtenkabinett» unter Ausschaltung des Parlaments ins Leben zu rufen.[72] Diesen Versuch unterband Stresemann, indem er Heinze anwies, die militärische Besetzung des Dresdner Landtags aufzuheben, und den Zusammentritt der Fraktionen zu ermöglichen, damit eine neue verfassungsmäßige Regierung gebildet werden könne, in der allerdings die

Kommunisten nicht mehr vertreten sein dürften. Sobald wieder geordnete Zustände in Sachsen hergestellt seien, ende das Mandat des Reichskommissars.[73]

Am Vormittag des 30. Oktober räumte das Militär den Landtag. Nach langer Debatte beschloss die sozialdemokratische Fraktion, darin unterstützt von den aus Berlin herbeigeeilten SPD-Granden Otto Wels und Wilhelm Dittmann, den früheren Wirtschaftsminister Alfred Fellisch zum Chef eines rein sozialdemokratischen Minderheitskabinetts vorzuschlagen. Am 31. Oktober wählte der Landtag mit den Stimmen von SPD und DDP Fellisch zum Nachfolger Zeigners. Umgehend zeigte der neue Ministerpräsident dem Reichskanzler in einem Telegramm die «zweifelsfrei» verfassungsmäßig zustande gekommene Regierungsbildung mit und forderte die unverzügliche Abberufung des Reichskommissars. Am nächsten Tag hob Ebert auf Ersuchen Stresemanns die Verordnung vom 29. Oktober auf und beendete damit Heinzes kurzes Regime.[74]

Erich Zeigner blieb nach seiner Entmachtung im Fokus seiner politischen Gegner. Im November 1923 wurde er verhaftet. Vor dem Landgericht Leipzig machte man ihm wegen des Vorwurfs passiver Bestechlichkeit im Amt des sächsischen Justizministers den Prozess und verurteilte ihn zu drei Jahren Gefängnis. Nach seiner Entlassung wurde ihm in einem Disziplinarverfahren das Ruhegehalt gekürzt.[75]

• • • • • • • •

Die rasche Lösung der sächsischen Krise war ganz und gar nicht im Sinne der Militärs. Bereits die Tatsache, dass Ebert den Reichskanzler und nicht den Reichswehrminister als Inhaber der vollziehenden Gewalt zum Vorgehen gegen Sachsen ermächtigt hatte, war für sie eine schwere Enttäuschung gewesen. Noch mehr aber erbitterte sie, dass die Sozialdemokratie wieder die Regierung bestimmte und Heinze bereits nach zwei Tagen das Feld räumen musste, hatten sie doch gehofft, über den Reichskommissar selbst zum entscheidenden Machtfaktor in Sachsen aufsteigen zu können. Die auf Drängen Stresemanns «überhastete Bildung einer neuen Regierung» und ihre Anerkennung durch Berlin verbunden mit der Abberufung Heinzes hätten «geradezu lähmend» gewirkt, meldete General Müller aus Dresden. «Das Rad, das man endlich verheißungsvoll im Vorwärtsrollen glaubte, ist (...) plötzlich wieder angehalten und nicht bloß das, es ist wieder zurückgerollt (…). Der Einsatz der Reichswehr war umsonst, wenn die Regierung Fellisch am Ruder bleibt.»[76]

Der neue sächsische Ministerpräsident legte am 6. November beim Staatsgerichtshof Klage gegen die Reichsexekution in Sachsen ein. Darin wurde festgestellt, dass der Reichspräsident mit seiner auf Artikel 48 gegründeten Verordnung vom 29. Oktober seine Befugnisse überschritten und die Verfassung des Reiches verletzt habe.[77] Ebert bekannte sich zwar zu seiner Verantwortung, wies aber darauf hin, dass für die Handhabung der Ermächtigung nicht er, sondern der Reichskanzler zuständig gewesen war – ein weiterer Beleg dafür, dass er keineswegs alle Maßnahmen Stresemanns gebilligt hatte. Nach langem Hin und Her zog Sachsen 1926 seine Klage zurück.[78]

Bereits in der zeitgenössischen Diskussion wurde die Reichsexekution gegen Sachsen als ein gefährlicher Präzedenzfall bezeichnet. So schrieb Georg Bernhard in der «Vossischen Zeitung»: «Was heute gegen Sachsen geschieht, kann morgen auch gegenüber jedem anderen Lande vorgenommen werden. Man stelle sich einmal vor, welche Folgen es haben müsste, wenn morgen eine deutschnationale Regierung im Reich glaubte, die preußische Regierung absetzen zu müssen (…). Wir können nicht verschweigen, dass uns bei der jetzigen Anwendung der Verfassung ein unbehagliches Gefühl beschleicht.»[79] Der befürchtete Fall sollte tatsächlich im Juli 1932 eintreten, als das Präsidialregime unter Reichskanzler Franz von Papen die geschäftsführende Regierung Preußens unter Ministerpräsident Otto Braun durch einen Staatsstreich ihres Amtes enthob.

Auch die thüringische Landesregierung hatte in einem Schreiben an den Reichskanzler vom 30. Oktober gegen den «verfassungswidrigen Eingriff» in Sachsen «schärfste Verwahrung» eingelegt. Sie befürchtete, dass nun in Thüringen derselbe Mechanismus greifen würde.[80] Tatsächlich blieb dem Land das Schicksal einer förmlichen Reichsexekution erspart. Doch auch hier ließ Geßler am 6. November die Truppen unter dem Kommando General Reinhardts verstärken, angeblich um die Grenze gegen einen Einfall von rechtsradikalen Banden aus Bayern zu schützen, tatsächlich aber, um den Druck auf die Regierung zu erhöhen, sich von den beiden kommunistischen Ministern zu trennen. Am 12. November legten Karl Korsch und Albin Tenner ihre Ämter nieder, Ministerpräsident Frölich blieb Chef eines sozialdemokratischen Minderheitskabinetts.[81] Zu diesem Zeitpunkt war in Berlin die SPD bereits aus der Großen Koalition ausgeschieden.

• • • • • • • •

Wie nicht anders zu erwarten, hatte der brutale Gewaltstreich gegen die Regierung Zeigner unter SPD-Anhängern heftige Reaktionen ausgelöst. «Große Erregung in sozialdemokratischen Kreisen», notierte Stresemann am 30. Oktober in seinen Kalender.[82] Für besondere Empörung sorgte die ungleiche Behandlung von Sachsen und Bayern. Es war ja auch kaum einem Parteimitglied begreiflich zu machen, warum die Reichsregierung mit drakonischer Härte gegen Sachsen vorging, während sie gegenüber den ständigen Provokationen aus München Nachsicht walten ließ.[83] Selbst als sich, wie bereits geschildert, Generalstaatskommissar von Kahr am 20. Oktober offen der Entlassung des Wehrkreisbefehlshabers General von Lossow widersetzte, indem er ihn zum bayerischen Landeskommandanten ernannte und die 7. Reichswehrdivision auf die bayerische Staatsregierung verpflichtete, waren wirkungsvolle Gegenmaßnahmen ausgeblieben.

Am Abend des 29. Oktober hatte Innenminister Sollmann im Kabinett bereits den Rücktritt der sozialdemokratischen Minister angekündigt, die Entscheidung darüber aber in die Hände der sozialdemokratischen Reichstagsfraktion gelegt. Hier lieferten sich am 31. Oktober Gegner und Befürworter einer Fortsetzung der Großen Koalition heftige Wortgefechte. Reichstagspräsident Paul Löbe sah keinen Sinn mehr darin, Regierungspartei zu bleiben, um Schlimmeres zu verhüten, und forderte: «Zurück zum reinen Klassenkampf!» Der preußische Innenminister Severing hatte auch den Fortbestand der Großen Koalition in Preußen im Auge, wenn er seine Parteifreunde warnte: «Denkt an die Folgen!» Am Ende beschloss die Fraktion mit großer Mehrheit, einer Empfehlung Hermann Müllers zu folgen und den bürgerlichen Koalitionspartnern Bedingungen zu stellen, von deren Erfüllung sie ihre weitere Mitarbeit abhängig machen wollte. Im Einzelnen wurde verlangt: 1. Die Aufhebung des militärischen Ausnahmezustands; 2. Eine unzweideutige Erklärung der Reichsregierung, dass sie das Verhalten der bayerischen Machthaber als «Verfassungsbruch» ansehe und dagegen «sofort die gebotenen Schritte» unternehme; 3. Die Beschränkung der Reichswehr in Sachsen auf Hilfsfunktionen der zivilen Behörden und die Entlassung von Angehörigen rechtsradikaler Bestrebungen aus der Truppe.[84]

«Wenn sich auch über den Ausgang der Verhandlungen zwischen Regierung und Sozialdemokratie nichts Bestimmtes voraussagen lässt – man wird guttun, die Aussichten der Aufrechterhaltung der Großen Koalition nicht optimistisch einzuschätzen», prophezeite die «Vossische Zeitung».[85] Tatsächlich deutete in der Kabinettssitzung am 1. November, die wegen einer Erkrankung Stresemanns vom Vormittag auf den Abend hatte verlegt werden müssen, alles auf einen Bruch hin. Innenminister Sollmann erläuterte die SPD-Bedingungen und knüpfte daran die Aufforderung an die bürgerlichen Parteien, sie müssten nun entscheiden, ob sie «den Winter über mit oder ohne Sozialdemokratie regieren wollten». Stresemann bedauerte, dass der Beschluss der SPD-Fraktion sofort veröffentlicht worden sei. Es müsse «unter allen Umständen» der Eindruck vermieden werden, dass das Kabinett «unter marxistischem Druck» stehe. Überhaupt sei es «unmöglich, dass eine Koalitionsregierung ultimative Forderungen irgendeiner Fraktion akzeptiere». Auch aus sachlichen Gründen müsse eine Aufhebung des militärischen Ausnahmezustands unter den gegebenen angespannten innenpolitischen Verhältnissen abgelehnt werden.

Noch schärfer äußerte sich Reichswehrminister Geßler: Im Hinblick auf die Behandlung Bayerns gebe es zwei Wege: der strikt verfassungsmäßige, der aber unweigerlich zum Bruch führe, oder aber der einer Verständigung, der aber nicht gangbar sei, solange die SPD der Reichsregierung angehöre: «Die Sozialdemokratie müsse überlegen, ob sie bei dieser Sachlage aus dem Kabinett ausscheiden wolle. Geschähe dies, so würde Herr von Lossow sofort verschwinden.»[86] Das war deutlich. Unwidersprochen konnte der Inhaber der vollziehenden Gewalt der SPD die Verantwortung für die bayerische Krise zuschieben und ihr faktisch den Stuhl vor die Tür setzen. In der Sache war das, wie Heinrich August Winkler treffend festgestellt hat, «nichts anderes als eine Teilkapitulation vor dem bayerischen Generalstaatskommissar von Kahr und die ihn unterstützenden Kräfte».[87]

In einer separaten Besprechung mit dem Reichskanzler am Vormittag des 2. November sprachen sich alle bürgerlichen Kabinettsmitglieder dafür aus, die Bedingungen der SPD abzulehnen. Selbst Verkehrsminister Oeser von der DDP, der bislang zu den entschiedensten Befürwortern der Großen Koalition gehört hatte, meinte nun, dass «ein dauerndes Zusammenarbeiten mit der Sozialdemokratie» nicht mehr zu erreichen sei: «Wir müssten aber jetzt aus den ewigen Krisen heraus.» Stresemann selbst machte auf die Möglichkeit aufmerksam, dass ein bürgerliches Rumpfkabinett bei der nächsten Sitzung des Reichstags keine Mehrheit bekomme. Daher könne er die Geschäfte nur fortführen, wenn er für diesen Fall die Auflösungsorder des Reichspräsidenten bereithalte.[88]

In der anschließenden Kabinettssitzung teilte der Reichskanzler die Entscheidung der bürgerlichen Minister mit. Damit sei «der Bruch nunmehr unvermeidlich», stellte Innenminister Sollmann fest, während Vizekanzler Schmidt ein Verbleiben im Kabinett noch nicht für «absolut unmöglich» erklärte: «Hierüber müsse aber die Fraktion entscheiden.»[89] Doch über das Votum der SPD-Reichstagsfraktion konnte es keinen Zweifel geben. Am Nachmittag des 2. November beschloss sie gegen nur 19 Stimmen, ihre Minister aus dem Kabinett zurückzuziehen. Um 18 Uhr begaben sich die drei sozialdemokratischen Minister zum Reichskanzler und überreichten ihr Rücktrittsgesuch.[90]

• • • • • • • •

Nach nur zweieinhalb Monaten war die Große Koalition, die mit so großen Erwartungen angetreten war, zerbrochen. Mit ihr endete auch das Ermächtigungsgesetz vom 13. Oktober, das zwar bis zum 31. März 1924 gelten sollte, aber automatisch außer Kraft trat, wenn sich die parteipolitische Zusammensetzung der Regierung änderte. Für den 72-jährigen Hermann Molkenbuhr, langjähriges Mitglied im SPD-Parteivorstand, war der Beschluss der Fraktion eine «Dummheit»: «Denn wir manövrieren uns aus der Regierung heraus und schaffen eine Situation, welche die Reaktionäre in Bayern und in den Kreisen der Junker erstreben und aus eigenen Macht nicht schaffen können.»[91] Aber verlangte Molkenbuhr von der eigenen Partei nicht ein zu hohes Maß an Selbstverleugnung? Wie hätte die SPD in einem Kabinett verbleiben können, dessen bürgerliche Mehrheit es ablehnte, entschiedene Maßnahmen gegen die abtrünnige Kahr-Regierung zu ergreifen, aber nichts dagegen einzuwenden hatte, dass gegen die Linksregierungen in Sachsen und Thüringen mit harter Hand vorgegangen wurde? Dass sich die Sozialdemokratie mit ihrem Ausscheiden aus der Regierung für fast fünf Jahre von der Macht im Reich verabschiedete – dies ahnte wohl zu diesem Zeitpunkt noch kaum einer ihrer Spitzenfunktionäre.

In der linksliberalen Presse wurde der Bruch der Großen Koalition mit großem Bedauern konstatiert. Dabei überwog das Verständnis für die Zwangslage der SPD. Die drei Bedingungen, die sie für ein Verbleiben im Kabinett gestellt hatte, hätten durchaus eine Basis für eine Verständigung abgeben können, wenn sie nicht von den bürgerlichen Mitgliedern des Kabinetts aus Prestigegründen kurzerhand abgelehnt worden wären, meinte Erich Dombrowski im «Berliner Tageblatt». Durch ihr taktisch ungeschicktes Verhalten hätten die Sozialdemokraten aber «all den hell-dunklen Elementen der Rechten und der Halbrechten nunmehr die schon lange erwünschte Gelegenheit gegeben, die ‹Marxisten› aus der Koalition und damit aus der Reichsregierung hinauszudrängen».[92] Auch Georg Bernhard erinnerte in der «Vossischen Zeitung» daran, dass schon das zweite Kabinett Stresemann «unter dem Einfluss großindustrieller Intrigen eine sehr schwere Geburt» gewesen war. Mit dem nun erfolgten Bruch der Großen Koalition habe die «Minierarbeit gegen die Sozialdemokratie» einen weiteren Etappensieg errungen. Letztlich ziele der Angriff der Rechten auf den sozialdemokratischen Reichspräsidenten und auf Stresemann selbst, in denen sie das Haupthindernis für die Aufrichtung eines autoritären Regimes sähen.[93]

Die «Deutsche Allgemeine Zeitung» konnte ihre Genugtuung über den Austritt der SPD aus der Reichsregierung nicht verhehlen. Dieser Schritt sei «unvermeidlich» geworden, denn solange Sozialdemokraten die Reichspolitik bestimmten, sei «nach außen (…) keine entschlossene Haltung und nach innen keine Beruhigung der starken Schichten der Rechten und kein Ausgleich mit Bayern möglich» gewesen, hieß es ganz in Übereinstimmung mit der Position, die der Reichswehrminister im Kabinett vorgetragen hatte. Im Übrigen hätten die fruchtlosen Bemühungen, mit «dieser veralteten und zerfallenden Partei» immer wieder zum Kompromiss zu kommen, ohnehin über kurz oder lang scheitern müssen.[94]

Wie sollte es weitergehen? Die Lage des Rumpfkabinetts war alles andere als beneidenswert, denn es verfügte über keine parlamentarische Mehrheit mehr, und es war unsicher, ob die SPD sich zu einer Politik der Tolerierung würde entschließen können. Wenn die Sozialdemokratie aus dem Kabinett ausscheide, werde «eine wohlwollende Neutralität nicht möglich» sein, hatte Innenminister Sollmann am 1. November angekündigt.[95] Stresemann entschloss sich, das Minderheitskabinett weiter zu führen. Er sei «jederzeit bereit (…), Männern, die in erhöhtem Maße das Vertrauen der Nation besäßen, Platz zu machen», erklärte er am 5. November in der Ministerrunde. In «einer so labilen und ungeklärten Lage wie der gegenwärtigen sei es aber unmöglich, das Amt niederzulegen». Vielmehr sei es seine Pflicht, gemäß der ihm vom Reichspräsidenten übertragenen Aufgabe, «das Ruder in der Hand zu halten».[96]

Von den drei Ministerposten, die jetzt frei geworden waren, besetzte der Kanzler nur das Innenministerium, und zwar, gegen die Bedenken der DDP, mit dem aus dem besetzten Gebiet ausgewiesenen Duisburger Oberbürgermeister Karl Jarres, der dem rechten Flügel der DVP nahestand.[97] Offenbar sollte diese Personalentscheidung beruhigend auf die eigene Partei wirken, denn hier stand Stresemann unter starkem Druck, eine Wendung nach rechts, möglichst unter Einbeziehung der Deutschnationalen Volkspartei, zu vollziehen. Doch den bürgerlichen Ministern hatte Stresemann am 2. November versichert, er denke gar nicht daran, ein «Kabinett mit deutschnationalem Kampfcharakter» zu bilden, wusste er doch nur zu gut, dass weder die DDP noch das Zentrum für eine solche Lösung zu haben waren.[98] So bewegte sich die Politik des Kanzlers auf einem schwankenden Boden, und dies um so mehr, als nun die Pläne für die Errichtung einer Rechtsdiktatur in ein konkretes Stadium traten.

V.

Der Ruf nach der Diktatur

Am Abend des 8. November rief im Münchner Bürgerbräukeller Adolf Hitler den Umsturz aus. Der dilettantische Putschversuch fand schon am nächsten Tag vor der Feldherrnhalle ein blutiges Ende.

. . . .

Mitte September 1923, nur wenige Tage vor Beendigung des passiven Widerstands an der Ruhr, empfing Hugo Stinnes den amerikanischen Botschafter in Berlin, Alanson Houghton, zu einer langen Besprechung. Was der Industriemagnat ihm dabei anvertraute, klang in den Ohren des Botschafters so alarmierend, dass er darüber einige Tage später einen ausführlichen Bericht für Außenminister Hughes anfertigte. «Das Ende ist nahe», begann Stinnes. «Die Ruhr und das Rheinland müssen kapitulieren.» Um einen völligen Zusammenbruch der deutschen Wirtschaft zu verhindern, müsse die Produktion bedeutend gesteigert werden, und das sei nur möglich, wenn wieder «ein normaler Zehn-Stunden-Arbeitstag» eingeführt werde. Da sich die Arbeiterschaft dieser Forderung widersetzte, müsse sie eben dazu gezwungen werden. «Deshalb (...) muss ein Diktator gefunden werden, ausgestattet mit Macht, alles zu tun, was irgendwie nötig ist. So ein Mann muss die Sprache des Volkes reden und selbst bürgerlich sein, und so ein Mann steht bereit.» Wen er dabei im Auge hatte, verriet Stinnes nicht, und als Houghton zu bedenken gab, wie sich wohl Frankreich zur Einsetzung eines Diktators in Deutschland verhalten würde, erwiderte er, dass man «niemand um Erlaubnis» fragen würde.

Der Botschafter machte aus seiner Skepsis keinen Hehl. Er wollte Genaueres wissen, und so entwarf Stinnes folgendes Szenario: Bis Mitte Oktober würden drei bis vier Millionen Menschen arbeitslos sein, und dann würden die Kommunisten versuchen, den bewaffneten Aufstand zu proben. Da sich die Regierung Stresemann als unfähig erweisen würde, mit der Situation fertig zu werden, würde Reichspräsident Ebert entweder eine einzelne Person oder, wenn möglich, ein Direktorium von drei Männern mit diktatorischen Vollmachten ausstatten und ihr oder ihm die gesamte militärische Macht übertragen. «Von da ab wird die parlamentarische Regierung zu Ende sein. Die Kommunisten werden rücksichtslos zerschmettert werden, und wenn sie zum Generalstreik aufrufen, wird dieser ebenfalls mit Gewalt unterdrückt.» Wenn alles nach Plan liefe, so gab Stinnes zu verstehen, könnte die Sache innerhalb von drei Wochen über die Bühne gehen und der Sozialismus wäre danach «als eine politische Daseinsform in Deutschland für immer beseitigt». Seine einzige Befürchtung sei, dass die Rechte zuerst losschlüge, statt den Kommunisten den Vortritt zu lassen. Die Provokation müsse von links ausgehen, weil sich andernfalls «die Außenwelt gegen Deutschland» wendete.

Botschafter Houghton war sich nicht sicher, wie ernst es Stinnes mit seinen Ankündigungen war. Doch er ließ in seinem Bericht keinen Zweifel daran, dass, falls sich die Großindustriellen tatsächlich hinter die rechten Umsturzpläne stellten, eine «ganz entscheidende Krisis im Anzug» wäre.[1]

• • • • • • • •

Der Ruf nach einem «starken Mann», einem Retter aus Not und Elend, war nach dem Zusammenbruch des Kaiserreichs 1918 nie verstummt. Im Gegenteil: In den chaotischen Nachkriegsjahren erscholl er innerhalb der politischen Rechten immer vernehmlicher.[2] Von einem charismatischen Führer erwartete man, dass er Deutschland vom Trauma der Niederlage befreien und zu neuer nationaler Größe führen werde. Im Innern sollte er mit der «Parteienwirtschaft» aufräumen und mit eisernem Besen für Ordnung sorgen. So hieß es im Monatsbericht der Bayerischen Landeswerbezentrale des Reichswehr-Gruppenkommandos 4 von Anfang März 1920: «Immer wieder wird der Ruf laut nach einem Diktator, der mit äußerster Schärfe gegen das Schiebertum, das bis in höchste Kreise reicht, vorgeht (…).»[3]

Im selben Monat, am 13. März, griffen die rechten Republikgegner erstmals nach der Macht in Deutschland. Doch der Kapp-Putsch, hinter dem maßgebliche Kreise der Militärs und des preußischen Adels standen, scheiterte am entschlossenen Widerstand der Arbeiterschaft. Ein Generalstreik, wie man ihn so gewaltig in Deutschland noch nie erlebt hatte, zwang die Verschwörer schon nach wenigen Tagen zur Aufgabe.[4] Auch danach aber wurden immer wieder Umsturzpläne geschmiedet. Dabei gingen die Vorstellungen im Lager der antidemokratischen Rechten auseinander. Während sich die Anhänger der Monarchie eine Rückkehr zum autoritären System des Kaiserreichs erträumten, sahen die Vertreter völkischer Gruppierungen in einer ethnisch homogenen «Volksgemeinschaft» unter straffer diktatorischer Führung das erstrebenswerte Ziel.

Einen starken Rückhalt fanden solche Bestrebungen im Alldeutschen Verband, bereits im wilhelminischen Deutschland die Speerspitze des Radikalnationalismus. Unter ihrem Vorsitzenden Heinrich Claß wurde die Forderung nach Überwindung der parlamentarischen Demokratie und Errichtung einer «nationalen Diktatur» Anfang der zwanziger Jahre zur maßgebenden programmatischen Leitlinie.[5] Ein starkes Hindernis für die Verwirklichung ihrer Ziele erblickte sowohl die monarchische als auch die völkische Rechte in der Person des sozialdemokratischen Reichspräsidenten Friedrich Ebert. Nachdem der Reichstag im Oktober 1922 eine Verlängerung seiner Amtszeit bis Juni 1925 beschlossen und damit die eigentlich von der Verfassung vorgesehene Volkswahl aufgeschoben hatte, empörte sich Forstrat Escherich in einem Brief an Hugo Stinnes darüber, dass auf diese Weise «eine Verschiebung der Machtverhältnisse nach der nationalen Seite hin» verhindert worden sei. An die Stelle eines «sozialdemokratisch und massendemagogisch gebundenen Präsidenten» müsste ein «Repräsentant des Reiches» treten, der «durch seine Persönlichkeit alle nationalen Energien zu wecken in der Lage» sei. Dass damit eine Führergestalt gemeint war, die sich von allem «unfähigen Parlamentariertum» freimachen sollte – das stand für Escherich außer Frage.[6]

• • • • • • • •

Mit der sich krisenhaft zuspitzenden Lage seit dem Frühjahr 1923 erhielt die Sehnsucht nach einem nationalen Messias noch einmal einen kräftigen Schub. Der nationalkonservative Münchner Historiker Karl Alexander von Müller, zu dessen regelmäßigen Hörern frühe Nationalsozialisten wie Rudolf Heß und Hermann Göring gehörten, erinnerte sich, dass damals auch in akademischen Kreisen immer wieder von der «Notwendigkeit einer Diktatur» als einzige Rettung gesprochen worden sei. Es habe wohl zum Erbe der Bismarckzeit gehört, «dass sehr viele, gefühlsmäßig vielleicht die meisten Deutschen das Heil von einem großen Einzelnen erwarteten».[7] Das Beispiel Italiens, wo Benito Mussolini Ende Oktober 1922 durch einen Staatsstreich die Macht ergriffen hatte, beflügelte die Phantasien der Republikverächter. So beobachtete der Verlegersohn Ernst Hanfstaengl, ein früher Wegbegleiter Hitlers, unter dem bürgerlichen Publikum im Münchner Hofgarten «eine gewisse aggressive Bewunderung für die Vorgänge südlich der Alpen, für den Elan der faschistischen Bewegung, für Mussolini und das neue Italien», und er registrierte Äußerungen wie: «Ja, ja, so jemand bräuchten wir an der Spitze – einen Renaissance-Menschen u(nd) Machtpolitiker, einen Menschen ohne Hemmungen.»[8]

In einem Artikel des Zentrumsblatts «Germania» von Ende Juli 1923, der das Ende der Regierung Cuno einläutete, war davon die Rede, man höre «fast aus allen Kreisen, selbst aus linksstehenden, den Ruf nach einer Diktatur oder nach Einsetzung eines Wohlfahrtsausschusses, dem die Vollmacht zu diktatorischen Maßnahmen gegeben werden müsse».[9] Mitte August 1923 veröffentlichte das linksliberale «Tage-Buch» einen Artikel des italienischen Historikers Guglielmo Ferrero, den dieser unter dem Titel «Auf der Suche nach einem Diktator» in der Mailänder Zeitung «Il Secolo» veröffentlicht hatte, bevor diese von den Faschisten übernommen wurde. Darin hieß es: «Unter den heutigen Bedingungen bedeutet das Streben nach der Diktatur, das jetzt unter Gebildeten und Ungebildeten so verbreitet ist, eine romantische Form der Mutlosigkeit und nichts anderes. Viele suchen nach einem Diktator, weil sie hoffen, dass er wisse, was alle nicht wissen – dass er finde, was alle vergeblich suchen, das Heilmittel zur Beendigung der Krankheiten, an denen die Welt leidet.» Die Redaktion des «Tage-Buchs» versah die Veröffentlichung mit der Vorbemerkung, es sei wichtig, die Meinung des «größten lebenden Geschichtsforschers» kennen zu lernen, «da zur Zeit auch bei uns das Thema ‹Diktatur› allenthalben erörtert wird».[10]

In den Chor der Befürworter einer Diktatur stimmte der Stoßtruppführer und hochdekorierte Weltkriegsoffizier Ernst Jünger ein. In seinem ersten politischen Artikel nach seinem Ausscheiden aus der Reichswehr schrieb er in der Unterhaltungsbeilage des «Völkischen Beobachters», des Parteiblatts der NSDAP, am 23. September 1923: «Die echte Revolution hat noch gar nicht stattgefunden, sie marschiert unaufhaltsam heran. Sie ist keine Reaktion, sondern eine wirkliche Revolution mit all ihren Kennzeichen und Äußerungen, ihre Idee ist die völkische, zu bisher nicht gekannter Schärfe geschliffen, ihr Banner das Hakenkreuz, ihre Ausdrucksform die Konzentration des Willens in einem einzigen Punkt – die Diktatur!»[11]

In seinem im Herbst 1923 veröffentlichten Buch «Das dritte Reich» denunzierte Arthur Moeller van den Bruck, einer der rechten Intellektuellen, die unter der Bezeichnung «Konservative Revolutionäre» zusammengefasst werden, die liberale parlamentarische Demokratie Weimars als ein vom Westen aufgezwungenes, der deutschen politischen Tradition wesensfremdes System. Als Gegenentwurf skizzierte er die Konturen einer neuen Ordnung, die sich von der als lähmend empfundenen Parteienherrschaft freimachen und den alten Traum vom Reich mit dem völkischen Führerprinzip verbinden sollte: «Wir brauchen (...) volkliche Führer, die wir (...) gar nicht erst zu fragen brauchen, welcher Partei sie angehören, weil ihre Partei von vornherein Deutschland ist.»[12] Das Schlagwort vom «Dritten Reich» sollte von den Nationalsozialisten aufgegriffen werden und eine große propagandistische Wirkung entfalten.

Selbst aus dem Munde höchster Repräsentanten der Republik waren im August und September 1923 Stimmen zu vernehmen, die eine diktatorische Form der Krisenlösung als letztes Auskunftsmittel nicht mehr ganz ausschlossen. So erklärte Innenminister Sollmann in der Kabinettssitzung vom 23. August, «eine gewisse Diktatur» werde sich «unter Umständen» nicht vermeiden lassen, wenn die Regierung Stresemann scheitere. Und Ende September, als die Große Koalition zum ersten Mal auf dem Spiel stand, sprach er sich angesichts der bedrohlichen Lage für eine zeitweilige Abkehr von den Spielregeln der parlamentarischen Demokratie aus: «Die Sturmzeichen von rechts und links nähmen ständig zu (...). Dass diktatorische Maßnahmen nötig seien, werde allgemein empfunden. Für diese müsse aber eine Form gesucht werden, die nicht neue schwere Erschütterungen herbeiführe.»[13] Dabei dachte der Innenminister offenbar an eine vom Reichspräsidenten abgestützte und mit dem Artikel 48 operierende Notstandsregierung, die sich vorübergehend vom Reichstag unabhängig machen sollte, nicht aber an eine völlige Entmachtung des Parlaments und die dauerhafte Errichtung eines autoritären Regimes, wie sie den Republikgegnern vorschwebten.

• • • • • • • •

Die Hoffnungen der bürgerlichen Rechten, der Wirtschaft und der Reichswehr richteten sich vor allem auf einen Mann: den Chef der Heeresleitung, Hans von Seeckt. Er schien am ehesten in der Lage, die Ausnahmesituation zu meistern. Seit Mitte September 1923, als der Abbruch des passiven Widerstands an der Ruhr unmittelbar bevorstand, wurde der General von vielen Seiten bestürmt, seine Zurückhaltung aufzugeben und eine führende politische Rolle zu spielen. Den Anfang machte der Reichslandbund, die mächtige Lobbyorganisation der ostelbischen Großagrarier. Am 19. und 20. September sprachen führende Vertreter, darunter der Präsident Gustav Roesicke sowie die Vorstandsmitglieder Hans Bogislaw Graf Schwerin-Löwitz und Hans von Goldacker, bei Seeckt vor und bedrängten ihn, alle Machtmittel der Reichswehr einzusetzen, um «jeglichen sozialdemokratischen Einfluss auf die Regierung» zu beseitigen. Als Gegenleistung erklärten sie sich bereit, dem General «im Falle einer Diktatur Lebensmittel im großen Umfang zur Verfügung zu stellen».[14]

Am 23. September machten die Abgesandten der Deutschnationalen Volkspartei, Oskar Hergt und Graf Cuno Westarp, Seeckt ihre Aufwartung und erklärten, sie wünschten ihn in der Rolle eines «Militärkanzlers», da sie zu Stresemann kein Vertrauen besäßen. Auf die Avancen reagierte der General zurückhaltend. Seine Vertrauten im Reichswehrministerium, insbesondere der Chef des Truppenamtes, Generalmajor Otto Hasse, hatten ihm eindringlich geraten, als künftiger Diktator sich «nicht von den Wünschen einzelner Parteien abhängig zu machen». Die Deutschnationalen wollten ihn nur benutzen, «um selbst an die Futterkrippe zu kommen».[15]

Auch von den nationalistischen Verbänden wurde Seeckt umworben. Am 24. September suchte ihn Justizrat Claß auf. Der Vorsitzende des Alldeutschen Verbandes hatte den General bereits bei zwei Treffen im Februar und Frühsommer 1923 für den Gedanken einer Militärdiktatur erwärmen wollen und dabei den Eindruck gewonnen, dass sein Gesprächspartner nicht abgeneigt sei. Doch die neuerliche Unterredung war für Claß eine Enttäuschung. Denn Seeckt ließ keinen Zweifel daran, dass er einem gewaltsamen Umsturzversuch, gleich ob von links oder rechts, mit allen Mitteln entgegentreten werde. Von nun an wurde Seeckt in Kreisen der Alldeutschen bezichtigt, ein «Schildhalter Eberts» zu sein, der durch sein Beharren auf Legalität die notwendigen Schritte zur Etablierung einer «nationalen Diktatur» blockiere.[16]

Eine Abfuhr holte sich in diesen Tagen auch Oswald Spengler. Der Münchner Schriftsteller, der durch sein Hauptwerk «Der Untergang des Abendlandes» von 1918 in rechtsnationalen und völkischen Kreisen populär geworden war, stand in engem Gedankenaustausch mit dem Großindustriellen Paul Reusch, und wie dieser befürwortete er eine Abkehr von der parlamentarischen Demokratie und eine autoritäre Krisenlösung. Auf Vermitt-

Einer der Männer, bei denen im Herbst 1923 die Fäden zusammenliefen, war der Chef der Heeresleitung Reichswehrgeneral Hans von Seeckt (hier im Gespräch mit Reichswehrminister Otto Geßler). Er sympathisierte zwar mit den Republikgegnern, war aber nicht zum offenen Verfassungsbruch bereit.

lung von Reusch erhielt der Bestsellerautor Zutritt bei Seeckt. Doch auch diese Unterredung nahm einen enttäuschenden Verlauf. Hinterher bezeichnete Spengler den Chef der Reichswehr als einen «ausgesprochenen Opportunisten», und Seeckt schrieb an seine Frau, er wollte, Spengler «wäre mit dem Abendland untergegangen – ein politischer Narr».[17]

Am 25. September empfing Seeckt Friedrich Minoux, den Generaldirektor der Abteilung Berlin des Stinnes-Konzerns. Der enge Mitarbeiter des Firmenchefs war für den Chef der Heeresleitung kein Unbekannter. Im

Februar 1923 hatte er sich in dessen Villa in Berlin-Wannsee mit Ex-General Erich Ludendorff getroffen, dem heimlichen Diktator Deutschlands in den letzten beiden Jahren des Weltkriegs. Im August war Minoux mit einem eigenen Plan zur Währungsreform hervorgetreten. Nun erläuterte er Seeckt sein Programm, das, wie Generalmajor Hasse festhielt, «auf allen Gebieten riesengroß» sei und Deutschland «in seiner ganzen inneren Struktur verändern» würde: «Seeckt ist ganz benommen von dem gewaltigen Eindruck dieser Persönlichkeit.»[18]

Die Vorstellungen des Stinnes-Managers fanden Eingang in zwei programmatische Aufzeichnungen, die Seeckt Ende September 1923 verfasste, um für den Fall der plötzlichen Berufung einer neuen Regierung unter seiner Führung vorbereitet zu sein. Beide Stücke – das eine tituliert als «Regierungsprogramm», das andere als «Regierungserklärung» – waren inhaltlich weitgehend identisch. Im Entwurf der Regierungserklärung hieß es: «In ernster und schweren Stunde ist ein Soldat an die Spitze der Regierung berufen, und als Soldat im Dienst der Regierung bin ich dem Ruf gefolgt.» Im einleitenden Abschnitt wurde das unter seiner Ägide zustande gekommene Kabinett als «eine Regierung des Ausnahmezustands und des Übergangs» beschrieben, deren Hauptaufgabe es sei, «die Einheit des Reiches nach außen und innen zu erhalten und zu festigen».

In der Außenpolitik sprach sich Seeckt für eine Einhaltung des Versailler Vertrages aus, «bis eine neue außenpolitische Konstellation (eine) Änderung erlaubt». Eine «Reparationspflicht» erkannte er zwar grundsätzlich an, doch lehnte er «jede neue Verpflichtung über die Grenzen des Versailler Vertrags» hinaus strikt ab. Der eingeleiteten geheimen Zusammenarbeit der Reichswehr mit der Roten Armee trug der General Rechnung, indem er für einen verstärkten Ausbau der wirtschaftlichen, politischen und militärischen Beziehungen zu Russland eintrat.

Für die Innenpolitik sollte folgender Grundsatz gelten: «Niederwerfung aller gegen den Bestand des Reiches und gegen die ordnungsmäßige Reichs- und Staatsautorität gerichteten Bestrebungen durch Anwendung der Machtmittel des Reiches.» Wie schon in den Gesprächen mit Claß und Spengler wandte sich Seeckt gegen «alle Bestrebungen, welche auf einen Staatsstreich abzielen». Eine grundlegende Änderung der Verfassung lehnte der Chef der Heeresleitung zwar nicht rundweg ab, doch sollte sie «bis zu (einer) ruhigeren Stunde» aufgeschoben werden.

Das Wirtschaftsprogramm kam den Wünschen der Großindustrie weit entgegen: «Entschlossene Absage an alle marxistischen Theorien und Maßnahmen, insbesondere Aufgabe aller Sozialisierungsbestrebungen.» Die Gewerkschaften sollten durch Berufskammern ersetzt, das Streikrecht jedoch beibehalten werden. Zur heiß umstrittenen Frage der Arbeitszeit blieb das Programm hinter der Maximalforderung von Stinnes zurück: «Aufhebung des schablonenmäßigen achtstündigen Arbeitstages, der als Grundlage der Arbeitsleistung bestehen bleibt, aber nach Art der Arbeit nach oben und unten zu modifizieren ist.»[19]

Offensichtlich schwebte Seeckt ein Drei-Männer-Direktorium vor, wie es Stinnes bereits in der Unterredung mit dem amerikanischen Botschafter Houghton ins Spiel gebracht hatte. Neben ihm als Spiritus rector galten als aussichtsreichste Kandidaten Friedrich Minoux und der deutsche Botschafter in Washington, Otto Wiedfeldt. Mit ihnen führte Seeckt Ende September und Anfang Oktober 1923 mehrere Gespräche über die Krise des Kabinetts Stresemann und eine neue Ausrichtung der Regierung.[20] Da jedoch der Reichskanzler nach seiner Demission am 3. Oktober von Ebert erneut mit der Regierungsbildung beauftragt wurde und die Große Koalition ihre Geschäfte weiterführen konnte, kamen Seeckts Pläne nicht zum Zuge. Doch blieb der General in den Augen vieler ein Hoffnungsträger. «Innere Lage ganz verworren», notierte Generalmajor Hasse. «Die Anschauung, dass nur ein starker Mann, ein Soldat helfen kann, gewinnt auch im Reichstag an Boden. Seeckt wird allgemein genannt.»[21]

In die angespannte Lage platzte die Nachricht von einem rechten Putsch. Am 1. Oktober hatte ein Major a. D., Ernst Buchrucker, den Versuch unternommen, sich mit einem 500 Mann starken Marschbataillon in den Besitz der alten preußischen Festung Küstrin an der Oder zu bringen, um das Signal für einen reichsweiten Aufstand zu setzen. Die Rebellion wurde von der Reichswehr rasch niedergeschlagen. Den Strategen eines Umsturzes von rechts kam sie äußerst ungelegen, sollten doch nach ihren Plänen die Kommunisten zuerst losschlagen, um ihrem Unternehmen eine Scheinlegitimation zu verschaffen. «Jedenfalls beleuchtet der unerhörte Vorgang die innenpolitischen Gefahren und den Ernst der Situation und macht ein für alle Mal dem heuchlerischen Bestreben der Deutschvölkischen und Deutschnationalen ein Ende, von denen die Gefahr des Rechtsputsches immer als Hirngespinst hingestellt worden ist», merkte das «Berliner Tageblatt» an.[22] Es werde «eifrig Stimmung gemacht für ein ‹Direktorium› auf schmalster Grundlage, das heißt: auf der Grundlage der Bajonette», warnte Carl von Ossietzky am 5. Oktober in der «Berliner Volks-Zeitung». Es gehe jetzt um die «große Entscheidung»: «Auf der einen Seite Parlamentarismus, Demokratie, Staat von Volkes Gewalt und Willen – auf der anderen Seite Diktatur, Fascismus, Mussolini-Kopie, Willkür.»[23]

• • • • • • • •

Am weitesten gediehen waren die Pläne für die Errichtung einer «nationalen Diktatur» in Bayern. Hier waren es vor allem die Nationalsozialisten, denen die katastrophale wirtschaftliche Lage zugutekam. «Während sonst politische Versammlungen angesichts der enormen Eintritts- und Bierpreise nur mäßig besucht sind, weisen die nationalsozialistischen Massenversammlungen stets gefüllte Lokale auf», berichtete die Polizeidirektion München Anfang September 1923.[24] In Scharen strömten die Menschen der NSDAP zu. Zwischen Januar und November 1923 verzeichnete die Partei 47 000 Neuaufnahmen, so dass sich ihre Gesamtzahl auf 55 000 erhöhte.

Hauptattraktion war der Parteivorsitzende Adolf Hitler, der im Juli 1921 seinen Führungsanspruch mit brachialen Mitteln gegen alle Mitkonkurrenten durchgesetzt hatte. Er war es, der mit seinen hasserfüllten Tiraden gegen die «Novemberverbrecher», den «Schandfrieden» von Versailles und das internationale «jüdische Leih- und Börsenkapital» Woche für Woche die großen Versammlungssäle füllte. Wie kein Zweiter verstand er es, die Emotionen seiner Zuhörer in Schwingungen zu versetzen, wie kein Anderer spielte er auf der Klaviatur ihrer Ängste und Ressentiments. «Dass, wenn Hitler spricht, von den großen Sälen Münchens kein einziger, ja nicht einmal der Zirkus (Krone) dem Andrang zu genügen vermag, dass jedes Mal Tausende, die keinen Einlass mehr fanden, abziehen müssen, gilt heute schon als selbstverständlich», berichtete die «Kölnische Volkszeitung» Anfang November 1922.[25]

Stefan Großmann, der Herausgeber des «Tage-Blatts», zählte zu den wenigen Journalisten, die früh davor warnten, die von Hitler ausgehende Gefahr zu unterschätzen. Bei aller Ablehnung des Münchner Demagogen sei es doch «töricht», dessen «unzweifelhafte Talente» zu leugnen, vor allem seine rednerische Begabung: «Im Zirkus, in dem er neuerdings mit Vorliebe spricht, beherrscht er den Riesenraum, er hat ein aus dem Innern kommendes nationales Pathos, reißt die Leute mit, weiß genau, wann die Münchener den

Ernst satt haben, wann er in bayerisch-oberösterreichischem Dialekt reden muss, und wann er, letztes Hilfsmittel, humoristisch jüdeln muss.»[26]

Eine Münchnerin, die eine dieser überfüllten Versammlungen erlebte, schrieb an Hitler, er habe sich «so erwärmt und mit solcher Hingabe für die Sache gesprochen», dass seine Rede «an keinem eindruckslos abgleiten konnte». Es seien diese Stunden «eine wunderbare Erhebung» gewesen, die sie «an die Tage des Auszugs unserer Truppen aus Berlin im August 14» erinnert hätten. Die Tochter fügte dem «mit deutschem Gruß» hinzu: «Die deutsche Jugend erinnert sich noch an die Tradition ihrer Väter u(nd) wird dies in der Stunde der Tat beweisen.»[27]

Je rauschhafter die Begeisterung war, die Hitler zu entfesseln vermochte, desto selbstsicherer wurde er, und desto mehr war er überzeugt, für eine besondere historische Mission auserwählt zu sein. Hatte er sich in den ersten Jahren seiner unheilvollen Karriere noch als «Trommler» gesehen, dessen Aufgabe darin bestand, einem künftigen Diktator das Feld zu bereiten, so gefiel er sich zunehmend selbst in der Rolle eines «Führers» und «Retters», dazu bestimmt, Deutschland aus «Schmach und Not» zu befreien und zu neuer «Weltgeltung» zu führen. «Wie brauchen einen starken Mann, und den werden die Nationalsozialisten bringen», erklärte er Anfang Dezember 1922.[28]

• • • • • • • •

Zu diesem Wandel seines Selbstverständnisses trugen auch die Huldigungen bei, die ihm von seiner Entourage entgegengebracht wurden. Unter dem Eindruck von Mussolinis «Marsch auf Rom» hatten einige seiner engsten Gefolgsleute begonnen, ein Bild des «Führers» zu propagieren, das sich am Vorbild des italienischen «Duce» orientierte. «Was eine Schar beherzter Männer in Italien gekonnt hat», rief Hermann Esser Anfang November 1922 im Löwenbräukeller aus, «das können wir in Bayern auch. Den Mussolini Italiens haben auch wir. Er heißt Adolf Hitler.»[29]

Im Herbst 1922 hatte die Münchner Universität einen Preis ausgeschrieben für den besten Aufsatz zum Thema: «Wie wird der Mann beschaffen sein, der Deutschland wieder zur Höhe führt?» Als Sieger aus dem Wettbewerb ging der Student Rudolf Heß hervor, einer von Hitlers Parteigängern der ersten Stunde. In seinem Porträt zeichnete er das Bild eines Diktators, der über «die Macht der hinreißenden Rede» verfüge und als kommender

Messias schon von Millionen sehnsüchtig erwartet werde. Dass er dabei keinen anderen als Hitler selbst im Blick hatte, vertraute Heß einem Brief an Karl Alexander von Müller an: Ihm habe «in vieler Beziehung» das Bild vor Augen gestanden, das er sich von Hitler «nach zweieinhalbjährigem, teilweise täglichem Zusammensein» gemacht habe. Und er bekräftigte: Um die «geistige Erneuerung» und «sittliche Gesundung» des deutschen Volkes einzuleiten, müsse «ein Mann an der Spitze sein, der den Willen und die Macht hat, die entsprechenden Maßnahmen durchzuführen».[30]

Einen ersten Höhepunkt erreichte der Führerkult anlässlich von Hitlers 34. Geburtstag am 20. April 1923. Der «Völkische Beobachter» machte unter der Balkenüberschrift «Deutschlands Führer» mit einem Gedicht des völkischen Publizisten und frühen Mentors Hitlers, Dietrich Eckart, auf: «Fünf Jahre Not, wie noch kein Volk sie erlitt! / Fünf Jahre Kot, Gebirge der Gemeinheit! / Vernichtet, was an stolzer Glut und Reinheit, / Was uns an Größe Bismarck einst erstritt!» Doch stand nach Eckarts Verheißung der Erlöser bereit: «Die Herzen auf! Wer sehen will, der sieht! / Die Kraft ist da, vor der die Nacht entflieht!»[31] In derselben Ausgabe pries Alfred Rosenberg, der Eckart im März 1923 als Schriftleiter des «Völkischen Beobachters» abgelöst hatte, Hitlers Wirken: Scharen Verzweifelter, die sich nach einem «Führer des deutschen Volkes» sehnten, blickten «immer erwartungsvoller auf den Mann in München». «Wir können schon heute sagen, dass der Name Hitler nicht nur für uns mystischen Klang angenommen hat. Unter diesem Namen wird das deutsche Volk einmal geschieden werden in Spreu und Weizen.»[32]

Die eigentümliche Wechselwirkung zwischen Hitlers Selbstverständnis als nationaler Heilsbringer und den messianischen Hoffnungen und Erwartungen, die seine Anhänger auf ihn projizierten, spiegelte sich auch in den zahlreichen Glückwunschschreiben, die Hitler zugingen. So hieß es in dem Brief eines Postsekretärs aus Breslau: «Sie sind für uns der Träger der Morgenröte und der einzige Hoffnungsstrahl im Jammer der Gegenwart. Die Augen aller gepeinigter Deutschen richten sich heute auf Ihre Führergestalt.»[33]

In die Schlange der Gratulanten reihte sich auch ein ehemaliger Kriegskamerad aus dem List-Regiment ein. Er schickte Hitler einige Fotos aus gemeinsamen Kriegstagen und schloss daran die Bemerkung: «Mein lieber Hitler, wer Gelegenheit hatte, Dich seit der Gründung der Bewegung bis heute zu verfolgen, kann sich einer Verehrung Deiner Person nicht verschließen (...). Du hast geleistet, was wohl kein zweiter deutscher Mann hatte leisten können, und wir Frontkameraden stehen zur Verfügung nach Deinem Willen.»[34]

• • • • • • • •

Trotz zahlreicher Provokationen übte die bayerische Staatsregierung eine bemerkenswerte Nachsicht gegenüber dem Treiben der Nationalsozialisten. «Der Faszismus, der in München ‹Nationalsozialistische Arbeiterpartei› heißt, blüht, wächst und gedeiht unter dem Schutze der Obrigkeit», kritisierte «Die Weltbühne».[35] Offensichtlich befürchtete man, an Rückhalt in der Bevölkerung zu verlieren, wenn man entschieden gegen Hitler vorging, der sich wachsender Popularität in konservativen Kreisen erfreute.[36] Die Folge war, dass seine Anhänger weitgehend ungehindert die öffentlichen Räume in München besetzen und immer dreister auftreten konnten. Ihre Aktionen richteten sich nicht nur gegen die politische Linke, sondern zunehmend auch gegen die Juden in der Landeshauptstadt. Jüdische Passanten wurden auf offener Straße angepöbelt und auch tätlich angegriffen, jüdische Geschäftsleute bedroht.[37]

Aber selbst Münchner, die mit der Hitler-Bewegung sympathisierten, bekamen gelegentlich die Gewaltbereitschaft der jungen SA-Männer zu spüren. Einer von diesen Gewalttätern zwang im Mai 1923 einen Buchhändler in der Brienner Straße, einen ihm nicht genehmen Buchtitel aus dem Schaufenster zu nehmen. Der Besitzer des Ladens beschwerte sich daraufhin in einem erbosten Brief an den Parteiführer über die «Lausbuben-Diktatur». Als ein Mann von «alter germanischer Abstammung», der noch mit 42 Jahren als Kriegsfreiwilliger ins Feld gezogen sei, nehme er sich das Recht, Hitler darauf aufmerksam zu machen, dass ein Teil seiner jugendlichen Anhänger durch ihr unverschämtes Betragen dabei sei, «die Ihnen entgegengebrachten Sympathien in das Gegenteil zu verkehren».[38]

Im Anschluss an eine Hitler-Versammlung im Zirkus Krone Ende April 1923 wurde eine ältere Dame, die sich während der Rede Notizen gemacht hatte, von mehreren jugendlichen Saalordnern umringt, in einen Raum abgeführt und einer entwürdigenden Leibesvisitation unterzogen. Ihre Begleiterin, eine praktische Ärztin, empörte sich in einem Schreiben an den «sehr geehrten Herrn Hitler»: «Was uns da begegnet ist, das ist der nackte Terror, schlimmer, als er zu Eisners Zeit gewesen ist. Wenn das Geist ist von Ihrem

Geist, dann sind Sie nicht berufen, Deutschland die letzte Rettung zu bringen, sondern den Todesstoß.»[39]

Im Klima antisemitischer Hetze und Gewalt fühlten sich nicht wenige Menschen in Bayerns Hauptstadt berufen, mit eigenen Ideen und Initiativen vorzupreschen, um den vermeintlichen Willen des «Führers» zu erfüllen. So wandte sich ein Kaufmann im Mai 1923 mit der Anregung an Hitler, «unauffällig praktisch gegen das Judentum vorzugehen, indem man die vaterländisch gesinnte Bevölkerung veranlasst, weder von Judenfirmen etwas zu kaufen noch an sie zu verkaufen». Da es nicht in allen Fällen möglich sei, jüdische von «deutschvölkischen» Firmen zu unterscheiden, schlug er vor, ein «arisches Adressbuch» herauszubringen.[40]

Auch Denunziationen waren an der Tagesordnung. Ein Anonymus, der sich als ein «treuer Anhänger» der Nationalsozialisten ausgab, forderte dazu auf, gegen die Gebrüder Goldschmidt und gegen einen Herrn Rosenzweig, den Inhaber eines Lederwarengeschäfts, vorzugehen, da sie «in unerhörtester Weise gegen die Hitlersache hetzen». «Da ich nicht mit Sicherheit feststellen kann, ob diese Zuschrift direkt in Ihre Hände gelangt», schrieb der Denunziant an Hitler, «vermeide ich es, meinen Namen und Stand darunter zu setzen. Sie dürfen aber versichert sein, dass ich obige Angaben nach bestem Wissen und Gewissen gemacht habe, im Gedanken daran, Ihrem großen vaterländischen Werk auch kleine Wühler fernzuhalten.»[41]

• • • • • • • •

Im Frühjahr und Sommer 1923 war die politische Atmosphäre Münchens erfüllt von Putschgerüchten. In seinen öffentlichen Auftritten heizte Hitler die Stimmung an. «Was Deutschland retten kann, ist die Diktatur des nationalen Willens und der nationalen Entschlossenheit (…)», verkündete er Anfang Mai im Zirkus Krone. «Unsere Aufgabe ist es, dem Diktator, wenn er kommt, ein Volk zu geben, das reif ist für ihn! Deutsches Volk, wach auf! Es nahet der Tag!»[42] «Das Unheil wird von Tag zu Tag größer», erklärte er einen Monat später am selben Ort. «Das Volk wünscht heute keine Minister mehr, sondern Führer. Es hat keine Sehnsucht nach Parlamentariern, sondern nach Menschen, die bereit sind, sich an die Spitze der Befreiung zu setzen.»[43] Dass er selbst dazu bereit war, daran ließ Hitler keinen Zweifel. «Als Führer der nationalsozialistischen Partei erblicke ich meine Aufgabe in der Übernahme der Verantwortung», ließ er Anfang Juli in einer Rede in der Augsburger

Sängerhalle verlauten.[44] Am 21. August, wenige Tage nach dem Ende der Regierung Cuno und der Bildung der Großen Koalition unter Stresemann, rief er im Zirkus Krone unter großem Beifall aus: «Wir wollen die Diktatur! (...) Wir kommen der Stunde der Entscheidung immer näher!»[45] Einer der begeisterten Zuhörer schrieb Hitler anschließend: «Jetzt gilt es, die Massen im Fluss zu halten, denn die Entscheidung in der einen oder anderen Weise kann nicht mehr lange auf sich warten lassen.»[46]

Ende August 1923 reiste Hitler in Begleitung eines frühen Förderers, des bei den Siemens-Werken in Berlin tätigen Chemikers Emil Gansser, in die Schweiz. Zweck der Reise war, unter den deutschfreundlichen Kreisen im Alpenland neue Geldquellen für die in akute Finanznot geratene NSDAP zu erschließen. Die Exkursion erwies sich als großer Erfolg: Rund 30 000 Schweizer Franken soll Hitler eingeworben haben – eine in Zeiten der deutschen Hyperinflation riesige Summe. In der Zürcher Villa der mit den Nationalsozialisten sympathisierenden Familie des Generals Ulrich Wille hielt Hitler am 30. August vor einem kleinen Kreis ausgewählter Gäste einen Vortrag, in dem er mit ungewöhnlicher Offenheit darlegte, wie er sich den kommenden Umsturz vorstellte. «Die Lage in Deutschland treibt unwiderstehlich der Katastrophe entgegen», hob er an. Stresemann werde sich nicht so lange halten können wie Cuno, er werde schon an der «Ernährungsfrage» scheitern. Denn die Bauern würden ihre Erzeugnisse nicht mehr für die wertlos gewordene Papiermark abgeben. In den großen Städten würden Hungerunruhen ausbrechen, gegen welche die Regierung machtlos sein werde. Diese Situation würden die Kommunisten ausnutzen, um eine zweite Revolution ins Werk zu setzen, und der Erfolg in Norddeutschland sei ihnen «so gut wie sicher». Das aber würde Bayern auf den Plan rufen, wo eine beachtliche Streitmacht von 20 000 Mann bereitstünde, um nach Berlin zu marschieren, die «bolschewistische Gefahr» zu beseitigen und eine «Diktatur von rechts» zu etablieren. Wie Stinnes dachte also auch Hitler noch daran, dass ein kommunistischer Aufstandsversuch dem eigenen Griff nach der Macht vorausgehen müsse. Und wie der Industrielle und dessen Anhang war auch er davon überzeugt, dass auf parlamentarischem Wege keine «Gesundung Deutschlands» möglich sei. «Eine solche Umwälzung kann nie von einer parlamentarischen Regierung durchgeführt werden, sondern nur von einem Diktator, der sich auf eine entschlossene, wenn auch kleine Minderheit stützt.»[47] Eine Angehörige der Familie Wille, die an der

Veranstaltung teilnahm, notierte anschließend in ihr Tagebuch: «Hittler (sic!) äußerst sympathisch. Der ganze Mensch bebt, wenn er spricht. Er spricht wunderbar.»[48]

• • • • • • • •

Im September 1923 verschärfte sich die Krisenstimmung. «Der Druck der wirtschaftlichen Not nimmt täglich zu. Er wirkt zurück auf die Stimmung der Massen, die täglich reizbarer und geneigter werden, den Kampf aller gegen alle auszutragen», meldete der Regierungspräsident von Oberbayern.[49] Am 1. und 2. September kam die gesamte bayerische Rechte zu einem «Deutschen Tag» in Nürnberg zusammen. Es war eine Demonstration der Stärke. Der Vorbeimarsch der Vaterländischen Verbände, der Kriegervereine und Offiziersbünde dauerte zwei Stunden. «Die Straßenzüge waren in ein Meer von schwarzweißroten und weißblauen Farben gehüllt, brausende Heilrufe (…) umtosten Ehrengäste und Zug», hieß es in einem Bericht des örtlichen Polizeiamts. «Es war wie ein Aufschrei hunderttausender Verzagter, Verschüchterter, Getretener, Verzweifelter, denen sich ein Hoffnungsstrahl auf Befreiung aus Knechtschaft und Not offenbarte. Viele Männer und Frauen standen und weinten, überwältigt von seelischer Erregung.»[50]

In Nürnberg kam es zum Schulterschluss zwischen Hitler und Ludendorff. Der Ex-General war nach dem Scheitern des Kapp-Putsches, bei dem er im Hintergrund die Fäden gezogen hatte, nach Bayern übergesiedelt. Seine Villa in Münchens Süden wurde zu einem Sammelpunkt antidemokratischer Bestrebungen. Für Hitler war die Verbindung zum Feldherrn des Ersten Weltkriegs, der immer noch viel Autorität in militärischen und nationalkonservativen Kreisen besaß, von besonderem Wert, konnte er doch hoffen, mit ihm im Bunde die Zustimmung der Reichswehr zu seinen Umsturzplänen zu bekommen.[51] «Dass der großartige Ludendorff sich offen Ihnen anschließt u(nd) sich zu der Bewegung bekennt, die von Ihnen ausgeht: welche herrliche Bestätigung!», schrieb der greise Houston Stewart Chamberlain, der Schwiegersohn Richard Wagners und Verfasser des antisemitischen Bestsellers «Die Grundlagen des neunzehnten Jahrhunderts», an Hitler, nachdem dieser ihm Ende September 1923 in Bayreuth einen Besuch abgestattet hatte.[52]

Ein weiteres wichtiges Ergebnis von Nürnberg war die Gründung eines «Deutschen Kampfbundes», in dem sich SA, Bund Oberland und Reichsflagge – der aktivistische Kern der Wehrverbände – enger zusammenschlossen. Mit der militärischen Führung wurde der Ludendorff-Vertraute und frühere Stabschef der Einwohnerwehren, Oberleutnant a. D. Hermann Kriebel, betraut, mit der Geschäftsführung der Baltendeutsche Max Erwin von Scheubner-Richter. Am 25. September übernahm Hitler die «politische Leitung» des Kampfbundes. Über das Ziel hieß es in dem einen Tag zuvor verabschiedeten geheimen «Aktionsprogramm»: Ihre eigentliche Aufgabe, «die Niederkämpfung des Marxismus» und die Proklamation der «nationalen Revolution», könnten die Kampfverbände «erst dann mit Erfolg betreiben (…), wenn sie in Bayern im Besitz der staatlichen Machtmittel sind». Deshalb sollte versucht werden, «die Polizeigewalt des Staates auf einem wenigstens nach außen hin legalen Weg in die Hand zu bekommen».[53]

• • • • • • • •

Im September und Oktober gingen in der Geschäftsstelle der NSDAP in der Corneliusstraße und der Redaktion des «Völkischen Beobachters» in der Schellingstraße zahlreiche Briefe aus allen Teilen Deutschlands ein, in denen Hitler immer dringender zum Handeln aufgefordert wurde. «Das Eisen muss man schmieden, solange es warm ist», schrieb ihm ein Hauptmann d. R. «Lassen Sie es nicht kalt werden (…). Werden Sie nicht zum Claudius cunctator.»[54] Durch eine «wirklich energische, wenn auch ungewöhnliche Tat» könne Hitler Deutschland «einen ungeheuren Dienst erweisen». Alle Hoffnungen ruhten auf ihm, dem «Retter aus Bayern», der «mit eisernem Besen den Augiasstall reinigt», hieß es in anderen Zuschriften.[55] Auch aus Norddeutschland wurde Hitler Unterstützung signalisiert. Der Chef einer Hamburger Firma versprach ihm: «Sie werden im Norden, wenn endlich einmal die ganze faule Geschichte zusammenfällt und das große ‹Reinemachen› kommt, viele Freunde und wirksame Hilfe finden.»[56]

In seinen Reden im Zirkus Krone schürte Hitler die Erwartungen auf ein baldiges Losschlagen. Lange könne «es so nicht mehr weitergehen», verkündete er am 5. September. Es gebe «nur zwei Möglichkeiten: entweder marschiert Berlin und endet in München, oder München marschiert und endet in Berlin».[57] Sieben Tage später versprach er: «In wenigen Monaten, vielleicht schon Wochen werden nun auch in Deutschland die Würfel rollen (…). Wir nehmen den Kampf auf und sind überzeugt: Der Sieg, der muss unser sein!»[58] Doch im Kreis seiner engen Gefolgsleute zeigte sich Hitler weniger siegesgewiss. Noch zögerte er, aufs Ganze zu gehen. Rudolf Heß fand ihn Mitte September «ernst (...) wie selten». Der «Tribun» tue sich schwer mit dem Entschluss, «das Feuer aufs Pulverfass zu werfen».[59] Für den 27. September plante der NSDAP-Vorsitzende, allein in München vierzehn Massenversammlungen einzuberufen. Ob er damit bereits den Auftakt setzen wollte für seinen Putsch, wie später behauptet wurde, ist unwahrscheinlich. Eher ging es ihm wohl darum, die Kampfbereitschaft seiner Anhänger weiter anzustacheln.[60]

• • • • • • • •

Die Ernennung Gustav von Kahrs zum Generalstaatskommissar am 26. September machte den Nationalsozialisten einen Strich durch die Rechnung. Sie sei, hieß es in einer Stellungnahme, «ein schwerer Schlag» und geeignet, «im völkischen Lager verwirrend und lähmend zu wirken».[61] Als eine der ersten Maßnahmen verbot Kahr die für den nächsten Tag geplanten vierzehn Versammlungen der NSDAP. Hitler legte sofort «schärfsten Protest» ein, ohne Kahr umstimmen zu können.[62] Für den Münchner Korrespondenten der «Vossischen Zeitung» war Hitlers Prestige angeschlagen: «Vielleicht gehen nun doch endlich auch den Münchnern die Augen auf über ihren Helden, über diesen Mann, der seit vier Jahren mit den kleinen Mitteln des Volksverhetzers, mit volkstümlicher Rednergabe und der Kühnheit des Unverantwortlichen es verstanden hat, Bayern und zumal München in dauernder Verwirrung zu halten und dem unkritischen Publikum in Deutschland vorzuspiegeln, dass in seiner Person geistige Kräfte dem geknechteten Land den Retter gesandt hätten.»[63]

Andererseits nutzte Kahr die ihm übertragenen sehr weitreichenden Vollmachten, um sich bei der völkischen Rechten in Bayern beliebt zu machen. Auf seinen Befehl hin wurden in der zweiten Oktoberhälfte rund dreißig jüdische Familien aus München ausgewiesen. Als häufige Begründung wurde angeführt, dass die Betroffenen, die «in ärmlichen Verhältnissen eingewandert» seien, es zu Wohlstand gebracht, sich also an der «Not des Volkes» bereichert hätten.[64] Hart ging Kahr auch gegen die bayerische Linke vor, vor allem gegen die KPD. Er verfügte die Auflösung ihrer paramilitärischen Verbände, verbot kommunistische Publikationen und Versammlungen und ließ Aktivisten in Schutzhaft nehmen.[65]

Das Verhältnis zwischen Kahr und dem NSDAP Vorsitzenden blieb gespannt. Hitler wollte einerseits die Brücken nicht vollständig abbrechen, andererseits war er bemüht, öffentlich zu Kahr auf Distanz zu gehen. Der sei nur ein «braver Beamter» und nicht der geeignete Mann, «um den Entscheidungskampf zu führen», erklärte er am 7. Oktober auf einem «Deutschen Tag» in Bamberg.[66] Eine Woche später beantwortete er die Frage, warum sich die NSDAP nicht auf Kahr stütze: «Ein wahrer Staatsmann, ein wahrhaftiger Diktator stützt sich auf niemand, sondern er stützt die Nation, richtet sie auf und führt sie dann auf den von ihm als richtig erkannten Weg.» Nicht Kahr, sondern nur er selbst habe das Zeug dazu, «Wegbereiter zu sein der großen deutschen Freiheitsbewegung».[67]

Während des ganzen Monats Oktober herrschte in München ein explosiver Schwebezustand. Kahr und Hitler glichen «zwei Raubtieren in einem Käfig (...), die vor dem Ansprung sich genau beobachtend umschleichen».[68] Lockendes Werben und unverhülltes Drohen wechselten einander ab. In dem wirren Durcheinander der politischen Ränkespiele war es auch für den Vertreter der Reichsregierung in München, Edgar Haniel von Haimhausen schwer, den Überblick zu behalten, so dass Ebert gelegentlich scherzte, «in München habe sich Wichtiges ereignet, ob man Haniel schon informiert habe».[69]

Zusätzlich kompliziert wurde die undurchsichtige Lage durch den bereits geschilderten Konflikt zwischen Bayern und dem Reich. In dessen Verlauf bildete sich an der Spitze Bayerns ein Triumvirat heraus, das faktisch die Macht auf sich vereinigte. Dazu gehörten neben Generalstaatskommissar Kahr der Landeskommandant der bayerischen Reichswehrtruppen, General Otto von Lossow, und der Chef der bayerischen Landespolizei, Oberst Hans Ritter von Seißer.

• • • • • • • •

Die Frontstellung gegen die Reichsregierung in Berlin überdeckte vorübergehend die Rivalität zwischen dem Triumvirat und den putschbereiten Kräften um Hitler und den Deutschen Kampfbund. Doch hinter den Kulissen ging das Ringen weiter. Einig war man sich im Ziel, «Deutschland vom Marxismus zu befreien» und eine «nationale Diktatur» zu errichten, wie Lossow in einer Besprechung mit Vertretern der vaterländischen Verbände, einschließlich des Deutschen Kampfbundes, am 24. Oktober versicherte.[70] Doch über den geeigneten Zeitpunkt und über die Methoden war man sich nicht einig.

Nach den Vorstellungen des Triumvirats sollte die Initiative von Berlin ausgehen. Den drei Männern war bekannt, dass in der Reichshauptstadt unter Seeckts Führung Pläne für die Bildung eines Direktoriums ausgeheckt wurden. Diesen Bestrebungen wollten sie sich anschließen. Darum, so sagte Kahr im März 1924 im Hitler-Prozess aus, sei es darauf angekommen, «die nationalen Kräfte zu sammeln und (...) ein starkes Bayern zu schaffen, das auch in der Lage wäre, dem Streben nach einem Direktorium zur Seite zu treten und ein solches Direktorium zu unterstützen».[71] Dem Ziel der Sammlung aller vaterländischen Kräfte sollten sich auch die Mitglieder des Kampfbunds unterordnen. Ihre Mitarbeit, hielt der Generalstaatskommissar in einer Aufzeichnung vom 1. Oktober fest, sei willkommen, doch müssten sie sich «in das große Ganze» einfügen: «Extratouren werden nicht geduldet.»[72]

Nach den Vorstellungen Hitlers und des Kampfbundes sollte die «nationale Diktatur» zunächst in Bayern ausgerufen und von hier aus der «Marsch auf Berlin» angetreten werden. «Aufrollen der deutschen Frage in letzter Stunde von Bayern aus: Aufruf einer deutschen Freiheitsarmee unter einer deutschen Regierung in München», so beschrieb Hitler in einer Versammlung der SA-Führer am 23. Oktober die erste Etappe des geplanten Unternehmens.[73] In einer Rede im Zirkus Krone am 30. Oktober wurde er noch deutlicher: «Bayern hat heute eine große Mission (...). Wir müssen den Kampf hinaustragen, den Stoß ins Herz hinein führen (...). Für mich ist die deutsche Frage erst dann gelöst, wenn die schwarzweißrote Hakenkreuzfahne vom Berliner Schloss weht.»[74] Dabei waren die Rollen klar verteilt: Ludendorff sollte die militärische Führung übernehmen. Sein Nimbus als Weltkriegsgeneral schien eine Gewähr dafür zu bieten, dass die Reichswehrtruppen unter Lossow mitzogen. Die politische Führung beanspruchte Hitler für sich. «Wenn jemand glaubt, zu einer Sache berufen zu sein, dann hat er die Pflicht, das zu tun, wozu er sich berufen fühlt», gab er im Prozess vor dem Münchner Volksgericht zu Protokoll.[75]

Durch die Beschwörung der unmittelbar bevorstehenden «befreienden Tat» hatte Hitler die Erwartungen seiner Anhänger bis zu einem Punkt hochgetrieben, hinter den zurückzugehen ohne Gesichtsverlust kaum noch möglich war. Von Tag zu Tag fürchte er mehr, dass Kahr seiner Aufgabe nicht gewachsen sei, teilte ihm ein katholischer Pfarrer am 14. Oktober mit: «Sie sind die letzte, hoffentlich aber auch tatkräftigste u(nd) erfolgreichste Reserve.»[76] «Man ist ja fieberhaft erwartungsvoll», vertraute Winifred Wagner, die Prinzipalin der Bayreuther Festspiele, am 26. Oktober einer Freundin an. Sie habe das sichere Gefühl, «dass alles anders und besser wird».[77] Nie habe sie eine seiner Reden «so gepackt und erschüttert», schrieb eine Münchnerin aus dem großbürgerlichen Stadtteil Bogenhausen an Hitler nach seinem Auftritt im Zirkus Krone am 30. Oktober: «Nur so darf der Mann sein, der das große Befreiungswerk vollbringen kann (...). Und nun möge der Allmächtige Ihren Arm so stark machen wie Ihr Wort heute schon ist, auf dass endlich der Tag der Befreiung käme!»[78]

Allerdings hatten sich die Erfolgsaussichten für einen Putsch Ende Oktober/Anfang November 1923 deutlich verringert. Durch das Eingreifen der Reichswehr gegen die linken Regierungen von Sachsen und Thüringen war der Vorwand für den Aufmarsch der bayerischen Kampfverbände an der Grenze zu Mitteldeutschland entfallen. Eine der Vorbedingungen, ein der eigenen Aktion vorausgehender kommunistischer Aufstand, war mit dem Scheitern des «deutschen Oktober» nicht mehr gegeben. Überdies war mit der Gründung der Rentenbank Mitte Oktober ein wichtiger Schritt zur Sanierung der Währung und damit zur Stabilisierung der innenpolitischen Verhältnisse unternommen worden.

Den bayerischen Verschwörern lief die Zeit davon. In einer Unterredung mit Seißer am 1. November wiederholte Hitler ein schon früher gegebenes Versprechen, nichts ohne die Reichswehr und die Landespolizei unternehmen zu wollen: «Halten Sie mich nicht für so dumm, ich mache keinen Putsch.» Zugleich aber drängte er darauf, endlich gemeinsam vorzugehen: «Die wirtschaftliche Not treibt unsere Leute, so dass wir entweder handeln müssen oder unsere Kreise zu den Kommunisten abschwenken.»[79]

Am 3. November reiste Seißer als Vertreter des Triumvirats nach Berlin und besprach sich dort unter anderem mit Minoux, Seeckt und Vertretern des Landbundes. Im Auftrag von Stinnes warnte Minoux vor einem «vorzeitigen Losschlagen» in Bayern. Die Zeit sei noch nicht reif; «Hunger und Kälte» müsste man noch «mehr wirken lassen», bis die darüber ausbrechenden Unruhen für eine grundlegende Änderung der Verhältnisse genutzt werden könnten. In der Unterredung mit Seeckt machte Seißer auf den «starken Druck» aufmerksam, den «alle vaterländischen Kräfte in Bayern» auf Kahr ausübten, um ihn zum «Eingreifen gegen Berlin» zu veranlassen, mit dem Ziel der «Schaffung einer nationalen Diktatur». Seeckt entgegnete, dies sei auch sein Ziel, es müsse aber in jedem Fall der «legale Weg» eingehalten werden. Damit war klargestellt, dass ein von Bayern ausgehender Putsch nicht die Unterstützung der Reichswehrführung in Berlin finden würde. Beim Landbund hingegen rannte Seißer offene Türen ein. Allerdings zweifelte man hier, ob der General sich jemals zum Bruch mit Ebert und Stresemann würde entschließen können. Eine «gewaltsame Lösung» sei aber nur mit der Reichswehr möglich. Deshalb wollte man noch einmal Druck machen, um den Chef der Heeresleitung «zum Absprung zu bringen».[80]

• • • • • • • •

Das Misstrauen gegen Seeckt war nur zum Teil berechtigt. Denn gleich nach dem Ausscheiden der Sozialdemokraten aus der Großen Koalition am 2. November hatte er einen neuen Anlauf genommen, um seine Pläne für die Errichtung eines Direktoriums zu verwirklichen. Am selben Tag entwarf er einen Brief an Kahr. Darin teilte er ihm mit, dass er das Kabinett Stresemann «auch nach einer Umbildung nicht für lebensfähig» halte. Ohne einen «Umschwung in der Reichsregierung» sähe er einen Bürgerkrieg voraus. Die Reichswehr dürfe nicht in die Lage gebracht werden, «sich gegen Gesinnungsgenossen für eine ihr wesensfremde Regierung einzusetzen». Andererseits aber könne er es auch nicht dulden, dass «mit Gewalt eine Änderung» herbeigeführt werde. Wie im Gespräch mit Seißer einen Tag später sprach sich Seeckt dafür aus, «an den verfassungsmäßigen Formen und Wegen» festzuhalten. Sie aufzugeben, berge «große Gefahren» in sich und käme daher «nur im Fall äußerster Not» in Frage. Im Entwurf des Briefes folgte hier ein Zusatz, der dann in der ausgefertigten Fassung, die am 5. November abging, fallengelassen wurde, offenbar weil sie ein allzu enthüllendes Licht auf die politische Einstellung des Reichswehr-Chefs warf: «Die Weimarer Verfassung ist für mich an sich kein noli me tangere; ich habe sie nicht mitgemacht, und sie widerspricht in den grundlegenden Prinzipien meinem politischen Denken.»[81]

Am 3. November überbrachte der bayerische Gesandte in Berlin, Konrad Ritter von Preger, die Nachricht, Bayern wolle mit der 7. Reichswehr-Division gegen Norden marschieren, wenn nicht innerhalb von 48 Stunden eine «nationale Regierung» gebildet werde. Die Meldung, die sich bald als falsch herausstellte, sorgte in Berlin für einige Aufregung. Der Reichspräsident verlangte von Seeckt den «sofortigen Aufmarsch gegen Bayern». Der Chef der Heeresleitung lehnte dies ab mit der Bemerkung, dazu sei das Reichsheer sowohl nach seiner Zahl als auch nach der Stimmung in der Truppe nicht in der Lage.[82] Nach der Erinnerung Geßlers soll Ebert in der hochdramatischen Aussprache sogar die Kabinettsfrage gestellt haben: «Wenn Sie der Auffassung sind, dass die Reichswehr nicht imstande ist, verfassungsmäßige Zustände im Reich zu schützen, dass sie das nicht kann oder nicht will, müssen Sie das jetzt erklären. Dann werde ich dieses Haus verlassen.» Daraufhin, so fährt der Bericht fort, habe Seeckt eingelenkt, zugleich aber deutlich gemacht, dass der Reichskanzler kein Vertrauen mehr in der Truppe genieße.[83]

Offensichtlich fühlte sich Ebert an die Tage des Kapp-Putsches vom März 1920 erinnert, als Seeckt, damals Chef des Truppenamtes, schon einmal seine Illoyalität unter Beweis gestellt und den Einsatz der Reichswehr gegen die Putschisten mit den Worten abgelehnt hatte: «Truppe schießt nicht auf Truppe.»[84] Doch eine nachhaltige Verstimmung scheint beim Reichspräsidenten auch diesmal nicht zurückgeblieben zu sein, denn schon einen Tag später beauftragte er Seeckt, beim Botschafter in Washington, Otto Wiedfeldt, anzufragen, ob der das Kanzleramt übernehmen wolle.[85]

Der Name Wiedfeldts war schon Anfang Oktober im Zusammenhang mit den damals diskutierten Plänen eines Direktoriums ins Gespräch gebracht worden. Ebert schätzte den ehemaligen Krupp-Direktor, der Wirtschaftskompetenz mit diplomatischer Erfahrung verband. Er schreibe ihm «nicht nur mit Wissen, sondern auf Wunsch des Reichspräsidenten», teilte Seeckt am 4. November Wiedfeldt mit. Kurz zusammengefasst gehe man von folgender Lagebeurteilung aus: «Das Kabinett Str(esemann) wird sich kaum halten können (…). Eine erfolgreiche Regierung mit dem Parlament ist nach dem Ausscheiden der S(ozial)d(emokratie) ausgeschlossen. Es muss dann ein kleines Kabinett mit Direktoriums-Charakter und Ausnahme-Vollmachten folgen.» Für diesen Fall, der «durch unvorhergesehene Ereignisse beschleunigt, auch vielleicht gestört werden» könne, solle sich Wiedfeldt bereithalten.[86]

Welche Rolle er in einem solchen Direktorium spielen würde, ließ Seeckt offen. Ihn selbst mit der Kanzlerschaft zu betrauen, hatte Ebert abgelehnt mit Rücksicht auf unerwünschte außenpolitische Rückwirkungen, aber auch, weil er Seeckt als «Führer des Heeres» nicht entbehren könne. Dass sich der Reichspräsident aber überhaupt für den Gedanken eines Direktoriums erwärmte und damit scheinbar Seeckt in die Hände spielte, lässt sich wohl nur mit der tiefen Enttäuschung über seine eigene Partei erklären, die, wie er meinte, den Bruch der Großen Koalition zu leichtfertig in Kauf genommen hatte. Offenbar rechnete Ebert damit, dass das Rumpfkabinett Stresemann keine parlamentarische Mehrheit mehr finden würde, und für diesen Fall glaubte er, nach alternativen Lösungen Ausschau halten zu müssen, um einem drohenden Machtvakuum vorzubeugen. Ein vom Parlament unabhängiges, auf die Reichswehr gestütztes und von ihm mit außerordentlichen Vollmachten ausgestattetes Kabinett schien ihm für eine Übergangszeit eine zwar problematische, aber immer noch vertretbare Option zu sein. Gegenüber Geßler erklärte er, «er erstrebe zwar legale Wege zur Gesundung Deutschlands», er werde aber nicht zögern, «sich auf andere Weise für die Rettung Deutschlands einzusetzen, wenn die Verfassung oder Deutschlands Zukunft auf dem Spiele stehe».[87] Irritierend bleibt dennoch, dass der Reichspräsident hinter dem Rücken des Reichskanzlers den Chef der Heeresleitung zu seiner brisanten Anfrage nach Washington autorisierte.

Wie es scheint, hatte Stresemann von der Intrige Wind bekommen. Jedenfalls beauftragte er am Abend des 4. November seinen persönlichen Referenten, Heinrich Ehlers, sich ins Reichswehrministerium zu begeben, um die Lage zu erkunden. Unverblümt sprach sich Seeckt gegen ein Verbleiben des Kanzlers im Amt aus, weil er ihn für unfähig halte, «die verfahrene Regierungskarre aus dem Dreck» zu ziehen.[88] Als Ehlers dem Reichskanzler nach Mitternacht Bericht erstattete, zeigte sich Stresemann «tief erschüttert»: «Das bedeutet also die Absetzung des Reichskanzlers durch die Reichswehr.» Noch in der Nacht, um 2.30 Uhr, rief er den Reichspräsidenten an und teilte ihm mit, dass Seeckt seinen sofortigen Rücktritt verlangt habe. Ebert, dem es offensichtlich unangenehm war, dass der Reichswehrchef die Karten so offen auf den Tisch gelegt hatte, versuchte den Kanzler zu beruhigen und ihn davon abzuhalten, nun seinerseits die Konsequenzen zu ziehen und sein Amt zur Verfügung zu stellen.[89]

Am nächsten Vormittag kam es zu einer klärenden Aussprache zwischen Stresemann und Seeckt, an der auch der Reichswehrminister teilnahm. Dabei soll Seeckt, den Erinnerungen Geßlers zufolge, erneut erklärt haben: «Herr Reichskanzler, mit Ihnen ist der Kampf nicht zu führen. Sie haben das Vertrauen der Truppe nicht.» Als Stresemann daraufhin den Chef der Heeresleitung mit der Gegenfrage: «Sie kündigen mir damit den Gehorsam der Reichswehr?» aus der Deckung zu locken versuchte, blieb Seeckt stumm. Stattdessen antwortete Geßler: «Herr Reichskanzler, das kann nur ich.» «Wir gingen in verständlicher Erregung auseinander», schließt der Bericht.[90] Seeckt musste erkennen, dass er den Bogen überspannt hatte, da Ebert noch am Kanzler festhielt. So verzichtete er vorerst auf eine weitere Kraftprobe. Gegen den Willen des Reichspräsidenten Stresemann die Regierungsgewalt zu entwinden und ein Direktorium zu installieren – davor scheute der General zurück.

Nicht nur gegen Seeckt, sondern auch gegen die Opposition in seiner eigenen Partei musste sich Stresemann in diesen Tagen zur Wehr setzen. In der DVP-Fraktionssitzung am 5. November verlangte Scholz einen «energischen Ruck nach rechts». Der Kanzler solle bei den Deutschnationalen offiziell anfragen, ob sie bereit seien, in das Kabinett einzutreten. Stresemann wies dies als «Zumutung» zurück. Eine Mehrheit im Reichstag sei mit der DNVP nicht zu erreichen, da Zentrum und DDP nicht zustimmen würden. Im Blick auf die fortgesetzten Querschüsse in den eigenen Reihen sprach der Kanzler den vielzitierten Satz: «Ich bin das Hundeleben satt.» Und auf die Gerüchte eingehend, wonach sich die Kampfverbände in Bayern zum «Marsch auf Berlin» rüsteten, erklärte er: «Wenn die Banden in Berlin eindringen sollten (...), dann sollen sie mich niederschießen an dem Platze, an dem zu sitzen ich das Recht habe.»[91]

Mit seinem leidenschaftlichen Plädoyer hatte der DVP-Vorsitzende seine Kritiker zum Verstummen gebracht. Bereits am nächsten Tag aber setzten sie ihre Attacken fort. Seeckt habe, so teilte der Abgeordnete Oskar Maretzky der Fraktion mit, Stresemann am Vortag wörtlich gesagt: «Sie sind als Kanzler nicht mehr möglich, bitte treten Sie zurück, bringen Sie dem Vaterland das Opfer.» Die Nachricht löste unter den Abgeordneten erhebliche Unruhe aus, doch der eilends herbeigerufene Kanzler verstand es, die Wogen zu glätten, indem er der Pression Seeckts eine weniger verfängliche Interpretation gab: Der Reichswehrchef habe lediglich seine persönliche Ansicht geäußert, dass es mit einer anderen Regierung eher möglich sei, die radikale Rechte «abzufangen». Mit der Stellung der Reichswehr an sich habe das, wie auch von Geßler festgestellt, nichts zu tun.[92] Im innerparteilichen Machtkampf hatte sich Stresemann vorübergehend eine Atempause verschafft. Doch schon in den folgenden Tagen sollten die Ereignisse in Bayern seine ganze Aufmerksamkeit erfordern.

• • • • • • • •

Am Nachmittag des 6. November 1923 rief Generalstaatskommissar Gustav von Kahr die Führer aller Vaterländischen Verbände, unter ihnen auch Hermann Kriebel als Vertreter des Deutschen Kampfbundes und Friedrich Weber vom Bund Oberland, zu einer wichtigen Besprechung zusammen. Eindringlich warnte er sie davor, auf eigene Faust einen Putsch zu unternehmen. Auch er strebe «die Bildung einer nationalen Reichsregierung» an, frei von «parlamentarischen Hemmungen». Doch könne dieses «große nationale Ziel» nur erreicht werden, wenn alle Disziplin übten und sich seiner Führung unterordneten. Er und niemand sonst werde zur gegebenen Zeit das Signal zum Handeln geben. «Phantastereien» würden nicht geduldet.[93]

Nach Kahr ergriff Otto von Lossow das Wort und bekannte seine Entschlossenheit, jeden eigenmächtigen Putschversuch durch die Reichswehr niederschlagen zu lassen. Auch er sei bereit, die Etablierung einer Rechtsdiktatur zu unterstützen, aber nur, wenn das Unternehmen eine Aussicht auf Erfolg habe. Das Beispiel des Kapp-Putsches vor Augen erklärte er: «Wenn wir nur in einen Putsch gehetzt werden sollen, der in 5, 6 Tagen ein klägliches Ende finden muss, tue ich nicht mit.»[94]

Damit stand fest, dass das Triumvirat auf Zeit spielte. Es wollte erst einmal abwarten, wie sich die Dinge in Berlin entwickelten, um sich dann, wenn dort der Umsturz doch noch ins Werk gesetzt werden sollte, sich auf die Seite des zu errichtenden Direktoriums zu schlagen. Hitler aber konnte nach den großsprecherischen Ankündigungen der vorangegangenen Wochen nicht mehr warten, wollte er nicht die auf Aktion drängenden Kräfte seiner Bewegung brüskieren. «Wir konnten die Leute nicht immer auf die Sache vorbereiten und sie dann wieder zurückrufen. Wir konnten sie nicht ununterbrochen aufflammen. Wir mussten also zu einer klaren Entscheidung kommen», hat er im späteren Prozess die von ihm selbst geschaffene Zwangslage beschrieben.[95]

Noch am Abend des 6. November fasste Hitler den Entschluss zum Losschlagen. Tags darauf wurden die Führer des Kampfbundes, neben Kriebel, Weber, Scheubner-Richter auch Hermann Göring, der Chef der SA, eingeweiht. Als Termin für die Aktion fassten die Verschwörer zunächst den 11. November, den 5. Jahrestag des Waffenstillstands, ins Auge. Diese Absicht wurde zugunsten des 8. November fallengelassen, nachdem bekannt geworden war, dass Kahr am Abend dieses Tages im Bürgerbräukeller eine Rede halten wollte, zu der sich alles, was Rang und Namen in München besaß, einfinden würde. Eine handstreichartige Besetzung des Bürgerbräukellers, dies war der Plan, bot die einmalige Chance, die gesamte politische Prominenz der Landeshauptstadt als Geiseln zu nehmen und gleichzeitig die Initialzündung zum Putsch zu geben. Kahr, Lossow und Seißer sollten vor vollendete Tatsachen gestellt und zum Mitmachen gezwungen werden. Man habe, führte Hitler im späteren Prozess aus, den «drei Zauderern» einen «kleinen Schubs» geben wollen, damit sie «endlich in das ihnen anscheinend zu kalt erscheinende Wasser sprangen».[96]

Am Abend des 7. und Vormittag des 8. November gingen die Befehle an die militärischen Führer des Kampfbundes in Bayern hinaus. Zum Teil wurden sie auf telefonischem Wege, zum Teil auch durch Kuriere überbracht. In Landshut zum Beispiel versammelte sich am Abend des 8. November, nachdem der Befehl eingetroffen war, die SA vor dem Parteilokal, und der Kommandeur, der Apotheker Gregor Straßer, später Organisationsleiter der NSDAP, gab bekannt, er brauche hundert Mann für eine «ernste Sache» – worum genau es sich handelte, sagte er nicht. «Er forderte alle diejenigen auf zurückzubleiben, die irgendwelche Rücksichten auf Familie usw. nehmen müssten oder die aus Alters- oder aus Gesundheitsgründen Bedenken hätten», erinnerte sich ein Teilnehmer Jahre später.[97]

Der Kreis der Mitwisser wurde bewusst klein gehalten, um den Überraschungseffekt des Coups nicht zu gefährden. Es könne keinem Zweifel unterliegen, stellte die Münchner Polizeidirektion rückblickend fest, dass die Kenntnis von Hitlers Vorhaben «bis unmittelbar vor dem Putsch über die engsten Kreise nicht hinausdrang».[98] Selbst einige von Hitlers engsten Vertrauten wurden nicht eingeweiht. So verbrachte etwa Dietrich Eckart den Abend des 8. November mit einigen Zechkumpanen in einer Münchener Bar, wo ihn erst gegen 23 Uhr unbestimmte Gerüchte vom stattgefundenen Putsch erreichten.[99]

Am frühen Morgen des 8. November suchte Hitler Ernst Pöhner auf, den ehemaligen Münchner Polizeipräsidenten und wohlwollenden Förderer der NSDAP, und trug ihm das Amt eines bayerischen Ministerpräsidenten in der Putschregierung an. Da die Herren Kahr, Lossow und Seißer immer noch vor einer Aktion zurückschreckten, solle die Versammlung im Bürgerbräukeller genutzt werden, um ihnen «den Absprung zu erleichtern». Sei erst einmal der Stein ins Rollen gekommen, werde «die nationale Erhebung in ganz Deutschland Platz greifen». Hitlers Vorschlag sei ihm ganz «unerwartet» gekommen, sagte Pöhner im Prozess aus, doch habe er «eine innere Genugtuung» empfunden bei dem Gedanken, dass «endlich jemand die Kraft zum Handeln» gefunden habe: «Als Hitler mich daher fragte, habe ich ohne Zögern geantwortet: Ja, ich gehe mit!»[100]

Um 9 Uhr bestellte Hitler Rudolf Heß telefonisch zu sich. Sein eifrigster Gefolgsmann hatte sich in den Wochen zuvor bei seiner Mutter in Reicholdsgrün im Fichtelgebirge aufgehalten, um sich seinem Studium zu widmen. Er denke vorläufig noch nicht daran, nach München zurückzukehren, schrieb er Anfang Oktober an seinen väterlichen Freund, Professor Karl Haushofer: «Ich warte auf den Ruf.» Dass Hitler im Begriff war, Kahr zu überspielen und zur Tat zu schreiten, das wusste er, und er war voll und ganz damit einverstanden: «Von Bayern aus soll u(nd) muss die Gesundung fürs Ganze ausgehen.»[101] Auch Heß wurde erst am Morgen des 8. November, Tage nach seiner Rückkehr in die Landeshauptstadt, mit den Details des geplanten Unternehmens bekannt gemacht. Hitler übertrug ihm die Aufgabe, die im Bürgerbräukeller versammelten Mitglieder der bayerischen Regierung, an ihrer Spitze Ministerpräsident Knilling, zu verhaften. Das Haus, in dem die «hohen Herrschaften» untergebracht und bewacht werden sollten, werde ihm noch mitgeteilt. «Ich versprach mit Handschlag unbedingtes Schweigen, u(nd) wir schieden bis zum Abend.»[102]

Um die Mittagszeit stürmte Hitler, bleich vor Erregung, die Reitpeitsche in der Hand, in die Redaktion des «Völkischen Beobachters» und erklärte dem überraschten Chefredakteur Alfred Rosenberg und dem ebenfalls anwesenden Ernst Hanfstaengl, dass er sich zum Putsch entschlossen habe. «Schwören Sie, keiner lebenden Seele etwas davon zu sprechen!», rief er aus. «Die Stunde zum Handeln ist gekommen. Sie, Parteigenosse Rosenberg, und Sie, Herr Hanfstaengl, (...) gehören zu meiner unmittelbaren Begleitung.» Beide sollten sich am Abend vor dem Bürgerbräukeller einfinden. «Bringen Sie Ihre Pistolen mit.»[103] So wurden nach und nach die Hauptakteure instruiert und die Aufgaben verteilt.

Aufgrund der Vorverlegung des Termins war das ganze Unternehmen schlecht vorbereitet, und das sollte die Chancen für ein Gelingen, wenn sie überhaupt gegeben waren, noch einmal deutlich herabsetzen. Vielleicht wäre es besser gewesen, «die Operation so lange hinauszuschieben, dass man sie nicht überhastet», bemerkte Rudolf Heß einige Monate später. «Doch hinterher ist natürlich leicht festzustellen: es war noch Zeit!»[104] Freilich hatten weder Heß noch einer der anderen Mitverschwörer irgendwelche Anstalten gemacht, Hitler von seinem riskanten Schritt abzuhalten. Obwohl erst spät eingeweiht, folgten sie seinem Ruf ohne Zögern.

• • • • • • • •

Der Bürgerbräukeller war bereits vor Beginn der Veranstaltung bis auf den letzten Platz gefüllt. Vor dem Eingang drängten sich noch Hunderte, die keinen Einlass fanden. Kurz nach 20 Uhr traf Kahr in Begleitung von Lossow und Seißer ein. Seine Rede wurde mit großer Spannung erwartet: Würde er nun endlich aus der Reserve heraustreten und bekanntgeben, wie er sich Bayerns Rolle in der so oft beschworenen «nationalen Erhebung» vorstellte? Doch das Publikum wurde enttäuscht. «Kahr hielt (…) keine Rede für eine Volksversammlung, sondern einen akademischen Vortrag, ja eine Vorlesung über den Marxismus», erinnerte sich der anwesende Historiker Karl Alexander von Müller. «Ein paar gute Sätze am Anfang, dann ohne Salz, langstielig und langweilig.»[105]

Kurz nachdem Kahr seine Rede begonnen hatte, fuhr Hitler mit seinem Benz-Wagen vor, begleitet von Alfred Rosenberg, seinem Leibwächter Ulrich Graf und dem Geschäftsführer des parteieigenen Eher-Verlages, Max Amann. Angesichts der unerwartet großen Menschenmenge vor dem Versammlungslokal befürchtete Hitler, dass die nachfolgenden SA-Truppen gar nicht bis zum Eingang gelangen könnten. Kurz entschlossen forderte er den diensthabenden Polizeibeamten auf, die Straße räumen zu lassen. Und so geschah es. «Die Polizei hat auf Hitlers Befehl den Weg für Hitlers Putsch freigemacht», kommentierte Konrad Heiden, Hitlers erster Biograf.[106]

Bald darauf kamen die ersten Lastwagen mit SA-Leuten an, und der Stoßtrupp Hitler, ein Vorläufer der späteren Schutzstaffel (SS), riegelte den Bürgerbräukeller nach allen Seiten ab. Hitler, der an diesem Abend einen dunklen Anzug trug, begab sich in die Vorhalle und wanderte ruhelos auf und ab, hin und wieder an einem Bierglas nippend, das Hanfstaengl ihm besorgt hatte.[107] Schließlich, gegen 20.45 Uhr, warf er das Bierglas zu Boden, zog seine Pistole und stürmte mit drei ebenfalls bewaffneten Begleitern in den Saal, während ein SA-Trupp unter Görings Anleitung am Saaleingang ein Maschinengewehr in Stellung brachte. «Es ist doch selbstverständlich, dass man da nicht mit einem Palmwedel hineingehen kann», hat er später vor dem Münchner Volksgericht seinen Auftritt gerechtfertigt. Nur mit

Mühe bahnte sich die Gruppe durch die dichtgedrängte Menge den Weg zur Rednertribüne. Einem Offizier, der ihm mit einer Hand in der Tasche entgegentrat, hielt Hitler die Pistole an die Stirn und herrschte ihn an: «Nehmen Sie die Hand heraus!»[108] Wenige Schritte von Kahr entfernt, stieg er auf einen Stuhl und feuerte, da sich die Unruhe im Saal nicht legen wollte, einen Schuss gegen die Decke. Dann sprang er vom Stuhl, kletterte aufs Podium und rief in höchster Erregung: «Die nationale Revolution ist ausgebrochen. Der Saal ist von 600 Schwerbewaffneten besetzt. Niemand darf den Saal verlassen. Wenn nicht sofort Ruhe ist, werde ich ein Maschinengewehr auf die Galerie stellen lassen. Die bayerische Regierung ist abgesetzt. Die Reichsregierung ist abgesetzt. Eine provisorische Reichsregierung wird gebildet.»[109]

Danach forderte Hitler Kahr, Lossow und Seißer in barschem Befehlston auf, mit ihm in ein Nebenzimmer zu gehen; er garantiere für ihre Sicherheit. Im späteren Prozess hat Lossow ausgesagt, er habe seinen Partnern beim Hinausgehen zugeraunt: «Komödie spielen», und sie alle drei hätten sich durch Blicke verständigt, sich zum Schein auf Hitlers Manöver einzulassen.[110] Ob sich das Triumvirat aber tatsächlich schon in diesem Moment darin einig war, gute Miene zum bösen Spiel zu machen, um so bald wie möglich die Freiheit des Handelns zurückzugewinnen, ist wenig wahrscheinlich. Denn in den Verhandlungen im Nebenzimmer verhielten sie sich zunächst schroff abweisend, obwohl Hitler alle seine Überredungskunst aufbot. Er bat um Entschuldigung für sein Verhalten; ihm sei keine andere Wahl geblieben. In knappen Worten erläuterte er, wie er sich die Regierung in Bayern und im Reich dachte: «Pöhner wird Ministerpräsident mit diktatorischen Vollmachten. Sie» – an Kahr gewandt – «werden Landesverweser, Reichsregierung Hitler, Nationalarmee Ludendorff, Seißer Polizeiminister.» Er wisse, wie schwer den Herren der Schritt falle, aber er wolle ihnen erleichtern, «den Absprung zu finden». Den lockenden Worten ließ Hitler sogleich die Drohung folgen: «Vier Schuss habe ich in meiner Pistole, drei für meine Mitarbeiter, wenn sie mich verlassen, die letzte Kugel für mich.» Dabei machte er mit seiner Pistole eine Bewegung zum Kopf. Kahr zeigte sich wenig beeindruckt: «Sie können mich festnehmen, können mich totschießen. Sterben oder Nichtsterben ist bedeutungslos.»[111] So verstrichen etwa zehn Minuten, ohne dass Hitler irgendetwas erreicht hätte.

Unterdessen herrschte im großen Saal ein ungeheurer Tumult. Viele der Anwesenden waren schockiert über das gewalttätige Vorgehen der Nationalsozialisten und brachten ihre Entrüstung durch Rufe wie «Theater!», «Südamerika!», «Mexiko!» zum Ausdruck.[112] Um die Gemüter zu beruhigen, stieg Göring aufs Podium und erklärte mit schneidiger Stimme, die ganze Aktion richte sich nicht gegen Kahr, im Gegenteil, man hoffe, dass er mitmachen werde. Im Übrigen könnten sie doch ganz zufrieden sein, sie hätten doch ihr Bier.[113] Diese nassforsche Bemerkung war eher dazu angetan, die Versammlung noch mehr aufzubringen.

Dann aber kehrte Hitler in den Saal zurück, und was sich nun ereignete, grenzte für manchen Beobachter an ein Wunder. Denn derselbe Mann, der bei seinem Eindringen den Eindruck eines halbwahnsinnigen Hysterikers gemacht hatte, war plötzlich ganz kontrolliert und auf der Höhe der Situation. In einer kurzen Ansprache, ein Meisterstück massenpsychologischer Beredsamkeit, drehte er die Stimmung in der Versammlung um. Er könne sich nicht erinnern, schrieb Karl Alexander von Müller in seinen Memoiren, je in seinem Leben «einen solchen Umschwung der Massenstimmung in wenigen Minuten, fast Sekunden erlebt zu haben»: «Es hatte etwas von einem Hokuspokus, von einer Zauberei.» Als sich Hitler sicher war, das Publikum für sich eingenommen zu haben, stellte er die suggestive Frage. «Draußen sind die Herren Kahr, Lossow und Seißer; sie ringen schwer mit dem Entschluss. Kann ich ihnen sagen, dass Sie hinter ihnen stehen werden?» «Ja, ja! scholl es sturmartig anschwellend von allen Seiten.»[114] Mit triumphaler Geste beendete Hitler den theatralischen Auftritt: «Der Morgen findet entweder in Deutschland eine deutsche nationale Regierung oder uns tot.»[115]

Nachdem Hitler ins Nebenzimmer zurückgekehrt war, erklangen am Eingang Kommandos und Heilrufe: General a. D. Erich Ludendorff betrat in Uniform die Szenerie. Er war kurz nach 20 Uhr angerufen worden: Seine Anwesenheit im Bürgerbräukeller sei dringend erwünscht; er solle sich bereithalten. Scheubner-Richter holte ihn mit dem Auto ab. Im späteren Prozess sagte Ludendorff aus, erst jetzt sei ihm mitgeteilt worden, worum es sich eigentlich handelte.[116] Doch das ist wenig glaubhaft. Noch am Nachmittag war er unangemeldet bei Kahr aufgekreuzt und hatte im Beisein von Lossow und Seißer erklärt, es dränge nun «alles nach einer Entscheidung». Als Kahr wiederum den Gedanken an eine von Bayern ausgehende Rechtsdiktatur verwarf, verabschiedete sich Ludendorff mit der kaum verhüllten Drohung, dass die Kampfbünde «schließlich losschlagen» könnten. «Als Ludendorff aus dem Zimmer war», bemerkte Kahr in seinen unveröffentlichten Erinnerungen, «fragten wir drei uns, was er eigentlich mit dieser Unterredung gewollt habe, da sei irgend etwas im Schrein des Herzens verborgen geblieben.»[117]

Doch am Abend tat Ludendorff so, als sei auch er vor vollendete Tatsachen gestellt worden. «Meine Herren, ich bin ebenso überrascht wie Sie», begrüßte er das im Nebenzimmer ausharrende Triumvirat. «Aber der Schritt ist getan, es handelt sich um das Vaterland und die große nationale völkische Sache, und ich kann Ihnen nur raten, gehen Sie mit uns, tun Sie das gleiche!»[118]

Mit dem Erscheinen Ludendorffs veränderte sich die Atmosphäre schlagartig. Die Pistolen verschwanden. Man versuchte, das Triumvirat auf gütlichem Wege zum Mittun zu bewegen. Als erster gab Lossow, von Ludendorff als alter Kriegskamerad angesprochen, seine Zustimmung, danach fiel auch Seißer um. Nur Kahr sträubte sich noch. Schließlich gab aber auch er nach: «Ich bin bereit, die Leitung der Geschicke Bayerns als Statthalter der Monarchie zu übernehmen.»[119] Hitler, dem nichts ferner lag als der Gedanke an eine Restauration der Monarchie, entgegnete, dem stehe «gar nichts im Wege». Er selbst werde umgehend «Seine Königliche Hoheit», Kronprinz Rupprecht, davon unterrichten, dass sich der Coup im Bürgerbräukeller nicht gegen ihn richte, sondern allein der «Abrechnung mit den Novemberverbrechern» diene, also das «Unrecht» wiedergutmachen solle, das dem Haus Wittelsbach seinerzeit widerfahren sei. Einmal mehr bewies der Verstellungskünstler sein Talent, wenn er Kahr in gespielter Unterwürfigkeit gelobte: «Exzellenz, ich versichere Ihnen, dass ich ab jetzt treu wie ein Hund hinter Ihnen stehen werde.»[120]

Hitler bestand nun darauf, dass sich die Herren gemeinsam in die Versammlung begeben sollten, um die erzielte Einigung öffentlich zu besiegeln. Abermals sträubte sich Kahr: Er könne doch nicht in den Saal zurückkehren, aus dem er gerade «so schmählich herausgeführt» worden sei. Doch Hitler ließ das nicht gelten: Man werde Kahr «mit dem größten Jubel empfangen», ja, die Leute würden vor ihm «niederknien».[121]

So kehrten alle gemeinsam auf das Podium zurück. Kahr, das Gesicht wie zur Maske erstarrt, wiederholte unter rauschendem Beifall, dass er künftig als «Statthalter der Monarchie» amtieren wolle, sich allerdings nur schweren Herzens zum Mitmachen habe durchringen können – «zum Segen unserer lieben bayerischen Heimat und unseres großen deutschen Vaterlandes».[122]

Hitler drückte ihm daraufhin die Hand und hielt sie lange fest, mit einem «Ausdruck leuchtender (...), fast kindlicher, völlig offener Freude», wie Karl Alexander von Müller beobachtete. Die Szene erinnerte den Historiker an eine «Art Rütlischwur vor versammeltem Volk».[123] Tatsächlich befand sich Hitler, nachdem sich die Spannung gelöst hatte, in einer euphorischen Verfassung. Noch einmal ergriff er das Wort, um mit geradezu religiöser Inbrunst das Versprechen abzulegen: «Ich will jetzt in den kommenden Wochen und Monaten das erfüllen, was ich (...) vor fünf Jahren, als ich als blinder Krüppel im Lazarett lag, gelobte: Nicht zu ruhen und nicht zu rasten, bis die Verbrecher des November 1918 zu Boden geworfen sind! Bis auf den Trümmern des heutigen jammervollen Deutschlands wiederauferstanden sein wird ein Deutschland der Macht und der Größe, der Freiheit und der Herrlichkeit! Amen.»[124]

Nach Hitler sprach Ludendorff. Hochaufgerichtet, seine Erregung nur mühsam zügelnd, erklärte er, sich «kraft eigenen Rechtes der deutschen Nationalregierung zur Verfügung» stellen zu wollen: «Diese Stunde bedeutet einen Wendepunkt in unserer Geschichte. Gehen wir in sie hinein mit tiefem sittlichem Ernst, überzeugt von der ungeheuren Schwere unserer Aufgabe, überzeugt und durchdrungen von unserer schweren Verantwortung.»[125] Auch Lossow, Seißer und Pöhner bekundeten, von Hitler ans Rednerpult dirigiert, ihr Einverständnis. Einigen Augenzeugen fiel allerdings auf, dass Lossow, im Unterschied zu Ludendorff, eine lässige Haltung einnahm und sich auf seinem Fuchsgesicht ein spöttisches Lächeln zeigte, so als wolle er andeuten, dass noch nicht aller Tage Abend sei.[126] Hitler schüttelte jedem einzelnen die Hand. Er war der Regisseur, der die Bühne beherrschte. Die anderen hatten sich, so schien es, seinem Willen unterworfen. Kaum einer der Anwesenden konnte sich der Suggestion des Augenblicks entziehen. Der Gedanke, dass das Ganze nicht ernst gemeint sein könnte, das Triumvirat also nur eine berechnende Komödie aufführte, sei ihm zu keinem Zeitpunkt gekommen, schrieb Karl Alexander von Müller. Viele teilten mit ihm das Gefühl, einer «historischen Stunde» beigewohnt zu haben.[127] Als zum Schluss das Deutschlandlied angestimmt wurde, konnte manch einer vor Rührung nicht mitsingen.

Noch bevor die Versammlung auseinanderging, nahm ein SA-Kommando unter Leitung von Rudolf Heß nach einer vorbereiteten Liste die anwesenden bayerischen Staatsminister fest, darüber hinaus auch den Münchner Polizeipräsidenten und den Kabinettschef des bayerischen Kronprinzen, Graf von Soden. Sie wurden in die Villa des alldeutschen Verlegers Julius F. Lehmann gebracht und kamen erst im Laufe des nächsten Tages frei.[128]

• • • • • • • •

Nachdem die erste Hürde erfolgreich genommen war, machte Hitler einen schweren Fehler. Auf die Nachricht, dass es bei der Besetzung der Pionierkaserne zu Schwierigkeiten gekommen war, beschloss er, mit Friedrich Weber vom «Bund Oberland» dorthin zu fahren, und übergab Kahr, Lossow und Seißer der Obhut Ludendorffs. Als sie zurückkehrten, mussten sie feststellen, dass der General das Triumvirat gegen 22.30 Uhr hatte entkommen lassen – auf das bloße Versprechen hin, dass sie sich weiter an die gegebene Zusage gebunden fühlten. Alle Vorhaltungen wies Ludendorff brüsk zurück: Lossow habe ihm sein Ehrenwort gegeben, und ein deutscher Offizier bräche sein Wort nicht.[129]

Doch kaum hatten Kahr, Lossow und Seißer den Bürgerbräukeller verlassen, wandten sie sich von Hitler und Ludendorff ab. Damit zeichnete sich bereits das Scheitern des Putsches ab. Denn das gesamte Unternehmen war auf die Überrumpelung des Triumvirats gestellt. Für eine weitergehende Planung war kaum Vorsorge getroffen worden. «Es war überraschend», stellte Kahr in seinem abschließenden Bericht über den Putsch im Dezember 1923 fest, «dass Hitler während der ganzen Nacht kaum einen ernsten Versuch machte, die wichtigen öffentlichen Gebäude wie Telegraphenamt, Telefonamt, Regierungsgebäude, Hauptbahnhof in die Hand zu bekommen.» Nach seinen großartigen Ankündigungen hätte man eigentlich ein ganz anderes Vorgehen erwartet.[130]

Jetzt rächte sich die hektische Eile, mit der die Putschisten vorgegangen waren. Der Versuch, die Pionierkaserne und die Kaserne des I. Bataillons des Infanterieregiments 19 unter ihre Kontrolle zu bringen, scheiterte. Der einzige größere Erfolg gelang Hauptmann Ernst Röhm mit der Einnahme des Wehrkreiskommandos, des Sitzes von General Lossow. Hier errichteten Hitler und seine Mitverschwörer in der Nacht ihr Hauptquartier, bevor sie am frühen Morgen in den Bürgerbräukeller zurückkehrten.[131]

Unterdessen hatte das Triumvirat Gegenmaßnahmen eingeleitet. Lossow fuhr, da seine Dienststelle besetzt war, zur Stadtkommandantur, wo ihn seine Mitarbeiter mit der Frage empfingen: «Exzellenz, das war doch alles nur Bluff?» Mochte der Chef der bayerischen Reichswehr in den Stunden zuvor noch geschwankt haben, jetzt versicherte er, dass er seine Erklärung im Bürgerbräukeller «nur zum Schein und unter dem Zwang der Gewalt» abgegeben habe.[132] Gemeinsam begaben sich die Offiziere in die Infanteriekaserne, wo eine Stunde nach Mitternacht auch Kahr und Seißer eintrafen. Man verständigte sich auf den Text eines Telegramms, der um 2.50 Uhr an alle deutschen Funkstationen durchgegeben wurde: «Generalstaatskommissar von Kahr, Oberst von Seißer und General von Lossow lehnen Hitlerputsch ab. Mit Waffengewalt erpresste Stellungnahme im Bürgerbräukeller ungültig. Vorsicht gegen Missbrauch obiger Namen geboten.» Ein zweiter Funkspruch folgte um 5.30 Uhr: «Kasernen und wichtigste Gebäude sind fest in der Hand der Reichswehr und Landespolizei. Verstärkung im Anmarsch. Stadt ruhig.»[133]

Über diese Wendung der Dinge blieben die Verschwörer lange Zeit im Unklaren. Ein Abgesandter Hitlers und Kriebels, der sich in den frühen Morgenstunden zur Infanteriekaserne begab, um sich Gewissheit über die Haltung des Triumvirats zu verschaffen, wurde auf der Stelle verhaftet. «Mit Rebellen wird nicht verhandelt», fertigte ihn Lossow ab.[134]

In seinem Roman «Erfolg. Drei Jahre Geschichte einer Provinz» von 1930, in dem er Hitler in der Gestalt des Rupert Kutzner auftreten lässt, hat Lion Feuchtwanger das Geschehen im Bürgerbräukeller als eine folkloristische Groteske geschildert.[135] Doch so leichtfertig der Putsch vom Zaun gebrochen worden war und so schmierentheatralische Züge er trug, so ernst zu nehmen war doch das, was sich in der Nacht zum 9. November in München zutrug. Für einige Stunden glaubten sich die Sturmtruppen im Besitz der Macht, und sofort begannen sie, Angehörige der politischen Linken und jüdische Bürger der Stadt zu terrorisieren. Mitglieder des Stoßtrupps Hitler marschierten zum Redaktionsgebäude der SPD-Zeitung «Münchener Post» und richteten hier erhebliche Zerstörungen an. Kurz nach Mitternacht drangen sie in die Wohnung des prominenten SPD-Politikers und Chefredakteurs des Blattes, Erhard Auer, ein, um ihn zu verhaften. Sie trafen aber nur seine Ehefrau und seinen Schwiegersohn an, den sie an Auers Stelle mitnahmen und in einen Raum im Bürgerbräukeller einsperrten. Hier saß auch schon der Vorsitzende des Centralvereins deutscher Staatsbürger jüdischen Glaubens in München, Ludwig Wassermann, den die Putschisten beim Verlassen des Saals identifiziert und festgenommen hatten. SA-Trupps schwärmten aus, um Juden als Geiseln zu nehmen. Einige der bekannten jüdischen Familien hatten die bayerische Hauptstadt bereits verlassen oder hielten sich versteckt. Im Laufe des Vormittags fuhren Stoßtruppleute zum Rathaus und verhafteten den ersten Bürgermeister, den SPD-Politiker Eduard Schmid, und die Stadträte der Linksparteien. Auch sie wurden als Geiseln in den Bürgerbräukeller eingeliefert.[136] Der rasche Zusammenbruch des Putsches verhinderte Schlimmeres. Doch warfen die Vorgänge bereits ein Schlaglicht auf das, was sich zehn Jahre später, nach der Ernennung Hitlers zum Reichskanzler, in ganz Deutschland ereignen sollte.

Noch in der Nacht hatten die Verschwörer eine «Proklamation an das deutsche Volk» an Litfaßsäulen und Hauswände kleben lassen, in der verkündet wurde, dass «die Regierung der Novemberverbrecher» abgesetzt und eine «provisorische deutsche Nationalregierung» gebildet worden sei.[137] Am Morgen des 9. November erschien der «Völkische Beobachter» mit der Schlagzeile: «Proklamation einer deutschen Nationalregierung in München». In einem Kommentar, überschrieben «Der Sieg des Hakenkreuzes», hieß es: «Die völkische Revolution ist auf siegreichem Vormarsch! Deutschland erwacht aus seinem wüsten Fiebertraum, und eine neue große Zeit bricht in strahlendem Glanze durch die Wolken, die Nacht lichtet sich, es wird Tag, und stolz erhebt sich wieder das Symbol deutscher Macht und Größe: der Aar!» Die Parteipostille pries das Wirken Adolf Hitlers, der die völkische Bewegung so groß gemacht habe, dass sie «endlich den vernichtenden Schlag gegen die inneren Feinde unseres geliebten Vaterlandes führen konnte», und schloss mit dem Appell: «Nun auf zum Marsch nach Berlin.»[138]

Zu dem Zeitpunkt, als diese Siegesmeldung verkündet wurde, war den Verschwörern bereits klar geworden, dass mit dem Triumvirat nicht mehr zu rechnen war. Und jede neu eintreffende Meldung bestätigte, dass Reichswehr und Landespolizei sich gegen den Putsch stellten. Im Bürgerbräukeller machten sich nach dem rauschhaften Erlebnis des vergangenen Abends Ernüchterung und Ratlosigkeit breit. Stundenlang beratschlagte man, wie es nun weitergehen sollte. Kriebel schlug vor, einen geordneten Rückzug nach Rosenheim, einer NSDAP-Hochburg, anzutreten. Doch Ludendorff widersprach: Er wolle nicht, dass die ganze Bewegung «im Straßenschmutz» ende. Stattdessen schlug er vor, einen Demonstrationszug ins Stadtzentrum zu unternehmen, und befahl, als der plötzlich sehr kleinlaut gewordene Hitler zu bedenken gab, ob man hier möglicherweise «niedergeschossen» werden

Am Mittag des 9. November setzt sich ein Marsch von Hitler-Anhängern vom Bürgerbräukeller in der Rosenheimer Straße Richtung Innenstadt in Bewegung.

könne, in barschem Ton: «Wir marschieren!»[139] Mehr als eine vage Hoffnung, mit dem Marsch die öffentliche Meinung gewinnen und vielleicht doch noch das Blatt wenden zu können, bestand allerdings nicht.

Gegen Mittag formierte sich der Zug – an der Spitze Hitler, Ludendorff und die anderen Führer des Kampfbundes, dahinter rund 2000 Mann, feldmarschmäßig ausgerüstet. An der Ludwigsbrücke stellte sich eine Abteilung Landespolizei in den Weg, ließ die Kolonnen aber nach einigen Scharmützeln passieren. Weiter ging es durch das Isartor und das Tal hinauf zum Marienplatz. Tausende von Passanten säumten die Straßen und jubelten den Demonstranten zu. «Die Begeisterung war unerhört», sagte Hitler später aus, «und ich musste mir auf diesem Marsche sagen, das Volk ist hinter uns.»[140] Andererseits konnte den Zugteilnehmern nicht verborgen bleiben, dass viele Plakate mit der Proklamation der neuen Regierung bereits abgerissen oder durch den Gegenaufruf Kahrs überklebt worden waren.[141]

Der Zug zog vom Marienplatz weiter durch die Weinstraße, schwenkte nach rechts ein in die Perusastraße und von dieser nach links in die Residenzstraße. Kurz bevor er den Odeonsplatz an der Feldherrnhalle erreichte, stieß er auf eine zweite Postenkette der Landespolizei. Es entspann sich ein Handgemenge, dann löste sich ein Schuss – wer ihn abgegeben hat, ist nie geklärt worden. Es folgte ein 30 Sekunden dauerndes Feuergefecht.[142] Am Ende waren vierzehn Putschisten und vier Polizisten tot.

Einer der ersten Toten war Scheubner-Richter. Er riss Hitler, der sich bei ihm eingehakt hatte, mit zu Boden, wobei dieser sich den linken Arm auskugelte. «Hätte die Kugel, die Scheubner-Richter tötete, 30 Zentimeter weiter rechts getroffen, wäre die Weltgeschichte anders verlaufen», hat der britische Historiker Ian Kershaw treffend angemerkt.[143] Göring wurde durch einen Schuss schwer verletzt, ebenso Hitlers Leibwächter Ulrich Graf, der sich schützend vor seinen Chef gestellt hatte. Während der Zug in wilder Panik auseinanderstob, marschierte Ludendorff kerzengrade durch die Reihen der Polizisten und ließ sich widerstandslos auf dem Odeonsplatz festnehmen.

Im allgemeinen Durcheinander hatte sich Hitler aufgerafft und zum Max-Josefs-Platz geschleppt, wo Dr. Walter Schultze, der Chef des SA-Sanitätswesens, ein Auto bereitgestellt hatte.[144] In schneller Fahrt ging es zum Ferienhaus von Ernst Hanfstaengl in Uffing am Staffelsee. Hier wurde Hitler zwei Tage später, am Nachmittag des 11. November, verhaftet und noch am gleichen Tag in die Festung Landsberg am Lech eingeliefert. «Eine dunkle Haarsträhne fiel in das bleiche, von Aufregungen und schlaflosen Nächten verfallene Gesicht, aus dem ein paar harte Augen in die Leere starrten», erinnerte sich ein Gefängnisbeamter.[145]

Der schwerverletzte Göring wurde zunächst in einer Münchner Privatklinik behandelt und konnte später über die Grenze nach Österreich entkommen. Ihm folgte eine Reihe weiterer Putschisten, darunter Hermann Esser, Ernst Hanfstaengl und Rudolf Heß. Pöhner und sein Komplize in der Münchner Polizeidirektion, Wilhelm Frick, waren noch in der Nacht vom 8. auf den 9. November verhaftet worden. Röhm wurde nach der Kapitulation des Wehrkreiskommandos am Nachmittag des 9. November festgesetzt. Ludendorff wurde entlassen. Er hatte sein Ehrenwort gegeben, sich bis auf weiteres der politischen Betätigung zu enthalten.[146]

In den ersten Stunden nach der Niederschlagung des Putsches glich die Lage in München einem Tollhaus. Große Teile der Bevölkerung ergriffen Partei für die Putschisten. «Die Erregung gegen ‹den wortbrüchigen Kahr› ist allgemein», beobachtete Hedwig Pringsheim, «die Reichswehr, die Ordnung zu halten versucht, wird mit Pfeifen, Zischen, Pfui-Rufen begrüßt, man beschimpft sie als ‹Judensöldlinge, eidbrüchige Helfer der Judenregierung Kahr›, spuckt aus, ist renitent u(nd) namentlich auf dem Odeonsplatz u(nd) Briennerstr(aße) kam es zu wilden, aufregenden Scenen zwischen Publikum (entwaffneten Hitlerleuten) u(nd) Reichswehr. Die Judenhetze ist fürchterlich.»[147]

Auch in den folgenden Tagen kam es in München und in anderen bayerischen Städten immer wieder zu Kundgebungen gegen die «Verräterclique» Kahr, Lossow und Seißer.[148] Besonders unter den Studenten waren die Sympathien für Hitler und seine Mitverschwörer weit verbreitet. Auf einer Versammlung in der Münchner Universität am 12. November wurden die Redner fortwährend durch Rufe wie «Hoch Hitler! Nieder mit Kahr!» unterbrochen. Als der Rektor am Ende dazu aufforderte, das Deutschlandlied zu singen, stimmten die Studenten das Lied des Kapp-Putschisten Hermann Ehrhardt «Hakenkreuz am Stahlhelm» an.[149] Erst allmählich sollte sich die Stimmung beruhigen.

Zu Beginn seiner Landsberger Haft war Hitler völlig demoralisiert und trug sich mit Selbstmordgedanken. Dem Anstaltspsychologen bekannte er: «Ich habe genug, ich bin fertig, wenn ich einen Revolver hätte, würde ich ihn nehmen.»[150] Stattdessen trat er in einen Hungerstreik, den er nach zehn Tagen auf Zureden der Anstaltsleitung und seines Rechtsanwalts Lorenz Roder beendete. Mitte Dezember 1923 fand ihn seine Halbschwester Angela Raubal schon wieder «geistig und seelisch auf der Höhe».[151] Der prominente Gefangene bereitete sich auf seinen Prozess vor, der im Februar 1924 vor dem Volksgericht München I beginnen sollte.

Noch am 9. November hatte Generalstaatskommissar von Kahr die NSDAP und die Organisationen des Kampfbundes verboten; der «Völkische Beobachter» musste sein Erscheinen einstellen; die Geschäftsstelle wurde besetzt und das Parteieigentum beschlagnahmt.[152] Nach vier Jahren eines scheinbar unaufhaltsamen Aufstiegs als rechtspopulistischer Politiker drohte Hitler nun der Absturz in die Bedeutungslosigkeit. «Der Münchner Putsch markiert das sichere Ende für Hitler und seine Anhänger», prophezeite die «New York Times».[153] Auch die «Frankfurter Zeitung» widmete Hitler und seiner Bewegung in der Ausgabe vom 10. November einen Nachruf: «Der Nationalsozialismus hat – das richtet ihn für alle Zeiten – beim ersten Schritt aus der Volksversammlung mit ihren billigen Triumphen in die Wirklichkeit und zur Tat versagt.»[154] Rudolf Heß hingegen schrieb einige Tage vor Weihnachten 1923 aus seinem Versteck in Österreich an seine Eltern: «Die Rolle Hitlers und Ludendorffs ist noch nicht zu Ende gespielt in der deutschen Geschichte.»[155] Zumindest was Hitler betraf, sollte Heß Recht behalten.

• • • • • • • •

Obwohl immer wieder alarmierende Berichte über die Lage in Bayern eingetroffen waren, kam die Meldung vom Hitler-Putsch im Bürgerbräukeller für die Regierung in Berlin einigermaßen überraschend. Noch am Abend des 8. November hatte der Staatssekretär im Auswärtigen Amt, Ago von Maltzan, auf die besorgte Frage des britischen Botschafters D'Abernon eine beruhigende Antwort gegeben: Die Lage beginne sich zu entspannen.[156] Kanzler Stresemann saß bei einem Abendessen mit dem späteren Reichsbankpräsidenten Hjalmar Schacht zusammen, als ihn kurz vor Mitternacht die ersten Nachrichten erreichten. Sofort berief er eine Kabinettssitzung in der Reichskanzlei ein, zu der sich neben den Ministern auch Ebert und Seeckt sowie der preußische Ministerpräsident Braun und der preußische Innenminister Severing einfanden.[157] Alle Teilnehmer standen unter dem Eindruck, dass sich Kahr, Lossow und Seißer dem Putsch angeschlossen hatten. In seinem Tagebuch hielt Oberstleutnant Selchow, Seeckts Adjutant, fest, Ebert habe am «ruhigsten» gewirkt, während Stresemann «ganz aus dem Häuschen» gewesen sei.[158] Die entscheidende Frage war, wie sich die Reichswehr verhalten würde, wenn die bayerische Division im Verein mit den Kampfbünden auf Berlin marschieren sollte. Da kein Protokoll der Sitzung existiert, lässt sich die Diskussion nicht im Detail nachzeichnen. Seeckt scheint sich zunächst bedeckt gehalten zu haben und auf die Frage Eberts, für wen die Streitkräfte im Konfliktfall optieren würden, nur vieldeutig erklärt haben, die Reichswehr halte zu ihm.[159] Erst als die Meldung kam, dass Lossow, sein Intimfeind, als Reichswehrminister in der neuen «Nationalregierung» vorgesehen war, soll er sich erhoben und erklärt haben: «Herr Reichspräsident, meine Herren, jetzt müssen wir handeln.»[160]

Nach kurzer Aussprache trat Ebert gemäß Artikel 48 der Reichsverfassung die Ausübung des Oberbefehls über die Wehrmacht an Seeckt ab, und er übertrug ihm darüber hinaus die vollziehende Gewalt, die seit dem 26. September der Reichswehrminister innegehabt hatte, mit dem ausdrücklichen Auftrag, «alle zur Sicherung des Reiches erforderlichen Maßnahmen zu treffen».[161] Der Vorschlag soll von Geßler selbst gekommen sein, doch waren offenbar nicht alle Minister damit einverstanden. Finanzminister Luther, der erst dazu stieß, als der Beschluss bereits gefasst war, warf die ironische Frage in die Runde: «Und wer ist Reichsfinanzminister geworden?», was, wie er in seinen Erinnerungen bemerkte, «zu einer gewissen Entspannung der reichlich gedrückten Stimmung» geführt habe.[162]

Angesichts der zwielichtigen Rolle, die der Chef der Heeresleitung in den Wochen zuvor gespielt hatte, war die Übertragung der vollziehenden Gewalt auf ihn zweifellos ein riskanter Schritt. «Nun ist er also zur Macht auf legalem Wege gelangt», frohlockte sein Adjutant Selchow.[163] Die Gefahr, dass er die ihm zugefallene Machtfülle missbrauchen könnte, um eine verdeckte Militärdiktatur in Gestalt eines Direktoriums zu errichten, war nicht von der Hand zu weisen. Andererseits hatte Ebert, indem er Seeckt direkt seiner Weisungsbefugnis unterstellte, ihn zugleich an sich gebunden und auf die Verteidigung der bestehenden Verfassungsordnung verpflichtet. Insofern hatte der Reichspräsident einen klugen Schachzug getan, der die auf den General gesetzten Hoffnungen der Republikgegner durchkreuzte. Deshalb, so erinnerte sich Geßler, habe sich Seeckt in einer «galligen Stimmung» befunden und «ganz und gar nicht als Sieger» gefühlt. Statt freie Hand für die Verwirklichung seiner Direktoriums-Pläne zu bekommen, sei er nun «der verfassungsmäßige Schützer Stresemanns» geworden: «So hatte er es nicht gemeint und nicht gewünscht.»[164]

In der Nachtsitzung verabschiedete das Kabinett auch einen gemeinsamen Aufruf von Reichspräsident und Reichsregierung, in dem die Beschlüsse von München für «null und nichtig» erklärt wurden und versprochen wurde, die zur Niederschlagung des Putsches erforderlichen Maßnahmen «mit rücksichtsloser Energie» durchzuführen.[165] In einem Telegramm bat der Kanzler die Länderregierungen, die Reichsregierung mit allen Kräften zu unterstützen.[166] Als Stresemann um 4.30 Uhr in der Frühe in die Privaträume der Reichskanzlei zurückkehrte, sagte er: «Wir wissen nicht, was der nächste Tag bringt, ich werde nicht zurückweichen.»[167]

• • • • • • • •

Der 9. November brachte eine rasche Klärung der Lage. Um 9.30 Uhr suchte Staatssekretär von Maltzan den britischen Botschafter auf und teilte ihm mit, dass die Regierung aus Nürnberg und Bamberg beruhigende

Nachrichten erhalten habe: Kahr und Lossow hätten ihre Zusagen nur unter Zwang gegeben und seien «jetzt vollkommen von Hitler und Ludendorff abgerückt».[168] Harry Graf Kessler, der sich in Den Haag aufhielt, erfuhr vom dortigen deutschen Gesandten, Hellmuth Freiherrn Lucius von Stoedten, dass man in Berlin hoffe, noch am selben Tag mit den bayerischen Aufrührern fertig zu werden: «Kahr und Lossow hätten beide erklärt, dass sie mit dem verrückten Kerl Hitler nichts zu tun haben wollten.»[169]

In der Kabinettssitzung am Mittag des 9. November verlas Seeckt die neuesten Nachrichten aus München. Sie bestätigten, dass Hitlers Versuch, das Triumvirat für den Putsch zu gewinnen, gescheitert war. Die Reichswehr in Bayern stünde geschlossen hinter General Lossow. Deshalb könne man sicher sein, dass «die Erhebung in München bald niedergeschlagen» werde. Unter diesen Umständen beantragte Seeckt die Aufhebung der über Bayern verhängten Bahn- und Postsperre.[170] Ein Bericht des Vertreters der Reichsregierung in München vom Nachmittag beseitigte die letzten Zweifel. Er schilderte den Zusammenstoß der «Hitlerschen Hauptmacht» mit Landespolizei und Reichswehr an der Feldherrnhalle, der «mit der Zersprengung und Entwaffnung der Nationalsozialisten und mit der Gefangennahme Ludendorffs sowie mit der Flucht des verwundeten Hitler» geendet hatte. Zwar fänden zur Zeit noch «gewaltige Massendemonstrationen für Hitler» statt, doch hätten Kahr und Lossow «die Macht fest in Händen».[171]

Am Nachmittag unterrichtete Stresemann das Kabinett über eine Unterredung, die er kurz zuvor mit dem französischen Botschafter gehabt hatte. Im Auftrag von Poincaré hatte de Margerie die Beunruhigung der französischen Regierung über die Vorgänge in München zum Ausdruck gebracht. Man befürchte, dass bei der Errichtung einer Rechtsdiktatur der Versailler Vertrag aufgekündigt und ein Revanchekrieg gegen Frankreich vorbereitet werde. Dem Frieden sei am besten gedient, «wenn die demokratische Regierungsform in Deutschland sich konsolidiere». Stresemann entgegnete, dass das Erstarken der rechtsradikalen Bewegung auch auf die verzweifelte Lage zurückzuführen sei, in welche die Besetzung des Ruhrgebiets Deutschland gebracht habe. Im Übrigen beweise der Ausgang des Putsches in München, dass «die Regierung Kraft und Autorität genug besessen habe, um dieser Bewegung Herr zu werden».[172]

• • • • • • • •

Durch die Übertragung der vollziehenden Gewalt auf Seeckt sah sich die oppositionelle Gruppe in der DVP-Reichstagsfraktion ermutigt, ihre Angriffe auf den Kanzler wiederaufzunehmen. Ein von ihr am 9. November erneut eingebrachter Antrag, der die Regierung zu Verhandlungen mit den Deutschnationalen zwecks Schaffung eines «Bürgerblocks» aufforderte, wurde mit 31 gegen 15 Stimmen angenommen. Ein Zusatzantrag, der sich dafür aussprach, dass Stresemann die Verhandlungen führen sollte, wurde mit 22 gegen 20 Stimmen (bei zwei Enthaltungen) abgelehnt. Im Gefühl, nun endlich am Ziel zu sein, lancierte Alfred Gildemeister, einer der heftigsten Stresemann-Gegner, die Mitteilung an die Nachrichtenagenturen, dass die Fraktion dem Kanzler das Misstrauen ausgesprochen habe. Dieser grob illoyale Akt war nun selbst dem Fraktionsvorsitzenden Ernst Scholz zu viel. In einer noch am Abend über Wolffs Telegraphen-Büro verbreiteten Meldung stellte er klar, dass die Fraktion zwar Verhandlungen mit der DNVP befürworte, gleichzeitig aber auch am Kanzler festhalte. Da die Deutschnationalen ihrerseits auf dem Rücktritt Stresemanns bestanden, sei der zuvor gefasste Beschluss hinfällig. Am folgenden Tag stellte sich eine große Mehrheit der Fraktion hinter diesen Standpunkt.[173]

Stresemann ging nun zum Gegenangriff über. Auf einer großen öffentlichen Kundgebung in Halle im Anschluss an den Parteitag der sächsischen Landesorganisation am 11. November rechnete er mit denen ab, die ständig das Wort «nationale Diktatur» im Munde führten, aber nichts zur Lösung der drängenden Probleme beizutragen hätten. «Damit, dass man in einem Bürgerbräukeller Herrn Adolf Hitler zum neuen Lenker der politischen Geschicke Deutschlands ausruft, kann man dem deutschen Volke nicht die Hilfe bringen!» Den Vorwurf, jemals «nicht national» gehandelt zu haben, wies er als «schamlose Verleumdung» zurück, und er verlangte einmal mehr «den Mut zur Unpopularität, auch gegenüber der eigenen Partei».[174] Die Ovationen, die ihm dargebracht wurden, empfand Stresemann, wie er in seinen Kalender notierte, als «stärkste seelische Stärkung».[175]

Nicht nur die innerparteiliche Fronde, sondern auch Seeckt intrigierte weiter gegen den Kanzler. Da er von Wiedfeldt noch keine Antwort auf sein Schreiben vom 4. November erhalten hatte, schickte er ihm am 10. November – wiederum mit Billigung Eberts – ein Telegramm mit der Anfrage, ob er bereit sei, das Kanzleramt und zugleich die Leitung des Auswärtigen Amtes zu übernehmen.[176] Der Botschafter in Washington zögerte immer noch mit seiner Antwort. Erst am 24. November sollte die definitive Absage eintreffen: Ihm fehle der Rückhalt bei den Parteien und den relevanten gesellschaftlichen Kräften, ließ Wiedfeldt Seeckt wissen, und er sei nach fast zweijähriger Abwesenheit mit den innenpolitischen Verhältnissen in Deutschland nicht mehr vertraut.[177] In der Reichswehrführung zerbrach man sich den Kopf, wer an seine Stelle treten könnte. Er sehe «keinen anderen Weg ins Freie als den einer gewissen Diktatorschaft», vertraute Seeckt in diesen Tagen seiner Schwester an, und er würde es begrüßen, «wenn sich ein Mann dazu findet». Ihn selbst gelüste «es nicht nach der Herrschaft, aber nach dem Ziel».[178]

Mit ihrem vorzeitig ausgelösten und dilettantisch durchgeführten Putsch hatten Hitler und Ludendorff freilich die Diktaturpläne der radikalen Rechten nachhaltig diskreditiert. «Das Schlagwort der nationalen Diktatur ist in seiner Hohlheit entlarvt», schrieb Ernst Feder im «Berliner Tageblatt».[179] Stinnes' «Deutsche Allgemeine Zeitung», die noch in ihrer Morgenausgabe vom 9. November den Sieg der «nationalen Reichsdiktatur in Bayern» verkündet hatte, beeilte sich, in ihrer Abendausgabe von Ludendorff abzurücken: Der habe einen bemerkenswerten «Mangel an politischem Blick» bewiesen.[180] «Welche Undankbarkeit!», glossierte die «Vossische Zeitung» die abrupte Kehrtwende, und sie fuhr fort: «Was Hitler und Ludendorff wollten, das wussten die Kreise, die hinter dem Stinnesblatt stehen, nicht erst seit gestern früh. Sie haben dasselbe Ziel verfolgt, und sie haben alles getan, um die Voraussetzungen für das Unternehmen zu schaffen.»[181] Chefredakteur Georg Bernhard begrüßte es besonders, dass sich Ludendorff nun endlich demaskiert habe. Er, der es bislang immer verstanden habe, sich im Hintergrund zu halten, habe sich nun gemeinsam mit dem «Scharlatan Hitler» offen zum Hochverrat bekannt und damit «die Gemeingefährlichkeit seines Treibens, das schon vom Kapp-Putsch her datiert, vor aller Welt enthüllt».[182] «Der Götze ist gefallen», kommentierte auch Carl von Ossietzky. «Dieser 9. November hat das verspätete, aber gerechte Urteil über den ärgsten Unglücksführer der deutschen Geschichte gebracht.»[183]

Mit der schnellen Niederschlagung des Münchner Putsches war die Umsturzgefahr von rechts vorerst gebannt. Auch für die scheinlegale Variante eines Direktoriums gab es keinen Rechtfertigungsgrund mehr. Ungewollt hatten Hitler und Ludendorff dazu beigetragen, den Konflikt zwischen Bayern und dem Reich zu entschärfen und die verhasste Republik zu festigen.

«Dass Hitlers Putsch ein so vollständiger Misserfolg war, ist ein großer Gewinn», berichtete Dorothy von Moltke Mitte November 1923 aus Kreisau. «Wenn wir eine stabile Währung entwickeln können, werden wir durchkommen, wenn nicht, gibt es Chaos.»[184]

VI.

«Los von Berlin»: Separatistische Bewegungen im Rheinland und in der Pfalz

Am sogenannten Düsseldorfer Blutsonntag am 30. September 1923 kommt es auch in der rheinischen Großstadt zu Kämpfen zwischen separatistischen Demonstranten und der Polizei.

. . . .

«Wie vorauszusehen war, haben die rheinischen Separatisten das Signal, das in München (...) gegeben wurde, erfreut aufgenommen. Sie haben in Aachen das Rathaus erstürmt, haben sogar ihre ‹rheinische Republik› ausgerufen und bereiten sich auch in anderen Städten zu ähnlichen Heldenstücken vor.» Mit diesen Worten kommentierte Theodor Wolff in seinem Leitartikel im «Berliner Tageblatt» die Ausrufung einer «Rheinischen Republik» in Aachen am 21. Oktober 1923.[1] Das «Signal» aus München – das war die offene Rebellion gegen die Amtsenthebung des Generals Lossow, mit welcher der Konflikt zwischen Bayern und dem Reich einem Höhepunkt entgegentrieb. Freilich waren die separatistischen Bestrebungen im Rheinland nicht erst eine Reaktion auf die krisenhafte Situation des Herbstes 1923; sie hatten bereits unmittelbar nach dem Sturz der Hohenzollernherrschaft im November 1918 eingesetzt.

Mehrere Momente kamen hier zusammen. In den Rheinprovinzen, die auf dem Wiener Kongress 1815 – nach zwanzigjähriger Zugehörigkeit zum republikanischen, späterhin napoleonischen Frankreich – der preußischen Krone zugeschlagen worden waren, hatte sich auch ein starkes regionales Sonderbewusstsein erhalten. Dabei spielte der konfessionelle Gegensatz zwischen den protestantischen Altpreußen und den überwiegend katholischen Rheinländern eine wichtige Rolle. Die Erinnerung an den Kulturkampf Bismarcks in den 1880er Jahren war am Rhein immer noch lebendig, und sie wurde befeuert, als der Kultusminister der vorläufigen preußischen Regierung, Adolf Hoffmann (USPD), Ende November 1918 Pläne für eine radikale Entkonfessionalisierung der Schule vorlegte. Schon bald nach Beginn der Revolution wurden Stimmen laut, die unter der Parole «Los von Berlin» für eine Trennung der Rheinlande von Preußen plädierten. Sie kreuzten sich mit Überlegungen zu einer Neugliederung des Reiches, durch welche die hegemoniale Stellung Preußens beseitigt werden sollte. Mit der Zertrümmerung der Monarchie habe das bisherige preußische System seine historisch-politische Berechtigung verloren, konstatierte etwa der Historiker Friedrich Meinecke an der Jahreswende 1918/19, Deutschland könne «sich nicht gedeihlich entfalten, wenn Großpreußen bestehen bleibt».[2]

Die traditionelle Abneigung gegen eine preußische Dominanz verband sich mit der Furcht vor einer möglichen Annexion der linksrheinischen Gebiete durch Frankreich. Zum Zeitpunkt des Waffenstillstands vom 11. November 1918 war zwar noch nicht entschieden, was aus dem Rheinland werden sollte, aber mit der Besetzung der Rheinlinie und der Städte Mainz, Koblenz und Köln mit je einem Brückenkopf hatte sich Frankreich eine starke Ausgangsposition für die Friedensverhandlungen in Versailles geschaffen. Maßgebende französische Politiker und Militärs, allen voran Poincaré, Clemenceau und Marschall Foch, hatten keinen Zweifel daran gelassen, dass sie sich mit der Rückgabe Elsass-Lothringens nicht zufrieden geben, sondern mit der alten Forderung nach der Rheingrenze Ernst machen wollten, um Frankreich gegen künftige deutsche Angriffe zu schützen.[3] Durch eine Trennung von Preußen, so hofften die Befürworter einer «Rheinischen Republik», könne man nicht nur eine französische Annexion vermeiden, sondern auch die zu erwartenden Folgelasten des Krieges für die rheinische Bevölkerung mildern.

Treibende Kraft war die «Kölnische Volkszeitung», das führende Zentrumsblatt. Bereits am Abend des 9. November 1918 begaben sich der Chefredakteur Karl Hoeber und der politische Redakteur Josef Froberger in Begleitung mehrerer Zentrumspolitiker zum Kölner Oberbürgermeister Konrad Adenauer, um ihn für die Idee einer Loslösung der Rheinlande von Preußen und der Schaffung einer «Westdeutschen Republik» zu gewinnen. Adenauer verhielt sich zunächst reserviert, versprach aber, die Sache im Auge zu behalten und mit Politikern anderer Parteien darüber Gespräche anzuknüpfen.[4] Am 4. Dezember 1918, zwei Tage vor dem Einmarsch britischer Besatzungstruppen in Köln, veranstaltete die Zentrumspartei im Kölner Bürgerverein eine große Kundgebung. Am Schluss wurde eine Resolution verabschiedet, in der die Vertreter aller Parteien im Rheinland aufgefordert wurden, «baldigst die Proklamierung einer dem Deutschen Reiche angehörigen selbständigen Rheinisch-Westfälischen Republik in die Wege zu leiten».[5]

Adenauer hatte an der Versammlung nicht teilgenommen – er sei von dem Beschluss «vollständig überrascht» worden, hat er später bekannt.[6] Doch am 1. Februar 1919 trat er aus der bisher beobachteten Zurückhaltung heraus. In einer Rede vor den zur deutschen Nationalversammlung und preußischen Landesversammlung gewählten rheinischen Abgeordneten sowie zahlreichen Oberbürgermeistern der besetzten Städte trat er nun selbst für eine Teilung Preußens und die Gründung einer «Westdeutschen Republik im Verbande des Deutschen Reiches» ein. Damit würde einerseits dem Sicherheitsbedürfnis Frankreichs Rechnung getragen und andererseits «die Beherrschung Deutschlands durch ein vom Geiste des Ostens, vom Militarismus beherrschten Preußen unmöglich gemacht». Der Kölner Oberbürgermeister fasste seine Überlegungen in dem Diktum zusammen: «Entweder wir kommen direkt oder als Pufferstaat an Frankreich, oder wir werden eine Westdeutsche Republik; ein drittes gibt es nicht.» Allerdings sollte der westdeutsche Bundesstaat nicht auf die linksrheinischen Gebiete beschränkt bleiben, sondern auch angrenzende rechtsrheinische Landesteile umfassen. Allein durch ihre Größe und wirtschaftliche Bedeutung würde eine solche «Westdeutsche Republik» eine wichtige Rolle im neuen Deutschland spielen und dessen Außenpolitik «in ihrem friedensfreundlichen Geiste beeinflussen können». Am Ende warnte Adenauer vor übereilten Schritten: Alle Maßnahmen müssten auf «gesetzmäßigem Wege» erfolgen, sich also im Rahmen dessen halten, was die künftige Reichsverfassung vorschreibe.[7]

Dementsprechend fiel die Entschließung aus, die die Versammlung einmütig annahm. In ihrem ersten Teil wurde feierlich Einspruch erhoben gegen alle Bestrebungen, das Rheinland vom Reich loszulösen. Der zweite Teil lautete: «Da die Teilung Preußens ernstlich erwogen wird, übertragen wir dem von uns gewählten Ausschuss die weitere Bearbeitung der Pläne auf Errichtung einer Westdeutschen Republik im Verbande des Deutschen Reiches und auf dem Boden der von der Deutschen Nationalversammlung zu schaffenden Reichsverfassung.»[8]

Für die aktionistischen Kräfte innerhalb der Rheinlandbewegung bedeutete dieses Ergebnis eine schwere Enttäuschung. Sie hatten gehofft, dass bereits am 1. Februar 1919 die «Rheinische Republik» proklamiert werden würde. Das galt besonders für den Mann, der in den folgenden Monaten und Jahren als einer der exponiertesten Vertreter des rheinischen Separatismus hervortreten sollte: Hans Adam Dorten. 1880 als Sohn eines Kaufmanns in Endenich bei Bonn geboren, war er nach Abschluss eines Jurastudiums am Düsseldorfer Amtsgericht tätig gewesen und 1914 zum Staatsanwalt ernannt worden. Der Politik wandte er sich erst nach der Entlassung aus dem Heeresdienst Ende 1918 zu. Dorten lehnte die Novemberrevolution ab. Die Furcht vor einer sozialistischen Umgestaltung Deutschlands war für ihn ein wichtiger Beweggrund, um sich der separatistischen Bewegung anzuschließen. Zu Beginn des Jahres 1919 sammelte er in zahlreichen Gemeinden im Rechtsrheinischen notarielle Vollmachten, die sich für einen Anschluss an eine «Westdeutsche Republik» aussprachen.[9]

Durch Vermittlung des Chefredakteurs der «Kölnischen Volkszeitung» Hoeber nahm Dorten Kontakt zu Adenauer auf. Auf diesen machte er «keinen schlechten, wohl aber einen unüberlegten Eindruck».[10] Tatsächlich unterschieden sich die Auffassungen Adenauers und Dortens über den einzuschlagenden Weg fundamental: Während der Kölner Oberbürgermeister die Schaffung einer «Westdeutschen Republik» mit verfassungsgemäßen Mitteln, in Abstimmung mit der Reichsregierung, der preußischen Regierung und der Nationalversammlung anstrebte, wollte Dorten vollendete Tatsachen schaffen. Die Entscheidung über das Schicksal des Rheinlands sei «lediglich Sache der Selbstbestimmung der betreffenden Volksstämme, nicht aber der preußischen Regierung oder Nationalversammlung», schrieb er Adenauer am 5. Februar. Er und seine Anhänger hielten «die sofortige Errichtung der Westdeutschen Republik für das dringlichste Gebot der Stunde».[11] Wenige Wochen später, am 28. Februar, forderte er den Kölner Oberbürgermeister geradezu ultimativ zum Handeln auf; andernfalls werde man selbst «zur Tat schreiten».[12]

Unterstützung fand Dorten in Kreisen der «Kölnischen Volkszeitung» und bei einer Gruppe von Zentrumspolitikern. Gemeinsam verfassten sie einen Aufruf, der am 10. März in einer Versammlung im Kölner Kasino zur Annahme gelangte. Kernpunkt war die Forderung nach unverzüglicher Durchführung einer Volksabstimmung am Rhein. Die «Westdeutsche Republik», die danach ausgerufen werden sollte, werde eine «Gewähr für den Frieden Europas» bieten und zugleich einen «Damm gegen bolschewistische Überflutungen» bilden. Man betrachte, so hieß es, den am 1. Februar unter dem Vorsitz Adenauers gegründeten Ausschuss «infolge seiner bisherigen gänzlichen Untätigkeit als erledigt».[13]

Am 10. Februar 1919 aber hatte die Weimarer Nationalversammlung im «Gesetz über die vorläufige Reichsgewalt» beschlossen, dass «der Gebietsstand der Freistaaten nur mit ihrer Zustimmung geändert werden» dürfe. Und am 13. März stimmte die Nationalversammlung einer Erklärung des sozialdemokratischen Ministerpräsidenten Philipp Scheidemann zu, in der festgestellt wurde, dass eine Lösung der rheinischen Frage «erst nach Friedensschluss und nur auf verfassungsmäßigem Wege» erfolgen könne und jede «staatsrechtliche Umgestaltung» vor diesem Zeitpunkt geeignet sei, «die nationale Einheit unseres Vaterlandes zu bedrohen».[14]

Die Aktivisten der Rheinlandbewegung ließen sich dadurch nicht abschrecken. In Verhandlungen mit der französischen Besatzungsmacht suchten sie ihr Projekt voranzutreiben. Dabei stellte sich jedoch heraus, dass die Franzosen zwar für die Bildung eines Rheinstaats Sympathien hegten, dessen Verbleib im Verband des Deutschen Reiches aber wenig abgewinnen konnten und stattdessen einen selbständigen Pufferstaat favorisierten, der eng an Frankreich angeschlossen werden sollte.[15] Überdies hatte das Bekanntwerden der harten Friedensbedingungen Anfang Mai 1919 die Begeisterung in Teilen der rheinischen Bevölkerung für eine Loslösung von Preußen spürbar abgekühlt. Einige Mitstreiter Dortens aus der Zentrumspartei hielten eine Weiterverfolgung ihrer Pläne nur noch für sinnvoll, wenn dadurch eine Milderung der Bedingungen erreicht werden könne.[16]

Dennoch entschloss sich Dorten, nun auf eigene Faust zu handeln. Am 1. Juni 1919 rief er an seinem Wohnort in Wiesbaden im französischen Sektor die «Rheinische Republik» aus. Noch in der Nacht wurden in Teilen der Region Plakate mit dem Aufruf «An das rheinische Volk!» angeschlagen, auf denen dem verblüfften Publikum die sensationelle Nachricht verkündet wurde: «Es wird eine selbständige Rheinische Republik im Verbande des Deutschen Reiches als Friedensrepublik errichtet, die das Rheinland, Altnassau, Rheinhessen und die Rheinpfalz umfasst.» Es sollten so rasch wie möglich Wahlen zu einer «Rheinischen Landesversammlung» stattfinden. Bis zu deren Zusammentritt in Koblenz sollte die «vorläufige Regierung» in Wiesbaden verbleiben.[17] Am Nachmittag des 2. Juni erschien Dorten in Begleitung eines französischen Offiziers im Landeshaus, dem Tagungsort des kommunalen Parlaments, und beschlagnahmte die Räumlichkeiten.

Doch Dorten und seine Anhänger hatten die Stimmung in der Bevölkerung falsch eingeschätzt. Noch am 2. Juni traten die Arbeiter in einen Generalstreik, die Straßenbahnen stellten ihren Betrieb ein, die Läden blieben geschlossen. Der Befehlshaber der französischen Truppen im Rheinland, General Charles Mangin, untersagte daraufhin alle Streik- und Protestaktionen und drohte den Organisatoren mit einer Ausweisung aus dem besetzten Gebiet. Mehr als alles andere trug die offensichtliche Protektion, die Dorten durch die französische Besatzungsmacht erfuhr, dazu bei, sein Unternehmen in Misskredit zu bringen. Bereits am 4. Juni mussten er und die Mitglieder seines provisorischen Kabinetts das Wiesbadener Regierungsgebäude, das sie erst Stunden zuvor in Besitz genommen hatten, unter französischem Geleitschutz wieder verlassen. Nur vier Tage hatte sich sein Operettenregiment halten können. Mit seinem Scheitern war der Gedanke einer «Rheinischen Republik» im Reichsverband fürs Erste diskreditiert. Gegen Dorten wurde vom Reichsgericht in Leipzig ein Haftbefehl wegen «Hoch- und Landesverrats» erlassen, vor dessen Vollstreckung ihn aber der Aufenthalt in der französischen Besatzungszone schützte.[18]

• • • • • • • •

Am 28. Juni 1919 wurde der Versailler Vertrag unterzeichnet. Gegen den Widerstand des amerikanischen Präsidenten Woodrow Wilson und des britischen Premiers David Lloyd George hatten sich die Franzosen mit ihren Plänen für eine Abtrennung der linksrheinischen Gebiete von Deutschland nicht durchsetzen können. Die preußischen Rheinlande blieben beim Reich. Um dem französischen Sicherheitsbedürfnis entgegenzukommen, wurde die Entmilitarisierung einer 50 Kilometer breiten Zone rechts des Rheins vorgeschrieben. Die Besetzung des linken Rheinufers mit den rechtsrheinischen Brückenköpfen bei Köln, Mainz und Koblenz sollte in drei Stufen nach fünfzehn Jahren beendet werden.[19] Als oberstes Organ des Besatzungsregimes fungierte eine Hohe Interalliierte Rheinlandkommission in Koblenz mit ihrem Präsidenten, dem Franzosen Paul Tirard, an der Spitze.

Ende Juli 1919 nahm die Nationalversammlung die neue Reichsverfassung an. In Artikel 18 wurde die Möglichkeit einer territorialen Neuordnung der Länder prinzipiell offengehalten. Doch im Unterschied zum ursprünglichen Entwurf von Hugo Preuß sollten die politischen Vertretungen oder Kommunen in den betroffenen Gebieten kein Initiativrecht mehr besitzen, eine Abstimmung in die Wege zu leiten. Außerdem wurde Artikel 18 durch Artikel 167 der Reichsverfassung zunächst für zwei Jahre ausgesetzt.[20] Allen Plänen für eine Aufteilung Preußens war damit ein Riegel vorgeschoben worden. Nach dem Inkrafttreten des Versailler Vertrages und der Verabschiedung der Weimarer Reichsverfassung gaben Konrad Adenauer und die mit ihm verbundenen Zentrumskreise das Projekt einer «Westdeutschen Republik» fürs Erste auf.[21]

• • • • • • • •

In den Jahren 1920 bis 1922 fristete die separatistische Bewegung im Rheinland ein Schattendasein. Im Januar 1920 gründete Dorten in Boppard eine «Rheinische Volksvereinigung», die über den Status einer Sekte kaum hinausgelangte. Das gleiche galt für die vom früheren Kölner Sozialdemokraten Josef Smeets ins Leben gerufene «Rheinisch-Republikanische Volkspartei», die im Unterschied zu Dortens Vereinigung von Anfang an für einen Rheinstaat außerhalb des Reiches eintrat. Eine dritte Gruppierung, der «Rheinische Unabhängigkeitsbund», sammelte sich um den Redakteur Josef Friedrich Matthes. Er galt als ein im Sold der Franzosen stehender politischer Abenteurer. Seine Anhänger rekrutierte er vor allem im nördlichen Rheinland, in der Gegend von Düsseldorf.[22]

Erst im Krisenjahr 1923 erhielt die Bewegung für eine «Rheinische Republik» neuen Auftrieb. Die gescheiterte Politik des passiven Widerstands gegen die Ruhrbesetzung und die verheerenden ökonomischen und moralischen Auswirkungen der Hyperinflation trieben nicht nur den extremen Parteien der Rechten und Linken, sondern auch den Separatisten neue Anhänger zu. Auf einer Tagung in Koblenz am 15. August 1923 schlossen sich die verschiedenen separatistischen Organisationen zur «Vereinigten Rheinischen Bewegung» zusammen. Bei dieser Gelegenheit bekannte sich Dorten erstmals in aller Öffentlichkeit zum Ziel einer Loslösung der Rheinlande vom Deutschen Reich und der Errichtung einer «Rheinischen Republik» unter französischem Protektorat. In einer gemeinsamen Erklärung hieß es: «Wir sind freie Rheinländer, wir lassen uns nicht verkaufen, sondern wollen selbst unser Geschick bestimmen.» Die Unabhängigkeit von Berlin sollte unter anderem durch die Schaffung einer eigenen Währung besiegelt werden.[23]

Die nunmehr «Vereinigte Rheinische Bewegung» entfaltete eine rege Aktivität. In zahlreichen Städten – in Trier, Bonn, Duisburg, Mainz, Mönchengladbach und Wiesbaden – fanden Versammlungen statt, die steigenden Zulauf zeigten. Höhepunkt der Kampagne sollte eine Großkundgebung in Düsseldorf am 30. September sein, einem Sonntag. Die französische Eisenbahnverwaltung, die sogenannte Régie, stellte den Demonstranten, die aus dem gesamten besetzten Gebiet anreisen wollten, kostenlos Sonderzüge zur Verfügung. Die Organisationen der Gewerkschaften und der Beamten ließen derweil Flugblätter «An die gesamte Bevölkerung Düsseldorfs!» verteilen, in denen die Bewohner aufgerufen wurden, um 13 Uhr die Straßen zu meiden, um «die Rheinbündler mit ihren Bestrebungen allein zu lassen».[24] Es herrschte eine nervöse Spannung. Gerüchte kursierten, dass die Separatisten beabsichtigten, die «Rheinische Republik» zu proklamieren. Der Düsseldorfer Regierungspräsident Walther Grützner, der von den Besatzungsbehörden wegen seines unkooperativen Verhaltens ausgewiesen worden war und in Barmen eine Geschäftsstelle im Exil aufgebaut hatte, gab dem Düsseldorfer Oberbürgermeister Emil Köttgen und den ihm unterstellten Polizeikräften den Befehl, eine solche «hoch- und landesverräterische Aktion» mit allen Mitteln «rücksichtslos» zu unterdrücken.[25] Am Morgen des 30. September waren alle Beamten der Schutzpolizei in Alarmbereitschaft versetzt worden.

Um die Mittagszeit trafen die Sonderzüge der Régie im Düsseldorfer Hauptbahnhof ein. Rund 8000 bis 10 000 Menschen, darunter einige hundert Angehörige des «Rheinlandschutzes», des bewaffneten Ordnungsdienstes, formierten sich zu einem Zug und marschierten in geschlossenen Reihen in die Innenstadt. Dann überschlugen sich die Ereignisse. Es kam zu einem wilden Feuergefecht und danach zu regelrechten Straßenkämpfen zwischen Separatisten und Polizisten. Wer die ersten Schüsse abgegeben hatte, blieb ungeklärt. Beide Seiten gingen mit großer Brutalität vor. Die Bilanz: zehn Tote, überwiegend Separatisten, und weit über hundert Verwundete. Erst als das Schlimmste vorbei war, schritt französisches Militär ein – und ergriff eindeutig Partei für die Separatisten. Die Schupo-Beamten wurden entwaffnet, nicht wenige mussten sich später vor einem Kriegsgericht verantworten. Grützner wurde in Abwesenheit zu 20 Jahren Zuchthaus und 20 Jahren Verbannung verurteilt.[26]

«Die französischen Truppen haben wehrlose Menschen gegen die Schupos beschützt, die mit den Waffen Missbrauch trieben», kommentierte die Pariser Zeitung «Le Temps» die Ereignisse des Düsseldorfer «Blutsonntags». «In jedem Land hätte die Besatzungsarmee das Gleiche getan.»[27] Diese einseitige Darstellung warf bereits ein Schlaglicht auf das Verhalten der Besatzungsbehörden in den kommenden Auseinandersetzungen. Die Separatisten konnten sich dadurch nur ermutigt fühlen, ihre Bestrebungen zur Errichtung einer «Rheinischen Republik» zu forcieren.

• • • • • • • •

Ende Oktober 1923 war es soweit. Den Anfang machte Aachen in der belgischen Besatzungszone. In der Nacht zum 21. Oktober rissen bewaffnete Separatisten, rund 2000 an der Zahl, hier die Gewalt an sich. Sie besetzten die wichtigsten öffentlichen Gebäude – das Rathaus, die Oberpostdirektion, das Landratsamt und die örtliche Reichsbankfiliale – und hissten die grün-weiß-rote Fahne ihrer Bewegung. Auf Plakaten, die überall angeklebt wurden, verkündeten die Wortführer, der Fabrikant Leo Deckers und der Syndikus Emil Karl Guthardt, Kommandant des «Rheinlandschutzes» aus Duisburg, die Gründung der «Rheinischen Republik»: Die «Stunde der Freiheit» habe geschlagen, Berlin habe «Bankrott gemacht», das Rheinland müsse sich selbst retten.[28]

War der Coup zunächst reibungslos vonstatten gegangen, so setzte bereits am Tag darauf die Gegenbewegung ein. In einer Versammlung, an der die Beamten aller Behörden, Vertreter der Gewerkschaften und der Parteien teilnahmen, wurde der Beschluss gefasst, den Anordnungen der Putschisten keinerlei Folge zu leisten: «Verhandlungen mit denjenigen, die sich die Regierung anmaßen wollen, sind ausgeschlossen.» Der Aufforderung eines Vertreters des Bürgermeisters, die städtischen Gebäude zu räumen, «damit der verfassungsmäßige Zustand wiederhergestellt und Ruhe und Ordnung gewährleistet wird», ignorierten die rheinischen Republikaner. Am Abend des 21. Oktober versammelte sich eine große Menschenmenge vor dem Regierungsgebäude, wurde aber von der Polizei daran gehindert, es zu stürmen. Daraufhin zogen die Demonstranten zum Sekretariat der Separatisten und demolierten die Einrichtung.[29]

Am 23. Oktober traten die Anführer, die zu Beginn des Putsches die Straßen beherrscht hatten, kaum noch in Erscheinung. In der Nacht hatten sie die meisten Gebäude geräumt und die grün-weiß-rote Fahne eingezogen. Lediglich im ehrwürdigen Aachener Rathaus und im Regierungsgebäude hielten sie sich noch verschanzt. Gegen 11 Uhr machte eine Gruppe einen Ausfallversuch. Sie fuhr mit einem Auto durch die Stadt, wobei offenbar

Plakatanschläge in Aachen während der «Rheinischen Republik», Oktober 1923

auch Schüsse auf Passanten abgegeben wurden. Was dann geschah, liest sich im Bericht des Sonderkorrespondenten der «Vossischen Zeitung» so: «Nun bemächtigte sich der Menge eine ungeheure Erregung. Sie stürmte das Möbelgeschäft eines Anführers, in dem sich etwa 20 Sonderbündler verbarrikadiert hatten, holte diese heraus und lynchte sie. Einige wurden buchstäblich totgeschlagen, die übrigen so schwer verwundet, dass sie mit Automobilen fortgeschafft werden mussten. Einige andere Sonderbündler, die aus dem hinteren Teil des Gebäudes zu entfliehen versuchten, fielen ebenfalls der erregten Menge in die Hände und wurden blutig geschlagen. Einer von ihnen wurde getötet.»[30] Am 24. Oktober hielt nur noch eine kleine Zahl von Separatisten im Regierungsgebäude aus. Die belgische Besatzungsmacht verhängte den «Belagerungszustand», wohl auch, um ihnen den ungehinderten Abzug zu ermöglichen.

Der Putsch von Aachen wirkte als Fanal. In zahlreichen Städten der französischen und belgischen Zone versuchten die rheinischen Separatisten in den folgenden Tagen, die Macht an sich zu reißen. Überall besetzten sie

Rathäuser und hissten die grün-weiß-rote Flagge. Und wie in Aachen wurde ihre Herrschaft zumeist schon nach wenigen Tagen beendet.[31] In Rheydt erlebte der 25-jährige arbeitslose promovierte Germanist Joseph Goebbels am 23. Oktober den versuchten Umsturz: «Im Bahnhofsviertel lagen die rheinischen Republikaner, an der Tür stehen 4 Posten, Jungens von 18–20 Jahren, den Revolver in der Hand, die obligate Zigarette im Mundwinkel. Wilde Gerüchte durchschwirren die Stadt, werden gerne kolportiert und noch lieber geglaubt. Auf dem Rathaus sitzt die Rheydter jeunesse dorée, mit Gummiknüppeln bewaffnet, um im Verein mit der Polizei die Stoßtrupps der Sonderbündler zu empfangen (...). Von vielen, die das große Wort führen, glaubt man zu wissen, dass sie im Kriege nicht gerade den pour mérite verdient haben. Gesindel hier wie dort.»[32]

Die Besatzungsbehörden legten gegen die Separatisten eine ambivalente Haltung an den Tag. Offiziell betonten sie den Grundsatz strikter Neutralität. Tatsächlich aber leisteten sie deren Bestrebungen in vielen Fällen Vorschub oder duldeten sie zumindest. Mehrfach legte die deutsche Regierung in Paris Protest ein. Die französische Regierung wies jedoch alle Vorwürfe zurück: Ihre Truppen hätten sich, erklärte sie wahrheitswidrig, in allen Fällen «darauf beschränkt, die Aufrechterhaltung der Ordnung zu sichern und Metzeleien unter der friedlichen Bevölkerung zu verhindern».[33]

• • • • • • • •

Offenbar war Dorten durch das Vorpreschen seiner Aachener Genossen überrascht worden. Ursprünglich war wohl geplant, die «Rheinische Republik» erst eine Woche später auszurufen. General Mangin, der im Oktober 1919 von seinem Posten abgelöst worden war, Dorten aber weiter freundschaftlich verbunden blieb, schrieb seinem Protegé am 22. Oktober 1923 aus Paris, er hätte sich ein weniger überstürztes Vorgehen gewünscht. Wenn Dorten aber «Herr der Ereignisse» bleiben wolle, sei er nun gezwungen, «zur Generalattacke überzugehen», und zwar «so rasch wie möglich».[34]

Der Angesprochene musste nicht lange gedrängt werden. Am 23. Oktober bildeten er und sein Mitstreiter Matthes in Koblenz eine «Vorläufige Regierung der Rheinischen Republik». Am Nachmittag dieses Tages besetzten Separatisten das Koblenzer Schloss, den Sitz der preußischen Provinzialregierung. Während des Aufziehens der grün-weiß-roten Fahne verhedderte sich das Seil, und das Tuch blieb auf Halbmast hängen – ein böses Omen.

Tatsächlich wurden die Eindringlinge schon nach wenigen Stunden von Polizeibeamten wieder aus dem Schloss vertrieben. Noch in der Nacht aber verhängten die französischen Besatzer den Belagerungszustand und unterstellten die deutsche Polizei ihrem Kommando. Koblenz' Oberbürgermeister und vierzig Beamte der Stadt wurden aus ihren Betten geholt und ins unbesetzte Gebiet abgeschoben.

So konnten die Separatisten am 25. Oktober ungehindert das Schloss wieder in Besitz nehmen, darüber hinaus auch Rathaus, Post und Telegraphenamt. Am 26. Oktober wurden Dorten und Matthes von Hochkommissar Tirard empfangen und als «Inhaber der tatsächlichen Macht» anerkannt. In ihrer ersten Verordnung vom 25. Oktober, die Matthes als Chef der Exekutive unterzeichnete, wurde die Pressefreiheit außer Kraft gesetzt. Zeitungen und andere Druckschriften sollten nur noch erscheinen dürfen, wenn sie sich bereit erklärten, «die Vorschriften der Exekutive der vorläufigen Regierung genauestens zu beachten».[35]

Wie in Aachen agierte auch die Vorläufige Regierung in Koblenz weitgehend im luftleeren Raum. Die Beamten versagten ihr, entsprechend einer Weisung des preußischen Innenministeriums, fast überall die Unterstützung, so dass sie eine geordnete Verwaltungstätigkeit nicht mehr aufrechterhalten konnte. Wie sehr es den Separatisten auch an Rückhalt in der Bevölkerung fehlte, machte ein Bericht des Vertreters des ausgewiesenen Koblenzer Oberbürgermeisters von Anfang November 1923 deutlich: «Das Straßenbild ist allmählich durch die französischen Maßnahmen – Belagerungszustand, Straßensperren ab 7 Uhr abends – wieder ein ruhiges geworden, doch gärt es gewaltig in der Bevölkerung. Wenn die Separatisten nicht den Schutz der französischen Waffen hinter sich hätten, würden diese verwahrlost aussehenden, in grünen und zerrissenen Kleidern durch die Straßen lungernden Burschen samt dem Ministerpräsidenten (Matthes) mit seinem zweifelhaften Aussehen – er trägt eine französische Alpenjägermütze – in kürzester Zeit aus der Stadt herausgeprügelt sein.»[36]

Von ihren Gegnern wurden die Separatisten stereotyp als «landfremdes bewaffnetes Gesindel» bezeichnet, das es darauf abgesehen hätte, «die Gesinnung der rheinischen Bevölkerung zu vergewaltigen und sie vom Reich und von den Ländern zu trennen».[37] Eine solche pauschale Stigmatisierung trifft aber nicht zu. Wohl gab es in ihren Reihen auch zwielichtige Elemente, doch der «Rheinlandschutz», der bewaffnete Arm der Rheinlandbewegung, rekrutierte die Mehrheit seiner Mitglieder aus Arbeitern, die aus der Rheinprovinz stammten beziehungsweise seit geraumer Zeit dort ansässig waren. Die meisten waren noch recht jung, zwischen zwanzig und dreißig Jahren alt, viele von ihnen hatten im Zuge der Krise ihren Arbeitsplatz verloren. Es waren im buchstäblichen Sinne Entwurzelte, die in der separatistischen Selbstschutzorganisation Zuflucht suchten – so wie andere ihres Alters in den paramilitärischen Organisationen der Rechten und der Linken.[38]

Von Anfang an litt die Vorläufige Regierung in Koblenz auch unter fehlenden finanziellen Mitteln. Die französischen und belgischen Besatzer schränkten ihre Zuwendungen in dem Maße ein, wie sie erkannten, dass es der Bewegung an Unterstützung in der Bevölkerung mangelte. Anfang November 1923 musste Matthes die Löhnung für die Angehörigen des «Rheinlandschutzes» herabsetzen und dessen Gesamtstärke um ein Viertel reduzieren.[39] Die Folge war, dass Teile der militanten Anhänger dazu übergingen, wilde Requisitionen vorzunehmen. Das trug wiederum in der Bevölkerung zur Erbitterung und steigender Feindseligkeit bei. An manchen Orten bildeten die Bewohner Wehren, die den Separatisten offensiv entgegentraten. Mitte November 1923 kam es bei Aegidienberg im Siebengebirge zu einer regelrechten Schlacht zwischen der örtlichen «Heimwehr» und einer «Rheinlandschutz»-Truppe. Vierzehn Separatisten kamen ums Leben und wurden in einem Grab auf dem Aegidienberger Friedhof verscharrt.[40]

Zur Schwächung der Koblenzer Marionettenregierung trugen schließlich auch innere Machtkämpfe bei. Die Kompetenzen zwischen den führenden Leuten waren nicht klar abgegrenzt worden. Auch als man übereinkam, dass Dorten die Gebiete des Südens und des Mittelrheins und Matthes den Norden als «Generalbevollmächtigte» verwalten sollten, dauerten die Rivalitäten fort. Das Kabinett spaltete sich in zwei Fraktionen, von denen jede ihre eigenen Beschlüsse fasste. Zermürbt von den ständigen Querelen, erklärte Matthes am 27. November in einem Schreiben an Tirard die «Vorläufige Regierung der Rheinischen Republik» für aufgelöst.[41]

Dorten hatte sich bereits Mitte November nach Bad Ems abgesetzt, wo er versuchte, ein eigenes Machtzentrum aufzubauen. Auch diesem Unternehmen blieb der Erfolg versagt. Die französische Besatzungsmacht zeigte zunehmend weniger Interesse an den in weiten Teilen der Bevölkerung kompromittierten Separatisten, ohne diese freilich gänzlich fallenzulassen.[42] Ende November 1923 war die «Vossische Zeitung» überzeugt, dass «der seit drei Jahren mit viel Geschrei, aber gar keinen Ideen aufgezogene rheinische Separatismus erledigt» sei: «Die französischen Nationalisten sind um eine Hoffnung ärmer.»[43]

• • • • • • • •

Neben dem Rheinland entwickelte sich die linksrheinische Pfalz nach 1918 zu einem Zentrum des Separatismus. Sie war 1816 im Zuge eines Gebietsaustausches mit Österreich an die bayerische Krone gefallen, besaß allerdings keine Landverbindung mit Bayern. In der Rheinpfalz war die Erinnerung an die republikanischen Traditionen der Franzosenzeit noch sehr lebendig. Hier hatte 1832 das berühmte Hambacher Fest stattgefunden, und hier hatten die pfälzischen Demokraten im Bunde mit ihren badischen Brüdern im Mai 1849 einen letzten Kampf für die Frankfurter Reichsverfassung ausgefochten. Nach dem Ende der Wittelsbacher Monarchie und der Ausrufung des «Freistaats» Bayern im November 1918 regten sich auch in der von Frankreich besetzten Pfalz separatistische Bestrebungen, zumal die Bayern, die «Zwockel», sich im Laufe der Zeit keine großen Sympathien erworben hatten. In Landau gründete der Chemiker Eberhard Haas einen «Bund Freie Pfalz». Doch wie im Rheinland scheiterte der Versuch, Anfang Juni 1919 in Speyer eine «Pfälzische Republik» ins Leben zu rufen, bereits im Ansatz. Vor allem die Sozialdemokratie und die Gewerkschaften hatten dem Unternehmen massiven Widerstand entgegengesetzt. Unverrichteter Dinge mussten Haas und seine Mitstreiter wieder abziehen.[44]

Der Traum von einem autonomen Pfalzstaat war damit nicht ausgeträumt. Er lebte in dem Maße wieder auf, wie sich Bayern in den frühen zwanziger Jahren zur reaktionären «Ordnungszelle» und Heimstatt von Nationalisten und völkischen Rechten aus dem ganzen Reich entwickelte. «Der Pfälzer ist in erster Linie Pfälzer und Deutscher», schrieb der Pfälzer Schriftsteller Wilhelm Michel in der «Weltbühne». «Sein Bayerntum geht kaum unter die Haut. Der Geisteszustand vollends, der im heutigen Bayern herrscht, ist dem Pfälzer so fremdartig wie möglich. Das Finstere, Verbohrte und Verstockte der Hitlerei, das Tyrannische und Undifferenzierte, das Grobschlächtige und Unmenschliche, das Einfältige und Stumpfsinnige der nationalen Narretei muss ihn abstoßen.»[45]

Zum Exponenten der Bestrebungen, die Pfalz von Bayern zu trennen, avancierte der SPD-Reichstagsabgeordnete Johannes Hoffmann aus Kaiserslautern. Er hatte nach der Ermordung Kurt Eisners durch den Rechtsterroristen Anton Graf von Arco im Februar 1919 das Amt des bayerischen Ministerpräsidenten übernommen, war aber im Zusammenhang mit dem Kapp-Putsch im März 1920 gestürzt worden und hatte sich seitdem aus der Landespolitik zurückgezogen. Die zunehmende Radikalisierung der bayerischen Politik unter Generalstaatskommissar von Kahr seit September 1923 registrierte Hoffmann mit Sorge. Zur Aktion entschloss er sich allerdings erst, als Bayern im Zuge der Lossow-Affäre offen auf Konfrontationskurs zur Berliner Regierung ging und dabei auch von Verstößen gegen die Reichsverfassung nicht mehr zurückschreckte.[46]

Auf einer eiligst einberufenen Sitzung des SPD-Bezirksvorstands am Abend des 22. Oktober machte sich die Empörung über den Verfassungsbruch Bayerns und die duldsame Haltung der Reichsregierung Luft. Auf Antrag Hoffmanns beschlossen die Delegierten, einen autonomen pfälzischen Staat «im Reichsverband» zu gründen, lehnten aber gleichzeitig einstimmig eine solche Staatsbildung «außerhalb des Reiches» ab. Dieser Beschluss richtete sich nicht nur gegen die reichsfeindliche Politik Kahrs, sondern auch gegen die Separatisten im Rheinland. Wenige Stunden zuvor hatte Hoffmann die ersten Nachrichten vom Putsch in Aachen erhalten, und er befürchtete, dass die rheinische Bewegung auf die Pfalz übergreifen und diese dem Reich verloren gehen könne.[47]

Auf Drängen seiner Parteifreunde musste Hoffmann darin einwilligen, die französische Besatzungsbehörde über die bevorstehende Aktion zu informieren. Am Morgen des 23. Oktober begab er sich mit zwei Mitgliedern des Bezirksvorstands, Paul Kleefoot und Friedrich Wilhelm Wagner, zu General Adalbert Francois Alexandre de Metz nach Speyer und überreichte ihm eine Erklärung, in der die Proklamation einer autonomen Pfalz «im Rahmen des Reiches» angekündigt und der General als Vertreter der Interalliierten Rheinlandkommission gebeten wurde, «von dem neuen Staat (...) wohlwollend Kenntnis zu nehmen».[48] Der französische General gab zu verstehen, dass die Rheinlandkommission dem Unternehmen aufgeschlossen gegenüber stehe und schon in wenigen Wochen Wahlen zu einem pfälzischen Parlament stattfinden könnten. Doch nachdem er mit seinem Vorgesetzten, Hochkommissar Tirard in Koblenz, Rücksprache genommen hatte, schränkte er in einer zweiten Unterredung am Nachmittag desselben Tages seine Zusage ein, indem er die Antragsteller darum bat, die Formel «im

Rahmen des Reiches» aus ihrer Proklamation zu streichen. «Ich lehnte kurz und scharf ab, und er verzichtete darauf», erinnerte sich Hoffmann.[49] Spätestens jetzt musste den Führern der pfälzischen SPD klar sein, dass Frankreich sich mit einer bloßen Trennung der Pfalz von Bayern nicht zufriedengeben würde.

Am Morgen des 24. Oktober setzte Hoffmann den SPD-Fraktionsvorsitzenden Hermann Müller in einem Telegramm von seiner Aktion in Kenntnis: «Unsere Geduld gegen München zu Ende. Separatistengefahr sehr groß. Gründen heute Pfalz-Republik im Reichsverband. Reichskanzler verständigen.» In der Berliner Parteiführung dürfte man über diese Mitteilung einigermaßen überrascht gewesen sein. Dennoch reagierte sie nicht grundsätzlich ablehnend, riet aber von einem Alleingang der pfälzischen SPD ab: «Ersuche dringend, in Pfalzfrage Einvernehmen mit Koalitionsparteien herzustellen. Jegliche Maßnahme, die auch nur indirekt französische Rheinbundpläne unterstützt, ist unbedingt zu unterlassen», telegraphierte Müller zurück.[50]

Hoffmanns Versuche, eine Übereinkunft mit den bürgerlichen Parteien zu erzielen, waren aber bereits am Tage zuvor zurückgewiesen worden. Und am Vormittag des 24. Oktober erlebte er eine weitere schwere Enttäuschung. In einer Sitzung des Pfälzischen Kreisrats, an der er selbst nicht teilnahm, verlas der Vertreter von General de Metz, Major Louis, eine Proklamation, in der von einer Anbindung der Pfalz an das Reich nicht mehr die Rede war: «In Anbetracht, dass der gegenwärtige Zustand nicht andauern kann, ohne schließlich die allernotwendigsten moralischen und materiellen Interessen der Bevölkerung zu gefährden, in Anbetracht ferner der höchst beunruhigenden und gefährlichen Lage in Bayern ist von heute ab die Pfalz als autonomer Staat mit einer provisorischen Regierung bis zur weiteren Entwicklung der Ereignisse gebildet.»[51] Der entscheidende Passus – «im Rahmen des Reiches» – war offenbar bewusst weggelassen worden, so dass die Kreisdelegierten den Eindruck gewinnen mussten, dass mit Hoffmanns Projekt eine Lösung im Sinne der französischen Rheinbundpolitik beabsichtigt sei. Entsprechend einmütig fiel die Ablehnung aller Fraktionen aus, einschließlich der Sozialdemokraten. Der Vorsitzende des Kreistags, der Zentrumspolitiker Michael Bayersdörfer, gab bekannt, er habe die telefonische Mitteilung bekommen, dass sich die Reichsregierung und die bayerische Regierung mit der Frage «aufs eingehendste beschäftigt» hätten und «die Bildung eines neuen Staates in jeglicher Form als Landesverrat» betrachteten.[52]

Auch die liberale Hauptstadtpresse, allen voran das «Berliner Tageblatt», verurteilte Hoffmanns Aktion, und dies nicht nur, weil sie klar im Widerspruch zu Artikel 18 der Reichsverfassung stand: «Wenn auch nach allen bisher vorliegenden Meldungen die an den Vorbesprechungen beteiligten Sozialdemokraten lediglich an eine Loslösung von Bayern im Rahmen des Reiches gedacht haben, so ist es doch absolut verwerflich, dass überhaupt derartige Besprechungen mit dem französischen General hinter dem Rücken der deutschen amtlichen Stellen geführt worden sind. Wir unsererseits halten es, gerade nach dem erfreulich entschiedenen Vorgehen der Sozialdemokraten und der Gewerkschaften gegen die rheinischen Separatisten, für ganz ausgeschlossen, dass sich die Sozialdemokratische Partei an einem derartigen Unternehmen in dieser Stunde der Not beteiligen könnte.»[53]

Hoffmann versuchte zu retten, was noch zu retten war. Am 25. Oktober suchte er Tirard in Koblenz auf. Dabei stellte sich endgültig heraus, dass sein Projekt einer autonomen Pfalz im Reichsverband mit den französischen Plänen für einen Rheinstaat, in dem die Pfalz und die Rheinlande miteinander vereint und eng an Frankreich angeschlossen werden sollten, nicht vereinbar war. Er könne ohne Erlaubnis von Poincaré überhaupt keine Zusicherungen über den künftigen Status der Pfalz machen, ließ Tirard seinen Besucher wissen. Der wiederum erklärte, er könne einer Loslösung der Pfalz vom Reich niemals zustimmen, wenn er sich «keine Anklage auf Hochverrat zuziehen» wolle.[54]

Nach seiner Rückkehr aus Koblenz rief Hoffmann den Bezirksvorstand seiner Partei zusammen und stellte den Antrag, die Aktion unverzüglich abzubrechen. In einer danach veröffentlichten Presseerklärung hieß es: «Nachdem die Absicht der sozialdemokratischen Partei in verschiedenen Kreisen der Pfalz erheblichen Widerstand gefunden hat, und nachdem die Reichsregierung eine Abtretung der Pfalz von Bayern unter Verbleiben im Reichsverband nicht anerkennt, für die sozialdemokratische Partei aber keine Abtrennung der Pfalz von Bayern außerhalb des Reichsverbands in Frage kommt, sehen wir von der Durchführung unseres Vorhabens ab.»[55]

Die SPD im Reich und auch der SPD-Landesverband in München gingen auf Distanz zu Hoffmann. Reichspräsident Ebert bemerkte, auf dessen Beruf als Volksschullehrer anspielend, es bestätige sich wieder einmal «die alte Erfahrung, dass Schulmeister in der Regel unglückliche Politiker sind».[56] Der bayerische Gesandte in Berlin, Konrad Ritter von Preger, hielt in einer Aufzeichnung fest, der SPD-Abgeordnete aus Kaiserslautern sei «so fanatisch verbohrt», dass er «unter Umständen» bereit gewesen wäre, einen pfälzischen Staat außerhalb des Reichsverbandes zu bilden – was nachweislich nicht zutraf.[57] Anfang November 1923 stellte der Oberreichsanwalt in Leipzig den Antrag auf Einleitung eines Ermittlungsverfahrens wegen Hochverrats. In einem ausführlichen Schreiben an den Reichstagsausschuss, der über die Aufhebung seiner Immunität entscheiden sollte, beanspruchte Hoffmann für sich und seine Parteifreunde in der Pfalz «ein Notwehrrecht» gegen die bayerische Regierung, «die systematisch und ohne Not und begründeten Anlass in frivoler Weise die Reichsverfassung bricht».[58] Der bayerische Kultusminister Franz Matt verfügte noch im November die fristlose Entlassung Hoffmanns aus dem Staatsdienst und die Aberkennung seiner Pensionsbezüge. Am Ende konnte der Geschmähte sein Reichstagsmandat behalten, aber ihm haftete künftig das Stigma des «Hochverräters» an.[59]

• • • • • • • •

Nach Abbruch seiner Aktion geschah genau das, was Hoffmann hatte verhindern wollen: Die separatistische Bewegung des Rheinlands griff auf die Pfalz über. Die Initiative ging von Franz Josef Heinz aus, nach seiner Heimatgemeinde auch Heinz-Orbis genannt. Der 1884 geborene Landwirt war Vorsitzender der «Freien Bauernschaft», der größten Bauernorganisation in der Pfalz. Seit 1920 gehörte er als Mitglied der Deutschen Volkspartei dem pfälzischen Kreistag an. Am 24. Oktober 1923 hatte er seinen Austritt aus der Partei erklärt, weil er mit deren ablehnender Haltung zu Hoffmanns Aktion nicht einverstanden war. Am 5. November, drei Tage vor dem Hitler-Putsch in München, schritt Heinz zur Tat. Mit einigen hundert seiner Anhänger bemächtigte er sich der öffentlichen Gebäude in Kaiserslautern. Eine Woche später, am 12. November, riefen die pfälzischen Separatisten in Speyer die «Pfälzische Republik im Verbande der Rheinischen Republik» aus. Die neue Regierung verkündete das Standrecht und forderte «alle ordnungsliebenden Mitbürger, gleichgültig welcher Parteirichtung», zur Mitarbeit auf.[60]

Es war eine bunt gemischte Truppe, die sich hier zusammenfand. Neben dem konservativen Bauernführer Heinz-Orbis war sein Stellvertreter, der Druckereibesitzer Adolf Bley aus Kirchheimbolanden, die treibende Kraft.

Er war durch Krieg und Revolution nach links politisiert worden, hatte der Witwe Eisners Zuflucht in seinem Haus gewährt und saß seit 1920 für die USPD im Stadtrat. Bley vertrat dezidiert pazifistische Positionen. Er wollte ein für allemal kriegerische Auseinandersetzungen auf pfälzischem Boden unmöglich machen; die autonome Pfalz sollte sich deshalb als eine «Friedensrepublik» konstituieren. Noch weiter links stand der Dritte im Bunde, der Berufsrevolutionär Georg Viktor Kunz. Er war nach dem Krieg zeitweise als Agitator für die Kommunistische Arbeiterpartei Deutschlands (KAPD), eine linke Abspaltung von der KPD, tätig gewesen und Ende 1922 in die Pfalz gezogen, wo er sich als Organisator der Erwerbslosenbewegung in Ludwigshafen einen Namen gemacht hatte.[61] In der Speyerer Regierung übernahm er das Amt eines Dezernenten für Arbeitswesen. In einer Proklamation versprach er «eine völlige Umwälzung» der Verhältnisse: «Den Ärmsten der Armen muss und wird geholfen werden!» Die Renten der Kriegsbeschädigten, Kriegerwitwen und -waisen sollten garantiert, die Pensionen für Beamte weitergezahlt, die Alters- und Invalidenversorgung ausgebaut, die sozialen Einrichtungen verbessert, die Arbeitslosenunterstützung an die Erwerbslosen weitergezahlt und die Arbeiter wieder in Lohn und Brot gebracht werden, damit sie «baldmöglichst aus der schwierigen Lage, in der sie durch die Berliner Politik geraten sind, herauskommen».[62]

Die Regierung der «Autonomen Pfalz» in Speyer hatte mit denselben Schwierigkeiten zu kämpfen wie die der «Rheinischen Republik» in Koblenz. Die Beamten versagten ihr fast durchweg die Mitarbeit; es fehlte an allen Ecken und Enden an fachlich geschultem Personal. Darüber hinaus standen ihr gar nicht genügend finanzielle Ressourcen zur Verfügung, um die vollmundigen Versprechungen einzulösen. Was die französischen Besatzer den Separatisten unter der Hand zukommen ließen, reichte hinten und vorne nicht. So ging man auch hier dazu über, lebensnotwendige Dinge zu requirieren, was der «Autonomen Pfalz» den Spottnamen «Auto-nehmende Pfalz» eintrug.

Hinzu kam, dass sich seit November 1923 mit der Einführung der Rentenmark eine allmähliche Stabilisierung der innenpolitischen Verhältnisse abzeichnete, und auch in der Außenpolitik sich erste Anzeichen einer Entspannung mit Frankreich bemerkbar machten. Die Regierung der «Autonomen Pfalz» kämpfte zusehends auf verlorenem Posten. Sie war längst gescheitert, als ihr Anführer Heinz am 9. Januar 1924 bei einem Abendessen im

Wittelsbacher Hof in Speyer einem Attentat zum Opfer fiel – der Mord wurde mit Wissen und Billigung der bayerischen Staatsregierung von einem rechtsradikalen Kommandotrupp ausgeführt. Das letzte traurige Kapitel in der kurzen Geschichte der «Autonomen Pfalz» sollte am 12. Februar 1924 in Pirmasens geschrieben werden: Hier griff eine aufgebrachte Menge das Bezirksamt an, in dem sich Separatisten verschanzt hatten, und setzten es in Brand. Sieben Angreifer und fünfzehn Separatisten kamen ums Leben.[63]

• • • • • • • •

Nicht nur die Separatisten im Rheinland und in der Pfalz knüpften in der Krise des Herbstes 1923 an ihre Pläne aus dem Jahr 1919 an. Auch der Kölner Oberbürgermeister Konrad Adenauer sah sich ermutigt, sein Projekt einer «Westdeutschen Republik» noch einmal aufzugreifen. Dabei trieb ihn vor allem die Sorge um, dass am Ende der Kraftprobe zwischen Deutschland und Frankreich eine dauerhafte oder zumindest vorübergehende Abtrennung der linksrheinischen Gebiete vom Reich drohen könnte.[64] Ein Rheinstaat außerhalb des Reichsverbandes, wie ihn Dorten und seine Gefolgsleute wollten, stand für ihn freilich nach wie vor nicht zur Debatte. Im Gegenteil, seine «Westdeutsche Republik» sollte ähnlich wie die «Autonome Pfalz» Hoffmanns gerade die von Frankreich geförderten Bestrebungen des Separatismus konterkarieren und den Zusammenhalt des Reiches stärken. Deshalb trat er auch allen Überlegungen entgegen, die besetzten Gebiete gleichsam sich selbst zu überlassen und keine Gelder mehr in sie zu transferieren, mit anderen Worten: sie buchstäblich «versacken» zu lassen. Für diese Idee, die man als «Versackungstheorie» bezeichnet hat, machte sich unter anderen der Duisburger Oberbürgermeister Karl Jarres stark, den Stresemann Anfang November 1923 als Innenminister in sein Kabinett holen sollte. Er plädierte dafür, die Verantwortung für das Schicksal der okkupierten Territorien den Besatzungsmächten zu überlassen und gleichzeitig den Versailler Vertrag aufzukündigen, was mit großer Sicherheit eine dramatische Verschärfung des Konflikts, womöglich sogar einen neuen Krieg mit Frankreich zur Folge gehabt hätte.[65]

Am 25. Oktober reiste Stresemann, nicht zuletzt alarmiert über die jüngsten Vorstöße der Separatisten, ins unbesetzte Hagen, um mit Vertretern der besetzten Gebiete, darunter auch Konrad Adenauer, die Lage zu erörtern. Zu Beginn referierte Jarres über die Ergebnisse einer Vorbesprechung, die am Vortag in Barmen stattgefunden hatte: Aus allen Bezirken sei berichtet worden, dass sich der ganz überwiegende Teil der Bevölkerung aller Schichten dem Separatismus gegenüber «durchaus ablehnend» verhalte. Dennoch sei die Gefahr, die von ihm ausgehe, angesichts der «Ungewissheit und Unsicherheit» über die Zukunft der Rheinlande nicht zu unterschätzen.[66] Stresemann eröffnete seine Rede mit der Feststellung, dass er als Reichskanzler «ganz selbstverständlich jede Diskussion über (eine) Trennung von Gliedern des Deutschen Reiches von dem heutigen Reiche» ablehnen müsse: «Wir haben das Rheinland nicht aufgegeben, und infolgedessen können wir auch nicht das Rheinland als irgend einen Teil des Deutschen Reiches ansehen, der sich aus eigenem Entschluss vom Reiche zu trennen vermöchte.» Das Protokoll des Stenographen verzeichnete an dieser Stelle ein lautes «Bravo!» Gegen Jarres gewandt, erklärte der Kanzler, er müsse sich dagegen verwahren, «dass wir mit derselben Überstürzung etwa einen Bruch mit Frankreich herbeiführen, wie wir seinerzeit die Kriegserklärung im Jahre 1914 herbeigeführt haben». Der Protokollant vermerkte Zurufe: «Sehr richtig!» Wenn Deutschland jetzt den Vertrag von Versailles aufkündige, so sei das vielleicht im Augenblick populär, aber «eminent undiplomatisch»: «Es würde uns ins Unrecht setzen, wo wir das beste Recht haben, was wohl je ein vergewaltigtes Volk in der Welt gehabt hat.»

Aber auch, was Adenauers Projekt betraf, sparte Stresemann nicht mit Kritik. Es sei eine «Utopie» zu glauben, dass mit der Bildung eines Rheinstaats die «Rheinfrage» gelöst sei und «die Drangsalierungen und Sanktionen» durch Frankreich aufhören würden: «Dann wird man uns weiter bis aufs Blut zu quälen versuchen, wird weiter versuchen, das von uns zu erpressen, was wir nicht freiwillig geben.» Allerdings stellte der Kanzler den Rheinländern anheim, gegebenenfalls selbst Verhandlungen mit Frankreich und Belgien über mögliche Erleichterungen in den besetzten Gebieten zu führen, «um nicht separatistischen Elementen wie Dorten, Smeets, Matthes u. a. die Dinge zu überlassen».[67]

Adenauer entgegnete, dass auch ihm der Gedanke an eine Trennung der Rheinlande vom Reich fernliege. Das Bild, das er von der Lage in den alt- und neubesetzten Gebieten zeichnete, fiel düster aus. Zwar seien die Putsche der Separatisten in einigen Orten bereits zurückgeschlagen worden. Doch sei angesichts steigender Arbeitslosigkeit, Zahlungsmittelknappheit und Nahrungssorgen damit zu rechnen, dass sie in einem zweiten Anlauf erfolgreicher sein und einen großen Teil der Rheinprovinz unter ihre Herrschaft bringen würden. Da Reich und Länder trotz besten Willens nicht helfen könnten, stehe man vor der Frage: «Sollen wir dieses Unheil, das wir bestimmt kommen sehen, über uns ergehen lassen, sollen wir die Franzosen oder die Werkzeuge der Franzosen über Rheinland und Ruhr herrschen lassen, oder soll man wenigstens den Versuch machen, das abzuwehren?» Niemand gebe sich der Illusion hin, konterte Adenauer Stresemanns Angriff, dass mit der Bildung eines rheinischen Bundesstaates alle Probleme gelöst würden, im Gegenteil, man wisse, dass auch ein solcher Rheinstaat «einen erheblichen Teil der ganzen Reparationslasten zu tragen haben» würde. Aber es sei schon viel erreicht, wenn darüber Bewegung in die festgefahrenen Beziehungen zwischen Deutschland und Frankreich komme. Der Kölner Oberbürgermeister versicherte in eindringlichen Worten, dass er sich nicht von «eigennützigen Gesichtspunkten», sondern «nur von der reinsten Liebe zu unserem Lande und unserem Reich» leiten ließe.[68]

Das Treffen in Hagen endete mit einem bescheidenen Ergebnis: Es wurde ein fünfzehnköpfiger Ausschuss aus Vertretern der besetzten Gebiete gebildet, der das Gespräch mit der Interalliierten Rheinlandkommission suchen sollte. Über das Ziel der Verhandlungen gab es jedoch keine klaren Weisungen seitens der Reichsregierung. Wichtigste Figur in diesem Ausschuss war Adenauer. Ende Oktober 1923 gab er der belgischen sozialistischen Tageszeitung «Le Peuple» ein Interview, in dem er sich aufs schärfste vom Separatismus Dortens und seiner Anhänger distanzierte. Die Schaffung eines rheinischen neutralen Pufferstaates gewährleiste weder die Sicherheit Frankreichs noch Belgiens. Den Belgiern habe ihre Neutralität 1914 auch keinen Schutz vor dem deutschen Angriff geboten. Dem europäischen Frieden sei am besten gedient, wenn es zu einer «Interessengemeinschaft» zwischen den drei Ländern komme.[69]

Tirard weigerte sich zunächst, mit Adenauer zusammenzutreffen. Der Oberbürgermeister aus der britischen Besatzungszone war in den Augen der Franzosen Persona non grata.[70] Am 28. Oktober begab sich der Kölner Erzbischof, Kardinal Karl Joseph Schulte, zum Hochkommissar, um ihn zu bitten, Mitglieder des Fünfzehnerausschusses zu empfangen. Bei dieser Gelegenheit erklärte Tirard, es sei für ihn unmöglich, sich gegen die öffentliche Meinung in Frankreich zu stellen, welche die von den Separatisten proklamierte «Rheinische Republik» bereits als eine vollendete Tatsache betrachte.

Auch wenn sich an deren Spitze «unmögliche Leute» befänden, werde man sich nicht dazu bereitfinden, gegen die separatistische Bewegung vorzugehen, die «spontan entstanden» und «fast überall erfolgreich» aufgetreten sei. Tirard versicherte, Frankreich wolle keine Annexion der Rheinlande, sondern «nur Sicherheit, und die könne lediglich durch einen unabhängigen Staat neutralen Charakters erreicht werden».[71]

Einen Tag später, nachdem er noch mit anderen rheinischen Persönlichkeiten gesprochen hatte, reiste Tirard nach Paris, um sich neue Instruktionen zu holen. Ihm waren inzwischen Bedenken gekommen, ob es wirklich im Interesse Frankreichs lag, ausschließlich auf die Karte der Separatisten zu setzen. Denn es war deutlich geworden, dass diese zwar mit Rückendeckung der Besatzungstruppen zeitweilige Erfolge erzielen konnten, aber außerstande waren, eine effektive Verwaltung auszuüben und eine breite Unterstützung in der Bevölkerung zu mobilisieren. Daher schien es nicht ratsam, dem Komitee der Fünfzehn dauerhaft die kalte Schulter zu zeigen. Poincaré wies Tirard an, sich der separatistischen Bewegung weiter als einer Figur im diplomatischen Tauziehen zu bedienen, zugleich aber gab er ihm grünes Licht für Verhandlungen mit dem Fünfzehnerausschuss.[72]

Nach seiner Rückkehr empfing Tirard am 3. November den Präsidenten der Kölner Industrie- und Handelskammer, Louis Hagen, und teilte ihm den Entschluss seiner Regierung mit, mit ihm und Mitgliedern des Fünfzehnerausschusses «über die Art des zukünftigen Staatswesens der besetzten Gebiete» zu verhandeln. Hagen erklärte sich dazu bereit, allerdings unter der Bedingung, dass die Separatisten von allen Verhandlungen ausgeschlossen würden, und dass der zu errichtende Rheinstaat «unter allen Umständen im Zusammenhang mit dem Deutschen Reiche» verbleiben müsse. Was die Zusammensetzung der Verhandlungskommission betraf, bestand Hagen darauf, dass Adenauer beteiligt werden müsse, womit sich Tirard schließlich auch einverstanden erklärte.

Im zweiten Teil der Unterredung ging es um ein Lieblingsprojekt des Kölner Bankiers: die Gründung einer rheinischen Goldnotenbank. Da einerseits ungewiss war, ob die Rheinlandkommission die Durchführung des Rentenbankgesetzes im besetzten Gebiet erlauben würde, und andererseits noch nicht feststand, ob die Reichsregierung überhaupt gewillt war, die Rentenmark dort einzuführen, sah Hagen in der Schaffung eines kaufkräftigen Zahlungsmittels im Rheinland die einzige Möglichkeit, um der Wirtschaft wieder auf die Sprünge zu helfen. Tirard zeigte sich dem Projekt gegenüber aufgeschlossen, und man besprach bereits die Details, namentlich die Höhe des benötigten Kapitals und die Frage der ausländischen Beteiligung.[73]

In der Kabinettssitzung vom 9. November kam die Lage in den besetzten Gebieten ausführlich zur Sprache. Was die Gemüter dort am meisten bedrücke, berichtete der Minister für die besetzten Gebiete, Johannes Fuchs, sei der «Separatistenterror». Nur ein verschwindend kleiner Teil der Bevölkerung würde sich für eine Trennung von Preußen und «niemand unter den anständigen Elementen für eine Trennung vom Deutschen Reiche» aussprechen. Trotzdem bestehe die Gefahr, dass sich in einzelnen Städten wie Koblenz und Trier «kleine Republiken bilden, wenn nicht den besetzten Gebieten wirtschaftlich entgegengekommen wird». Scharf kritisierte vor allem der preußische Ministerpräsident Otto Braun die Pläne Adenauers und Louis Hagens. Frankreichs Ziel sei nach wie vor die Loslösung des Rheinlands vom Reich, es werde sich nicht mit einem Rheinland als neuen Bundesstaat zufriedengeben. «Wenn man jetzt das Rheinland in irgendeiner Form von Preußen abtrennt, dann bindet man sich für alle späteren Zeiten, und das ist verhängnisvoll. Man würde sich auch für alle Zeiten binden, wenn man jetzt seine Zustimmung zur Gründung einer rheinischen Goldnotenbank erteilte.» Stresemann schloss sich dem an, allerdings mit dem Zusatz, dass «gegen die Fortführung privater Fühlungnahme mit den Besatzungsmächten auch auf politischem Gebiet» aus seiner Sicht keine Bedenken bestünden.[74] Doch bevor der Gesprächsfaden hier weitergesponnen wurde, geriet das Rumpfkabinett Stresemann in eine schwere Krise, die mit dem Sturz des Reichskanzlers endete.

VII.

Auf dem Weg zur Stabilisierung: Von Stresemann zu Marx

Anfang November kommt es im Berliner «Scheunenviertel» zu pogromartigen Ausschreitungen. Hier bewachen Polizisten ein jüdisches Schuhgeschäft. Der Besitzer hat ein Papierschild mit der Aufschrift «Christliches Geschäft» an der Hauswand befestigt, um weitere Übergriffe zu verhindern.

. . . .

Der Herbst 1923 war ungewöhnlich schön und mild. «Ist es nicht, als wolle (die) Natur mit unerhörten Finten und Zartheiten der Atmosphäre die entfesselten Leidenschaften besänftigen. Im türkisblauen Himmel eine gütige, sanft wärmende Sonne», schwärmte Thea Sternheim Ende Oktober in ihrem Tagebuch.[1] In seltsamem Kontrast dazu stand das wirtschaftliche und politische Chaos in Deutschland. Die Hyperinflation trieb ihrem Höhepunkt zu. «Wie trostlos ist heute so ein Gang durch die Straßen der Stadt», bemerkte der Rheydter Joseph Goebbels. «An allen Ecken stehen Gruppen von Arbeitslosen und debattieren und spekulieren. Es ist eine Zeit zum Lachen und zum Weinen.» Für sein erstes Tagebuchheft, in dem er seit dem 17. Oktober 1923 festhielt, was ihn bedrückte, musste er eine Milliarde Mark zahlen. «Dafür konnte man sich früher die halbe Welt kaufen.»[2] «Täglich wird alles schlimmer und bedrücklicher, wird es unmöglich, sich zu sammeln», klagte auch Victor Klemperer am 22. Oktober. «Vor allem das Geld u(nd) immer das Geld. Der Dollar springt täglich um Milliarden (...), die Preise gehen mit. Brot kostet 1 1/2 Milliarden.»[3] Ein beispielloser Marksturz an der New Yorker Börse erschütterte das Land. Die Geldentwertung nahm geradezu astronomische Ausmaße an. Der amtliche Dollarkurs, der am 31. Oktober 72 Milliarden betragen hatte, stieg am 1. November auf 130 Milliarden, am 2. November auf 320 Milliarden und am 3. November auf 420 Milliarden, um auf diesem Stand für nur drei Tage zu verharren. Am 7. November sprang er auf 630 Milliarden, am 13. November auf 840 Milliarden.[4]

Die Zahl habe sich «von ihrem Körper gelöst» und führe «ein Eigenleben von hinreißend grausiger Spukhaftigkeit», berichtete der «Berliner

Börsen-Courier» am 6. November. Dabei treffe das «naheliegende Gleichnis vom Irrenhaus» nicht zu, denn «kein gewöhnlicher Geisteskranker» habe sich «in seinen Wahnvorstellungen zu Summen verstiegen, wie sie in jetziger Papiermark einen Tagesbedarf ausdrücken, aus dem einfachen Grunde, weil er sie nicht kannte».[5]

Harry Graf Kessler, der in der zweiten Oktoberhälfte von Paris nach London gereist war, machte auf den Straßen der britischen Hauptstadt eine interessante Beobachtung: Reihen von Händlern standen dort, die für ein paar Pence deutsche Banknoten mit Millionen- und Milliardenbeträgen «als Merkwürdigkeit» feilboten.[6] Bei seiner Rückreise nach Deutschland am 10. November musste er im Schlafwagen zu seiner Verblüffung für eine halbe Flasche Wasser 500 Milliarden zahlen. Noch überraschter war er, als er nach seiner Ankunft in Berlin mit einem Bekannten ein Restaurant aufsuchte: «Abends zu zweien für 3 Billionen (…) sehr schlecht gegessen: eine Suppe, ein Fleischgericht, eine Flasche mäßigen Wein u(nd) Kaffee. In London hätte dasselbe Essen vielleicht 10 bis 12 Shillings gekostet.»[7] An den Irrwitz der Phantasiepreise musste sich Kessler nach längerer Abwesenheit aus Deutschland erst noch gewöhnen.

Die wenigsten Berliner konnten sich freilich noch einen Restaurantbesuch leisten. Viele mussten öffentliche Speisehallen aufsuchen, wo sie gegen einen geringen Betrag eine warme Mahlzeit erhielten. Über eine dieser Elendsstätten berichtete ein Journalist des «Berliner Tageblatts»: «An langen Tischen sitzen auf Holzbänken alle Altersklassen dicht gedrängt zusammen. Eine junge Mutter birgt in ihrem Umschlagtuch den blassen Säugling, der vor Hunger weint und schreit. Sie sticht aus dem Blechnapf eine Löffelspitze voll Reis, prüft die Wärme und träufelt die Speise in den winzigen Mund des haarlosen Säuglings. Wie gierig schluckt er den in Wasser gekochten Brei. Das im Weinen verkrampfte Gesicht glättet sich zum Wohlbehagen. Neben ihr sitzt der Greis mit langem weißem Bart, dem man ansieht, dass er von der Zeit heruntergeschleudert wurde aus Persönlichkeitswert und gesichertem Dasein zur öffentlichen Notspeisung. Dazwischen halbwüchsige Kinder, alle mit diesen großen, frühwissenden Augen, den dunklen Schatten darunter und der durchscheinenden Haut. Ein Arbeiter in mittleren Jahren löst aus den Reihen sich heraus und kommt auf mich zu, nicht um zu betteln, sondern um sich von der Seele zu reden, was ihn bedrückt: ‹Dass es uns noch einmal so schlecht gehen würde, wer hätte das geglaubt!› Der Mann ist seit einem halben Jahr ohne Arbeit, hat vier Kinder und eine Frau, die von den Entbehrungen schon schwindsüchtig geworden ist.»[8]

«Der Zusammenbruch ist vollkommen», teilte Betty Scholem ihrem Sohn Gershom mit, der gerade eine Anstellung als Leiter der hebräischen Abteilung an der Jerusalemer Nationalbibliothek bekommen hatte. «Es flackern da u(nd) dort Plünderungen auf, aber viel ist es nicht, die verzweifelten Frauen sind viel zu mürbe, sie lassen sich Alles gefallen. Von Unruhen ist bisher nichts zu merken, obwohl man sie seit Wochen stündlich erwartet. Man wundert sich nur, dass sie ausbleiben.»[9]

• • • • • • • •

Doch am Montag, den 5. November, kam es im Berliner «Scheunenviertel» nordöstlich des Alexanderplatzes, einem beliebten Wohnquartier für viele aus dem Osten eingewanderten Juden, zu pogromartigen Ausschreitungen. Auslöser war eine plötzliche extreme Erhöhung des Brotpreises am vorangegangenen Wochenende von 25 auf 140 Milliarden Mark. Gesteigert wurde die Erregung durch antisemitische Agitatoren, die das Gerücht in die Welt setzten, die «Galizier» hätten das von der Stadt herausgegebene wertbeständige Notgeld planmäßig aufgekauft, so dass für die Tausenden Erwerbslosen nichts mehr übriggeblieben sei. Die Hetzreden fielen auf fruchtbaren Boden. Gegen Mittag des 5. November begannen die Plünderungen jüdischer Geschäfte und Wohnungen. «Ehe die erschreckten Bewohner dieser Gegend ihre Geschäfte schließen konnten, drangen Haufen besonders jugendlicher Burschen in die Läden und die Zimmer ein, prügelten die Bewohner, zogen ihnen die Kleider vom Leibe und flohen», berichtete der Reporter der «Vossischen Zeitung». «Dieses Treiben wurde systematisch etwa eine Stunde von Haus zu Haus fortgesetzt, ehe die Schutzpolizei alarmiert war. Jeder auf der Straße gehende jüdisch aussehende Mensch wurde von einer schreienden Menge umringt, zu Boden geschlagen und seiner Kleider beraubt.» Die Unruhen setzten sich bis in die späten Nachtstunden fort. Erst am folgenden Tag gelang es einem massiven Aufgebot an Schutzpolizei, unterstützt von Einheiten der Reichswehr, die Menschenansammlungen zu zerstreuen.[10]

«Berlin hat sein Judenpogrom gehabt. Berlin ist geschändet worden. Eine Schmach für ein Volk, das sich zu den Zivilisierten zählt», schrieb der sozialdemokratische «Vorwärts».[11] Ebenso entsetzt zeigte sich die «Vossische

Zeitung»: «Was man in Deutschland vor dem Kriege für völlig unmöglich gehalten hätte, was unter der planmäßigen veröffentlichten Hetze seit 1918 sich langsam vorbereitete und in kleinen Orten, auch außerhalb des Hitlerschen Machtbereichs, schon hier und da zum Ausbruch gekommen war, das ist gestern nun auch in der Reichshauptstadt Wirklichkeit geworden.»[12] Was in Berlin geschah, war ein schlimmes Vorzeichen. Anders als beim wenige Tage später stattfindenden Hitler-Putsch und den ihn begleitenden judenfeindlichen Exzessen konnten die Teilnehmer an den Plünderungen jüdischer Geschäfte und den Misshandlungen jüdischer Menschen im «Scheunenviertel» nicht eindeutig dem rechtsextrem-völkischen Milieu zugeordnet werden. Sie entstammten in ihrer Mehrheit der Gruppe der verelendeten Erwerbslosen. Offenbar bedurfte es nur eines geringen Anstoßes, um den Protest über eine extreme Notlage in antisemitische Bahnen zu lenken. «Pogrome in Berlin. Die nach Opfer suchende Volkswut stürzt sich auf den Juden», erkannte Thea Sternheim.[13] Besorgt registrierte auch Betty Scholem, wie sehr sich das Virus der Judenfeindschaft in der Hochzeit der Hyperinflation ausgebreitet hatte: «Aber der Antisemitismus hat das Volk so durchsetzt u(nd) verseucht, dass man allenthalben auf die Juden schimpfen hört, ganz öffentlich, in so ungenierter Weise wie nie bisher.»[14]

• • • • • • • •

Mitte November 1923 erreichte die Hyperinflation ihren bizarren Höhepunkt – und zugleich ihr Ende. «Die Inflation raste die letzte Runde ihres Amoklaufes», erinnerte sich der Theaterregisseur Bernhard Reich. «Es war die Zeit, als ein harter Dollar mit Billionen wertlosen deutschen Papiergelds aufgewogen wurde. Da fragte der Urmünchener Volkskomiker Karl Valentin erstaunt: ‹Was, ein Dollar kostet 3 Billionen Mark? – Mehr ist er auch nicht wert.›»[15] Am 14. November überstieg der Dollarkurs erstmals die Billionengrenze, am 15. stand er bei 2,52 Billionen.[16] An diesem Tag wurde die neue Währung, die Rentenmark, ausgegeben, auf die sich noch die Große Koalition Mitte Oktober verständigt hatte. Den Termin hatte das Kabinett in seiner Sitzung vom 7. November endgültig festgesetzt. Dabei hatte Finanzminister Luther davor gewarnt, dass auch die Rentenmark «ein totaler Fehlschlag» werden würde, wenn es nicht gelinge, die ungeheuer angewachsenen Ausgaben des Reiches auf ein erträgliches Maß zurückzuführen. Deshalb müssten die Zahlungen für das besetzte Gebiet, darunter als größ

Nach der Einführung der Rentenmark herrscht vor dem neuen Gebäude der Rentenbank in Berlin großer Andrang (November 1923).

ter Posten die Unterstützung der Erwerbslosen, eingestellt werden. Einen entsprechenden Beschluss fasste die Ministerrunde zwei Tage später. «Alle Verantwortung für etwa entstehendes ungeheures wirtschaftliches Elend im besetzten Gebiet müsse den Mächtigen zur Last fallen, welche diese Verhältnisse im besetzten Gebiet herbeigeführt haben.»[17]

Doch aufgrund eines Einspruchs des neuen Innenministers Karl Jarres, des vormaligen Oberbürgermeisters von Duisburg, wurde die Entscheidung am 12. November korrigiert: Nun sollten die Zahlungen doch noch über den 15. November hinaus für eine beschränkte Zeit von etwa zehn Tage verlängert werden. Nur mit Mühe konnte Luther davon abgehalten werden, seinen Rücktritt zu erklären. Bei der Unterzeichnung der Anweisung im Kabinett habe er den einzigen Weinkrampf seines Lebens bekommen, hat er in seinen Erinnerungen bemerkt.[18]

In derselben Sitzung des Kabinetts wurde Hjalmar Schacht, ein Gründungsmitglied der DDP und Direktor der Darmstädter und Nationalbank, zum Reichswährungskommissar bestellt. Er sollte dem Finanzminister beigeordnet sein und künftig an allen Kabinettssitzungen mit beratender Stimme teilnehmen dürfen. Nach dem plötzlichen Tod des Reichsbankpräsidenten Rudolf Havenstein am 20. November folgte Schacht ihm nach.[19] In den frühen dreißiger Jahren sollte der Bankier als einer der wichtigsten Unterstützer Hitlers aus dem Kreis der Wirtschaft noch eine verhängnisvolle Rolle spielen.

Gemeinsam gelang es Luther und Schacht, die neue Währung zum Erfolg zu führen. Mit dem Tag ihrer Erstausgabe am 15. November stellte die Reichsbank die Diskontierung von Reichsschatzwechseln ein. Die Papiermark blieb zwar gesetzliches Zahlungsmittel, aber sie durfte nicht weiter gedruckt werden. Erst am 20. November wurde ein fester Wechselkurs bekanntgegeben. Man entschied sich dafür, den Kurs des Dollar bei 4,2 Billionen Papiermark zu stabilisieren und danach das Umtauschverhältnis zwischen Rentenmark und Papiermark auf eins zu einer Billion festzusetzen. Das bedeutete faktisch eine Rückkehr zum Vorkriegs-Dollarkurs von 4,20 Mark.[20]

Infolge eines mehrtägigen Streiks der Berliner Drucker Mitte November 1923 konnte zunächst nur eine beschränkte Menge der neuen Währung hergestellt werden. Es dauerte noch einige Tage, bis an den Bankschaltern Rentenmark erhältlich waren. «Es werden Scheine zu 1, 5, 10, 50, 100, 500 und 1000 Mark ausgegeben», berichtete die «Vossische Zeitung». «Die Scheine sind doppelseitig bedruckt, spielen in verschiedenen Irisfarben, sind verhältnismäßig klein und hochformatig.»[21] Entscheidend für den Erfolg der Operation war, dass die Bevölkerung Vertrauen in die Stabilität der neuen Währung fasste. Nachdem man jahrelang mit der Illusion der großen Zahlen gelebt hatte, musste man sich nun wieder an kleine Summen gewöhnen. Die Umstellung gelang in relativ kurzer Zeit, wie Sebastian Haffner in seinen Erinnerungen bezeugt: «Dann passierte etwas Seltsames (...). Kleine hässliche grau-grüne Scheine mit dem Schriftzug ‹eine Rentenmark›. Wenn jemand sie zum ersten Mal in Zahlung gab, wartete man etwas erstaunt, um zu sehen, was geschehen würde. Es geschah nichts. Sie wurden tatsächlich angenommen, und man erhielt seine Ware – Ware im Werte einer Billion. Das Gleiche geschah am nächsten Tag und am Tag danach und am folgenden Tag. Unglaublich (...). Plötzlich wurden Löhne und Gehälter in Rentenmark ausgezahlt, und etwas später, Wunder über Wunder, erschienen sogar Groschen und Sechser, feste blinkende Münzen. Man konnte sie in der Tasche klingen lassen, und außerdem behielten sie ihren Wert. Man konnte am Donnerstag noch etwas kaufen mit dem Geld, das man am vorigen Freitag erhalten hatte. Die Welt war voller Überraschungen.»[22] Victor Klemperer erhielt am 22. November seine erste Gehaltszahlung in Rentenmark, und sie bedeutete für ihn wie für viele andere eine beträchtliche Erleichterung des Alltags: «Die Angst vor der plötzlichen Geldentwertung, die Hetze des Einkaufenmüssens haben ein vorläufiges Ende.»[23]

Dennoch trat das «Wunder der Rentenmark», von dem schon in der zeitgenössischen Erinnerung die Rede war, nicht über Nacht ein. Die neue Währung war in den Worten Finanzminister Luthers «kein Zaubermittel mit Soforteffekt»: «Es gab noch eine lange Durststrecke zu durchwandern, bevor grünes Land und einigermaßen fester Boden erreicht waren.»[24] Doch im Dezember 1923 waren leichte Zeichen der Besserung bereits überall zu erkennen. «Man sieht in den Lebensmittelgeschäften wieder vergnügte Verkäuferinnen. Ein erster Hoffnungsstrahl dringt durch das Dunkel», beobachtete Harry Graf Kessler in Berlin.[25] Mitte Dezember berichtete der Korrespondent des «Manchester Guardian», dass sich die Stimmung in Deutschland in den letzten vierzehn Tagen verändert habe: «Mutlosigkeit ist Zuversicht gewichen (…). Der Alptraum astronomischer Zahlen und hirnerweichender Rechnungen mit Millionen, Milliarden und Billionen bei jeder kleinen Transaktion hat aufgehört.»[26]

Auch die Landwirte fassten Vertrauen zur neuen Währung und belieferten die Städte wieder mit ihren Produkten. Um die Weihnachtstage fiel dem britischen Botschafter D'Abernon auf, dass es Lebensmittel wieder «in Hülle und Fülle» gab: «Kartoffeln und Getreide werden in großen Mengen auf den Markt gebracht, während die Butter, die man bis jetzt nur in besseren Stadtvierteln bekam, jetzt zu einem bestimmten, wenn auch hohen Preis überall erhältlich ist. Die Schlachthäuser haben jetzt reichlich zu tun – Viehladungen treffen überall ein –, und die Polonaisen vor den Schlachterläden und Lebensmittelgeschäften sind verschwunden.»[27]

• • • • • • • •

Eine willkommene Ergänzung zur Währungsreform war der Abschluss eines Vertrages zwischen einer Sechserkommission des Bergbaulichen Vereins, an ihrer Spitze Hugo Stinnes und Albert Vögler, mit der Mission interalliée der controle des usines et des mines (MICUM). Die Verhandlungen, die Anfang Oktober begonnen hatten und immer wieder vom Scheitern bedroht gewesen waren, konnten am 23. November zu einem erfolgreichen Ende gebracht werden. Man einigte sich darauf, dass die Kohlenzechen 18 % ihrer Förderung abzuliefern hatten, der Gegenwert aber voll auf ein Reparationskonto gutgeschrieben wurde. Auf die darüber hinaus geförderte Kohle war eine Abgabe von 10 Francs pro Tonne zu entrichten. Die an das Reich seit der Ruhrbesetzung abgeführte Kohlesteuer musste rückwirkend an die Besatzungsbehörde gezahlt werden und floss, neben anderen Abgaben, in eine «Pfänderkasse». Das Abkommen galt zunächst bis zum 15. April 1924 und war für alle Zechen verbindlich, die noch keine separaten Vereinbarungen mit der MICUM getroffen hatten. So hart die Bedingungen auch waren, so war damit doch ein verlässlicher Rahmen geschaffen worden, innerhalb dessen die Produktion wieder anlaufen konnte. «Das Herz der Ruhrwirtschaft begann wieder zu schlagen.»[28] Für die Zechenbesitzer waren die Belastungen erträglich, konnten sie doch ein Großteil der Kosten auf das Reich beziehungsweise auf die Verbraucher abwälzen.

• • • • • • • •

Mitte November 1923 schienen die Tage des Rumpfkabinetts Stresemann gezählt. Die Intrige der Reichswehrführung gegen ihn, der ständige Kampf mit der Opposition in der eigenen Partei, der Hitler-Putsch in München, die Umtriebe der Separatisten – all das hatte den ohnehin gesundheitlich geschwächten Reichskanzler stark mitgenommen. Der amerikanische Botschafter Houghton notierte nach einer Unterredung mit Stresemann am 15. November: «Der Kanzler sieht halb tot aus. Er ist vollkommen erschöpft.»[29] Dennoch dachte Stresemann nicht daran, die Flinte ins Korn zu werfen. Auf Lord D'Abernon, der am Abend des 17. November bei einem Essen in der Reichskanzlei eine eingehende Aussprache mit ihm hatte, machte er «den Eindruck eines zwar müden, aber noch immer ganz zuversichtlichen Menschen».[30]

Für den 18. November hatte Stresemann eine Sitzung des DVP-Zentralvorstands in Berlin einberufen. Vor diesem Gremium aus Vertretern der Wahlkreise, der Reichstagsfraktion und der Landtagsfraktionen wollte er eine klare Entscheidung über den Kurs der Partei herbeiführen. «Die Stickluft muss endlich einmal gereinigt werden, und wir müssen uns mit denjenigen auseinandersetzen, die bei uns nichts als deutschnationale Politik betreiben», hatte er bereits am 8. November einem Parteifreund anvertraut.[31]

So ging Stresemann auch gleich zu Beginn seiner Rede in die Offensive: «Entweder ist die Partei mit ihrem Kanzler nicht einverstanden, dann hat er die Konsequenzen zu ziehen. Oder aber die Partei steht hinter ihrem Kanzler, dann haben andere die Konsequenzen für ihr Verhalten zu ziehen.» Nach einer Tour d'horizon über die innen- und außenpolitische Lage stellte er direkt die Kabinettsfrage: «Sie haben das Recht (...), ein Urteil zu fällen, ob der Weg, den wir gegangen sind, richtig war oder nicht. Sie können aber von dem Führer Ihrer Partei nicht verlangen, dass er das Opfer bringt, diesen Weg weiterzugehen, wenn er seine eigene Partei nicht hinter sich hat.» Das Protokoll verzeichnete an dieser Stelle: «Stürmischer, sich immer wieder erneuernder Beifall. Die Anwesenden erheben sich von ihren Plätzen und bereiten dem Reichskanzler eine stürmische Ovation.»[32]

In der anschließenden Diskussion machte sich die Empörung vieler Delegierter über die Quertreibereien der Kanzlerfronde Luft. Der Fraktionsvorsitzende Scholz sah sich gezwungen zu erklären, dass niemand unter den Abgeordneten daran dächte, den Parteivorsitzenden um den Preis eines «Bürgerblocks» mit den Deutschnationalen zu opfern – was, wie jeder im Saal wusste, keineswegs der Wahrheit entsprach. Am Ende sprach der Zentralvorstand mit 206 gegen 11 Stimmen Stresemann das Vertrauen aus, verbunden mit der Aufforderung an die Reichstagsfraktion, den Kanzler «in seiner Politik restlos (zu) unterstützen».[33] Das war ein persönlicher Triumph für Stresemann. «Er hat nun die Partei, hat die Fraktion hinter sich», stellte Georg Bernhard in der «Vossischen Zeitung» fest. Auch wenn es bedenklich sei, dass seine heftigsten Gegner weiterhin der Fraktion angehörten, würden sie wohl für eine gewisse Zeit Ruhe geben. «Parlamentarisch wäre es für den Reichskanzler sicherlich eine Entlastung gewesen, wenn der rechte Flügel seiner Fraktion endgültig zu den Deutschnationalen hinübergeschwenkt wäre.»[34]

• • • • • • • •

Allerdings hing die Entscheidung über das Schicksal der Minderheitsregierung Stresemann nicht mehr allein von der DVP ab. Am 20. November sollte auf Antrag der SPD der Reichstag wieder zusammentreten, der sich nach der Verabschiedung des Ermächtigungsgesetzes am 13. Oktober auf unbestimmte Zeit vertagt hatte. Die Deutschnationalen und die Kommunisten hatten schärfste Opposition angekündigt, und auch die SPD-

Fraktion hatte sich nach längeren internen Auseinandersetzungen dazu entschlossen, einen Misstrauensantrag einzubringen. Begründet wurde er damit, dass die Reichsregierung gegen Sachsen und Thüringen «in schärfster Form» vorgegangen sei, «gegen die verfassungswidrigen Zustände in Bayern aber nichts Entscheidendes getan» habe. Diese Behauptung traf zwar zu, doch war nicht recht zu erkennen, welche Vorteile sich die SPD von einem Sturz Stresemanns versprechen konnte. «Die Sozialdemokraten werfen ihm gewiss nicht mit Unrecht vor, er habe sich im Konflikt mit Bayern schwach gezeigt. Sind sie sicher, der Nachfolger werde stärker, ihren Auffassungen mehr zugetan und in der Verwirklichung ihrer Wünsche erfolgreicher sein?», fragte das «Berliner Tageblatt».[35] Eine Neuauflage der Großen Koalition war nicht in Sicht. Vielmehr bestand die Gefahr, dass das Rumpfkabinett durch eine weiter rechtsstehende Regierung ersetzt, womöglich sogar von einem auf die Reichswehr gestützten Direktorium abgelöst würde. Die Sozialdemokraten konnten also nichts gewinnen, aber viel verlieren. Ihr Misstrauensantrag mochte die Parteilinke befriedigen, er war aber nicht nur kurzsichtig, sondern einfach nur dumm.[36]

Am 19. November besprach Stresemann im Kabinett die politische Lage. Er teilte mit, dass der Reichspräsident seinen ganzen Einfluss aufbieten wolle, um seine Partei von einem Misstrauensantrag abzuhalten. Doch unabhängig davon, ob Ebert damit Erfolg habe oder nicht, sei es durchaus denkbar, dass keiner der Misstrauensanträge von DNVP, KPD und SPD eine Mehrheit im Reichstag finden würde. Seinerseits die Vertrauensfrage zu stellen, lehnte Stresemann ab, und ebenso wies er den Vorschlag einiger Minister zurück, auf eine Auflösung des Reichstags hinzuarbeiten, weil er sich von Neuwahlen «keine Erleichterung der politischen Verhältnisse» versprechen könne.[37]

Freilich scheint es Ebert auch abgelehnt zu haben, dem Reichskanzler die Auflösungsorder zur Verfügung zu stellen, die dieser, wie schon einmal vor der Abstimmung zum Ermächtigungsgesetz im Oktober, als Druckmittel hätte einsetzen können. Botschafter D'Abernon vermerkte, dass der Reichspräsident nicht daran interessiert gewesen sei, das Minderheitskabinett mit allen Mitteln zu halten, weil ihm ein «leichter zu behandelnder Reichskanzler» genehmer gewesen sei.[38] Bedenkt man, dass die Beziehung Eberts zu Stresemann nie ganz ungetrübt gewesen war und durch sein zeitweises Liebäugeln mit den Direktoriumsplänen Seeckts zusätzlich Schaden genommen hatte, so scheint die Vermutung nicht ganz abwegig zu sein. Doch wichtiger als persönliche Animositäten waren für das Reichsoberhaupt verfassungsrechtliche Bedenken: Einer von einem Misstrauensantrag bedrohten Regierung die Vollmacht zur Parlamentsauflösung zu geben, entsprach nicht Eberts Vorstellung von seinen Amtspflichten – zumindest solange nicht, wie noch die Aussicht auf die Bildung einer neuen, parlamentarisch gestützten Regierung bestand.[39]

• • • • • • • •

«Das Kabinett Stresemann ist durch die Offensive der Sozialdemokratie und der Deutschnationalen, die getrennt marschieren, nicht vereint, aber gleichzeitig schlagen, stark gefährdet», kommentierte die «Vossische Zeitung» den Zusammentritt des Reichstags am Nachmittag des 20. November.[40] Die Sitzung nahm einen unerwarteten Verlauf. Nachdem Wels für die Sozialdemokraten und Hergt für die Deutschnationalen gesprochen hatten, schickte sich Stresemann an, seine Rede zu halten. Da meldete sich der KPD-Abgeordnete Wilhelm Koenen und verlangte das Wort zur Geschäftsordnung. Als Reichstagspräsident Löbe ihm den Wunsch abschlug mit der Bemerkung, dass er bereits dem Reichskanzler das Wort erteilt habe, inszenierten die Kommunisten einen Tumult, wie ihn das Haus noch selten erlebt hatte. Die Ursache ihrer Empörung war, dass Löbe Kriminalbeamte in das Reichstagsgebäude hatte kommen lassen, um Mitglieder der Regierung und des Reichstags zu schützen, die Drohschreiben erhalten hatten und um ihr Leben fürchten mussten. «Sind wir in einem Parlament oder in einem Zuchthaus?», rief der KPD-Abgeordnete Hermann Remmele dreimal mit sich überschlagender Stimme, worauf ihn Löbe von der weiteren Verhandlung ausschloss.

Die Rechte blieb die Antwort nicht schuldig. «Brausend schlagen die Wogen der Erregung ans Gestühl des Präsidiums», berichtete Erich Dombrowski im «Berliner Tageblatt». «Alle Abgeordneten sind aufgeregt von ihren Sitzen aufgestanden. Überall bilden sich Gruppen, man diskutiert. Man lärmt hüben wie drüben.» Löbe unterbrach die Sitzung für eine Stunde, doch auch danach konnte Stresemann seine Rede nicht halten, weil sich Remmele entgegen der Anordnung des Präsidiums weigerte, den Saal zu verlassen. Löbe vertagte daraufhin den Reichstag auf den 22. November.[41]

Am Vormittag des 22. November überraschte Stresemann sein Kabinett mit der Mitteilung, dass er nun doch, entgegen seiner ursprünglichen Absicht, die Vertrauensfrage im Reichstag stellen wolle, falls die Sozialdemokraten ein Misstrauensvotum einbringen sollten. Über einen deutschnationalen und kommunistischen Misstrauensantrag werde er sich dagegen hinwegsetzen.[42] Über die Gründe für seinen Sinneswandel lässt sich nur spekulieren: Hoffte er, dass die drei Parteien am Ende doch nicht gemeinsam gegen ihn stimmen würden? Wollte er die SPD dazu zwingen, Farbe zu bekennen und ihr die Verantwortung für den Sturz der Regierung zuweisen? Oder war es ihm einfach nur leid, «auf der Hintertreppe abgelehnter Misstrauensvoten» das Überleben seiner Regierung zu sichern?[43] Wie auch immer – der Kanzler wusste, dass er ein hohes Risiko einging.

• • • • • • • •

Am frühen Nachmittag des 22. November eröffnete Reichstagspräsident Löbe die Sitzung. Das Reichstagsgebäude war zuvor in eine Art Ausnahmezustand versetzt worden. Nur zwei Portale waren geöffnet, und beide Eingänge wurden durch Schutzpolizei und Beamte des Reichstags scharf kontrolliert. So sollte verhindert werden, dass nicht legitimierte Personen sich Zutritt verschafften. Gegen Mittag versuchte Remmele, der für die Dauer von zwanzig Sitzungstagen ausgeschlossen worden war, inmitten einer Gruppe seiner Parteifreunde in das Gebäude einzudringen. Er wurde aber erkannt und abgewiesen.[44] Die Stimmung im Plenarsaal war aufs äußerste gespannt. In der Diplomatenloge hatte sich viel Prominenz eingefunden, darunter Lord D'Abernon und der russische Botschafter Nikolai Krestinski. Jeder wusste: Es ging um das Schicksal der Regierung Stresemann.[45]

Der Reichskanzler sprach ungewohnt lang, fast zweieinhalb Stunden. Seine Rede war nicht nur nach dem Urteil seines Sohnes Wolfgang eine der besten, die er je gehalten hatte.[46] Temperamentvoll und kämpferisch, auf die Zwischenrufe von rechts und links schlagfertig antwortend, gab er einen umfassenden Rechenschaftsbericht über die bisherigen drei Monate seiner Regierungstätigkeit. «Selten ist eine schwer zu verteidigende Sache besser verteidigt worden», befand Georg Bernhard. Mit einer «ganz ungewöhnlichen dialektischen Geschicklichkeit» habe es Stresemann verstanden, «die Gegensätze zu überbrücken zwischen einst und jetzt und für die Hörer der Rede auch Angriffe fort zu debattieren, die ihrer Berechtigung nicht entbehrten».[47] Damit spielte der Chefredakteur der «Vossischen Zeitung» vor allem auf die berechtigte Kritik der SPD an der Ungleichbehandlung der Fälle Sachsen und Bayern an, über die Stresemann allzu schnell hinweggegangen war.

Noch einmal legte der Kanzler sein Glaubensbekenntnis ab: «Nicht Restauration und Gegenrevolution, sondern Evolution und Zusammenführung, das müssen die Grundgedanken der großen Richtlinien der Politik sein (...). Sie haben kaum irgendwo ein Land, das so zerklüftet ist durch politische, wirtschaftliche und soziale Gegensätze». Nicht zuletzt, um dieser Polarisierung der Kräfte entgegenzuwirken, habe man sich seinerzeit zur Bildung der Großen Koalition entschlossen. Sie sei «kein Selbstzweck» gewesen, aber «doch auch mehr als nur irgendein taktisches Manöver». Ausdrücklich bedauerte es Stresemann, dass dieses Bündnis Anfang November in die Brüche gegangen war, schloss aber eine neue Zusammenarbeit mit der Sozialdemokratie, in welcher Form auch immer, nicht grundsätzlich aus. Er habe den Eindruck, erklärte er am Ende seiner Rede, dass es sich «mehr um eine Parlamentskrise als (um) eine Kabinettskrise» handele, da sich keine mehrheitsfähige Parteienkonstellation als Alternative zu seiner Regierung abzeichne. Nichtdestotrotz habe er den Reichstagspräsidenten gebeten, die Entscheidung nicht aufzuschieben, sondern sie rasch herbeizuführen.[48]

Politischen Beobachtern war nicht ganz klar, wie Stresemanns Rede zu bewerten sei: War sie der Schwanengesang eines Politikers, der wusste, dass die Partie verloren war? Oder war sie der letzte Versuch, die Reihen zu schließen und Unterstützung für die Fortsetzung seines Kabinetts zu mobilisieren? Bereits wenige Stunden später klärte sich die Situation. Am späten Abend fasste die SPD-Fraktion den endgültigen Beschluss, einen Misstrauensantrag einzubringen. Damit war das Schicksal von Stresemanns Regierung faktisch besiegelt.

Der Reichstag trat am Vormittag des 23. November zur entscheidenden Sitzung zusammen. DNVP, KPD und SPD brachten ihre Misstrauensanträge ein. Stresemann ergriff noch einmal das Wort, um klarzustellen, dass er eine «klare, unzweideutige Entscheidung» wünsche und deshalb die Regierungsparteien gebeten habe, nun ihrerseits die Vertrauensfrage zu stellen.[49] Die Beratungen des Reichstags zogen sich bis in die späten Nachmittagsstunden hin. Die ohnehin herrschende Erregung steigerte sich, als bekannt wurde, dass Reichswehrchef Seeckt die KPD, NSDAP und die Deutsch-Völkische Freiheitspartei verboten hatte. Sowohl auf der äußersten

Rechten als auch auf der äußersten Linken löste die Nachricht wütende Proteste aus.[50]

Erst um 19.30 Uhr konnte Reichstagspräsident Löbe zur Schlussabstimmung aufrufen. Mit 231 gegen 156 Stimmen (bei sieben Enthaltungen und einer ungültigen Stimme) wurde der Antrag der Koalitionsparteien, der Regierung das Vertrauen auszusprechen, abgelehnt. Bei der DVP waren sechs Abgeordnete der Abstimmung ferngeblieben. Noch auffallender waren die starken Lücken in den Reihen der Sozialdemokraten: 20 Abgeordnete hatten sich entschlossen, nicht gegen den Vertrauensantrag zu stimmen. Die Verkündung des Ergebnisses wurde mit Stillschweigen aufgenommen. «Kein Zeichen des Beifalls oder des Missfallens wurde gegeben, und der Präsident fuhr (...) in der Erledigung der Tagesordnung fort», berichtete die «Vossische Zeitung».[51]

Unmittelbar nach der Abstimmung rief Stresemann die Minister zusammen und teilte ihnen seinen Entschluss mit, sich sofort zum Reichspräsidenten zu begeben, um ihm die Demission des Kabinetts zu unterbreiten.[52] Von einem Sozialdemokraten erfuhr Stresemann, was Ebert seinen Parteifreunden ins Stammbuch geschrieben hatte: «Was Euch veranlasst, den Kanzler zu stürzen, ist in sechs Wochen vergessen, aber die Folgen Eurer Dummheit werdet Ihr noch zehn Jahre lang spüren.»[53] Nach dem Zeugnis Wolfgang Stresemanns kehrte sein Vater «keineswegs deprimiert» in die Reichskanzlei zurück. Er hatte die Entscheidung im Parlament gesucht und sie mit Aplomb herbeigeführt. Vor ausländischen Pressevertretern erklärte er kurz darauf nicht ohne Stolz, es sei das erste Mal in der Geschichte der Republik, «dass eine Regierung in offener Feldschlacht fiel».[54]

• • • • • • • •

Nach nur 103 Tagen war die Kanzlerschaft Stresemanns beendet worden. Das Echo darauf fiel, je nach politischem Lager, recht unterschiedlich aus. Die «Deutsche Allgemeine Zeitung» meinte, dass dem Kanzler, der «geschickt in der parlamentarischen Debatte und bewandert wie kaum ein zweiter in der Kunst des Ausgleichs und der Kompromisse» gewesen sei, «die starke Faust und der harte Wille» gefehlt habe, die in Krisenzeiten unbedingt erforderlich seien. Vor allem warf ihm das Stinnes-Blatt vor, die Deutschnationalen nicht zur Mitarbeit herangezogen zu haben, sondern stattdessen «fast fanatisch an der Politik der Mitte» festgehalten zu haben.[55]

Das «Berliner Tageblatt» erklärte, dass die dem Kanzler eingeräumte Frist zu kurz gewesen sei, um mit den vielfältigen Problemen fertig zu werden. «Schien eine Wunde am kranken deutschen Körper zu heilen, gleich riss eine andere auf. So war es ihm nicht möglich, seine Ideen und seinen Willen auf ein Problem zu konzentrieren, sondern immer wieder wurde er abgelenkt durch neue Fragen, die plötzlich am Horizont der Politik auftauchten.»[56]

Die «Vossische Zeitung» erblickte die Ursache für Stresemanns Scheitern darin, dass er seiner Politik «nicht treu» geblieben sei, sondern sich «zu tief in die Netze der Taktik» verstrickt habe. Vor seinen Gegnern auf der Rechten, die sich mit der Opposition in seiner eigenen Partei verbündet hätten, sei er «Schritt für Schritt zurückgewichen, immer wieder mit dem gleichen Misserfolg»: «Die Gegner wurden nur kühner und seine parlamentarische Basis wurde immer schmäler.»[57] Sehr unfreundlich fiel das Urteil der «Weltbühne» aus: Stresemann habe seine Kanzlerschaft dazu gebraucht, «um das deutsche Volk dem Militär zu unterstellen». Aus Furcht vor der radikalen Linken habe er sich «an die Brust des kaiserlichen Generals» von Seeckt geworfen: «Cuno hat uns um das Ruhrgebiet gebracht. Stresemann hat uns um die bürgerliche Freiheit gebracht.»[58] Auch «Das Tage-Blatt» zog eine negative Bilanz: Stresemann habe «das stärkste politische Kapital, das irgendein Reichskanzler seit Bethmann besessen, in drei Monaten vertan».[59]

Heute sind die Historiker weitgehend einig darin, dass Stresemann während seiner kurzen Amtszeit wichtige Leistungen sowohl in der Außen- als auch in der Innenpolitik vollbracht hatte. Mit dem Abbruch des passiven Widerstands an der Ruhr hatte er die Voraussetzungen für eine außenpolitische Entspannung geschaffen, die den Weg zu einer Lösung des Reparationsproblems freimachen sollte. Mit der Einführung von Rentenbank und Rentenmark war es gelungen, die Hyperinflation einzudämmen und die Weichen für eine Stabilisierung der Währung und eine wirtschaftliche Erholung zu stellen. Und schließlich hatte er in der größten Existenzkrise der Republik, in der starke Kräfte in Reichswehr, Wirtschaft und Politik auf diktatorische Lösungen setzten, sich als entschlossener Verteidiger der verfassungsmäßigen Ordnung und des parlamentarischen Systems erwiesen. Gerade das macht deutlich, welchen langen Weg er seit der Revolution 1918/19 zurückgelegt hatte.[60]

• • • • • • • •

Zur Bilanz von Stresemanns Kanzlerzeit gehört freilich auch eine Episode, die schon manchen seiner Anhänger nachhaltig irritiert hatte: Im Herbst 1923 erlaubte er dem Kronprinzen Wilhelm die Rückkehr nach Deutschland. Der älteste Sohn Kaiser Wilhelms II. war im November 1918 seinem Vater ins niederländische Exil gefolgt, wo er in einem ehemaligen Pfarrhaus auf der Insel Wieringen Unterschupf fand. Sein Name stand ganz oben auf der Liste der Kriegsverbrecher, deren Auslieferung die Alliierten im Vertrag von Versailles verlangten, ohne allerdings auf die Erfüllung dieser Forderung zu bestehen. Im September 1920 hatte Stresemann den Kronprinzen zum ersten Mal besucht und einen günstigen Eindruck von ihm gewonnen: Wilhelm sei «ein sehr sympathischer und großdenkender Mensch von den besten Anlagen», der im Gegensatz zu seinem Vater «in der Welt der Wirklichkeit» lebe.[61] Stresemann scheint immer noch Gefühle monarchischer Loyalität empfunden zu haben, und zweifellos schmeichelte ihm die Aufmerksamkeit, die der Kronprinz ihm, dem Aufsteiger aus kleinen Verhältnissen, schenkte.[62] Die beiden blieben auch in den folgenden Jahren in Kontakt. Als Wilhelm sich im Juli 1923 um eine Heimkehr nach Deutschland bemühte, die Regierung Cuno ihm aber die Bitte abschlug, weil sie zu schwerem innenpolitischen Streit führen könne, erklärte sich Stresemann in einem langen Brief an den Kronprinzen bereit, alles zu tun, «damit Ew. Kaiserliche Hoheit die Einreise nach Deutschland freigegeben wird».[63]

Nachdem Stresemann Kanzler geworden war, forcierte der Kronprinz seine Bemühungen, ja, nach Abbruch des passiven Widerstands verlangte er sogar in ultimativer Form, dass die Reichsregierung bis zum 5. Oktober eine Entscheidung herbeiführen müsse, andernfalls würde er sich auch ohne deren Zustimmung auf den Weg nach Deutschland machen.[64] Stresemann bat wegen der labilen Lage noch einmal um Aufschub. Am 23. Oktober aber besprach er die Angelegenheit mit seinen Ministern. Unter der Bedingung, dass Wilhelm seinen Wohnsitz nicht in Potsdam, sondern auf seinem Gut im schlesischen Oels nehmen und sich jeder politischen Betätigung enthalten werde, stimmte das Kabinett zu.[65] Umgehend teilte Stresemann dem Kronprinzen den Beschluss mit: Zwar seien die Verhältnisse immer noch «außerordentlich gespannt», aber man könne ihm seinen Wunsch nicht länger abschlagen: «Ew. Kaiserliche Hoheit werden die deutsche Heimat, die Sie in früheren Zeiten in Glanz und Größe als Mitglied des deutschen Herrscherhauses kannten, in einem Zustand heftiger Wirren, in Verarmung und Elend wiedersehen. Aber es bleibt trotzdem doch das deutsche Land und die deutsche Heimat.»[66] Am 10. November überquerte der Kronprinz, ohne die Alliierten zu benachrichtigen, die Grenze nach Deutschland, wenige Tage später traf er in Oels ein.

Der Ex-Kaiser war mit dem Schritt seines Sohnes ganz und gar nicht einverstanden. Seiner Umgebung in Doorn las er am 10. November mit geröteten Augen den Abschiedsbrief vor und erklärte, dass das ganze Unternehmen ohne sein Wissen und hinter seinem Rücken eingefädelt worden sei. Es sei ihm unbegreiflich, wie der Kronprinz so handeln konnte: «Wie ist es möglich, dass er bei der Regierung der Stresemann, Hilferding, Braun u(nd) Genossen eine solche Erlaubnis erbittet. Bei einer Regierung, die seinen Vater und ihn herausgeschmissen hat. Das ist einfach unwürdig.»[67]

Auch international erregte die Rückkehr des Kronprinzen nach Deutschland erhebliches Aufsehen. Der britische Außenminister Curzon war wütend: Die Aktion sei eine Torheit, ließ er den deutschen Botschafter in London Friedrich Sthamer wissen, sie spiele Poincaré in die Hände. Auf der alliierten Botschafterkonferenz, die Mitte November 1923 in Paris zusammentrat, widersetzte sich der britische Vertreter allerdings dem Verlangen Frankreichs, neue Sanktionen gegen Deutschland zu verhängen, und auch der belgische und italienische Botschafter schlossen sich der britischen Haltung an. Die französische Regierung sah sich isoliert und verzichtete daraufhin auf Strafmaßnahmen.[68]

Harry Graf Kessler hatte die Reaktion vorausgesehen und im Auswärtigen Amt seine Bedenken angemeldet. Staatssekretär Maltzan und Ministerialdirektor Schubert gaben zu, dass der Zeitpunkt «unglücklich gewählt» sei. Man habe aber den Kronprinzen «nicht in Wieringen lassen können, es sei dort zu traurig für ihn gewesen». Außerdem hätte Wilhelm auch auf illegalem Wege zurückkehren können. Angebote von Geheimorganisationen aus Bayern hätten bereits vorgelegen, ihn über die Grenze zu schleusen, und die Reichsregierung hätte dagegen nichts ausrichten können.[69]

Stresemann selbst rechtfertigte gegenüber Botschafter D'Abernon seine Entscheidung damit, dass ihr auch die sozialdemokratischen Mitglieder seines Kabinetts zugestimmt hätten. Es sei besser gewesen, dass der Kronprinz «mit Erlaubnis der Republik» zurückgekehrt sei, als wenn dies gegen ihren Willen geschehen wäre, weil man damit der Rechten «eine willkommene

Angriffswaffe» in die Hand gegeben hätte.[70] Doch das waren wohl eher vorgeschobene Gründe. Offenbar fühlte sich Stresemann aus monarchischer Anhänglichkeit dem Hohenzollernhaus verpflichtet, wie er auch umgekehrt geglaubt haben mag, sich den Kaisersohn als Verbündeten verpflichten zu können, indem er ihm die Rückkehr ermöglichte.

Der Kronprinz sollte sich für die ihm erwiesene Großzügigkeit als wenig dankbar erweisen. Zwar hielt er sich in den ersten Jahren seiner Rückkehr noch weitgehend zurück. Aber seit 1930 drängte er immer mehr in die politische Öffentlichkeit und suchte Anschluss an die antirepublikanische Rechte. Im Frühjahr 1932 wurde er zeitweise als Kandidat für die Nachfolge Hindenburgs als Reichspräsident gehandelt, und als der Plan platzte, rief er im zweiten Wahlgang zur Wahl Hitlers auf.[71]

• • • • • • • •

«Was nun?», titelte die «Kölner Volkszeitung» nach dem Sturz Stresemanns.[72] Tatsächlich herrschte große Ratlosigkeit, wie es nun weitergehen sollte. Schlug jetzt die Stunde Seeckts? Harry Graf Kessler neigte dieser Auffassung zu: «Was jetzt kommen wird, ist ganz unklar. In Wirklichkeit wahrscheinlich zunächst eine Diktatur von Seeckt, der immer mehr als der einzige Machtfaktor in Norddeutschland hervortritt u(nd) gestern die kommunistische, nationalsozialistische u(nd) deutsch-völkische Partei aufgelöst und verboten hat.»[73] Auch Botschafter D'Abernon zweifelte, ob noch eine Regierung auf parlamentarischer Grundlage gebildet werden könne: «Die Tendenz, die in Italien und Spanien die Oberhand behielt und zur Einsetzung einer militärischen Diktatur führte, wird sich auch wahrscheinlich hier auswirken.»[74]

Doch die Prognosen sollten sich nicht bewahrheiten. Zwar unternahm der Chef der Heeresleitung einige Anstrengungen, um zu testen, wie weit er als Inhaber der vollziehenden Gewalt gehen konnte. Er habe, vertraute er einem Privatbrief an, die ihm «zugefallene Macht in etwas weiterem Sinne aufgefasst, als sie gemeint war».[75] Das von ihm am 23. November verfügte Verbot von KPD, NSDAP und Deutschvölkischer Freiheitspartei gehörte dazu. Und immer wieder griff er in die Belange der Ressorts ein, was zu erheblichen Friktionen mit den Ministern führte. Aber die Grenzen der Legalität zu überschreiten und gegen den Willen Eberts eine Militärdiktatur zu errichten – dazu war Seeckt nach wie vor nicht bereit.[76]

Umgekehrt war Ebert, nachdem eine unmittelbare Gefahr für die Republik nicht mehr bestand, darum bemüht, dem General seine Grenzen aufzuzeigen. So dachte er darüber nach, den militärischen Ausnahmezustand in den meisten Ländern, darunter vor allem in Preußen, aufzuheben und nur noch für Sachsen und Thüringen bestehen zu lassen. Außerdem wollte er die vollziehende Gewalt wieder in die Hände des parlamentarisch verantwortlichen Reichswehrministers Geßler zurücklegen. Darüber kam es zu heftigen Auseinandersetzungen zwischen dem Reichspräsidenten und dem Reichswehrchef.[77] Am Ende konnte Seeckt in beiden Fällen das Drängen Eberts erfolgreich abwehren. Von der Einsetzung eines Direktoriums, das beide Anfang November noch als eine mögliche Option in Erwägung gezogen hatten, war allerdings keine Rede mehr. «Ich bin ihm zu mächtig geworden, das ist sicher», beschwerte sich Seeckt über Ebert, «und er möchte mich rechtzeitig abfangen, nicht etwa beseitigen, aber niederdrücken.»[78]

• • • • • • • •

Unmittelbar nach dem Rücktritt Stresemanns bestellte Ebert die Fraktionsführer aller demokratischen Parteien zu sich, um die Möglichkeiten einer neuen Regierungsbildung auszuloten. Sein erster Kandidat für den Kanzlerposten war der Partei- und Fraktionsvorsitzende des Zentrums, Wilhelm Marx. Doch der lehnte den Auftrag ab: Seine Partei habe schon oft genug den Regierungschef gestellt und dafür nur Undank geerntet. Der ehemalige Reichskanzler Konstantin Fehrenbach unterrichtete den Reichspräsidenten in den Mittagsstunden des 24. November von der Entscheidung der Zentrumsfraktion. Stattdessen schlugen Zentrum und DDP den DVP-Abgeordneten Siegfried von Kardorff vor. Der sollte versuchen, ein «Kabinett der Mitte» zustande zu bringen, wobei eine Einbeziehung der Deutschnationalen nicht mehr prinzipiell ausgeschlossen wurde.[79]

Die DVP-Fraktion stimmte einer Kandidatur Kardorffs zu, allerdings sollte er sich mit Stresemann in Verbindung setzen und ihn bitten, weiter das Außenministerium zu leiten. Der gestürzte Kanzler, den es wurmte, dass ein Mitglied seiner Partei sein Nachfolger werden sollte, winkte ab. Auch die Verhandlungen mit den Deutschnationalen, die mit zwei Ministerposten gelockt wurden, blieben erfolglos. Die DNVP lehnte es rundweg ab, unter einem Reichskanzler Kardorff mitzuarbeiten. Dabei spielte auch eine Rolle, dass Kardorff früher der Deutschnationalen Partei angehört hatte, aus

Protest gegen deren Haltung im Kapp-Putsch aber zur DVP übergetreten war. Noch am Abend des 24. November gab Kardorff seinen Verhandlungsauftrag an Ebert zurück.[80]

Vorübergehend war eine Kandidatur von Innenmister Karl Jarres im Gespräch, der auf der Rechten größere Sympathien besaß als Kardorff. Doch Ebert war inzwischen zur Überzeugung gelangt, dass eine schnelle Einigung der Parteien auf eine Koalitionsregierung mit ausreichender parlamentarischer Basis nicht zu erwarten war, und beauftragte am 25. November Heinrich Albert mit der Bildung eines fraktionsunabhängigen «Geschäftsministeriums». Der Reichspräsident hatte den früheren Schatz- und späteren Wiederaufbauminister unter Cuno bereits vor dem Sturz Stresemanns ins Auge gefasst. Nun schrieb er ihm in einem Brief, der sofort in der Presse publiziert wurde, er sehe «nur die eine Möglichkeit, eine Regierung bewährter Männer zu bilden», die keine parteipolitischen Rücksichten nehmen müssten.[81] Die Nominierung Alberts stieß bei allen bürgerlichen Parteien auf heftige Kritik. Am Nachmittag des 26. November suchten die Fraktionsvorsitzenden von DVP, Zentrum und DDP den Reichspräsidenten auf, um ihm die Kandidatur Alberts auszureden. Es war abzusehen, dass Eberts Favorit keine Aussicht hatte, die notwendige Unterstützung im Reichstag zu finden. Nachdem sich auch Seeckt geweigert hatte, Albert die vollziehende Gewalt zu übertragen, gab dieser seinen Auftrag zurück. Das bedeutete eine empfindliche Schlappe für den Reichspräsidenten, der den Widerstand der Parteien offensichtlich unterschätzt hatte.[82]

«Man muss leider zugeben, dass die gegenwärtige Kabinettskrise ein wenig erfreuliches Schauspiel bietet», kommentierte Erich Dombrowski im «Berliner Tageblatt». Und Stresemann, der in diesen Tagen an einer schweren Grippe laborierte, notierte: «Großer Wirrwarr in der Reg(ierungs)-Bildung.»[83] Das Kandidatenkarussell drehte sich weiter. Als nächster war der Zentrumspolitiker und christliche Gewerkschaftsführer Adam Stegerwald an der Reihe, dem gute Verbindungen zur DNVP nachgesagt wurden. Ihn beauftragte Ebert am 28. November mit der Bildung einer Regierung der fünf bürgerlichen Parteien, also mit Einschluss der Deutschnationalen. In den Koalitionsgesprächen zeigten sich die Vertreter der DNVP überraschend konzessionsbereit. Sie erklärten, sich auf den Boden der Weimarer Verfassung stellen zu wollen, und sie hatten auch nichts mehr gegen einen Außenminister Stresemann einzuwenden. Doch die Verhandlungen scheiterten daran, dass die DNVP eine «Bürgerblock»-Regierung nun auch für Preußen forderte, also die dort regierende Große Koalition zu Fall bringen wollte. Diese Forderung wiesen die Fraktionen des Zentrums, der DDP und der Deutschen Volkspartei im preußischen Landtag umgehend zurück. Damit war auch Stegerwald gescheitert.[84]

«So kommen wir nicht weiter», schrieb die «Deutsche Allgemeine Zeitung» am 29. November. «Das Volk verliert die Geduld. Der Reichspräsident ernenne einen Reichskanzler, der Volksparteiler und Deutschnationale hinter sich hat (...). Er löse den Reichstag auf, und er wird sehen, dass eine Mehrheit des Volkes diesem Kurs begeistert folgt. Ohne einen solchen Entschluss ist die Lösung der Kabinettskrise auf verfassungsmäßigem Wege nicht mehr möglich.»[85] Doch für eine solche Lösung war Ebert nicht zu haben. Einen DNVP-Politiker an die Spitze der Regierung zu berufen, kam für ihn schon mit Rücksicht auf die möglichen außenpolitischen Folgen nicht in Frage. So blieb als letzte verbliebene Möglichkeit der Versuch, wiederum eine Koalition der bürgerlichen Mitte zu bilden, die zwar über keine parlamentarische Mehrheit verfügte, aber mit einer Tolerierung durch die SPD rechnen konnte. Voraussetzung dafür war, dass eine Persönlichkeit gefunden wurde, die sowohl eine Minderheitsregierung zusammenhalten konnte als auch das Vertrauen der Sozialdemokraten besaß. In den Nachmittagsstunden des 29. November wandte sich Ebert erneut an Wilhelm Marx, und diesmal konnte sich der Zentrumspolitiker der Bitte des Reichspräsidenten nicht mehr versagen. Bereits am 30. November präsentierte er ein Kabinett auf der Basis der bisherigen Koalition aus DDP, Zentrum und DVP, ergänzt um die Bayerischen Volkspartei (BVP).[86] Zur Beschleunigung der Regierungsbildung hatte ein Schreiben Luthers an den Reichspräsidenten beigetragen, in dem er um seine Entlassung bat, weil die drängenden Entscheidungen auf finanziellem Gebiet von einem nur noch geschäftsführend im Amt befindlichen Finanzminister nicht getroffen werden könnten.[87]

• • • • • • • •

Der neue Reichskanzler, ein in Köln gebürtiger Rheinländer, war zum Zeitpunkt seiner Berufung sechzig Jahre alt. Er hatte nach seinem Jurastudium eine erfolgreiche Karriere als Richter absolviert. Wie Stresemann verfügte er über eine reiche parlamentarische Erfahrung. Von 1910 bis 1920 war er Abgeordneter im preußischen Landtag, seit 1910 auch Mitglied des Reichstags.

Im September 1921 wurde er zum Fraktionsvorsitzenden des Zentrums gewählt, im Januar 1922 übernahm er auch den Parteivorsitz. Anders als sein Vorgänger war Marx kein mitreißender Redner. Als seine hervorragendste Eigenschaft wurde seine Integrationsfähigkeit gerühmt. Er war ein Mann des Ausgleichs, der sich auch bei den politischen Gegnern Respekt erworben hatte. Insofern war er der ideale Kompromisskandidat, dem man zutrauen konnte, auch einem bürgerlichen Minderheitskabinett von Fall zu Fall den nötigen Rückhalt im Parlament zu verschaffen.[88]

Die personelle Zusammensetzung des Kabinetts war weitgehend identisch mit der letzten Stresemann-Regierung. Auf ausdrücklichen Wunsch der Zentrumsfraktion war Stresemann gebeten worden, sich weiterhin als Außenminister zur Verfügung zu stellen, und dieser Bitte mochte er sich nicht entziehen.[89] So war auf dem so wichtigen Gebiet der Außenpolitik die Kontinuität gewährleistet. Karl Jarres blieb Innenminister und übernahm zugleich den Posten des Vizekanzlers. Ebenso in ihrem Amt verblieben Otto Geßler als Reichswehrminister, Heinrich Brauns als Arbeitsminister, der ostpreußische Rittergutsbesitzer Graf von Kanitz als Ernährungsminister, Rudolf Oeser als Verkehrsminister und Anton Höfle als Postminister; der letztere wurde auch mit der kommissarischen Leitung des Ministeriums für die besetzten Gebiete betraut. Neu im Kabinett waren nur Eduard Hamm, unter Cuno Staatssekretär in der Reichskanzlei, der Koeth als Wirtschaftsminister ablöste, und der BVP-Abgeordnete Erich Emminger, der zum Justizminister ernannt wurde.[90] «Keiner, der die Ministerliste des neuen Kabinetts sieht, wird begreifen, wozu der ganze Hexensabbat notwendig war, um schließlich ein so unschuldiges Kabinett hervorzubringen, das man doch wirklich ohne jede Zauberei hätte schaffen können», kritisierte Georg Bernhard in der «Vossischen Zeitung».[91]

• • • • • • • •

Die neue Regierung stand vor der Aufgabe, rasch eine Reihe von durchgreifenden Maßnahmen auf dem Gebiet der Finanz-, Wirtschafts- und Sozialpolitik zu beschließen. Die entsprechenden Gesetzentwürfe waren in den Ressorts bereits ausgearbeitet, ihre Behandlung aber durch die siebentägige Regierungskrise verschleppt worden. Da nicht damit zu rechnen war, dass das Sanierungsprogramm auf normalem parlamentarischem Wege passieren würde, einigte sich das Kabinett Marx bereits in seiner ersten Sitzung am

1. Dezember darauf, vom Reichstag ein Ermächtigungsgesetz zu verlangen, wie es bereits Stresemanns Kabinett im Oktober erhalten hatte. Sollte die dafür notwendige Zweidrittelmehrheit im Reichstag nicht erreicht werden, beabsichtigte die Regierung, an den Reichspräsidenten mit der Bitte heranzutreten, das Parlament aufzulösen und Neuwahlen auszuschreiben. In der Kabinettssitzung vom 2. Dezember schlug Reichswehrminister Geßler sogar vor, in diesem Fall die verfassungsrechtlich vorgeschriebene Frist von 60 Tagen bis zu Neuwahlen zu verlängern – was auf einen klaren Verfassungsbruch hinausgelaufen wäre.[92]

Ebert wollte freilich eine Auflösung des Reichstags möglichst lange hinauszögern, weil er den Zeitpunkt für Neuwahlen auch im Blick auf die labilen Zustände im besetzten Gebiet für ungünstig hielt. Stattdessen ließ er dem Kabinett am 2. Dezember durch Staatssekretär Meissner, den Chef des Büros des Reichspräsidenten, mitteilen, dass er bereit sei, bei einer Ablehnung des Ermächtigungsgesetzes Notverordnungen aufgrund des Artikels 48 zu erlassen – ein Instrument, das er auch schon der Regierung Cuno zur Verfügung gestellt hatte.[93]

Die entscheidende Frage war, wie sich die Sozialdemokraten, die mit 170 Mandaten die weitaus stärkste Fraktion stellten, verhalten würden. Der SPD-Parteivorstand hatte es zunächst strikt abgelehnt, dem Ermächtigungsgesetz zuzustimmen, weil sie einer Regierung, der sie nicht mehr angehörten, nicht eine so weitreichende Blankovollmacht geben wollten. Doch die Ankündigung Eberts, erneut großzügig vom Artikel 48 Gebrauch zu machen, wirkte als ein starkes Druckmittel. Zwar besaß der Reichstag das Recht, Notverordnungen mit einfacher Mehrheit aufzuheben, aber was nutzte das der Partei, wenn sie eine solche Mehrheit nicht zusammenbringen konnte? In dieser Sicht mochte ein zeitlich befristetes Ermächtigungsgesetz als das kleinere Übel erscheinen. Am 4. Dezember beschloss die SPD-Fraktion mit 73 gegen 53 Stimmen, für die Annahme des Ermächtigungsgesetzes stimmen zu wollen. Erleichtert wurde ihr diese Entscheidung durch eine Konzession der Regierung: Danach sollten vor Erlass von Verordnungen je ein Ausschuss des Reichsrats und des Reichstags «in vertraulicher Beratung» angehört werden.[94]

Am Nachmittag des 4. Dezember stellte Marx im Reichstag das neue Kabinett vor. «Das Haus bot das übliche Bild des großen Tages. Wohin man auch sah, reihte sich Kopf an Kopf», berichtete das «Berliner Tageblatt». «Der Regierungstisch zeigte nicht viele neue Gesichter. Im Grunde genommen war es nur eine Umgruppierung, die vorgenommen ist (…). Dr. Stresemann, der bis noch vor kurzem den historischen Eckplatz eingenommen hatte, ist zwei Plätze heruntergesetzt worden. Vor ihm thronten der Reichskanzler und der Vizekanzler.»[95] Als Marx das Rednerpult betrat, trat sofort erwartungsvolle Stille ein. Selbst die Kommunisten verzichteten diesmal weitgehend auf Störungen. Der Ausschluss ihres Abgeordneten Remmele wirkte offensichtlich disziplinierend.

Marx sprach nur kurz, ruhig und sachlich im Ton, aber entschieden in der Sache. Er begründete, warum er ein neues Ermächtigungsgesetz für unerlässlich hielt: «Die Regierung ist der Meinung, dass angesichts des ungeheuren Zwanges der Zeit langwierige Verhandlungen im Reichstag, wie sie die Beratungen einschneidender wirtschaftlicher und finanzieller Gesetze erfordern würden, nicht wünschenswert, ja geradezu unerträglich erscheinen.» Mit einem eindringlichen Appell warb er um die Zustimmung des Hauses: «Es handelt sich nicht mehr um Monate oder Wochen, sondern nur noch um Tage, in denen sich zeigen muss, ob es uns gelingt, uns vor dem drohenden völligen Verfall noch im letzten Augenblick zu retten.»[96]

Am 6. Dezember wurde die Abstimmung auf Antrag der Koalitionsfraktionen noch einmal vertagt, weil abzusehen war, dass wegen des Fehlens zahlreicher Abgeordneter die für die Annahme notwendige qualifizierte Mehrheit nicht erreicht werden würde. Die SPD-Führung verordnete verschärften Fraktionszwang. Am 8. Dezember wurde das Ermächtigungsgesetz mit 313 gegen 18 Stimmen (bei einer Stimmenthaltung) angenommen. Wider Erwarten hatten die Deutschnationalen den Saal nicht verlassen. Offenbar wollten sie das Odium des Scheiterns nicht auf sich nehmen. Von der SPD waren immerhin noch 39 Abgeordnete des linken Parteiflügels der Abstimmung ferngeblieben.[97]

• • • • • • • •

Das Gesetz, das bis zum 15. Februar 1924 gültig sein sollte, ermächtigte die Reichsregierung, «die Maßnahmen zu treffen, die sie im Hinblick auf die Not von Volk und Reich für erforderlich und dringend» erachte.[98] Damit besaß die Regierung Marx nun die Handhabe, um die von ihrer Vorgängerregierung eingeleitete Politik der Stabilisierung fortzusetzen. Am vordringlichsten war, durch rigorose Beschränkung der Ausgaben und ebenso drastische Steigerung der Einnahmen den Reichshaushalt in Ordnung zu bringen.

Den Personalabbau im öffentlichen Dienst, den die Große Koalition unter Stresemann am 17. Oktober beschlossen hatte, trieb das Kabinett Marx entschlossen voran. Bis Ende März 1924 sollte sich der Personalbestand der Reichsverwaltungen (einschließlich von Post und Eisenbahn) um 25 % verringern. Knapp 400 000 Beamte, Angestellte und Arbeiter waren ausgeschieden.[99] Im Dezember 1923 beschloss die Regierung überdies, die Beamtengehälter auf ein Maß festzusetzen, das weit unter Vorkriegsniveau lag. Die höheren Beamten erhielten beispielsweise nicht einmal mehr die Hälfte ihrer Besoldung von 1913.[100] «Unsere Finanzen sind sehr bedrücklich», notierte Victor Klemperer am 10. Dezember. «Nach neuester Regelung der Beamtengehälter sollen wir keine 4000 Mark im Jahr haben. 50 % des Friedensgehaltes, wo alle Preise nach erfolgter Senkung noch 150 % des Friedenspreises ausmachen. Der jüngste Witz lautet, auf die Frage nach dem Befinden: ‹mieß × Reichsindex›.»[101]

Durch drei Steuernotverordnungen sollten die Staatsfinanzen saniert und das Steuersystem auf eine solide Basis gestellt werden. Die erste vom 7. Dezember verhalf dem Reich durch Vorverlegung von Steuerterminen auf den Dezember zu dringend benötigten Mehreinnahmen. Nach der zweiten Verordnung vom 19. Dezember wurden die Umsatzsteuer erhöht und die Einkommen-, Körperschafts- und Vermögenssteuer neu festgesetzt. Die dritte Verordnung vom 14. Februar 1924 sah vor, dass über eine Hauszinssteuer und eine Obligationssteuer Inflationsgewinne steuerlich erfasst werden sollten. Zugleich wurde der Finanzausgleich zwischen Reich und Ländern neu geregelt. Die inflationsbedingten Zuschüsse des Reichs an die Länder wurden abgebaut. Eine Entschädigung der Inflationsverlierer kam freilich über bescheidene Ansätze nicht hinaus. Insgesamt sollte sich das Ergebnis der Haushaltssanierung mit der Kombination von Ausgabensenkungen und Steuererhöhungen günstiger darstellen, als es manche Auguren vorausgesagt hatten. Bereits im Frühjahr 1924 war die kritische Phase der Stabilisierung überwunden.[102]

Mit Hilfe des Ermächtigungsgesetzes vom 8. Dezember konnte die Regierung Marx auch einige sozialpolitische Einschnitte durchsetzen. Das betraf vor allem die umstrittene Arbeitszeitfrage. Am 14. Dezember beschloss das Kabinett, die wöchentliche Arbeitszeit im öffentlichen Dienst von 48 auf 54 Stunden heraufzusetzen. Eine Woche später erging eine allgemeine Verordnung über die Arbeitszeit: Danach sollte, «vorbehaltlich einer späteren endgültigen Regelung», am Achtstundentag grundsätzlich festgehalten, aber durch tarifliche Vereinbarungen und behördliche Ausnahmeregelungen die Möglichkeit eingeräumt werden, die Arbeitszeit täglich um zwei Stunden zu verlängern. Damit war der Achtstundentag, eine der großen sozialpolitischen Errungenschaften der Novemberrevolution, faktisch beseitigt. Für die Gewerkschaften, durch hohe Arbeitslosigkeit und Mitgliederschwund geschwächt, bedeutete dies eine schwere Niederlage.[103] Als der Zentralausschuss des ADGB daraufhin in seiner Sitzung von Mitte Januar 1924 die Aufkündigung der «Zentralarbeitsgemeinschaft» mit den Arbeitgeberverbänden vom November 1918 beschloss, war dies nicht mehr als «eine deklamatorische Geste», weil das Abkommen jeden Sinn verloren hatte.[104]

• • • • • • • •

Eine Niederlage erlitten auch diejenigen, die auf die Gründung eines Westdeutschen Bundesstaates gesetzt hatten. Mitte November 1923 hatte der Fünfzehnerausschuss die Verhandlungen mit Tirard aufgenommen. Auf das Verlangen, Frankreich möge seine «schützende Hand» von den Separatisten abziehen, reagierte der Hochkommissar ausweichend, aber er bekräftigte, dass Frankreich keine Annexion der Rheinlande anstrebe, und stellte eine Reduzierung der Besatzungstruppen in Aussicht.[105] Am 29. November händigte Tirard Adenauer eine Denkschrift aus, in der er seine Vorstellungen über die künftige Verfassung eines Rheinstaats präzisierte: Danach sollte im Rheinland eine Konföderation mehrerer kleiner Staaten mit einem gemeinsamen Parlament in der Hauptstadt Koblenz gebildet werden. Der neue Staat sollte uneingeschränkte Gesetzgebungsbefugnis auf allen Gebieten besitzen, eine eigene Währung bekommen und diplomatische Vertretungen im Ausland unterhalten. Das Ganze lief auf einen Pufferstaat hinaus, der zwar formell dem Reich angehören, faktisch aber unter französischer Kontrolle stehen sollte.[106] Am 12. Dezember übergab Adenauer Tirard seinen «Gegenvorschlag». Darin wiederholte er, was er bereits im Interview mit der Zeitschrift «Le Peuple» Ende Oktober 1923 ausgeführt hatte: dass die Schaffung eines Pufferstaates Frankreich keine Sicherheit bringen würde. Die größte Garantie für einen dauerhaften Frieden zwischen Deutschland und Frankreich würde ein «westdeutscher Bundesstaat» bieten, der allerdings in seinen Verbindungen mit dem Reich keinerlei Einschränkungen unterliegen dürfe.[107]

Zwei Tage später unterrichtete Adenauer Marx über die bisher gepflogenen Verhandlungen und holte sich das Einverständnis des Reichskanzlers für eine Fortsetzung der Sondierungen. Allerdings sollte der Außenminister zunächst nicht eingeweiht werden.[108] Seit dem Zusammenstoß in Hagen am 25. Oktober war das Verhältnis zwischen Adenauer und Stresemann gestört: beide Männer hegten ein tiefes Misstrauen gegeneinander.

Trotz wenig ermutigender Nachrichten aus Paris gab Adenauer nicht auf. Nach einer erneuten Unterredung mit Tirard Ende Dezember, in der er erstmals auf größeres Entgegenkommen traf, glaubte er, allmählich eine Lösung im Sinne seines Konzepts heranreifen zu sehen. Am 9. Januar 1924 erhielt er in einer Sitzung des Reichskabinetts Gelegenheit, dafür zu werben: Man habe nur «zwischen zwei Übeln zu wählen» – zwischen dem Verlust der besetzten Gebiete oder der Schaffung eines westdeutschen Bundesstaates. «Die anwesenden Mitglieder des Reichskabinetts nahmen von den Ausführungen Kenntnis», hieß es im Protokoll.[109] Allerdings verweigerte Stresemann, der sich noch während der Sitzung entfernt hatte, seine Unterschrift. Seine Bedenken gegen Adenauers Pläne fasste er noch einmal in einem Schreiben an Marx vom 16. Januar zusammen: Mit seiner pessimistischen Voraussage, Deutschland könne unter Umständen in zwei Monaten zusammenbrechen, schade der Kölner Oberbürgermeister den deutschen Interessen. Die innenpolitischen Verhältnisse hatten sich nach Stresemanns Ansicht «weitgehend beruhigt», und auch in der Außenpolitik sah er die Chancen, zu einer Verständigung mit Paris und Brüssel zu gelangen, als deutlich verbessert an. Die privaten Verhandlungen des Fünfzehnerausschusses mit der Interalliierten Rheinlandkommission, die er Anfang November 1923 noch gebilligt hatte, empfand er nur noch als ein seine Außenpolitik störendes Element. Er halte es für «außerordentlich gefährlich», ließ er den Reichskanzler wissen, wenn der Anschein erweckt würde, dass die Regierung «Verhandlungen begünstigt, über deren Ausgang man sich schwer ein Bild machen kann».[110]

Das war das Ende für Adenauers Rheinstaatspläne. Am 23. Januar teilte er Marx mit, dass er und seine Mitstreiter sich künftig «jeder weiteren Betätigung» in dieser Richtung enthalten würden.[111] Etwa zur gleichen Zeit zogen Louis Hagen und die rheinischen Bankiers die Konsequenz aus der Tatsache, dass Frankreich aufgrund der aktuellen Schwäche seiner Währung außerstande war, sich an der Errichtung einer rheinischen Goldnotenbank zu beteiligen, und ließen das Projekt fallen.[112]

• • • • • • • •

«Adieu, 1923; du warst nicht schön», rief Hedwig Pringsheim in ihrem Tagebuch dem Jahr nach.[113] Das war eine euphemistische Umschreibung dessen, was hinter ihr und ihrer Familie lag. So gehe nun das alte Jahr zu Ende, «ein sehr trauriges», notierte Harry Graf Kessler am Silvesterabend. Am bedrückendsten empfand er die Verelendung breiter Schichten der Bevölkerung: «Es gibt kaum noch Jemanden, der einen nicht anbettelt. Man ist in Berlin jetzt wie auf dem Kirchenplatz eines spanischen oder süditalienischen Städtchens: von zudringlichen Bettlern ohne jede menschliche Würde oder Scham belagert.»[114]

Für den sechzehnjährigen Oberschüler Sebastian Haffner hingegen war das Jahresende 1923 eher mit positiven Gefühlen verbunden. «Eine Katerstimmung hing in der Luft, aber auch eine gewisse Erleichterung», erinnerte er sich. Das Schlimmste schien überstanden zu sein. Auf dem Berliner Weihnachtsmarkt konnte man wieder allerhand Sachen kaufen. «Alles kostete zehn Pfennig, und jeder kaufte Klappern, Marzipantiere und sonstiges kindisches Zeug, nur um sich zu beweisen, dass man wieder etwas für zehn Pfennig kaufen konnte. Vielleicht auch, um das letzte Jahr (...) zu vergessen und sich wieder wie ein Kind zu fühlen. An allen Ständen hingen Plakate: ‹Friedenspreise›. Zum ersten Mal sah es wirklich nach Frieden aus.»[115] Von einem «wahren Kauftumult» berichtete auch der Schriftsteller Alfred Döblin in einem Artikel über das «Berliner Weihnachten»: «Denn plötzlich gibt es alles, sogar Apfelsinen – ja das war eine Rarität die Jahre; man durfte sie nur hinter Schaufenstern angucken. Bücher sind über Nacht billig, kaufbar. Man kann im Café sitzen, sogar ein Stück Kuchen essen, ohne die Grundlage seiner Existenz zu vernichten; man kann skrupellos Elektrische fahren. Der Krieg ist überstanden; der Feind außer Landes: die Valuta.»[116]

Einen positiven Ausblick auf das neue Jahr boten Redaktion und Verlag des «Tage-Buchs» ihren Lesern: «Es wird, wenn unser aller Hoffnung sich erfüllt, ein Jahr werden, in dem nicht mehr die grauenhafteste aller Kalamitäten, die Währungskalamität, zu tagtäglichem Kampf ums Primitivste nötigt.»[117] Licht am Ende des Tunnels glaubte auch Botschafter D'Abernon zu erkennen. In seinem Jahresrückblick rief er sich noch einmal in Erinnerung, wie nah Deutschland am Abgrund gestanden hatte. Die Ruhrinvasion, eine Währungskrise ohnegleichen, die kommunistische Herausforderung in Sachsen und Thüringen, der Hitler-Putsch in München, die separatistische

Bewegung im Rheinland – all das habe ein Gefahrenpotenzial dargestellt, das die Republik vor die Existenzfrage gestellt habe. Dass der große Zusammenbruch ausblieb, rechnete der britische Diplomat den demokratischen Politikern von Weimar als Verdienst hoch an: «Politische Führer in Deutschland sind nicht gewohnt, dass ihnen die Öffentlichkeit Lorbeeren spendet, und doch haben diejenigen, die das Land durch diese Gefahren hindurchgesteuert haben, mehr Anerkennung verdient, als ihnen zuteil werden wird.»[118]

Für die Stimmung in Offizierskreisen war charakteristisch, was Oberstleutnant Erfurth, Chef des Stabes des Wehrkreiskommandos I in Königsberg, einem Privatbrief am Neujahrstag 1924 anvertraute: Es überwog die Enttäuschung, dass es nicht gelungen war, die Reichswehr als entscheidenden innenpolitischen Ordnungsfaktor zu etablieren und eine auf sie gestützte Diktatur zu errichten. Die «im September so verheißungsvoll begonnene militärische Offensive» sei «zum Stehen gekommen», um den «nationalen Aufschwung in Deutschland» sei es «wieder still geworden», «Parlamentarismus und politische Korruption» seien «ungebrochen». Die nationale Rechte werde sich nun von der Reichswehr abwenden, weil diese sich als unfähig erwiesen habe, die ihr «zugedachte Aufgabe zu lösen». «So endet das Jahr 1923 als das traurigste und schlimmste, was wir bisher erlebten.»[119]

VIII.

Kultur im Schatten der Krise

Kaum ein anderer Film repräsentiert so eindrucksvoll die cineastische Kreativität und zugleich die düsteren Visionen der Weimarer Zeit wie Robert Wienes Meisterwerk «Das Cabinet des Dr. Caligari» von 1920.

. . . .

«Das Jahr 1923 wird als eines der schwärzesten Jahre im Buche deutscher Geschichte verzeichnet werden müssen», zog die «Gewerkschafts-Zeitung», das Organ des Allgemeinen Deutschen Gewerkschaftsbundes, in ihrer Neujahrsbetrachtung 1924 Bilanz.[1] Dieser Befund trifft nur zu, wenn man den Blick auf die wirtschaftlichen, gesellschaftlichen und politischen Folgen der Krise beschränkt. Er gilt jedoch nicht, wenn man die Kultur in die Betrachtung einbezieht. Im Gegenteil: Wirtschaftliche Misere, gesellschaftliches Chaos und politische Instabilität gingen in den ersten Nachkriegsjahren Hand in Hand mit einem bemerkenswerten kulturellen Aufbruch. Inflation und Hyperinflation beeinträchtigten Künstler und Schriftsteller nicht in dem zu erwartenden Ausmaß, sondern wirkten eher stimulierend auf ihr Schaffen. Der Zwang zur Improvisation, den der Zusammenbruch der Währung nach sich zog, begünstigte die Lust am Experimentieren. Nicht erst mit der Stabilisierung der Republik seit Mitte der Zwanziger Jahre zeichnete sich die «Weimarer Kultur» durch eine geradezu eruptive Freisetzung von Kreativität aus. So entwickelte sie sich zu einem Laboratorium der Moderne, in dem eine Vielzahl neuer kultureller Ausdrucksformen erprobt wurden.[2]

Die republikanische Staatsform hatte den Rahmen für eine freie Entfaltung der geistigen Kräfte geschaffen. Literatur, Theater, Kunst und Musik öffneten sich für ein breiteres, nicht mehr nur von Bildungsbürgern dominiertes Publikum. Neue Medien wie der Film und der Rundfunk förderten den Übergang zur Massenkultur.[3] Diesem Trend entgegen wirkte auch das Bedürfnis vieler Menschen, sich in einer Zeit großer Verunsicherung und Not durch die Angebote der Kulturindustrie von der Tristesse des Alltags ablenken zu lassen. «Aber jetzt, in dem großen Kuddelmuddel (...) – jetzt nimmt man jede Abwechslung, jede Zerstreuung, jede Ablenkung von dem Unsicheren des Alltags ganz gern in Kauf; manchmal wird solcherlei sogar Bedürfnis», merkte der Theaterkritiker Alfred Kerr in seinem «Plauderbrief» vom Dezember 1921 an.[4]

Freilich beherrschte die künstlerische Avantgarde niemals unangefochten die Kulturszene. Die neuen künstlerischen Strömungen stießen zum Teil auf heftigen Widerspruch konservativer Kreise, die an ihrem traditionellen Kunstverständnis festhielten und davon abweichende Positionen als «Kulturbolschewismus» denunzierten. Zwischen Avantgardisten und Traditionalisten klaffte ein tiefer Graben, so dass man durchaus von einer gespaltenen Kultur in Weimar-Deutschland sprechen kann.[5]

• • • • • • • •

Die Anfangszeit des Films reichte zurück bis in die Jahre vor Beginn des Weltkriegs. Doch erst in der Nachkriegsära nahm er einen ungeahnten Aufschwung und entwickelte sich zum Leitmedium. Es gebe kein anderes Mittel, an die Massen heranzukommen, als das Kino, schrieb der junge Sozialdemokrat und spätere Widerstandskämpfer gegen Hitler, Carlo Mierendorff, in einer Broschüre aus dem Jahr 1920: «Wer das Kino hat, wird die Welt aushebeln.»[6] An der Spitze der aufblühenden deutschen Filmindustrie stand die 1917 gegründete Universum-Film-AG, kurz Ufa. Sie unterhielt eine Reihe von Kinosälen, darunter vor allem den Ufa-Palast am Zoo, der im September 1919 eröffnet worden war und mit 2165 Sitzplätzen zu den größten seiner Zeit zählte. «Ganz in Rot und Gold; schwerer weicher Purpur auf den Böden und an den Wänden; trotz des Riesenraumes behaglicher als manch intimes Theater; mit den Sensationen eines Orchesters von 75 Mann und hoher faltiger Goldvorhänge, die von Dutzenden von Scheinwerfern belichtet, ununterbrochen in phantastischen Farben spielen», so beschrieb «Das Tage-Buch» das prachtvolle Innere.[7]

In den zwanziger Jahren errichtete die Ufa in Neubabelsberg im Südwesten Berlins die größte Filmwerkstatt Europas. Über die Dreharbeiten in den neuen Riesenateliers berichtete der «Kinematograph» im Juli 1923: «Von oben blitzen Hunderte von Lampen, heben sich auf Hebeldruck, senken sich ganz oder geteilt. Scheinwerfer strahlen aus vierzig Meter – also fast himmelhoch –, zucken von den Seiten. Wirklich ein Lichtermeer. Jetzt öffnen sich langsam, wie von Geisterhänden geschoben, die Riesentüren.

Tageslicht flutet herein und vermählt sich mit den tausend elektrischen Kerzen. Die Aufnahme beginnt.»[8]

Vor dem Ersten Weltkrieg war der Kintopp eine Attraktion vor allem für die Unterschicht. In bildungsbürgerlichen Kreisen begegnete man dem neuen Medium noch mit einer gehörigen Portion Skepsis. «Unter ‹Gebildeten› galt es nicht für fein. Man ging ‹wohl mal›, aber am liebsten im Dunkeln hin und sprach im übrigen nicht davon», erinnerte sich Hans Siemsen, der Filmkritiker der «Weltbühne».[9] Nach 1918 öffnete sich das Kino für alle gesellschaftlichen Schichten. Es etablierte sich als ein Unterhaltungsmedium, das zunehmend auch unter Bildungsbürgern salonfähig wurde. Damit einher ging die Entwicklung des Films zu einer anspruchsvollen Kunstform. Im Oktober 1919 brach Alfred Kerr nach einem Besuch der Verfilmung von Gerhart Hauptmanns Drama «Rose Bernd» eine Lanze für das Kino: «Diese Lichtbildnerei ist ja eine Kunst wie jede andere. Sie muss nur als Kunst geübt werden. Kitsch bleibt in allen Kunstgattungen Kitsch. Schund ist in der Malerei, in der Operette, im gesprochenen Schauspiel genauso Schund wie Kino (...). Es ist aber keineswegs gesagt, dass das Kino nur Schund bringen muss. Und wenn wir den Kientopp verwerfen, dann sollen wir halt die schlechten Kientöppe verwerfen, aber nicht die Gattung an sich.»[10]

Für Victor Klemperer und seine Frau Eva wurde der Kinobesuch in Dresden in den frühen zwanziger Jahren zum bevorzugten Freizeitvergnügen. «Wir sind wohl 31 mal im Kino gewesen, die Programme habe ich fast alle», notierte er im Oktober 1922. «Ganz trostlos war nur höchst selten ein Abend. Zumeist hatten wir Freude. Kino ist mir Ablenkung u(nd) Anregung, es ist mir Ersatz für Theater, Oper, Conzert u(nd) Reise. Manchmal schäme ich mich, wenn ich lauter junge Menschen u(nd) ungebildetes Publikum im Hause sehe, aber diese Scham ist unsinnig.»[11] Am Silvesterabend 1923 beendete er seine das Jahr bilanzierende Tagebuchaufzeichnung mit dem Eingeständnis: «Ich habe eine förmliche Kinomanie. Alles darin macht mir Vergnügen u(nd) regt mich an. Wir teilen die Menschen in solche ein, die am Film participieren u(nd) die ihn ablehnen. Die Ablehnenden sind die Engen, die Vorurteilsvollen.»[12]

• • • • • • • •

Zu den wichtigsten, künstlerisch ambitionierten deutschen Spielfilmen der Nachkriegszeit zählte «Das Cabinet des Dr. Caligari», der im Februar 1920 im «Marmorhaus» am Kurfürstendamm Premiere hatte. Erich Pommer, einer der einflussreichsten Filmproduzenten der Weimarer Jahre, hatte Robert Wiene als Regisseur verpflichtet. Im Mittelpunkt der Geschichte steht der geheimnisvolle Hypnotiseur Dr. Caligari – gespielt von Werner Krauß –, der den Somnambulen Cesare – gespielt von dem damals ebenfalls schon populären Conrad Veidt – in Trance versetzt und ihn darauf programmiert, nachts Morde zu begehen. Mit seiner gespenstisch-phantastischen Handlung, seiner düsteren Atmosphäre und bizarren Kulissenwelt avancierte der Film zu einem Meisterwerk des Expressionismus. Seit Jahren habe er «nicht so aufmerksam im Kino gesessen», lobte Kurt Tucholsky. Die Reaktion des Publikums habe «zwischen Heiterkeit und Unverständnis» geschwankt. «Aber – die größte von allen Seltenheiten –: ein guter Film. Mehr solcher!»[13]

In seinem im amerikanischen Exil geschriebenen Buch «Von Caligari zu Hitler» sah der Filmkritiker Siegfried Kracauer in «Das Cabinet des Dr. Caligari» eine Vorahnung dessen, was später im Nationalsozialismus Wirklichkeit werden sollte. Wie Caligari Hypnose anwendet, um sich sein Werkzeug zu Willen zu machen, so habe sich auch der Massenhypnotiseur Hitler der Kollektivseele der Deutschen bemächtigt, um seine verbrecherischen Ziele zu verwirklichen.[14]

Im April 1922 wurde im Ufa-Palast am Zoo ein Film uraufgeführt, der ebenfalls Furore machen sollte: «Dr. Mabuse, der Spieler», nach dem Roman von Norbert Jacques, verfilmt von Fritz Lang, der damals seinen Durchbruch als einer der größten Regisseure des Weimarer Kinos erlebte. Auch in diesem Film beherrscht eine alptraumartige Figur die Szenerie: Mabuse, ein Mann mit vielen Gesichtern – gespielt von Rudolf Klein-Rogge –, der seine hypnotischen Fähigkeiten dafür einsetzt, Menschen seinem Willen zu unterwerfen und sie um Glück und Vermögen zu bringen. Ein «Zeitbild» hat Fritz Lang den Film genannt, und in der Tat spiegeln sich darin wie in kaum einem anderen die Ängste der Epoche. Alles, was die letzten Jahre «an Überreiztheit, Verderbnis, Sensation und Spekulation» gebracht hätten, würde sich hier wiederfinden, schrieb Kurt Pinthus, der Herausgeber der expressionistischen Lyrik-Anthologie «Menschheitsdämmerung» und Film-Kritiker des «Tage-Buchs», «wissenschaftlich durchdachte Verbrechen, Börsenrummel mit schieberisch jäh wechselnder Baisse und Hausse; exzentrische Spielclubs; Hypnose, Suggestion, Kokain, Spelunken (…), morbide seelisch und sexuell hörige Menschen, und all jene entwurzelten Existenzen, deren Skru pellosigkeit selbstverständlich ist, weil sie nichts zu verlieren haben als dies Leben, das ohne diese Skrupellosigkeit noch verlorener wäre.»[15]

Mit den Ängsten seiner Zeit spielte auch Regisseur Friedrich Wilhelm Murnau in «Nosferatu. Eine Symphonie des Grauens», nach Bram Stokers «Dracula»-Roman. Die Premiere fand im März 1922 statt. Erzählt wird die Geschichte des Grafen Orlok, eines Vampirs aus den Karpaten, der Tod und Verderben über die kleine Hafenstadt Wisborg bringt. «Das ist Film», schrieb die «Vossische Zeitung» zum Auftakt. «Gespenstische Kutschen huschen durch Waldesschluchten, Schreckgespenster jagen auf Menschen, Pest bricht aus, Schiffe fahren unbemannt in Häfen, Särge mit Erde und Mäuse flitzen aus Keller auf Wagen, in Schiffe, in zerfallene Hauslöcher.»[16] In der Gestalt des blutsaugenden Aristokraten mit seinen Fledermausohren, seinen Krallen und Nagezähnen – gespielt von dem großartigen Max Schreck – schuf Murnau eine der gruseligsten Figuren, die bis dahin im Kino zu sehen gewesen waren.

• • • • • • • •

Der unbestrittene Star des Stummfilms in den frühen Zwanziger Jahren war die Dänin Asta Nielsen. Ihr Film «Abgründe» aus dem Jahr 1910 hatte die bis dahin unbekannte 29-jährige Schauspielerin mit einem Schlag auch in Deutschland bekannt gemacht. Nach 1918 konnte sie mühelos an die Erfolge der Vorkriegszeit anknüpfen. Unter der Regie von Ernst Lubitsch drehte sie 1919 «Rausch». «Diese Frau ist der Film», zeigte sich der Kritiker des «Film-Kuriers» begeistert. «Sie ist nicht eine von unseren größten Filmschauspielerinnen, sondern sie steht ganz außerhalb von diesen (...). Sie springt aus der Leinwand heraus. Ihr Gesicht lodert, zuckt, schmerzt, brüllt, lacht. Wenn sie weint, so weint ihr ganzes Ich.»[17] Das Geheimnis von Asta Nielsens Wirkung lag in ihrer Verwandlungskunst. Sie konnte in ganz verschiedenen Rollen auftreten und dabei die Grenzen der Konvention bewusst überschreiten. In «Hamlet. Ein Rachedrama» spielte sie 1921 die Rolle des Dänenprinzen. Der Film wurde zum Kassenschlager. «Verzweifelt stand die halbe Tauentzienstraße vor der ausverkauften Kasse», beobachtete das «Berliner Tageblatt». «Asta Nielsen ist betörend, das Publikum rast vor Begeisterung.»[18]

Auch in Filmen, deren Drehbücher eher von minderer Qualität waren, wie «Die Tänzerin Navarro» von 1922, konnte Asta Nielsen brillieren. «Zusammenhangloser Hintertreppenkitsch (…)», lautete das harsche Urteil Victor Klemperers. «Aber die Spielerin ist Asta Nielsen. Und sie ist immer ein wundervoller Mensch u(nd) in jedem dieser Akte wundervoll. Als Tänzerin, als Geliebte, als Dame, als Mutter, als zum Tod Verurteilte.»[19]

Einen Höhepunkt im Schaffen der Diva stellte der Film «Der Absturz» dar, der im Mai 1923 seine deutsche Premiere erlebte. Darin spielte Asta Nielsen eine Sängerin, die einen jüngeren Liebhaber abweist. Der begeht daraufhin aus Verzweiflung einen Mord und muss für zehn Jahre ins Zuchthaus. Als er entlassen wird, erkennt er seine alt und hässlich gewordene frühere Geliebte, die vor dem Gefängnistor auf ihn wartet, nicht wieder und geht traurig an ihr vorbei. Die Kritik fiel hymnisch aus. «Es gibt im europäischen Filmdrama nichts, was mit dieser schauererzeugenden Leistung zu vergleichen wäre (…)», pries «Das Tage-Buch». «Dies Alleinstehen der vom Leben Entstellten – nie sind stärkere tragische, nie stärkere ethische Schauer vom Film ausgegangen. Wir beugen das Knie, Asta, Einzige!»[20] Auch Victor Klemperer war höchst angetan: «Ich habe nie so rücksichtslose Selbstvernichtung gesehen, wie sie Asta Nielsen in diesem letzten Akt treibt. Und auch in dieser gänzlichen Verkommenheit bricht sie noch das Leiden als etwas unendlich Seelisches.»[21] Seit Mitte der zwanziger Jahre verlegte Asta Nielsen ihre Arbeit zunehmend aufs Theater, und mit dem Aufkommen des Tonfilms Ende der zwanziger Jahre war für den Stummfilmstar die Karriere beendet.

Die weibliche Gegenfigur zu Asta Nielsen war die neun Jahre jüngere Henny Porten, die sich ebenfalls schon vor 1914 in die Herzen des Kinopublikums gespielt hatte. War die Dänin ein großgewachsener dunkler Typ, so galt die «blonde Henny» geradezu als Idealbild einer «deutschen Frau». Verkörperte die eine bei aller Unterschiedlichkeit ihrer Rollen die selbstbewusste, emanzipierte Frau, so bewegte sich die andere eher im Rahmen traditioneller Weiblichkeit.[22] Kritiker rühmten vor allem das komische Talent Henny Portens. 1920 spielte sie unter der Regie von Ernst Lubitsch an der Seite von Emil Jannings in dem Schwank «Kohlhiesels Töchter». Doch nicht alle waren von ihrer Darstellungskunst überzeugt. Über das Lustspiel «Sie und die Drei» von 1922 mit der Porten in der Hauptrolle verfasste Hans Siemsen in der «Weltbühne» einen deftigen Verriss: «Es gibt nicht eine einzige, auch nur halbwegs komische Szene in dem ganzen Film (…). Ich bin noch nie so traurig aus einem Kino herausgekommen wie aus diesem echt, echt, prima deutschen Monumentallustspiel. Lieber zehnmal zum Zahnarzt.»[23]

1923 traten die beiden so gegensätzlichen Schauspielerinnen zusammen in Robert Wienes Monumentalfilm I. N. R. I auf, einer Verfilmung des Lebens Jesu. Asta Nielsen spielte Maria Magdalena, Henny Porten die Maria. Von der Konkurrenz der Diven war während der Dreharbeiten nichts zu bemerken. Die Rolle des Jesus übernahm Nielsens Liebhaber, Gregori Chmara, ein Schauspieler aus Russland, den Gegenspieler Judas gab Alexander Granach, den Pontius Pilatus Werner Krauß. Der Kritiker des «Tage-Buchs» lobte den Film: Er habe «endgültig dargetan, dass man die große Legende sehr wohl verfilmen kann, wenn man es nur richtig anfängt».[24]

Zu den prominentesten männlichen Ufa-Stars der frühen Weimarer Jahre zählte Emil Jannings. In Joe Mays «Tragödie der Liebe» 1922/23 – einer kolportagehaften Kriminalintrige um einen ermordeten Grafen – spielte er den Ringkämpfer Ombrede. Man könne das Genre ablehnen, meinte Kurt Tucholsky in der «Weltbühne», aber tue man das nicht, so müsse man anerkennen, dass «hier der beste deutsche naturalistische Detektivfilm geschaffen worden» sei. Besonders strich Tucholsky die Leistung von Jannings heraus: «Denn das ist ein Typus: der gutmütige, kräftige, bärenhaft starke und bärenhaft tapsige Ludewig.»[25] In einer Nebenrolle war die damals noch unbekannte junge Schauspielerin Marlene Dietrich zu sehen. Sieben Jahre später, 1930, wird sie in der Rolle der «feschen Lola» an der Seite von Emil Jannings in Josef von Sternbergs Tonfilm «Der blaue Engel» auftreten – der Start in eine Weltkarriere.

Im Frühjahr 1923, als die Hyperinflation ihrem Höhepunkt zutrieb, drehte Jannings den Film «Alles für Geld». Darin spielte er einen ruppigen, hemdsärmeligen Inflationsgewinnler – eine Rolle, die ihm wie auf den Leib geschrieben war. «Wie werde ich Raffke, aber ein solcher Raffke, wie ihn die Welt noch nicht sah», fasste Kurt Pinthus die Botschaft des Films zusammen. Jannings sei gleichzeitig «brutal, listig, protzig, kindlich, wollüstig, sohnesliebend, tragisch, rasend, verliebt, zusammenbrechend, kleinbürgerlich, größenwahnsinnig, aber mit einem Schuss Gutartigkeit, kurz: der Über-Raffke.»[26]

Freilich, nur die wenigsten Produktionen beschäftigten sich mit den unmittelbaren Gegenwartsproblemen. Verbreiteter und auch kommerziell erfolgreicher waren Historienfilme. «Der Film begann als Hintertreppenroman und ist auf dem besten Wege, historisches Seminar zu werden (…)», spottete Carl von Ossietzky in der «Berliner Volkszeitung» im März 1923. «Denn die ganze Weltgeschichte wird heuer abgegrast. Sämtliche Friederiche, Katharinen, Pompadours, alle Feldherren, Könige, Schelme, Heroinen und Buhlerinnen, alle historischen Entthronungen, Enthauptungen, Entjungferungen, Folterungen, kurz, das ganze Wandelpanorama von Misslichkeiten, das man etwas großspurig Weltgeschichte nennt, ist heute nicht mehr als eine Sammlung von Motiven für den deutschen Film.»[27] Als eifrigster Regisseur auf dem Gebiet des historischen Kostümfilms betätigte sich Ernst Lubitsch. 1919 drehte er «Madame Dubarry» mit der jungen Pola Negri, 1920 folgte «Anna Boleyn» mit Henny Porten und Emil Jannings (als Heinrich VIII.) und 1922 «Das Weib des Pharao» mit Emil Jannings und Albert Bassermann.

Besonders beliebt waren Streifen, welche die Sehnsucht nach der verlorenen nationalen Größe befriedigten. «Täglich rollen in den Kinos des Reiches von der Etsch bis an den Belt die Filme aus deutscher Vergangenheit. Und zwar vor vollen Häusern. Woraus zu folgern ist, dass man in Deutschland sich gern belügen lässt», merkte «Die Weltbühne» im September 1923 an.[28]

Zum größten Kinoerfolg der Jahre 1922 und 1923 wurde der vierteilige Ufa-Film «Fridericus Rex» mit Otto Gebühr als Hauptdarsteller. Die ersten beiden Teile – «Sturm und Drang» und «Vater und Sohn» – wurden Ende Januar 1922 im Ufa-Palast uraufgeführt, im März 1923 folgten der dritte und vierte Teil, «Sanssouci» und «Schicksalswende». «Fridericus Rex, unser König und Herr, / der rief noch einmal in das Kino daher. / Zweitausend Meter lang ist der ganze Quark – / und jeder Parkettplatz, der kostet sechzehn Mark», reimte Kurt Tucholsky anlässlich der Premiere der beiden ersten Teile.[29] Ein Autor der «Weltbühne», Curt Rosenfeld, beobachtete im Juli 1923, dass, wann immer die Bataillone Friedrichs mit flatternden Fahnen aufmarschierten, im Kino tosender Beifall ausbrach, und er fragte sich, worauf wohl die Anziehungskraft des Films beruhen mochte. Seine Antwort: «Dreierlei ist es, was das Publikum darin anzieht: der Glanz der militärischen Vergangenheit, die Beziehung auf die Gegenwart; und die Erscheinung des großen Königs, der das Urbild eines starken Mannes ist, wie ihn jetzt so viele ersehnen.» So leiste der Film als wirksame Propagandawaffe der deutschnationalen Auffassung von der glorreichen deutschen Vergangenheit Vorschub.[30]

Die SPD-Zeitung «Vorwärts» rief zum Boykott des Films auf. In manchen Städten kam es zu Protestkundgebungen von Sozialdemokraten und Kommunisten, aber auch die Rechte mobilisierte ihre Anhänger zu Aufmärschen für den «Fridericus Rex».[31] In den spannungsreichen Monaten vor seinem Putsch vom November 1923 versäumte es der Filmenthusiast Adolf Hitler nicht, sich die Serie anzusehen. Besonders die Szene im zweiten Teil «Vater und Sohn», in der der junge Friedrich der Hinrichtung des Freundes Katte beiwohnen muss, fand seinen Beifall: «Kopf ab für jeden, der gegen die Staatsräson frevelt, und wäre es selbst der eigene Sohn.» In diesem Sinne sei Preußen großgeworden, und dieser Geist müsse wiederbelebt werden, wenn der Abwehrkampf gegen die Ruhrbesetzung erfolgreich geführt werden solle.[32]

Victor Klemperer sah sich beim Besuch der ersten beiden Teile im März 1922 in «große Gefühlsverwirrung» gestürzt. Auch ihn, den national empfindenden jüdischen Deutschen, habe, so notierte er, «die vernichtete deutsche Größe mit vielem Schmerz» erfüllt, und er habe «ein paarmal kaum Tränen unterdrücken» können. Andererseits aber konnte er sich nicht verhehlen, dass es gerade «die ekelhaften Hakenkreuzler, die unreifsten Elemente, die schlimmsten Teutschen» waren, die Beifall klatschten.[33] Im Mai 1923 sah er sich auch die beiden letzten Teile an, und diesmal zeigte er sich noch stärker ergriffen, vor allem von der Darstellung Otto Gebührs: «Gebühr sehr viel älter erscheinend, frappantes Goethe-Hauptmann-Gesicht, Haltung eines alten Mannes, der sich krampfhaft aufrecht hält. Die große Not. Hiobsbotschaften im Bauernhaus bei Leuthen (…). Dann in weiter Landschaft die breite Schlachtlinie der Grenadiere bei Leuthen, der Kampf. Gewaltiges Spiel Gebührs. ‹Retiriert wird nicht.› Am Krückstock krampfhaft vorwärts stapfend, führt er die Truppe zum Sturm (…). Endlich der müde Gram im Lehnstuhl während der Siegesfeier (…). Als Filmschauspiel ein ganz großer Genuss.»[34]

Das Kontrastprogramm zu dem das Militär verherrlichenden «Fridericus Rex»-Filmen stellten die Filme Charlie Chaplins dar, die sich seit den frühen zwanziger Jahren gerade in republikanischen Kreisen Deutschlands wachsender Beliebtheit erfreuten. «Er braucht nur aufzutreten, mit dem kleinen Hütchen, mit dem kleinen Stöckchen, mit dem kleinen Schnurrbärtchen, watscheln auf seinen unmöglichen Beinen – und alles darum herum hat plötzlich unrecht, und er hat recht, und die ganze Welt ist lächerlich geworden», schrieb Kurt Tucholsky 1922 über den «berühmtesten Mann der Welt».[35] Auch Hans Siemsen sah in den Chaplinaden «eine fortgesetzte

Unterminierung all dessen, was heute in Ansehen, Amt und Würden ist»: «Denn wer kann noch das Militär ernst nehmen, nachdem er Chaplin als Feuerwehrmann, als Polizisten oder gar im Schützengraben gesehen hat! Wenn Chaplin als Feuerwehrmann grüßt, wenn er als Polizist seine erste, höchst komplizierte, beinverwickelnde Kehrtwendung macht: dann lacht Alles, dann ist das Militär und der militärische Drill in seiner ganzen erbärmlichen Hirnlosigkeit vernichtend demaskiert.»[36] Der Filmkritiker der «Weltbühne» machte im Herbst 1922 das Publikum in fünf Folgen mit dem großen Schauspieler, Komödiendichter und Regisseur Charlie Chaplin bekannt und rühmte ihn am Ende in höchsten Tönen: «Dieser komische kleine Clown ist das Größte, was ein Mensch sein kann: ein Weltverbesserer. Gott segne ihn!»[37]

Im November 1923 kam «The Kid», einer der berühmtesten Filme Chaplins, in die deutschen Kinos. Es war der erste Langfilm, den Chaplin in seiner Doppelrolle als Hauptdarsteller und Regisseur gedreht hatte. Er handelt von einem Tramp, der ein ausgesetztes Baby findet und den Jungen – gespielt von dem Kinderstar Jackie Coogan – unter immer wieder gefährdeten Umständen aufzieht. Gerade die Verbindung von Komödie und Sozialdrama machte den ungewöhnlichen Erfolg des Films aus. Im «Tage-Buch» pries Kurt Pinthus das Werk als eine «Wohltat». Es handele sich nicht um einen reinen Unterhaltungsfilm, denn Chaplin sei hier «nicht nur der komische Akrobat, sondern die menschgewordene Menschenliebe»: «Ernstes und Groteskes ist hier gemixt zu einem Trank der Rührung und Belustigung zugleich.»[38]

Enttäuscht zeigte sich hingegen Victor Klemperer: Der Film habe «nichts Neues» gebracht und «amerikanische Gefühlsprimitivität mit amerikanischer Vorliebe für Clownerie» zusammengefügt.[39] Schwang hier der traditionelle Hochmut des deutschen Bildungsbürgers gegenüber der amerikanischen Populärkultur mit, so war das abfällige Urteil des Bonner Professors für Staatsrechtslehre Carl Schmitt Ausfluss eines tiefsitzenden Antisemitismus. Nach einem Besuch der Filmvorführung im Januar 1924 notierte er nur lapidar: «Dreck, jüdische Sentimentalität.»[40]

....

Stärker als das Kino prägte das Theater das kulturelle Leben auch schon in den frühen Weimarer Jahren. Die großen Theaterereignisse waren Tages-

Hans Poelzigs «Großes Schauspielhaus» (später «Theater des Volkes» und «Friedrichstadtpalast») bot 5000 Zuschauern Platz in imposantem Ambiente.

gespräch. Über Aufführungen expressionistischer Stücke debattierte man ebenso leidenschaftlich wie über moderne Klassiker-Inszenierungen. In den Feuilletons der Zeitungen erschienen ausführliche Besprechungen, in denen die besten Kritiker die Klingen kreuzten. «Der gesellschaftlichen Bedeutung des Theaters (vor allem der großen literarischen Premieren) entsprach die Rolle, die ihm in der Presse eingeräumt wurde», erinnerte sich der Philosoph und Publizist Ludwig Marcuse. «Man blättere in alten Zeitungen! Wie wenig Platz wurde einem bedeutenden Buch gegeben, und wieviel allen dritten Besetzungen der dritten Amazone in Kleists ‹Penthesilea›.»[41]

Vor allem Berlin entwickelte sich – noch vor Paris und London – zur Hauptstadt des Theaters. Allein hier gab es 49 Spielstätten, darunter 23 mit jeweils mehr als tausend Plätzen. Nirgendwo sonst war die Lust am Experiment, am schockierenden Auftritt so groß, und nirgendwo sonst wurde so heftig gestritten wie hier. Auch in Zeiten der Hyperinflation blieben die Besucher nicht aus, im Gegenteil: Die Theater waren noch voller als sonst.

«Wer nichts weiter besaß als Geld, suchte es so schnell wie möglich auszugeben (...)», berichtet der Regisseur Bernhard Reich. «Diejenigen, die den Abend frei hatten, kauften Karten für das Theater oder für ein Konzert, auch wenn sie sonst wenig Interesse für die Kunst besaßen: die Not der Zeit wurde da zum Segen.»[42]

Unter den bedeutenden Theaterregisseuren in Berlin ragten drei heraus: Max Reinhardt, Leopold Jessner und Erwin Piscator. Reinhardt war bereits vor 1914 durch seine Klassiker-Inszenierungen und seinen Sinn für technische Innovationen, vor allem Drehbühne und raffinierte Beleuchtungseffekte, eine Berühmtheit. Und auch nach 1918 blieb sein auf prachtvolle Ausstattungen setzendes Monumentaltheater zunächst konkurrenzlos. Einerseits der Tradition wilhelminischer Theaterkultur verhaftet, suchte Reinhardt andererseits den neuen Verhältnissen der Weimarer Demokratie Rechnung zu tragen. So wollte er das Theater für weite Schichten der Bevölkerung öffnen. Zu diesem Zweck kaufte er den Zirkus Schumann und ließ ihn vom Architekten Hans Poelzig zum «Großen Schauspielhaus» umbauen – einem modernen Arenatheater, das rund 5000 Zuschauern Platz bot.[43]

Ende November 1919 wurde die neue Spielstätte mit der «Orestie» von Aischylos eröffnet. «Es war das erste große Stelldichein des nachkaiserlichen Berlin», berichtete das «Berliner Tageblatt». «Von unseren Ministern und Parlamentariern eine ganze Zahl, Dichter, Musiker, Direktoren anderer Bühnen, Schauspieler, Zugehörige der fremden Missionen, Vertreter der auswärtigen Presse (...). Auf allen Gesichtern das Staunen über das Haus, vor allem über die Kuppel, die sich wie ein Eisgrotte hochtürmt.»[44]

Die hochgespannten Erwartungen, die Reinhardt mit dem neuen «Volkstheater» verbunden hatte, erfüllten sich nicht. Ende 1920 zog er sich enttäuscht auf sein Schloss Leopoldskron bei Salzburg zurück. Die Direktion seiner Berliner Theater übergab er seinem langjährigen Dramaturgen Felix Hollaender, der sie seinerseits 1923 an Karl Rosen abgab. Das «Große Schauspielhaus» wurde zum Operetten-und Revuetheater umgewandelt.[45]

Zum eigentlichen Gegenspieler Reinhardts avancierte Leopold Jessner. Im Sommer 1919 war der engagierte Sozialdemokrat zum Intendanten des Staatlichen Schauspielhauses am Gendarmenmarkt in Berlin (vormals Königliches Schauspielhaus) berufen worden. Bereits seine erste Inszenierung, Schillers «Wilhelm Tell», die am 12. Dezember 1919 Premiere hatte, löste einen veritablen Theaterskandal aus. Jessner brach radikal mit der Tradition des Hoftheaters. Die Bühne wurde von allen dekorativen Elementen und überflüssigen Requisiten befreit. Eine mächtige grüne Freitreppe füllte den Raum aus. Den Tell spielte Albert Bassermann, in der Rolle des Landvogts Geßler war der junge Fritz Kortner zu sehen. Er trug eine glitzernde, mit Orden des kaiserlichen Heeres geschmückte Uniform und glich der Karikatur eines preußischen Generals. Überdies hatte Jessner den Vers – «Ans Vaterland, ans teure schließ dich an» – gestrichen und dadurch den hohen patriotischen Ton in Schillers Drama gedämpft.

Ein kleiner, aber lautstarker Teil des Publikums witterte eine Verunglimpfung des Klassikers sowie eine Verhöhnung nationaler Werte und machte seiner Empörung durch Zwischenrufe Luft, die sich von Akt zu Akt steigerten. Zeitweilig drohte ein Abbruch der Aufführung. Als Bassermann Tells berühmten Monolog begann: «Durch diese hohle Gasse muss er kommen …», schrie ein Zuschauer: «Wo ist sie?», und Sprechchöre skandierten: «Jüdischer Schwindel!» – «Jüdischer Schwindel!» Für Fritz Kortner, der uns in seiner Autobiographie eine Schilderung des turbulenten Abends hinterlassen hat, verwiesen die unduldsamen Reaktionen bereits auf Kommendes: «Es war die braune Bestie, die im Schafspelz des kunstempörten Theaterbesuchers auftrat.»[46] Auch in der folgenden Inszenierung von Frank Wedekinds «Marquis von Keith», dessen Premiere am 12. März 1920, einen Tag vor Beginn des Kapp-Putsches, stattfand, setzte Jessner seine auf die Stilmittel des Illusionstheaters verzichtende Regierarbeit fort. «Was dieser Jessner aus dem Schauspielhaus in kurzer Zeit gemacht hat – hier ist ein Wunder, glaubt mir», lobte Alfred Kerr im «Berliner Tageblatt».[47]

Von Anfang an dezidiert politisch wirken wollte der dritte unter den experimentierfreudigen Regisseuren, Erwin Piscator. Im Herbst 1920 eröffnete der überzeugte Kommunist sein erstes «Proletarisches Theater», mit dem er in Vereinssälen und Versammlungslokalen der Berliner Arbeiter auftrat. Professionelle Schauspieler und Laiendarsteller taten sich dabei zusammen. «Wir verbannten das Wort ‹Kunst› radikal aus unserem Programm, unsere ‹Stücke› waren Aufrufe, mit denen wir in das aktuelle Geschehen eingreifen und Politik treiben wollten», hat Piscator rückblickend seine Intentionen beschrieben.[48] Dementsprechend wählte er bevorzugt Dramen mit sozialrevolutionärer Tendenz aus. «Das ist das grundlegend Neue an diesem Theater, dass Spiel und Wirklichkeit in einer ganz sonderbaren Weise ineinander übergehen. Du weißt oft nicht, ob du im Theater oder in einer Versammlung bist», schrieb «Die Rote Fahne» anlässlich der Uraufführung von Franz Jungs «Die Kanaker» im April 1921.[49]

Noch im selben Monat musste das Theater auf Anordnung des Berliner Polizeipräsidenten schließen. Nachdem auch sein Versuch, 1922/23 im Berliner Central-Theater eine «Proletarische Volksbühne» ins Leben zu rufen, gescheitert war, übernahm Piscator 1924 die Berliner Volksbühne am Bülowplatz (dem heutigen Rosa Luxemburg-Platz). Hier begründete er sein Renommee als einer der erfolgreichsten Theaterregisseure der zwanziger Jahre. 1927 schied er nach politischen Differenzen aus der Volksbühne aus und eröffnete noch im selben Jahr ein eigenes Haus am Nollendorfplatz, das mit seinen zeitgenössischen Stücken, aber auch Klassiker-Inszenierungen die Berliner Theaterszene bereicherte.[50]

• • • • • • • •

Auf der Höhe der Regiekunst hielt sich die Theaterkritik, das Herzstück des Feuilletons aller großen Zeitungen. Theaterkritiker waren gleichermaßen geachtet wie gefürchtet – allen voran der 1867 geborene Alfred Kerr und der 21 Jahre jüngere Herbert Ihering. Kerr hatte 1901 bei der Zeitung «Der Tag» begonnen; im September 1919 übernahm er die Theaterkritik im «Berliner Tageblatt». Ihering trat 1918 in die Redaktion des «Berliner Börsen-Couriers» ein – ein vor allem wegen seines qualitätsvollen Kulturteils ebenfalls geschätztes Blatt. Beide Großkritiker vertraten unterschiedliche Konzepte. «Alfred Kerr war geistreich, genießerisch, subjektiv, von Fall zu Fall urteilend, ein Impressionist, für den Kritik eine Nachdichtung des Theaterabends war», erinnerte sich der Schriftsteller und Kritiker Hans Sahl. «Ihering hingegen war systematisch, doktrinär, auf einen Punkt gerichtet, den er nicht aus den Augen ließ (…). Seine Kritiken waren Manifeste, Traktate, Kampfansagen.»[51]

Kritiker konnten Schauspieler-Karrieren beenden – aber auch entscheidend befördern. So trug Kerrs Rezension der Uraufführung von Hans Müller-Einigens Stück «Die Flamme» im Berliner Lessing-Theater im Oktober 1920 dazu bei, dass die damals dreißigjährige Käthe Dorsch über Nacht berühmt wurde. «Der Abend hieß Dorsch. Deutschlands Bühne hat einen Menschen mehr. Eine Kraft mehr. Eine Wucht mehr. Eine Pflanze mehr. Eine dufte Nummer mehr. Eine Seele mehr (…). Wir sind nicht arm: wenn so was nachwächst.»[52]

Eine andere große Entdeckung der frühen zwanziger Jahre war die junge Schauspielerin Elisabeth Bergner, die über die Stationen Wien und München 1922 nach Berlin gekommen war. Ihr Stern ging auf mit der Rolle der Königin Christine in August Strindbergs gleichnamigen Stück, das im Dezember 1922 im Lessing-Theater Premiere feierte. Wieder war es Alfred Kerr, der sich äußerst enthusiasmiert zeigte: «Was für eine Schmeichelstimme, was für eine sacht gliedernde Stimme, was für eine unwillige Stimme, was für eine befehlende Stimme, was für eine eigensinnige Stimme, was für eine furchtsame Stimme (...). Doch sie gibt kein Glockenzeichen: alles kommt aus einer – Versunkenheit.»[53]

Das Jahr der Hyperinflation wurde zum Erfolgsjahr für die Bergner. Innerhalb kurzer Zeit wurde sie zur populärsten Schauspielerin; ihr Name war in aller Munde. Selbst der sonst so kritische Kurt Tucholsky war hingerissen: «Es hat also noch Sinn, ins Theater zu gehen (...)», schrieb er. «Das Lessing-Theater hallte wider von den Rufen: ‹Bergner! Bergner!› Mit vollem Recht.»[54]

• • • • • • • •

Einer der meistgespielten Autoren der letzten Kriegs- und ersten Nachkriegsjahre war Georg Kaiser. Mit seinem Stationendrama «Von morgens bis mitternachts» (uraufgeführt in den Kammerspielen München im April 1917) und seinem von Rodins Plastik angeregten Weihespiel «Die Bürger von Calais» (uraufgeführt im Neuen Theater Frankfurt am Main im Januar 1917) hatte er seine ersten großen Bühnenerfolge gefeiert. Darin schlug er ein Kernthema der expressionistischen Dramatik an: das von der Heraufkunft des «neuen Menschen». «Vielgestaltig gestaltet der Dichter eines: die Vision, die von Anfang ist», proklamierte er. «Von welcher Art ist die Vision? Es gibt nur eine: die von der Erneuerung des Menschen.»[55] Dementsprechend lässt er am Ende des Dramas «Die Bürger von Calais» den Vater von Eustache de Saint-Pierre, der sich selbst zum Opfer gebracht hat, prophetisch verkünden: «Ich habe den neuen Menschen gesehen – in dieser Nacht ist er geboren!»[56] In seiner «Gas»-Trilogie («Die Koralle» 1917, «Gas I» 1918, «Gas II» 1920) griff Kaiser das Thema noch einmal auf, doch anstelle der Hoffnung auf eine Erneuerung der Menschen steht hier am Ende die düster-apokalyptische Vision eines «jüngsten Tages». Die Technik hat sich verselbständigt und treibt die Menschheit in den Untergang. «In der dunstgrauen Ferne sausen die Garben von Feuerbällen gegeneinander – deutlich in Selbstvernichtung», lautet die Regieanweisung, mit der «Gas II» schließt.[57]

Obwohl sich Kaiser als erfolgreicher Dramatiker etabliert hatte, reichten seine Tantiemen offenbar nicht aus, um sich und seine Familie durchzubringen. Im Oktober 1920 wurde er verhaftet, weil er aus einer möbliert gemieteten Villa in Tutzing einige Wertgegenstände verpfändet hatte. Im Februar 1921 wurde er vom Landgericht München zu einem Jahr Gefängnis verurteilt.[58] Der Fall sorgte für einiges Aufsehen und veranlasste besonders die rechtsgerichtete Presse zu hämischen Kommentaren. In der Prager Zeitschrift «Tribuna» nahm sich Milena Jesenská, eine Freundin Franz Kafkas, der Sache an und verurteilte die «Dummheit» der Journalisten, «die über diesen Fall geschwätzige Worte von dermaßen erstaunlicher Stumpfheit und Unwissenheit, von solcher Unkenntnis der einfachsten menschlichen Geheimnisse ausschütteten, ohne primitivste menschliche Güte, dass es auch einem Fremden, Unbeteiligten bitter aufstößt».[59]

Nach seiner Entlassung aus dem Gefängnis siedelte Georg Kaiser nach Grünheide bei Berlin über. Es begann eine zweite Schaffensperiode, in der er sich immer mehr den brennenden Gegenwartsproblemen zuwandte. Im Jahr der Hyperinflation veröffentlichte er das Drama «Nebeneinander», das er im Untertitel «Volksstück 1923 in fünf Akten» nannte. Uraufgeführt wurde es Anfang November 1923 im Lustspielhaus in Berlin unter der Regie von Berthold Viertel, der im September ein eigenes Theaterensemble, «Die Truppe», um sich versammelt hatte. Drei Handlungsstränge führte Kaiser hier parallel: Ein Pfandleiher (gespielt von Leonhard Steckel) findet in der Brusttasche eines versetzten Fracks den Abschiedsbrief eines Mannes, eines gewissen Otto Neumann, an seine ehemalige Geliebte Luise, die damit gedroht hat, Selbstmord zu begehen. Von dem Wunsch getrieben, das Leben der Unbekannten zu retten, macht sich der Pfandleiher auf die Suche nach ihr und ihrem Liebhaber – es wird ein Passionsweg, der mit dem Selbstmord des Pfandleihers und seiner buckligen Tochter endet. Der zweite Erzählstrang handelt von der jungen Frau Luise, die keineswegs an Selbstmord denkt, sondern sich aufs Land zurückgezogen hat und in den Armen eines biederen Ingenieurs tröstet. Auf der dritten Handlungsebene geht es um die Geschichte Otto Neumanns (gespielt von Rudolf Forster), eines Kerls mit Ellenbogen und bemerkenswerter Skrupellosigkeit, der es zum Generaldirektor einer Filmgesellschaft bringt. «Das ist der Typus, der durchkommt», heißt es am Ende. «Wenn wir alle in Dreck und Speck verrecken, pfeift das noch die Wacht am Rhein mit vollen Backen.»[60]

Die Uraufführung war ein Ereignis. Berlin erkannte sich in dem Stück wieder. «Es quirlt der Stunde trübe Luft darin, Zeit spiegelt sich in krassen, gallig verzerrten Bildern», schrieb der Kritiker des «Berliner Lokal-Anzeigers». «So leben Menschen in deutscher Stadt, so hungert, so prasst verlorenen Volk, so ist man ‹nebeneinander› verpfercht, so sieht deutsche Hölle aus.»[61] Siegfried Jacobsohn, der Herausgeber und Theaterkritiker der «Weltbühne», lobte den Abschied Kaisers vom O-Mensch-Pathos seiner expressionistischen Stücke als «großen Fortschritt»: «Georg Kaiser ist aus der Wolke, die ihn bisher umnebelte, mit beiden Füßen auf die Erde gestiegen.» Seine «endlich errungene kalte und heitere Überlegenheit» sei dem «turbulenten Irrsinn unserer Tage durchaus angemessen».[62]

Neben Georg Kaiser war es vor allem Ernst Toller, der nach dem Krieg mit seinen Stücken die Bühnen eroberte. Der 1893 geborene Sohn eines jüdischen Getreidehändlers aus Samotschin in der preußischen Provinz Posen hatte sich, wie viele seiner jüdischen Landsleute, im August 1914 als Kriegsfreiwilliger gemeldet, angesichts des Grauens der Grabenkämpfe aber zu einem radikalen Kriegsgegner gewandelt. Seinen Ruhm als Dramatiker begründete er mit dem Antikriegsstück «Die Wandlung» – das expressionistische Stationendrama par excellence –, in dem er auch seine eigene Wandlung als Läuterungsprozess beschrieb. Am Ende lässt er seinen Protagonisten Friedrich verkünden: «Nun geht hin zu den Machthabern und kündet ihnen mit brausenden Orgelstimmen, dass ihre Macht ein Truggebilde sei. Geht hin zu den Soldaten, sie sollen ihre Schwerter zu Pflugscharen schmieden. Geht hin zu den Reichen und zeigt ihnen ihr Herz, das ein Schutthaufen ward (...). Brüder recket zermarterte Hand / Flammender freudiger Ton! / Schreite durch unser freies Land / Revolution! Revolution!»[63]

Das Stück wurde am 30. September 1919 an dem neuen Experimentiertheater «Die Tribüne» in Berlin uraufgeführt. Der 27-jährige Fritz Kortner spielte die Rolle des Friedrich, mit der ihm auf Anhieb der Durchbruch zu einem der gefragtesten Schauspieler gelang. Die Kritiker waren begeistert. «Für den reinsten Abend, den das Berliner Theater seit langem verschenken konnte, dankt man erschüttert einem Menschen», schrieb Herbert Ihering, und auch Alfred Kerr war nicht weniger voll des Lobes: «Es ist einer unter uns, von dem man fühlt, dass er nicht nur ein glühendes Herz hat, sondern oftmals, dass er ein Dichter ist (…). Er (Toller) packt den Stier bei den Hörnern. Er bringt alle Furchtbarkeiten des Krieges (…) nicht in langem Lamento, sondern mit wuchtiger Schlagkraft wie niemand bisher auf die Bühne.»[64]

Zum Zeitpunkt der Premiere von «Die Wandlung» saß Toller bereits im Gefängnis. Aufgrund seiner führenden Beteiligung an der Münchner Räterepublik im April 1919 war er zu fünf Jahren Festungshaft verurteilt worden. Die Zeit hinter Gittern war die künstlerisch produktivste seines Lebens. In rascher Folge entstanden vier Dramen: In «Masse Mensch. Ein Stück aus der sozialen Revolution des 20. Jahrhunderts», das durch Jürgen Fehlings Inszenierung an der Berliner Volksbühne im September 1921 internationale Beachtung fand, thematisierte er einen Grundkonflikt jeder Revolution: den zwischen den Anhängern der Gewaltlosigkeit, vertreten durch eine Frau, «Sonja Irene L.», und den Aposteln der Gewalt, vertreten durch die Figur des «Namenlosen».[65]

In «Die Maschinenstürmer», Untertitel: «Ein Drama aus der Zeit der Ludditenbewegung in England», griff Toller einen historischen Stoff auf: den Aufstand gegen die mechanischen Webstühle zur Zeit des englischen Frühkapitalismus. Die Uraufführung unter der Regie von Karlheinz Martin im Großen Schauspielhaus Berlin fand am 30. Juni 1922, sechs Tage nach dem Mord an Außenminister Walther Rathenau, statt und wurde zu einer politischen Demonstration. Als der Agitator Jimmy Cobbett, der Advokat der Menschenliebe, in der Schlussszene von den Maschinenstürmern erschlagen wird, erklangen Rufe aus dem Publikum: «Rathenau!» und «Nieder die Mörderzentrale!»[66]

In «Hinkemann», geschrieben 1921/22, gestaltete Toller das leidvolle Schicksal eines Kriegsheimkehrers, der durch eine Verwundung impotent geworden ist und sich nach vielen demütigenden Erfahrungen am Ende anschickt, sich zu erhängen: «Ich habe die Kraft nicht mehr. Die Kraft nicht mehr zu kämpfen, die Kraft nicht mehr zu leben (…). Ich will nicht mehr.»[67] Die nationalistische Rechte witterte eine Beleidigung der Kriegsopfer und machte gegen die Aufführung mobil. War die Premiere im Alten Theater Leipzig im September 1923 noch mit Beifall aufgenommen worden, kam es bei der Inszenierung am Dresdener Schauspielhaus im Januar 1924 zu massiven Störaktionen. Die «Frankfurter Zeitung» berichtete: «Noch ehe sich die Gardine vor der ersten Szene geteilt hatte, begann ein wüstes Husten konzert. Das war sozusagen die Befehlsdurchgabe zum Avancieren für eine im ganzen Zuschauerraum ausgeschwärmte Kompanie von Hakenkreuz-Jünglingen, die alsbald mit gewaltigem Entrüstungslärm an der Vorstellung ‹Anstoß nahmen› (...).»[68] Das Stück musste nach der ersten Aufführung abgesetzt werden, nachdem es gegen Regisseur und Schauspieler Morddrohungen gegeben hatte.[69]

Mit seiner Komödie «Der entfesselte Wotan», geschrieben 1923, wollte Toller die völkische Demagogie und den rabiaten Antisemitismus satirisch bloßstellen. Das Stück handelt von Aufstieg und Fall des größenwahnsinnigen Friseurs Wilhelm Dietrich Wotan, der ein Schwindelunternehmen gründet, schließlich auffliegt und ankündigt, im Gefängnis seine Memoiren zu schreiben. Toller schrieb das Stück, bevor Hitler am 9. November seinen Putsch unternahm, aber manche Merkmale Wotans weisen erstaunliche Parallelen mit dem Lokalmatador der bayerischen Rechten auf. Insofern nahm das Werk bereits die späteren Warnungen des Dramatikers vor dem Nationalsozialismus vorweg.[70]

Im Jahr 1923 veröffentlichte Toller den Gedichtzyklus «Das Schwalbenbuch», eines seiner schönsten Werke, zu dem ihn die Beobachtung zweier Schwalben inspiriert hatte, die in seiner Zelle genistet hatten. Der Gefangene litt sehr unter den Härten des Strafvollzugs in der Festung Niederschönenfeld, die in deutlichem Kontrast standen zu den Privilegien, die der Putschist Hitler in der Festung Landsberg genießen durfte. Und anders als Hitler, der schon nach einem Dreivierteljahr freikam, saß Toller seine fünf Jahre voll ab. Im Juli 1924 wurde er entlassen. «Sei gegrüßt! Du kamst ans Licht!», empfing ihn Kurt Tucholsky.[71]

• • • • • • • •

Mit seinen florierenden Kinopalästen, Theatern, Kabaretts, Varietés und Zeitungen entwickelte sich Berlin zu einem Magneten, der viele Künstler, Schriftsteller und Journalisten unwiderstehlich anzog. «Berlin war mehr als eine Messe wert», rief sich der Dramatiker Carl Zuckmayer die frühen zwanziger Jahre in Erinnerung. «Die Stadt fraß Talente und menschliche Energien mit beispiellosem Heißhunger, um sie ebenso rasch zu verdauen, kleinzumahlen und wieder auszuspucken. Was immer in Deutschland nach oben strebte, saugte sie mit Tornado-Kräften in sich hinein, die Echten wie die Falschen, die Nullen wie die Treffer, und zeigte ihnen erst mal die kalte Schulter.»[72]

Einer, der auszog, um die Hauptstadt zu erobern, war ein junger Schriftsteller aus Augsburg: Bertolt Brecht. Ende Februar 1920, nur wenige Tage nach seinem 22. Geburtstag, reiste er zum ersten Mal nach Berlin. Der Trubel der Weltstadt berauschte und ernüchterte ihn zugleich. «Berlin ist eine wundervolle Angelegenheit (…)», schrieb er noch am Tag seiner Ankunft an seinen Freund Caspar Neher. «Alles ist überfüllt von Geschmacklosigkeiten, aber in was für einem Format, Kind!» Und in einem weiteren Brief wenige Tage später hieß es: «Der Schwindel Berlin unterscheidet sich von allen anderen Großstädten durch seine schamlose Großartigkeit. Die Theater sind wundervoll. Sie gebären mit hinreißender Verve kleine Blasensteine. Ich liebe Berlin, aber m. b. H.»[73] Bereits am 14. März 1920, einen Tag nach Beginn des Kapp-Putsches, brach Brecht seine erste Berlin-Exkursion ab, ohne dort etwas erreicht zu haben.[74]

Als Brecht sich von Anfang November 1921 bis Ende April 1922 ein zweites Mal in der Hauptstadt aufhielt, war er hier schon kein ganz Unbekannter mehr. In der Zeitschrift «Der Neue Merkur» hatte er die Filibustergeschichte «Bargan lässt es sein» veröffentlicht und damit das Interesse literarischer Kreise geweckt. Nun galt es, Kontakte zu knüpfen, die notwendig waren, um sich als Schriftsteller in der Metropole einen Namen zu machen. Brecht verhandelte gleichzeitig mit mehreren Verlagen, unter anderem mit Hermann Kasack, dem Lektor im Kiepenheuer Verlag, und es gelang ihm, einen recht lukrativen Vertrag auszuhandeln, der ihm ein monatliches Fixum sicherte.[75]

Im Dezember 1922 engagierte ihn die Schauspielerin Trude Hesterberg für sechs Abende in dem von ihr geleiteten Kabarett, die «Wilde Bühne» im Keller des Theaters des Westens, aufzutreten – eines der zahlreichen, künstlerisch ambitionierten Kabaretts, die sich in den ersten Nachkriegsjahren zwischen Schiffbauerdamm und Kurfürstendamm etablierten. Walter Mehring, Kurt Tucholsky, Joachim Ringelnatz, Klabund verfassten Chansons, Couplets und Gedichte.[76] Mitte Januar 1922 trat Brecht in der «Wilden Bühne» auf und sang mit krächzender Stimme zur Gitarre die «Legende vom toten Soldaten» – jenes makabre Antikriegsgedicht, in dem der Kaiser einen bereits halb verwesten Soldaten ausgraben und noch einmal den «Heldentod» sterben lässt. Kaum hatte Brecht mit seinem Vortrag begonnen, setzte auch schon der Tumult ein. «Ich musste notgedrungen den Vorhang fallen lassen, um dem Radau ein Ende zu machen», erzählt Trude Hesterberg in ihren Erinnerungen, «und Walter Mehring ging vor den Vorhang und sagte jene bedeutsamen Worte: ‹Meine Damen, meine Herren, das war eine große Blamage, aber nicht für den Dichter, sondern für Sie! Und Sie werden sich noch eines Tages rühmen, dass Sie dabei gewesen sind!›.»[77] Im November 1923 brannte die «Wilde Bühne» aus, und um weiterzumachen, fehlte der Direktorin in Zeiten der Hyperinflation das Geld.[78]

Während seines zweiten Berlin-Besuchs lernte Brecht den Dramaturgen Arnolt Bronnen kennen, der sofort Gefallen an ihm fand. Er habe das Gefühl gehabt: «In dem kleinen, unscheinbaren Menschen dort schlägt das Herz dieser Zeit», erinnerte sich Bronnen Jahrzehnte später.[79] Beide freundeten sich an und traten bald wie siamesische Zwillinge auf. Brecht passte die Schreibweise seines Vornamens dem seines Freundes an: Aus «Berthold» wurde «Bertolt». Der drei Jahre ältere Bronnen hatte mit seinem 1920 veröffentlichten Drama «Vatermord» für Aufsehen gesorgt – eines von einer ganzen Reihe von expressionistischen Stücken wie etwa auch Walter Hasenclevers «Der Sohn», in denen der Generationenkonflikt zum Thema gemacht wurde.[80] Im Februar 1922 nahm die von Moritz Seeler gegründete «Junge Bühne», die jungen Autoren ein Forum bieten wollte, «Vatermord» an. Obwohl er noch keine Erfahrungen in praktischer Theaterarbeit besaß, bot sich Brecht an, die Regie zu übernehmen. Während der Proben kam es freilich zu heftigen Auseinandersetzungen mit den Darstellern, allen voran Heinrich George und Agnes Straub, die sich mit der von Brecht verordneten unterkühlten Spielweise nicht anfreunden mochten. Das Ganze endete in einem handfesten Krach, doch zu Bronnen äußerte Brecht fast wie im Triumph: «Ich gratuliere dir. Mit diesen wäre es nie was geworden.»[81] Berthold Viertel nahm sich nun des Projekts an und brachte «Vatermord» im Mai 1922 in der «Jungen Bühne» heraus. Die Aufführung wurde zu einem Überraschungserfolg. «Eine denkwürdig alarmierende Sonntagsvorstellung, die das Zeug in sich hat, historisch zu werden», lobte Emil Faktor im «Berliner Börsen-Courier».[82]

Brecht musste noch einige Monate warten, bis eines seiner Stücke Premiere feiern konnte. Am 28. September 1922 wurde «Trommeln in der Nacht» an den Münchner Kammerspielen unter der Regie von Otto Falckenberg uraufgeführt. Der politische Hintergrund des Dramas ist der sogenannte «Spartakus-Aufstand» in Berlin im Januar 1919. Der Kriegsheimkehrer Kragler findet seinen Platz besetzt vor; seine Braut Anna Balicke erwartet ein Kind von einem Kriegsgewinnler. Aus Enttäuschung schließt er

«Mit Brecht ist ein neuer Ton, eine neue Melodie, eine neue Vision in der Zeit.» Mit «Trommeln in der Nacht», hier ein Szenenbild der Uraufführung von 1922 in den Kammerspielen München, wird Brecht schlagartig zum neuen Star unter den deutschen Dramatikern.

sich den Revolutionären an, macht die Entscheidung aber rückgängig, als Anna reumütig zu ihm zurückkehrt: «Ich bin ein Schwein, und das Schwein geht heim (...). Jetzt kommt das Bett, das große, weiße Bett, komm!»[83] In der Regieanweisung zur Uraufführung hieß es: «Es empfiehlt sich, im Zuschauerraum einige Plakate mit Sprüchen wie ‹Glotzt nicht so romantisch› aufzuhängen.»[84] Das Publikum sollte nicht der Theaterillusion erliegen, sich nicht in das dramatische Geschehen einfühlen, sondern ihm in kritischer Distanz begegnen. Damit nahm Brecht bereits den Verfremdungseffekt vorweg, der später zum festen Bestandteil seines «epischen Theaters» werden sollte.

Zur Münchner Premiere war Herbert Ihering angereist, und er zeigte sich über alle Maßen beeindruckt. «Der vierundzwanzigjährige Dichter Bert Brecht hat über Nacht das dichterische Antlitz Deutschlands verändert», schrieb er am 5. Oktober im «Berliner Börsen-Courier». «Mit Bert Brecht ist ein neuer Ton, eine neue Melodie, eine neue Vision in der Zeit.»[85] Ihering sorgte dafür, dass Brecht im November 1922 den renommierten Kleist-Preis zugesprochen bekam. Und er verteidigte ihn auch künftig gegen alle Angriffe, vor allem seines Kollegen Alfred Kerr, der sich über die zweite Aufführung von «Trommeln in der Nacht» am 20. Dezember 1922 am Deutschen Theater in Berlin recht despektierlich äußerte: Es sei «ein altes Recht der dramatischen Dichter, dass ihnen im fünften Akt nichts einfällt». Hier sei das aber «schon im drittletzten» der Fall. Kerr sprach Brecht nicht Begabung ab, aber im Vergleich zu Ernst Toller falle er doch merklich ab.[86] Über die so unterschiedliche Brecht-Rezeption entbrannte eine regelrechte Kritikerfehde zwischen Ihering und Kerr, in der auch persönliche Animositäten zum Austrag kamen.

Als Kleist-Preisträger war Brecht ein gefragter Autor. Am 9. Mai 1923 fand im Münchner Residenztheater die Uraufführung von «Im Dickicht» (später «Im Dickicht der Städte») statt. Das Stück spielt in Chicago und schildert den Kampf zwischen dem malaischen Holzhändler Shlink und Garga, dem Angestellten einer Leihbibliothek. Regie führte Erich Engel, der 1922 von den Hamburger Kammerspielen nach München gekommen war; das Bühnenbild schuf Caspar Neher, Brechts Augsburger Jugendfreund. Während der zweiten Aufführung warfen Nationalsozialisten Stinkbomben in den Zuschauerraum, so dass das Theater geräumt werden musste. Im NSDAP-Zentralorgan «Völkischer Beobachter» höhnte Josef Stolzing, er habe «keine blasse Ahnung von dem» bekommen, «was eigentlich auf der Bühne vorging». «Im Dickicht» zeige Brechts «Impotenz als Dichter in höchster Potenz». Es sei «nicht nur unsäglich albern, sondern auch grauenhaft langweilig», und nur «die Söhne und Töchter Zions» hätten «wie besessen» geklatscht, als der Vorhang fiel.[87] Bereits nach der sechsten Vorstellung wurde das Stück aufgrund der Proteste abgesetzt. «Aber Münchens volkstümlicher Konservatismus (...) duldet keine bolschewistische Kunst», kommentierte Thomas Mann in einem seiner Briefe für die amerikanische Zeitschrift «The Dial».[88]

Im Sommer 1923 beherrschten die Nationalsozialisten mit ihren Aufmärschen und Kundgebungen die öffentlichen Räume Münchens. «Hakenkreuze, Uniformen, provokante Plakate, knalliges Geschrei», das war der erste Eindruck, den Bronnen von der bayerischen Metropole erhielt. Anfang Juni besuchte er mit Brecht eine jener großen Hitler-Versammlungen im Zirkus Krone. Sein Freund scheint sich weniger für das, was Hitler sagte, als für die ausgefeilte Choreographie und die bombastischen Theatereffekte der Veranstaltung interessiert zu haben. Nach Bronnens Erinnerung äußerte er sich hinterher halb scherzhaft, Hitler habe «den Vorteil eines Mannes, der das Theater immer nur vom vierten Rang aus gesehen hat».[89]

Am 8. Dezember 1923 wurde im Alten Theater Leipzig Brechts erstes Drama «Baal» uraufgeführt. Geschrieben hatte er es bereits 1918, seitdem aber mehrfach umgearbeitet. Wie nicht anders zu erwarten, löste auch dieses zynische Stück über den triebhaften Genussmenschen Baal, der sich keinerlei Hemmungen auferlegt, empörte Reaktionen aus. In der «Vossischen Zeitung» berichtete Hans Natonek: «Unter dem Kampfgetöse der Pfeifen, Pfuirufe und des Beifalls erschien ein verschüchterter, blasser, schmaler Knabe, der Dichter Bertolt Brecht, drückte sich sofort fluchtartig in die Kulisse und kam ängstlich wieder an der schützenden Hand des Schauspieldirektors hervor.»[90]

Im September 1924 ließ sich Brecht endgültig in Berlin nieder. Am Deutschen Theater fand er eine Anstellung als Dramaturg, gemeinsam mit Carl Zuckmayer, der mit seiner Komödie «Der fröhliche Weinberg» 1925 einen triumphalen Erfolg feiern sollte. Das Volksstück signalisierte die definitive Abkehr vom pathetisch-visionären expressionistischen Stil und entsprach dem Zeitgeschmack des Publikums.[91]

• • • • • • • •

Nach Berlin zog es auch Joseph Roth. Seine journalistischen Sporen hatte sich der 1894 in Brody (Galizien) geborene Sohn jüdischer Eltern in der linksliberalen Wiener Tageszeitung «Der Neue Tag» verdient, deren erste Ausgabe im März 1919 erschienen war. Er war der geborene Feuilletonist, der «die spitze Feder des Spötters und leichthändigen Polemikers» führte.[92] Bereits nach dreizehn Monaten musste «Der Neue Tag» sein Erscheinen einstellen. Da sich für Roth in Wien keine ausreichenden Beschäftigungsmöglichkeiten mehr boten, entschloss er sich, nach Berlin, der wichtigsten deutschen Zeitungsstadt, umzuziehen. Anfang Juni 1920 traf er hier ein, und die Metropole wurde für ihn zum Karrieresprungbrett. Emil Faktor, der Chefredakteur des «Berliner Börsen-Couriers», erkannte sofort das ungewöhnliche Talent des Sechsundzwanzigjährigen und verschaffte ihm eine feste Anstellung im Feuilleton der Zeitung. Roth schrieb Glossen über den Berliner Alltag, besprach Bücher, Filme und Ausstellungen, berichtete über Gerichtsverhandlungen und Veranstaltungen der Vergnügungsindustrie. Ausgangspunkt seiner Betrachtungen war häufig das scheinbar unbedeutende Detail, dem er «die Poesie und Prägnanz des besonderen zeitgeschichtlichen Moments» abgewann.[93]

Auch in Berlin setzte Roth sein Bohème-Leben fort. Er war – wie auch Egon Erwin Kisch oder Bertolt Brecht – Stammgast im «Romanischen Café», das in den frühen zwanziger Jahren das alte «Café des Westens» als wichtigsten Berliner Künstlertreff abgelöst hatte. An der Ecke Tauentzien- und Budapester Straße, gegenüber der Gedächtniskirche, gelegen, übte das hallenartige und nicht sehr gemütliche Lokal doch eine unwiderstehliche Anziehung aus. «Man liest und dichtet, zeichnet, komponiert, klatscht, flirtet, diskutiert, macht Geschäfte, trinkt immer noch einen Kaffee, raucht immer noch eine Zigarette: alles kennt sich, schätzt sich, hasst sich, hasst wahrscheinlich auch das ewig aufgeregte Einerlei des Betriebes, und am nächsten Tag ist man wieder dort», so hat ein Zeitgenosse die unverwechselbare Atmosphäre beschrieben.[94] In einem Hinterzimmer saß Roth und schrieb seine Artikel. Die Betriebsamkeit um ihn herum störte ihn nicht im Geringsten, im Gegenteil, er schien sie zu brauchen, um sich inspirieren zu lassen.

Im September 1922 kündigte Roth beim «Berliner Börsen-Courier», weil er seine Arbeit nicht genügend wertgeschätzt glaubte. Fortan schrieb er vor allem für den sozialdemokratischen «Vorwärts» und die «Neue Berliner Zeitung – 12-Uhr-Blatt». Aufsehen erregte er mit seinen Reportagen über den Prozess gegen die Beteiligten am Rathenau-Mord vor dem Staatsgerichtshof zum Schutz der Republik in Leipzig im Oktober 1922. Er entlarvte ihre nationale Phraseologie als bloße Camouflage ihres mörderischen Treibens: «Diese Menschen lieben das ‹Nationale› und meinen das Schießgewehr; sie arbeiten für die ‹nationale Sache› und meinen die Vorbereitung zum Mord.»[95]

Im Juni 1923 beschloss Roth, nach Wien zu gehen, weil seine Honorare mit der galoppierenden Inflation nicht Schritt hielten. Als er Ende des Jahres nach Berlin zurückkehrte, hatte er seinen ersten Roman veröffentlicht. In der Wiener «Arbeiter-Zeitung» war «Das Spinnennetz» seit Anfang Oktober 1923 als Fortsetzungsgeschichte erschienen. Das Blatt kündigte das Werk mit den Worten an: «Der Roman (…) schildert den Sumpfboden der Reaktion, die moralische und geistige Verwilderung, aus der als Blüte das Hakenkreuzlertum aufsteigt.»[96]

Hauptfigur ist Leutnant Theodor Lohse, der, aus dem Krieg zurückgekehrt, sich im zivilen Leben nicht mehr zurechtfindet: «Kein Vorgesetzter war, dessen Launen man erkunden, dessen Wünsche man erraten konnte.»[97] Er schließt sich einer rechtsradikalen Geheimorganisation an, die von München aus wie eine Spinne ihre Netze auslegt. Getrieben von unbändigem Aufstiegswillen, geht er buchstäblich über Leichen. «Er wollte Führer sein, Abgeordneter, Minister, Diktator. Noch kannte man ihn nicht außerhalb seiner Kreise. Noch brannte der Name Theodor Lohse nicht in den Zeitungen.»[98] Doch am Ende hat er es geschafft: Er, der Fememörder, wird «Chef des Sicherheitswesens» und heiratet eine Adlige, das Fräulein Elsa von Schlieffen. Seinem weiteren Aufstieg zum «führenden Mann» steht nichts mehr im Wege. Die letzte Fortsetzung erschien am 6. November 1923. Zwei Tage später putschten Hitler und Ludendorff in München. Es scheint, als habe Roth mit seinem feinen Sensorium für drohende Gefahren das Ereignis vorausgesehen.

Im Jahr 1924 berief Benno Reifenberg, der Feuilletonchef der «Frankfurter Zeitung», Joseph Roth in die Redaktion. Bis 1933 sollte er für das Blatt arbeiten und zu einem der prominentesten Mitarbeiter werden.

• • • • • • • •

Am 23. September 1923, drei Tage, bevor Ebert und Stresemann den Abbruch des passiven Widerstands an der Ruhr verkündeten, traf Franz Kafka auf dem Anhalter Bahnhof in Berlin ein. Dort erwartete ihn bereits eine junge Frau, Dora Diamant. Kennengelernt hatten sich der 40-jährige tuberkulosekranke Prager Schriftsteller und die 25-jährige Ost-Jüdin im Sommer im Ostseebad Müritz, wo Dora Diamant eine Kinderfreizeit des Berliner Jüdischen Volksheims betreute. «Er war groß und schlank, hatte eine dunkle Haut und machte große Schritte, so dass ich zuerst glaubte, er müsste ein Halbblut-Indianer sein und nicht ein Europäer», erinnerte sich Dora Diamant.[99] Die beiden fanden Gefallen aneinander, und seine neue Freundin überredete den Junggesellen, nach Berlin zu kommen und mit ihr dort das Leben zu teilen. Kafka willigte ein, weil er in einem Umzug die Möglichkeit erblickte, sich von der ihn belastenden Atmosphäre des elterlichen Hauses in Prag zu lösen. Dennoch fiel ihm dieser Schritt nicht leicht. In einem nur wenige Tage nach der Ankunft geschriebenen Brief sprach er selbst von einer «Tollkühnheit, für welche man etwas Vergleichbares nur finden kann, wenn man in der Geschichte zurückblättert, etwa zu dem Zug Napoleons nach Russland».[100]

Dora Diamant hatte ein Quartier in der Miquelstraße 8 in Steglitz besorgt. Es war eine ruhige Unterkunft am Rande von Berlin, fernab des großstädtischen Trubels. «Meine Gasse ist etwa die letzte halb städtische, hinter ihr löst sich das Land in Gärten und Villen auf, alte üppige Gärten. An lauen Abenden ist ein so starker Duft, wie ich ihn von anderswoher kaum kenne», beschrieb er seinem Freund Felix Weltsch die neue Umgebung.[101]

Kafka war zur Unzeit nach Berlin gekommen. Die Hyperinflation verschärfte die sozialen Konflikte. Straßenunruhen, Demonstrationen und Plünderungen waren an der Tagesordnung. In den Scheunenviertel-Krawallen von Anfang November 1923 fanden sie ihren traurigen Höhepunkt. In seiner Steglitzer Abgeschiedenheit bekam Kafka die explosive Stimmung in der Hauptstadt nicht unmittelbar mit, doch von den Auswirkungen der rasanten Geldentwertung war auch er betroffen. Zwar bezog er eine monatliche Pension in Höhe von etwa 1000 tschechischen Kronen, doch musste das Geld nach Berlin transferiert und in die Inflationswährung getauscht werden, was nicht nur Zeit kostete, sondern auch mit erheblichen Verlusten verbunden war. In den Briefen und Postkarten, die Kafka in den Monaten seines Berliner Aufenthalts an seine Eltern schickte, ging es fast ausschließlich um Preise und Wechselkurse – und die Probleme der Ernährung. Ohne die regelmäßigen Lebensmittelpakete aus Prag hätten der Schriftsteller und seine ihn umsorgende Gefährtin kaum den Berliner Winter durchstehen können.[102]

Auch die Kosten für die Unterkunft stiegen in kurzer Zeit um ein Vielfaches. Darüber kam es zu Spannungen mit der Vermieterin, der das unverheiratete Paar ohnehin ein Dorn im Auge war. Anfang November sprach sie die Kündigung aus. In seiner gegen Ende des Jahres geschriebenen Erzählung «Eine kleine Frau» hat ihr Kafka ein wenig freundliches Porträt gewidmet: «Diese kleine Frau nun ist mit mir sehr unzufrieden, immer hat sie etwas an mir auszusetzen, immer geschieht ihr Unrecht von mir, ich ärgere sie auf Schritt und Tritt.»[103]

In einer Villa in der Grunewaldstraße 13, nur wenige Straßen entfernt, fand Kafka eine neue Bleibe. Hier führte er ein zurückgezogenes Leben. Seine Anwesenheit in Steglitz hatte sich jedoch in der Hauptstadt herumgesprochen, und so fanden sich immer wieder Besucher ein, etwa Rudolf Kayser von der «Neuen Rundschau», der im. S. Fischer Verlag erscheinenden Literatur-Zeitschrift, und Willy Haas, der Herausgeber der «Literarischen

Welt». Es kamen Egon Erwin Kisch und Franz Werfel. Und natürlich schaute auch Max Brod, der Prager Freund, vorbei, wenn er sich in Berlin aufhielt.[104]

Im Oktober 1923 hatte der Verleger Kurt Wolff Kafka mitgeteilt, dass sich für die bei ihm veröffentlichten Erzählbände kaum noch Abnehmer fänden und der Verlag daher sein Honorarkonto geschlossen habe. Doch es fand sich schnell ein Ersatz. Über Max Brod hatte Kafka Rudolf Leonhard, den Lektor des 1921 gegründeten Verlages «Die Schmiede», kennengelernt und bereits im Juli in Berlin erste Verhandlungen geführt. Anfang 1924 verabredete man, einen Prosaband mit der Titelgeschichte «Ein Hungerkünstler» zu veröffentlichen. Der Verlagsvertrag sicherte Kafka einen kleinen, aber willkommenen Vorschuss.[105]

Ende Januar 1924 mussten Kafka und Dora Diamant ein weiteres Mal umziehen. In der Heidestraße 25/26 in Zehlendorf bezogen sie im Obergeschoss eines Hauses zwei Zimmer mit Ofenheizung und Veranda. Inzwischen hatte sich Kafkas Gesundheitszustand rapide verschlechtert. Er litt fast ständig an hohem Fieber und quälenden Hustenanfällen. Das Haus konnte er kaum noch verlassen. Ein Onkel, Siegfried Löwy, reiste aus Prag an und überzeugte seinen Neffen, sich in einer Fachklinik behandeln zu lassen. Am 17. März 1924 verließ Kafka in Begleitung von Max Brod die Stadt, in die er ein halbes Jahr zuvor mit so großen Erwartungen gezogen war.[106]

Das Ende kam schneller als erwartet. Im Lungensanatorium «Wiener Wald», eine Bahnstunde von der österreichischen Hauptstadt entfernt, wurde Anfang April 1924 festgestellt, dass die Tuberkulose auf den Kehlkopf übergegriffen hatte. Es gab keine Hoffnung auf Heilung mehr. «Fürchterlicher Unglückstag», notierte Max Brod in seinem Tagebuch.[107] Die letzten Wochen seines Lebens verbrachte Kafka in einer privaten Lungenheilstätte in dem Dorf Kierling in der Nähe von Klosterneuburg bei Wien. Abwechselnd wachten Dora Diamant und sein Freund Robert Klopstock an seinem Bett. Noch kurz vor seinem Tod hatte Kafka die Freude, den Umbruch seines «Hungerkünstler»-Bandes in Händen zu halten, in dem nun auch seine letzte, im März vollendete Erzählung «Josefine die Sängerin» Aufnahme gefunden hatte.

Am Mittag des 3. Juni 1924, einen Monat vor seinem 41. Geburtstag, starb Franz Kafka. «Er kannte die Menschen, wie sie nur ein Mann von großer herrlicher Empfindsamkeit zu kennen vermag», rief ihm Milena Jesenská nach. «Er kannte die Welt auf ungewöhnliche und tiefe Weise, war selber eine ungewöhnliche und tiefe Welt. Er schrieb Bücher, die zum Bedeutendsten der jungen deutschen Literatur gehören (...). Sie sind so wahrhaft, nackt und schmerzlich, dass sie selbst dort, wo etwas symbolisch ausgedrückt wird, naturalistisch wirken.»[108]

• • • • • • • •

In den frühen zwanziger Jahren entwickelte sich Berlin zu einer Hochburg der russischen Emigration. Hunderttausende flüchteten vor Revolution, Bürgerkrieg und bolschewistischer Herrschaft im ehemaligen Zarenreich, und die deutsche Hauptstadt bot vielen von ihnen eine Zuflucht. Ihren Höhepunkt erreichte der Strom der Zuwanderer 1922/23. Allein in Deutschland hielten sich in diesen beiden Jahren rund 600 000 russische Flüchtlinge auf, rund 360 000 hatten Asyl in Berlin gefunden.[109] Dabei überwog der Anteil von Angehörigen der gebildeten und besitzenden Schichten: Anwälte, Ärzte, Journalisten, Geschäftsleute und Bankiers, Beamte des alten Staatsapparats, Angehörige des Offizierskorps und des Adels. Nicht wenigen von ihnen war Deutschland aus der Zeit vor 1914 vertraut, sie hatten hier studiert oder waren durch verwandtschaftliche Beziehungen mit deutschen Fürstenhäusern verbunden.[110]

Wer sein Vermögen rechtzeitig ins Ausland gebracht hatte, konnte ein sorgenfreies Leben führen. In einem seiner «Plauderbriefe» aus der Reichshauptstadt vom Dezember 1921 wunderte sich Alfred Kerr, wie viele Russen in Berlin herumliefen, «die ein sündhaftes Geld ausgeben». Er führte dies darauf zurück, dass sie Schmuck und Juwelen über die Grenze gebracht oder schon in der Vorkriegszeit Ersparnisse in der Bank von England deponiert hätten, die ihnen nun, da das englische Pfund «ins Phantastische geklettert» sei, eine «dauernde Grundlage für eine üppige Lebenshaltung» böten.[111] Freilich galt das keineswegs für alle russischen Emigranten. Viele mussten als Kellner, Taxichauffeure, Straßenverkäufer oder Eintänzer ihr Brot verdienen und mit billigen Hotels und Pensionen vorliebnehmen.[112]

Die russischen Emigranten konzentrierten sich auf den Westen Berlins. Bevorzugter Stadtteil war Charlottenburg, das die Berliner in «Charlottengrad» umtauften, der Bus nach Halensee hieß im Volksmund «Russenschaukel» und der Kurfürstendamm «Nepskij-Prospekt» in Analogie zum Nevskij-Prospekt in Sankt Petersburg.[113] «Auf dem Kurfürstendamm hörte man mehr Russisch als Deutsch», erzählt Asta Nielsen in ihren Erinnerungen, «daher stammt die in Berlin bekannte Redensart, dass ein Berliner zum anderen sagt: ‹Nein, ich gehe nicht mehr zum Kurfürstendamm, da bekomme ich Heimweh.›»[114]

In der Regierung Cuno verfolgte man diese Entwicklung mit Sorge. In einer Aufzeichnung vom Januar 1923 beklagte Staatssekretär Hamm, dass «namentlich russische und andere östliche Einwanderer» in Berlin «förmliche Kolonien» bildeten und gewisse Straßenzüge von ihnen «allmählich geradezu beherrscht» würden. Als Gegenmaßnahme empfahl er, den Russen die Erlaubnis zur Eröffnung von Geschäften und kulturellen Einrichtungen zu erschweren und ihnen «den Aufenthalt ungemütlich (zu) machen».[115]

Ungeachtet dessen entfaltete die russische Diaspora in Berlin ein reges geschäftliches und kulturelles Leben. «Von lebhaftem Betätigungsdrange und nicht zu unterschätzender geschäftlicher Kniffiichkeit erfüllt», schrieb Carl von Ossietzky im März 1923 über «Russen in Berlin», «haben sie auf fremder Erde sich ihr Petrograd oder Moskau oder Krähwinkel neu erbaut und fühlen sich ganz gemütlich darin.»[116] Es gab 86 russischsprachige Verlage, die zwischen 1918 und 1924 mehr Bücher produzierten als Moskau und Petrograd (Sankt Petersburg) zusammen. Der größte Exilverlag war «Slovo» («Das Wort»), der vom Verlagshaus Ullstein unterstützt wurde. An den Kiosken hing eine Vielzahl russischer Zeitungen und Zeitschriften aus – jede politische und intellektuelle Strömung der Emigration unterhielt ihr eigenes Organ. «Wenn man eine der in Berlin erscheinenden russischen Zeitungen zur Hand nimmt und den Anzeigenteil überblickt, ist man versucht zu glauben, man hätte ein Moskauer oder Petersburger Blatt aus der ‹guten alten Zeit› vor sich», schrieb ein Beobachter 1922. «Man liest Ankündigungen von Theateraufführungen, Konzerten und Kabaretts; zahlreiche Restaurationen empfehlen dem geehrten Publikum ihre nationalen Speisen (...) und den unvermeidlichen Wodka mit der dazugehörigen Sakuska; russische Ärzte, Rechtsanwälte teilen mit, wann und wo sie zu sprechen sind (...). Und erst, wenn man die Adressen dieser Leute genauer ansieht, merkt man, dass man in Berlin ist und nicht in Petersburg.»[117]

Durch Liberalität und Sachlichkeit stach die wichtigste russische Tageszeitung «Rul» («Ruder») hervor. Als Herausgeber fungierte zeitweise Vladimir Dimitrijewitsch Nabokov, der Vater des Schriftstellers Vladimir Nabokov. Im März 1922 wurde er von zwei rechtsextremen russischen Terroristen aus München erschossen, als er sich während einer Veranstaltung in der Berliner Philharmonie schützend vor Pavel Miljukov, den ehemaligen Minister in der Regierung Kerenski, geworfen hatte.[118] Für den jungen Nabokov, der kurz zuvor von Cambridge an die Spree gekommen war, begann sein langjähriger Aufenthalt in Berlin unter wenig glücklichen Auspizien. In seinen Berlin-Romanen, beginnend mit «Maschenka» (1925/ 26) und fortgeführt mit «König Dame Bube» (1928), sollte er der russischen Emigration in Berlin ein Denkmal setzen.[119]

Zwischen dieser Diaspora und der deutschen Gesellschaft gab es nur wenig Berührungspunkte. Die Emigranten trafen sich in eigenen Restaurants und Cafés – etwa in der «Prager Diele» in Wilmersdorf oder der «Russischen Teestube» in der Nürnberger Straße, wo «der Zucker in großen Schalen zur freien Benutzung auf allen Tischen stand und das Gebäck, wenn man sich ein Glas Tee bestellte, gleichfalls á discrétion, in einem großen Korb dazugestellt wurde».[120]

Es gab auch ein eigenes russisches Kabarett, den «Blauen Vogel», in dem der Conférencier Jushnij allabendlich mit Witz und Einfallsreichtum durchs Programm führte. «Von dem, was in deutschen Landen ‹Cabaret› heißt, ist ‹Der blaue Vogel› ein paar tausend Werst weit entfernt: durch Buntheit, Geschmack, Bizarrerie, Einfall, Laune», lobte Alfred Polgar in der «Weltbühne», und auch Kurt Tucholsky meinte, hier werde «bestes Cabaret» geboten: «Wie wenig aufdringlich, mit welch anmutiger Leichtigkeit ist das alles gemacht! (...). Hier springt die Liebe zum alten Moskau über die Rampe hin und zurück, ein Raunen geht durch das Publikum, sie erkennen wieder: Ja, so war es.»[121]

• • • • • • • •

Im Sommer 1920 fand in Berlin die «Erste Internationale Dada-Messe» statt. Präsentiert wurden 174 Exponate – Fotomontagen, Plakate, Gemälde und Objekte verschiedenster Provenienz. Ihren Ausgang genommen hatte die Bewegung des Dadaismus von einer Vereinigung avantgardistischer Künstler und Schriftsteller im «Cabaret Voltaire» in Zürich im Februar 1916. Richard Huelsenbeck, der zusammen mit Hugo Ball das Wort «Dada» erfunden hatte, war im Januar 1917 nach Berlin zurückgekehrt und hatte hier eine Gruppe Gleichgesinnter um sich geschart. Die Dadaisten strebten einen radikalen Bruch mit dem bürgerlichen Kunstbegriff an. Was sie umtrieb, war die Lust an der Provokation. So hatte man in der Ausstellung an der Decke eine lebensgroße Puppe aufgehängt – den «Preußischen Erzengel» –, gekleidet in eine Offiziersuniform und ausgestattet mit einem Schweinskopf. Ein Schild baumelte herab mit der Aufschrift: «Um dieses Kunstwerk zu verstehen, müssen Sie sich täglich mit vollem Tornister und Manöverausrüstung zu einer zwölfstündigen Übung auf dem Tempelhofer Feld einfinden.»[122]

Kurt Tucholsky fand, dass die Versuche der Dada-Leute, sich als Bürgerschreck zu inszenieren, inzwischen «ein wenig krampfhaft» wirkten. Doch er machte eine Ausnahme: «Aber einer ist dabei, der wirft den ganzen Laden um. Dieser eine, um den sich der Besuch lohnt, ist George Grosz, ein ganzer Kerl und ein Bursche von unendlicher Bissigkeit. Wenn Zeichnungen töten könnten: das preußische Militär wäre sicherlich tot (…). Seine Mappe ‹Gott mit uns› sollte auf keinem gut bürgerlichen Familientisch fehlen – seine Fratzen der Majore und Sergeanten sind infernalischer Wirklichkeitsspuk.»[123]

George Grosz, 1893 als Georg Ehrenfried Groß in Berlin geboren, hatte vor 1914 an der Königlichen Kunstakademie in Dresden und an der Kunstgewerbeschule in Berlin studiert. Wie viele Angehörige seiner Generation wurde der Weltkrieg für ihn zur prägenden Erfahrung. Im November 1914 meldete er sich freiwillig, wurde aber schon im Mai 1915 wegen einer Stirnhöhlenvereiterung als «dienstuntauglich» entlassen. Im Januar 1917 erneut einberufen, erlitt er einen Nervenzusammenbruch und durfte im April 1917 als «dauernd dienstunbrauchbar» nach Berlin zurückkehren.[124]

Im Sommer 1915 lernte Grosz im Atelier des Malers Ludwig Meitner den drei Jahre jüngeren angehenden Verleger Wieland Herzfelde kennen – eine Begegnung von schicksalhafter Bedeutung. Bald darauf besucht Herzfelde Grosz in seinem Atelier in Berlin-Südende, und er war auf Anhieb von dessen Zeichnungen fasziniert: «Nie hat auf mich das Werk eines Künstlers einen ähnlichen Eindruck gemacht», erinnerte er sich noch Jahrzehnte später.[125] Wieland Herzfelde und sein Bruder Helmut, der sich seit 1916 aus Protest gegen die antibritischen Hassgesänge John Heartfield nannte (dem folgend wurde aus «Georg Ehrenfried Groß» George Grosz), schlossen enge Freundschaft mit dem Künstler. Sie überredeten ihn, ihnen für ihre Zeitschrift «Neue Jugend» einige seiner Arbeiten zur Verfügung zu stellen. Darunter befand sich auch die Federzeichnung «Durchhalten», mit der Grosz die amtliche Durchhaltepropaganda aufs Korn nahm. Gezeigt wird ein schauriger Leichenzug, davor eine Hure und ein Finsterling, der einen Kindersarg unter dem Arm trägt. Grosz' schneidend scharfer Zeichenstil – hier war er bereits voll ausgebildet.[126]

Im Herbst 1917 erschien in dem von Wieland Herzfelde gegründeten Malik-Verlag eine «Kleine Grosz-Mappe» (mit 20 Originallithographien) in 120 numerierten Exemplaren und mit Versen des Künstlers. Auch die in den folgenden Jahren fertiggestellten Mappen und Sammelbände sollten fast alle im Malik-Verlag herausgebracht werden. Sie begründeten Grosz' Ruf als genialer Zeichner und unnachsichtiger Kritiker des deutschen Spießertums.[127] Unter der umsichtigen Leitung des Verlegers Herzfelde entwickelte sich der Malik-Verlag neben den etablierten Verlagen wie S. Fischer und Rowohlt zu einem bedeutenden Unternehmen, das vor allem linksgerichtete Literatur publizierte. Unter anderen machte er das deutsche Publikum mit dem Werk Upton Sinclairs, aber auch mit der neuesten sowjetrussischen Literatur bekannt. Ihr unverwechselbares Gesicht erhielten die Buchumschläge durch die Fotomontagen von John Heartfield.[128]

In der Berliner Dada-Gruppe waren George Grosz und die Brüder Herzfelde Exponenten einer entschiedenen Linkstendenz. Sie sympathisierten mit der Novemberrevolution und traten der Kommunistischen Partei Deutschlands schon bald nach deren Gründung an der Jahreswende 1918/19 bei. Beißende Kritik übte Grosz am Verhalten der SPD-Führer, denen er vorwarf, sich mit den alten Mächten gegen die revolutionäre Linke verbündet zu haben. Auf dem Titelbild der ersten Ausgabe der «Pleite», einer im Malik-Verlag erscheinenden Zeitschrift, veröffentlichte Grosz im März 1919 eine satirische Zeichnung, die Friedrich Ebert als kleinen König in einem Klubsessel zeigt, dem ein hochmütig blickender Offizier Sekt im Weißbierglas reicht. Unterschrift: «Von Geldsacks Gnaden.»[129]

Harry Graf Kessler, der sich schon früh für Grosz' Werk interessiert und ihm auch einige Bilder abgekauft hatte, hielt in seinem Tagebuch fest, was er Anfang Februar 1919 bei einem Besuch in Grosz' neuem Atelier in Berlin-Wilmersdorf zu sehen und zu hören bekam: «Grosz hatte ein großes politisches Gemälde ‹Deutschland, ein Wintermärchen›, in dem er die bisher regierenden Klassen als Pfeiler der sattgefressenen, aktivitätsunlustigen Bourgeoisie verhöhnt (...). Er sagte, er möchte ‹der deutsche Hogarth› werden, bewusst gegenständlich und moralisch; predigen, bessern, reformieren. Für abstrakte Malerei habe er kein Interesse. Dieses Bild habe er sich so gedacht, dass es in den Schulen aufzuhängen sei.» Der kunstsinnige Mäzen

«Stützen der Gesellschaft»: George Grosz sezierte in seinen sozialkritischen Bildern mit unvergleichlicher Schärfe und Genauigkeit die «herrschende Klasse» der Weimarer Republik.

kommentierte: «Im Grunde genommen ist Grosz ein Bolschewist in der Malerei. Er hat einen Ekel vor der Malerei, vor der Zwecklosigkeit der bisherigen Malerei, will etwas ganz Neues mit malerischen Mitteln, oder richtiger, etwas, was die Malerei früher geleistet hat (...), was aber im 19. Jahrhundert ihr verloren gegangen ist. Reaktionär und revolutionär, eine Zeiterscheinung.»[130]

Ein zweiter Besuch Kesslers bei Grosz stand ganz im Zeichen der Märzkämpfe 1919 in Berlin, bei denen die von Reichswehrminister Gustav Noske aufgebotenen Regierungstruppen zahlreiche Massaker verübt hatten. Grosz zeigte sich durch das gerade Erlebte «tief erschüttert» und vertrat die Ansicht, dass die Linke nun ihrerseits zur Gewalt übergehen müsse, um ihre Ideen durchzusetzen. Kessler widersprach, da «jede Idee durch Verbrüderung mit der Gewalt entwertet» werde und überhaupt «Gewalt immer nur wieder Gewalt» hervorrufe.[131]

Die «Erste Internationale Dada-Messe» markierte den Höhepunkt – und zugleich das Ende der Dada-Bewegung. Die Provokationsstrategie hatte sich in gewisser Weise totgelaufen. Für Grosz und seine Freunde hatte das Ganze noch ein Nachspiel. Die Reichswehr fühlte sich durch seine Mappe «Gott mit uns» beleidigt und strengte einen Prozess an – der erste in einer Serie von Prozessen, in denen Künstler der Weimarer Republik trotz Abschaffung der Zensur in Artikel 118 der Verfassung vor den Kadi gezerrt wurden. Dank der Intervention von «Reichskunstwart» Edwin Redslob und des Direktors der Städtischen Sammlungen in Dresden, Paul Ferdinand Schmidt, kamen die Angeklagten mit einem relativ milden Urteil davon: Grosz musste 300, Verleger Herzfelde 600 Reichsmark zahlen.[132]

Beide ließen sich durch Polizeischikanen und juristische Spitzfindigkeiten nicht abschrecken. 1921 veröffentlichte der Malik-Verlag eine der besten Mappen von George Grosz: «Das Gesicht der herrschenden Klasse» – eine Abrechnung mit den sogenannten «Stützen der Gesellschaft», die im alten antirepublikanischen, monarchistischen und militaristischen Geist verharrten und denen jeder Gemeinsinn abhanden gekommen war. Tucholsky lobte die Sammlung von 55 politischen Zeichnungen als «das meisterlichste Bildwerk der Nachkriegszeit». Er kenne keinen zweiten, der «das moderne Gesicht der Machthabenden so bis zum letzten Rotweinäderchen erfasst» habe: «So wie diese Offiziere, diese Unternehmer, diese uniformierten Nachtwächter der öffentlichen Ordnung in jeder einzelnen Situation bei Grosz aussehen: so sind sie immer, ihr ganzes Leben lang.»[133]

Nicht wenige deutsche Künstler und Schriftsteller machten sich in den frühen zwanziger Jahren auf den Weg in die Sowjetunion, in der sie, allen offenkundigen Problemen zum Trotz, das eigentlich zukunftsträchtige Modell erblickten. Im Sommer 1922 reiste auch George Grosz ins nachrevolutionäre Russland. Die Exkursion wurde zu einer einzigen großen Enttäuschung. Der stärkste Eindruck war der Hunger, der im Lande herrschte. Statt verheißungsvoller Zeichen des sozialistischen Aufbaus sah Grosz überall nur Spuren des Verfalls. Auch an dem bereits von Krankheit gezeichneten Lenin, dem er im Kreml vorgestellt wurde, konnte er «nichts Bedeutendes» entdecken. Ernüchtert und um eine Illusion ärmer kehrte Grosz nach sechs Monaten nach Berlin zurück.[134] Von der KPD sollte er sich im darauffolgenden Jahr stillschweigend abwenden, indem er einfach aufhörte, seine Mitgliedsbeiträge zu zahlen.[135]

Im Jahr 1923 veröffentlichte Grosz im Malik-Verlag eine Auswahl seiner Arbeiten – sechzehn Aquarelle und 84 Zeichnungen – unter dem Titel «Ecce homo». «Alle seine Blätter haben Tendenz, die Tendenz des fanatischen Moralisten», pries Hans Reimann das Werk im «Tage-Buch».[136] In einem

1930 verfassten Lebenslauf äußerte sich Grosz selbst über seine Intentionen: «Es ist ein Dokument jener Inflationszeit (...) mit ihren Lastern und ihrer Sittenlosigkeit (...). Es ist in seiner Wirkung so brutal wie die Zeit, die es mir eingab (...). Und wenn man nach der Wirkung fragt (...), so schreckt es wahrhaftig ab (...), aber es regt keineswegs die Unzucht an.» Eben das aber machten die Sittenwächter Grosz zum Vorwurf: Die Publikation enthalte 22 «unzüchtige Darstellungen», die das «Scham- und Sittlichkeitsgefühl eines normal empfindenden Menschen» verletzten.[137]

Im Prozess vor dem Berliner Landgericht im Februar 1924 fragte ihn der Vorsitzende Richter, woher er denn «die künstlerische Berechtigung» ableite, «derartige Dinge so unverhüllt darzustellen». Hier sei eindeutig eine Grenze überschritten worden, die der Kunst gesetzt sei, worauf Grosz entgegnete: «Für die Künstler gibt es diese Grenze gar nicht.»[138] Grosz und Wieland Herzfelde wurden zu 500 Goldmark verurteilt. Außerdem wurden 22 der beanstandeten Graphiken konfisziert und die entsprechenden Druckplatten unbrauchbar gemacht.[139]

Ende 1923 eröffnete der Malik-Verlag eine moderne Buchhandlung in der Köthener Straße. Ihr angeschlossen war die «Galerie George Grosz». In der Weihnachtsnummer der «Weltbühne» rief Friedrich Sieburg – er sollte drei Jahre später Korrespondent der «Frankfurter Zeitung» in Paris werden –, dazu auf, das neue Kulturzentrum zu besuchen: «Geht hin! Erfreut euch im Buchladen am schönen Raum, an den mutig und klug gruppierten Bücherschätzen und tretet dann vor die Arbeiten dieses Meisters, der mit der linken Hand zärtlich den Formen und Rundungen seiner kessen Halbleichen nachfährt und mit der rechten seinem Zeitalter ein glühendes Eisen in die luetische Fresse stößt.»[140]

• • • • • • • •

Auch Walter Gropius, der Gründer des legendären Bauhauses in Weimar, sah sich von Anfang an heftigen Anfeindungen ausgesetzt. 1883 in Berlin geboren, war er in die Fußstapfen seines Vaters, eines Regierungsbaumeisters, getreten und hatte ein Architekturstudium in München und Berlin begonnen, das er freilich 1907 ohne Abschluss abbrach. Seine entscheidenden Lehrjahre verbrachte er zwischen 1908 und 1910 im Büro von Peter Behrens, einem der Pioniere der industriellen Architektur, der unter anderem mit dem Bau der AEG-Turbinenfabrik in Berlin für Furore sorgte. Ende

1910 machte Gropius ein eigenes «Atelier für Architektur» in Berlin-Wilmersdorf auf. Mit dem Bau des Fagus-Werks in Alfeld bei Hannover und seinen Beiträgen für die große Kölner Werkbundausstellung 1914 hatte er sich bereits vor dem Krieg einen Namen als Architekt gemacht.[141]

Zu Beginn des Krieges meldete sich Gropius freiwillig bei den Wandsbeker Husaren, einem Hamburger Eliteregiment. Bereits im November 1914 zum Leutnant befördert, verbrachte er den gesamten Krieg an der Front oder in der Etappe. Die Revolution von 1918 markierte eine entscheidende biographische Zäsur. Er habe sich «innerlich völlig umgewandelt und auf das Neue, was unheimlich stark heraufsteigt, umgestellt», schrieb er seiner Mutter.[142] Schon bald nach seiner Rückkehr nach Berlin trat er dem «Arbeitsrat für Kunst» bei – einer Vereinigung von Künstlern und Architekten, die sich im November unter der Leitung von Bruno Taut zusammengefunden hatte. Die Kunst dürfe nicht mehr nur dem Genuss weniger, sondern müsse dem Glück und dem Wohl aller dienen, lautete die Botschaft. Das Ziel war, die elitäre Stellung des Künstlers aufzuheben und durch Rückbesinnung auf das Handwerk als dem Urquell schöpferischer Gestaltungskraft wieder eine Verbindung mit der Gemeinschaft herzustellen. Als Symbol einer neuen Einheit von Handwerkern, Künstlern und Architekten wurde die gotische Kathedrale des Mittelalters beschworen. In ihr, war man überzeugt, habe die Idee eines großen gemeinsamen Baus in Gestalt eines «Gesamtkunstwerks» ihren bislang reinsten Ausdruck gefunden.[143]

Bereits im Oktober 1915 hatte der Belgier Henry van der Velde, der Direktor der Großherzoglich Sächsischen Kunstgewerbeschule in Weimar, bei Gropius angefragt, ob er Interesse habe, seine Nachfolge anzutreten. Doch die Sache hatte sich damals zerschlagen. Im Januar 1919 fragte Gropius noch einmal nach, und diesmal zeigte sich die provisorische Regierung des neuen Freistaats Sachsen-Weimar aufgeschlossen. Im April wurde Gropius zum Leiter sowohl der ehemaligen Kunstgewerbeschule als auch der Hochschule für Bildende Kunst berufen, die nun unter dem Namen «Staatliches Bauhaus in Weimar» zusammengelegt wurden.

In einem Manifest erläuterte Gropius sein Programm. Es zeigt, wie stark er von den Diskussionen im «Arbeitsrat für Kunst» beeinflusst war. «Architekten, Maler, Bildhauer, wir alle müssen zum Handwerk zurück! (...)», verkündete er mit großem Pathos. «Wollen, erdenken, erschaffen wir gemeinsam den neuen Bau der Zukunft, der alles in einer Gestalt sein wird:

Das Bauhaus, zunächst 1919 in Weimar gegründet, dann ab 1926 in Dessau, sollte zu einer der einflussreichsten Bewegungen des 20. Jahrhunderts werden und mit seiner funktionalen Ästhetik bis in die Gegenwart die Designsprache prägen. Hier ein Gruppenfoto mit Walter Gropius in der Mitte (7. v. l.)

Architektur und Plastik und Malerei, der aus Millionen Händen der Handwerker einst gen Himmel steigen wird als kristallenes Sinnbild eines neuen kommenden Glaubens.»[144] Passend dazu hatte Lyonel Feininger das Titelblatt des Bauhaus-Manifests mit dem Holzschnitt einer Kathedrale geschmückt, an deren Spitze sich drei Strahlen treffen, die für die Künste Malerei, Architektur und Bildhauerei stehen.

Auf den ihm angebotenen Professorentitel hatte Gropius verzichtet, um seine Distanz zum akademischen Betrieb zu betonen. Anstelle der herkömmlichen Scheidung von Professoren und Studierenden sollte die Gemeinschaft von Meistern, Gesellen und Lehrlingen treten. Es gelang Gropius, Maler und Bildhauer als Lehrkräfte ans Bauhaus zu holen, die zu den führenden Künstlern ihrer Zeit zählten, darunter den Deutschamerikaner Lyonel Feininger, die Schweizer Johannes Itten und Paul Klee, die Deutschen Gerhard Marcks und Oskar Schlemmer und den Russen Wassily Kandinsky.

Bereits im Sommersemester 1919 begann der Unterricht am Bauhaus. In seiner Ansprache an die Studierenden warb Gropius für die Idee einer Gemeinschaft von Lehrenden und Lernenden und forderte sie dazu auf, sich durch Fehlschläge nicht entmutigen zu lassen, sondern wie in einem Laboratorium immer neue Experimente zu wagen: «Versuchen, probieren, umwerfen, wieder versuchen.»[145] Nach und nach wurden die einzelnen Werkstätten eingerichtet – unter anderem für Weberei, Tischlerei, Wandmalerei, Druckerei, Bildhauerei, Schmiede, Glasmalerei, Töpferei. Dabei verfuhr man zweigleisig: Jeweils ein «Meister des Handwerks» übernahm die handwerkliche, ein «Meister der Form» die künstlerische Ausbildung.[146]

Die erste Phase des Bauhauses wurde stark geprägt durch den Maler und Kunstpädagogen Johannes Itten. Gropius hatte ihn in Wien über seine erste Frau, Alma Mahler, kennengelernt. Itten war ein Anhänger der damals in Deutschland verbreiteten Mazdaznan-Lehre, die persische, indische und buddhistische Elemente in sich vereinigte und vegetarische Ernährung und regelmäßiges Fasten vorschrieb. Den Kopf kahlgeschoren, gekleidet in einer selbstgenähten Bauhaustracht – einer Art Mönchskutte –, scharte er einen Kreis ihm ergebener Jünger um sich. «Für uns, die wir dem Mazdaznan-Zirkel angehörten (…), umgab Itten ein ganz besonderer Nimbus», erinnerte sich ein Bauhausschüler. «Man konnte beinah von Heiligkeit sprechen, man konnte sich ihm beinah nur flüsternd nahen, unsere Ehrfurcht war gewaltig, und wir waren stets ganz entzückt und erheitert, wenn er sich im Umgang mit uns gemütlich und unbefangen gab.»[147]

Der Direktor des Bauhauses ließ Itten zunächst gewähren. Doch seit Frühjahr 1921 kam es zu Spannungen. Auslöser war Gropius' Forderung, die Werkstätten stärker für Auftragsarbeiten heranzuziehen, um das Bauhaus auch finanziell unabhängiger zu machen. Itten lehnte solche profanen wirtschaftlichen Überlegungen ab; für ihn stand die Erziehung der Studierenden zu schöpferischen, harmonischen «neuen Menschen» im Mittelpunkt. Hintergrund des Konflikts war eine Wandlung am Bauhaus, die in der Abkehr von der schwärmerischen Begeisterung für das Handwerk und einer neuen Aufgeschlossenheit für Industrie und Technik ihren Ausdruck fand. Eine wichtige Rolle bei dieser Kehrtwende spielte der Holländer Theo van Doesburg, einer der Mitbegründer der Künstlergruppe «De Stijl». Er hielt 1921/22 in Weimar Vorträge zum Thema «Der Wille zum Stil. Neugestaltung von Leben, Kunst und Technik», die in die neue Richtung wiesen. Obwohl

Doesburg nie zum «Meister» berufen wurde, sollte er die Entwicklung des funktionalen Bauhausstils maßgeblich beeinflussen.[148] Statt auf utopische Entwürfe richtete sich der Blick nun auf die Herstellung neuer, industriegerechter Produkte, die sich durch Zweckmäßigkeit und Nützlichkeit auszeichneten.

Im April 1923 verließ Itten das Bauhaus. An seiner Stelle wurde der ungarische Künstler László Moholy-Nagy engagiert. Er trug statt der priesterlichen Bauhaustracht einen monteurähnlichen Anzug und brachte dadurch schon rein äußerlich die Hinwendung zur Formenwelt der Technik zum Ausdruck.[149]

Obwohl Gropius das Bauhaus auf strikte parteipolitische Neutralität verpflichtete, konnte er nicht verhindern, dass seine Schule in politische Auseinandersetzungen hineingezogen wurde. Schon früh formierten sich die Gegner zum Kampf. Die konservativen Professoren an der früheren Kunsthochschule konnten den Verlust ihrer alten Besitzstände nicht verwinden und verdächtigten den Bauhauschef umstürzlerischer Tendenzen. Unter Gropius sei die einst blühende Weimarer Hochschule zu einem «Herd des Spartakismus und des Judentums» verkommen, erklärte ein Geheimer Kommerzienrat aus Weimar gegenüber Harry Graf Kessler bereits Ende August 1919.[150] Einen ersten Sieg errangen die Kontrahenten, als im April 1921 die «Staatliche Hochschule für Bildende Künste» neu gegründet und in einem Flügel des alten Hochschulgebäudes untergebracht wurde.[151]

Für die Weimarer Bürger stellte sich die Invasion langhaariger Studenten als ein Einbruch der Anarchie in eine wohlbehütete Ordnung dar. In ihren Augen galt das Bauhaus als ein Hort des Lasters und der Ausschweifungen. Mit einer Mischung aus Schauer und Neugier erzählte man sich, dass die Studierenden rauschende Feste feierten, nackt in Seen oder am Saaleufer badeten und die freie Liebe praktizierten. Die konservative «Weimarer Zeitung» geißelte solches Treiben als «Ausfluss eines völlig verwahrlosten Empfindens» und als «Niederschlag der destruktiven Lehr- und Erziehungsmethoden».[152]

Seit der Gründung des Landes Thüringen im Mai 1920 unterstand das Bauhaus dem neugebildeten Ministerium für Volksbildung unter dem SPD-Minister Max Greil. Der unterstützte Gropius gegen alle Angriffe und sorgte dafür, dass seiner Schöpfung die notwendigen finanziellen Mittel bereitgestellt wurden. Allerdings wuchs im Laufe des Jahres 1922 der Druck auf das Bauhaus, durch eine Leistungsschau seine Daseinsberechtigung unter Beweis zu stellen.[153]

Gropius bereitete sich intensiv auf die Ausstellung vor. Im Januar 1923 zog er in einem programmatischen Text «Idee und Entwicklung des Staatlichen Bauhauses in Weimar» eine erste Bilanz. Darin trug er der geänderten Ausrichtung seiner Schule Rechnung: «Das Bauhaus bejaht die Maschine als modernstes Mittel der Gestaltung und sucht die Auseinandersetzung mit ihr (...). Das Bauhaus will also keine Handwerkerschule sein, noch handwerkliche Eigenbrötlerei züchten, sondern sucht die Verbindung mit der Industrie.»[154]

Pünktlich zum 15. August 1923 eröffnete Gropius die erste Bauhaus-Ausstellung mit einem Vortrag «Kunst und Technik, eine neue Einheit». Meister und Schüler präsentierten Bilder im Landesmuseum; in den Schulgebäuden waren Arbeiten aus dem Unterricht und den Werkstätten zu sehen. Gänge und Treppenhäuser waren mit Fresken und Wandmalereien geschmückt. Besondere Aufmerksamkeit fand das neu ausgestaltete Direktorenzimmer von Gropius im ersten Obergeschoss, in dem sämtliche Gegenstände nach einem strengen quadratischen Muster eingepasst waren. «Drei Tage in Weimar, und man kann auf Lebenszeit kein Quadrat mehr sehen», merkte Paul Westheim an, der Kritiker der Berliner Zeitschrift «Das Kunstblatt».[155]

Das eigentliche Prunkstück aber war ein zweckmäßig und funktional eingerichtetes Musterhaus (nach seinem Standort «Haus am Horn» genannt), mit dem erstmals die Bauhaus-Ideen für ein neues Wohnen der Öffentlichkeit vorgestellt wurden. Der Bau zeichnete sich durch eine klare, einfache Konstruktion aus, deren normierte Einzelteile sich wie in einem Baukasten neu zusammensetzen ließen. Die meisten Kritiker waren freilich nicht überzeugt. Das Äußere wurde mit einer «weißen Bonbonschachtel» verglichen. In der «Weltbühne» charakterisierte der Architekturkritiker Adolf Behne das Musterhaus als ein Werk des Übergangs: «Es ist halb luxuriös, halb primitiv; halb ideale Forderung und halb Zeitergebnis; halb Handwerk und halb Industrie; halb Typus und halb Idylle – aber in keinem Punkte rein und überzeugend, ist es doch wieder eine ästhetische und papierene Angelegenheit.» Dennoch bezeichnete Behne die Ausstellung als «wichtig und bedeutend». Was Gropius in «vier Jahren hartnäckigster Arbeit» geleistet habe, verdiene allen Respekt. Er habe das Bauhaus zu einem «Platz unabhängiger Arbeit» gemacht, und dafür müsse ihm gedankt werden.[156]

Insgesamt konnte Gropius mit der Resonanz zufrieden sein. Journalisten aus ganz Deutschland, aber auch aus dem Ausland waren angereist. In allen wichtigen Medien war über die Ausstellung berichtet worden. Als sie Ende September ihre Pforten schloss, warfen politische Veränderungen bereits ihre Schatten voraus, die das Schicksal der heute weltbekannten Kunstinstitution in Weimar besiegeln sollten. Mitte Oktober bildeten SPD und KPD in Thüringen eine Koalitionsregierung, der, wie geschildert wurde, Reichswehrtruppen Anfang November ein Ende setzten. Der thüringische Ministerpräsident August Frölich, der daraufhin ein Minderheitskabinett führte, trat im Dezember zurück. Der Landtag wurde aufgelöst, und aus den Neuwahlen am 10. Februar 1924 ging der «Ordnungsbund», eine Sammlungsbewegung der konservativen Parteien, die die Schließung des Bauhauses schon lange auf ihr Panier geschrieben hatten, als stärkste Kraft hervor.

Gropius führte einen zähen, aber vergeblichen Kampf um die Erhaltung seines Projekts. Im November 1924 kürzte der Haushaltsausschuss des thüringischen Landtags auf Antrag der Deutschnationalen den Etat des Bauhauses von 100 000 auf 50 000 und stellte eine Verlängerung des Vertrags nur mehr für ein halbes Jahr in Aussicht. Ende Dezember 1924 kamen die Bauhausmeister der langsamen Erdrosselung ihrer Arbeitsmöglichkeiten zuvor, indem sie bekanntgaben, dass sie ihren Vertrag mit dem Land Thüringen zum März 1925 als aufgelöst betrachteten. In der Stadt Dessau sollte das Bauhaus eine neue Heimat finden, und hier sollte es sich als die einflussreichste Architektur- und Kunstschule des 20. Jahrhunderts zur vollen Blüte entfalten.[157]

• • • • • • • •

Am 29. Oktober 1923, um 20 Uhr, tönte es aus einem improvisierten Studio im Dachgeschoss des Vox-Hauses in der Potsdamer Straße: «Achtung – Achtung! Hier ist Berlin auf Welle 400.» Mit der Berliner Radio-Stunde AG, der späteren Funk-Stunde, war der erste deutsche «Unterhaltungsrundfunk» auf Sendung gegangen. Gerade einmal 200 Hörer in Berlin konnten dem Programm aus dem Äther lauschen – mehr Radioapparate standen noch nicht zur Verfügung –, aber damit war der Startschuss erfolgt für die Etablierung eines neuen Massenmediums. Die Hyperinflation bewegte sich damals auf ihren Höhepunkt zu, und so dürfte Hans Bredow, der zuständige Staatssekretär im Postministerium, einigen Anklang gefunden haben, wenn er in seinem Geleitwort dem Rundfunk die Aufgabe zuwies, «den Geist von den schweren Sorgen des Alltags abzulenken» und den Hörern «etwas Anregung und Freude in das Leben zu bringen».[158] Dementsprechend bestanden die ersten Programme vorwiegend aus leichter Unterhaltungsmusik. Wortbeiträge waren noch eher selten. Zu Weihnachten 1923 wurden ein Märchen von Hans Christian Andersen und ein Kapitel aus der Bibel vorgelesen.

Es waren zunächst nur die Gutbetuchten, die sich ein Radiogerät leisten und damit ihre Aufgeschlossenheit für das neue Medium demonstrieren konnten. «Weihnachten 1923 war es, als bei einem meiner Nachbarn solch ein teures Empfangsgerät auf dem Gabentisch erschien», erinnerte sich ein Berliner. «Hier durfte ich zum ersten Male selber hören (...). Der gefällige Apparat stand im Wohnzimmer der Hausfrau auf einem breiten, blendend weißlackierten Fensterbrett. Neu und wohlgepflegt schimmerte kontrastreich seine dunkle Politur (...). Als dann die Kopfhörer im Kreise herumgereicht wurden – wir hörten mit zusammengesteckten Köpfen paarweise einohrig! –, saßen wir wirklich überrascht. Da klangen menschliche Stimmen, da tönte Musik, die irgendwie durch den Raum heranflutete, die der blanke Draht draußen unter dem Dachgesims auffing. Sehr respektvoll sahen wir das blankfunkelnde teure Gerät an, an dem die sachkundige Hand des Besitzers schaltete, stöpselte und sogar zu drehen wusste.»[159]

Aus den 200 Hörern der ersten Stunde waren Anfang 1924 bereits 1025, am Ende des Jahres bereits 120 000 geworden. «Bald sagte man in Berlin zu diesem und jenem: Er hat Rundfunk. Ganz kurze Zeit danach wurde gefragt: Haben Sie auch Rundfunk? Und wiederum nach kurzer Zeit lautete die Frage: Was denn – Sie haben noch keinen Rundfunk?»[160] Mit der Zahl der Rundfunkteilnehmer stiegen auch Vielfalt und Qualität der Programme. Neben anspruchsvollen musikalischen Darbietungen wie Konzerten der Berliner Philharmoniker gab es Autorenlesungen, Hörspiele, Live-Übertragungen von Fußballspielen, Boxkämpfen und Sechstagerennen. Der Reporter der Berliner Funk-Stunde, Alfred Braun, brachte es zu einiger Berühmtheit. «Er konnte, was seine Popularität anging, durchaus mit den Filmstars konkurrieren», bemerkte Curt Riess, der Sportberichterstatter am «12-Uhr-Blatt». «Mit Recht, denn er erfüllte die Aufgabe, ein Publikum mitzureißen, das er weder sehen noch hören konnte, mit Geschick und Gespür.»[161]

Für den Rundfunk galt der Grundsatz der Überparteilichkeit, doch war schon in den Jahren der Weimarer Republik eine parteipolitische Färbung der Programme unverkennbar. Aber erst die Nationalsozialisten sollten das neue Medium nach ihrer Machtübernahme 1933 ganz in den Dienst ihrer Propaganda stellen.

IX.
Ausblick

NSDAP-Abgeordnete demonstrieren in Uniform ihre Verachtung für das Parlament, dem sie angehören. Erich Salomon, ein damals berühmter jüdischer Fotograf, hat 1931 die unheilvolle Szene festgehalten. Salomon starb 1943 in Auschwitz.

. . . .

Noch im Dezember 1923 hätten kritische Beobachter «für den Bestand der Weimarer Republik keine fünf Rentenmark gegeben», bemerkte der Historiker Arthur Rosenberg.[1] Tatsächlich aber hatte die Krise an der Jahreswende 1923/24 ihren Höhepunkt überschritten. Es mehrten sich die Anzeichen, dass die Republik in ein ruhigeres Fahrwasser steuerte. Das Fieber der Inflation war eingedämmt, die Rentenmark erwies sich als überraschend stabil. «Stellt Euch vor, Deutschland ist jetzt ein Land mit ‹harter Währung›, und unsere Rentenmark ist besser als das Pfund; ist das nicht verrückt», berichtete Dorothy von Moltke Anfang 1924 ihren in Südafrika lebenden Eltern.[2] Untergangsstimmungen machten einem vorsichtigen Optimismus Platz. «Die überstandene Schreckenserfahrung hatte den Effekt einer Schock-Kur. Nach so grausamem Eingriff fühlt der Patient sich reduziert und zittrig, aber auch erleichtert und erfrischt», so beschrieb Klaus Mann jene merkwürdige, zwischen Katzenjammer und neuer Zuversicht schwankende Gefühlslage.[3]

Anfang Februar 1924 stattete Victor Klemperer zum ersten Mal seit Einführung der Rentenbank seiner Bank wieder einen Besuch ab. Er hatte von seinem Bruder Berthold, einem Rechtsanwalt in Berlin, 500 Goldmark geschenkt bekommen und wollte sie in Aktien anlegen. «Der früher überfüllte Raum der Bank ist ganz leer (…)», stellte er verwundert fest. «Die früher so unhöflichen Angestellten geben sich jetzt Mühe, als wäre ich ein Milliardär (…). Der Umschwung gegen die Zeit der Inflation u(nd) des Spekulationsfiebers ist beinahe komisch.»[4]

Begünstigt wurde die Beruhigung im Innern durch eine neue internationale Konstellation, die einen «weltpolitischen Szenenwechsel» einleitete.[5] In den Vereinigten Staaten, wo sich nach 1919 die isolationistische Tendenz durchgesetzt hatte, drängten maßgebliche Kreise in Politik und

Wirtschaft auf ein verstärktes Engagement auf dem «alten Kontinent». Dabei ging es vor allem um die Wahrung der eigenen vitalen Interessen. In Washington wuchs die Einsicht, dass das wirtschaftliche Chaos in Deutschland nicht nur die politische Stabilisierung Europas behinderte, sondern zunehmend auch die Weltwirtschaft in Mitleidenschaft zog. Bereits vor 1914 war das Deutsche Reich ein lukrativer Markt für amerikanische Exporte gewesen, und auf der Suche nach Anlagemöglichkeiten für überschüssiges amerikanisches Kapital öffneten sich gerade in Deutschland, wo ein großer Kapitalbedarf mit einer starken industriellen Substanz zusammentraf, vielversprechende Aussichten. Voraussetzung war freilich, dass eine für alle Seiten erträgliche Lösung des Reparationsproblems gefunden wurde, und hier zeigte sich US-Außenminister Charles Hughes nun entschlossen, den Europäern einen Ausweg aus der Sackgasse zu weisen.[6]

Wichtige Veränderungen bahnten sich auch in der Sowjetunion an. Nach Jahren des Bürgerkriegs, des «Kriegskommunismus» und einer schlimmen Hungersnot räumte man der inneren Stabilisierung und wirtschaftlichen Entwicklung des rückständigen Landes Vorrang ein. Am 21. Januar 1924 starb nach langer Krankheit der Staatsgründer Wladimir Iljitsch Lenin. Sein Tod löste nicht nur unter den Kommunisten in aller Welt, sondern auch unter bürgerlichen Sympathisanten Trauer aus. «In der Stadt das angeschlagene Telegramm von Lenins Tod! Da weine ich», notierte Thea Sternheim. «Unvergesslich das erste Auftauchen seines Namens gegen Kriegsende. Das Entzücken darüber bleibt meinem Gedächtnis in erschütternder Weise eingeprägt (...). Einer, der den Frieden erzwang, starb! Die leidende Menschheit verliert einen Freund.»[7]

Schon vor Lenins Tod war der Machtkampf entbrannt zwischen Leo Trotzki, dem charismatischen Schöpfer der Roten Armee und Kriegskommissar, und der «Troika» um Stalin, Kamenew und Sinowjew. Dahinter verbargen sich auch grundlegende Meinungsverschiedenheiten über den einzuschlagenden Weg. Während Trotzki weiter an seinem Konzept der «permanenten Revolution» festhielt, das heißt, davon überzeugt war, dass der Erfolg des sozialistischen Experiments in der Sowjetunion von einer Revolutionierung der wichtigsten Industrieländer des Westens abhing, vertrat Stalin, der Generalsekretär der Kommunistischen Partei und neue starke Mann im Politbüro, die Ansicht, dass der Revolutionsexport fürs Erste gescheitert war und man sich daher, statt auf Weltrevolution zu setzen, dem

«Aufbau des Sozialismus in einem Land», eben der Sowjetunion, widmen solle. Mit dieser Doktrin vertrugen sich keine Umsturzversuche, wie sie die Komintern zuletzt im Herbst 1923 in Deutschland angezettelt hatte. Einen zweiten «deutschen Oktober» würde es nicht mehr geben. Erstes Ziel sowjetischer Außenpolitik war vielmehr, das Land aus der Rolle des internationalen Parias herauszuführen und die diplomatischen Beziehungen zu den Westmächten wiederaufzunehmen. Am 1. Februar 1924 erkannte Großbritannien die Sowjetunion an; es folgte eine ganze Reihe von Staaten, darunter im Oktober auch Frankreich. Die USA sollten sich erst 1933 nach dem Amtsantritt Präsident Franklin D. Roosevelts zu diesem Schritt entschließen.[8]

Bei den Unterhauswahlen in Großbritannien am 6. Dezember 1923 hatten die Labour Party und die Liberalen einen Wahlsieg über die Tories errungen. Da Premierminister Stanley Baldwin über keine parlamentarische Mehrheit mehr verfügte, erhielt zum ersten Mal ein Labourführer, Ramsay MacDonald, den Regierungsauftrag. Er bildete ein Minderheitskabinett, das von den Liberalen toleriert wurde. Zwar musste MacDonald bereits nach den vorgezogenen Unterhauswahlen vom 29. Oktober 1924 die Macht wieder an die Konservativen abgeben, die erneut Baldwin mit dem Amt des Premierministers beauftragten. Doch für die deutsche Außenpolitik war es von großer Bedeutung, dass in den entscheidenden Monaten des Jahres 1924, als es um die Lösung der Reparationsfrage ging, in England eine Regierung am Ruder war, von der ein höheres Maß an Verständigungsbereitschaft zu erwarten war.[9]

Das gleiche galt für Frankreich. Hier erlitt der von Ministerpräsident Poincaré geführte «Bloc national» in den Kammerwahlen vom 11. Mai 1924 eine spektakuläre Niederlage gegen ein linkes Wahlbündnis, das «Cartel des gauches». «In Paris scheint die Linke, die Triumphgesänge anstimmt, schon auf den Sturz Poincarés zu hoffen», notierte Harry Graf Kessler, als die ersten Wahlergebnisse bekannt wurden.[10] Tatsächlich musste Poincaré, der sich so hartnäckig jedem Ausgleich mit Deutschland verweigert hatte, abtreten. Neuer Ministerpräsident und zugleich Außenminister wurde der Bürgermeister von Lyon, der Vorsitzende der Radikalen Partei (Parti radical) Édouard Herriot. Von ihm durfte die deutsche Regierung erhoffen, dass er sich einem vernünftigen Arrangement nicht mehr in den Weg stellen würde.[11]

• • • • • • • •

Hatte sich die außenpolitische Kräftekonstellation seit der Jahreswende für Deutschland deutlich verbessert, so standen hier doch zunächst die innenpolitischen Probleme im Vordergrund. Als erstes ging es Anfang 1924 um die Beilegung des Konflikts zwischen Bayern und dem Reich. Wie geschildert wurde, war der Befehlshaber der 7. Reichswehrdivision, General Lossow, im Oktober 1923 wegen Nichtbefolgung eines Befehls vom Dienst suspendiert worden. Generalstaatskommissar Kahr hatte ihn daraufhin wieder in sein Kommando eingesetzt und die bayerische Division auf sich verpflichtet. Durch ihre zwielichtige Rolle im Hitler-Putsch vom 8./9. November hatten sich Kahr und Lossow gründlich kompromittiert. Ihre sofortige Ablösung wäre eigentlich ein Gebot der Stunde gewesen. Dennoch weigerte sich der bayerische Ministerpräsident Knilling zunächst, die beiden fallen zu lassen. Es sollte jeder Anschein einer zu großen Nachgiebigkeit gegenüber der Berliner Regierung vermieden werden. Lossow selbst bot in einem Schreiben an Seeckt vom 2. Januar 1924 seinen Abschied an; allerdings sollte er erst nach dem Prozess gegen die Putschisten erfolgen, damit die Anhänger Ludendorffs und Hitlers daraus kein propagandistisches Kapital schlagen könnten. Seeckt empfahl dem Reichspräsidenten, auf das Angebot einzugehen unter der Bedingung, dass zuvor die Inpflichtnahme der bayerischen Division aufgehoben würde.[12]

Die bayerische Regierung beantwortete das Verlangen mit Gegenforderungen nach einer föderalistischen Revision der Weimarer Reichsverfassung. Unter anderem sollte die Finanzhoheit der Bundesstaaten wiederhergestellt und das Wehrgesetz dahingehend geändert werden, dass künftig der Kommandeur der bayerischen Reichswehrtruppen nur mit Zustimmung der bayerischen Regierung entlassen werden durfte. Darauf wollte sich aber die Reichswehrführung nicht einlassen, weil das die Einheitlichkeit des Oberbefehls in Frage gestellt hätte. Nach einigem Hin und Her kam schließlich am 14. Februar 1924 eine Vereinbarung zustande: Die Reichsregierung sagte zu, sich bei einer Abberufung des bayerischen Landeskommandanten mit der bayerischen Regierung «ins Benehmen» zu setzen und auch bei der Verwendung bayerischer Truppen außerhalb des Landes ihren Wünschen möglichst Rechnung zu tragen. Außerdem wurde die Eidesformel der Reichswehr durch das Treuebekenntnis zur Verfassung des jeweiligen «Heimatstaates» ergänzt. Damit erlosch die Verpflichtung der 7. Reichswehrdivision auf die Münchner Regierung. Am 18. Februar traten Lossow und

Kahr von ihren Posten zurück. Strafrechtliche Konsequenzen für ihr hochverräterisches Treiben im Herbst 1923 mussten sie nicht befürchten.[13] «Hörbares Aufatmen in der Reichskanzlei», notierte Max von Stockhausen in sein Tagebuch.[14]

• • • • • • • •

Als nächster Schritt folgte die Aufhebung des militärischen Ausnahmezustands, der am 26. September 1923 verhängt und mit dessen Vollzug noch in der Nacht des Hitler-Putsches Seeckt betraut worden war. Die damit verbundenen Einschränkungen wurden um so nachdrücklicher in Frage gestellt, je mehr sich die innenpolitischen Verhältnisse beruhigten. Vor allem die SPD drängte im Blick auf Sachsen und Thüringen, wo es täglich zu Reibungen zwischen den sozialdemokratischen Landesregierungen und den militärischen Befehlshabern kam, auf eine rasche Aufhebung.[15] In der Ministerbesprechung am 11. Januar 1924 wandte sich Seeckt jedoch entschieden dagegen, weil dadurch der Kampf sowohl gegen die Kommunisten als auch gegen die radikale Rechte erschwert werde und die «Gefahr des Bürgerkriegs» wachse. Einen Monat später, am 12. Februar, war es aber kein anderer als der Chef der Heeresleitung selbst, der die Aufhebung des militärischen Ausnahmezustands verlangte und erklärte, dass man an dessen Stelle einen «zivilen Ausnahmezustand» unter Leitung des Reichsinnenministers ins Auge fassen könne.[16] Einen Tag später machte Seeckt diesen Vorschlag auch dem Reichspräsidenten: «Die Staatsautorität ist so gefestigt, dass die unter dem Ausnahmezustand eingeleitete Sanierung unseres Staats- und Wirtschaftslebens auch ohne ihn weitergeführt werden kann.»[17]

Was Seeckt dazu veranlasste, seinen Widerstand gegen die Beendigung des militärischen Ausnahmezustands aufzugeben, ist nicht ganz leicht festzustellen. Wie es scheint, fürchtete er, dass das Ansehen der Reichswehr durch den Kleinkrieg mit den Zivilbehörden vor allem in Sachsen und Thüringen, aber auch in Preußen auf Dauer Schaden nehmen könne. Die Stabilisierung der innenpolitischen Lage erleichterte ihm zweifellos seinen Entschluss.[18]

Ebert schloss sich dem Vorschlag Seeckts an und versprach in dessen Sinne aktiv zu werden. Durch Verordnung des Reichspräsidenten vom 28. Februar 1924 wurde der militärische Ausnahmezustand aufgehoben. Damit traten alle Beschränkungen der persönlichen Freiheit, der Pressefreiheit und des Vereinsrechts außer Kraft, darunter die von Seeckt am 20. November 1923 verfügten Verbote der KPD, der NSDAP und der Deutschvölkischen Freiheitspartei. Gleichzeitig wurde der Reichsinnenminister ermächtigt, «zur Abwehr staatsfeindlicher Bestrebungen die notwendigen Maßnahmen zu treffen». Nachdem die bayerische Regierung, wiederum mit Hinweis auf den bevorstehenden Hitler-Prozess, ihren Einspruch eingelegt hatte, wurde Bayern «mit Rücksicht auf den dort bereits bestehenden, weitergehenden Ausnahmezustand» ausdrücklich vom Geltungsbereich der Verordnung ausgenommen. Der neue «zivile Ausnahmezustand» sollte im Reich erst im Oktober des Jahres enden.[19] In einem Erlass vom 1. März 1924 dankte Seeckt den Kommandeuren und richtete an sie die Bitte, «an der Festigung der Truppe zu arbeiten, damit die Reichswehr das überparteiliche, nur dem Vaterlande dienende scharfe Instrument bleibt, als das sie sich in den letzten Monaten glänzend bewährt hat».[20] Das war eine ziemliche Unverfrorenheit, wenn man bedenkt, mit welch brachialer Gewalt die Reichswehr in den kritischen Tagen des Herbstes 1923 gegen die linken Landesregierungen in Sachsen und Thüringen vorgegangen war – bei gleichzeitiger Schonung des abtrünnigen Bayern.

• • • • • • • •

Am 26. Februar 1924 begann der Prozess gegen Hitler, Ludendorff und acht weitere Mitverschwörer. Da Bayern den Staatsgerichtshof zum Schutz der Republik in Leipzig nicht anerkannte, fanden die Verhandlungen vor dem Volksgericht München I statt. Damit war sichergestellt, dass keine eingehenden Nachforschungen über die Verbindungen angestellt wurden, die es im Herbst 1923 zwischen den Putschisten und dem Triumvirat Kahr, Lossow, Seißer gegeben hatte. «Die Angeklagten sitzen ganz zwanglos an kleinen Tischen. Knapp dahinter die Bänke für die Zeugen, die Plätze für die Pressevertreter, ein paar Bankreihen für die Zuhörer. Man ist ganz unter sich», beschrieb der Journalist Leo Lania die Szenerie im Sitzungssaal der ehemaligen Kriegsschule in der Blutenburgstraße. «Es fehlen die Schranken, die in den Angeklagten das bittere Gefühl erwecken könnten, hier nicht für voll genommen (…) zu werden. Und die braune Täfelung des Saales gibt dem Raum etwas Heimliches, Warmes, das sehr wohltuend von der kaltnüchternen Atmosphäre deutscher Gerichtssäle absticht. Gerichtsverhandlung? Nein, eher Seminar über Hochverrat.»[21]

Die Angeklagten im Hitler-Prozess nach dem Urteilsspruch (1. April 1924).

Von Anfang an spielte sich Hitler als Herr des Verfahrens auf. In seiner vierstündigen Verteidigungsrede zum Auftakt des Prozesses übernahm er die volle Verantwortung für den Putsch: «Ich allein habe letzten Endes die Sache gewollt.» Zugleich aber wies er den Hauptanklagepunkt zurück, da es «keinen Hochverrat gegen die Landesverräter von 1918» geben könne.[22] Der Vorsitzende des Gerichts, Landesgerichtsdirektor, Georg Neithardt, machte aus seiner Sympathie für die Angeklagten keinen Hehl. Er ließ es zu, dass Hitler das Tribunal als Bühne für seine Demagogie nutzen konnte. Nur gelegentlich, wenn der Putschist allzu heftig wurde in seinen Schmähungen der Republik und ihrer Repräsentanten, erteilte er ihm einen milden Tadel. In seinem Schlusswort wandte sich Hitler mit theatralischer Pose direkt an die Richter: «Nicht Sie sprechen hier das letzte Urteil, sondern das Urteil spricht jene Göttin des letzten Gerichts, die sich aus unsren und Ihren Gräbern als ‹Geschichte› einst erheben wird.»[23]

Der Hitler-Prozess war Tagesgespräch in München. Das bürgerliche Publikum verfolgte das Geschehen anhand der ausführlichen Prozessberichte der «Münchner Neuesten Nachrichten», wobei es wiederum Hitler war, dem die meisten Sympathien zuflogen. Auf einer Gesellschaft im literarisch-musikalischen Salon von Maximilian und Else Bernstein in der Brìennerstraße erlebte Hedwig Pringsheim Ende Februar 1924, wie die Damen der feinen Münchner Gesellschaft, unter ihnen Elsa Bruckmann, die Frau des Verlegers Hugo Bruckmann, «eine derartige Hitler- u(nd) völkische Begeisterung» an den Tag legten, dass sie vor Empörung «förmlich Herzklopfen bekam» und erst durch das Zureden des Gastgebers «etwas besänftigt» werden konnte.[24]

Am 1. April wurde das Urteil verkündet. Ludendorff wurde freigesprochen. Hitler und drei seiner Kumpane – Weber, Kriebel und Pöhner – wurden zur Mindeststrafe von fünf Jahren Festungshaft verurteilt; allerdings wurde ihnen nach Verbüßung von sechs Monaten eine Bewährungsfrist in Aussicht gestellt. Fünf weitere Angeklagte – unter ihnen Frick und Röhm – erhielten ein Jahr und drei Monate Haft auf Bewährung. Das Gericht bescheinigte den Angeklagten, sie hätten sich «von rein vaterländischem Geiste und dem edelsten, selbstlosen Willen» leiten lassen: «Das rechtfertigt ihr Verhalten nicht, aber es gibt den Schlüssel zum Verständnis ihres Tuns.»[25] Das kam einem moralischen Freispruch gleich.

Das Urteil stieß bei den Anhängern der Weimarer Demokratie auf scharfe Kritik. «In München ist ein Justizmord an der Republik begangen worden», kommentierte der Berichterstatter der «Weltbühne», und er verglich den milden Spruch mit der unnachsichtigen Härte, mit der die Justiz zum Beispiel gegen den ehemaligen sächsischen Ministerpräsidenten Zeigner vorgegangen war: «An Urteilen nach zweierlei Maß sind wir in Deutschland nun schon gewöhnt, von der Klassenjustiz wahrlich nicht verwöhnt.»[26] Das «Berliner Tageblatt» fragte: «Wo ist da noch Gerechtigkeit? Wie kann man da noch von Recht und Rechtsprechung reden? (...) Bayern hat mit dem gestrigen Tag aufgehört, ein Rechtsstaat zu sein.»[27] Die «Vossische Zeitung» konstatierte: «Der Prozess hätte reinigend wirken können. Die Nester und Schlupfwinkel des Umsturzes hätte man aufstöbern, ausräumen, ausräuchern sollen, den Schmutz und Unrat zusammenkehren sollen, um ihn in einem gewaltigen Autodafé zu verbrennen (...). Stattdessen wischte man bei geschlossenen Fenstern und Türen oberflächlich Staub, wirbelte ihn auf, aber entfernte ihn nicht.»[28]

Hitler sah sich durch den Ausgang des Verfahrens im Glauben an seine historische Sendung bestätigt. Er hatte es, dank der freundlichen Unterstützung des bayerischen Gerichts, verstanden, das Fiasko des Staatsstreichs in einen propagandistischen Triumph zu verwandeln. In der bayerischen Festung Landsberg, wo er einen Großteil des Manuskripts seiner Hetzschrift «Mein Kampf» in die Schreibmaschine tippte, verlebte er mit seinen Mitgefangenen recht komfortable Monate.[29] Wäre es nach Recht und Gesetz gegangen, hätte Hitler für viele Jahre hinter Gittern zubringen müssen. Ob er danach in eine zweite politische Karriere hätte starten können, ist sehr zweifelhaft. So aber wurde er bereits am 20. Dezember 1924 aus der Haft entlassen und konnte sich daranmachen, die NSDAP wiederaufzubauen. Die wichtigste Lehre, die er aus dem gescheiterten Unternehmen vom 8./9. November zog, war, dass er, wollte er an die Macht kommen, einen anderen Weg einschlagen musste: nicht den des Putsches, sondern den der scheinbaren Legalität im Bunde mit den konservativen Eliten in Wirtschaft, Reichswehr und Bürokratie.

• • • • • • • •

Am 15. Februar 1924 war das Ermächtigungsgesetz ausgelaufen, das Reichskanzler Marx am 8. Dezember 1923 mit großer Mühe durch den Reichstag gebracht hatte. Eine Verlängerung war, wie die Dinge lagen, nicht noch einmal zu erwarten. Als das Parlament nach einer Pause von über zwei Monaten am 20. Februar wieder zusammentrat, lagen bereits Anträge von SPD, KPD und DNVP zur Änderung beziehungsweise Aufhebung von Verordnungen vor, welche die Regierung aufgrund des Ermächtigungsgesetzes erlassen hatte. Für Marx und seine Minister stand damit der gesamte Erfolg der eingeleiteten Stabilisierungspolitik auf dem Spiel, und sie waren entschlossen, diese Politik trotz der damit verbundenen Härten mit allen Mitteln zu verteidigen und «sich auf keinen Fall von dem Reichstag über den Haufen rennen (zu) lassen», wie Finanzminister Luther am 6. Februar im Kabinett erklärte.[30] Auch Außenminister Stresemann vertrat in einer Besprechung mit führenden Abgeordneten der Koalition am 14. Februar den Standpunkt, die Regierungsparteien dürften «bei etwaigen Versuchen, die Notverordnungen des Ermächtigungsgesetzes abzuändern oder umzustoßen, keineswegs mitwirken»: «Die Parole müsse lauten: Aufrechterhaltung der Verordnungen oder neues Wirtschaftselend, neue Inflation.»[31] Einen Tag später einigte sich das Kabinett darauf, «zunächst eine abwartende Haltung einzunehmen und erst zum Handeln über(zu)gehen, wenn der Angriff von der Opposition drohe».[32]

In den Besprechungen mit Vertretern der Oppositionsparteien stellte sich rasch heraus, dass diese nicht gewillt waren, von einer parlamentarischen Behandlung ihrer Anträge Abstand zu nehmen. Die Drohung des Kanzlers, den Reichstag aufzulösen, wies der Sprecher der DNVP, Hergt, kühl zurück: Seine Partei fürchte den Konflikt nicht, im Gegenteil, er halte Neuwahlen «für dringend erwünscht».[33] Offensichtlich rechneten sich die Deutschnationalen gute Chancen auf Stimmengewinne aus. Den Sozialdemokraten kam eine vorzeitige Wahl eher ungelegen, doch auch sie zeigten keine Neigung, die von ihr beanstandeten Verordnungen vor allem zum Personalabbau und zur Arbeitszeit widerspruchslos hinzunehmen, und kritisierten den Druck, den die Regierung auf sie ausübte, als «Diktaturpolitik».[34]

Am 28. Februar begannen im Reichstag die Beratungen über die vorliegenden Abänderungsanträge. Gleich zu Beginn kündigte der Kanzler an, er werde beim Reichspräsidenten die Auflösung des Reichstags beantragen, sollte dieser die für die Sanierung von Wirtschaft und Finanzen lebenswichtigen Verordnungen aufheben oder in ihrer Substanz verändern wollen. Am 13. März, nach Abschluss der Generaldebatte, war es soweit. Bevor das Parlament in eine Abstimmung über die Anträge der Opposition eintreten konnte, verlas Marx die Auflösungsorder Eberts. Nach langen Diskussionen im Kabinett wurde der 4. Mai als Termin für die Neuwahlen festgesetzt.[35] Am 6. Juni wäre die vierjährige Legislaturperiode des 1920 gewählten Reichstags ohnehin abgelaufen. Dennoch war, wie Ursula Büttner festgestellt hat, mit der vorzeitigen Auflösung des Reichstags zu dem Zwecke, ihn an der Ausübung seiner verfassungsmäßigen Rechte zu hindern, «ein verhängnisvoller Präzedenzfall geschaffen».[36]

• • • • • • • •

Am 12. März 1924, einen Tag vor der Auflösung des Reichstags, konstituierte sich im Berliner Esplanade-Hotel eine «Nationalliberale Vereinigung der Deutschen Volkspartei». Hinter dieser Gruppierung standen die gleichen Kräfte, die Stresemann schon während seiner Kanzlerschaft das Leben schwergemacht hatten. Allein 20 der 25 Anwesenden kamen aus der Eisen-, Stahl- und Montanindustrie des Ruhrgebiets, unter ihnen 13 General-Bergwerks- oder Hüttendirektoren, fünf davon waren in leitender Stellung im Stinnes-Konzern tätig. Zwölf der Gründungsmitglieder zählten zum rechten Flügel der DVP-Reichstagsfraktion, darunter zwei alte Bekannte: Stinnes' Generaldirektor Vögler und der Syndikus der Essener Handelskammer Quaatz, der die Geschäftsführung der Vereinigung übernahm. Ausgesprochenes Ziel der Sezessionisten war eine Abkehr von Stresemanns Kurs der Mitte. Stattdessen sollte die Partei auf eine strikt nationale, antisozialistische Politik festgelegt werden, und das hieß, dass künftig nur noch eine bürgerliche Koalition unter Einschluss der Deutschnationalen angestrebt werden sollte.[37]

Stresemann nahm den Vorstoß sehr ernst. Die Gründung der Nationalliberalen Vereinigung sei «der schlimmste Dolchstoß, der einer Partei vor der Wahl versetzt worden ist», vertraute er einem Parteifreund an. Es sei «selbstverständlich ausgeschlossen», dass «zwei Parteien innerhalb der Partei» existieren könnten.[38] Am 15. März beschlossen die in Berlin anwesenden Mitglieder des Parteivorstands einstimmig, dass «die Duldung einer politischen Sonderorganisation in der Partei unmöglich und für die Partei untragbar» sei.[39]

Das Ringen um die zukünftige politische Richtung der DVP endete auf der Zentralvorstandssitzung in Hannover am 28. März und dem sich daran anschließenden Parteitag mit einem überwältigenden Vertrauensvotum für Stresemann. Gegen wenige Stimmen billigten die Delegierten den Kurs des Parteivorsitzenden und verurteilten die Gründung der Nationalliberalen Vereinigung. Ihren Mitgliedern wurde der Parteiausschluss angedroht, sollten sie die «Sonderorganisation» nicht umgehend verlassen.[40]

Am 2. April gab der Vorstand der Nationalliberalen Vereinigung die Parole aus: «Heraus aus der Stresemann-Partei!», doch folgten diesem Aufruf nur wenige Mitglieder. Es war offenkundig, dass die Sezessionsbewegung über keinen nennenswerten Anhang verfügte. Mit dem drohenden Parteiausschluss und dem damit verbundenen Verlust ihrer Reichstagsmandate konfrontiert, erklärten sechs Fraktionsmitglieder ihren Austritt aus der Nationalliberalen Vereinigung. Drei weitere, unter ihnen Vögler, verließen die DVP, um bei den Reichstagswahlen mit einer eigenen Liste der Nationalliberalen Vereinigung anzutreten. Die restlichen Drei, darunter Quaatz, wechselten zur DNVP, die ihnen dafür sichere Plätze auf der Reichsliste in Aussicht stellte.[41] «Die Herren sind schließlich dahin gekommen, wo sie hingehören, nämlich zu den Deutschnationalen», äußerte Stresemann voller Genugtuung, und erleichtert stellte er fest: «Nun sind wir endlich von einigen Personen in der Fraktion befreit worden, die stets Urheber von Unstimmigkeiten waren.»[42]

• • • • • • • •

An Rückhalt verlor die Nationalliberale Vereinigung auch durch den Tod von Hugo Stinnes am 10. April 1924. Stresemanns mächtigster Gegenspieler litt schon seit längerem an einer Entzündung der Gallenblase. Im März musste sich der 54-Jährige zwei Operationen unterziehen, von denen er sich nicht mehr erholte. An der Trauerfeier in Berlin-Grunewald nahm Reichskanzler Marx mit den meisten Mitgliedern seines Kabinetts, eine große Zahl hoher Staatsbeamter und Großindustrieller teil.[43] Die satirische Zeitschrift «Simplicissimus» veröffentlichte eine Karikatur, die den Heiligen Petrus zeigt, wie er mit der Himmelsglocke die Engel zusammenruft und mahnt: «Stinnes kommt. Jetzt heißt's aufpassen, Kinder, sonst gehört ihm in 14 Tagen der ganze Betrieb!»[44]

Der Tod des umstrittenen Mannes fand, wie nicht anders zu erwarten, ein sehr geteiltes Echo. Die «Deutsche Allgemeine Zeitung», sein Hausblatt, würdigte ihn als bedeutendsten Industriellen, den Deutschland jemals hervorgebracht habe: «Aus dem Chaos von Zusammenbruch stieg sein Name, weithin sichtbar, als der des großen, vielleicht einzigen Führers auf.» [45] In der «Vossischen Zeitung» kritisierte Richard Lewinsohn, dass Stinnes das Wohl der Gesamtheit mehr und mehr mit seinen privatwirtschaftlichen Interessen identifiziert habe: «Er wollte nicht Politiker sein, aber er hielt es für selbstverständlich, dass bei den entscheidenden Fragen der Politik die Interessen der deutschen Wirtschaftsführer den Ausschlag zu geben haben. Das war sein verhängnisvoller Irrtum.»[46] Im «Berliner Tageblatt» fand Ernst Feder sogar höchste Töne der Bewunderung für Stinnes' Geschäftstüchtigkeit: «Seine wirtschaftliche Gestaltungskraft erinnerte an die Phantasie des Künstlers. Er dichtete in Geschäften.» Für die politische Rolle, die er beansprucht habe, sei er aber völlig ungeeignet gewesen.[47]

Doch auch, was die vielgerühmte Geschäftstüchtigkeit von Stinnes betrifft, sind einige Fragezeichen angebracht. Sein gigantisches Industrieimperium war zu sehr ein Kind von Inflation und Hyperinflation, als dass es im Zeichen der Stabilisierung der Wirtschaft hätte Bestand haben können. Es glich nach einem Wort des persönlichen Referenten des Reichskanzlers, Max von Stockhausen, einem «Turmbau zu Babel, der den Keim des Unterganges in sich trug».[48] Bereits ein Jahr nach Stinnes' Tod geriet sein Konzern in eine schwere Schuldenkrise und wurde, Zug um Zug, liquidiert.[49]

. . . .

Gleich nach der Auflösung des Reichstags am 13. März 1924 entbrannte ein heftiger Wahlkampf. Eine zentrale Rolle spielte darin das Reparationsgutachten, das am 9. April in Paris vorgelegt wurde. Blicken wir noch einmal zurück: Am 24. Oktober 1923 hatte die Regierung Stresemann bei der Reparationskommission den Antrag gestellt, die deutsche Zahlungsfähigkeit durch unabhängige Sachverständige überprüfen zu lassen. Nachdem Poincaré zugestimmt hatte, war am 30. November beschlossen worden, zwei Expertenausschüsse einzusetzen. Der erste und wichtigere der beiden wurde vom amerikanischen Bankier Charles D. Dawes geleitet und hatte die Aufgabe, die Höhe und Modalitäten der deutschen Reparationszahlungen zu bestimmen. Der zweite unter dem Vorsitz des Engländers Reginald McKenna sollte untersuchen, wie groß das ins Ausland gebrachte deutsche Kapital war und wie es nach Deutschland zurückgeführt werden könne. Im Januar 1924 traten beide Ausschüsse zusammen. Ihnen gehörten nur Experten aus den alliierten Staaten an; Deutschland durfte keine Vertreter entsenden.

Dennoch zeigte sich die Regierung Marx von Anfang an kooperationsbereit. Als die Sachverständigen Ende Januar Berlin besuchten, begrüßte Stresemann sie, indem er «größte Beschleunigung und rückhaltlose Offenheit» zusagte.[50] Der Außenminister knüpfte große Hoffnungen an den Fortgang der Untersuchungen. In einer Rede in Elberfeld am 17. Februar zitierte er zustimmend eine Äußerung des Staatssekretärs im Reichswirtschaftsministerium, Carl Bergmann, er sehe «zum ersten Mal einen Silberstreifen an dem sonst düsteren Horizont».[51]

Es war vor allem das starke Interesse der USA, das den Verhandlungen in Paris die notwendige Schubkraft verlieh. Noch nie sei der «psychologische Augenblick» so günstig gewesen, «um die Reparationsfrage einer Lösung zuzuführen», erklärte Außenminister Hughes in einem Gespräch mit dem deutschen Botschafter in Washington Wiedfeldt und Harry Graf Kessler Ende Januar. Bankier Dawes und sein wichtigster Mitarbeiter Owen D. Young seien «ganz außerordentlich fähige Leute». Sowohl der starke Wertverlust der französischen Währung in jüngster Zeit als auch der Antritt der neuen Labour-Regierung hätten die Aussichten auf ein größeres Entgegenkommen in Frankreich und England verbessert. Alles komme nun darauf an, dass die Arbeiten in Paris «nicht durch irgendwelche öffentlichen Kontroversen gestört» würden, weil man nicht wisse «ob eine so günstige Konstellation wiederkehren werde».[52]

Am 9. April konnte das Dawes-Komitee sein Gutachten präsentieren. Es setzte keine endgültige Gesamtsumme für die deutschen Reparationsleistungen fest – stillschweigend wurde damit die im Londoner Zahlungsplan vom Mai 1921 aufgestellte Forderung von 132 Milliarden Goldmark zu den Akten gelegt. Das Komitee empfahl, die Jahreszahlungen mit 1 Milliarde Goldmark beginnen und innerhalb von fünf Jahren auf 2,5 Milliarden ansteigen zu lassen. Die Annuitäten sollten zum einen durch Haushaltsmittel des Reiches und zum anderen durch eine Zwangshypothek der deutschen Industrie sowie Leistungen der Reichsbahn aufgebracht werden. Zu diesem Zweck sollte die Reichsbahn in eine selbstständige Gesellschaft umgewandelt werden und ihr Aufsichtsrat zur Hälfte mit Vertretern der alliierten Staaten besetzt werden. Auch sah der Plan eine regierungsunabhängige Notenbank vor, in deren Direktorium ebenfalls ausländische Vertreter einrücken sollten. Die Rentenmark sollte durch eine international akzeptierte Währung ersetzt werden, die durch Gold und Devisen zu decken war. Als Starthilfe sollte Deutschland eine internationale Anleihe in Hohe von 800 Millionen Goldmark erhalten, mit der die Zahlung der ersten Reparationsmilliarde erleichtert werden sollte.

Ein wesentlicher Vorteil des Dawes-Plans für die deutsche Seite war, dass er die tatsächliche wirtschaftliche Leistungsfähigkeit Deutschlands zugrunde legte. Um den Transfer, das heißt die Umwandlung der deutschen Zahlungen in die Währung der Gläubigerstaaten sicherzustellen, wurde das Amt eines «Reparationsagenten» mit Sitz in Berlin eingerichtet. Er konnte, falls Deutschland die vorgesehenen Leistungen nicht erbringen konnte, den Transfer aussetzen und bei anhaltenden Schwierigkeiten eine Senkung der Annuitäten beantragen. (Mit dieser Aufgabe wurde nach Annahme des Dawes-Plans der amerikanische Finanzexperte Parker Gilbert beauftragt). Eine einseitige Pfandnahme, wie sie Franzosen und Belgier im Januar 1923 mit der Besetzung des Ruhrgebiets vorgenommen hatten, war damit ausgeschlossen. Neben dem «Transferschutz» war die Aussicht auf ausländische, vor allem amerikanische Kredite die wichtigste Verbesserung, die der Dawes-Plan für Deutschland bereithielt.[53]

• • • • • • • •

Noch während der Arbeit der Sachverständigen hatte die amerikanische Regierung damit begonnen, Druck auf Berlin auszuüben. In einer Unterredung mit dem Ministerialdirektor im Auswärtigen Amt, Schubert, Ende Februar 1924 äußerte der amerikanische Botschafter Houghton die Erwartung, «dass man in Deutschland so vernünftig sein würde, das Gutachten sofort anzunehmen». Tue man das nicht, würde man Poincaré «unbedingt in die Hände spielen». Deutschland müsse sich klarmachen, dass der Dawes-Plan aller Voraussicht nach die deutsche Position wesentlich verbessere. «Diesen Gewinn müssten wir mitnehmen», gab der deutsche Diplomat die Mahnungen seines Gesprächspartners wieder, «und dürften bezüglich eventueller weniger angenehmer Bestimmungen nicht kleinlich sein.»[54]

Am 11. April übersandte die Reparationskommission der deutschen Regierung das Gutachten der Sachverständigen und erbat ihre Zustimmung. Drei Tage später rief Reichskanzler Marx die Minister seines Kabinetts und die Ministerpräsidenten der Länder zu einer gemeinsamen Besprechung ins Kanzleramt. Während Finanzminister Luther Zweifel anmeldete, ob Deutschland die geforderten Summen aufbringen könne, warb Stresemann nachdrücklich für die Annahme des Dawes-Plans: Er sei «gegen den Willen Poincarés zustande gekommen», und zwar aufgrund der entscheidenden Beteiligung Amerikas, «der einzigen Macht, die vielleicht noch auf Frankreich einen Einfluss habe». Allein aus diesem Grund sei eine brüske Ablehnung ausgeschlossen, denn in einem solchen Fall würde Frankreich «freie Hand bekommen und Deutschland in keinem Land mehr Hilfe finden».[55] Stresemanns leidenschaftliches Plädoyer hinterließ einen starken Eindruck. Noch am selben Tag, am 14. April, beschloss das Kabinett seine grundsätzliche Zustimmung. Der Reparationskommission wurde mitgeteilt, auch die deutsche Regierung sehe in dem Gutachten «eine praktische Grundlage für die schnelle Lösung des Reparationsproblems» und sei daher bereit, «ihre Mitarbeit bei den Plänen der Sachverständigen zuzusichern».[56]

Erwartungsgemäß machte die politische Rechte gegen das Sachverständigengutachten mobil. Wie schon in ihrer Agitation gegen frühere Reparationsregelungen war von einer «Versklavung» des deutschen Volkes für Generationen die Rede. Karl Helfferich, der außenpolitische Sprecher der DNVP-Fraktion, erging sich im Reichstag in einem scharfen Angriff auf Stresemann und geißelte den Dawes-Plan als ein «zweites Versailles». (Wenige

Tage später, am 23. April, kam er bei einem Zugunglück in der Schweiz ums Leben.)[57]

Trotz seiner angegriffenen Gesundheit engagierte sich Stresemann stark im Wahlkampf. So verteidigte er in einer großen Rede in Magdeburg am 29. April die Entscheidung des Kabinetts: Sie sei nicht aus Angst geboren, sondern «getragen von der Verantwortung, dass man in dieser Zeit, wenn man eine andere Macht nicht hat, zunächst einmal für eines zu sorgen hat, dass wir wenigstens einige Jahre ruhiger, friedlicher Entwicklung vor uns haben». Und in Bremerhaven erklärte er einen Tag später, Deutschland hätte «die größte diplomatische Dummheit» begangen, wenn es «Nein» gesagt hätte: «Wir würden dann das Spiel Poincarés gespielt haben.»[58]

• • • • • • • •

«Es ist Großkampftag für uns», notierte Max von Stockhausen am Wahlsonntag, dem 4. Mai. «Die Telefone klingeln ununterbrochen, der Radiolautsprecher, die neue Errungenschaft, krächzt heiser Wahlresultate.»[59] Der Ausgang der Wahlen bedeutete für die Regierungsparteien eine herbe Enttäuschung. Die DVP sank von 13,9 auf 9,2 %, die DDP von 8,3 auf 5,7 %, die BVP von 4,2 auf 3,2 %. Am besten konnte sich noch das Zentrum halten, das nur geringfügige Verluste – 13,4 statt 13,6 % – hinnehmen musste. Klare Gewinner der Wahl waren die Parteien der radikalen Rechten und Linken. Die DNVP steigerte ihren Stimmenanteil von 15,1 auf 19,5 %. Ihre noch rechtere Konkurrenz, die Deutsch-Völkische Freiheitspartei, auf deren Liste auch Nationalsozialisten kandidiert hatten, kam auf Anhieb auf 6,5 %. Die KPD, die bei der Reichstagswahl vom Juni 1920 gerade einmal 2,1 % bekommen hatte, verbesserte sich auf 12,6 %. Das Abenteuer des Hamburger Aufstands vom Oktober 1923 hatte ihr offenbar nicht so geschadet, wie man es hätte vermuten können. Die SPD, die sich 1922 mit der Rest-USPD vereinigt hatte, konnte sich nur scheinbar gut behaupten. Sie erreichte 20,5 statt 21,7 %. Bedenkt man, dass die beiden sozialdemokratischen Parteien 1920 zusammen noch 39,6 % der Stimmen auf sich vereinigt hatten – darunter 17,9 % für die USPD –, bedeutete dieses Ergebnis einen empfindlichen Verlust. Auch die KPD hatte nur einen Teil der ehemaligen USPD-Wähler an sich binden können.

Insgesamt spiegelte sich in den Zugewinnen der extremen Parteien eine deutliche Radikalisierung als Folge der Krise von 1923. Die Deutschnationalen hatten vor allem den beiden liberalen Parteien, DVP und DDP, Stimmen abgenommen. Offensichtlich stammte ein großer Teil ihrer neuen Wähler aus Angehörigen des Mittelstands, die durch Inflation und Hyperinflation in besonderer Weise betroffen worden waren. Aus der gleichen Quelle schöpften auch bürgerliche Splittergruppen wie die Wirtschaftspartei oder der Landbund, die es zusammen immerhin auf 8,5 % schafften (gegen 5,3 % 1920). Die KPD hatte vor allem auf Kosten der SPD zulegen können. Unter ihren Wählern waren offenbar nicht wenige, die sich aufgrund des rigorosen Vorgehens gegen die Linksregierungen in Sachsen und Thüringen von der Sozialdemokratie abgewandt hatten.[60]

So groß die Enttäuschung über den Ausgang der Wahl im republikanischen Lager war, so suchte man ihm auch positive Seiten abzugewinnen. Theodor Wolff strich in seinem Leitartikel heraus, dass zwar die parlamentarische Basis der Regierung Marx «äußerst schmal und dürftig» geworden sei, Deutschnationale, Völkische und Kommunisten aber zusammen die Mehrheit deutlich verfehlt hätten.[61] In der «Vossischen Zeitung» erinnerte Julius Elbau daran, dass der Erfolg der Deutschnationalen mit Mitteln erzielt worden sei, die sich «im Geist und im Wesen nicht unterschieden von der verbrecherischen Demagogie der Deutschvölkischen». Einen wesentlichen Anteil schrieb er der Hugenberg-Presse zu, die vor der Wahl «offen die deutschnationale Fahne aufgezogen» habe. Trotz des riesigen propagandistischen Aufwands hätte es die Rechte aber nicht vermocht, den Parteien der bürgerlichen Mitte und gemäßigten Linken die Mehrheit zu entreißen: «Die Zahl der Gegner der Republik wird noch immer weit überwogen durch die Anhänger und Schützer der Verfassung, die jetzt erst recht Mut und Kraft gewinnen werden, die Verteidigungsstellung auszubauen und zum Gegenangriff überzugehen.»[62] Auch Harry Graf Kessler sah die Situation nach der Wahl keineswegs als hoffnungslos an: «Wenn diese Regierung die auswärtige Lage auf dem Boden der Dawes-Vorschläge entwirrt und die innere Lage durch soziale und wirtschaftliche Maßnahmen konstruktiv und energisch in die Hand nimmt, so kann in 3 bis 4 Jahren der Radikalismus rechts und links wieder stark verebben und Deutschland auf lange Zeit hinaus auf dem Boden der Republik fest begründet werden.»[63]

Trotz des schlechten Abschneidens der Koalitionsparteien beschloss die Regierung Marx in der ersten Kabinettssitzung nach der Wahl am 6. Mai, nicht sofort zurückzutreten, sondern bis zum Zusammentritt des Reichstags im Amt zu bleiben, um zum einen ein innenpolitisches Vakuum zu vermeiden, und zum anderen die Verhandlungen über das Dawes-Gutachten nicht zu gefährden. Eine entsprechende Pressemitteilung wurde Ebert vorgelegt und vom ihm gebilligt.[64] Gegen den Beschluss lief die Rechte Sturm. Die Deutschnationalen, die zusammen mit den zehn Abgeordneten des Landbunds auf 106 Reichstagsmandate kamen und damit die SPD, die nur noch 100 statt der zuvor 171 Abgeordnete zählte, als stärkste Fraktion überflügelt hatten, verlangten eine Führungsrolle in der neuen Regierung. Ihnen war, wie Harry Graf Kessler in seinem Tagebuch bemerkte, «der Kamm ungeheuer geschwollen».[65]

Am 15. Mai forderte der Parteivorstand der DNVP das Kabinett Marx zum Rücktritt auf, da es nicht mehr die Legitimation besitze, «Deutschland in den Verhandlungen über die Sachverständigen-Gutachten noch entscheidend zu vertreten». Die Regierung bekräftigte zwar umgehend ihre Entschlossenheit, die Regierungsgeschäfte nicht vor der Konstituierung des neuen Reichstags niederzulegen, doch zeigten sich nun im Kabinett Meinungsverschiedenheiten über den Termin der Demission und das weitere taktische Vorgehen.[66]

Einen Tag zuvor, am 14. Mai, hatten Parteivorstand und Reichstagsfraktion der DVP in einer gemeinsamen Sitzung beschlossen, bei der Regierungsbildung für eine Zusammenarbeit aller bürgerlichen Parteien einzutreten, die bereit seien, «die Grundlinien der bisherigen Außenpolitik fortzuführen».[67] Damit war die Frage einer Regierungsbeteiligung der Deutschnationalen wieder auf die Tagesordnung gesetzt. Als Grundlage für die Verhandlungen mit der DNVP einigten sich die Koalitionsparteien am 20. Mai auf eine programmatische Erklärung zur Außenpolitik, in der das Sachverständigen-Gutachten als ein «ernsthafter Versuch einer friedlichen Lösung der Reparationsfrage» bezeichnet wurde. Es sei «ein einheitliches und unteilbares Ganzes» und könne nur als solches angenommen werden.[68]

Schon in der ersten Verhandlungsrunde zeigte sich jedoch, dass die Deutschnationalen keineswegs gewillt waren, sich ohne Wenn und Aber auf den Boden des Dawes-Plans zu stellen. Mehr noch, sie beanspruchten die Kanzlerschaft und schlugen als ihren Kandidaten den ehemaligen kaiserlichen Großadmiral Alfred von Tirpitz vor, der gerade als Abgeordneter der DNVP in den Reichstag gewählt worden war. Eine Berufung dieses Mannes, dessen Name für die wahnwitzige wilhelminische Flottenrüstung vor

1914 stand, war für die Koalitionsparteien gänzlich indiskutabel, weil mit ihm ein erfolgreicher Abschluss der Reparationsverhandlungen kaum möglich war. Im Kabinett berichtete Stresemann, der amerikanische Botschafter Houghton und mehrere seiner Kollegen hätten ihm mitgeteilt, eine Kandidatur von Tirpitz werde als «schwere Belastung» angesehen.[69]

Die Verhandlungen standen, kaum dass sie begonnen hatten, bereits vor dem Abbruch. Doch nun fiel die DVP-Fraktion der Regierung in den Rücken. Am 26. Mai fasste sie den Beschluss, die Demission des Kabinetts zu fordern, «um die Bahn frei zu machen für die verfassungsmäßige Aufgabe des Reichspräsidenten, eine den neuen parlamentarischen Verhältnissen entsprechende Regierungsbildung herbeizuführen». Reichskanzler Marx blieb nichts anderes übrig, als noch am Abend den Bruch der Koalition zu konstatieren und den Reichspräsidenten vom Rücktritt des Kabinetts zu informieren.[70]

Jetzt lag die Initiative wieder bei Ebert. Am 28. Mai, nach ergebnislosen Sondierungen mit dem DNVP-Vorsitzenden Hergt, beauftragte er Marx erneut mit der Kabinettsbildung. Auch in der zweiten Verhandlungsrunde stellte sich rasch heraus, dass die Unterhändler der DNVP zu einer vorbehaltlosen Anerkennung des Sachverständigen-Gutachtens nicht bereit waren. Zwar hielten sie nicht mehr an einer Kandidatur von Tirpitz fest, doch nach wie vor verlangten sie einen Kurswechsel in der Außenpolitik, die Ablösung Stresemanns als Außenminister und die Umbildung der preußischen Regierung, der Großen Koalition unter dem Ministerpräsidenten Otto Braun. Diese Forderungen waren, wie die Führung der DNVP sehr wohl wusste, für Marx unannehmbar, und der Verdacht drängt sich auf, dass sie an einen Eintritt in die Regierung zu diesem Zeitpunkt gar nicht ernsthaft interessiert war, sondern bis zur Regelung der Reparationsfrage warten wollte, um sich nicht mit der Verantwortung zu belasten.[71]

Aber noch wollte der rechte Flügel in der DVP nicht von dem Wunsch einer Einbeziehung der Deutschnationalen in die Regierung ablassen. Nach einer stürmischen Debatte beschloss die Fraktion am 30. Mai gegen den heftigen Widerstand von Stresemanns Anhängern, die Koalition nicht an der Person des Außenministers scheitern zu lassen. «Die Fraktion», so lautete die vom Fraktionsvorsitzenden Scholz der Öffentlichkeit mitgeteilte Formel, «hält solange an Stresemann fest, als er selbst will.» Der Außenminister reagierte auf die kaum verhüllte Rücktrittsforderung, indem er Marx bat, bei den Verhandlungen auf seine Person «keine Rücksicht» zu nehmen.[72] Wie tief verletzt er durch das illoyale Verhalten der Fraktionsmehrheit war, offenbarte er in einem Gespräch mit Lord D'Abernon: Er verstehe «nur zu gut, was Bismarck meinte, wenn er sagte: ‹Ich habe die ganze Nacht gehasst›». Und in seinem Notizkalender hielt er eine Bemerkung des Reichspräsidenten fest: «Es ist eine Tragik, wie ein Mann wie Stresemann von seiner eigenen Partei behandelt wird.»[73]

• • • • • • • •

Doch Marx war unter keinen Umständen geneigt, seinen Außenminister fallen zu lassen, schon gar nicht in einer Situation, in der sich durch den Ausgang der Wahlen in Frankreich die außenpolitischen Perspektiven für Deutschland noch einmal deutlich verbessert hatten. Am 3. Juni brach er die Gespräche mit der DNVP ab. Die DVP-Fraktion beeilte sich, ihr Bedauern darüber auszudrücken, dass «die Verhandlungen zur Bildung einer großen Bürgerkoalition gescheitert» seien, nicht ohne hinzuzufügen: «Sie hält damit den Gedanken an sich nicht für tot. Sie hofft, dass das große Ziel zu gegebener Zeit noch erreicht werden kann.»[74] Zentrum, DDP und DVP erklärten sich zur Fortsetzung der bisherigen Koalition bereit; die BVP war nicht mehr vertreten. Wegen Differenzen mit dem Zentrum war Justizminister Emminger bereits Mitte April zurückgetreten.[75] Die übrigen Minister wurden nach am 3. Juni in ihren Ämtern bestätigt.

«Die Komödie der Irrungen ist vorbei. Das alte Kabinett Marx ist aus der Versenkung aufgetaucht (…)», kommentierte Erich Dombrowski im «Berliner Tageblatt». «Über vierzehn Tage hat die Krise gedauert. Man muss sich erst die Augen reiben, wenn man zu den Dingen wieder Distanz gewinnen will. Zeitweise ging es in einigen Fraktionen wie in einem Tollhause zu. Kein Mensch kannte sich mehr ein noch aus. Minen wurden gelegt, Intrigen gesponnen. Falsche Informationen wurden an die Presse lanciert. Dementis folgten (…). Kurz, mitunter musste man an dem gesunden Menschenverstand der Beteiligten zweifeln.»[76]

Die parlamentarische Basis des zweiten Kabinetts Marx war noch schmaler als die des ersten. Es konnte sich nur auf 138 von 472 Abgeordneten stützen, bedurfte also der Unterstützung oder zumindest Tolerierung durch die Sozialdemokraten oder die Deutschnationalen. Am 6. Juni überstand der Reichskanzler einen Misstrauensantrag der DNVP mit Hilfe der SPD.

Seine Regierungserklärung wurde mit 246 von 429 abgegebenen Stimmen gebilligt. Für die Annahme des Dawes-Plans und der zu seiner Umsetzung notwendigen Gesetze reichte freilich die einfache Mehrheit im Reichstag nicht in jedem Fall aus. Denn blieb es bei dem Vorhaben, die Reichsbahn in eine Gesellschaft umzuwandeln, deren Aufsichtsgremien Vertreter der Gläubigermächte angehören sollten, dann musste die Reichsverfassung geändert werden. Dazu war eine Zweidrittelmehrheit erforderlich, und die konnte nur erreicht werden, wenn wenigstens ein Teil der deutschnationalen Fraktion seine Zustimmung gab. Ob die Partei über ihren Schatten springen würde, war im Sommer 1924 noch ganz ungewiss. Für das zweite Kabinett Marx sollte das Ringen um die Annahme des Dawes-Abkommens zur entscheidenden Bewährungsprobe werden.[77]

• • • • • • • •

Am 16. Juli 1924 begannen in London die internationalen Verhandlungen über den Dawes-Plan unter dem Vorsitz des britischen Premiers MacDonald. Zunächst tagten die Alliierten unter sich. Außenminister Stresemann hatte bereits vor Beginn der Konferenz in mehreren Gesprächen mit amerikanischen Diplomaten darauf aufmerksam gemacht, dass ohne eine bindende Erklärung Frankreichs zur militärischen Räumung der besetzten Gebiete eine Zustimmung zu den Dawes-Gesetzen im Reichstag kaum möglich sein würde.[78] Die Aussichten, hier zu einer zufriedenstellenden Lösung zu gelangen, standen trotz des Machtwechsels in Paris nicht besonders günstig. «Der politische Horizont hat sich verfinstert», schrieb Stresemann am 7. Juli an seine in der Schweiz weilende Frau. «Man will das Ruhrgebiet nicht räumen. Herriot ist schwach – die Lage unserer Regierung sehr prekär, wenn wir nicht Besserung schaffen.» Und in einem Brief vom 25. Juli klang es noch pessimistischer: «Wir haben noch keine Einladung nach London, und es steht überhaupt nicht fest, ob die Konferenz zu einem guten Ergebnis führt oder auffliegt.»[79]

Erst auf Drängen der Amerikaner stimmten Franzosen und Briten am 2. August zu, eine deutsche Delegation nach London einzuladen. Bevor die führenden Männer des Kabinetts – Reichskanzler Marx, Außenminister Stresemann und Finanzminister Luther – am 4. August Berlin verließen, hatte Ebert ihnen noch mit auf den Weg gegeben, in der Frage der Ruhrräumung «mit aller Energie und äußerster Entschiedenheit» zu verhandeln.[80]

Für die Deutschen war es eine Premiere auf internationalem Parkett. Stresemann war zunächst besorgt, ob er den Anforderungen der Verhandlungen gewachsen sein würde, doch schon bald berichtete er seiner Frau, dass er sich «in die Atmosphäre der Konferenz hineingefunden» habe und «fast völlig» den englischen und französischen Ausführungen der anderen Delegierten folgen könne.[81] Bereits in seiner Auftaktrede am 6. August drängte Marx darauf, die Frage der Räumung der besetzten Gebiete, die offiziell gar nicht auf der Tagesordnung stand, zum Gegenstand der Konferenz zu machen.[82] Da die Reparationsfragen im engeren Sinne kaum mehr strittig waren, wurde dieser Punkt zum Kardinalproblem der Verhandlungen. Der französischen Delegation war klar, dass sie nicht beim kategorischen Nein bleiben konnte, aber wieweit durfte Herriot den Deutschen entgegenkommen, ohne die öffentliche Meinung in Frankreich gegen sich aufzubringen?

In einem ersten Gespräch unter vier Augen versuchte Stresemann den französischen Ministerpräsidenten davon zu überzeugen, dass die Furcht Frankreichs vor der nationalistischen Bewegung in Deutschland unbegründet sei. Die Deutsch-Völkischen hätten nach ihrem Erfolg in den Maiwahlen ihren Höhepunkt bereits überschritten, und die Spitzenorganisationen der Industrie hätten sich, trotz der Agitation der Hugenberg-Presse, positiv zum Sachverständigen-Gutachten geäußert. Um diesem zur Annahme zu verhelfen, sei auch im Blick auf «die psychologische Einstellung des deutschen Volkes» eine Einigung in der Räumungsfrage unabdingbar. Herriot äußerte Verständnis für das deutsche Verlangen nach einem «Äquivalent», ohne sich jedoch bereits festzulegen.[83]

Nach Rücksprache mit seinem Kabinett teilte er in einer zweiten Unterredung am 11. August mit, dass er die Zustimmung zur Ruhrräumung binnen eines Jahres anbieten könne. Gehe er weiter, laufe seine Regierung Gefahr, gestürzt zu werden. Stresemann entgegnete, ein Jahr sei «entschieden zu lang».[84] Auf das dringende deutsche Ersuchen, kürzere Räumungsfristen vorzuschlagen, reagierte die französische Seite ablehnend. Damit steckten die Verhandlungen fest. Am 14. August, einem kritischen Tag erster Ordnung, gelang es den vereinten Anstrengungen MacDonalds und des amerikanischen Botschafters in London, Frank Kellogg, die deutsche Delegation davon zu überzeugen, dass Herriot mit Rücksicht auf seine Stellung in Frankreich nicht über sein Angebot hinausgehen könne. Lehne sie es ab, würde ihr die Verantwortung für das Scheitern der Konferenz zufallen.[85]

Nachdem Reichspräsident Ebert grünes Licht gegeben hatte, stimmten die Deutschen der einjährigen Räumungsfrist zu. Als Zeichen des guten Willens erklärten sich die Franzosen bereit, mit der Räumung der Zone um Dortmund sofort zu beginnen und die drei Städte, die sie im März 1921 als Sanktionsmaßnahme besetzt hatten – Düsseldorf, Duisburg und Ruhrort – zusammen mit dem restlichen Ruhrgebiet binnen Jahresfrist zu räumen. Am 16. August wurden die Unterschriften unter das Londoner Abkommen gesetzt.

• • • • • • • •

Nun galt es, das Abkommen über die parlamentarische Hürde zu bringen. Für die meisten Dawes-Gesetze genügte eine einfache Mehrheit, und die galt als gesichert, weil die SPD ihre Unterstützung zugesagt hatte. Um aber die für das Reichsbahngesetz notwendige Zweidrittelmehrheit zu erreichen, musste, wie erwähnt, ein hinreichend großer Teil der oppositionellen DNVP zustimmen. Nicht nur die Spitzenverbände der Wirtschaft – der Reichsverband der Deutschen Industrie und der Reichslandbund – übten Druck auf die Partei aus. Auch Reichspräsident und Reichsregierung taten alles, um die Deutschnationalen zur Korrektur ihrer schroffen Ablehnung zu bewegen. Auf ihren Wunsch hin empfing der amerikanische Botschafter Houghton am 20. August die Führer der DNVP, Oskar Hergt, Kuno Graf Westarp und deren außenpolitischen Sprecher Otto Hoetzsch, und führte ihnen vor Augen, dass Deutschland bei einer Ablehnung die dringend benötigten amerikanischen Anleihen nicht bekommen würde. Außerdem drohte der Reichskanzler wieder damit, für den Fall eines Scheiterns der Dawes-Gesetze den Reichstag aufzulösen – eine Aussicht, die den Deutschnationalen diesmal nicht gefallen konnte, weil kaum damit zu rechnen war, dass sie bei Neuwahlen das gute Ergebnis vom Mai wiederholen würden.[86]

Dennoch lehnte die DNVP-Fraktion bei der zweiten Lesung am 27. August das Reichsbahngesetz noch fast geschlossen ab. Um das Abkommen – ein Kernstück seiner Außenpolitik – in letzter Minute zu retten, entschloss sich Stresemann zu einer ungewöhnlichen Kehrtwende. In einer eilig einberufenen Fraktionssitzung am 28. August veranlasste er die Abgeordneten seiner Partei – ob mit oder ohne Wissen des Reichskanzlers, ist nicht klar –, der DNVP in einem offenen Brief zu versprechen, «mit allen Mitteln» für eine ihrer Bedeutung entsprechende Teilnahme an der Regierung einzutreten, sofern sie «die Verantwortung am Zustandekommen des Londoner Paktes» mit zu tragen bereit sei.[87]

Auch das Gesamtkabinett ging noch einen Schritt auf die DNVP zu. Vor der dritten und entscheidenden Lesung verständigte es sich auf eine von den Deutschnationalen schon seit längerem geforderte Erklärung zur «Kriegsschuldfrage», in der sie die Feststellung des Versailler Vertrages, Deutschland habe «den Weltkrieg mit seinem Angriff entfesselt», als «den Tatsachen der Geschichte» widersprechend zurückwies: «Es ist eine gerechte Forderung des deutschen Volkes, von der Bürde dieser falschen Anklage befreit zu werden.»[88] Von ihrer Zusage, diese Erklärung den Alliierten zur Kenntnis zu bringen, rückte die Reichsregierung nach Warnungen vor allem aus London und Paris ab. Sie hätte in der Tat bei den ehemaligen Kriegsgegnern für starke Irritationen sorgen und die gerade begonnene Verständigungspolitik in Frage stellen können.[89]

• • • • • • • •

Am Nachmittag des 29. August sollte die Entscheidung fallen. Harry Graf Kessler hielt in seinem Tagebuch den hochdramatischen Augenblick im Reichstag fest: «Die Luft ist schrecklich feucht, warm u(nd) verbraucht. Aber alles verharrt in atemloser, von Minute zu Minute steigernder Spannung. Man fühlt, dass ein fast welthistorischer Moment herannaht, das eigentliche Kriegsende oder eine neue, noch stärkere Kriegsfortsetzung.»[90] Alle Augen richteten sich auf die Fraktion der Deutschnationalen. Und es zeigte sich, dass die Kombination von Drohung und Lockung ihre Wirkung nicht verfehlt hatte: 48 ihrer Abgeordneten, knapp die Hälfte, stimmte dem Reichsbahngesetz zu und verhalf ihm zur verfassungsändernden Zweidrittelmehrheit. Insgesamt votierten 314 von 441 Abgeordnete mit Ja. Die Annahme des Londoner Vertragswerks war damit gesichert.

Nach Bekanntwerden des Abstimmungsergebnisses setzte ein ohrenbetäubender Lärm der Deutsch-Völkischen und der Kommunisten ein. Werner Scholem, ein Bruder Gershoms, Abgeordneter der KPD und Redakteur der «Roten Fahne», brüllte zu den Deutschnationalen hinüber: «Schweinebande». Der Abgeordnete der DVFP, Albrecht von Graefe, reckte drohend die Faust gegen die Diplomaten-Loge, wo Beifall geklatscht worden war. «Es ist eine Schande», rief Ludendorff, der ebenfalls für die Volkischen im Reichstag saß, beim Hinausgehen einem DVP-Abgeordneten,

Konteradmiral Franz Brüninghaus, zu. «Ich habe vor zehn Jahren Tannenberg gewonnen. Sie haben heute hier das jüdische Tannenberg gemacht.»[91]

«Die Schlacht ist geschlagen», kommentierte Erich Dombrowski im «Berliner Tageblatt» die Annahme der Dawes-Gesetze im Reichstag. «Unter all die Tage der Ungewissheit, der Beklemmung und der Sorge um das Morgen ist ein Schlusspunkt gesetzt worden. Jetzt wissen wir, dass es wieder aufwärts gehen kann und aufwärts gehen wird.»[92] Die «Vossische Zeitung» sprach von einem «neuen Abschnitt der deutschen Geschichte»: «Die Politik, als deren Märtyrer Walther Rathenau und Erzberger fielen, hat sich durchgesetzt (...). Das ist die entscheidende Tatsache, an der nicht gerüttelt werden kann.»[93]

Tatsächlich war das Londoner Abkommen ein großer Erfolg für Deutschland. Zwar musste es Einschränkungen seiner Hoheitsrechte hinnehmen – so dadurch, dass ein «Generalagent» für den Transfer der Reparationszahlungen in Berlin eingesetzt wurde. Aber dieser Nachteil wurde bei weitem aufgewogen durch die wiedergewonnene Kreditwürdigkeit. Nach der Dawes-Anleihe, die in kurzer Zeit um ein Vielfaches überzeichnet wurde, setzte ein starker Zustrom ausländischen, zumeist amerikanischen Kapitals ein. Über Deutschland ging, um ein Wort Arthur Rosenbergs zu zitieren, «die Dollarsonne» auf.[94] Am 30. August 1924, dem Tag der Unterzeichnung des Abkommens, konnte die provisorische Rentenmark durch die Reichsmark ersetzt werden, die durch 40 % Gold oder in Gold eintauschbare Devisen gedeckt sein musste.

Überdies war es der deutschen Delegation in London gelungen, einen festen Termin für das Ende der militärischen Besetzung des Ruhrgebiets auszuhandeln. Mit der Entschärfung des Reparationsproblems und der Räumungsfrage trat eine deutliche Entspannung der Lage ein. Die Nachkriegszeit war definitiv beendet, der Weg frei für eine Rückkehr Deutschlands als gleichberechtigtes Mitglied in die internationale Gemeinschaft.[95]

....

Die Jahre zwischen 1924 und 1929 gelten als die besten in der Geschichte der Weimarer Republik, als die vielzitierten «goldenen Zwanziger». Auf die krisenhaften Nachkriegswirren und die Hyperinflation von 1923 folgte eine Periode ökonomischer und politischer Konsolidierung. Nachdem die Währung stabilisiert war, erholte sich die Wirtschaft bemerkenswert rasch. 1927 erreichte die Industrieproduktion erstmals wieder den Vorkriegsstand. Die Reallöhne der Beschäftigten verzeichneten einen kräftigen Zuwachs, während die Arbeitslosigkeit, die im Winter 1923/24 noch bei über 20 % gelegen hatte, eine rückläufige Tendenz zeigte. Der Sozialstaat wurde wieder gestärkt; 1927 wurde eine Arbeitslosenversicherung eingeführt.[96]

Auch in der Außenpolitik waren weitere Fortschritte zu verzeichnen. Unter Stresemann, der bis zu seinem Tod am 3. Oktober 1929 das Außenministerium leitete, wurde der Kurs der Verständigung mit den Westmächten konsequent fortgesetzt. In den Locarno-Verträgen vom Oktober 1925 erkannte Deutschland die im Versailler Vertrag festgelegte Westgrenze an und bestätigte die Entmilitarisierung des Rheinlands. Im September 1926 folgte Deutschlands Beitritt zum Völkerbund. Das Deutsche Reich nahm nur acht Jahre nach Ende des Weltkriegs wieder einen geachteten Platz im Konzert der Mächte ein.[97] Allerdings schloss Stresemanns Bereitschaft zur Aussöhnung mit Frankreich zu keinem Zeitpunkt eine Anerkennung der polnischen Westgrenze, also ein «Ost-Locarno», ein. Sein Ziel war und blieb, Deutschlands Großmachtstellung wiederherzustellen, und dazu gehörte für ihn unverzichtbar eine friedliche Revision der deutschen Ostgrenzen.[98]

Wenn von den «goldenen Zwanzigern» die Rede ist, denkt man freilich nicht in erster Linie an die wirtschaftliche Erholung und die außenpolitischen Erfolge, sondern an die «Kultur von Weimar», deren ungewöhnlicher Reichtum an Kreativität und Experimentierfreude auch schon in den ersten Nachkriegsjahren im vorangegangenen Kapitel geschildert wurde. Auf den Expressionismus mit seinem ekstatischen Pathos und seinen gesellschaftsverändernden Utopien folgte um 1924 eine Phase der «Neuen Sachlichkeit», die Tendenz zu kühler, der gesellschaftlichen Realität zugewandter Nüchternheit in Literatur, Malerei und Architektur. «Nichts ist verblüffender als die einfache Wahrheit, nichts ist exotischer als unsere Umwelt, nichts ist phantasievoller als die Sachlichkeit», schrieb Egon Erwin Kisch im Vorwort der Erstausgabe seiner Sammlung «Der rasende Reporter» von 1924.[99]

Befördert durch die neuen Medien, vor allem Film und Rundfunk, etablierte sich eine moderne Massenkultur, deren Angebote nicht mehr nur von privilegierten Schichten genutzt werden konnten. Vibrierender Mittelpunkt der «Roaring Twenties» blieb die Metropole Berlin mit ihrem riesigen Amüsierbetrieb, ihren Theatern, Opernhäusern, Filmpalästen, Varietés, Tanzbars. Großer Attraktivität erfreute sich nach wie vor der Sport – neben

Boxkämpfen und Sechstage- und Autorennen auch Fußball und Leichtathletik. Sebastian Haffner hat in seiner «Geschichte eines Deutschen» von einem regelrechten «Sportfimmel» gesprochen, dem er wie viele seiner Altersgenossen in den mittleren Jahren der Weimarer Republik erlegen sei.[100]

Traditionelle Rollen- und Geschlechterbilder wurden aufgebrochen. Die Frauenmode wurde praktischer und legerer; das Schnürkorsett gehörte endgültig der Vergangenheit an. Der «Bubikopf» avancierte zum Zeichen weiblicher Emanzipation; Rauchen in der Öffentlichkeit war für Frauen kein Tabu mehr. Ein freierer Umgang mit Sexualität jenseits rigider wilhelminischer Moralvorstellungen bestimmte das Verhältnis der Geschlechter.[101] All das bedeutete eine Fülle an neuen Erfahrungen, Anregungen, Zerstreuungen, die dem Trend zum politischen Extremismus entgegenwirkten.

••••••••

Das scheinbar beruhigende Bild einer gefestigten Demokratie zeigte jedoch Risse. Auch in den mittleren Jahren der Republik war die Stabilität trügerisch. In gewisser Weise glich Weimar in dieser kurzen Periode der Sanatoriumsgesellschaft in Thomas Manns Roman «Der Zauberberg», dem literarischen Ereignis des Jahres 1924: Die vom ständigen leichten Fieber geröteten Backen der Tuberkulösen täuschten über die tückischen Krankheitssymptome hinweg.[102] Der konjunkturelle Aufschwung nach 1924 war nicht nachhaltig. Er wurde im Wesentlichen finanziert mit Hilfe amerikanischer Kredite. Zwischen 1924 und 1930 strömten fünf Milliarden Dollar ins Land – mehr als mit der Marshallplan-Hilfe nach dem Zweiten Weltkrieg. Das machte die deutsche Wirtschaft in starkem Maße abhängig vom Konjunkturzyklus in den USA und sollte sich, als nach dem New Yorker Börsenkrach im Oktober 1929 die Weltwirtschaftskrise begann, als krisenverschärfend erweisen.[103]

Ebenso blieben die politischen Verhältnisse fragil. Ständige Kabinettskrisen, Um- und Neubildungen der Regierung waren an der Tagesordnung. Am 20. Oktober 1924 löste Reichspräsident Ebert den Reichstag ein zweites Mal auf, nachdem die DVP ihr Versprechen, für die Einbeziehung der Deutschnationalen in die Regierung einzutreten, eingelöst hatte. Die Reichstagswahl vom 7. Dezember zeigte eine deutliche Tendenz zur «Entradikalisierung». Die bürgerlichen Mittelparteien – DDP, Zentrum, DVP, BVP –, aber auch die DNVP konnten leicht zulegen. Die stärksten Gewinne verbuchte die SPD. Ihr Anteil stieg von 20,5 auf 26 %. Eindeutige Verlierer waren die extremen Flügelparteien – die vereinigten Nationalsozialisten und Völkischen fielen von 6,5 auf 3 %, die Kommunisten von 12,9 auf 9 %. Am 15. Januar 1925 bildete der parteilose bisherige Finanzminister Hans Luther ein Kabinett aus Vertretern von DNVP, DVP, Zentrum und BVP – die erste Rechtsregierung der Weimarer Republik. Zuvor hatte die DVP eine alte Bedingung der DNVP erfüllt und war aus der Großen Koalition in Preußen ausgetreten.[104]

Bereits im Oktober 1925 schied die DNVP aus Protest gegen die Locarno-Verträge aus der Regierung aus. Daraufhin trat Luther am 5. Dezember zurück, wurde aber von Ebert erneut mit der Regierungsbildung beauftragt. Am 20. Januar 1926 präsentierte er eine bürgerliche Minderheitsregierung, der Politiker von DDP, DVP, Zentrum und BVP angehörten. Die Amtszeit des zweiten Kabinetts Luther dauerte noch kürzer als die des ersten. Am 12. Mai 1926 stürzte es über den sogenannten «Flaggenstreit»: Der Reichskanzler hatte den deutschen Auslandsmissionen das Recht zugestanden, neben der Flagge der Republik auch wieder die alten schwarzweiß-roten Farben des Kaiserreichs zu zeigen und damit einen Sturm der Entrüstung im republikanischen Lager ausgelöst.[105]

Nun kam der Zentrumspolitiker Wilhelm Marx wieder zum Zuge, der am 17. Mai 1926 zum Chef einer nahezu unveränderten Minderheitsregierung berufen wurde. Das dritte Kabinett Marx wurde am 17. Dezember 1926 gestürzt, nachdem der Sozialdemokrat Philipp Scheidemann in einer aufsehenerregenden Rede im Reichstag die illegale Aufrüstung der Reichswehr enthüllt hatte. Am 29. Januar 1927 bildete Marx sein viertes Kabinett, in dem nun wieder die Deutschnationalen mit gleich vier Ministern vertreten waren. Diese zweite Rechtskoalition zerbrach im Februar 1928 im Streit um ein neues Schulgesetz. Am 21. März wurde der Reichstag aufgelöst und für den 20. Mai die Neuwahl angesetzt.[106]

Aus dieser Wahl ging die SPD als Sieger hervor. Sie wurde mit 29,8 % der Stimmen die bei weitem stärkste Partei und deklassierte die DNVP, die dramatisch abstürzte von 20,5 auf 14,3 %. Ihre Regierungsbeteiligung hatte sich mithin für sie nicht ausgezahlt. Stimmenverluste mussten auch die Parteien der Mitte hinnehmen. Auf den extremen Flügeln kamen die Nationalsozialisten nur noch auf 2,6 %, während sich die Kommunisten auf 10,6 % (statt bisher 9 %) verbessern konnten. Mit der Regierungsbildung wurde der SPD

Vorsitzende Hermann Müller beauftragt, der schon 1920 einmal für einige Monate Reichskanzler gewesen war. Nach mühevollen Verhandlungen kam erst am 28. Juni 1928 ein «Kabinett der Persönlichkeiten» aus SPD, DDP, Zentrum, DVP und BVP zustande – die zweite Große Koalition seit 1923.[107]

In den viereinhalb Jahren seit Ende der Hyperinflation hatten sechs Regierungen einander abgelöst. Jede hatte bereits den Keim des Zerfalls in sich getragen, weil es in wichtigen Fragen keinen Konsens zwischen den Koalitionspartnern gab und es unter den Parteien an Bereitschaft zum Kompromiss fehlte. «Unser ganzes parlamentarisches Leben steht noch ganz und gar in der Erinnerung an den wilhelminischen Absolutismus, wo der Reichstag zwar viel zu reden, aber nichts zu beschließen hatte, und jede noch so arge Kalamität endlich durch ein allerhöchstes Machtwort beschlossen wurde», kritisierte Carl von Ossietzky in der «Weltbühne» anlässlich des 10. Jahrestags der Verabschiedung der Reichsverfassung am 11. August 1929. «Dadurch ist ein Zustand von Unsicherheit geschaffen worden, der den Glauben an die Möglichkeiten der Republik lähmt, um die Bezirke der Politik die Zone einer kühlen, etwas verächtlichen Skepsis legt und vor allen Dingen den heute Zwanzigjährigen das triste Bild eines Systems zeigt, das nicht klappen will.»[108]

• • • • • • • •

Die Instabilität der Regierungsverhältnisse war in der Tat nicht dazu angetan, das Vertrauen in die Funktionsfähigkeit des demokratischen Systems zu stärken. Es wuchs der Verdruss am Weimarer «Parteienstaat», und nicht zufällig richteten sich viele Blicke auf den Reichspräsidenten. Denn je mehr sich das Parlament selbst blockierte, desto stärker mussten sich die Gewichte zugunsten der präsidialen Elemente der Verfassung verschieben. Am 28. Februar 1925 starb Friedrich Ebert im Alter von nur 54 Jahren an einer verschleppten Blinddarmentzündung. Zu seinem Nachfolger wurde im zweiten Wahlgang am 26. April der bereits 77-jährige ehemalige kaiserliche Generalfeldmarschall Paul von Hindenburg gewählt, der sich als «Weltkriegsheld» auf der Rechten immer noch großer Popularität erfreute. Der Sieg des entschiedenen Monarchisten über den Kandidaten der Demokraten Wilhelm Marx löste unter den Anhängern der Republik Entsetzen aus. Sie habe nie gedacht, dass «es bei uns 14 Millionen derartig Verbohrte gibt», teilte Betty Scholem ihrem Sohn Gershom mit.[109] Thea Sternheim empfand, als sie die Nachricht erfuhr, «die gleiche Sensation des Schreckens und der

Nach dem Tod Friedrich Eberts wird 1925 der ehemalige Feldmarschall und «Weltkriegsheld» Paul von Hindenburg zum neuen Reichspräsidenten gewählt. Damit gelangt ein Mann an die Spitze des Staates, der den Parteien und der Republik innerlich ablehnend gegenüberstand und am Ende dem autoritären Präsidialregime den Weg ebnen sollte.

Hilflosigkeit» wie in den ersten Augusttagen 1914.[110] Und auch Victor Klemperer, der sich in Paris aufhielt, fühlte sich an den Beginn des Ersten Weltkriegs erinnert: «Ich habe den Eindruck, dass etwas Ähnliches vorgefallen ist wie am 28. Juni 1914, als man den österreichischen Thronfolger mordete. Was wird aus Deutschland werden?»[111]

Harry Graf Kessler hingegen versuchte, dem Ereignis auch etwas Positives abzugewinnen. Nachdem Hindenburg am 12. Mai 1925 im Reichstag den Eid auf die Verfassung abgelegt hatte, notierte er, nun werde die Republik «hoffähig, einschließlich Schwarz-Rot-Gold, das jetzt überall mit Hindenburg zusammen als seine persönliche Standartenfarbe erscheinen wird. Etwas von der Verehrung für ihn wird unvermeidlich darauf abfärben (...). Wenn die Republikaner ihre Wachsamkeit u(nd) Einigkeit nicht aufgeben, kann die Wahl Hindenburgs für die Republik und den Frieden sogar noch ganz nützlich werden.»[112]

Die Befürchtungen, mit denen die republikanische Öffentlichkeit auf die Wahl Hindenburgs reagiert hatte, erfüllten sich zunächst nicht. Der neue Reichspräsident hatte versprochen, die republikanische Verfassung zu achten, und in den ersten Jahren seiner Amtszeit schien er sich an das Versprechen halten zu wollen. Doch die Hoffnungen, dass sich nun die Verächter der Republik mit der demokratischen Ordnung von Weimar aussöhnen würden, sollten sich nicht erfüllen. Im Oktober 1928 wurde der Medienmogul Alfred Hugenberg zum neuen Vorsitzenden der DNVP gewählt. Er legte die Partei wieder auf einen Kurs kompromissloser Opposition fest.[113] Die alten Herrschaftseliten in Großindustrie, ostelbischem Großgrundbesitz, Reichswehr und Bürokratie wussten mit Hindenburg nun wieder einen Mann an der Spitze, über den sie einen direkten Zugang zur Macht hatten. Schon früh wurden in Hindenburgs Umgebung Pläne geschmiedet für die Etablierung eines Präsidialregimes, das sich vom Parlament gänzlich unabhängig machen sollte.[114]

Am 27. März 1930 zerbrach die Große Koalition unter Hermann Müller an ihren inneren Widersprüchen. Der Anlass war ein vergleichsweise geringfügiger: die Anhebung der Beiträge zur Arbeitslosenversicherung von 3,5 auf 4 %, die von der SPD gewollt, von der DVP aber abgelehnt wurde. Jetzt schlug die Stunde für die Befürworter einer autoritären Krisenlösung. Der neue Reichskanzler, der Zentrumspolitiker Heinrich Brüning, erhielt den Auftrag, unabhängig von den Mehrheitsverhältnissen im Reichstag zu regieren, gestützt allein auf das Vertrauen des Reichspräsidenten und den Artikel 48 der Reichsverfassung. Was folgte, war eine dreijährige Agonie des parlamentarischen Systems, war die Erosion der bürgerlichen Mitte und der Durchbruch der NSDAP zur Massenbewegung, schließlich, nach den Zwischenstufen der Präsidialkabinette Franz von Papens und Kurt von Schleichers, die Ernennung Hitlers zum Reichskanzler am 30. Januar 1933.[115]

• • • • • • • •

«Nichts hat das deutsche Volk – dies muss immer wieder ins Gedächtnis gerufen werden – so erbittert, so hasswütig, so hitlerreif gemacht wie die Inflation», schrieb Stefan Zweig in seiner 1941 im brasilianischen Exil kurz vor seinem Tod beendeten Autobiographie «Die Welt von gestern».[116] Nicht wenige Zeitgenossen sahen es ähnlich. Der «Irrsinn der Inflation» habe den «Grundstock zu einer tausendfach entsetzlicheren Krankheit, dem Hitlerismus», gelegt, urteilte Martin Feuchtwanger, der jüngere Bruder von Lion, in seinem Erinnerungsbuch.[117] Sebastian Haffner kam in seiner 1939 im englischen Exil verfassten «Geschichte eines Deutschen» zu dem Ergebnis, das Jahr 1923 habe «Deutschland fertig» gemacht – «nicht speziell zum Nazismus, aber zu jedem phantastischen Abenteuer».[118] In seinen «Erinnerungen aus der deutschen Inflation», aufgeschrieben 1942 im kalifornischen Exil, sah auch Thomas Mann im Hexensabbat der Inflationszeit ein Vorspiel für das Kommende: «Es geht ein gerader Weg von dem Wahnsinn der deutschen Inflation zum Wahnsinn des Dritten Reiches. So wie die Deutschen ihre Geld-Einheit zur Million, Billion und Trillion anschwellen und schließlich zerplatzen sahen, so sahen sie später ihren Staat zum Reich aller Deutschen, zum Lebensraum, zur europäischen Ordnung, zur Weltherrschaft anschwellen, und werden ihn so auch noch zerplatzen sehen.»[119]

Tatsächlich hatte sich die Krisenerfahrung von 1923 tief in die kollektive Mentalität der Deutschen eingebrannt. Die Entwertung des Geldes war mit einer Entwertung überkommener Wertvorstellungen und sozialer Normen einhergegangen, der Glaube ans Verlässliche, Haltbare einer großen Verunsicherung gewichen. Für viele Hunderttausende hatte die Inflation Vermögen und Status zunichte gemacht. Besonders das Bildungsbürgertum litt unter dem Verlust materieller Sicherheit und der privilegierten gesellschaftlichen Stellung, die es im Kaiserreich besessen hatte. In der verklärenden Rückschau erschienen die Jahrzehnte vor 1914 als «die gute alte Zeit», als Hort der Stabilität und bürgerlicher Sekurität. Das Inflationstrauma warf aber auch seine Schatten voraus. Es war nicht zuletzt die Angst vor einem neuen Verfall der Währung, die Reichskanzler Brüning zwischen 1930 und 1932 dazu bewegte, eisern an seiner deflationären Wirtschafts- und Finanzpolitik festzuhalten statt die Konjunktur durch Erhöhung der Staatsausgaben anzukurbeln.[120]

Nur fünf Jahre nach den deprimierenden Erfahrungen der Inflationsperiode erlebte die Weimarer Republik «ihre Höllenfahrt in den Abgrund einer beispiellosen Depression».[121] Deutschland wurde von der Weltwirtschaftskrise besonders hart betroffen, weil sie hier zusammenfiel mit einem dramatischen Legitimitätsverlust der demokratischen Institutionen und Parteien. Mit dem Hereinbrechen einer neuen wirtschaftlich-politischen Doppelkrise bislang unbekannten Ausmaßes war die seelische Widerstandskraft vieler Menschen erschöpft. Noch stärker als 1923 griff eine allgemeine Katastrophen- und Endzeitstimmung um sich, erhielten die ohnehin virulenten Res sentiments gegen das «System» von Weimar noch einmal kräftigen Auftrieb. Wie kein zweiter Politiker verstand es Hitler, sich als nationaler Messias zu inszenieren und die Heilserwartungen des Publikums auf sich zu lenken.[122] In der Reichstagswahl vom 12. September 1930 erzielte die NSDAP einen Erdrutscherfolg: Sie steigerte ihren Stimmenanteil von 2,6 auf 18,3 %. In der Reichstagswahl vom 31. Juli 1932 verdoppelte sie das Ergebnis noch einmal. Sie wurde mit 37,3 % die mit Abstand stärkste Partei und konnte diesen Status auch nach Stimmenverlusten in der Wahl vom 6. November 1932 behaupten.[123] Dass er, einmal an der Macht, alle Parteien außer der eigenen auflösen würde, daran hatte Hitler nie einen Zweifel gelassen.

Dennoch führte kein gerader Weg zur Machtübertragung an Hitler. Der Untergang der Weimarer Republik war keineswegs zwangsläufig. Sie hatte 1923 eine erstaunliche Überlebensfähigkeit bewiesen, und sie hätte vielleicht auch die noch schwereren Jahre von 1930 bis 1932 überstehen können, wenn an der Spitze des Staates ein Mann wie Ebert gestanden hätte, der entschlossen gewesen wäre, die parlamentarische Demokratie mit allen Mitteln zu verteidigen. In ihrer zweiten Existenzkrise aber fehlte der Republik der zuverlässige Rückhalt beim Reichspräsidenten. Hinter Hindenburg sammelten sich jene Kräfte, die nachholen wollten, was ihnen 1923 noch nicht gelungen war: die verhasste Republik zu Fall zu bringen und eine autoritäre Ordnung aufzurichten. Ende Januar 1933 wähnten sie sich am Ziel. Im «Kabinett der nationalen Konzentration» besaßen Hitlers konservative Bündnispartner ein deutliches Übergewicht. Doch die Vorstellung, man könne den Führer der NSDAP für die eigenen sozialreaktionären Interessen einspannen und die Dynamik seiner Bewegung unter Kontrolle halten, sollte sich als grandiose Illusion entpuppen. Hitler brauchte nur wenige Monate, um alle Gegenkräfte auszuschalten und eine nationale Diktatur zu etablieren, die in ihrer Radikalität und Menschenverachtung weit über das hinausging, was sich die Republikgegner in Wirtschaft, Politik und Reichswehr 1923 erträumt hatten.

Anhang

Dank

Mein größter Dank gilt Dr. Detlef Felken, dem Cheflektor des Verlages C.H.Beck. Er hat dieses Buch angeregt und seine Entstehung mit ermunterndem Zuspruch begleitet.

Zu danken habe ich wiederum Dorothee Mateika von der Forschungsstelle für Zeitgeschichte in Hamburg sowie Mirjam Zimmer und Dr. Kerstin Wilhelms von der Dokumentation der ZEIT, die mir bei der Beschaffung der Literatur behilflich waren.

Als während der Pandemie die Bibliotheken schlossen, stellte mir mein Freund Prof. Dr. Klaus Wernecke aus einer großen Bibliothek wichtige Bände zur Verfügung, wofür ihm an dieser Stelle gedankt sei.

Besonderen Dank schulde ich meinem langjährigen Kollegen bei der ZEIT, Benedikt Erenz, der mit scharfem Blick Korrektur gelesen und manche Verbesserungsvorschläge gemacht hat.

Widmen möchte ich das Buch dem Andenken meiner Frau Gudrun, die im April dieses Jahres verstorben ist. In den über fünfzig Jahren unseres gemeinsamen Lebens war sie für mich eine stete Quelle der Kritik und Inspiration. Ohne sie hätte keines meiner Bücher geschrieben werden können. Dieses letzte hat sie nicht mehr lesen können.

Hamburg, im Juni 2022 Volker Ullrich

Anmerkungen

Vorwort

1 Hedwig Pringsheim: Tagebücher, Bd. 6: 1917–1922. Hrsg. und kommentiert von Christina Herbst, Göttingen 2017, S. 335.

2 Sebastian Haffner: Geschichte eines Deutschen. Die Erinnerungen 1914–1933, Stuttgart-München 2000, S. 53.

3 Stefan Zweig: Die Welt von gestern. Erinnerungen eines Europäers, Stuttgart-Hamburg o. J., S. 364 f. Vgl. Stefan Zweig an Romain Rolland, 16. 11. 1923: «Was sich in Deutschland abspielt, übertrifft die traurigsten Erwartungen. Wahnsinn über Wahnsinn!» Stefan Zweig: Briefe 1920–1931. Hrsg. von Knut Beck und Jeffrey B. Berlin, Frankfurt/M. 2000, S. 449.

4 Gerald D. Feldman: The Great Disorder. Politics, Economics, and Society in the German Inflation, 1914–1924, New York-Oxford 1997.

5 Harry Graf Kessler: Das Tagebuch. Siebter Band: 1919–1923. Hrsg. von Angelika Reinthal unter Mitarbeit von Janna Brechmacher und Christoph Hilse, Stuttgart 2007, S. 312 (v. 25. 5. 1920).

6 Victor Klemperer: Leben sammeln, nicht fragen wozu und warum. Tagebücher 1918–1924. Hrsg. von Walter Nowojski unter Mitarbeit von Christian Löser, Berlin 1996, S. 697 (v. 27. 5. 1923), 741 (v. 6. 9. 1923).

7 Elias Canetti: Masse und Macht, Frankfurt/M. 2006, S. 218 (zuerst 1960).

8 So Jens Bisky: Berlin. Biographie einer großen Stadt, Berlin 2019, S. 467.

9 George Grosz: Ein kleines Ja und ein großes Nein. Sein Leben von ihm selbst erzählt, Reinbek bei Hamburg 1974, S. 120 f.

10 Wolfgang Ruge: Weimar. Republik auf Zeit, Berlin 1969, S. 112.

11 Karl Dietrich Bracher: Die Auflösung der Weimarer Republik. Eine Studie zum Problem des Machtverfalls in der Demokratie, 3. verbesserte und ergänzte Auflage, Villingen 1960; Hans Mommsen: Die verspielte Freiheit. Der Weg der Republik von Weimar in den Untergang 1918 bis 1933, Berlin 1989; Heinrich-August Winkler: Weimar 1918–1933. Die Geschichte der ersten deutschen Demokratie, München 1993

12 Vgl. Ursula Büttner: Weimar. Die überforderte Republik 1918–1933, Stuttgart 2008, S. 17; Nadine Rossol/Benjamin Ziemann (Hrsg.): Aufbruch und Abgründe. Das Handbuch der Weimarer Republik, Darmstadt 2021, S. 10 f.

13 Vgl. Peter Longerich: 1918–1933. Die Weimarer Republik. Handbuch zur Geschichte, Hannover 1995, S. 144.

14 Arthur Rosenberg: Geschichte der Weimarer Republik. Hrsg. von Kurt Kersten, Frankfurt/M. 1961, S. 129 (zuerst 1935).

15 Vgl. Georg von Wallwitz: Die große Inflation. Als Deutschland wirklich pleite war, Berlin 2021, S. 187 f., 292 f.

I. Ruhrbesetzung und Ruhrkampf

1 Vgl. Klaus Schwabe (Hrsg.): Die Ruhrkrise 1923. Wendepunkt der internationalen Beziehungen nach dem Ersten Weltkrieg, Paderborn 1985, S. 1 f. (Einführung).

2 Klemperer: Tagebücher 1918–1924, S. 650 (v. 5. 1. 1923).

3 Vgl. auch zum Folgenden Gerd Meyer: Die Reparationspolitik. Ihre außen- und innenpolitischen Rückwirkungen, in Karl Dietrich Bracher/Manfred Funke/Hans-Adolf Jacobsen (Hrsg.): Die Weimarer Republik 1918–1933. Politik-Wirtschaft-Gesellschaft, Düsseldorf 1987, S. 327–342 (hier S. 327 f.).

4 Vgl. Denise Artaud: Die Hintergründe der Ruhrbesetzung 1923. Das Problem der interalliierten Schulden, in Vierteljahrshefte für Zeitgeschichte. Jg. 27 (1979), S. 241–259.

5 Kessler: Das Tagebuch. 7. Bd. , S. 541 f. (v. 5. 8. 1922).

6 Vgl. Meyer: Die Reparationspolitik, S. 329 f.; Klaus Schwabe: Großbritannien und die Ruhrkrise, in ders. (Hrsg.): Die Ruhrkrise 1923, S. 53–87.

7 Vgl. Peter Wulf: Hugo Stinnes. Wirtschaft und Politik 1918–1924, Stuttgart 1979, S. 196–221.

8 Vgl. Meyer: Die Reparationspolitik, S. 332; Peter Krüger: Die Außenpolitik der Republik von Weimar, 2. Aufl., Darmstadt 1993, S. 121.

9 Klemperer: Tagebücher 1918–1924, S. 410 (v. 3. 2. 1920).

10 Zit. nach Walter Mühlhausen: Friedrich Ebert 1871–1925. Reichspräsident der Weimarer Republik, Bonn 2006, S. 442 f. Zur Reaktion in Deutschland vgl. Feldman: The Great Disorder, S. 328 f.

11 Vgl. Krüger: Die Außenpolitik der Republik von Weimar, S. 124 f.; Mommsen: Die verspielte Freiheit, S. 124 f.; Christoph Stamm: Großbritannien und die Sanktionen gegen Deutschland vom März 1921, in Francia 7 (1979), S. 340–364.

12 Vgl. Jörn Leonhard: Der überforderte Frieden. Versailles und die Welt 1918–1923, München 2018, S. 1228 f.; Büttner: Weimar, S. 156.

13 Vgl. Winkler: Weimar, S. 139 f., 155–157; Mühlhausen: Friedrich Ebert, S. 447–453.

14 Carl von Ossietzky: In Ludendorffs Schatten, Berliner Volkszeitung v. 14. 5. 1921; abgedr. in ders.: Sämtliche Schriften, Bd. I: 1911–1921. Hrsg. von Matthias Bertram/Ute Maak/Christoph Schottes, Reinbek bei Hamburg 1994, S. 443.

15 Rede Wirths vor dem Reichstag, 28. 3. 1922; zit. nach Longerich: Deutschland 1918–1933, S. 122 f.

16 Vgl. Mühlhausen: Friedrich Ebert, S. 457–463; Winkler: Weimar, S. 166.

17 Vgl. Krüger: Die Außenpolitik der Republik von Weimar, S. 138 f.; Mommsen: Die verspielte Freiheit, S. 126.

18 Vgl. Büttner: Weimar, S. 157; Wulf: Hugo Stinnes, S. 269–288; Gerald D. Feldman: Hugo Stinnes. Biographie eines Industriellen 1870–1924, München 1998, S. 717 ff.; ders.: The Great Disorder, S. 358 ff.

19 Vgl. Krüger: Die Außenpolitik der Republik von Weimar, S. 162 f., 170; Büttner: Weimar, S. 157 f.; Feldman: The Great Disorder, S. 418 f., 431–434.

20 Vgl. Leonhard: Der überforderte Frieden, S. 657–662. Zur Biographie Poincarés vgl. John Keiger: Raymond Poincaré, Cambridge 2002.

21 Vgl. Akten der Reichskanzlei (AdR). Weimarer Republik. Das Kabinett Cuno. 22. November 1922 bis 12. August 1923. Bearbeitet von Karl-Heinz Harbeck, Boppard am Rhein 1968, S. XXVII (Einleitung); Jacques Bariéty: Die französische Politik in der Ruhrkrise, in Schwabe (Hrsg.): Die Ruhrkrise 1923, S. 11–27 (hier S. 12).

22 Vgl. Krüger: Die Außenpolitik der Republik von Weimar, S. 174–176; Winkler: Weimar, S. 167–169.

23 Kessler: Das Tagebuch, 7. Bd. , S. 467 (v. 19. 4. 1922). Vgl. Morus (d. i. Richard Lewinsohn): Das Ergebnis von Genua, in Die Weltbühne, XVIII. Jg., Nr. 21, S. 536 (v. 25. 5. 1921): «Als Gleichberechtigte kamen wir nach Genua, als Gezeichnete kommen wir zurück (…) Wir stehen heute wieder da, wo wir vor einem Jahr standen, als Wirth Kanzler wurde: Das ist das Ergebnis, das traurige Ergebnis von Genua.» Zum Vorstehenden vgl. Mommsen: Die verspielte Freiheit, S. 135 f.; Feldman: The Great Disorder, S. 436 f.

24 Vgl. Mühlhausen: Friedrich Ebert, S. 500–503; Gustav Radbruch: Der innere Weg. Aufriss meines Lebens, Stuttgart 1951, S. 167.

25 Zit. nach Winkler: Weimar, S. 173.

26 Kessler: Das Tagebuch, 7. Bd. , S. 425 (v. 20. 3. 1922).

27 Bernd Sösemann (Hrsg.): Theodor Wolff. Der Journalist. Berichte und Leitartikel, Düsseldorf 1993, S. 178. Zur «Organisation Consul» vgl. Martin Sabrow: Der Rathenaumord. Rekonstruktion einer Verschwörung gegen die Republik von Weimar, München 1994, S. 17 ff.

28 Vgl. Georges Soutou: Vom Rhein zur Ruhr: Absichten und Planungen der französischen Regierung, in Gerd Krumeich/Joachim Schröder (Hrsg.): Der Schatten des Weltkriegs: Die Ruhrbesetzung 1923, Essen 2004, S. 63–83 (hier S. 64–66); Meyer: Die Reparationspolitik, S. 334; Krüger: Die Außenpolitik der Republik von Weimar, S. 186 f.

29 Viscount D'Abernon: Ein Botschafter der Zeitenwende. Memoiren, Bd. II, Leipzig o. J. (1930), S. 100 (v. 9. 8. 1922), 111 (v. 24. 8. 1922).

30 Vgl. AdR. Das Kabinett Cuno, S. XXII (Einleitung); Feldman: The Great Disorder, S. 488 f.

31 Vgl. Winkler: Weimar, S. 184 f.; Mühlhausen: Friedrich Ebert, S. 556–574.

32 Viscount D'Abernon: Memoiren, Bd. II, S. 161 (v. 17. 11. 1922).

33 Kessler: Das Tagebuch, 7. Bd., S. 574 f. (v. 14. 11. 1922).

34 Ebd., S. 788 (v. 16. 5. 1923). Vgl. Max von Stockhausen: Sechs Jahre Reichskanzlei. Von Rapallo bis Locarno. Erinnerungen und Tagebuchnotizen 1922–1927. Hrsg. von Walter Görlitz, Bonn 1954, S. 53: Der neue Kanzler «vorzüglich aussehend, groß, schlank, in der Form ganz der elegante Weltmann alter Schule»

35 Vgl. Mühlhausen: Friedrich Ebert, S. 578–580; Winkler: Weimar, S. 185. Zur Biographie Cunos vgl. Bernd Braun: Die Weimarer Reichskanzler. Zwölf Lebensläufe in Bildern, Düsseldorf 2011, S. 237–239; AdR. Das Kabinett Cuno, S. XIX–XXI (Einleitung).

36 Vgl. AdR. Das Kabinett Cuno, S. XXI f. (Einleitung); Winkler: Weimar, S. 185; Mühlhausen: Friedrich Ebert, S. 588 f.; Feldman: The Great Disorder, S. 490 f.

37 Vgl. AdR. Das Kabinett Cuno, S. XXVII (Einleitung), S. 17, Anm. 7. Zur Reparationspolitik der Regierung Cuno vgl. Hermann-Josef Rupieper: The Cuno Government and Reparations 1922–1923. Politics and Economics, The Hague 1979, S. 11 ff.

38 AdR. Das Kabinett Cuno, S. XXVIII (Einleitung), S. 20, Anm. 5.

39 Vgl. Bariéty: Die französische Politik in der Ruhrkrise, S. 19; Soutou: Vom Rhein zur Ruhr, S. 66.

40 Viscount D'Abernon: Memoiren, Bd. II, S. 168 (v. 15. 12. 1922). Vgl. Klaus Schwabe: Großbritannien und die Ruhrkrise 1923, in ders. (Hrsg.): Die Ruhrkrise 1923, S. 53–87 (hier S. 56 f.).

41 Vgl. Werner Link: Die amerikanische Stabilisierungspolitik in Deutschland 1921–32, Düsseldorf 1970, S. 169–171; AdR. Das Kabinett Cuno, S. XXXI (Einleitung), S. 109, Anm. 8.

42 Kessler: Das Tagebuch, 7. Bd., S. 598 (v. 2. 1. 1923).

43 Vgl. AdR. Das Kabinett Cuno, S. XXXI (Einleitung).

44 Note der französischen Regierung v. 10. 1. 1923; Ursachen und Folgen. Hrsg. von Herbert Michaelis und Ernst Schraepler, Bd. V: Die Weimarer Republik. Das kritische Jahr 1923, Berlin o. J. (1961), Dok. 998a, S. 16–18 (Zitat S. 17).

45 Berliner Tageblatt, Nr. 19 v. 12. 1. 1923: Die Besetzung Essens.

46 Verordnung Degouttes v. 11. 1. 1923; Ursachen und Folgen, Bd. V, Dok. 998b, S. 18–20.

47 Vgl. Krumeich: Der Ruhrkampf als «Krieg», S. 16; Conan Fisher: The Ruhr Crisis, 1923–1924, Oxford 2003, S. 40; Laurence van Ypersele: Belgien und die Ruhrbesetzung: Wagnisse und Erwartungen, in Krumeich/Schröder (Hrsg.): Der Schatten des Weltkriegs, S. 99–118 (hier S. 101).

48 J(ulius) E(lbau): Der Einmarsch; Vossische Zeitung, Nr. 18 v. 11. 1. 1923.

49 Ernst Feder: Einmarsch «in friedlicher Absicht»; Berliner Tageblatt, Nr. 17 v. 11. 1. 1923.

50 Deutsche Allgemeine Zeitung, Nr. 16/17 v. 12. 1. 1923.

51 Viscount D'Abernon: Memoiren, Bd. II, S. 189 (v. 21. 1. 1923). Vgl. Georg Bernhard: Abwehrpolitik: «Der Druck, den Frankreich von der Ruhr her übt, hat die gesinnungsmäßig auseinanderstrebenden Volksteile zusammengeschweißt. Der Hader um Republik oder Monarchie ist vorläufig zum Schweigen gekommen.» Vossische Zeitung, Nr. 47 v. 28. 1. 1923.

52 Zit. nach Christoph Cornelißen: Gerhard Ritter. Geschichtswissenschaft und Politik im 20. Jahrhundert, Düsseldorf 2001, S. 103.

53 Erich Mühsam: Tagebücher (1910–1924). Hrsg. und mit einem Nachwort von Chris Hirte, München 1994, S. 319 (v. 21. 1. 1923).

54 Thea Sternheim: Tagebücher 1903–1971, Bd. I: 1903–1925. Hrsg. und ausgewählt von Thomas Ehrsam und Regula Wyss, Göttingen 2002, S. 614 (v. 14. 1. 1923). Vgl. ebd., S. 615 (v. 24. 1. 1923): «Sonst rast sich in unseren bürgerlichen Zeitungen ein trüber Patriotismus aus.»

55 Rilke an Gudi Nölke, 12. 2. 1923, in Rainer Maria Rilke: Briefe zur Politik. Hrsg. von Joachim W. Storck, Frankfurt/M.-Leipzig 1992, S. 418. Vgl. Gunter Martens/Annemarie Post-Martens: Rainer Maria Rilke, Reinbek bei Hamburg 2008, S. 139.

56 Klemperer: Tagebücher 1918–1924, S. 659 (v. 9. 2. 1923).

57 Thomas Mann: Briefe II: 1914–1923. Ausgewählt und hrsg. von Thomas Sprecher, Hans R. Vaget und Cornelia Bernini, Frankfurt/M. 2004, S. 466. Noch deutlicher

äußerte sich Gerhart Hauptmann in einem Tagebucheintrag vom 4. 3. 1923: «Die furchtbar-wilde Entartung des Franzoseneinfalls: Abwesenheit aller Vernunft und Mäßigung: Verblendung, die nichts von Europa weiß und keine europäische Verantwortung kennt.» Zit. nach Peter Sprengel: Gerhart Hauptmann. Bürgerlichkeit und großer Traum. Eine Biographie, München 2012, S. 569.

58 Heinrich Mann/Félix Bertaux: Briefwechsel 1922–1948, Frankfurt/M. 2002, S. 44 f. (v. 30. 1. 1923).

59 Das Tage-Buch, H. 7, Jg. 4 v. 17. 2. 1923, S. 207 (Tagebuch der Zeit).

60 Morus (d. i. Richard Lewinsohn): Der Kohlenkrieg; Die Weltbühne, Jg. XIX, Nr. 3, S. 61 v. 18. 1. 1923.

61 Viscount D'Abernon: Memoiren, Bd. II, S. 181 (v. 10. 1. 1923). Im Gespräch mit Harry Graf Kessler erklärte Rosenberg: «Die Ruhrbesetzung werde das ganze deutsche Wirtschaftsleben zerstören, auf 50 Jahre lahmlegen.» Kessler: Das Tagebuch, 7. Bd., S. 632 (v. 19. 1. 1923).

62 AdR. Das Kabinett Cuno, Nr. 37, S. 122–129 (Zitate S. 122, 123, Anm. 3). Eberts Aufruf v. 9. 1. 1923 in Deutsche Allgemeine Zeitung, Nr. 14/15 v. 11. 1. 1923. Vgl. Mühlhausen: Friedrich Ebert, S. 596 f.; Feldman: The Great Disorder, S. 633.

63 Ursachen und Folgen, Bd. V, Nr. 999 a, S. 21 f.

64 Ebd., Nr. 999e, S. 26–28 (Zitat S. 27).

65 Auszug aus der Rede Cunos; ebd., Nr. 1000a, S. 28–31 (Zitat S. 30). Vgl. auch Cunos Rede vor den Ministerpräsidenten der Länder, 12. 1. 1923: «Der jetzige Angriff Frankreichs ist nicht minder ernst als irgendein früherer. Es geht aufs Ganze und um den Bestand des Reiches.» AdR. Das Kabinett Cuno, Nr. 42, S. 141.

66 Vgl. Winkler: Weimar, S. 188; ders.: Von der Revolution zur Stabilisierung. Arbeiter und Arbeiterbewegung in der Weimarer Republik von 1918 bis 1924, Berlin-Bonn 1984, S. 556. Zum Ablauf der Reichstagssitzung vgl. Erich Dombrowski: Der feierliche Akt des Reichstags gegen den Gewaltakt; Berliner Tageblatt, Nr. 13 v. 14. 1. 1923. Das «Tage-Buch» (H. 3, Jg. 4 v. 20. 1. 1923, S. 81) kritisierte, dass Cuno keine fünf Sätze habe frei vortragen können: «Vorgelesene Empörung – aber immerhin Empörung.»

67 Der Tag des deutschen Volkes; Vossische Zeitung, Nr. 24 v. 15. 1. 1923.

68 Gegen den Feind im Land; Deutsche Allgemeine Zeitung, Nr. 22/23 v. 16. 1. 1923.

69 Bericht der ADGB-Sekretäre Knoll und Wissell über Besprechungen anlässlich der Besetzung des Ruhrgebiets, 8.-10. 1. 1923, in Quellen zur Geschichte der deutschen Gewerkschaftsbewegung im 20. Jahrhundert. Hrsg. von Hermann Weber, Klaus Schönhoven und Klaus Tenfelde. Bd. 2: Die Gewerkschaften in den Anfangsjahren der Republik. Bearbeitet von Michael Ruck. Köln 1985, Dok. 75, S. 733–744 (Zitat S. 735). Vgl. Michael Ruck: Die Freien Gewerkschaften im Ruhrkampf 1923, Köln 1986, S. 42–46.

70 Abgedr. in Korrespondenzblatt des Allgemeinen Deutschen Gewerkschaftsbundes, 33. Jg. (1923), Nr. 3, S. 25 (Reprint Berlin-Bonn 1985). Vgl. Ruck: Die Freien Gewerkschaften im Ruhrkampf 1923, S. 58 f.

71 Sitzung des Bundesausschusses des ADGB, 24. 1. 1923, in Quellen zur Geschichte der Gewerkschaftsbewegung, Bd. 2, Dok. 78, S. 747–763 (Zitat S. 751).

72 Mut steckt an; Deutsche Allgemeine Zeitung, Nr. 22/23 v. 16. 1. 1923. Zur Verlegung des Rheinisch-Westfälischen Kohlensyndikats vgl. Wulf: Hugo Stinnes, S. 350 f.; Feldman: Hugo Stinnes, S. 842 f.; ders.: The Great Disorder, S. 633 f.

73 Zit. nach Feldman: Hugo Stinnes, S. 843.

74 Carl Duisberg an Paul Silverberg, 12. 1. 1923; Werner Plumpe: Carl Duisberg 1861–1935. Anatomie eines Industriellen, München 2016, S. 614. Reichswirtschaftsminister Johann Becker notierte am 15. 1. 1923: «Die Ruhrindustriellen sind weiter entschlossen, den äußersten passiven Widerstand zu leisten.» Zit. nach Ruck: Die Freien Gewerkschaften im Ruhrkampf 1923, S. 75.

75 Vgl. Peter Langer: Macht und Verantwortung. Der Ruhrbaron Paul Reusch, Essen 2012, S. 306–308; Christian Marx: Paul Reusch und die Gutehoffnungshütte. Leitung eines deutschen Großunternehmens, Göttingen 2013, S. 182 f.

76 Ursachen und Folgen, Bd. V, Nr. 999d, S. 24 f. (Zitat S. 25).

77 Auszug aus der Rede Hermanns Müllers, 13. 1. 1923; Ursachen und Folgen, Bd. V, Nr. 1000c, S. 33–36 (Zitat S. 34).

78 Erklärung Gustav Stresemanns, 13. 1. 1923; ebd., Nr. 1000b, S. 31–33. Auszug auch in Gustav Stresemann: Vermächtnis. Der Nachlass in drei Bänden. Hrsg. von Henry Bernhard, Bd. I, Berlin 1932, S. 31. Vgl. Ludwig Richter: Die Deutsche Volkspartei 1918–1933, Düsseldorf 2002, S. 267.

79 Auszug aus der Rede Helfferichs, 26. 1. 1923; Ursachen und Folgen, Bd. V, Nr. 1015, S. 59 f.

80 Zit. nach Volker Ullrich: Adolf Hitler. Die Jahre des Aufstiegs 1889–1939, Frankfurt/M. 2013, S. 154.

81 Berliner Tageblatt, Nr. 24 v. 15. 1. 1923.

82 Die Rote Fahne, Nr. 18 v. 22. 1. 1923; Ursachen und Folgen, Bd. V, Nr. 1006, S. 45 f. Vgl. Winkler: Von der Revolution zur Stabilisierung, S. 561 f.

83 Vgl. Joachim Schröder: Deutsche und französische Kommunisten und das Problem eines gemeinsamen Widerstands gegen die Ruhrbesetzung, in Krumeich/Schröder (Hrsg.): Der Schatten des Weltkriegs, S. 169–186 (hier S. 171–178).

84 Zit. nach Manfred Zeidler: Reichswehr und Rote Armee 1920–1933. Wege und Stationen einer ungewöhnlichen Zusammenarbeit, München 1993, S. 67.

85 Georg Bernhard: Abwehrpolitik; Vossische Zeitung, Nr. 47 v. 28. 1. 1923.

86 AdR. Das Kabinett Cuno, Nr. 42, S. 138 f.

87 Kessler: Das Tagebuch, 7. Bd., S. 634 (v. 20. 1. 1923). Vgl. Otto Geßler: Reichswehrpolitik in der Weimarer Zeit, Stuttgart 1958, S. 240.

88 Vereinbarung zwischen dem Reichswehrministerium und dem preußischen Minister des Innern, 30. 1. 1923; AdR. Das Kabinett Cuno, Nr. 61, S. 207. Vgl. Winkler: Weimar, S. 189.

89 Vgl. Zeidler: Reichswehr und Rote Armee, S. 68–72. Hans Meier-Welcker: Seeckt, Frankfurt/M. 1967, S. 353–355.

90 AdR. Die Regierung Cuno, Nr. 45, S. 147, Anm. 4. Vgl. Vossische Zeitung, Nr. 29 v. 18. 1. 1923. Die Anweisung des Reichskommissars für die Kohleverteilung v. 11. 1. 1923 in Ursachen und Folgen, Bd. V, Nr. 999b, S. 22 f.

91 Ursachen und Folgen, Bd. V, Nr. 1003, S. 42, Nr. 1008, S. 47; AdR. Das Kabinett Cuno, Nr. 49, S. 176, Anm. 12. Vgl. Runderlass von Reichsaußenminister von Rosenberg, 17. 1. 1923: «Unsere Ruhrpolitik ist auf schärfsten passiven Widerstand gegen französische und belgische Gewaltmaßnahmen abgestellt. Beamte haben strikte Anweisung erhalten, sich militärischen Befehlen nicht zu fügen (…).» Winfried Becker (Hrsg.): Frederic von Rosenberg. Korrespondenzen und Akten des deutschen Diplomaten und Außenministers 1913–1937, München 2011, Nr. 132, S. 228.

92 AdR. Das Kabinett Cuno, Nr. 51, S. 183.

93 Vgl. Wulf: Hugo Stinnes, S. 354.

94 Friedrich Stampfer: Einen Monat Ruhrkrieg; Vorwärts, Nr. 71 v. 12. 2. 1923, in Ursachen und Folgen, Bd. V, S. 70–73. Vgl. Vossische Zeitung, Nr. 77 v. 15. 2. 1923: «Die Bilanz des ersten Besatzungsmonats war für die Franzosen und Belgier eine reine Verlustbilanz.»

95 Rede Cunos vor Wirtschafts- und Gewerkschaftsführern in Bochum, 4. 2. 1923; Ursachen und Folgen, Bd. V, Nr. 1021, S. 66–68 (Zitat S. 68).

96 AdR. Das Kabinett Cuno, Nr. 65, S. 218 f. Vgl. Runderlass von Reichsaußenminister von Rosenberg, 4. 2. 1923: «Geschlossenheit und Entschlossenheit unseres Widerstandes wird unter Druck täglich brutaler werdender Gewaltpolitik Frankreichs nur noch größer.», in Becker (Hrsg.): Frederic von Rosenberg, Nr. 156, S. 250.

97 Vgl. den Bericht des Vertreters des Auswärtigen Amtes im Ruhrgebiet, Legationsrat Redlhammer, vom 7. 2. 1923 über die Ruhrreise Cunos; AdR. Das Kabinett Cuno, Nr. 65, S. 218, Anm. 2. Noch am 9. 4. 1923 konstatierte Botschafter D'Abernon: «Die Regierung ist stärker und volkstümlicher denn je.» Memoiren, Bd. II, S. 225.

98 Bericht des Staatssekretärs Hamm über den Besuch des Reichskanzlers in München und Stuttgart am 22. und 23. 3. 1923; AdR. Das Kabinett Cuno, Nr. 103, S. 322–326.

99 Kessler: Das Tagebuch, 7. Bd., S. 661 v. 1. 2. 1923

100 Unterredung Leiparts mit Cuno, 26. 2. 1923; Quellen zur Geschichte der deutschen Gewerkschaftsbewegung, Bd. 2, Dok. 80, S. 802–804 (Zitat S. 802).

101 Eugeni Xammar: Das Schlangenei. Berichte aus dem Deutschland der Inflationsjahre 1922–1924, Berlin 2007, S. 96 f.

102 Ursachen und Folgen, Bd. V, Nr. 1029, S. 78. Vgl. Schwabe (Hrsg.): Die Ruhrkrise 1923, S. 4.

103 Note der Reparationskommission an die deutsche Regierung, 26. 1. 1923; Ursachen und Folgen, Bd. V, Nr. 1014, S. 57.

104 Vgl. Krumeich: Der «Ruhrkampf», S. 16.

105 Vgl. Erich Eyck: Komödie des Rechts; Vossische Zeitung, Nr. 41 v. 25. 1. 1923. Das Verhandlungsprotokoll abgedr. bei Hans Spethmann: Zwölf Jahre Ruhrbergbau, Bd. III, Berlin 1929, S. 94–101.

106 Kessler: Das Tagebuch, 7. Bd., S. 658 (v. 31. 1. 1923). Zu den Ausschreitungen in Mainz vgl. AdR. Das Kabinett Cuno, Nr. 54, S. 194 f., Anm. 3; Ruck: Die Freien Gewerkschaften im Ruhrkampf 1923, S. 91. Unter Arbeitern in Essen stieß der «töricht-kriegerische Rummel auf den Straßen» auf scharfe Ablehnung. Vgl. Stefan Großmann: In Essen; Das Tage-Buch, H. 5, Jg. 4, S. 152.

107 Vgl. Stanislas Jeannesson: Übergriffe der französischen Besatzungsmacht und deutsche Beschwerden, in Krumeich/Schröder (Hrsg.): Der Schatten des Weltkriegs, S. 207–231 (hier S. 209).

108 Vossische Zeitung, Nr. 49 v. 30. 1. 1923.

109 AdR. Die Regierung Cuno, Nr. 53, S. 192.

110 Verfügung betr. Einreiseverbot v. 20. 2. 1923; Ursachen und Folgen, Bd. V, Nr. 1023b, S. 70.

111 Faksimile des falschen Passes in Stresemann: Vermächtnis, Bd. I, nach S. 36. Auszug aus der Dortmunder Rede Stresemanns in ebd., S. 36–38 (Zitat S. 38). – Auch der preußische Innenminister Carl Severing reiste mit Hilfe eines gefälschten Passes, der

auf den Namen eines «Geschäftsführers Wilhelm Gerviens» ausgestellt war, ins besetzte Gebiet. Vgl. Carl Severing: Mein Lebensweg, Bd. I: Vom Schlosser zum Minister, Köln 1950, S. 371.

112 Die Kohlensperre; Vossische Zeitung, Nr. 54 v. 1. 2. 1923; Note der französischen Regierung betr. Kohlelieferungen aus dem besetzten Gebiet, 31. 1. 1923; Ursachen und Folgen, Bd. V, Nr. 1016, S. 60 f.; AdR. Das Kabinett Cuno, Nr. 62, S. 209 und Anm. 2 (v. 31. 1. 1923).

113 Vgl. Vermerk des Staatssekretärs Hamm über den Eisenbahnverkehr im Ruhrgebiet, 11. 3. 1923; AdR. Das Kabinett Cuno, Nr. 95, S. 303 f.

114 Winkler: Weimar, S. 193.

115 Vgl. Frederic Taylor: Inflation. Der Untergang des Geldes in der Weimarer Republik und die Geburt eines deutschen Traumas, München 2013, S. 244 f.; Feldman: The Great Disorder, S. 669 ff. Vgl. dazu unten S. 79 ff.

116 Zit. nach Hagen Schulze: Otto Braun oder Preußens demokratische Sendung, Frankfurt/M.-Berlin-Wien 1977, S. 428.

117 Xammar: Das Schlangenei, S. 91 (v. 21. 3. 1923). Vgl. L. Lania: An der Ruhrfront; Die Weltbühne, Jg. XIX., Nr. 4 v. 25. 1. 1923: «Diese herausfordernde Soldatenspielerei ist es, was insbesondere die Arbeiter am meisten reizt, nicht der nationale Gegensatz.»

118 Vgl. die Tabelle bei Jeannesson: Übergriffe der französischen Besatzungsmacht, S. 210.

119 Vgl. zum Folgenden Klaus Wisotzky: Der «blutige Karsamstag» 1923 bei Krupp, in Krumeich/Schröder (Hrsg.): Der Schatten des Weltkriegs, S. 265–287.

120 Paul Scheffer: Das Blutbad von Essen; Berliner Tageblatt, Nr. 154 v. 1. 4. 1923.

121 Ursachen und Folgen, Bd. V, Nr. 1039, S. 95–97.

122 Wisotzky: Der «blutige Karsamstag» 1923 bei Krupp, S. 269. Vgl. Mühlhausen: Friedrich Ebert, S. 611.

123 Aufruf: «An die Arbeiter der Welt!»; Korrespondenzblatt des Allgemeinen Deutschen Gewerkschaftsbundes, 33. Jg., Nr. 14 v. 7. 4. 1923, S. 152.

124 Berliner Tageblatt, Nr. 156 v. 3. 4. 1923.

125 Vgl. Schröder: Deutsche und französische Kommunisten, S. 179.

126 Zit. nach Wisotzky: Der «blutige Karsamstag» bei Krupp, S. 277.

127 Zit. nach ebd., S. 280.

128 Zit. nach Langer: Macht und Verantwortung, S. 310.

129 Vorwärts, Nr. 215 v. 9. 5. 1923; zit. nach Wisotzky: Der «blutige Karsamstag» bei Krupp, S. 282.

130 Das Tage-Buch, H. 19, Jg. 4 v. 12. 5. 1923, S. 665 (Tagebuch der Zeit).

131 Vgl. ebd., S. 282, Anm. 72; Harold James: Krupp. Deutsche Legende und globales Unternehmen, München 2011, S. 168.

132 Xammar: Das Schlangenei, S. 64. Vgl. Jeannesson: Übergriffe der französischen Besatzungsmacht, S. 216.

133 Krumeich: Der Ruhrkampf als Krieg, S. 22. Die Karikatur abgedr. ebd., S. 23.

134 Jeannesson: Übergriffe der französischen Besatzungsmacht, S. 212 (Tabelle), 217 (Zitat).

135 Vgl. Gerd Krüger: «Wir wachen und strafen!» Gewalt im Ruhrkampf von 1923, in Krumeich/Schröder (Hrsg.): Der Schatten des Weltkriegs, S. 233–255 (hier S. 237–242).

136 Vgl. Manfred Franke: Schlageter. Der erste Soldat des 3. Reiches. Die Entmythologisierung eines Helden, Köln 1980, S. 20–28, 37–39, 44 f.

137 Vgl. ebd., S. 50–87.

138 Ursachen und Folgen, Bd. V, Nr. 1047a, S. 137.

139 Vgl. Bericht von Kriminalkommissar Weitzel über die Tätigkeit der Organisation Hauenstein im besetzten Gebiet, 25. 5. 1923; Heinz Hürten (Bearb.): Das Krisenjahr 1923. Militär und Innenpolitik 1922–1924, Düsseldorf 1980, Dok. 16, S. 34–40; AdR. Das Kabinett Cuno, Nr. 184, S. 550, Anm. 2; Franke: Schlageter, S. 38–40; Langer: Macht und Verantwortung, S. 317 f.

140 Harry Graf Kessler: Das Tagebuch. Achter Band.: 1923–1926. Hrsg von Angela Reinthal, Günter Riederer und Jörg Schuster unter Mitarbeit von Janna Brechmacher, Christoph Hilse und Nadin Weiss, Stuttgart 2009, S. 52 (v. 4. 7. 1923).

141 Vgl. Franke: Schlageter, S. 92–98; Langer: Macht und Verantwortung, S. 318.

142 Günther Rühle: Theater für die Republik im Spiegel der Kritik, 2. Band: 1926–1933, Frankfurt/M. 1988, S. 1155–1157 (Zitat S. 1157).

143 Vgl. zur Interpretation der Schlageter-Rede Hans Hecker: Karl Radeks Werben um die deutsche Rechte: Die Sowjetunion und der Ruhrkampf, in Krumeich/Schröder (Hrsg.): Der Schatten des Weltkriegs, S. 187–205; Wolf-Dietrich Gutjahr: Revolution muss sein. Karl Radek – die Biographie, Köln-Weimar-Wien 2012, S. 572–574; Winkler: Weimar, S. 195 f.

144 AdR. Das Kabinett Cuno, Nr. 91, S. 292 (v. 5. 3. 1923). Vgl. Karl Holl: Ludwig Quidde (1858–1941). Eine Biographie, Düsseldorf 2007, S. 334 f.

145 AdR. Das Kabinett Cuno, Nr. 109, S. 344 (v. 27. 3. 1923). In einer Fraktionssitzung des Zentrums am 23. 4. 1923 vertraten Abgeordnete aus den besetzten Gebieten die Ansicht, «dass der Abwehrkampf seinen Höhepunkt überschritten habe, und dass es an der Zeit sei, den Weg der Verständigung zu suchen». Rudolf Morsey/Karsten Ruppert (Bearb.): Die Protokolle der Reichstagsfraktion der Zentrumspartei 1920–1925, Mainz 1981, Dok. 227, S. 448 f.

146 AdR. Das Kabinett Cuno, Nr. 110, S. 348 (v. 28. 3. 1923). Vgl. auch das Schreiben des Verbandes der Bergarbeiter an Cuno, 14. 4. 1923; ebd., Nr. 120, S. 376 f. Zum wachsenden Druck auf Cuno vgl. Ruck: Die Freien Gewerkschaften im Ruhrkampf 1923, S. 295–307.

147 Auszug aus der Rede Rosenbergs v. 16. 4. 1923; Ursachen und Folgen, Bd. V, Nr. 1041a, S. 103–106 (Zitat S. 106).

148 Kessler: Das Tagebuch, 7. Bd., S. 775 (v. 16. 4. 1923).

149 Rede Stresemanns v. 17. 4. 1923; Stresemann: Vermächtnis, Bd. I, S. 45–55; Auszüge auch in Ursachen und Folgen, Bd. V, Nr. 1041d, S. 113–115. Zur Interpretation der Rede vgl. Karl Heinrich Pohl: Gustav Stresemann. Biographie eines Grenzgängers, Göttingen 2015, S. 219–227.

150 Georg Bernhard: Stresemann über Lösungs-Möglichkeiten; Vossische Zeitung, Nr. 181 v. 18. 4. 1923.

151 Reichstag und Ruhr; Weltbühne XIX. Jg., Nr. 17 v. 26. 4. 1923, S. 408. Vgl. auch Das Tage-Buch, H. 16, Jg. 4 v. 21. 4. 1923, S. 546: «Diese Rede Stresemanns ist ein Programm und vor allem ein Befähigungsnachweis.»

152 Auszug aus der Rede Curzons v. 20. 4. 1923; Ursachen und Folgen, Bd. V, Nr. 1042a, S. 116 f.

153 Reichstagsrede Stresemann v. 22. 4. 1923; Stresemann: Vermächtnis, Bd. I, S. 55–57 (Zitat S. 55). Auszug auch in Ursachen und Folgen, Bd. V, Nr. 1042b, S. 117–119. Vgl.

Georg Bernhard: Die Vermittlung; Vossiche Zeitung, Nr. 189 v. 22. 4. 1923: «Die Oberhausrede des englischen Außenministers Curzon hat die internationale Lage wesentlich geklärt.»

154 Kessler: Das Tagebuch, 7. Bd., S. 777 (v. 21. 4. 1923). In der «Berliner Volkszeitung» schrieb Carl von Ossietzky, «die ganze Welt» erwarte von Deutschland «ein Angebot, das dessen Willen zeigt, dem furchtbaren Streitfall ein Ende zu bereiten». Ossietzky: Sämtliche Schriften, Bd. II, S. 247.

155 AdR. Das Kabinett Cuno, Nr. 140, S. 430 (v. 25. 4. 1923).

156 Ebd., Nr. 142, S. 433–438; Nr. 144, S. 440–444 (Zitat S. 442).

157 D'Abernon: Memoiren, Bd. II, S. 239 (v. 26. 4. 1923).

158 Note der deutschen Regierung v. 2. 5. 1923; Ursachen und Folgen, Bd. V, Nr. 1044a, S. 121–124; auch abgedr. in Becker (Hrsg.): Frederic von Rosenberg, Nr. 188, S. 295–300. Vgl. zusammenfassend Wulf: Hugo Stinnes, S. 328; Krüger: Die Außenpolitik der Republik von Weimar, S. 203 f.; Feldman: The Great Disorder, S. 662 f.

159 Kessler: Das Tagebuch, 7. Bd., S. 782 (v. 2. 5. 1923).

160 Georg Bernhard: Form und Zahl; Vossische Zeitung, Nr. 218 v. 6. 5. 1923. Vgl. auch D'Abernon: Memoiren, Bd. II, S. 242: «Vom diplomatischen Standpunkt ist der ganze Ton ihrer Note eher geeignet, die öffentliche Meinung zu verstimmen als sie zu gewinnen.»

161 Morus (d. i. Richard Lewinsohn): Worte und Taten; Die Weltbühne, XIX. Jg., Nr. 19 v. 10. 5. 1923, S. 545.

162 Berliner Tageblatt, Nr. 207 v. 4. 5. 1923.

163 Ursachen und Folgen, Bd. V, Nr. 1044c, S. 125–130.

164 Abgelehnt!; Deutsche Allgemeine Zeitung, Nr. 209 v. 7. 5. 1923.

165 Ursachen und Folgen, Bd. V, Nr. 1044d, S. 130–132.

166 Keine Kabinettskrise!; Vossische Zeitung, Nr. 225 v. 14. 5. 1923.

167 D'Abernon: Memoiren, Bd. II, S. 245 (v.14. 5. 1923), 256 (v. 24. 5. 1923). In einer Instruktion an den deutschen Botschafter in London, Sthamer, vom 27. 5. 1923 bezeichnete Rosenberg die britische Antwort auf die deutschen Vorschläge als «eine schwere Enttäuschung»: «Gerade von englischer Seite hätte die Deutsche Regierung eine gerechtere Würdigung ihres Schrittes erwartet, weil für ihren Entschluss die Anregung Lord Curzons maßgebend war.» Becker (Hrsg.): Frederic von Rosenberg, Nr. 196, S. 311.

168 Kessler: Das Tagebuch, 7. Bd., S. 795 (v. 24. 5. 1923).

169 Stresemann an seine Frau, 28. 5. 1923 und undatiert (wahrscheinlich 3. 6. 1923); Wolfgang Stresemann: Mein Vater Gustav Stresemann, München 1979, S. 224 f. Vgl. Jonathan Wright: Gustav Stresemann 1878–1929. Weimars größter Staatsmann, München 2006, S. 215.

170 Vgl. Richter: Die Deutsche Volkspartei 1918–1933, S. 268; Stresemann: Vermächtnis, Bd. I, S. 65 f.

171 Vgl. Winkler: Weimar, S. 193; Mühlhausen: Friedrich Ebert, S. 613. Im Gespräch mit Harry Graf Kessler am 7. Mai 1923 verwarf der SPD-Reichstagsabgeordnete Rudolf Breitscheid jede Mitwirkung in einer Großen Koalition «als völlig nutzlosen Selbstmord», während Rudolf Hilferding die Große Koalition «für unaufschiebbar» erklärte, da Cuno und Rosenberg «nicht verhandlungsfähig» seien, «d. h. jede Verhandlung mit der Entente (...) durch ihre Gesinnung u(nd) politische Unfähigkeit zum Scheitern bringen müssen». Kessler: Das Tagebuch, 7. Bd., S. 785 (v. 7. 5. 1923).

172 Denkschrift des Reichsverbands der Deutschen Industrie an den Reichskanzler, 25. 5. 1923; AdR. Das Kabinett Cuno, Nr. 168, S. 508–513. Vgl. zum Vorstehenden Wulf: Hugo Stinnes, S. 383–385; Feldman: Hugo Stinnes, S. 872–875; ders.: The Great Disorder, S. 664–667; Winkler: Weimar, S. 197 f.; ders.: Von der Revolution zur Stabilisierung, S. 575 f.

173 Morus (d. i. Richard Lewinsohn): Patrioten; Die Weltbühne, XIX. Jg., Nr. 23 v. 7. 6. 1923, S. 669.

174 Schreiben der Gewerkschaften an den Reichskanzler, 1. 6. 1923; AdR. Das Kabinett Cuno, Nr. 177, S. 537–539 (Zitat S. 538).

175 Memorandum der deutschen Regierung v. 7. 6. 1923; Ursachen und Folgen, Bd. V, Nr. 1048, S. 145 f. Vgl. zusammenfassend Wulf: Hugo Stinnes, S. 386 f.; Krüger: Die Außenpolitik der Republik von Weimar, S. 204 f.; Feldman: The Great Disorder, S. 668.

176 AdR. Das Kabinett Cuno, Nr. 196, S. 587, Anm. 4.

177 D'Abernon: Memoiren, Bd. II, S. 261 (v. 12. 6. 1923).

178 Auszug aus der Rede Poincarés v. 29. 6. 1923; Ursachen und Folgen, Bd. V, Nr. 1051, S. 149.

179 Hoesch an Auswärtiges Amt, 23. 6. 1923; Wulf: Hugo Stinnes, S. 389.

180 D'Abernon: Memoiren, Bd. II, S. 244 (v. 6. 5. 1923)

181 Schubert an Hoesch, 13. 6. 1923; Akten zur deutschen auswärtigen Politik 1918–1945 (ADAP), Serie A, Bd. VIII, Göttingen 1990, S. 43. Vgl. Mühlhausen: Friedrich Ebert, S. 612 f.

182 Vgl. Winkler: Von der Revolution zur Stabilisierung, S. 577; ders.: Weimar, S. 198 f.

183 Morus (d. i. Richard Lewinsohn): Stutzungsaktionen; Die Weltbühne, XIX. Jg., Nr. 27 v. 5. 7. 1923, S. 22.

184 Denkschrift Hamms v. 16. 6. 1923; AdR. Das Kabinett Cuno, Nr. 192, S. 575–577 (Zitat S. 575). Vgl. zum Vorstehenden Winkler: Weimar, S. 199; Mommsen: Die verspielte Freiheit, S. 145, 147; Feldman: The Great Disorder, S. 669 ff.

185 Zit. nach Winkler: Von der Revolution zur Stabilisierung, S. 588. Vgl. Theodor Leipart an die Reichsregierung, 4. 6. 1923: «Die dringenden Berichte unserer Ortsausschüsse zeigen, dass sich überall eine dumpfe Verzweiflung der Arbeitslosen bemächtigt.» Quellen zur Geschichte der Gewerkschaftsbewegung, Bd. 2, Dok. 89, S. 865.

186 Vgl. Winkler: Von der Revolution zur Stabilisierung, S. 566, 593 f.; Ruck: Die Freien Gewerkschaften im Ruhrkampf 1923, S. 378 f.; Martin Geyer: Teuerungsprotest und Teuerungsunruhen 1914–1923. Selbsthilfegesellschaft und Geldentwertung, in Manfred Gailus/Heinrich Volkmann (Hrsg.): Der Kampf um das tägliche Brot. Nahrungsmangel, Versorgungspolitik und Protest 1770–1990, Opladen 1994, S. 319–345 (hier S. 341–343).

187 Quellen zur Geschichte der Gewerkschaftsbewegung, Bd. 2, Dok. 93, S. 898, Anm. 2. Vgl. Aufzeichnung des Staatssekretärs Hamm über die Lage im Ruhrgebiet, 20. 7. 1923: «Da und dort greift eine dumpfe Stimmung um sich: ‹Wir machen noch weiter, aber die Sache ist verloren›.» AdR. Das Kabinett Cuno, Nr. 221, S. 650.

188 Vgl. dazu unten S. 180.

189 Vgl. Winkler: Von der Revolution zur Stabilisierung, S. 593; Werner T. Angress: Stillborn Revolution. Die Kampfzeit der KPD 1921–1923, Wiener Neustadt 1973 (Reprint), S. 394 f.; Ossip K. Flechtheim: Die KPD in der Weimarer Republik, Frankfurt/M. 1969, S. 179–191.

190 Rosenberg: Geschichte der Weimarer Republik, S. 136. Den Befund Rosenbergs abschwächend stellt Ossip K. Flechtheim fest, «dass 1923 die KPD zumindest eine starke Minderheit der gewerkschaftlich organisierten und vielleicht sogar die Mehrheit der unorganisierten Arbeiter hinter sich hatte». Die KPD in der Weimarer Republik, S. 181.

191 Die Rote Fahne, Nr. 158 v. 12. 7. 1923; Ursachen und Folgen, Bd. V, Nr. 1052, S. 150 f.

192 Angress: Stillborn Revolution, S. 392; vgl. Winkler: Weimar, S. 200.

193 Angress: Stillborn Revolution, S. 396–401 (Zitat S. 401); vgl. Winkler: Von der Revolution zur Stabilisierung, S. 596 f.

194 D'Abernon: Memoiren, Bd. II, S. 266 (v. 7. 8. 1923). Vgl. D'Abernon an Außenminister Curzon, 11. 8. 1923, über eine Unterredung mit Rosenberg. Der englische Botschafter schloss nicht aus, dass es zu einem Bürgerkrieg in Deutschland kommen könne. Becker (Hrsg.): Frederic von Rosenberg, Nr. 244, S. 370 f.

195 Tagebuch Georg Escherichs 1923; BayHStA München, Nl Escherich 10.

196 Vgl. Krüger: Die Außenpolitik der Republik von Weimar, S. 205 f.; Klaus Schwabe: Großbritannien und die Ruhrkrise, in Schwabe (Hrsg.): Die Ruhrkrise 1923, S. 64.

197 Germania, Nr. 205 v. 27. 7. 1923; AdR. Das Kabinett Cuno, Nr. 233, S. 695, Anm. 1. Vgl. Ulrich Hehl: Wilhelm Marx 1863–1946. Eine politische Biographie, Mainz 1987, S. 232.

198 Stresemann an Kempkes, 29. 7. 1923; zit. nach AdR. Das Kabinett Cuno, Nr. 233, S. 695, Anm. 1.

199 Vgl. Vossische Zeitung, Nr. 354 v. 28. 7. 1923; Hehl: Wilhelm Marx, S. 232. In der «Weltbühne» kommentierte Morus (d. i. Richard Lewinsohn): «Die Angriffe der Zentrumspresse, der ‹Germania› und der ‹Kölnischen Volkszeitung›, gegen das Kabinett Cuno sind die letzten, die allerletzten Warnrufe.»

200 Das Tage-Buch, H. 31, Jg. 4 v. 4. 8. 1923, S. 1066.

201 Ministerrat v. 27. 7. 1923; AdR. Das Kabinett Cuno, Nr. 227, S. 672–679.

202 Kundgebung des Reichspräsidenten und der Reichsregierung; abgedr. u. a. in Vossische Zeitung, Nr. 355 v. 29. 7. 1923.

203 Georg Bernhard: Die Steuertäuschung; Vossische Zeitung, Nr. 355 v. 29. 7. 1923.

204 Auszug aus der Rede Cunos v. 8. 8. 1923 in Ursachen und Folgen, Bd. V, Nr. 1059a, S. 159–163.

205 Th(eodor) W(olff): Kabinettswechsel; Berliner Tageblatt, Nr. 375 v. 12. 8. 1923. Stresemann notierte am 8. 8. 1923 in seinen Kalender: «Cunos Rede im Reichstag. Sehr deprimierender Eindruck.» Stresemann: Vermächtnis, Bd. I, S. 75. Auszug aus der Rede Stresemann v. 9. 8. 1923 in Ursachen und Folgen, Bd. V, Nr. 1059d, S. 167 f.

206 AdR. Das Kabinett Cuno, Nr. 244, S. 727–732 (Zitate S. 727, 730).

207 Vgl. Winkler: Von der Revolution zur Stabilisierung, S. 598 f.; Wilhelm Ersil: Aktionseinheit stürzt Cuno. Zur Geschichte des Massenkampfs gegen die Cuno-Regierung 1923 in Mitteldeutschland, Berlin-Ost 1963, S. 244 ff.

208 Beschluss der SPD-Reichstagsfraktion v. 11. 8. 1923; Ursachen und Folgen, Bd. V, Nr. 1061, S. 170. Vgl. Vossische Zeitung, Nr. 376–378 v. 11. 8. 1923: Die Bedingungen der VSPD.

209 Vgl. Tagesnotizen Stresemann v. 10. 8. 1923; Stresemann: Vermächtnis, Bd. I, S. 77.

210 Stresemann an Generalsekretär Brettschneider, 9. 8. 1923; ebd., S. 77.

211 Erklärung Stresemanns in der DVP-Fraktionssitzung v. 10. 8. 1923; ebd., S. 77 f. Vgl. Richter: Die Deutsche Volkspartei, S. 271.

212 Deutsche Allgemeine Zeitung, Nr. 369 v. 12. 8. 1923: Die Regierungskrise.

213 Vgl. AdR. Das Kabinett Cuno, S. XXIV f.; Nr. 246, S. 734, Anm. 6.

214 Geßler: Reichswehrpolitik in der Weimarer Zeit, S. 250. Auch auf den preußischen Innenminister Severing machte Cuno in diesen Tagen «den Eindruck eines gebrochenen Mannes». Severing: Mein Lebensweg, Bd. I, S. 423.

215 AdR. Das Kabinett Cuno, Nr. 246, S. 733–738 (Zitat S. 733); Nr. 247, S. 738–746 (Zitat S. 739).

216 Seeckt an seine Schwester, 19. 8. 1923; zit. nach Meier-Welcker: Seeckt, S. 369.

217 Georg Bernhard: An die Arbeit; Vossische Zeitung, Nr. 379 v. 12. 8. 1923.

218 Carl von Ossietzky: Brandstätte; Berliner Volks-Zeitung v. 14. 8. 1923; Schriften, Bd. II, S. 289 f.

219 Tyrus: Regierungsumbildung; Die Weltbühne, XIX. Jg, Nr. 34 v. 23. 8. 1923, S. 187.

220 Th(eodor) W(olff): Kabinettswechsel; Berliner Tageblatt, Nr. 375 v. 12. 8. 1923.

221 Die neue Reichsregierung; Deutsche Allgemeine Zeitung, Nr. 371 v. 14. 8. 1923.

II. Von der Inflation zur Hyperinflation

1 Th. Sternheim: Tagebücher, Bd. 1, S. 641 (v. 12. 8. 1923).

2 Klemperer: Tagebücher 1918–1924, S. 732 (v.13. 8. 1923).

3 Vgl. Manfred Zeidler: Die deutsche Kriegsfinanzierung 1914 bis 1918 und ihre Folgen, in Wolfgang Michalka (Hrsg.): Der Erste Weltkrieg. Wirkung, Wahrnehmung, Analyse, München-Zürich 1994, S. 415–433; Büttner: Weimar, S. 166. Für den Gesamtzusammenhang Feldman: The Great Disorder, S. 25 ff.

4 Felix Pinner: Entfesselte Instinkte; Berliner Tageblatt v. 21. 12. 1918. Zit. nach Wallwitz: Die große Inflation, S. 31.

5 Vgl. Büttner: Weimar, S. 166 f.; Winkler: Weimar, S. 144. Zum «Inflationskonsens» vgl. Charles S. Mayer: Die deutsche Inflation als Verteilungskonflikt, in Otto Büsch/Gerald D. Feldman (Hrsg.): Historische Prozesse der deutschen Inflation 1914 bis 1924, Berlin 1978, S. 329–342.

6 Vgl. die Tabelle bei Büttner: Weimar, S. 168. Zu Erzbergers Finanzreform vgl. Winkler: Weimar, S. 109–111; Taylor: Inflation, S. 127–131; Feldman: The Great Disorder, S. 162–165; Wallwitz: Die große Inflation, S. 118–132.

7 German Trade Boom and the Sinking Mark; The Manchester Guardian v. 11. 11. 1923; zit. nach Taylor: Inflation, S. 176. Zur Entwicklung der Arbeitslosigkeit vgl. die Tabellen bei Feldman: The Great Disorder, S. 127, 218. Zur deutschen Sonderkonjunktur vgl. Winkler: Von der Revolution zur Stabilisierung, S. 373–377; Hans-Ulrich Wehler: Deutsche Gesellschaftsgeschichte, Bd. IV, München 2003, S. 244 f.

8 Zit. nach Carl-Ludwig Holtfrerich: Die deutsche Inflation 1914–1923, Berlin-New York 1980, S. 207. In der «Weltbühne» (XVIII. Jg., Nr. 19 v.11. 5. 1922) konstatierte Richard Lewinsohn im Mai 1922, dass die deutsche Regierung seit drei Jahren «nicht den leisesten Versuch gemacht» habe, «sich der wachsenden Inflation und dem Marksturz entgegenzustemmen».

9 Vgl. Taylor: Inflation, S. 141, 154, 164 f. (Tabelle), 182 f. Zur Periode der relativen Stabilisierung vgl. Feldman: The Great Disorder, S. 211 ff.

10 Georg Bernhard: Der Kampf ums Leben; Vossische Zeitung, Nr. 1 v. 1. 1. 1922. Vgl. Taylor: Inflation, S. 185 f. Zum Verfall der Mark zwischen Sommer und Ende 1921 vgl. Feldman: The Great Disorder, S. 385 f.

11 Klemperer: Tagebücher 1918–1924, S. 498 (v. 18. 9. 1921).

12 Ebd., S. 530 (v. 19. 11. 1921).

13 Ebd., S. 538 (v. 23. 12. 1921).

14 Alfred Kerr: Berlin wird Berlin. Briefe aus der Reichshauptstadt 1897–1922. Hrsg. von Deborah Vietor-Engländer, Bd. 4: 1917–1922, Göttingen 2021, S. 444 (v. 18. 12. 1921).

15 Sling: Mein Tipp; Vossische Zeitung, Nr. 537 v. 17. 11. 1921.

16 Siegfried Jacobsohn: Briefe an Kurt Tucholsky 1915–1926. Hrsg. von Richard von Soldenhoff, München und Hamburg 1989, S. 146 (v. 17. 6. 1922). Vgl. zum Vorstehenden Taylor: Inflation, S. 191 f. Zum Zusammenhang zwischen Inflation und Reparationen vgl. Feldman: The Great Disorder, S. 418; Holtfrerich: Die deutsche Inflation 1914–1923, S. 135 ff.

17 Mühsam: Tagebücher 1910–1924, S. 293 (v. 31. 5. 1922).

18 Th. Sternheim: Tagebücher, Bd. 1, S. 574 f. (v. 30. 4. 1922).

19 Morus (d. i. Richard Lewinsohn): Von Paris bis Leipzig; Die Weltbühne, XVIII. Jg., Nr. 26, S. 661 v. 29. 6. 1922. Vgl. ders.: Kapital und Kohle; Die Weltbühne, XVIII. Jg., Nr. 29, S. 67 v. 20. 7. 1922: «Seitdem die deutsche Valuta ins Gleiten gekommen ist, hat kein politisches Ereignis so unmittelbar und so katastrophal auf den Kurs der Mark gewirkt wie die Ermordung Rathenaus.»

20 Zweig: Die Welt von gestern, S. 363. Zu den Zahlen vgl. Taylor: Inflation, S. 207; Feldman: The Great Disorder, S. 450.

21 Auszüge aus dem Tagebuch August Heinrich von der Ohes; http://kollektives-gedaechtnis.de/texte/weimar/ohe/inflation1923.htm. Vgl. auch Klemperer: Tagebücher 1918–1924, S. 610 (v. 25. 8. 1922): «Wildeste Geldentwertung. Der Dollar sprang auf 800, auf 1000, jetzt auf zweitausend. Die Butter auf 230, das Brod, markenfrei, auf 47 etc. etc.»

22 Kerr: Berlin wird Berlin, Bd. 4, S. 502 f. (v. 27. 8. 1922).

23 Kessler: Das Tagebuch, 7. Bd., S. 567 (v. 7. 11. 1922).

24 Vgl. Taylor: Inflation, S. 233 sowie die Tabelle bei Feldman: The Great Disorder, S. 505.

25 Th. Sternheim: Tagebücher, Bd. I, S. 605 (v. 20. 12. 1922).

26 Vgl. Winkler: Von der Revolution zur Stabilisierung, S. 391 f.; Taylor: Inflation, S. 208; Feldman: The Great Disorder, S. 452.

27 Klemperer: Tagebücher 1918–1924, S. 658 (v. 2. 2. 1923).

28 Ebd., S. 705 (v. 29. 6. 1923). Vgl. Pringsheim: Tagebücher, Bd. 7, S. 84 (v. 5. 7. 1923): «Die Preise stimmen allmählich zum Selbstmord.» Zur Stützungsaktion der Reichsbank vgl. Sitzung des Reichsbank-Kuratoriums v. 21. 3. 1923; AdR. Das Kabinett Cuno, Nr. 101, S. 319–321. Zum Zusammenbruch der Stützungsaktion vgl. Ministerbesprechung v. 19. 4. 1923; ebd., Nr. 128, S. 399–402. Zu den Zahlen vgl. Taylor: Inflation, S. 272 f. und die Tabelle bei Feldman: The Great Disorder, S. 643.

29 Aufzeichnung Hamms für die Besprechung mit Wirtschaftsführern am 31. 7. und 1. 8. 1923; AdR. Das Kabinett Cuno, Nr. 234, S. 697.

30 Auszug aus dem Tagebuch August Heinrich von der Ohes, 1. 8. 1923; http://www.kollektives-gedaechtnis.de/texte/weimar/ohe/inflation1923.htm. Vgl. auch Th. Stern-

heim: Tagebücher, Bd. I, S. 640 (v. 5. 8. 1923): «Die ersten Fünfmillionenscheine sind heraus. Niemand ist sie zu wechseln imstande.»

31 Klemperer: Tagebücher 1918–1924, S. 725 (v.2./3. 8. 1923).

32 Vgl. Taylor: Inflation, S. 287.

33 Vgl. ebd., S. 272.

34 Defizit-Wirtschaft; Vossische Zeitung, Nr. 350 v. 26. 7. 1923.

35 Vgl. zum Folgenden Büttner: Weimar, S. 172–177; Herbert: Geschichte Deutschlands im 20. Jahrhundert, S. 202; Peukert: Die Weimarer Republik, S. 74 f.; Martin H. Geyer: Die Zeit der Inflation 1919–1923, in Rossol/Ziemann (Hrsg.): Aufbruch und Abgründe, S. 66–89 (hier S. 77–80).

36 Ernst Troeltsch: Die Fehlgeburt einer Republik. Spektator in Berlin 1918 bis 1922. Zusammengestellt und mit einem Nachwort versehen von Johann Hinrich Claussen, Frankfurt/M. 1994, S. 255 f. (v. 4. 3. 1922). Vgl. Karl Alexander von Müller: Im Wandel einer Welt. Erinnerungen, Bd. III, München 1966, S. 139 f.: «Es war eine ganze große Schicht des Volkes, die ohnmächtig hinabgedrängt wurde, mittlere Bürger, Handwerker und Kleinhändler, geistige Arbeiter und Künstler, frühere Offiziers- und Beamtenfamilien, wie von einer unheimlichen Seuche befallen.»

37 Erich Kästner: «… was nicht in euren Lesebüchern steht». Hrsg. von Wilhelm Rausch, Frankfurt/M. 1968, S. 152.

38 Vgl. Taylor: Inflation, S. 219; Büttner: Weimar, S. 173.

39 Klemperer: Tagebücher 1918–1924, S. 633 (v. 12. 11. 1922)

40 Ebd., S. 642 (v. 12. 12. 1922).

41 Auszüge aus dem Tagebuch August Heinrich von der Ohes, 31. 3. 1923; http://.www.kollektives-gedaechtnis.de/texte/weimar/ohe/inflation1923.htm.

42 Vgl. Winkler: Von der Revolution zur Stabilisierung, S. 375–387; Wehler: Deutsche Gesellschaftsgeschichte, Bd. IV, S. 312. Zur Entwicklung der Reallöhne vgl. Holtfrerich: Die deutsche Inflation 1914–1923, S. 224 ff.

43 Dorothy von Moltke: Ein Leben in Deutschland. Briefe aus Kreisau und Berlin 1907–1934. Eingeleitet, übersetzt und hrsg. von Beate Ruhm von Oppen, München 1999, S. 72 (v. 6. 1. 1922).

44 Vgl. Büttner: Weimar, S. 176 f.; Wehler: Deutsche Gesellschaftsgeschichte, Bd. IV, S. 334 f.

45 Franz Eulenburg: Die sozialen Wirkungen der Währungsverhältnisse, in Jahrbücher für Nationalökonomie und Statistik 122 (1924), S. 748–794 (hier S. 789). Vgl. Wehler: Deutsche Gesellschaftsgeschichte, Bd. IV, S. 248; Winkler: Von der Revolution zur Stabilisierung, S. 388 f.

46 Kessler: Das Tagebuch, 7. Bd., S. 789 (v. 16. 5. 1923). Der SPD-Reichstagsabgeordnete und Chefredakteur des «Vorwärts», Friedrich Stampfer, der Stinnes im Auswärtigen Ausschuss erlebte, erinnerte sich: «Eine Art von scheuer Ehrfurcht umgab ihn. Er sprach mit so leiser Stimme, dass selbst im verhältnismäßig engen Raum alle um ihn zusammenrückten, um sich kein Wort entgehen zu lassen.» Friedrich Stampfer: Erfahrungen und Erkenntnisse. Aufzeichnungen aus meinem Leben, Köln 1957, S. 249 f. Vgl. auch das zeitgenössische Porträt von Johannes Fischart (d. i. Erich Dombrowski): Hugo Stinnes, in ders.: Köpfe der Gegenwart. Das alte und das neue System. Dritte Folge, Berlin 1920, S. 247–256 (hier S. 249 f.).

47 Vgl. zum Folgenden die Biographien von Wulf: Hugo Stinnes, und Feldman: Hugo

Stinnes. Ferner Feldman: The Great Disorder, S. 284 ff.; Taylor: Inflation, S. 118–121, 179–181; Wallwitz: Die große Inflation, S. 79–86, 109–114, 206–212.

48 Paul Ufermann: Könige der Inflation, Berlin 1924, S. 20.

49 Frank Faßland: Wirtschaftsführer. Hugo Stinnes; Die Weltbühne, XVIII. Jg., Nr. 10, v. 9. 3. 1923, S. 234–237, Nr. 11 v. 16. 3. 1923, S. 261–267 (Zitat S. 267). Im März 1923 schaffte es Stinnes auf die Titelseite des «Time Magazine» unter der Schlagzeile «Der neue Kaiser von Deutschland». Zit. nach Wolfgang Martynkewicz: 1920. Am Nullpunkt des Sinns, Berlin 2019, S. 76.

50 Hans Ostwald: Sittengeschichte der Inflation. Ein Kulturdokument aus den Jahren des Marksturzes, Berlin 1931, S. 99.

51 Kerr: Berlin wird Berlin, Bd. 4, S. 448 f. (v. 25. 12. 1921).

52 Ernest Hemingway: Inflation in Deutschland, in ders.: 49 Depeschen. Ausgewählte Zeitungsberichte und Reportagen aus den Jahren 1920–1956. Hrsg. von Ernst Schnabel, Reinbek bei Hamburg 1972, S. 33 f. Vgl. Taylor: Inflation, S. 254 f.

53 Joseph Roth: Die fremden Bürger; Vorwärts v. 27. 5. 1923; zit. nach Ruth Glatzer: Berlin zur Weimarer Zeit. Panorama einer Metropole 1919–1933, Berlin 2000, S. 121. Vgl. Das Tage-Buch, H. 23, Jg. 4 v. 9. 6. 1923, S. 801: «Jeder Marksturz ist begleitet von einer Überflutung mit Fremden (...). Die Hoteliers, die gestern noch geseufzt, atmen auf, die Luxuswirte strahlen und die Theaterbesitzer machen frohe Gesichter.»

54 Malcolm Cowley: Exile's Return, New York 1951; zit. nach David Clay Large: Berlin. Biographie einer Stadt, München 2002, S. 175. Vgl. Otto Friedrich: Morgen ist Weltuntergang. Berlin den zwanziger Jahren, Berlin 1998, S. 161.

55 Die Auslands-Missionen in Berlin; Die Weltbühne, XVIII. Jg., Nr. 48, S. 565 f. v. 30. 11. 1922.

56 Die Weltbühne, XIX. Jg., Nr. 11 v. 15. 3. 1923, S. 318.

57 Haffner: Geschichte eines Deutschen, S. 61. Ebenfalls als Sechzehnjähriger beobachtete Hans Mayer, der spätere berühmte Literaturwissenschaftler, wie sich innerhalb seiner Schulklasse am Schiller-Gymnasium in Köln «eine neue und tiefe Spaltung» auftat: «die Zweiteilung in Kinder der Habenichtse und der neureichen Geschäftemacher». Hans Mayer: Ein Deutscher auf Widerruf. Erinnerungen, Bd. I, Frankfurt/M. 1982, S. 35.

58 Klaus Mann: Der Wendepunkt. Ein Lebensbericht, Frankfurt/M. 1963, S. 108.

59 Vgl. zum Folgenden die Studie von Ulrich Linse: Barfüßige Propheten. Erlöser der zwanziger Jahre, Berlin 1983.

60 Zit. nach ebd., S. 34.

61 Ebd., S. 38.

62 Vgl. Hermann Behr: Die Goldenen Zwanziger Jahre – das fesselnde Panorama einer entfesselten Zeit, Hamburg 1964, S. 43 ff.; Ostwald: Sittengeschichte der deutschen Inflation, S. 38–40; Martin Geyer: Verkehrte Welt. Revolution, Inflation und Moderne. München 1914–1924, Göttingen 1998, S. 312; Martynkewicz: 1920, S. 79–81.

63 Morus (d. i. Richard Lewinsohn): System Klante; Die Weltbühne, XVIII. Jg., Nr. 51, S. 651 v. 21. 12. 1922.

64 Dieser 1923 geschriebene Text fand Eingang in das fünf Jahre später erschienene Buch «Einbahnstraße». Walter Benjamin: Gesammelte Schriften, Bd. IV, 1. Hrsg. von Tilman Rexroth, Frankfurt/M. 1991, S. 98. Vgl. Jean-Michel Palmier: Walter Benjamin, Frankfurt/M. 2009, S. 384–386.

65 Klemperer: Tagebücher 1918–1924, S. 721 (v. 28. 7. 1923), 731 (v. 8. 8. 1923). Zur Inflationsmentalität vgl. Friedrich: Weltuntergang, S. 170; Taylor: Inflation, S. 207.

66 Georg Bernhard: Der Leidensweg der Mark; Vossische Zeitung, Nr. 348 v. 22. 7. 1923.

67 Xammar: Das Schlangenei, S. 49.

68 Das Tagebuch, H. 5, Jg. 4 v. 5. 2. 1923, S. 160.

69 Haffner: Geschichte eines Deutschen, S. 55.

70 Hedwig Hirschbach: Das Großstadt-Gesicht; Die Weltbühne, XIX. Jg., Nr. 15, S. 433 f. v. 12. 4. 1923.

71 Xammar: Das Schlangenei, S. 53.

72 Morus (d. i. Richard Lewinsohn): Hochbetrieb; Die Weltbühne, XVIII. Jg., Nr. 44, S. 478 v. 2. 11. 1922.

73 Ostwald: Sittengeschichte der Inflation, S. 57.

74 Haffner: Geschichte eines Deutschen, S. 58 f.

75 Klemperer: Tagebücher 1918–1924, S. 697 (v. 27. 5. 1923).

76 Ebd., S. 701 (v. 2. 6. 1923).

77 Ebd., S. 705 (v. 29. 6. 1923), 708 (v. 5. 7. 1923).

78 Vgl. Th. Sternheim: Tagebücher, Bd. I, S. 616 (v. 28. 1. 1923), 632 (v. 2. 6. 1923).

79 Theodor Heuss: Erinnerungen 1905–1933, Frankfurt/M. 1965, S. 188. Vgl. Peter Merseburger: Theodor Heuss. Der Bürger als Präsident. Biographie, Stuttgart 2012, S. 238; «Die Weltbühne», XVIII. Jg., Nr. 42 v. 19. 10. 1922, S. 424: «Angenommen, es gelingt einem Journalisten jede Woche einen Artikel für die ausländische Presse zu schreiben, so hat er vier Nachmittage im Monat Arbeit und kann während der übrigen Zeit luxuriös als Faulpelz leben.»

80 Theodor Heuss: Bürger der Weimarer Republik. Briefe 1918–1933. Hrsg. und bearbeitet von Michael Dorrmann, München 2008, S. 184 (v. 1. 2. 1923).

81 Th. Mann: Briefe II, S. 487 (v. 5. 9. 1923). Vgl. Donald Prater: Thomas Mann. Deutscher und Weltbürger. Eine Biographie, München-Wien 1995, S. 194; Hermann Kurzke: Thomas Mann. Das Leben als Kunstwerk, München 1999, S. 352 f.

82 Siegfried von Vegesack: Das Börsenspiel; Das Tage-Buch, H. 16, Jg. 4 v. 21. 4. 1923, S. 565.

83 Egon Erwin Kisch: Läuse auf dem Markt. Vermischte Prosa, Berlin-Weimar 1985 (=Gesammelte Werke, Bd. 10). Zit. nach Glatzer: Berlin zur Weimarer Zeit, S. 98.

84 Carl Zuckmayer: Als wär's ein Stück von mir. Horen der Freundschaft, Stuttgart-Wien 1966, S. 307. Zum Typus des Schiebers vgl. Ostwald: Sittengeschichte der Inflation, S. 79–82; Geyer: Verkehrte Welt, S. 243–245.

85 Haffner: Geschichte eines Deutschen, S. 57.

86 Roland Schacht: Verteidigung des Schiebers; Die Weltbühne, XVIII. Jg., Nr. 50, S. 620 (v. 14. 12. 1922).

87 Zit. nach Geyer: Verkehrte Welt, S. 283. Vgl. Herbert: Geschichte Deutschlands im 20. Jahrhundert, S. 205.

88 Klaus Mann: Der Wendepunkt, S. 114 f.

89 Ilja Ehrenburg: Menschen, Jahre, Leben. Memoiren, Bd. 2, 2. Aufl., Berlin 1982, S. 9. Vgl. Taylor: Inflation, S. 278.

90 Zweig: Die Welt von gestern, S. 365. Vgl. Robert Beachy: Das andere Berlin. Die Erfindung der Homosexualität. Eine deutsche Geschichte 1867–1933, München 2015, S. 285 ff.

91 Vgl. Friedrich: Morgen ist Weltuntergang, S. 163; Taylor: Inflation, S. 280.

92 Curt Riess: Das waren Zeiten. Eine nostalgische Autobiographie mit vielen Mitwirkenden, Wien u. a. 1977, S. 106 f. Vgl. Glatzer: Berlin zur Weimarer Zeit, S. 124 f.

93 Haffner: Geschichte eines Deutschen, S. 57 f.

94 Zuckmayer: Als wär's ein Stück von mir, S. 307.

95 Vgl. Geyer: Verkehrte Welt, S. 266.

96 Kl. Mann: Der Wendepunkt, S. 112 f.; vgl. Riess: Das waren Zeiten, S. 106.

97 Zweig: Die Welt von gestern, S. 365.

98 Klemperer: Tagebücher 1918–1924, S. 666 (v. 2. 3. 1923).

99 Peter Panter (d. i. Kurt Tucholsky): Ein deutsches Volkslied; Die Weltbühne, XVIII. Jg., Nr. 50 v. 14. 12. 1922; S. 623 f.; auch abgedr. in Kurt Tucholsky: Gesammelte Werke, Bd. 3: 1921–1924. Hrsg. von Mary Gerold-Tucholsky und Fritz J. Raddatz, Reinbek bei Hamburg 1975, S. 294 f. Vgl. Ostwald: Sittengeschichte der Inflation, S. 217–219.

100 Vgl. Lother Fischer: Anita Berber. Die Göttin der Nacht, Berlin 2007; Johanna Adoria: Das nackte Leben, Spiegel-Online v. 6. 8. 2006. Zu den «Nacktkünstlerinnen» vgl. Ostwald: Sittengeschichte der Inflation, S. 135–146.

101 Egon Erwin Kisch: Elliptische Tretmühle, in ders.: Der rasende Reporter. Hetzjagd durch die Zeit. Wagnisse in aller Welt. Kriminalistisches Reisebuch, Berlin und Weimar 1978, S. 234–238 (hier S. 234). Vgl. zu den Sechstagerennen Riess: Das waren. Zeiten, S. 109–111; Hans Ulrich Gumbrecht: 1926. Ein Jahr am Rand der Zeit, 3. Aufl., Frankfurt/M. 2020, S. 221–225.

102 Vgl. Benjamin Maack: Fahren, feiern, umfallen, Spiegel-Online v. 22. 1. 2008; Large: Berlin, S. 177; Curt Riess: Weltbühne Berlin, in Rudolf Pörtner (Hrsg.): Alltag in der Weimarer Republik. Erinnerungen an eine unruhige Zeit, Düsseldorf-Wien-New York 1990, S. 32–56 (hier S. 46 f.).

103 Vgl. Martynkewicz: 1920, S. 258–261; Hermann von Wedderkop: Hans Breitenstäter: «Kein Mensch macht Halt vor dieser prachtvollen Vitalität»; Die Weltbühne, XVII. Jg., Nr. 38 v. 22. 9. 1921, S. 297.

104 Trude Hesterberg: Was ich noch sagen wollte … Autobiographische Aufzeichnungen, Berlin 1971, S. 89.

105 Ostwald: Sittengeschichte der Inflation, S. 126.

106 Vgl. Geyer: Verkehrte Welt, S. 249.

107 Von Sonntag zu Sonntag. Gärung; Deutsche Allgemeine Zeitung, Nr. 348 v. 29. 7. 1923.

108 Friedrich Kroner: Überreizte Nerven; Berliner Illustrierte Zeitung, Nr. 34 v. 26. 8. 1923; zit. nach Ostwald: Sittengeschichte der deutschen Inflation, S. 74; vgl. auch Peter Longerich (Hrsg.): Die Erste Republik. Dokumente zur Geschichte des Weimarer Staates, München-Zürich 1992, S. 169.

109 Haffner: Geschichte eines Deutschen, S. 59 f.

110 Selbsthilfe des Mittelstandes; Niederdeutsche Zeitung v. 26. 10. 1922, zit. nach Taylor: Inflation, S. 279 f.

111 Vgl. Ostwald: Sittengeschichte der deutschen Inflation, S. 27 f.; Geyer: Verkehrte Welt, S. 261 f.; Large: Berlin, S. 176; Glatzer: Berlin zur Weimarer Zeit, S. 123 f.

112 Vgl. Taylor: Inflation, S. 268; Geyer: Verkehrte Welt, S. 185 f.

113 Hans Fallada: Wolf unter Wölfen (1937), Hamburg 1952, S. 15.

III.
Versuche einer Krisenlösung: die Große Koalition unter Stresemann

1 Morus (d. i. Richard Lewinsohn): Der Wendepunkt; Die Weltbühne, XIX. Jg., Nr. 35 v. 30. 8. 1923, S. 222.

2 T(hedor) W(olff): Stresemann; Berliner Tageblatt, Nr. 376 v. 13. 8. 1923; auch abgedr. in Sösemann (Hrsg.): Theodor Wolff. Der Journalist, S. 184–186.

3 Vgl. zum Folgenden Wright: Gustav Stresemann, sowie die knappen, aber präzisen Biographien von Eberhard Kolb: Gustav Stresemann, München 2003, und Manfred Berg: Gustav Stresemann. Eine politische Karriere zwischen Reich und Republik, Göttingen-Zürich 1992. Zu Stresemanns rhetorischer Begabung vgl. Pohl: Gustav Stresemann, S. 64–67.

4 Zit. nach Kurt Koszyk: Gustav Stresemann. Der kaisertreue Demokrat. Eine Biographie, Köln 1989, S. 188.

5 Stockhausen: Sechs Jahre Reichskanzlei, S. 73.

6 Ebert an Stresemann, 14. 8. 1923; AdR. Die Kabinette Stresemann I und II. Bd. 1: 13.8. bis 6. 10. 1923. Bearbeitet von Karl Dietrich Erdmann und Martin Vogt, Boppard am Rhein 1978, Nr. 2, S. 3 f. Vgl. Mühlhausen: Friedrich Ebert, S. 619 f., 622 f.

7 Vgl. zur Kabinettsbildung AdR. Die Kabinette Stresemann, Bd. 1, Einleitung S. XXVII–XXX; Wright: Gustav Stresemann, S. 218–221; John P. Birkelund: Gustav Stresemann. Patriot und Staatsmann. Eine Biographie, Hamburg-Wien 2003, S. 283–291; Richter: Die Deutsche Volkspartei, S. 273 f.; Mühlhausen: Friedrich Ebert, S. 620 f; Winkler: Weimar, S. 204 f.

8 Dr. Peter Bergell an Stresemann, 19. 8. 1923; Stresemann: Vermächtnis, Bd. I, S. 92 f. Zu Stresemanns Krankheiten vgl. Koszyk: Gustav Stresemann, S. 212–217; Pohl: Gustav Stresemann, S. 54–64.

9 D'Abernon: Memoiren, Bd. II, S. 277 (v. 17. 8. 1923). Vgl. auch Stresemann an die Burschenschaft Sueva, 20. 8. 1923: «Es gehörte ein starker Optimismus dazu, in diesem Augenblick auf die Kapitänsbrücke des Reichsschiffs zu treten.» Zit. nach Pohl: Gustav Stresemann, S. 227.

10 Radbruch: Der innere Weg, S. 169.

11 Auszug aus der Regierungserklärung Stresemanns, 14. 8. 1923; Ursachen und Folgen, Bd. V, Nr. 1064a, S. 172–174; auch in Stresemann: Vermächtnis, Bd. I, S. 90 f.

12 Georg Bernhard: Stresemanns Rede; Vossische Zeitung, Nr. 383 v. 15. 8. 1923.

13 Erich Dombrowski: Die Reichstagssitzung; Berliner Tageblatt, Nr. 379 v. 15. 8. 1923.

14 Vgl. Auszug aus der Rede Hergts in Ursachen und Folgen, Bd. V, Nr. 1064d, S. 176 f.

15 Vorwärts, Nr. 377 v. 15. 8. 1923; zit. nach Mühlhausen: Friedrich Ebert, S. 622.

16 Vgl. zum Abstimmungsverhalten Alfred Kastning: Die deutsche Sozialdemokratie zwischen Koalition und Opposition 1919–1923, Paderborn 1970, S. 115 f.; Winkler: Weimar, S. 205; Richter: Die Deutsche Volkspartei, S. 275.

17 Vgl. Richter: Die Deutsche Volkspartei, S. 276; AdR. Die Kabinette Stresemann, Bd. 1, Einleitung S. XXVII.

18 Neue Freie Presse, Wien, v. 26. 8. 1923; zit. nach AdR. Die Kabinette Stresemann, Bd. 1, Einleitung S. XXVI f.

19 Georg Bernhard: Der neue Kanzler; Vossische Zeitung, Nr. 380 v. 13. 8. 1923.

20 Erich Dombrowski: Die neuen Männer; Berliner Tageblatt, Nr. 377 v. 14. 8. 1923.

21 Das Tage-Buch, H. 34, Jg. 4 v. 25. 8. 1923, S. 1184 (Tagebuch der Zeit).

22 Zit. nach Winkler: Von der Revolution zur Stabilisierung, S. 604.

23 Hugenberg an Stinnes, 11. 8. 1923; zit. nach Feldman: The Great Disorder, S. 697; vgl. auch ders.: Hugo Stinnes, S. 884.

24 Deutsche Allgemeine Zeitung, Nr. 373 v. 15. 8. 1923.

25 Georg Bernhard: Gerade Linie; Vossische Zeitung, Nr. 391 v. 19. 8. 1923.

26 Hamm an Stresemann, 16. 8. 1923; AdR. Die Kabinette Stresemann, Bd. 1, Nr. 6, S. 11–17. In der Ministerratssitzung v. 17. 8. 1923 bezeichnete der bayerische Ministerpräsident von Knilling Stresemann als einen Mann, «der gerne laviere und von dem zu befürchten sei, dass er einem Druck von links nur allzu leicht nachgeben werde». Ernst Deuerlein (Hrsg.): Der Hitler-Putsch. Bayerische Dokumente zum 8./9. November 1923, Stuttgart 1962, Dok. 1, S. 159.

27 Stresemann an von Knilling, 18. 8. 1923; Die Kabinette Stresemann, Bd. 1, Nr. 11, S. 33–37 (Zitat S. 34).

28 Stresemann: Vermächtnis, Bd. I, S. 99 (v. 25. 8. 1923); AdR. Die Kabinette Stresemann, Bd. 1, Nr. 25, S. 126 (v. 27. 8. 1923).

29 Zit. nach Kolb: Gustav Stresemann, S. 76.

30 AdR. Die Kabinette Stresemann, Bd. 1, Nr. 14, S. 56–60 (Zitat S. 58).

31 Aufzeichnung Stresemanns über die Unterredung mit Wolff, 21. 8. 1923; Stresemann: Vermächtnis, Bd. I, S. 94 f. Vgl. dazu unten S. 223 ff.

32 Morus (d. i. Richard Lewinsohn): Der Wendepunkt; Die Weltbühne, XIX. Jg., Nr. 35, S. 223 (v. 30. 8. 1923).

33 Kabinettssitzung v. 23. 8. 1923; AdR. Die Kabinette Stresemann, Bd. 1, Nr. 18, S. 75–83 (Zitat S. 80).

34 Ebd., S. 83.

35 D'Abernon: Memoiren, Bd. II, S. 284 (v. 30. 8. 1923).

36 Auszug aus der Rede Stresemanns v. 2. 9. 1923 in Ursachen und Folgen, Bd. V, Nr. 1071, S. 191 f.; vgl. auch Stresemann: Vermächtnis, Bd. I, S. 100 f.

37 Georg Bernhard: Bravo, Kanzler!; Vossische Zeitung, Nr. 426 v. 3. 9. 1923.

38 T(heodor) W(olff): Die Rede Stresemanns in Stuttgart; Berliner Tageblatt, Nr. 412 v. 3. 9. 1923.

39 Stresemann: Vermächtnis, Bd. I, S. 107.

40 AdR. Die Kabinette Stresemann, Bd. 1, Nr. 18, S. 75.

41 Stresemann: Vermächtnis, Bd. I, S. 105 f.

42 Aufzeichnung Stresemanns über die Besprechung mit de Margerie, 4. 9. 1923; ebd., S. 101–105 (Zitat S. 102). Vgl. auch Ursachen und Folgen, Bd. V, Nr. 1073, S. 193–196.

43 AdR. Die Kabinette Stresemann, Bd. 1, Nr. 47, S. 204–213 (hier S. 204 f.).

44 Ebd., Nr. 59, S. 273–284 (Zitate S. 281).

45 Ebd., Nr. 61, S. 290–294 (Zitat S. 290).

46 Ebd., Nr. 62, S. 294 f.

47 Ebd., Nr. 64, S. 299–305 (Zitat S. 301).

48 Vgl. Stresemann: Vermächtnis, Bd. I, S. 128.

49 Kabinettssitzung v. 20. 9. 1923; AdR. Die Kabinette Stresemann, Bd. 1, Nr. 71, S. 319–325 (Zitat S. 320).

50 Ebd., Nr. 76, S. 334–338 (Zitate S. 334 f., 338).

51 Ebd., Nr. 77, S. 339–345 (Zitat S. 344). Nach der Erinnerung des Staatssekretärs in der Reichskanzlei, Werner von Rheinbaben, rief Jarres im Beisein Stresemanns aus: «Das ganze nationale Deutschland verhüllt sein Haupt.» Kaiser, Kanzler, Präsidenten. Erinnerungen, Mainz 1968, S. 217.

52 AdR. Die Kabinette Stresemann, Bd. 1, Nr. 79 und 80, S. 349–356, 356–361.

53 Der Aufruf vom 26. 9. 1923 abgedr. in Ursachen und Folgen, Bd. V, Nr. 1079, S. 203 f.

54 Aufzeichnung Stresemanns v. 27. 9. 1923; Stresemann: Vermächtnis, Bd. I, S. 135–137 (Zitat S. 136).

55 Berliner Tageblatt, Nr. 452 v. 26. 9. 1923: Die Ruhrbevölkerung zur Einstellung des passiven Widerstands.

56 AdR. Die Kabinette Stresemann, Bd. 1, Nr. 60, S. 285.

57 Vgl. Koszyk: Gustav Stresemann, S. 262; Berg: Gustav Stresemann, S. 74. Zur Haltung der «Rheinisch-Westfälischen Zeitung» im Ruhrkampf vgl. Stefan Frech: Wegbereiter Hitlers? Theodor Reismann-Grone. Ein völkischer Nationalist (1863–1949), Paderborn 2009, S. 271 f. Auch der Ruhrindustrielle Paul Reusch verurteilte Stresemann als «Kanzler der Kapitulation». Gerald D. Feldman/Heidrun Homburg: Industrie und Inflation. Studien und Dokumente zur Politik der deutschen Unternehmer 1916–1923, Hamburg 1977, S. 143.

58 Carl von Ossietzky: Wie der Ruhrkampf verloren ging; Berliner Volks-Zeitung v. 27. 9. 1923; Ossietzky: Sämtliche Schriften, Bd. II, S. 299.

59 Der Vertreter der Reichsregierung in München, Edgar von Haniel, an die Reichskanzlei, 27. 9. 1923; AdR. Die Kabinette Stresemann, Bd. 1, Nr. 84, S. 387–389. Vgl. auch Aufzeichnung Stresemanns über das Telefonat mit von Knilling v. 27. 9. 1923; Stresemann: Vermächtnis, Bd. I, S. 132 f.

60 Vgl. Winkler: Weimar, S. 210. Zum Zustandekommen der Notverordnung vgl. Mühlhausen: Friedrich Ebert, S. 625–628; Befehl Geßlers über die Handhabung der vollziehenden Gewalt durch die Militärbefehlshaber, 27. 9. 1923; Das Krisenjahr 1923, Nr. 34, S. 71.

61 AdR. Die Kabinette Stresemann, Bd. 1, Nr. 83, S. 378–398 (Zitate S. 383, 382).

62 AdR. Die Kabinette Stresemann, Bd. 1, Nr. 94, S. 410–415 (Zitate S. 411, 413).

63 Ministerrat v. 1. 10. 1923; ebd., Nr. 97, S. 417–421 (hier S. 425). Vgl. Mühlhausen: Friedrich Ebert, S. 631.

64 AdR. Die Kabinette Stresemann, Bd. 1, Nr. 94, S. 414.

65 Abgedr. in Deuerlein (Hrsg.): Der Hitler-Putsch, S. 74–76, Anm. 71. Vgl. Meier-Welcker: Seeckt, S. 378 f.

66 Georg Bernhard: Bayern; Vossische Zeitung, Nr. 463 v. 30. 9. 1923.

67 Vgl. Winkler: Weimar, S. 211, 223; Mühlhausen: Friedrich Ebert, S. 631 f., 676 f.; Meier-Welcker: Seeckt, S. 380–384. Zu den Auseinandersetzungen um das Verbot des «Völkischen Beobachters» vgl. Stresemann an von Knilling, 20. 10. 1923, Deuerlein (Hrsg.): Der Hitler-Putsch, Dok. 55, S. 245–249 sowie die Ausführungen Stresemanns und Geßlers in der Sitzung der Ministerpräsidenten und der Gesandten der Länder in der Reichskanzlei am 24. 10. 1923; AdR. Die Kabinette Stresemann, Bd. 2, Nr. 174, S. 730–746.

68 Vgl. Wright: Gustav Stresemann, S. 231; Kolb: Gustav Stresemann, S. 82. Siehe dazu unten, S. 223 ff.

69 Stresemann an Stinnes, 12. 10. 1923; AdR. Die Kabinette Stresemann, Bd. 2, Nr. 131, S. 560–562 (Zitat S. 561).

70 Kabinettssitzung v. 10. 10. 1923; ebd., Nr. 125, S. 524–535 (Zitat S. 529). Zu den MICUM-Verhandlungen vgl. Wulf: Hugo Stinnes, S. 393 ff.

71 Abgedr. in Ursachen und Folgen, Bd. V, Nr. 1081, S. 206 f.

72 Winkler: Weimar, S. 216; vgl. ders.: Von der Revolution zur Stabilisierung, S. 625 f.; Feldman/Homburg: Industrie und Inflation, S. 147 f.

73 Deutsche Allgemeine Zeitung, Nr. 452 v. 29. 9. 1923: Ein Arbeiterführer.

74 Aufzeichnung Stresemanns betr. Geheimrat Dr. Quaatz; zit. nach Richter: Die Deutsche Volkspartei, S. 282; vgl. zum Vorstehenden ebd., S. 281; Winkler: Weimar, S. 218.

75 AdR. Die Kabinette Stresemann, Bd. 1, Nr. 97, S. 429 f. Vgl. Winkler: Weimar, S. 216 f.; ders.: Von der Revolution zur Stabilisierung, S. 626 f.

76 AdR. Die Kabinette Stresemann, Bd. 1, Nr. 99, S. 436–444 (Zitate S. 437, 439)

77 Ernst Feder: Die Streitpunkte; Berliner Tageblatt, Nr. 464 v. 3. 10. 1923.

78 Deutsche Allgemeine Zeitung, Nr. 459 v. 4. 10. 1923: Worum geht's?

79 Georg Bernhard: Die nächste Aufgabe; Vossische Zeitung, Nr. 471 v. 5. 10. 1923. Vgl. Politischer Hexensabbath; Die Weltbühne, XIX Jg., Nr. 41 v. 11. 10. 1923, S. 350 f.: «Der Ansturm gegen Stresemann selbst begann mit dem Dolchstoß des Herrn Scholz, des Fraktionsvorsitzenden der Deutschen Volkspartei (…). Die Stimme war Herrn Scholzes Stimme, die Hände aber gehörten Stinnes und Hugenberg.»

80 Das Tage-Buch, H. 40, Jg. 4 v. 6. 10. 1923, S. 1389 f. (Tagebuch der Zeit).

81 AdR. Die Kabinette Stresemann, Bd. 1, Nr. 97, S. 444.

82 Ebd., Nr. 100, S. 444 f. Das Rücktrittsschreiben von Raumers an Stresemann v. 2. 10. 1923 ebd., Nr. 101, S. 446.

83 Ebd., Nr. 102, S. 447–452 (Zitat S. 451). Vgl. Winkler: Weimar, S. 218 f.; ders.: Von der Revolution zur Stabilisierung, S. 630.

84 Ebd., Nr. 106, S. 459–462 (Zitate S. 460). Zum Beschluss der SPD-Fraktion vgl. ebd., Nr. 105, S. 458, Anm. 6.

85 Stresemann: Vermächtnis, Bd. I, S. 145; W. Stresemann: Mein Vater Gustav Stresemann, S. 243.

86 Erich Dombrowski: Die Krise. Was nun?; Berliner Tageblatt, Nr. 465 v. 4. 10. 1923.

87 Georg Bernhard: Wie es kam; Vossische Zeitung, Nr. 469 v. 4. 10. 1923.

88 Vgl. Winkler: Weimar, S. 202 f.; Richter: Die Deutsche Volkspartei, S. 285; Wright: Gustav Stresemann, S. 227 f.

89 Aufzeichnung über die Besprechung der Führer der Koalitionsparteien beim Reichskanzler, 5. 10. 1923; AdR. Die Kabinette Stresemann, Bd. 1, Nr. 113, S. 484 f.

90 Vgl. Winkler: Weimar, S. 221 f.; Richter: Die Deutsche Volkspartei, S. 286. Helfferich begrüßte den neuen Reichsfinanzminister mit den Worten, mit denen seinerzeit Luther in Worms empfangen worden war: «Mönchlein, Mönchlein, du gehst einen schweren Gang.» Hans Luther: Politiker ohne Partei. Erinnerungen, Stuttgart 1960, S. 120.

91 Erich Dombrowski: Die gestrige Reichstagssitzung; Berliner Tageblatt, Nr. 471 v. 7. 10. 1923. Zur physischen Belastung Stresemanns in diesen Tagen vgl. W. Stresemann: Mein Vater Gustav Stresemann, S. 246 f.

92 Auszug aus der Programmrede Stresemanns v. 6. 10. 1923; Ursachen und Folgen, Bd. V, Nr. 1085, S. 211–221 (Zitate S. 215, 217, 221).

93 Auszug aus der Rede von Westarps v. 8. 10. 1923; ebd., Nr. 1088c, S. 234–236 (Zitat S. 235).

94 Georg Bernhard: Die Abfuhr; Vossische Zeitung, Nr. 477 v. 9. 10. 1923, darin auch die Rede des Reichskanzlers unter der Überschrift «Stresemanns Abrechnung mit den Deutschnationalen».

95 Stresemann: Vermächtnis, Bd. I, S. 155.

96 Tagebuch Houghtons v. 6. 10. 1923: «All here agree that the Cabinet will be short-lived.» Zit. nach Mühlhausen: Friedrich Ebert, S. 636, Anm. 196. Vgl. Klemperer: Tagebücher 1918–1924, S. 751 (v. 9. 10. 1923): «Das Kabinett Stresemann ist noch einmal geflickt u(nd) kann nur Tage halten.»

97 Berliner Tageblatt, Nr. 477 v. 11. 10. 1923: Vor der Abstimmung über das Ermächtigungsgesetz. Vgl. auch Vossische Zeitung, Nr. 480 v. 10. 10. 1923: «Es ist ein wahrer Dornenweg, den die Regierung Stresemann gehen muss und Pflicht der Koalitionsparteien vor allem ist es, ihr die politische Führung zumindest im Innern nicht zu erschweren und ihr die Freiheit für rasches Handeln zu schaffen.»

98 Vgl. Stresemanns Ausführungen in der Kabinettssitzung v. 11. 10. 1923; AdR. Die Kabinette Stresemann, Nr. 128, S. 543; Mühlhausen: Friedrich Ebert, S. 637.

99 Vossische Zeitung, Nr. 486 v. 13. 10. 1923.

100 Vgl. Winkler: Weimar, S. 222; Richter: Die Deutsche Volkspartei, S. 287.

101 Entwurf des Ermächtigungsgesetzes; AdR. Die Kabinette Stresemann, Bd. 2, Nr. 117, S. 499 f.

102 Georg Bernhard: Die Ermächtigung; Vossische Zeitung, Nr. 487 v. 14. 10. 1923; vgl. auch den. Leitartikel Theodor Wolffs in Berliner Tageblatt, Nr. 484 v. 15. 10. 1923.

103 Vgl. Taylor: Inflation, S. 293; Winkler: Von der Revolution zur Stabilisierung, S. 609. Vgl. Erich Dombrowski: Die Forderung der Stunde; Berliner Tageblatt, Nr. 410 v. 1. 9. 1923: «Der Währungsverfall ist so weit vorgeschritten, dass die Papiermark fast nur noch die vielen Nullen wert ist, die hinter der ersten Zahl sich wie eine immer länger werdende Schlange winden.»

104 Klemperer: Tagebücher 1918–1924, S. 740 (v. 27. 8. 1923), S. 741 (v. 6. 9. 1923). Vgl. H. Pringsheim: Tagebücher, Bd. 7, S. 91 (v. 25. 8. 1923): «Die Teuerung rast weiter!»

105 Klemperer: Tagebücher, S. 748 (v. 30. 9. 1923).

106 Berliner Tageblatt, Nr. 411 v. 2. 9. 1923 (1. Beiblatt).

107 Die Gewerkschaftsverbände an die Reichsregierung, 28. 9. 1923; AdR. Die Kabinette Stresemann, Bd. 1, Nr. 90, S. 401–403 (Zitate S. 401, 402).

108 Klemperer: Tagebücher 1918–1924, S. 749 (v. 4. 10. 1923).

109 Taylor: Inflation, S. 291.

110 Betty Scholem–Gershom Scholem: Mutter und Sohn im Briefwechsel 1917–1948. Hrsg. von Itta Shedletzky in Verbindung mit Thomas Sparr, München 1989, S. 83 (v. 9. 10. 1923).

111 Ebd., S. 84 f. (v. 15. 10. 1023).

112 Besprechung über die Währungssanierung, 18. 8. 1923; AdR. Die Kabinette Stresemann, Bd. 1, Nr. 9, S. 23–29 (Zitat S. 24). Auszug aus dem Projekt Helfferichs in Ursachen und Folgen, Bd. V, Nr. 1225, S. 546–549. Vgl. zum Folgenden William Smaldone: Rudolf Hilferding. Tragödie eines deutschen Sozialdemokraten, Bonn 2000, S. 163–167; Claus-Dieter Krohn: Helfferich contra Hilferding. Konservative Geldpolitik und die sozialen Folgen der Inflation 1918–1923, in Vierteljahrsschrift für So-

zial- und Wirtschaftsgeschichte, Jg. 62 (1975), S. 62–92; Feldman: The Great Disorder, S. 708 ff. Zusammenfassend Winkler: Von der Revolution zur Stabilisierung, S. 610–612; AdR. Die Kabinette Stresemann, Bd. 1, Einleitung S. LXXVI-LXXXI.

113 Zit nach Krohn: Helfferich contra Hilferding, S. 87.

114 AdR. Die Kabinette Stresemann, Bd. 1, Nr. 33, S. 164.

115 Vgl. Kabinettssitzungen v. 7. 9. 1923 und 10. 9. 1923; ebd., Bd. 1, Nr. 47 und 51, S. 208–213, 224–228.

116 Leitartikel Theodor Wolffs; Berliner Tageblatt, Nr. 424 v. 10. 9. 1923.

117 Vgl. die Ausführungen Hilferdings in der Kabinettsitzung v. 13. 9. 1923; AdR. Die Kabinette Stresemann, Bd. 1, Nr. 55, S. 257. Die Stellungnahme der Reichsbank ebd., S. 257, Anm. 20, und Aufzeichnung des Ministerialrats Kiep v. 18. 9. 1923; ebd., Nr. 66, S. 308.

118 Kabinettssitzung vom 13. 9. 1923; ebd., Nr. 55, S. 256–261 (Zitate S. 261, 258).

119 Richter an Hilferding, 26. 9. 1923; zit. nach Feldman: The Great Disorder, S. 732 f.

120 Vgl. AdR. Die Kabinette Stresemann, Einleitung S. LXXX; Nr. 82, S. 375 f. (Kabinettssitzung v. 26. 9. 1923), Vossische Zeitung, Nr. 442 v. 18. 9. 1923: Die neue deutsche Goldwährung.

121 Richard Lewinsohn: Die Bodenmark; Vossische Zeitung, Nr. 450 v. 22. 9. 1923.

122 Luther: Politiker ohne Partei, S. 115. Der preußische Ministerpräsident Otto Braun will gegenüber Stresemann erklärt haben, Hilferding wäre «ein wertvoller wissenschaftlicher Berater für einen entschlussfähigen Minister», zum Minister selbst aber sei er «zu klug». Otto Braun: Von Weimar zu Hitler, Hamburg 1949, S. 52. Vgl. auch das abfällige Urteil Leopold Schwarzschilds: Hilferding habe selbst an die Heilkraft derjenigen Projekte nicht geglaubt, die seine eigene Unterschrift trugen: «Aber an die Spitze der deutschen Finanzverwaltung gehört in dieser Zeit äußersten Aktionszwanges kein kritisch-dialektisch eingestellter müder Pessimist, sondern ein konstruktiv-imperativ eingestellter rastloser Optimist. Wer sanieren will, muss an die Sanierung glauben.» Das Tage-Buch, H. 40, Jg. 4 v. 6. 10. 1923, S. 1413 (Tagebuch der Wirtschaft).

123 Vgl. zum Vorstehenden AdR. Die Kabinette Stresemann, Bd. 1, Einleitung S. LXXX f.; Bd. 2, Nr. 136, S. 578–580 Kabinettssitzung v. 15. 10. 1923); Vossische Zeitung, Nr. 490 v. 16. 10. 1923: Die Grundlagen der neuen Währung: Erich Dombrowski: Die Rentenbank; Berliner Tageblatt, Nr. 486 v. 16. 10. 1923.

124 Richard Lewinsohn: Die Rentenbank; Vossische Zeitung, Nr. 491 v. 17. 10. 1923.

125 AdR. Die Kabinette Stresemann, Bd. 2, Nr. 136, S. 576. Der Entwurf der Note an die Reparationskommission v. 4. 10. 1923 in ebd., Bd. 1, Nr. 110, S. 473.

126 D'Abernon: Memoiren, Bd. II, S. 311 (v. 29. 10. 1923). Vgl. zum Vorstehenden AdR. Die Kabinette Stresemann, Bd. 1, Einleitung S. LXXXI-LXXXIV; Winkler: Weimar, S. 232 f.; Vossische Zeitung, Nr. 510 v. 27. 10. 1923: Der «Umschwung» in Paris.

IV.
Deutscher Oktober

1 Ludwig Quessel: Jusqu'au bout?; Die Weltbühne, XIX. Jg., Nr. 37 v. 13. 9. 1923, S. 253. Forstrat Escherich notierte Ende September 1923: «Es geht mit der Mark u(nd) mit Deutschland rasend abwärts! Fast kein Halten mehr.» BayHStA München, Nl Georg Escherich 10.

2 Klemperer: Tagebücher 1918–1924, S. 253 (v. 14. 10. 1923). Vgl. H. Pringsheim: Tagebücher, Bd. 7, S. 99 (v. 4. 10. 1923): «Politik: Chaos, Abgrund.»

3 Stalin an Sinowjew, 7. 8. 1923; Deutscher Oktober. Ein Revolutionsplan und sein Scheitern. Hrsg. von Bernhard H. Bayerlein u. a., Berlin 2003, Dok. 5, S. 99 f; Sinowjew an Brandler und Thalheimer, 27. 7. 1923; ebd., Dok. 3, S. 95 f.

4 Fridrich I. Firsov: Ein Oktober, der nicht stattfand. Die revolutionären Pläne der RKP und der Komintern, in ebd., S. 35–58 (hier S. 39). Auszug aus dem ersten Entwurf der Leitsätze Sinowjews in ebd., Dok. 7, S. 103 f.

5 Konspekt der Debatte des Politbüros des ZK der RKP über die «deutsche Revolution»; ebd., Dok. 10, S. 116–126 (Zitat S. 123 f.).

6 Beschluss des Politbüros des ZK der RKP, 22. 8. 1923; ebd., Dok. 12, S. 130 f.; Mitteilung Josef Unschlichts über seine geheime Mission in Deutschland; ebd., Dok. 16, S. 138. Vgl. Firsov: Ein Oktober, der nicht stattfand, ebd., S. 41.

7 So im Bericht Hugo Eberleins an die Komintern, 15. 8. 1923; ebd., Dok. 8, S. 105–110 (Zitat S. 105).

8 So Angress: Stillborn Revolution, S. 433; vgl. Winkler: Weimar, S. 214 f.; August Thalheimer: 1923: eine verpasste Revolution? Die deutsche Oktoberlegende und die wirkliche Geschichte von 1923, Berlin 1931, S. 21: «Man übertrug das Schema des Oktober 1917 auf Deutschland, ohne dass die Tatsachen vorhanden waren.»

9 Protokoll der geheimen Moskauer Konferenz der russischen Mitglieder des EKKI mit der Delegation der KPD, der KP Frankreichs und der KP der Tschechoslowakei, 25. 9. 1923; Deutscher Oktober 1923, Dok. 22, S. 162–178 (Zitate S. 163, 165). Zum Umschwenken Brandlers vgl. Angress: Stillborn Revolution, S. 433–436; Jens Becker: Heinrich Brandler. Eine politische Biographie, Hamburg 2001, S. 223–227.

10 Vgl. Telegramm Sinowjews an die Zentrale der KPD, 1. 10. 1923; Deutscher Oktober 1923, Dok. 28, S. 187; Protokoll der Sitzung des Politbüros des ZK der RKP, 4. 10. 1923; ebd., Dok. 31, S. 195–197; Firsov: Ein Oktober der nicht stattfand, ebd., S. 47.

11 Vgl. zum Folgenden Karsten Rudolph: Die sächsische Sozialdemokratie vom Kaiserreich zur Republik (1871–1923), Weimar-Köln-Wien 1995, S. 220 ff.; Winkler: Weimar, S. 191 f.; Mühlhausen: Friedrich Ebert, S. 641 ff.

12 Richtlinien von SPD und KPD für die künftige Politik in Sachsen, Ursachen und Folgen, Bd. V, Nr. 1192, S. 473–475.

13 Zur Biographie Zeigners vgl. Michael Rudloff (Hrsg.): Erich Zeigner – Bildungsbürger und Sozialdemokrat, Leipzig 1999; Rudolph: Die sächsische Sozialdemokratie, S. 344 f.

14 AdR. Das Kabinett Cuno, Nr. 119, S. 375, Anm. 18.

15 Meldung Müllers an das Gruppenkommando I, 12. 4. 1923; Das Krisenjahr 1923, Dok. 11, S. 26 f.

16 AdR. Das Kabinett Cuno, Nr. 215, S. 638, Anm. 6.

17 Vgl. Helmut Gast: Die proletarischen Hundertschaften als Organe der Einheitsfront im Jahre 1923, in Zeitschrift für Geschichtswissenschaft, Jg. 4 (1956), S. 439–465; Winkler: Von der Revolution zur Stabilisierung, S. 620 f.

18 Besprechung mit Vertretern des Verbandes Sächsischer Industrieller, 19. 6. 1923; AdR. Das Kabinett Cuno, Nr. 197, S. 590–592 (Zitate S. 591, 592).

19 Besprechung mit dem sächsischen Ministerpräsidenten, 10. 7. 1923; AdR. Das Kabinett Cuno, Nr. 215, S. 636–639 (Zitat S. 636). Auszug aus der Rede Zeigners v. 16. 6. 1923 nach dem Bericht der Sächsischen Volkszeitung in ebd., S. 637, Anm. 4. Vgl. auch Rudolph: Die sächsische Sozialdemokratie, S. 359 f.

20 Ministerrat beim Reichspräsidenten, 10. 8. 1923; AdR. Das Kabinett Cuno, Nr. 244, S. 731. Zur Leipziger Rede Zeigners vgl. ebd., Nr. 241, S. 725, Anm. 7; Das Krisenjahr 1923, Dok. 28, S. 62, Anm. 1. Vgl. Mühlhausen: Friedrich Ebert, S. 644; Rudolph: Die sächsische Sozialdemokratie, S. 370.

21 Schreiben des Befehlshabers im Wehrkreis IV, General Müller, an Zeigner, 10. 8. 1923; Das Krisenjahr 1923, Dok. 28, S. 62.

22 Klemperer: Tagebücher 1918–1924, S. 733 (v. 13. 8. 1923). An Félix Bertaux schrieb Heinrich Mann am 16. 8. 1923: «Bei dem Zustand der Dinge war es überaus schwer, festlich zu sprechen. Ich war das Gegenteil davon, so habe ich nur die sozialistische sächsische Regierung befriedigt – was auch der Zweck war, denn ich wollte sie stützen.» H. Mann/F. Bertaux: Briefwechsel 1922–1948, S. 68.

23 Auszug aus der Rede Heinrich Manns in Das Krisenjahr 1923, Dok. 31, S. 66 f., Anm. 2. Vgl. Rudolph: Die sächsische Sozialdemokratie, S. 344. In einem Schreiben vom 23. 8. 1923 beschwerte sich Reichswehrminister Geßler bei Reichskanzler Stresemann über die Rede Manns. Nur durch die Nichtteilnahme der Reichswehr an der Verfassungsfeier sei ihren Vertretern die Peinlichkeit erspart geblieben, «diese Verunglimpfung der höchsten Einrichtungen des Reichs, des Reichstags und der damaligen verfassungsmäßigen Reichsregierung» mitanhören zu müssen. Das Krisenjahr 1923, Dok. 31, S. 66 f.

24 Kommuniqé über die Aussprache zwischen Stresemann und Zeigner, 17. 8. 1923; AdR. Die Kabinette Stresemann, Bd. 1, Nr. 7, S. 17 f.; vgl. Rudolph: Die sächsische Sozialdemokratie, S. 373 f.

25 Über das zweite Treffen mit Zeigner berichtete Stresemann in einem Schreiben an den SPD-Vorsitzenden Otto Wels v. 27. 8. 1923; AdR. Die Kabinette Stresemann, Bd. 1, Nr. 26, S. 130–132.

26 Generalsekretär Johannes Dieckmann an Stresemann, 24. 8. 1923; ebd., Nr. 23, S. 98–101 (Zitate S. 100).

27 Geßler an Stresemann, 22. 8. 1923, mit anliegender Denkschrift; AdR. Die Kabinette Stresemann, Bd. 1, Nr. 17, S. 68–74 (Zitate S. 69). Justizminister Radbruch sah in Zeigners Rede keine Anhaltspunkte für ein Strafverfahren. Radbruch an Stresemann, 27. 8. 1923; Mühlhausen: Friedrich Ebert, S. 646, Anm. 237.

28 AdR. Die Kabinette Stresemann, Bd. 1, Nr. 51, S. 223. Vgl. zum Vorstehenden Mühlhausen: Friedrich Ebert, S. 647.

29 Vgl. Mühlhausen: Friedrich Ebert, S. 647 f. Zur Entwicklung in Thüringen 1923 vgl. Erhard Wörfel: Die Arbeiterregierung in Thüringen im Jahre 1923, Erfurt 1974.

30 Besprechung mit Sachsen, 11. 9. 1923; AdR. Die Kabinette Stresemann, Bd. 1, Nr. 53, S. 238–243. Vgl. Rudolph: Die sächsische Sozialdemokratie, S. 377.

31 Abgedr. in Ursachen und Folgen, Bd. V, Nr. 1195a, S. 478 f.

32 Stresemann: Vermächtnis, Bd. I, S. 117 f. In einem Schreiben an den Reichskanzler vom 22. 9. 1923 warnte von Brüninghaus, «dass in kürzester Frist, wenn nicht irgendetwas geschieht, in Sachsen die Herrschaft der Straße, alias des Kommunismus, sich ausbreiten wird». AdR. Die Kabinette Stresemann, Bd. 1, Nr. 75, S. 332 f.

33 Reinhardt an das thüringische Staatsministerium, 28. 9. 1923; Das Krisenjahr 1923, Dok. 36, S. 81. Zur Verordnung Müllers vom 27. 9. 1923 vgl. ebd., S. 81, Anm. 2.

34 AdR. Die Kabinette Stresemann, Bd. 2, Nr. 115, S. 489–492 (Zitate S. 492).

35 Ebd., Nr. 117, S. 494–498 (Zitate S. 497).

36 Zit. nach Heinrich Weiler: Die Reichsexekution gegen den Freistaat Sachsen unter Reichskanzler Stresemann im Oktober 1923. Historisch-politischer Hintergrund, Verlauf und staatsrechtliche Beurteilung, Frankfurt/M. 1987, S. 22 f. Vgl. Zur Regierungsbildung Rudolph: Die sächsische Sozialdemokratie, S. 389 f.; Becker: Heinrich Brandler, S. 228 f.

37 Auszug aus der Regierungserklärung Zeigners, 12. 10. 1923; Ursachen und Folgen, Bd. V, Nr. 1199b, S. 484 f.

38 Erklärung der thüringischen Landesregierung, 17. 10. 1923; ebd., Nr. 1200, S. 487 f. Das Regierungsprogramm von SPD und KPD in Thüringen v. 13. 10. 1923 in ebd., Nr. 1199c, S. 485 f.

39 Der Reichskommissar für die Überwachung der öffentlichen Ordnung an den Reichswehrminister, 19. 10. 1923; AdR. Die Kabinette Stresemann, Bd. 2, Nr. 152, S. 640–650 (Zitate S. 644, 647). Vgl. Winkler: Von der Revolution zur Stabilisierung, S. 649.

40 General Müller an die sächsische Regierung, 13. 10. 1923; Ursachen und Folgen, Bd. V, Nr. 1199d, S. 486. Das entsprechende Verbot hatte General Reinhardt bereits am 6. 10. 1923 in Thüringen ausgesprochen. Vgl. Das Krisenjahr 1923, Dok. 42, S. 88 f.

41 General Müller an die sächsische Regierung, 15. 10. 1923; Das Krisenjahr 1923, Dok. 46, S. 93.

42 General Müller an Zeigner, 17. 10. 1923; Ursachen und Folgen, Bd. V, Nr. 1201, S. 468 f.

43 Sächsische Regierung an die Reichsregierung, 17. 10. 1923; AdR. Die Kabinette Stresemann, Bd. 2, Nr. 147, S, 621–627.

44 Auszug aus der Rede Zeigners vom 18. 10. 1923; Ursachen und Folgen, Bd. V, Nr. 1201a, S. 490–492. Zur Reaktion der Militärs vgl. Materialsammlung des Generalleutnants Lieber vom September bis November 1923 (hier vom 18. 10. 1923); AdR. Die Kabinette Stresemann, Bd. 2, Anhang Nr. 1, S. 1187. Vgl. Mühlhausen: Friedrich Ebert, S. 654; Rudolph: Die sächsische Sozialdemokratie, S. 393.

45 AdR. Die Kabinette Stresemann, Bd. 2, Nr. 144, S. 612–614

46 Ebd., Nr. 151, S. 639.

47 Thalheimer: 1923: Eine verpasste Revolution?, S. 26. Vgl. zur Chemnitzer Konferenz Angress: Stillborn Revolution, S. 476 f.; Winkler: Von der Revolution zur Stabilisierung, S. 652; Rudolph: Die sächsische Sozialdemokratie, S. 396–398; Becker: Heinrich Brandler, S. 234–236.

48 Vgl. Angress: Stillborn Revolution, S. 478 f.; Winkler: Von der Revolution zur Stabilisierung, S. 652 f.

49 Radek: Erster Bericht an das Politbüro des ZK der RKP, 26. 10. 1923; Deutscher Oktober 1923, Dok. 47, S. 253–257 (Zitate S. 255). Vgl. Gutjahr: Karl Radek, S. 587 f.

50 Vgl. zu den verschiedenen Erklärungshypothesen Eva Hubert: Der «Hamburger Aufstand» von 1923, in Arno Herzig/Dieter Langewiesche/Arnold Sywottek (Hrsg.): Arbeiter in Hamburg, Hamburg 1983, S. 483–491 (hier S. 487); Winkler: Von der Revolution zur Stabilisierung, S. 653.

51 Zum Aufstandsplan vgl. Heinz Habedank: Zur Geschichte des Hamburger Aufstands 1923, Berlin-Ost 1958, S. 101–104; Autorenkollektiv: Ernst Thälmann. Eine Biographie, Berlin-Ost 1980, S. 181 f.

52 Vgl. Habedank: Zur Geschichte des Hamburger Aufstands, S. 117–130; Hubert: Der «Hamburger Aufstand», S. 487 f.; Lothar Danner: Ordnungspolizei Hamburg. Betrachtungen zu ihrer Geschichte 1918 bis 1933, Hamburg 1958, S. 74–79.

53 Larissa Reissner: Hamburg auf den Barrikaden. Erlebtes und Erhörtes aus dem Hamburger Aufstand 1923, Berlin 1925, S. 33. Vgl. Habedank: Die Geschichte des Hamburger Aufstands, S. 132 f.; Hubert: Der «Hamburger Aufstand», S. 488.

54 Vgl. Habedank: Die Geschichte des Hamburger Aufstands, S. 155–158 (dort S. 156 f. der Text des Aufrufs); Hubert: Der «Hamburger Aufstand», S. 488.

55 Bericht Roses über den Hamburger Aufstand, 26. 10. 1923; Deutscher Oktober 1923, Dok. 46, S. 248–250. Die Hamburgische Gesandtschaft teilte am 23. 10. 1923 mit: «Im Innern der Stadt ist alles ruhig. Auch die Lage im Hafen gibt vorerst zu Besorgnissen keinen Anlass.» AdR. Die Kabinette Stresemann, Bd. 2, Nr. 168, S. 701.

56 Vgl. Danner: Ordnungspolizei Hamburg, S. 104 f.; Hubert: Der «Hamburger Aufstand», S. 489.

57 «Geschlossener Brief» des EKKI an die Zentrale der KPD, 5. 11. 1923; Deutscher Oktober 1923, Dok. 64, S. 319–325 (Zitat S. 320).

58 So bezeichnet ihn zum Beispiel Habedank: Die Geschichte des Hamburger Aufstands, S. 133. Zur Glorifizierung Thälmanns in der DDR-Geschichtsschreibung vgl. das Werk des Autorenkollektivs: Ernst Thälmann, hier S. 183.

59 Th. Sternheim: Tagebücher, Bd. I, S. 652 (v. 23. 10. 1923).

60 Vgl. Walter Fabian: Klassenkampf in Sachsen. Ein Stück Geschichte 1918–1930, Löbau 1930, S. 171 f.

61 Hermann Windschild: Sachsen und die Folgen; Die Weltbühne, XIX. Jg., Nr. 45 v. 8. 11. 1923, S. 464 f.

62 Kabinettssitzung v. 27. 10. 1923; AdR. Die Kabinette Stresemann, Bd. 2, Nr. 186, S. 854–859. Vgl. Winkler: Von der Revolution zur Stabilisierung, S. 655 f.; Mühlhausen: Friedrich Ebert, S. 658–660.

63 Stresemann an Zeigner, 27. 10. 1923; AdR. Die Kabinette Stresemann, Bd. 2, Nr. 188, S. 860–862. Auch abgedr. in Stresemann: Vermächtnis, Bd. I, S. 186 f.

64 Zeigner an Stresemann, 28. 10. 1923; AdR. Die Kabinette Stresemann, Bd. 2, Nr. 191, S. 868 f. Vgl. zu den Verhandlungen in Dresden Wilhelm Dittmann: Erinnerungen. Bearbeitet und eingeleitet von Jürgen Rojahn, Frankfurt/M.-New York 1995, Bd. 2, S. 867. Mühlhausen: Friedrich Ebert, S. 661 f.

65 Vermerk des Reichskanzlers über seine Unterredung mit den SPD-Vertretern, 28. 1. 1923; AdR. Die Kabinette Stresemann, Bd. 2, Nr. 192, S. 869 f.; Tagesnotiz Stresemann, 28. 10. 1923; Stresemann: Vermächtnis, Bd. I, S. 187.

66 Vossische Zeitung, Nr. 512 v. 29. 10. 1923; auch in Ursachen und Folgen, Bd. V, Nr. 1204e, S. 500.

67 Vgl. Mühlhausen: Friedrich Ebert, S. 664 f.; Tagesnotiz Stresemanns v. 29. 10. 1923: «R(eichs)-P(räsident) sehr erregt»; Stresemann: Vermächtnis, Bd. I, S. 187. Zur Ernennung Heinzes vgl. Vossische Zeitung Nr. 512 v. 29. 10. 1923: Dr. Heinze Reichskommissar in Sachsen. Nach der Erinnerung Wolfgang Stresemanns hat sein Vater die Entscheidung für Heinze schon sehr bald bereut, da sich dieser als ein ausgesprochener Gegner des Reichskanzlers und der Großen Koalition entpuppt habe. W. Stresemann: Mein Vater Gustav Stresemann, S. 271.

68 Parteiführerbesprechung, 29. 10. 11923, 11 Uhr; AdR. Die Kabinette Stresemann, Bd. 2, Nr. 193, S. 870–874 (Zitate S. 871, 873).

69 Kabinettssitzung, 29. 10. 1923, 13 Uhr; ebd., Nr. 194, S. 876–879.

70 Vossische Zeitung Nr. 513 v. 30. 10. 1923: Der Sturz der sächsischen Regierung. Vgl. Rudolph: Die sächsische Sozialdemokratie, S. 406 f.

71 Ministerbesprechung, 29. 10. 1923, 21 Uhr; AdR. Die Kabinette Stresemann, Bd. 2, Nr. 195, S. 879–882.

72 Vgl. Berliner Tageblatt Nr. 510 v. 30. 10. 1923: Dr. Heinzes Versuche zur Regierungsbildung.

73 Vgl. zu den Instruktionen Heinzes die Aufzeichnung Stresemann v. 29. 10. 1923; Stresemann: Vermächtnis, Bd. I, S. 189 f.

74 Fellisch an Stresemann, 31. 10. 1923, 12.35 Uhr; AdR. Die Kabinette Stresemann, Bd. 2, Nr. 206, S. 911 f. Vgl. Winkler: Von der Revolution zur Stabilisierung, S. 657 f.; Dittmann: Erinnerungen, Bd. 2, S. 868–871; Berliner Tageblatt Nr. 511 v. 31. 10. 1923: Die neue Regierung in Sachsen; Vossische Zeitung Nr. 515 v. 31. 10. 1923: Bildung eines Übergangskabinetts Fellisch.

75 Vgl. Karsten Rudolph: Linke Republikaner als streitbare Demokraten – Gedanken zur mitteldeutschen Geschichte. Erich Zeigner, die SPD und der «deutsche Oktober», in Deutscher Oktober 1923, S. 65–78 (hier S. 68).

76 Meldung des Befehlshabers im Wehrkreis IV, General Müller, über die politische Lage in Sachsen, 6. 11. 1923; Das Krisenjahr 1923, Dok. 67, S. 115–117. Vgl. auch Zusammenfassung der vom Truppenamt vorgetragenen Beurteilung der inneren Lage, 7. 12. 1923: «In Sachsen ist die folgerichtige Durchführung der beabsichtigten Pläne durch Umfall des damaligen Kanzlers Stresemann, durch sein Abschwenken von der ursprünglichen Linie, gescheitert.» Ebd., Dok. 133, S. 193.

77 Fellisch an den Staatsgerichtshof, 6. 11. 1923; AdR. Die Kabinette Stresemann, Bd. 2, Nr. 226, S. 978–983. Ausführlich zur verfassungsrechtlichen Problematik Weiher: Die Reichsexekution, S. 63 ff.

78 Vgl. Mühlhausen: Friedrich Ebert, S. 670 f.

79 Georg Bernhard: Recht und Macht; Vossische Zeitung Nr. 512 v. 29. 10. 1923.

80 Ministerpräsident Frölich an Stresemann, 30. 10. 1923; AdR. Die Kabinette Stresemann, Bd. 2, Nr. 204, S. 908 f.

81 Vgl. Winkler: Weimar, S. 236, Mühlhausen: Friedrich Ebert, S. 671 f.

82 Stresemann: Vermächtnis, Bd. I, S. 191.

83 Vgl. Winkler: Weimar, S. 228; Mühlhausen: Friedrich Ebert, S. 676.

84 Zu den Auseinandersetzungen in der SPD-Fraktion vgl. Kastning: Die deutsche Sozialdemokratie zwischen Koalition und Opposition, S. 122–125; Winkler: Von der

Revolution zur Stabilisierung, S. 660–662. Der Text der Bedingungen der SPD-Fraktion in Stresemann: Vermächtnis, Bd. I, S. 191 f.; Ursachen und Folgen, Bd. V, Nr. 1204i, S. 501.

85 Vossische Zeitung, Nr. 517 v. 1. 10. 1923: Die Bedingungen der Sozialdemokratie.

86 Kabinettssitzung v. 1. 11. 1923; AdR. Die Kabinette Stresemann, Bd. 2, Nr. 212, S. 935–938.

87 Winkler: Von der Revolution zur Stabilisierung, S. 663.

88 Besprechung der bürgerlichen Kabinettsmitglieder, 2. 11. 1923, 11 Uhr; AdR. Die Kabinette Stresemann, Bd. 2, Nr. 214, S. 944–947.

89 Ministerbesprechung, 2. 11. 1923, 13 Uhr; ebd., Nr. 215, S. 948–952.

90 Vgl. ebd., Nr. 216, S. 954; Stresemann: Vermächtnis, Bd. I, S. 193; Vossische Zeitung, Nr. 521 v. 3. 11. 1923: Rücktritt der sozialdemokratischen Reichsminister.

91 Bernd Braun/Joachim Eichler (Hrsg.): Arbeiterführer, Parlamentarier, Parteiveteran. Die Tagebücher des Sozialdemokraten Hermann Molkenbuhr 1905 bis 1927, München 2000, S. 378 (v. 2. 11. 1923). Vgl. auch die Ausführungen Robert Schmidts in der Fraktionssitzung vom 2. 11. 1923: «Für die Partei wird der Schaden nicht so schlimm. Die politischen Folgen sind schwer. Die Geschichte wird uns anklagen.» AdR. Die Kabinette Stresemann, Bd. 2, Nr. 216, S. 954, Anm. 3.

92 Erich Dombrowski: Die Krise; Berliner Tageblatt, Nr. 517 v. 3. 11. 1923.

93 Georg Bernhard: November-Verbrechen; Vossische Zeitung, Nr. 523 v. 4. 11. 1923.

94 Deutsche Allgemeine Zeitung, Nr. 515 v. 3. 11. 1923: Das Ende der Großen Koalition.

95 AdR. Die Kabinette Stresemann, Bd. 2, Nr. 212, S. 936.

96 Ministerbesprechung, 5. 11. 1923; ebd., Nr. 222, S. 967 f.

97 Vgl. der DDP-Abgeordnete Carl Petersen an Stresemann betr. Stellung der DDP-Fraktion zum Rumpfkabinett, 7. 11. 1923; ebd., Nr. 228, S. 990–992 (hier S. 992).

98 Ebd., Nr. 214, S. 947. Zum Druck des rechten Parteiflügels auf Stresemann vgl. Stresemann: Vermächtnis, Bd. I, S. 195; Richter: Die Deutsche Volkspartei, S. 291 f.

V.
Der Ruf nach der Diktatur

1 Botschafter Houghton an Außenminister Hughes, 23. 9. 1923; abgedr. in George W. F. Hallgarten: Hitler, Reichswehr und Industrie. Zur Geschichte der Jahre 1918–1933, Frankfurt/M. 1955, S. 67 f. (mit falscher Datierung auf den 21.9.). Vgl. Wulf: Hugo Stinnes, S. 456 f.; Feldman: Hugo Stinnes, S. 887 f.; ders.: The Great Disorder, S. 742; Mühlhausen: Friedrich Ebert, S. 682, Anm. 408. – Forstrat Escherich notierte Ende September 1923 in sein Tagebuch: «Rettung gibt es nur, wenn es gelingt, durch diktatorische Maßnahmen die Produktion zu steigern! Der Parlamentarismus schafft's nimmermehr.» BayHStA München, Nl Escherich 10.

2 Vgl. Kurt Sontheimer: Antidemokratisches Denken in der Weimarer Republik. Die politischen Ideen des deutschen Nationalismus zwischen 1918 und 1933, München 1968, S. 214–222; Klaus Schreiner: «Wann kommt der Retter Deutschlands?» Formen und Funktionen von politischem Messianismus in der Weimarer Republik, in Saeculum, Jg. 49 (1998), S. 107–160.

3 Zit. nach Geyer: Verkehrte Welt, S. 309 f.

4 Vgl. Wolfram, Wette: Gustav Noske. Eine politische Biographie, Düsseldorf 1987, S. 627 ff.; Volker Ullrich: Marsch auf Berlin, in DIE ZEIT Nr. 11 v. 11. 3. 2010.

5 Vgl. Johannes Leicht: Heinrich Claß 1868–1953. Die politische Biographie eines Alldeutschen, Paderborn 2012, S. 298–304.

6 Georg Escherich an Hugo Stinnes, o. D., Ende 1922 (Entwurf); BayHStA München, Nl Escherich 47.

7 K. A. v. Müller: Im Wandel einer Welt, S. 154. Vgl. Matthias Berg: Karl Alexander von Müller. Historiker für den Nationalsozialismus, Göttingen 2014, S. 89–91.

8 Aufzeichnung Hanfstaengls: «Der Ruf nach dem Borgia-Typ»; BSB München, NL Hanfstaengl Ana 405, Schachtel 25. Hanfstaengl, später Auslandspressechef der NSDAP, studierte bei Karl Alexander von Müller und wurde von diesem im Wintersemester 1927/28 promoviert. Vgl. Berg: Karl Alexander von Müller, S. 92.

9 AdR. Das Kabinett Cuno, Nr. 233, S. 695, Anm. 1.

10 Das Tage-Buch, Doppelheft 32/33, Jg. 4, v. 11./18. 8. 1923, S. 1147–1149.

11 Zit. nach Heimo Schwilk: Ernst Jünger. Ein Jahrhundertleben. Die Biographie, München-Zürich 2007, S. 263.

12 Arthur Moeller van den Bruck: Das dritte Reich, Berlin 1923, S. 228. Vgl. André Schlüter: Moeller van den Bruck. Leben und Werk, Köln-Weimar-Wien 2010, S. 347–365; Sontheimer: Antidemokratisches Denken in der Weimarer Republik, S. 237–241.

13 AdR. Die Kabinette Stresemann, Bd. 1, Nr. 18, S. 82 (v. 23. 8. 1923), Nr. 94, S. 414 (v. 30. 9. 1923). Vgl. Winkler: Weimar, S. 212 f.

14 Materialsammlung Lieber v. 19. und 20. 9. 1923; AdR. Die Kabinette Stresemann, Bd. 2, Anhang Nr. 1, S. 1127. Vgl. Wulf: Hugo Stinnes, S. 453 f.; Meier-Welcker: Seeckt, S. 374. – Im Frühjahr 1924 erzählte Seeckt in einer Unterredung mit Stresemanns ehemaligem Staatssekretär in der Reichskanzlei, Werner Freiherr von Rheinbaben, «von dem geradezu beschwörenden Druck, der von prominenter Seite auf ihn ausgeübt worden war, das angeblich in den letzten Zügen liegende parlamentarische System durch den Einsatz der Reichswehr zu beseitigen und selbst in eine entsprechende Führungsposition einzutreten». Von Rheinbaben: Kaiser, Kanzler, Präsidenten, S. 182 f.

15 Materialsammlung Lieber v. 20.9., 23.9. und 24. 9. 1923; AdR. Die Kabinette Stresemann, Bd. 2, Anhang Nr. 1, S. 1177–1179; Vgl. Wulf: Hugo Stinnes, S. 454; Meier-Welcker: Seeckt, S. 374.

16 Vgl. Leicht: Heinrich Claß, S. 316 f., 318, 323; Meier-Welcker: Seeckt, S. 374 f.

17 Langer: Macht und Verantwortung, S. 295 f.; Meier-Welcker: Seeckt, S. 373. Vgl. auch den Brief Spenglers an Stresemann v. 20. 10. 1923, in dem er forderte, dass «sofort ein Kabinett aus Vertrauensmännern ausschließlich der Rechtsparteien» gebildet werden müsse, weil ansonsten der «Zerfall der Wirtschaft, der Reichswehr und damit des Reichs» unvermeidlich sei. AdR. Die Kabinette Stresemann, Bd. 2, Nr. 158, S. 674–678 (Zitat S. 677).

18 Materialsammlung Lieber v. 25. 9. 1923; AdR. Die Kabinette Stresemann, Bd. 2, Anhang Nr. 1, S. 1179. Zu den Kontakten Seeckt-Ludendorff vgl. Meier-Welcker: Seeckt, S. 359 f. Zu Minoux und seinen Bruch mit Stinnes Anfang Oktober 1923 vgl. Feldman: Hugo Stinnes, S. 890–893.

19 Beide Dokumente abgedr. in AdR. Die Kabinette Stresemann, Bd. 2, Anhang Nr. 2 und 3, S. 1203–1206. Vgl. Eberhard Kessel: Seeckts politisches Programm von 1923, in Konrad Repgen/Stephan Kalweit (Hrsg.): Spiegel der Geschichte. Festgabe für Max

Braubach zum 10. April 1964, Münster 1964, S. 887–914. Zusammenfassend Wulf: Hugo Stinnes, S. 460 f.; Meier-Welcker: Seeckt, S. 391–393.

20 Vgl. Meier-Welcker: Seeckt, S. 390; Ernst Schröder: Otto Wiedfeldt. Eine Biographie, 2. Aufl., Neustadt/Aisch 1981, S. 142.

21 Materialsammlung Lieber v. 1. 10. 1923; AdR. Die Kabinette Stresemann, Bd. 2, Anhang Nr. 1, S. 1183.

22 Berliner Tageblatt, Nr. 460 v. 1. 10. 1923: Überrumpelungsversuch gegen Küstrin. Vgl. zum Küstriner Putsch Meier-Welcker: Seeckt, S. 377 f.

23 Carl von Ossietzky: Der Weg ins Freie; Berliner Volks-Zeitung v. 5. 10. 1923; Ossietzky: Sämtliche Schriften, Bd. II, S. 299–301 (Zitat S. 299).

24 Deuerlein (Hrsg.): Der Hitler-Putsch, Dok. 3, S. 164. Vgl. zum Folgenden Ullrich: Adolf Hitler, Bd. 1, S. 146 ff.; 155 ff.

25 Kölnische Volkszeitung, Nr. 780 v. 8. 11. 1922: Ein Abend bei Adolf Hitler; BA Berlin-Lichterfelde, NS 26/1223.

26 Stefan Großmann: Die Hitlerei; Das Tage-Buch, H. 16, Jg. 4 v. 21. 4. 1923, S. 550–554 (hier S. 552). Hitler hatte eine Beleidigungsklage gegen Großmann angestrengt, weil dieser behauptet hatte, dass die NS-Bewegung mit ausländischem, auch französischem Geld finanziert werde. Die Klage wurde schließlich fallengelassen. – Carl Zuckmayer, der damals mehrere Hitler-Versammlungen in München besuchte, gelangte zum Ergebnis, Hitlers Rhetorik habe eine «furchterregende, barbarisch primitive Wirksamkeit» entfaltet: «Es gelang ihm, die Menschen in eine Trance zu versetzen wie der Medizinmann eines wilden Völkerstamms.» Zuckmayer: Als wär's ein Stück von mir, S. 377.

27 Margarete Vollerthun an Hitler, 27. 2. 1923; BA Koblenz, N 1128/5.

28 Hitler: Sämtliche Aufzeichnungen 1905–1924. Hrsg. von Eberhard Jäckel zusammen mit Axel Kuhn, Stuttgart 1980, Nr. 436, S. 754 (v. 4. 12. 1922). Vgl. Albrecht Tyrell: Vom ‹Trommler› zum ‹Führer›. Der Wandel von Hitlers Selbstverständnis zwischen 1919 und 1924 und die Entwicklung der NSDAP, München 1975.

29 Völkischer Beobachter v. 8. 11. 1922; zit. nach Peter Longerich: Hitler. Biographie, München 2015, S. 113.

30 Rudolf Heß an Karl Alexander von Müller, 23. 2. 1923; BayHStA München, Nl K. A. v. Müller 19/1. Das Manuskript der Preisarbeit ist abgedr. in Bruno Hipler: Hitlers Lehrmeister Karl Haushofer als Vater der NS-Ideologie, St. Ottilien 1996, S. 221–225.

31 Zit. nach Margarete Plewnia: Auf dem Weg zu Hitler. Der völkische Publizist Dietrich Eckart, Bremen 1970, S. 90.

32 Zit. nach Wolfgang Horn: Der Marsch zur Machtergreifung. Die NSDAP bis 1933, Königstein/Ts. 1980, S. 104. Ganz ähnlich hieß es in der Einleitung des von Adolf-Viktor Koerber 1923 im Deutschen Volksverlag von Ernst Boepple herausgegebenen Bandes «Adolf Hitler, sein Leben, seine Reden» (S. 9): «Vor den leuchtenden Augen wächst der Führer empor, größer, reifer, hinreißender von Tag zu Tag! Legionen verzweifelter Menschen richtet dieser Mann auf, dessen Worte Hunderttausende emporheben aus dem Unrat der neuen deutschen ‹Freiheit›.» Die von Thomas Weber in die Welt gesetzte These, die biographische Skizze im Vorwort des Buches sei von Hitler selbst verfasst worden, hat Winfried Meyer überzeugend widerlegt: Eine Autobiographie Hitlers aus dem Jahr 1923? Kritische Sichtung einer vermeintlichen Entdeckung, in Zeitschrift für Geschichtswissenschaft, Jg.68 (2017), S. 213–235.

33 Postsekretär J. Teuber an Hitler, 16. 4. 1923; BA Koblenz, N1128/7. Dort auch weitere Glückwunschbriefe und Telegramme.
34 Kriegskamerad Wackerl an Hitler, 19. 4. 1923; BA Koblenz, N1128/7.
35 Die Weltbühne, XIII. Jg., Nr. 47 v. 23. 11. 1923, S. 558.
36 Vgl. Aufzeichnung des Staatssekretärs in der Reichskanzlei Hamm über die innere Lage, 15. 4. 1923: «Die nationalsozialistische Arbeiterpartei ist in München und in Bayern besonders stark (...). Ihr Führer Adolf Hitler ist der gefeiertste Redner in München, dessen persönlicher Einfluss auch stark in gebildete Kreise, besonders auch des Offizierskorps, auch der Wirtschaft reicht.» AdR. Das Kabinett Cuno, Nr. 121, S. 379.
37 Vgl. Dirk Walter: Antisemitische Kriminalität und Gewalt. Judenfeindschaft in der Weimarer Republik, Bonn 1999, S. 97–110.
38 Buchhändler Hans Goltz an Hitler, 2. 5. 1923; BA Koblenz, N 1128/8.
39 Dr. med. Paula Wack an Hitler, 29. 4. 1923; BA Koblenz, N 1128/7. Sonderlich beeindruckt war Hitler nicht. In einer Rede im Zirkus Krone am 4. 5. 1923 ging er auf den Fall ein und erklärte: «Die Vorträge, die ich hier halte, sind mein geistiges Eigentum, und ich verbiete jedem, der mir nicht passt, mit zu schreiben.» Hitler: Sämtliche Aufzeichnungen, Nr. 525, S. 921.
40 Kaufmann Walter Frömel an Hitler, 21. 5. 1923; BA Koblenz, N 1128/8.
41 Ein treuer Anhänger an Hitler, 4. 11. 1923; BA Koblenz, N 1128/14.
42 Hitler: Sämtliche Aufzeichnungen, Nr. 525, S. 924 (v. 4. 5. 1923).
43 Ebd., Nr. 533, S. 933 (v. 1. 6. 1923).
44 Ebd., Nr. 544, S. 946 (v. 6. 7. 1923).
45 Ebd., Nr. 561, S. 984 (v. 21. 8. 1923).
46 L. Schubert an Hitler, 28. 8. 1923; BA Koblenz, N 1128/11.
47 Vgl. Alexis Schwarzenbach: «Zur Lage in Deutschland». Hitlers Zürcher Rede vom 30. August 1923, in Traverse (2006), Heft 1, S. 176–189. Dort auch auf S. 178–181 ein Faksimile der Aufzeichnung der Rede, die mit den Worten eingeleitet wurde: «Ein bayerischer Politiker, der in der nächsten Zeit eine größere Rolle zu spielen berufen sein kann, äußerte sich in einer Unterredung am 30. August 1923 wie folgt.»
48 Zit. nach Brigitte Hamann: Winifred Wagner oder Hitlers Bayreuth, München-Zürich 2002, S. 75.
49 Deuerlein (Hrsg.): Der Hitler-Putsch, Dok. 2, S. 161 f.
50 Ebd., Dok. 6, S. 170.
51 Vgl. Bruno Thoss: Der Ludendorff-Kreis 1919–1923. München als Zentrum der mitteleuropäischen Gegenrevolution zwischen Revolution und Hitler-Putsch, München 1978.
52 Houston Stewart Chamberlain an Hitler, 7. 10. 1923; BA Koblenz, N 1128/16. Vgl. zum Besuch Hitlers in Bayreuth Hamann: Winifred Wagner oder Hitlers Bayreuth, S. 82–85.
53 Zit. nach Harold J. Gordon jr.: Hitlerputsch 1923. Machtkampf in Bayern 1923–1924, Frankfurt/M. 1971, S. 193 f.
54 Hauptmann d. R. Fischer an Hitler, 7. 9. 1923; BA Koblenz, N 1128/12.
55 Ein Deutscher aus Elberfeld an Hitler, 12. 9. 1923; Dr. Ernst Bergmann, Leipzig, an Hitler, 7. 10. 1923; L. Schubert, München, an Hitler, 28. 9. 1923; BA Koblenz, N1128/12 und 1128/14. Weitere Briefe in ebd. und BA Berlin Lichterfelde NS 26/1, NS 26/2, NS 26/2a, NS 26/3.

56 Felix Lippold in Firma Lippold & Geyer G.m.b.H an Hitler, 5.10.1923; BA Koblenz, N 1128/15.

57 Hitler: Sämtliche Aufzeichnungen, Nr. 566, S. 1002, 1004.

58 Ebd., Nr. 568, S. 1013.

59 R. Heß an seine Verlobte Ilse Pröhl, 16.9.1923; Rudolf Heß: Briefe 1908–1933. Hrsg. von Wolf Rüdiger Heß, München-Wien 1987, S. 304.

60 Plan für die 14 Massenversammlungen in Hitler: Sämtliche Aufzeichnungen, Nr. 571, S. 1015 f. Vgl. Horn: Der Weg zur Machtergreifung, S. 121.

61 Nationalsozialistische Flugschrift: «Was von Kahr gefordert werden muss»; Deuerlein (Hrsg.): Der Hitler-Putsch, Dok. 13, S. 185.

62 Hitler an Kahr, 27.9.1923; Hitler: Sämtliche Aufzeichnungen, Nr. 573, S. 1017.

63 Richard Huldschiner: Hitlers Rückzug; Vossische Zeitung, Nr. 460 v. 28.9.1923. Vgl. Berliner Tageblatt, Nr. 455 v. 28.9.1923: «Man ist im Hitler-Lager schon viel kleinlauter geworden.»

64 Bericht eines Augenzeugen über die Ausweisungsmaßnahmen gegen Juden in München, 31.10.1923; AdR. Die Kabinette Stresemann, Bd. 2, Nr. 211, S. 926–933 (Zitat S. 927). Vgl. Rainer Pommerin: Die Ausweisung von «Ostjuden» aus Bayern 1923. Ein Beitrag zum Krisenjahr der Weimarer Republik, in Vierteljahrshefte für Zeitgeschichte, Jg.34 (1986), S. 311–340; Trude Maurer: Ostjuden in Deutschland 1918–1933, Hamburg 1986, S. 406 ff.

65 Vgl. Gordon: Hitlerputsch 1923, S. 209 f.

66 Hitler: Sämtliche Aufzeichnungen, Nr. 581, S. 1028 f.

67 Ebd., Nr. 583, S. 1032.

68 So Deuerlein in der Einleitung zu: Der Hitler-Putsch, S. 74.

69 Stockhausen: Sechs Jahre Reichskanzlei, S. 81.

70 Niederschrift über die Besprechung im Wehrkreiskommando VII, 24.10.1923; Deuerlein (Hrsg.): Der Hitler-Putsch, Dok. 61, S. 258.

71 Der Hitler-Prozess 1924. Wortlaut der Hauptverhandlung vor dem Volksgericht München I. Hrsg. und kommentiert von Lothar Gruchmann und Reinhard Weber unter Mitarbeit von Otto Gritschneder, München 1998, T. 3, S. 788.

72 Aufzeichnung Kahrs für eine Pressebesprechung, 1.10.1923; Deuerlein (Hrsg.): Der Hitler-Putsch, Dok. 16, S. 186 f.

73 Hitler: Sämtliche Aufzeichnungen, Nr. 589, S. 1043.

74 Ebd., Nr. 592, S. 1049 f.

75 Der Hitler-Prozess, T. 1, S. 38; vgl. auch ebd., T. 4, S. 1587.

76 Katholischer Pfarrer Dr. Haeuser an Hitler, 14.10.1923; BA Berlin Lichterfelde, NS 26/1242.

77 Hamann: Winifred Wagner oder Hitlers Bayreuth, S. 86.

78 Eine Münchnerin (Name unleserlich) an Hitler, 3.11.1923; BA Koblenz, N 1128/2.

79 Der Hitler-Prozess, T. 3, S. 859 (Aussage Seißer), T. 1, S. 78 (Aussage Friedrich Weber).

80 Niederschrift Seißers über Besprechungen in Berlin, 3.11.1923; Deuerlein (Hrsg.): Der Hitler-Putsch, Dok. 79, S. 301–304. Vgl. Meier-Welcker: Seeckt, S. 397 f.; Gordon: Hitlerputsch 1923, S. 224 f.; Feldman: The Great Disorder, S. 775 f. Bereits am 30.10.1923 hatte sich der Mecklenburg-Strelitzer Landbund an Seeckt gewandt mit der Bitte, alle Kraft dafür einzusetzen, um den Streit mit Bayern zu beenden: «Ver-

einigung von Seeckt und Kahr, das ist der glühendste Wunsch aller deutschen Patrioten!» Das Krisenjahr 1923, Nr. 60, S. 105.

81 General von Seeckt an Generalstaatskommissar von Kahr, Entwurf, 2. 11. 1923 (abgesandt mit Kürzungen am 5. 11. 1923); AdR. Die Kabinette Stresemann, Bd. 2, Anhang Nr. 4, S. 1211–1215. Vgl. Meier-Welcker: Seeckt, S. 395 f.; Winkler: Weimar, S. 230 f. Vgl. auch Materialsammlung Lieber v. 1. 11. 1923: «Seeckt tritt für baldige Bildung einer Regierung ohne Sozialdemokratie ein (…)»; AdR. Die Kabinette Stresemann, Bd. 2, Anhang Nr. 1, S. 1196.

82 Materialsammlung Lieber v. 3. 11. 1923; AdR. Die Kabinette Stresemann, Bd. 2, Anhang Nr. 1, S. 1192. Auch in der Unterredung mit Seißer am gleichen Tag versicherte Seeckt, er werde sich «auf keinen Fall» dazu hergeben, mit der Reichswehr gegen Bayern vorzugehen. Deuerlein (Hrsg.): Der Hitler-Putsch, Dok. 79, S. 303.

83 Geßler: Reichswehrpolitik in der Weimarer Zeit, S. 299. Vgl. Mühlhausen: Friedrich Ebert, S. 687 f.; Meier-Welcker: Seeckt, S. 396.

84 Vgl. Wette: Gustav Noske, S. 639.

85 Materialsammlung Lieber v. 4. 11. 1923; AdR. Die Kabinette Stresemann, Bd. 2, Anhang Nr. 1, S. 1197.

86 General von Seeckt an Botschafter Wiedfeldt, 4. 11. 1923; ebd., Anhang Nr. 5, S. 1215. Vgl. Schröder: Otto Wiedfeldt, S. 143 f.

87 Materialsammlung Lieber v. 4. 11. 1923; ebd., Anhang Nr. 1, S. 1197. Vgl. zu den Motiven Eberts Mühlhausen: Friedrich Ebert, S. 684 f.; Winkler: Weimar, S. 231.

88 Materialsammlung Lieber v. 5. 11. 1923; AdR. Die Kabinette Stresemann, Bd. 2, Anhang Nr. 1, S. 1198. Vgl. Wright: Gustav Stresemann, S. 246 f., Meier-Welcker: Seeckt, S. 401 f.

89 Vgl. Wright: Gustav Stresemann, S. 247; Mühlhausen: Friedrich Ebert, S. 688 f.; Tagebuch von Oberstleutnant von Selchow, Seeckts Adjutant, v. 5. 11. 1923; AdR. Das Kabinett Stresemann, Bd. 2, Anhang Nr. 1, S. 1198, Anm. 103.

90 Geßler: Reichswehrpolitik in der Weimarer Zeit, S. 299. Vgl. Wright: Gustav Stresemann, S. 247; Winkler: Weimar, S. 231.

91 Fraktionssitzung der DVP, 5. 11. 1923; Stresemann: Vermächtnis, Bd. I, S. 195–197 (Zitate S. 196). Vgl. Richter: Die Deutsche Volkspartei, S. 293 f.; Wright: Gustav Stresemann, S. 248 f. – Am Abend des 5.11. beschwerte sich Stinnes beim amerikanischen Botschafter Houghton über die «Widerspenstigkeit» von Stresemann, für eine neue Regierung den Weg freizumachen, «die sich auf die Rechtsparteien stützt». «Stresemanns kommender Sturz unterliegt keinem Zweifel», berichtete der Botschafter nach Washington. Houghton an Hughes, 6. 11. 1923; Hallgarten: Hitler, Reichswehr und Industrie, S. 70 f.

92 Fraktionssitzung der DVP, 6. 11. 1923; Stresemann: Vermächtnis, Bd. I, S. 198–200. Vgl. Richter: Die Deutsche Volkspartei, S. 294 f.; Wright: Gustav Stresemann, S. 247, 249 f.

93 Generalstaatskommissar v. Kahr an Ministerpräsident v. Knilling, 12. 12. 1923; Deuerlein (Hrsg.): Der Hitler-Putsch, Dok. 182, S. 493. Vgl. Der Hitler-Prozess, T. 1, S. 78 (Aussage Friedrich Weber), S. 209, 211 (Aussage Kriebel), T. 3, S. 790 f. (Aussage v. Kahr).

94 Der Hitler-Prozess, T. 2, S. 772 (Aussage v. Lossow). Vgl. T. 1, S. 211 (Aussage Kriebel).

95 Ebd., T. 1, S. 41 (Aussage Hitler).

96 Ebd., T. 1, S. 212 (Aussage Hitler); vgl. ebd., S. 47 f. (Aussage Hitler).

97 Theodor Schwindl: Erlebnisbericht über die Vorgänge am 8./9. November 1923 in München; BA Berlin-Lichterfelde, NS 26/100.

98 Polizeidirektion München an Generalstaatskommissar v. Kahr, 7. 12. 1923; Deuerlein (Hrsg.): Der Hitler-Putsch, Dok. 174, S. 471. Hitler selbst erklärte im Prozess: «Es waren ganz wenige Personen, die Kenntnis hatten, und die gesamte Organisation war so aufgezogen, dass die Führer, besonders die militärischen Führer selber nicht wussten, warum sie die Truppen mobilisierten.» Der Hitler-Prozess, T. 1, S. 47 f.

99 Vgl. das Protokoll eines Verhörs Dietrich Eckarts in der Münchner Polizeidirektion, 15. 11. 1923; BA Berlin-Lichterfelde, NS 26/2180.

100 Der Hitler-Prozess, T. 1, S. 112 f. (Aussage Pöhner).

101 R. Heß an K. Haushofer, 6. 10. 1923; BA Koblenz, N 1122/15. Vgl. auch R. Heß an I. Pröhl, 1. 10. 1923: «Vielleicht bin ich mal ganz plötzlich da (...). Ich wundere mich, dass sie noch nicht riefen.» BA Bern, Nl R. Heß, J1.211–1989/148, Bd. 31.

102 R. Heß an seine Eltern, 8. 11. 1923 (1. Fortsetzung: 16. 11. 1923; 2. Fortsetzung: 4. 12. 1923); Heß: Briefe, S. 310.

103 Manuskript der Erinnerungen Hanfstaengls, Typoskript, S. 93; BSB München, Nl Hanfstaengl, Ana 405, Schachtel 47. Leicht abgewandelt ist diese Szene auch beschrieben in Ernst Hanfstaengl: Zwischen Weißem und Braunem Haus. Erinnerungen eines Außenseiters, München 1970, S. 129.

104 R. Heß an I. Pröhl, 28. 2. 1924; BA Bern, Nl R. Heß, J1.211–1989/148, Bd. 33.

105 Müller: Im Wandel einer Welt, S. 161. – Die Darstellung des Bürgerbräukeller-Putsches folgt weitgehend Ullrich: Adolf Hitler, Bd. 1, S. 170–178. Vgl. außerdem Gordon: Hitlerputsch 1923, S. 254 ff.; Hubert Hofmann: Der Hitlerputsch. Krisenjahre deutscher Geschichte 1920–1924, München 1961, S. 160 ff; Ian Kershaw: Hitler 1889–1936, Stuttgart 1999, S. 260 ff. Ferner Hitler-Prozess, T. 1, S. 49 ff. (Aussage Hitler), S. 309 ff. (Anklageschrift v. 8. 1. 1924).

106 Konrad Heiden: Adolf Hitler. Das Zeitalter der Verantwortungslosigkeit. Eine Biographie, Zürich 1936, S. 156. Vgl. zum Vorstehenden Hanfstaengl: Zwischen Weißem und Braunem Haus, S. 131; Der Hitler-Prozess, T. 1, S. 49 f. (Aussage Hitler).

107 Vgl. Heß: Briefe, S. 311; Hanfstaengl: Zwischen Weißem und Braunen Haus, S. 132.

108 Der Hitler-Prozess, T. 1, S. 50 (Aussage Hitler); vgl. ebd., T. 3, S. 1166 (Aussage Ulrich Graf).

109 Ebd., T. 1, S. 309 (Anklageschrift v. 8. 1. 1924).

110 Ebd., T. 2, S. 749 (Aussage v. Lossow); T. 3, S. 867 (Aussage Seißer). Vgl. auch die unveröffentlichten Erinnerungen von Kahrs, Manuskript, S. 1355: «Lossow sagte leise und bitter ‹Mitspielen›, wir drei blickten uns an und waren einig.» BayHStA München, Nl Kahr 51.

111 Der Hitler-Prozess, T. 1, S. 310 (Anklageschrift v. 8. 1. 1923). Vgl ebd., T. 2, S. 750 (Ausage von Lossow), T. 3, S. 795 (Aussage v. Kahr).

112 Müller: Im Wandel einer Welt, S. 162. Vgl. Der Hitler-Prozess, T. 2, S. 597 (Aussage K. A. v. Müller).

113 Vgl. zum Auftritt Görings ebd., T. 2, S. 594 (Aussage Prof. Max Ritter von Gruber), S. 620 (Aussage Hans Ritter von Hemmer), S. 631 (Aussage Gustav von Müller), S. 634 (Aussage August Ritter von Kleinhenz).

114 Müller: Im Wandel einer Welt, S. 162 f.; vgl. Der Hitler-Prozess, T. 1, S. 52 (Aussage Hitler): «Im Saal ein unerhörter Beifall, ein unerhörter Sturm.»

115 Der Hitler-Prozess, T. 1, S. 311 (Anklageschrift v. 8. 1. 1923).

116 Vgl. Der Hitler-Prozess, T. 1, S. 277 (Aussage Ludendorff).

117 Kahr: Erinnerungen, Manuskript, S. 1345; BayHStA München, Nl Kahr 51.

118 Der Hitler-Prozess, T. 1, S. 311 (Anklageschrift v. 8. 1. 1924).

119 Ebd., T. 3, S. 796 (Aussage v. Kahr); vgl. ebd., T. 2, S. 752 (Aussage v. Lossow).

120 Ebd., T. 1, S. 53 (Aussage Hitler); vgl. ebd., S. 117 (Aussage Pöhner).

121 Ebd., T. 3, S. 797 (Aussage v. Kahr).

122 Ebd., T. 1, S. 312 (Anklageschrift v. 8. 1. 1924).

123 Müller: Im Wandel einer Welt, S. 164. Vgl. Der Hitler-Putsch, T. 2, S. 598 (Aussage K. A. v. Müller).

124 Der Hitler-Prozess, T. 1, S. 311 f. (Anklageschrift v. 8. 1. 1924). Fast dieselbe Schlusswendung auch mit dem Ruf «Amen» sollte Hitler gebrauchen, als er sich am 10. Februar 1933, nur wenige Tage nach seiner Ernennung zum Reichskanzler, in einer Kundgebung im Berliner Sportpalast an die Nation wandte. Vgl. Ullrich: Adolf Hitler, Bd. 1, S. 464.

125 Der Hitler-Prozess, T. 1, S. 312 (Anklageschrift v. 8. 1. 1924). Vgl. ebd., T. 2, S. 598 (Aussage K. A. v. Müller): «Sowohl sein Aussehen wie seine Worte machten durchaus den Eindruck eines Mannes, der weiß, es ist eine Sache um Leben und Tod.»

126 Ebd., T. 2, S. 595 (Aussage v. Grüber), S. 598 (Aussage K. A. v. Müller). Vgl. Müller: Im Wandel einer Welt, S. 165.

127 Müller: Im Wandel einer Welt, S. 165; vgl. Der Hitler-Prozess, T. 2, S. 598 f. (Aussage K. A. v. Müller), T. 3, S. 1060 (Aussage Prof. Doeberl).

128 Vgl. Heß: Briefe, S. 311 f.; Gordon: Hitler-Putsch 1923, S. 261.

129 Vgl. Der Hitler-Prozess, T. 1, S. 86 (Aussage Weber), S. 279 (Aussage Ludendorff).

130 Generalstaatskommissar v. Kahr an Ministerpräsident v. Knilling, 12. 12. 1923; Deuerlein (Hrsg.): Der Hitler-Putsch, Dok. 182, S. 501.

131 Vgl. Der Hitler-Putsch, Bd. 1, S. 321–323 (Anklageschrift v. 8. 1. 1924); T. 2, S. 382–384 (Aussage E. Röhm); Gordon: Hitlerputsch 1923, S. 264–266.

132 Der Hitler-Prozess, T. 2, S. 756 (Aussage v. Lossow).

133 Deuerlein (Hrsg.): Der Hitler-Putsch, Dok. 86, S. 310, Anm. 166.

134 Der Hitler-Prozess, T. 2, S. 662 f. (Aussage Major a. D. Alexander Siry;) vgl. ebd., S. 758 (Aussage v. Lossow).

135 Lion Feuchtwanger: Erfolg. Drei Jahre Geschichte einer Provinz (1930), Frankfurt/M. 1975, S. 697 ff. Vgl. auch die Reportage von Eugeni Xammar: Der Putsch als Spektakel, in Das Schlangenei, S. 134–138.

136 Vgl. zu den Details Walter: Antisemitische Kriminalität und Gewalt, S. 119–136.

137 Text in Hitler: Sämtliche Aufzeichnungen, Nr. 597, S. 1056.

138 Völkischer Beobachter Nr. 230 v. 9. 11. 1923. Die «Münchener Neuesten Nachrichten» meldeten in ihrer Morgenausgabe (Nr. 304 v. 9. 11. 1923) die «Einsetzung eines nationalen Direktoriums». Diese und weitere Exemplare der Morgenzeitungen in BayHStA München, Nl K. A. v. Müller 19/2.

139 Der Hitler-Prozess, T. 1, S. 282 (Aussage Ludendorff), S. 57 (Aussage Hitler). Vgl. ebd., S. 228 (Aussage Kriebel)

140 Ebd., T. 1, S. 58 (Aussage Hitler); vgl. ebd., S. 230 (Aussage Kriebel; T. 2, S. 400 f. (Aussage Wilhelm Brückner).

141 Vgl. Hanfstaengl: Zwischen Weißem und Braunem Haus, S. 143. Mit dem Anschlag von Kahrs Aufruf wurde um 8 Uhr vormittags begonnen. Die «Münchener Zeitung» (Nr. 309 v. 9. 11. 1923) brachte ihn bereits in ihrer Morgenausgabe. Darin hieß es: «Die mir, dem General von Lossow und dem Obersten Seißer mit vorgehaltener Pistole abgepressten Erklärungen sind null und nichtig. Ein Gelingen des sinn- und ziellosen Umsturzversuches hätte Deutschland und Bayern in den Abgrund geführt.»

142 Vgl. den Bericht von Polizeioberleutnant v. Godin, 10. 11. 1923; Deuerlein (Hrsg.): Der Hitler-Putsch, Dok. 97, S. 330 f.

143 Kershaw: Hitler 1889–1936, S. 266.

144 Ein Teilnehmer des Zuges, der Hitler hier antraf, erhielt auf die wiederholte Frage, ob er verletzt sei, keine Antwort. Hitler habe ganz «verstört» ausgesehen und sichtlich unter Schock gestanden. Aufzeichnung eines Zeugen A. über die Ereignisse am 8./9. 11. 1923, München 13. 11. 1923; BayHStA München, Nl K. A. v. Müller 19/1.

145 Franz Hemmrich: Adolf Hitler in der Festung Landsberg, Manuskript, S. 4; IfZ München, ED 153. Zum Aufenthalt Hitlers in Uffing vgl. Anna Maria Sigmund: Als Hitler auf der Flucht war, in Süddeutsche Zeitung v. 8./9. 11. 2008 (nach den unveröffentlichten Erinnerungen Helene Hanfstaengls); Hanfstaengl: Zwischen Weißem und Braunem Haus, S. 5 f., 146–149. Zur Verhaftung Hitlers vgl. Bericht der Regierung von Oberbayern an das Generalstaatskommissariat, 13. 11. 1923; Deuerlein (Hrsg.): Der Hitler-Putsch, Dok. 118, S. 371–373.

146 Vgl. Gordon: Hitlerputsch 1923, S. 416–423.

147 H. Pringsheim: Tagebücher, Bd. 7, S. 105 (v. 10. 11. 1923).

148 Er sei über Nacht «der bestgehasste Mann» geworden, schrieb Kahr in seinen unveröffentlichten Erinnerungen (S. 1177); BayHStA München, Nl Kahr 51. Vgl. Tagebuch Georg Escherichs v. 10. 11. 1923: «In München soll die Stimmung gegen den ‹Verräter Kahr› auf die Siedehitze gestiegen sein.» BayHStA München, Nl Escherich 10.

149 Vgl. den Bericht über den Verlauf der Versammlung in der Universität, 12. 11. 1923; Deuerlein (Hrsg.): Der Hitler-Putsch, Dok. 113, S. 357 f.; Müller: Im Wandel der Welt, S. 172 f.

150 Otto Gritschneder: Bewährungsfrist für den Terroristen Adolf H. Der Hitler-Putsch und die bayerische Justiz, München 1990, S. 35.

151 Angela Raubal an ihren Bruder Alois Hitler, 14. 12. 1923; John Toland: Adolf Hitler, Bergisch-Gladbach 1981, Bd. 1, S. 253.

152 Vgl. David Jablonsky: The Nazi Party in Dissolution. Hitler and the Verbotszeit 1923–1925, London 1989, S. 28 ff. Bevor die Polizei Hitlers Wohnung in der Thierschstraße 41 durchsuchen konnte, wurden die dort verwahrten Schriftstücke von den Alt-Parteigenossen Theodor und Dora Lauböck, den Eltern des damaligen Privatsekretärs Hitlers, Fritz Lauböck, in Sicherheit gebracht. Im April 1937 übergab das Ehepaar das gesamte Material an das Hauptarchiv der NSDAP. Vgl. BA Berlin-Lichterfelde, NS 26/1242.

153 New York Times v. 10. 11. 1923; zit. nach David Clay Large: Hitlers München. Aufstieg und Fall der Hauptstadt der Bewegung, München 1998, S. 242.

154 Frankfurter Zeitung v. 10. 11. 1923; zit. nach Philipp W. Fabry: Mutmaßungen über Hitler. Urteile von Zeitgenossen, Königstein/Ts. 1979, S. 25. Niemals habe eine Aktion,

die mit «so tönenden Phrasen» begonnen habe, «ein kläglicheres Ende gefunden», kommentierte Ernst Feder im «Berliner Tageblatt» (Nr. 529 v. 10. 11. 1923: Das Ende der Hanswurstiade).

155 R. Heß an seine Eltern, 21. 12. 1923; BA Bern Nl Heß J1.211–1989/148, Bd. 31.

156 D'Abernon: Memoiren, Bd. II, S. 313 (v. 9. 11. 1923).

157 Vgl. W. Stresemann: Mein Vater Gustav Stresemann, S. 274; Stresemann: Vermächtnis, Bd. I, S. 204.

158 AdR. Die Kabinette Stresemann, Bd. 2, S. 231, S. 997, Anm. 1. Stresemanns Privatsekretär Henry Bernhard erinnerte sich an einen Ausruf Stresemanns in der Nacht vom 8. auf den 9. November: Ein Erfolg des Hitler-Putsches wäre «Finis Germaniae». Henry Bernhard: Finis Germaniae. Aufzeichnungen und Betrachtungen, Stuttgart 1947, S. 7.

159 Stockhausen: Sechs Jahre Reichskanzlei, S. 89. Nach den Erinnerungen Severings hat Seeckt ihm auf seine Frage, wie sich die Berliner Garnison verhalten werde, dieselbe Antwort gegeben wie zu Beginn des Kapp-Putsches: «Reichswehr schießt nicht auf Reichswehr!» Severing: Mein Lebensweg, Bd. I, S. 447. Vgl. auch Braun: Von Weimar zu Hitler, S. 59.

160 W. Stresemann: Mein Vater Gustav Stresemann, S. 275.

161 Verordnung Eberts v. 9. 11. 1923; abgedr. u. a. in Berliner Tageblatt Nr. 527 v. 9. 11. 1923.

162 Geßler: Reichswehrpolitik in der Weimarer Zeit, S. 274; Luther: Politiker ohne Partei, S. 173.

163 AdR. Die Kabinette Stresemann, Bd. 2, Nr. 231, S. 997, Anm. 1.

164 Geßler: Reichswehrpolitik in der Weimarer Zeit, S. 275. Vgl. Mühlhausen: Friedrich Ebert, S. 690 f.; Winkler: Weimar, S. 235.

165 Abgedr. u. a. in Berliner Tageblatt Nr. 527 v. 9. 11. 1923; Ursachen und Folgen, Bd. V, Nr. 1175b, S. 439 (hier fälschlicherweise nur von Ebert unterzeichnet).

166 AdR. Die Kabinette Stresemann, Bd. 2, Nr. 231, S. 997 f.

167 W. Stresemann: Mein Vater Gustav Stresemann, S. 276. Noch in der Nacht hatten sich die Regierungsmitglieder darauf verständigt, nicht wie seinerzeit im Kapp-Putsch «nach Stuttgart auszukneifen». Tagebuch v. Selchows v. 9. 11. 1923; AdR. Die Regierung Stresemann, Bd. 2, Nr. 231, S. 997, Anm. 1.

168 D'Abernon: Memoiren, Bd. II, S. 313 f. (v. 9. 11. 1923).

169 Kessler: Das Tagebuch, 8. Bd., S. 138 (v. 9. 11. 1923).

170 Kabinettssitzung, 9. 11. 1923, 12 Uhr; AdR. Die Kabinette Stresemann, Bd. 2, Nr. 232, S. 998 f.

171 Gesandtschaftsrat Gustaf Braun von Stumm an Reichskanzlei, 9. 11. 1923; ebd., Nr. 235, S. 1011–1013.

172 Aufzeichnung Stresemanns über die Unterredung mit de Margerie, 9. 11. 1923; Stresemann: Vermächtnis, Bd. I, S. 205–207.

173 Vgl. Richter: Die Deutsche Volkspartei, S. 297–299; Wright: Gustav Stresemann, S. 251 f.

174 Stresemann: Vermächtnis, Bd. I, S. 207–211 (Zitate S. 208 f.).

175 Ebd., S. 207. Vgl. W. Stresemann: Mein Vater Gustav Stresemann, S. 277 f.: «Mein Vater kam aus Halle gestärkt zurück. Nach den vorangegangenen Stürmen und Auseinandersetzungen gab ihm der jubelnde Empfang wie auch der gewaltige Beifall während seiner Rede Erleichterung und neue Kraft.»

176 Vgl. Materialsammlung Lieber v. 10. 11. 1923; AdR. Die Kabinette Stresemann, Bd. 2, Anhang Nr. 1, S. 1199; Meier-Welcker: Seeckt, S. 408 f.

177 Botschafter Wiedfeldt an General von Seeckt, 24. 11. 1923; AdR. Die Kabinette Stresemann, Bd. 2, Anhang Nr. 6, S. 1216 f. Vgl. Schröder: Otto Wiedfeldt, S. 144 f.

178 Zit. nach Meier-Welcker: Seeckt, S. 411. Vgl. Materialsammlung Lieber v. 18. 11. 1923: «Haase und Seeckt zerbrechen sich den Kopf nach einem anderen Mann, finden aber keinen!» AdR. Die Kabinette Stresemann, Bd. 2, Anhang Nr. 1, S. 1200.

179 Ernst Feder: Das Ende der Hanswurstiade; Berliner Tageblatt, Nr. 529 v. 10. 11. 1923.

180 Deutsche Allgemeine Zeitung, Nr. 521 v. 9. 11. 1923, Nr. 522 v. 9. 11. 1923.

181 Vossische Zeitung, Nr. 533 v. 10. 11. 1923.

182 Georg Bernhard: Die Masken herunter; Vossische Zeitung, Nr. 532 v. 9. 11. 1923. Vgl. auch ders.: Ludendorff; Vossische Zeitung, Nr. 534/544 v. 16. 11. 1923.

183 Carl von Ossietzky: Götzendämmerung; Berliner Volks-Zeitung v. 10. 11. 1923; Ossietzky: Sämtliche Schriften, Bd. II, S. 311 f.

184 D. v. Moltke: Ein Leben in Deutschland, S. 81 (v. 15. 11. 1923).

VI. «Los von Berlin»: Separatistische Bewegungen im Rheinland und in der Pfalz

1 Berliner Tageblatt, Nr. 496 v. 22. 10. 1923.

2 Friedrich Meinecke: Werke. Hrsg. von Hans Herzfeld, Carl Hinrichs, Walther Hofer. Bd. 2: Politische Schriften und Reden, Darmstadt 1958, S. 284, 301. Vgl. zum Vorstehenden Erwin Bischof: Rheinischer Separatismus 1918–1924. Hans Adam Dortens Rheinstaatsbestrebungen, Bern 1969, S. 27–32.

3 Vgl. ebd., S. 20 f.; Leonhard: Der überforderte Frieden, S. 383 f., 779 f.

4 Vgl. Karl-Dietrich Erdmann: Adenauer in der Rheinlandpolitik nach dem Ersten Weltkrieg, Stuttgart 1966, S. 29 f.; Hans-Peter Schwarz: Adenauer. Bd. 1: Der Aufstieg 1876–1952, Stuttgart 1986, S. 210–212.

5 Kölnische Volkszeitung, Nr. 597 v. 5. 12. 1918; zit. nach Bischof: Rheinischer Separatismus 1918–1924, S. 35.

6 Denkschrift Adenauers über sein Verhältnis zu den Rheinstaatsbestrebungen, 9. 11. 1918 bis 17. 3. 1919, o. D.; Erdmann: Adenauer in der Rheinlandpolitik, Dok. 4, S. 238–253 (hier S. 239).

7 Protokoll der Versammlung v. 1. 2. 1919; Erdmann: Adenauer in der Rheinlandpolitik, Dok. 1, S. 212–234 (Zitate S. 221, 222, 226). Vgl. ebd., S. 41–48; Schwarz: Adenauer, Bd. 1, S. 218–221.

8 Erdmann: Adenauer in der Rheinlandpolitik, Dok. 1, S. 229.

9 Vgl. zur Biographie Dortens Bischof: Rheinischer Separatismus 1918–1924, S. 39–44; Martin Schlemmer: «Los von Berlin». Die Rheinstaatsbestrebungen nach dem Ersten Weltkrieg, Köln-Weimar-Wien 2007, S. 116 f.

10 Denkschrift Adenauers über sein Verhältnis zu den Rheinstaatsbestrebungen, 9. 11. 1918 bis 17. 3. 1919; Erdmann: Adenauer in der Rheinlandpolitik, Dok. 4, S. 245.

11 Dorten an Adenauer, 5. 2. 1919; ebd., Dok. 2, S. 235 f.

12 Bischof: Rheinischer Separatismus 1918–1924, S. 56.

13 Ebd., S. 59 f.; vgl. Erdmann: Adenauer in der Rheinlandpolitik, S. 52.

14 Vgl. Bischof: Rheinischer Separatismus 1918–1924, S. 34, 64 f.; Erdmann: Adenauer in der Rheinlandpolitik, S. 24–53; Schwarz: Adenauer, Bd. 1, S. 203.

15 Vgl. Bischof: Rheinischer Separatismus 1918–1924, S. 70–81; Erdmann: Adenauer in der Rheinlandpolitik, S. 53–55.

16 Vgl. den Bericht des Redakteurs der «Kölnischen Volkszeitung», Froberger, über eine Unterredung mit General Mangin in Mainz am 17. 5. 1919; Erdmann: Adenauer in der Rheinlandpolitik, Dok. 6, S. 289.

17 Aufruf «An das rheinische Volk!»; Schlemmer: «Los von Berlin», Dok. 7, S. 752 f.

18 Vgl. zum Verlauf des Putsches Bischof: Rheinischer Separatismus 1918–1924, S. 85–93; Schlemmer: «Los von Berlin», S. 118–123.

19 Vgl. Leonhard: Der überforderte Frieden, S. 783 f., 861; Eberhard Kolb: Der Frieden von Versailles, München 2005, S. 59 f.

20 Artikel 18 der Reichsverfassung; Schlemmer: «Los von Berlin», Dok. 11, S. 756 f.

21 Vgl. Erdmann: Adenauer in der Rheinlandpolitik, S. 70; Schwarz: Adenauer, Bd. 1, S. 227.

22 Vgl. Bischof: Rheinischer Separatismus 1918–1924, S. 103–107, 119–121; Schlemmer: «Los von Berlin», S. 152–154, 160 f.

23 AdR. Die Kabinette Stresemann, Bd. 1, Nr. 89, S. 399 f., Anm. 7; vgl. Bischof: Rheinischer Separatismus 1918–1924, S. 122.

24 Vgl. auch zum Folgenden Angelika Schnorrenberger: Der Düsseldorfer «Blutsonntag», 30. September 1923, in Krumeich/Schröder (Hrsg.): Der Schatten des Weltkriegs, S. 289–303 (hier S. 293 Faksimile des Flugblatts).

25 Regierungspräsident Grützner an Oberbürgermeister Köttgen, 27. 9. 1923; ebd., S. 295 f.

26 Vgl. ebd., S. 297–302.

27 Zit. nach Gerhard Gräber/Matthias Spindler: Revolverrepublik am Rhein. Die Pfalz und ihre Separatisten, Bd. 1: November 1918-November 1923, Landau 1992, S. 252.

28 Vgl. den Bericht der Nachrichtenagentur W. T. B. v. 21. 10. 1923; Ursachen und Folgen, Bd. V, Nr. 1119, S. 303; Vossische Zeitung, Nr. 500 v. 22. 10. 1923: Separatistenputsch am Rhein.

29 Vossische Zeitung, Nr. 501 v. 23. 10. 1923: Die Ereignisse von Aachen. Der erste deutsche Bericht.

30 Vossische Zeitung, Nr. 503 v. 24. 10. 1923: Der Kampf um Aachen.

31 Vgl. Berliner Tageblatt, Nr. 497 v. 23. 10. 1923: Die Separatistenbewegung im Rheinland. Weitere Gewaltstreiche; Nr. 498 v. 23. 10. 1923: Die Putschbewegung im Rheinland; Nr. 499 v. 24. 10. 1923: Erfolgreiche Abwehraktion im Rheinland; Nr. 500 v. 24. 10. 1923: Die Separatisten fast überall vertrieben.

32 Die Tagebücher von Joseph Goebbels. Hrsg. von Elke Fröhlich, Teil I, Bd. 1/I. Oktober 1923-November 1925. München 2004, S. 36 (v. 23. 10. 1923).

33 Aide-Mémoire der deutschen Botschaft in Paris, 24. 10. 1923, und Antwortnote der französischen Regierung, 29. 10. 1923; Ursachen und Folgen, Bd. V, Nr. 1119 d und 1119e, S. 305–307. Zur Haltung der Besatzungsorgane vgl. Schlemmer: «Los von Berlin», S. 170–172.

34 Mangin an Dorten, 22. 10. 1923; zit. nach Schlemmer: «Los von Berlin», S. 165.

35 Der 23. Oktober 1923. Die Separatisten in Koblenz an der Macht; https://www.

landeshauptarchiv.de/service/landesgeschichte-im-archiv/blick-in-die-geschichte/archiv-nach-jahrgang/231023. Vgl. Gräber/Spindler: Revolverrepublik am Rhein, Bd. 1, S. 542 f.; Bischof: Rheinischer Separatismus 1918–1924, S. 125.

36 Der 23. Oktober 1923. Die Separatisten in Koblenz an der Macht (wie Anm. 35). Zur Haltung der Bevölkerung vgl. Schlemmer: «Los von Berlin», S. 381 f. Für den spanischen Reporter Eugeni Xammar bot die provisorische Regierung der Rheinischen Republik «aus der Nähe betrachtet ein ziemlich groteskes Bild». Xammar: Koblenzer Maskerade, in Das Schlangenei, S. 130–133 (hier S. 131).

37 So der preußische Innenminister an das Auswärtige Amt, 29. 10. 1923; AdR. Die Kabinette Stresemann, Bd. 2, Nr. 202, S. 898–905 (hier S. 904).

38 Vgl. Schlemmer: «Los von Berlin», S. 210–212; Johannes Thomassen: Arbeiterschaft und rheinischer Separatismus im Krisenjahr 1923, in Geschichte im Westen (1992), H. 1, S. 53–61 (hier S. 58 f.).

39 Befehl der Exekutive der Vorläufigen Regierung v. 3. 11. 1923; Ursachen und Folgen, Bd. V, Nr. 1120, S. 309.

40 Vgl. Die «Schlacht» bei Aegidienberg; ebd., Nr. 1122, S. 311; https://de.wikipedia.org./wiki/Rheinische_Republik.

41 Vgl. Vossische Zeitung, Nr. 567 v. 30. 11. 1923: Separatisten untereinander (dort auch das Schreiben von Matthes an Tirard v. 27. 11. 1923).

42 Vgl. Bischof: Rheinischer Separatismus 1918–1924, S. 126 f.

43 Vossische Zeitung, Nr. 567 v. 30. 11. 1923: Separatisten untereinander.

44 Vgl. Gräber/Spindler: Revolverrepublik am Rhein, Bd. 1, S. 31 f., 39–50.

45 Wilhelm Michel: Pfalz, Bayern, Deutschland; Die Weltbühne, XIX. Jg., Nr. 46 v. 15. 11. 1923, S. 470–474 (hier S. 473).

46 Vgl. Diethard Hennig: Johannes Hoffmann. Sozialdemokrat und Bayerischer Ministerpräsident. Biographie, München-London-New York-Paris 1990, S. 479–481.

47 Vgl. ebd., S. 481; Gräber/Spindler: Revolverrepublik am Rhein, Bd. 1, S. 396 f.

48 Erklärung von Mitgliedern der Pfälzer Sozialdemokratie, 23. 10. 1923; Ursachen und Folgen, Bd. V, Nr. 1124, S. 313. Vgl. auch den Vermerk des Ministerialrats Kiep über die Ausrufung der autonomen Republik Pfalz, 24. 10. 1923; AdR. Die Kabinette Stresemann, Bd. 2, Nr. 171, S. 705.

49 Hennig: Johannes Hoffmann, S. 482; vgl. Gräber/Spindler: Revolverrepublik am Rhein, Bd. 1, S. 452 f., 455.

50 Telegramm Hoffmanns an Hermann Müller, 24. 10. 1923, und Antworttelegramm Müllers, 25. 10. 1023; AdR. Die Kabinette Stresemann, Bd. 2, Nr. 171, S. 706, Anm. 6. Im Wortlaut leicht verändert bei Hennig: Johannes Hoffmann, S. 482 f.

51 Abgedr. u. a. in Vossische Zeitung, Nr. 505 v. 25. 10. 1923: Die Vorgänge in der Pfalz; Berliner Tageblatt, Nr. 501 v. 25. 10. 1923: Lösungsversuche in der Pfalz. Vgl. Hennig: Johannes Hoffmann, S. 483.

52 Gräber/Spindler: Revolverrepublik am Rhein, Bd. 1, S. 476.

53 Berliner Tageblatt, Nr. 501 v. 25. 10. 1923: Das französische Manöver in der Pfalz.

54 Vgl. Hennig: Johannes Hoffmann, S. 483 f.; Gräber/Spindler: Revolverrepublik am Rhein, Bd. 1, S. 516 f.

55 Erklärung des SPD-Parteivorstands der Pfalz, 26. 10. 1923; Ursachen und Folgen, Bd. V, Nr. 1124b, S. 313 f.

56 Hennig: Johannes Hoffmann, S. 486; vgl. Mühlhausen: Friedrich Ebert, S. 678, Anm. 390.
57 Aufzeichnung von Pregers v. 25. 10. 1923; AdR. Die Kabinette Stresemann, Bd. 2, Nr. 180, S. 837.
58 Hennig: Johannes Hoffmann, S. 486.
59 Vgl. ebd., S. 491–493.
60 Proklamation der separatistischen Regierung in der Pfalz v. 12. 11. 1923; Ursachen und Folgen, Bd. V, Nr. 1124d, S. 315. Vgl. Gerhard Gräber: Pfälzischer Separatismus; https://www.historisches-lexikon-bayerns.de/Lexikon/Pfälzischer_Separatismus.
61 Vgl. zu den Biographien von Heinz, Bley und Kunz Gerhard Gräber/Matthias Spindler: Friedensrepublik Heinz & Kunz, in DIE ZEIT, Nr. 14 v. 29. 3. 1991; dies.: Revolverrepublik am Rhein, Bd. 1, S. 126 f., 581–585.
62 Proklamation «Die Autonome Pfalz und die soziale Fürsorge»; https://www.viktorskopf.de/autonome–pfalz/
63 Vgl. Gräber/Spindler: Friedensrepublik Heinz & Kunz, in DIE ZEIT, Nr. 14 v. 29. 3. 1991; dies.: Die Pfalzbefreier. Volkes Zorn und Staatsgewalt im Kampf gegen den pfälzischen Separatismus 1923/24, Ludwigshafen 2005.
64 Vgl. Erdmann: Adenauer in der Rheinlandpolitik, S. 70; Schwarz: Adenauer, Bd. 1, S. 260.
65 Vgl. Winkler: Von der Revolution zur Stabilisierung, S. 641; Schwarz: Adenauer, Bd. 1, S. 263–266; Erdmann: Adenauer in der Rheinlandpolitik, S. 90 f. Zur Haltung von Jarres vgl. auch seine Denkschrift an Stresemann v. 31. 10. 1923; AdR. Die Kabinette Stresemann, Bd. 2, Nr. 210, S. 920–926.
66 Besprechung mit den Vertretern der besetzten Gebiete in Hagen, 25. 10. 1923; AdR. Die Kabinette Stresemann, Bd. 2, Nr. 179, S. 761–836 (hier S. 763 f.).
67 Ebd., S. 770, 776, 778, 781, 782.
68 Ebd., S. 783, 784, 785, 786. Vgl. zu den Verhandlungen in Hagen Erdmann: Adenauer in der Rheinlandpolitik, S. 94–103; Schwarz: Adenauer, Bd. 1, S. 268–273.
69 Interview Adenauers mit «Le Peuple» v. 31. 10. 1923; Erdmann: Adenauer in der Rheinlandpolitik, Dok. 9, S. 303 f.
70 Vgl. ebd., S. 107.
71 Aufzeichnung des Erzbischofs Schulte über seine Unterredung mit Tirad, 29. 11. 1923; ebd., Dok. 8, S. 298–303 (Zitate S. 300, 301), Vgl. AdR. Die Kabinette Stresemann, Bd. 2, Nr. 198, S. 887, Anm. 6; Nr. 199, S. 891, Anm. 7.
72 Vgl. Erdmann: Adenauer in der Rheinlandpolitik, S. 116–118.
73 Niederschrift Louis Hagens über seine Besprechung mit Tirard am 3. 11. 1923; Erdmann: Adenauer in der Rheinlandpolitik, Dok. 11, S. 305–308 (Zitate S. 306).
74 Kabinettssitzung v. 9. 11. 1923; AdR. Die Kabinette Stresemann, Bd. 2, Nr. 233, S. 1000–1007 (Zitate S. 1001, 1003, 1005).

VII.
Auf dem Weg zur Stabilisierung: Von Stresemann zu Marx

1 Th. Sternheim: Tagebücher, Bd. I, S. 653 (v. 31. 10. 1923). Vgl. Klemperer: Tagebücher 1918–1924, S. 754 (v. 27. 10. 1923): «Immer wieder das schönste abnorm warme Herbstwetter.»

2 Die Tagebücher von Joseph Goebbels, T. I, Bd. 1/I, S. 29, 32 (v. 17. 10. 1923).

3 Klemperer: Tagebücher 1918–1924, S. 753 (v. 22. 10. 1923). Vgl. H. Pringsheim: Tagebücher, Bd. 7, S. 103 (v. 26.10. und 29. 10. 1923): «Die Milliarden fliegen (...) Preise zum Verrücktwerden.» D. von Moltke: Ein Leben in Deutschland, S. 78 (v. 25. 10. 1923): «Die Preise sind einfach sagenhaft, 1 Milliarde ist schon Kleingeld.»

4 S. die Tabelle bei Feldman: The Great Disorder, S. 782.

5 Berliner Börsen-Courier v. 6. 11. 1923; zit. nach Glatzer: Berlin zur Weimarer Zeit, S. 112.

6 Kessler: Das Tagebuch, 8. Bd., S. 122 (v. 22. 10. 1923).

7 Ebd., S. 139 (v. 10. 11. 1923).

8 Erich Wolf: Stätten des Berliner Elends; Berliner Tageblatt, Nr. 542 v. 24. 11. 1923.

9 B. Scholem – G. Scholem: Mutter und Sohn im Briefwechsel 1917–1946, S. 88 (v. 23. 10. 1923). Vgl. Die Tagebücher von Joseph Goebbels, T. I, Bd. 1/I, S. 47 (v. 7. 11. 1923): «Man wundert sich, dass der Aufruhr nicht wie ein fressendes Feuer durchs ganze Land geht.»

10 Vossische Zeitung, Nr. 525 v. 6. 11. 1923: Krawalle im Berliner Zentrum; Nr. 527 v. 7. 11. 1923: Die gestrigen Unruhen. Vgl. zu den «Scheunenviertel»-Krawallen Maurer: Ostjuden in Deutschland 1918–1933, S. 329–338; Walter: Antisemitische Kriminalität und Gewalt, S. 151–153; Scholz: Ein unruhiges Jahrzehnt, S. 115–118.

11 Arthur Crispien: Arme Betrogene; Vorwärts v. 8. 11. 1923; zit. nach Walter: Antisemitische Kriminalität und Gewalt, S. 151.

12 Vossische Zeitung, Nr. 525 v. 6. 11. 1923: Krawalle im Berliner Zentrum.

13 Th. Sternheim: Tagebücher, Bd. I, S. 654 (v. 8. 11. 1923).

14 Betty Scholem an Gershom Scholem, 20. 11. 1923; Mutter und Sohn im Briefwechsel, S. 95 (v. 20. 11. 1923).

15 Bernhard Reich: Im Wettlauf mit der Zeit. Erinnerungen aus fünf Jahrzehnten deutscher Theatergeschichte, Berlin 1970, S. 240.

16 S. die Tabelle bei Feldman: The Great Disorder, S. 782.

17 AdR. Die Kabinette Stresemann, Bd. 2, Nr. 227, S. 986–990 (v. 7. 11. 1923), Nr. 233, S. 1005 (v. 9. 11. 1923).

18 Luther: Politiker ohne Partei, S. 181. Vgl. AdR. Die Kabinette Stresemann, Bd. 2, Nr. 242, S. 1032–1037 und ebd., S. 1034 f., Anm. 15.

19 AdR. Die Kabinette Stresemann, Bd. 2, Nr. 242, S. 1038 (v. 12. 11. 1923). Vgl. Luther: Politiker ohne Partei, S. 150 f.; Feldman: The Great Disorder, S. 792 f. Mit deutlicher Tendenz, die eigene Rolle bei der Währungsstabilisierung herauszustreichen, Hjalmar Schacht: 76 Jahre meines Lebens, Bad Wörishofen 1953, S. 226 ff. Zu Havenstein vgl. Wallwitz: Die große Inflation, S. 135–150, 262 f.

20 Vgl. Luther: Politiker ohne Partei, S. 143; Feldman: The Great Disorder, S. 795; Taylor: Inflation, S. 330.

21 Vossische Zeitung, Nr. 546 v. 17. 11. 1923: Unser neues Geld. Vgl. Feldman: The Great Disorder, S. 793.

22 Haffner: Geschichte eines Deutschen, S. 65 f.

23 Klemperer: Tagebücher 1918–1924, S. 759 (v. 22. 11. 1923), 761 (v. 4. 12. 1923).

24 Luther: Politiker ohne Partei, S. 215.

25 Kessler: Das Tagebuch, 8. Bd., S. 167 (v. 4. 12. 1923). Vgl. Berliner Tageblatt, Nr. 580 v. 16. 12. 1923: «Das Fieber hat nachgelassen, und die Angst vor dem Morgen ist einer ruhigeren, selbstverständlicheren Disposition gewichen.»

26 New Confidence in Germany. A Stable Currency; Manchester Guardian v. 13. 12. 1923; zit. nach Taylor: Inflation, S. 335. Vgl. D. von Moltke: Ein Leben in Deutschland, S. 86 (v. 29. 12. 1923): «Aber es ist uns allen eine große Erleichterung, wieder mit kleinen Beträgen zu tun zu haben und mit stabilen Preisen. Man weiß wenigstens, woran man ist.»

27 D'Abernon: Memoiren, Bd. II, S. 329 (v. 25. 12. 1923).

28 Luther: Politiker ohne Partei, S. 192. Vgl. zum Abschluss der MICUM-Verhandlungen Wulf: Hugo Stinnes, S. 410–418. Feldman/Homburg: Industrie und Inflation, S. 150. Der Text des Abkommens in Ursachen und Folgen, Bd. V, Nr. 1102, S. 268–273.

29 Tagebuch Houghton v. 15. 11. 1923; zit. nach Mühlhausen: Friedrich Ebert, S. 700.

30 D'Abernon: Memoiren, Bd. II, S. 316 (v. 18. 11. 1923). Vgl. Luther Politiker ohne Partei, S. 203: «Stresemann hatte zunächst die Absicht, sich gegen Tod und Teufel zu behaupten, und fand damit die Zustimmung der Kabinettskollegen.»

31 Stresemann an Rudolf von Campe, Vorsitzender der DVP-Fraktion im preußischen Landtag, 8. 11. 1923; zit. nach Wright: Gustav Stresemann, S. 582, Anm. 240.

32 Eberhard Kolb/Ludwig Richter (Bearbeiter): Nationalliberalismus in der Weimarer Republik. Die Führungsgremien der Deutschen Volkspartei 1918–1933, 1. Halbbd.: 1918–1925, Düsseldorf 1999, Nr. 53, S. 476–485 (Zitate S. 476, 484 f.).

33 Ebd., S. 487. Vgl. Richter: Die Deutsche Volkspartei, S. 301; W. Stresemann: Mein Vater Gustav Stresemann, S. 278 f.

34 Georg Bernhard: Stresemann neuer Sieg; Vossische Zeitung, Nr. 548 v. 19. 11. 1923.

35 Berliner Tageblatt, Nr. 538 v. 22. 11. 1923: Vor der Entscheidung.

36 Vgl. Winkler: Weimar, S. 240. Text des Misstrauensantrages bei Kastning: Die deutsche Sozialdemokratie zwischen Koalition und Opposition, S. 129.

37 AdR. Die Kabinette Stresemann, Bd. 2, Nr. 268, S. 1130–1135.

38 D'Abernon: Memoiren, Bd. II, S. 319 (v. 24. 11. 1923).

39 Vgl. Mühlhausen: Friedrich Ebert, S. 702.

40 Vossische Zeitung, Nr. 549 v. 20. 11. 1923: Drei Misstrauensanträge gegen Stresemann.

41 Erich Dombrowski: Unterbrechung der Verhandlungen. Der Kommunist Remmele als Störenfried; Berliner Tageblatt, Nr. 537 v. 21. 11. 1923. Vgl. Vossische Zeitung, Nr. 551 v. 21. 11. 1923: Die Kanzlerrede auf Donnerstag verschoben; Luther: Politiker ohne Partei, S. 200 f.

42 AdR. Die Kabinette Stresemann, Bd. 2, Nr. 278, S. 1162.

43 Zu den Motiven Stresemanns vgl. Wright: Gustav Stresemann, S. 256 f. Das Zitat in Stresemann: Vermächtnis, Bd. I, S. 244.

44 Vgl. Vossische Zeitung, Nr. 553 v. 22. 11. 1923: Keine Störung der Sitzung.

45 Vgl. E(rich) D(ombrowski): Die gestrige Reichstagssitzung; Berliner Tageblatt, Nr. 540 v. 23. 11. 1923.

46 Vgl. W. Stresemann: Mein Vater Gustav Stresemann, S. 281; Seeckt an seine Frau, 22. 11. 1923: «Heute soll er (Stresemann) glänzend gesprochen haben.» AdR. Die Kabinette Stresemann, Bd. 2, Anhang Nr. 1, Anm. 122; Vossische Zeitung, Nr. 554 v. 23. 11. 1923: Stresemanns Rede. Weniger angetan war Erich Dombrowski: «Die Kanzlerrede war auf einen Mollton gestimmt. Mehr Abwehr als Angriff. Mehr Rückblick als Ausblick. Mehr Rechtfertigung als Wollen.» Berliner Tageblatt, Nr. 540, v, 23. 1. 1923.

47 Georg Bernhard: Vor der Entscheidung; Vossische Zeitung, Nr. 554 v. 23. 11. 1923.

48 Gustav Stresemann: Reichstagsreden. Hrsg. von Gerhard Zwoch, Bonn 1972, S. 155–206. Eine ausführliche Inhaltswiedergabe der Rede bei Wright: Gustav Stresemann, S. 257–260.

49 Stresemann: Vermächtnis, Bd. I, S. 244.

50 Vgl. Vossische Zeitung, Nr. 555 v. 23. 11. 1923: Seeckt verbietet die Putschparteien. Vgl. Aufzeichnung über das vom Chef der Heeresleitung eingeleitete Verbotsverfahren gegen KPD. DVFP und NSDAP, 20. 11. 1923; AdR. Die Kabinette Stresemann, Bd. 2, Nr. 273, S. 1153. Verordnung Seeckts v. 23. 11. 1923; Ursachen und Folgen, Bd. V, Nr. 1206, S. 502 f.

51 Vossische Zeitung, Nr. 556 v. 24. 11. 1923: Das Kabinett Stresemann zurückgetreten.

52 Kabinettssitzung v. 23. 11. 1923, 19.45 Uhr; AdR. Die Kabinette Stresemann, Bd. 2, Nr. 279, S. 1163.

53 Tagesnotiz v. 23. 11. 1923; Stresemann: Vermächtnis, Bd. I, S. 245. Nach der Erinnerung von Staatssekretär Meissner sei Ebert «über das Verhalten seiner Parteifreunde sehr ungehalten» gewesen und habe den Fraktionsbeschluss «mit einer bei ihm sonst ungewohnten Schärfe» kritisiert. Otto Meissner: Staatssekretär unter Ebert-Hindenburg-Hitler, Hamburg 1950, S. 133 f.

54 W. Stresemann: Mein Vater Gustav Stresemann, S. 283; Stresemann: Vermächtnis, Bd. I, S. 245.

55 Deutsche Allgemeine Zeitung, Nr. 546 v. 24. 11. 1923: Drei Monate.

56 Erich Dombrowski: Stresemann; Berliner Tageblatt, Nr. 542 v. 24. 11. 1923.

57 Georg Bernhard: Der Endkampf; Vossische Zeitung, Nr. 547 v. 18. 11. 1923.

58 Klaus Römer: Abschied von Stresemann; Die Weltbühne, XIX. Jg., Nr. 48, S. 521 v. 29. 11. 1923.

59 Das Tage-Buch, H. 48, Jg. 4 v. 1. 12. 1923, S. 1644 (Tagebuch der Zeit).

60 Vgl. Kolb: Gustav Stresemann, S. 92 f.; Berg: Gustav Stresemann, S, 82 f.; Wright: Gustav Stresemann, S. 261; Winkler: Weimar, S. 241 f.

61 Aufzeichnung von Stresemanns Privatsekretär Fritz Rauch über den Besuch beim Kronprinzen, 23. 9. 1920; zit. nach Koszyk: Gustav Stresemann, S. 227 f.

62 Vgl. Wright: Gustav Stresemann, S. 235.

63 Stresemann an Kronprinz Wilhelm, 23. 7. 1923; Stresemann: Vermächtnis, Bd. I, S. 215–219 (Zitat S. 215). Zur Haltung der Regierung Cuno vgl. die Aufzeichnung von Mackensens, des persönlichen Referenten von Außenminister von Rosenberg, 3. 7. 1923; AdR. Das Kabinett Cuno, Nr. 206, S. 617–619.

64 Kronprinz Wilhelm an Stresemann, 29. 9. 1923; Stresemann: Vermächtnis, Bd. I, S. 219 f.

65 Kabinettssitzung v. 23. 10. 1923; AdR. Die Kabinette Stresemann, Bd. 2, Nr. 167, S. 698 f.

66 Stresemann an Kronprinz Wilhelm, 24. 10. 1923; Stresemann: Vermächtnis, Bd. I, S. 221 f.

67 Tagebuch des Leibarztes Alfred Haehner, 10. 11. 1923; zit. nach John C. G. Röhl: Wilhelm II. Der Weg in den Abgrund 1900–1941, München 2008, S. 1300. Vgl. auch Tagebuch des Flügeladjutanten Sigurd von Ilsemann, 12. 11. 1923: «Die Rechtskreise, die nichts von Stresemann wissen wollen, werden wütend sein, dass mein Junge die Rückkehr durch die Gnade dieses Herrn erreicht hat.» Zit nach Koszyk: Gustav Stresemann, S. 267.

68 Vgl. AdR. Die Kabinette Stresemann, Bd. 2, Nr. 167, S. 699, Anm. 8; Wright: Gustav Stresemann, S. 236; Stresemann: Vermächtnis, Bd. I, S. 215.

69 Kessler: Das Tagebuch, 8.Bd, S. 140 (v. 13. 11. 1923, S. 143 (v. 14. 11. 1923). Scharfe Kritik übte auch Thomas Wehrlin (d. i. Stefan Großmann): Der heimgekehrte Kronprinz, in «Das Tage-Buch» (H. 46, Jg. 4 v. 17. 11. 1923, S. 1591): «Soll man die Tat nüchtern-staatsmännisch würdigen, so muss man dem Reichskanzler ins Zeugnis schreiben: Politische Psychologie. Ganz ungenügend.» Stefan Zweig schrieb am 16. 11. 1923 an Romain Rolland: «In diesem Moment den Kronprinzen zurückzurufen war die denkbar dümmste Geste.» Stefan Zweig: Briefe 1920–1931, S. 449.

70 D'Abernon: Memoiren, Bd. II, S. 315 (v. 11. 11. 1923).

71 Vgl. Stephan Malinowski: Die Hohenzollern und die Nazis. Geschichte einer Kollaboration, Berlin 2021, S. 213 ff., 241 ff.

72 Zit. nach Rudolf Morsey: Die Deutsche Zentrumspartei 1917–1923, Düsseldorf 1966, S. 550. Vgl. Erich Dombrowski: Stresemann; Vossische Zeitung, Nr. 542 v. 24. 11. 1923: «Was wird nun? Das ist die große Frage, um die sich in den. nächsten Tagen alles drehen wird.»

73 Kessler: Das Tagebuch, 8. Bd., S. 155 (v. 24. 11. 1923).

74 D'Abernon: Memoiren, Bd. II, S. 321 (v. 25. 11. 1923).

75 Seeckt an seine Schwester, 18. 11. 1923; zit. nach Meier-Welcker: Seeckt, S. 411.

76 Vgl. Mühlhausen: Friedrich Ebert, S. 691–697; Meier-Welcker: Seeckt, S. 414.

77 Vgl. Materialsammlung Lieber v. 17., 18., 20. 11. 1923; AdR. Die Kabinette Stresemann, Bd. 2, Anhang Nr. 1, S. 1200 f.

78 Seeckt an seine Frau, 22. 11. 1923; zit. nach Mühlhausen: Friedrich Ebert, S. 699; vgl. Meier-Welcker: Seeckt, S. 412.

79 Vgl. Hehl: Wilhelm Marx, S. 250 f.; Mühlhausen: Friedrich Ebert, S. 703 f.; Vossische Zeitung, Nr. 557 v. 24. 11. 1923: Kardorff als Reichskanzler vorgeschlagen.

80 Vgl. Mühlhausen: Friedrich Ebert, S. 704–707; Vossische Zeitung, Nr. 559 v. 25. 11. 1923: Die Kombination Kardorff gescheitert; Berliner Tageblatt, Nr. 544 v. 25. 11. 1923: Kardorffs Mission gescheitert.

81 Ebert an Albert, 25. 11. 1923; abgedr. u. a. in Vossische Zeitung, Nr. 559 v. 26. 11. 1923: Geschäftsministerium Albert.

82 Vgl. Mühlhausen: Friedrich Ebert, S. 708–711; Materialsammlung Lieber v. 26. 11. 1923; AdR. Die Kabinette Stresemann, Bd. 2, Anhang Nr. 1, S. 1202.

83 Erich Dombrowski: Die ungelöste Kabinettskrise; Berliner Tageblatt, Nr. 546 v. 27. 11. 1923; Stresemann: Vermächtnis, Bd. I, S. 255 (Tagesnotiz v. 26. 11. 1923).

84 Vgl. Akten der Reichskanzlei (AdR). Die Kabinette Marx I und II. Bearbeitet von Günter Abramowski. Bd. 1: November 1923 bis Juni 1924, Boppard am Rhein 1973, S. VIII (Einleitung); Mühlhausen: Friedrich Ebert, S. 711 f.; Vossische Zeitung, Nr. 564

v. 29. 11. 1923: Der Kampf um die preußische Koalition; Berliner Tageblatt, Nr. 551 v. 29. 11. 1923: Stegerwalds endgültiger Verzicht.

85 Deutsche Allgemeine Zeitung, Nr. 554 v. 29. 11. 1923: Die Parteiverhandlungen gescheitert.

86 Vgl. AdR. Die Kabinette Marx, Bd. 1, S. VIII (Einleitung); Hehl: Wilhelm Marx, S. 252 f.; Mühlhausen: Friedrich Ebert, S. 712 f.

87 Vgl. Luther: Politiker ohne Partei, S. 209–211. Der Brief ist u. a. abgedr. im Berliner Tageblatt, Nr. 551 v. 29. 11. 1923.

88 Vgl. AdR. Die Kabinette Marx, Bd. 1, S. IX (Einleitung); Braun: Die Weimarer Reichskanzler, S. 305–307; Hehl: Wilhelm Marx S. 254 f.

89 Vgl. Marx an Stresemann, 24. 11. 1923; Stresemann an Marx, 28. 11. 1923; Stresemann: Vermächtnis, Bd. I, S. 247 f. Vgl. W. Stresemann: Mein Vater Gustav Stresemann, S. 287. Danach soll Stresemann über Marx geäußert haben: «Das ist ein anständiger Mann, mit dem kann ich zusammenarbeiten.»

90 Vgl. AdR. Die Kabinette Marx, Bd. 1, S. X (Einleitung); Hehl: Wilhelm Marx, S. 249 ff.

91 Georg Bernhard: Nothelfer; Vossische Zeitung, Nr. 570 v. 2. 12. 1923.

92 AdR. Die Kabinette Marx, Bd. 1, S. XI (Einleitung); Nr. 1, S. 1–3 (Kabinettssitzung v. 1. 12. 1923); Nr. 2, S. 7–10 (Kabinettssitzung v. 2. 12. 1923). Vgl. Winkler: Weimar, S. 246.

93 AdR. Die Kabinette Marx, Bd. 1, Nr. 2, S. 8 (Kabinettssitzung v. 2. 12. 1923). Vgl. Winkler: Von der Revolution zur Stabilisierung, S. 679; Mühlhausen: Friedrich Ebert, S. 714 f.

94 Ministerbesprechung v. 4. 12. 1923; AdR. Die Kabinette Marx, Bd. 1, Nr. 7, S. 35. Vgl. zum Vorstehenden Kastning: Die deutsche Sozialdemokratie zwischen Koalition und Opposition, S. 134 f.; Winkler: Von der Revolution zur Stabilisierung, S. 679 f.; Mühlhausen: Friedrich Ebert, S. 715.

95 Erich Dombrowski: Die gestrige Reichstagssitzung; Berliner Tageblatt, Nr. 560 v. 5. 12. 1923.

96 Programmatische Erklärung des Reichskanzlers Marx im Reichstag, 4. 12. 1923; Ursachen und Folgen, Bd. V, Nr. 1104, S. 275–277 (Zitate S. 276). Vgl. Hehl: Wilhelm Marx, S. 257 f.

97 Vgl. Berliner Tageblatt, Nr. 564 v. 7. 12. 1923: Die Entscheidung im Reichstag vertagt; Nr. 568 v. 9. 12. 1923: Das Ermächtigungsgesetz angenommen; Winkler: Von der Revolution zur Stabilisierung, S. 680.

98 Text in Ursachen und Folgen, Bd. V, Nr. 1106, S. 283.

99 Vgl. AdR. Die Kabinette Marx, Bd. 1, S. XXV f. (Einleitung).

100 Kabinettssitzung v. 10. 12. 1923; ebd., Nr. 15, S. 72–75. Vgl. auch ebd., S. XXV (Einleitung); Luther: Politiker ohne Partei, S. 219; Winkler: Weimar, S. 249.

101 Klemperer: Tagebücher 1918–1924, S. 762 (v. 10. 12. 1923).

102 Vgl. AdR. Die Kabinette Marx, Bd. 1, S. XXVII f. (Einleitung); Luther: Politiker ohne Partei, S. 220–225; Winkler: Von der Revolution zur Stabilisierung, S. 694 f: Longerich: Deutschland 1918–1933, S. 149 f.

103 AdR. Die Kabinette Marx, Bd. 1, Nr. 23, S. 105 (Kabinettssitzung v. 14. 12. 1923); Nr. 25, S. 113 f. (Sitzung des Wirtschaftsausschusses des Kabinetts v. 15. 12. 1923). Vgl. Gerald D. Feldman/Irmgard Steinisch: Die Weimarer Republik zwischen Sozial- und

Wirtschaftsstaat. Die Entscheidung gegen den Achtstundentag, in Archiv für Sozialgeschichte, Jg.18 (1978), S. 353–439 (hier S. 411 f.); Winkler: Weimar, S. 248 f.; Ruck: Die Freien Gewerkschaften im Ruhrkampf 1923, S. 527–529.

104 Winkler: Von der Revolution zur Stabilisierung, S. 713.

105 Bericht des Justizrats Hugo Mönnig in der Sitzung des Reichskabinetts und des Fünfzehnerausschusses, 17. 11. 1923; AdR. Die Kabinette Stresemann, Bd. 2, Nr. 267, S. 1110 f.

106 Denkschrift Tirards v. 29. 11. 1923; Erdmann: Adenauer in der Rheinlandpolitik, Dok. 17, S. 322 f.; vgl. ebd.,150 f.; Schwarz: Adenauer, Bd. 1, S. 278.

107 Gegenvorschlag Adenauers zur Denkschrift Tirards v. 12. 12. 1923; Erdmann: Adenauer in der Rheinlandpolitik, Dok. 20, S. 327–331.

108 Aufzeichnung Adenauers über seine Unterredung mit Marx, 14. 12. 1923; ebd., Dok. 23, S. 335 f.; vgl. ebd., S. 163.

109 Niederschrift über eine Besprechung mit Vertretern der besetzten Gebiete, 9. 1. 1924; AdR. Die Kabinette Marx, Bd. 1, Nr. 53, S. 211–215 (Zitate S. 212, 215).

110 Stresemann an Marx, 16. 1. 1924; Erdmann: Adenauer in der Rheinlandpolitik, Dok. 32, S. 361–365 (Zitate S. 362, 365). Vgl. ebd., S. 177 f.; Schwarz: Adenauer, Bd. 1, S. 285 f.

111 Adenauer an Marx, 23. 1. 1924; Erdmann: Adenauer in der Rheinlandpolitik, Dok. 35, S. 369 f.

112 Vgl. AdR. Die Kabinette Marx, Bd. 1, S. XXXIII (Einleitung); Winkler: Weimar, S. 251.

113 H. Pringsheim: Tagebücher, Bd. 7, S. 114 (v. 31. 12. 1923). Vgl. Erich Dombrowski: Silvester; Berliner Tageblatt, Nr. 602 v. 31. 12. 1923: «Blickt man auf das Jahr zurück, das heute zu Ende geht, so steht man vor einem schillernden Scherbenhaufen von Hoffnungen.»

114 Kessler: Das Tagebuch, 8. Bd., S. 187 (v. 31. 12. 1923).

115 Haffner: Geschichte eines Deutschen, S. 67.

116 Alfred Döblin: Berliner Weihnachten; Prager Tagblatt v. 30. 12. 1923; zit. nach Glatzer: Berlin zur Weimarer Zeit, S. 131.

117 Das Tage-Buch, H. 52, Jg. 4 v. 19. 12. 1923, S. 1767.

118 D'Abernon: Memoiren, Bd. II, S. 337 f. (v. 31. 12. 1923).

119 Oberstleutnant Erfurth an Oberstleutnant Joachim von Stülpnagel, Leiter der Heeresabteilung (T I) im Truppenamt der Heeresleitung, 1. 1. 1924; Das Krisenjahr 1923, Nr. 152, S. 223.

VIII.
Kultur im Schatten der Krise

1 Gewerkschafts-Zeitung, 34. Jg., Nr. 1 v. 5. 1. 1924, S. 1.

2 Vgl. Sabina Becker: Experiment Weimar. Eine Kulturgeschichte Deutschlands 1918–1933, Darmstadt 2018, S. 17–19; dies.: Zu neuen Ufern, in ZEIT-Geschichte H. 1 (2020), S. 16–19.

3 Vgl. Peukert: Die Weimarer Republik, S. 169–174; Büttner: Die überforderte Republik, S. 331–334; Jochen Hung: Massenkulturen, in Rossol/Ziemann (Hrsg.): Aufbruch und Abgründe, S. 699–721.

4 Kerr: Berlin wird Berlin, Bd. 4, S. 438 (v. 11. 12. 1921).
5 Vgl. Kolb: Die Weimarer Republik, S. 92 f.; Büttner: Die überforderte Republik, S. 298 f.; Becker: Experiment Weimar, S. 26 f.
6 Zit. nach Klaus Kreimeier: Die Ufa-Story. Geschichte eines Filmkonzerns, München-Wien 1992, S. 77; vgl. Becker: Experiment Weimar, S. 275.
7 Das Tage-Buch, H. 40, Jg.6 v. 3. 10. 1925, S. 1504. Vgl. Kreimeier: Die Ufa-Story, S. 136.
8 Zit. nach Kreimeier: Die Ufa-Story, S. 120.
9 Hans Siemsen: Die Filmerei; Die Weltbühne, XVII. Jg., Nr. 4 v. 27. 1. 1921, S. 101–105 (hier S. 101).
10 Kerr: Berlin wird Berlin, Bd. 4, S. 187 (v. 12. 10. 1919). Vgl. auch ebd., S. 276 (v. 12. 9. 1920): «(…) denn der Film ist ja doch eine Kunstgattung wie jede andere, mit einer gewissen Zukunft, und wert, dass man sich mit ihr befasst.»
11 Klemperer: Tagebücher 1918–1924, S. 626 f. (v. 22. 10. 1922).
12 Ebd., S. 767 (v. 30. 12. 1923).
13 Peter Panter (d. i. Kurt Tucholsky): Dr. Caligari; Die Weltbühne, XVI. Jg., Nr. 11 v. 11. 3. 1920, S. 347 f.; abgedr. in Kurt Tucholsky: Gesammelte Werke, Bd. 2: 1919–1920, Reinbek bei Hamburg 1985, S. 292 f. Vgl. Peter Gay: Die Republik der Außenseiter. Geist und Kultur in der Weimarer Zeit 1918–1933. Neuausgabe, Frankfurt/M. 2004, S. 138–141; Becker: Experiment Weimar, S. 279. Zu Erich Pommer vgl. Kreimeier: Die Ufa-Story, S. 146 f.
14 Siegfried Kracauer: Von Caligari zu Hitler. Eine psychologische Geschichte des deutschen Films, Frankfurt/M. 1979, S. 78–81 (=Schriften. Hrsg von Karsten Witte, Bd. 2). Vgl. Momme Brodersen: Siegfried Kracauer, Reinbek bei Hamburg 2001, S. 120–122; Jörg Später: Siegfried Kracauer. Eine Biographie, Berlin 2016, S. 448 ff.
15 Zit. nach Martynkewicz: 1920, S. 69 f. Vgl. ebd., S. 66–74; Kreimeier: Die Ufa-Story, S. 61 f., 104–106.
16 Nosferatu; Vossische Zeitung, Nr. 111 v. 7. 3. 1922.
17 Zit. nach Barbara Beuys: Asta Nielsen. Filmgenie und Neue Frau, Berlin 2020, S. 193. Vgl. auch zum Folgenden diese sorgfältig recherchierte Biografie.
18 Zit. nach ebd., S. 199.
19 Klemperer: Tagebücher 1918–1924, S. 662 (v. 18. 2. 1923). Vgl. Kurt Pinthus: Die Tänzerin Navarro; Das Tage-Buch, 4. Jg., H. 14 v. 7. 4. 1923, S. 502.
20 Das Tage-Buch, Jg. 4, H. 21 v. 26. 5. 1923, S. 759. Ähnlich enthusiastisch lautete das Urteil von Roland Schacht in Die Weltbühne, XIX. Jg., Nr. 23 v. 7. 6. 1923, S. 675 f.
21 Klemperer: Tagebücher 1918–1924, S. 761 f. (v. 4. 12. 1923). Vgl. weitere Stimmen zum Film bei Beuys: Asta Nielsen, S. 220–222; Hanna Vollmer-Heitmann: Wir sind von Kopf bis Fuß auf Liebe eingestellt. Die Zwanziger Jahre, Hamburg 1993, S. 140 f.
22 Vgl. Beuys: Asta Nielsen, S. 224; Vollmer-Heitmann: Wir sind von Kopf bis Fuß auf Liebe eingestellt, S. 131 f.
23 Hans Siemsen: Kino-Elend; Die Weltbühne, XVIII. Jg., Nr. 33 v. 17. 8. 1922, S. 169.
24 Das Tage-Buch, Jg. 4, H. 52 v. 29. 12. 1923, S. 1790. Vgl. Beuys: Asta Nielsen, S. 224 f.; Kreimeier: Die Ufa-Story, S. 119 f.
25 Peter Panter (d. i. Kurt Tucholsky): Tragödie der Liebe; Die Weltbühne, XIX. Jg., Nr. 43 v. 25. 10. 1923, S. 406–408; abgedr. auch in Tucholsky: Gesammelte Werle, Bd. 3, S. 355–358. Vgl. auch Kurt Pinthus: Tragödie der Liebe»: «Hier haben wir den

schlechtweg besten Gegenwartsfilm, der bisher gedreht wurde.» Das Tage-Buch, Jg. 4, H. 41 v. 13. 10. 1923, S. 1457.

26 Kurt Pinthus: Alles für Geld; Das Tage-Buch, Jg. 4, H. 47 v. 24. 11. 1923, S. 1638.

27 Ossietzky: Sämtliche Schriften, Bd. II, S. 222 f.

28 Rudolf Geldern: Der historische Film; Die Weltbühne, XIX. Jg., Nr. 38 v. 20. 9. 1923, S. 297 f.

29 Theobald Tiger (d. i. Kurt Tucholsky): Fridericus Rex; Die Weltbühne, XVIII. Jg, Nr. 8 v. 23. 2. 1922, S. 194; abgedr. Auch in Tucholsky: Gesammelte Werke, Bd. 3, S. 132.

30 Curt Rosenberg: Fridericus Rex; Die Weltbühne, XIX. Jg., Nr. 27 v. 5. 7. 1923, S. 13 f.

31 Vgl. Kreimeier: Die Ufa-Story, S. 113.

32 Hanfstaengl: Zwischen Weißem und Braunem Haus, S. 104.

33 Klemperer: Tagebücher 1918–1924, S. 564 f. (v. 14. 3. 1922).

34 Ebd., S. 695 f. (v. 20. 5. 1923).

35 Tucholsky: Gesammelte Werke, Bd. 3, S. 230–232 (hier S. 232). Weniger enthusiastisch lautete das Urteil Alfred Kerrs: «Der kleine Mann mit seinem dick-schmalen Schnurrbartfleck ist sehr drollig. Seinen Gang kann ich bereits nach zehn Minuten nicht mehr sehen – und was übrig bleibt, sind nur die wundervollen Überraschungen einer wahrhaft zoologischen Flinkheit.» Berlin wird Berlin, Bd. 4, S. 509 (v. 3. 9. 1922).

36 Hans Siemsen: Chaplin; Die Weltbühne, XVIII. Jg., Nr. 42 v. 19. 10. 1922, S. 415.

37 Ebd., Nr. 40 v. 5. 10. 1922, S. 367 f., Nr. 41 v. 12. 10. 1922, S. 385–387, Nr. 42 v. 19. 10. 1923, S. 415 f., Nr. 43 v. 26. 10. 1922, S. 447 f., Nr. 44 v. 2. 11. 1922, S. 473 f. (Zitat S. 474).

38 Kurt Pinthus: Filme aus Amerika; Das Tage-Buch, Jg. 4, H. 49 v. 8. 12. 1923, S. 1702. Vgl. Kurt Tucholsky: The Kid; Die Weltbühne, XIX Jg., Nr. 49 v. 9. 12. 1923, S. 564–566, auch abgedr. in Tucholsky: Gesammelte Werke, Bd. 3, S. 358–361.

39 Klemperer: Tagebücher 1918–1924, S. 766 f. (v. 30. 12. 1923).

40 Zit. nach Reinhard Mehring: Carl Schmitt. Aufstieg und Fall. Eine Biographie, München 2009, S. 163.

41 Ludwig Marcuse: Mein Zwanzigstes Jahrhundert. Auf dem Weg zu einer Autobiographie, Frankfurt/M. 1968, S. 58 f.

42 Zit. nach Glatzer: Berlin zur Weimarer Zeit, S. 270 f. Vgl. zum Vorstehenden ebd., S. 253, 263; Becker: Experiment Weimar, S. 470; Kolb: Die Weimarer Republik, S. 96 f.

43 Vgl. Becker: Experiment Weimar, S. 437 f.; Rühle: Theater für die Republik, 1. Bd., S. 170; Büttner: Weimar, S. 305.

44 Fritz Engel in Berliner Tageblatt v. 29. 11. 1919; zit. nach Rühle: Theater für die Republik, 1. Bd., S. 174; vgl. Glatzer: Berlin zur Weimarer Zeit, S. 265.

45 Vgl. Rühle: Theater für die Republik, 1. Bd., S. 203, 425; Glatzer: Berlin zur Weimarer Zeit, S. 266; Becker: Experiment Weimar, S. 439

46 Fritz Kortner: Aller Tage Abend. Autobiographie, München 1959, S. 350–362. Vgl. zur «Tell»-Inszenierung Gay: Die Republik der Außenseiter, S. 149 f.; Rühle: Theater für die Republik, 1. Bd., S. 190–196; Becker: Experiment Weimar, S. 442 f.; Rainer Metzger (Text): Die Zwanziger Jahre. Kunst und Kultur 1918–1933, München 2007, S. 126 f.

47 Zit. nach Rühle: Theater für die Republik, 1. Bd., S. 210.

48 Zit. nach ebd., S. 201.

49 Zit. nach ebd., S. 201.

50 Vgl. Becker: Experiment Weimer, S. 464 f.; Glatzer: Berlin zur Weimarer Zeit, S. 277–280.

51 Hans Sahl: Memoiren eines Moralisten, Zürich 1983; zit. nach Glatzer: Berlin zur Weimarer Zeit, S. 264 f. Zuckmayer: Als wär's ein Stück von mir, S. 315: «Die beiden lebten und kritisierten in intimster Feindschaft und verrissen einander in ihre wechselseitigen Lieblinge, dass die Federn stoben.» Vgl. dazu auch Peter Hoeres: Die Kultur von Weimar. Durchbruch der Moderne, Berlin-Brandenburg 2008, S. 146 f.

52 Zit. nach Rühle: Theater für die Republik, 1. Bd., S. 255.

53 Zit. nach ebd., S. 421.

54 Kurt Tucholsky: Bergner! Bergner!; Die Weltbühne, XIX. Jg, Nr. 19 v. 10. 5. 1923, S. 553 f.; abgedr. auch in Tucholsky: Gesammelte Werke, Bd. 3, S. 320–322.

55 Zit. nach Georg Hensel: Der Spielplan. Der Schauspielführer von der Antike bis zur Gegenwart, Bd. II, 4. Aufl., München 1992, S. 940. Vgl. zu den beiden Stücken ebd., S. 944–947; Rühle: Theater für die Republik, 1. Bd., S. 53–57, 57–61.

56 Georg Kaiser: Stücke, Erzählungen, Aufsätze, Gedichte, Köln-Berlin 1966, S. 168.

57 Ebd., S. 254. Vgl. zur «Gas»-Trilogie Hensel Spielplan, Bd. II, S. 947–949; Rühle: Theater für die Republik, 1. Bd., S. 79–86, 124–131, 183–189.

58 Vgl. Kaiser: Stücke, S. 797 f. (Zeittafel); Hensel: Spielplan, Bd. II, S. 940.

59 Milena Jesenská: Der Fall Georg Kaiser, in dies.: «Alles ist Leben». Feuilletons und Reportagen 1919–1939. Hrsg. von Dorothea Rein, Frankfurt/M. 1984, S. 38–41 (Zitat S. 39).

60 Kaiser: Stücke, S. 323.

61 Zit. nach Rühle: Theater für die Republik, 1. Bd., S. 483.

62 Siegfried Jacobsohn: Nebeneinander: Die Weltbühne, XIX. Jg,, Nr. 46 v. 15. 11. 1923, S. 482 f.; vgl. auch Alfred Polgar: Nebeneinander; Die Weltbühne XX. Jg., Nr. 23 v. 5. 6. 1924, S. 780–782.

63 Ernst Toller: Prosa, Briefe, Dramen, Gedichte, Reinbek bei Hamburg 1961, S. 285. Vgl. zur Biographie Tollers Wolfgang Rothe: Toller, Reinbek bei Hamburg 1983; Richard Dove: Ernst Toller. Ein Leben in Deutschland, Göttingen 1993.

64 Zit. nach Rühle: Theater für die Republik, 1. Bd., S. 157, 163.

65 Vgl. Dove: Ernst Toller, S. 131–138; Rothe: Toller, S. 64–68; Hensel: Spielplan, Bd. II, S. 1570. Zur Rezeption vgl. Rühle: Theater für die Republik, 1. Bd., S. 320–326.

66 Vgl. Dove: Ernst Toller, S. 143 f.; Rühle: Theater für die Republik, 1. Bd., S. 383–389.

67 Toller: Prosa, Briefe, Dramen, Gedichte, S. 433.

68 Zit. nach Rühle: Theater für die Republik, 1. Bd., S. 486 f. Vgl. Carl von Ossietzky: Hinkemann und Hakenkreuz. Der organisierte Theaterskandal: «Bei der Dresdner Uraufführung des ‹Hinkemann› war der ganze völkische Heerbann aufgeboten.» Sämtliche Schriften, Bd. II, S. 322–324 (hier S. 323).

69 Vgl. Dove: Ernst Toller, S. 152 f.

70 Vgl. ebd., S. 154–157.

71 Kurt Tucholsky: An Ernst Toller; Gesammelte Werke, Bd. 3, S. 443.

72 Zuckmayer: Als wär's ein Stück von mir, S. 305. Vgl. Bisky: Berlin, S. 489 f.

73 Bertolt Brecht: Briefe 1: 1913–1936; Werke. Große kommentierte Berliner und Frankfurter Ausgabe. Hrsg. von Werner Hecht, Jan Knopf, Werner Mittenzwei und Klaus-Detlef Müller, Bd. 28, Frankfurt/M. 1998, S. 101, 102.

74 Vgl. Werner Hecht: Brecht Chronik 1898–1956, Frankfurt/M. 1997, S. 87.

75 Vgl. Jan Knopf: Bertolt Brecht. Lebenskunst in finsteren Zeiten. Biografie, München 2012; S. 122–124; Reinhold Jaretzky: Bertolt Brecht, Reinbek bei Hamburg 2006, S. 31 f.

76 Vgl. Glatzer: Berlin zur Weimarer Zeit, S. 338–340; Michael Bienert: Brechts Berlin. Literarische Schauplätze, Berlin 2018, S. 51.

77 Hesterberg: Was ich noch sagen wollte, S. 108 f.

78 Vgl. ebd., S. 126 f.; Bienert: Brechts Berlin, S. 52.

79 Arnolt Bronnen: Tage mit Bertolt Brecht. Die Geschichte einer unvollendeten Freundschaft, Wien-München-Basel 1960, S. 14.

80 Vgl. Rühle: Theater für die Republik, 1. Bd., S. 106; Gay: Die Republik der Außenseiter, S. 152.

81 Bronnen: Tage mit Bertolt Brecht, S. 41–43 (Zitat S. 43). Vgl. Hecht: Brecht Chronik, S. 139; Knopf: Bertolt Brecht, S. 105.

82 Zit. nach Rühle: Theater für die Republik, 1. Bd., S. 377. Vgl. ebd., S. 375 f.; Jaretzky: Bertolt Brecht, S. 33.

83 Bertolt Brecht: Gesammelte Werke, Bd. 1: Stücke 1, Frankfurt/M. 1967, S. 123.

84 Ebd., S. 70.

85 Zit. nach Hecht: Brecht Chronik, S. 144. Vgl. Knopf: Bertolt Brecht, S. 105 f.; John Fuegi: Brecht & Co. Biographie, Hamburg 1997, S. 161 f.

86 Zit. nach Rühle: Theater für die Republik, 1. Bd., S. 406–408 (Zitat S. 406) Die Antwort Iherings auf Kerrs Kritik ebd., S. 408–410.

87 Zit. nach Rühle: Theater für die Republik, 1.Bd, S. 452 f. Vgl. ebd., S. 446; Hecht: Brecht Chronik, S. 157; Knopf: Bertolt Brecht, S. 107 f.

88 Zit. nach Hecht: Brecht Chronik, S. 158.

89 Bronnen: Tage mit Bertolt Brecht, S. 140–142. Vgl. Klaus Völker: Bertolt Brecht. Eine Biographie, München-Wien 1976, S. 75 f.

90 Zit. nach Hecht: Brecht Chronik, S. 165. Vgl. zur Rezeption der Premiere «Baal» Rühle: Theater für die Republik, 1.Bd, S. 486–493.

91 Vgl. Zuckmayer: Als wär's ein Stück von mir, S. 393–404; Becker: Experiment Weimar, S. 448; Gay: Republik der Außenseiter, S. 162.

92 So Wilhelm von Sternburg: Joseph Roth. Eine Biographie, Köln 2009, S. 203. Vgl. auch zum Folgenden diese vorzügliche Biographie.

93 Heinz Lunzer/Victoria Lunzer-Talos: Joseph Roth. Leben in Werk und Bildern, Köln 1994, S. 90.

94 Herbert Günther: Drehbühne der Zeit. Freundschaften, Begegnungen, Schicksale, Hamburg 1957, zit. nach Glatzer: Berlin zur Weimarer Zeit, S. 260. Vgl. Large: Berlin, S. 187 f.; Bienert: Brechts Berlin, S. 23 f.

95 Joseph Roth: Werke. Hrsg. von Fritz Hackert und Klaus Westermann, Bd. 1, Köln 1989, S. 876. Vgl. Von Sternburg: Joseph Roth, S. 259–261.

96 Faksimile der Ankündigung in Lunzer/Lunzer-Talos: Joseph Roth, S. 118.

97 Joseph Roth. Das Spinnennetz. Roman, Berlin 2010, S. 11.

98 Ebd., S. 52.

99 Dora Diamant: Mein Leben mit Franz Kafka, In Hans-Gerd Koch (Hrsg.): «Als Kafka mir entgegenkam …» Erinnerungen an Franz Kafka, Berlin 1995, S. 174. Vgl. zum Folgenden Reiner Stach: Kafka. Die Jahre der Erkenntnis, Frankfurt/M. 2008, S. 542 ff.; Peter-André Alt: Franz Kafka. Der ewige Sohn. Eine Biographie, München 2005, S. 640–643, 667 ff.

100 Franz Kafka: Briefe 1902–1924. Hrsg. von Max Brod und Klaus Wagenbach, Frankfurt/M. 1975 (zuerst 1958), S. 447. Vgl. Alt: Franz Kafka, S. 667.

101 Kafka: Briefe 1902–1924, S. 451. Vgl. Klaus Wagenbach: Franz Kafka in Selbstzeugnissen und Bilddokumenten, Reinbek bei Hamburg 1964, S. 133; Stach: Kafka, S. 557 f.

102 Vgl. Stach: Kafka, S. 562–564; Alt: Franz Kafka, S. 677.

103 Franz Kafka: Die Erzählungen, Frankfurt/M. 1961, S. 168. Vgl. Stach: Franz Kafka, S. 566 f.

104 Vgl. Stach: Kafka, S. 569; Alt: Franz Kafka, S. 675.

105 Vgl. Stach: Kafka, S. 574–577; Alt: Franz Kafka, S. 680. Zum Verlag «Die Schmiede» vgl. ebd., S. 639 f.

106 Vgl. Stach: Kafka, S. 580–585; Alt: Franz Kafka, S. 681 f.

107 Zit. nach Alt: Franz Kafka, S. 683.

108 Jesenská: «Alles ist Leben», S. 96 f.

109 Vgl. Karl Schlögel: Berlin: «Stiefmutter unter den russischen Städten», in ders. (Hrsg.): Der große Exodus. Die russische Emigration und ihre Zentren 1917 bis 1941, München 1994, S. 235–259 (hier S. 237).

110 Vgl. ebd., S. 240.

111 Kerr: Berlin wird Berlin, Bd. 4, S. 436 f. (v. 4. 12. 1921).

112 Vgl. Glatzer: Berlin zur Weimarer Zeit, S. 256; Schlögel: Berlin, S. 241.

113 Vgl. Large: Berlin, S. 183; Glatzer: Berlin zur Weimarer Zeit, S. 256; Schlögel: Berlin, S. 257.

114 Zit. nach Beuys: Asta Nielsen, S. 209.

115 Aufzeichnung von Staatssekretär Hamm, 17. 1. 1923; AdR. Das Kabinett Cuno, Nr. 48, S. 159–162.

116 Ossietzky: Sämtliche Schriften, Bd. II, S. 219.

117 A. Luther: Russen in Berlin; zit. nach Schlögel: Berlin, S. 246. Vgl. zum Vorstehenden ebd., S. 244–246.

118 Vgl. Dieter E. Zimmer: Nabokovs Berlin, Berlin 2001, S. 120, 130; Large: Berlin, S. 183 f.

119 Vgl. Vladimir Nabokov: Maschenka. König Dame Bube. Frühe Romane I; Gesammelte Werke, Bd. I. Hrsg. von Dieter E. Zimmer, Reinbek bei Hamburg 1991. Vgl. Zimmer: Nabokovs Berlin, S. 8 ff.

120 Zuckmayer: Als wär's ein Stück von mir, S. 328; vgl. Glatzer: Berlin zur Weimarer Zeit, S. 257 f.

121 Alfred Polgar: Der blaue Vogel; Die Weltbühne, XIX. Jg., Nr. 2 v. 11. 1. 1923; S. 44 f.; Peter Panter (d. i. Kurt Tucholsky): Der blaue Vogel; Die Weltbühne, XVIII. Jg, Nr. 12 v. 23. 3. 1922; S. 305 f.; auch abgedr. in Gesammelte Werke, Bd. 3, S. 149–151.

122 Large: Berlin, S. 194; vgl. Martynkewicz: 1920, S. 27–29.

123 Kurt Tucholsky: Dada; Gesammelte Werke, Bd. 2, S. 382 f.

124 Vgl. Lothar Fischer. George Grosz. Vollständig überarbeitete Neuausgabe, Reinbek bei Hamburg 1993.

125 Wieland Herzfelde: Immergrün. Merkwürdige Erlebnisse eines fröhlichen Waisenknaben, Berlin und Weimar 1969, S. 178.

126 Vgl. Fischer: George Grosz, S. 36; Roland März: Metropolis-Krawall der Irren. Der apokalyptische Grosz der Kriegsjahre 1914 bis 1918, in Peter-Klaus Schuster (Hrsg.): George Grosz. Berlin-New York, Berlin 1994, S. 126. Zur Freundschaft zwischen

Grosz und den Brüdern Herzfelde vgl. Ulrich Faure: Im Knotenpunkt des Weltverkehrs. Herzfelde, Heartfield, Grosz und der Malik-Verlag 1916–1947, Berlin-Weimar 1992, S. 31 ff.

127 Vgl. Uwe M. Schneede: Infernalischer Wirklichkeitsspuk, in Serge Sabarsky: George Grosz. Die Berliner Jahre, Hamburg 1985, S. 30.

128 Vgl. Faure: Im Knotenpunkt des Weltverkehrs, S. 140 ff.; Glatzer: Berlin zur Weimarer Zeit, S. 292 f.

129 Vgl. Fischer: George Grosz, S. 61. Faksimile in Faure: Im Knotenpunkt des Weltverkehrs, S. 88.

130 Kessler: Das Tagebuch, 7. Bd., S. 123 (v. 5. 2. 1919).

131 Ebd., S. 189 (v. 16. 3. 1919).

132 Vgl. Rosamunde Neugebauer: Der Satire wird der Prozess gemacht – der Fall Grosz, in Schuster (Hrsg.): George Grosz, S. 167–174 (hier S. 168 f.); Fischer: George Grosz, S. 77.

133 Ignaz Wrobel (d. i. Kurt Tucholsky): Fratzen von Grosz; Die Weltbühne, XVII. Jg., Nr. 33 v. 18. 8. 1921, S. 184 f.; auch abgedr. in Gesammelte Werke, Bd. 3, S. 41–43.

134 Vgl. Grosz: Ein kleines Ja und ein großes Nein, S. 153–176 (Zitat S. 173).

135 Vgl. Fischer: George Grosz, S. 81.

136 Hans Reimann: George Grosz; Das Tage-Buch, H. 31, Jg. 4 v. 4. 8. 1923, S. 1115.

137 Zit. nach Neugebauer: Der Satire wird der Prozess gemacht, in Schuster (Hrsg.): George Grosz, S. 169

138 Zit. nach Fischer: George Grosz, S. 83 f.

139 Vgl. Neugebauer: Der Satire wird der Prozess gemacht, in. Schuster (Hrsg.): George Grosz, S. 170 f.

140 Friedrich Sieburg: Galerie George Grosz; Die Weltbühne, XIX. Jg., Nr. 52 v. 27. 12. 1923; S. 668 f. Vgl. zur Malik-Buchhandlung Faure: Im Knotenpunkt des Weltverkehrs, S. 179 f.

141 Vgl. Wilfried Nerdinger: Walter Gropius. Architekt der Moderne 1883–1969, München 2019, S. 18–93.

142 Zit. nach ebd., S. 100 f.

143 Vgl. ebd., S. 100–103.

144 Zit. nach ebd., S. 109. Faksimile des Manifests in Bauhaus Archiv – Magdalena Droste: Bauhaus 1919–1933, Köln 1993, S. 18 f.

145 Zit. nach Nerdinger: Walter Gropius, S. 117.

146 Zu den Werkstätten vgl. Droste: Bauhaus 1919–1933, S. 34–36.

147 Zit. nach ebd., S. 32 f. Vgl. Nerdinger: Walter Gropius, S. 134 f.; Peter Merseburger: Mythos Weimar. Zwischen Geist und Macht, Stuttgart 1998, S. 297 f.

148 Vgl. Nerdinger: Walter Gropius, S. 136–142; Droste: Bauhaus 1919–1933, S. 54–57: Merseburger: Mythos Weimar, S. 298

149 Vgl. Nerdinger: Walter Gropius, S. 154; Droste: Bauhaus 1919–1933, S. 60 f.

150 Kessler: Das Tagebuch, 7. Bd., S. 268 (v. 19. 8. 1919).

151 Vgl. Nerdinger: Walter Gropius, S. 120; Droste: Bauhaus 1919–1933, S. 48.

152 Zit. nach Merseburger: Mythos Weimar, S. 294. Vgl. ebd., S. 293 f.; Nerdinger: Walter Gropius, S. 134; Friedrich: Morgen ist Weltuntergang, S. 194 f.

153 Vgl. Nerdinger: Walter Gropius, S. 122, 149; Droste: Bauhaus 1919–1933, S. 46 f., 105; Merseburger: Mythos Weimar, S. 304.

154 Zit. nach Nerdinger: Walter Gropius, S. 155.

155 Zit. nach ebd., S. 169. Vgl. Droste: Bauhaus 1919–1933, S. 106.

156 Adolf Behne: Das Bauhaus Weimar; Die Weltbühne, XIX. Jg., Nr. 38 v. 20. 9. 1923, S. 289–292. Vgl. zum Musterhaus Nerdinger: Walter Gropius, S. 304; Droste: Bauhaus 1919–1933, S. 105; Merseburger: Mythos Weimar, S. 304 f.

157 Vgl. Nerdinger: Walter Gropius, S. 170 ff.; Droste: Bauhaus 1919–1933, S. 113 ff.

158 Vgl. Glatzer: Berlin zur Weimarer Zeit, S. 361 f. (Zitat S. 362).

159 Wilhelm Conrad Gomoll: Rundfunk in den Kinderschuhen, in Im Banne des Mikrophons, Berlin 1931; zit. nach Glatzer: Berlin zur Weimarer Zeit, S. 363.

160 Alfred Braun: Achtung, Achtung. Hier ist Berlin! Aus der Geschichte des Deutschen Rundfunks in Berlin 1923–1932, Berlin 1968; zit. nach Glatzer: Berlin zur Weimarer Zeit, S. 364.

161 Riess: Weltbühne Berlin, in Portner (Hrsg.): Alltag in der Weimarer Republik, S. 46.

IX. Ausblick

1 Rosenberg: Geschichte der Weimarer Republik, S. 184.

2 D. von Moltke: Ein Leben in Deutschland, S. 87 (v. 9. 1. 1924). Vgl. ebd., S. 87 (v. 17. 1. 1924): «Unsere Rentenmark hat einen unglaublichen Umschwung herbeigeführt in jeder politischen, wirtschaftlichen, sozialen und moralischen Hinsicht.»

3 Kl. Mann: Der Wendepunkt, S. 133.

4 Klemperer: Tagebücher 1918–1924, S. 784 f. (v. 9. 2. 1924).

5 Winkler: Weimar, S. 259.

6 Vgl. Link: Die amerikanische Stabilisierungspolitik in Deutschland, S. 203 f.; Winkler: Weimar, S. 258 f.; Mommsen: Die verspielte Freiheit, S. 184 f.

7 Th. Sternheim: Tagebücher, Bd. 1, S. 664 (v. 24. 1. 1924).

8 Vgl. Dietmar Neutatz: Träume und Alpträume. Eine Geschichte Russlands im 20. Jahrhundert, München 2013, S. 183–187, 191 f.; Manfred Hildermeier: Geschichte der Sowjetunion 1917–1991. Entstehung und Niedergang des ersten sozialistischen Staates, München 1998, S. 168–182, 352–363. Zusammenfassend Winkler: Weimar, S. 259 f.

9 Vgl. Heinrich August Winkler: Geschichte des Westens, Bd. 2: Die Zeit der Weltkriege 1914–1945, München 2011, S. 256–258, 321; Franz Josef Brüggemeier: Geschichte Großbritanniens im 20. Jahrhundert, München 2010, S. 137 f.

10 Kessler: Das Tagebuch, 8. Bd., S. 331 (v.12. 5. 1924).

11 Vgl. Jacques Bariéty: Die französische Politik in der Ruhrkrise, in Schwabe (Hrsg.): Die Ruhrkrise 1923, S. 25; Winkler: Geschichte des Westens, Bd. 2, S. 21.

12 AdR. Die Kabinette Marx, Bd. 1, S. XIV f. (Einleitung); Haniel, Vertreter der Reichsregierung in München, an Reichskanzlei, 13. 12., 15. 12., 26. 12. 1923, ebd., Nr. 22, 26, 38, S. 103 f., 115 f, 162 f.; Chef des Truppenamts an Staatssekretär Bracht, 14. 1. 1924 (mit Anlagen: Lossow an Seeckt, 12. 1. 1924, und Seeckt an Ebert, 13. 1. 1924); ebd., Nr. 60, S. 236–238. Vgl. Meier-Welcker: Seeckt, S. 425 f.; Winkler: Von der Revolution zur Stabilisierung, S. 690 f.

13 AdR. Die Kabinette Marx, Bd. 1, S. XV (Einleitung); Ministerbesprechung v. 17. 1.

1924, ebd., Nr. 63, S. 243–248; Haniel an Reichskanzlei, 28. 1. 1924, Nr. 75, S. 286 f.; Ministerbesprechung v. 29. 1. 1924, Nr. 79, S. 297 f.; Knilling an Marx, 12. 2. 1924, Nr. 101, S. 353–357; Bayerischer Gesandter v. Preger an Staatssekretär Bracht, 19. 2. 1924 (mit Anlage: Vereinbarung zwischen dem Reich und Bayern), Nr. 109, S. 377–379. Vgl. Meier-Welcker: Seeckt, S. 427–429; Winkler: Von der Revolution zur Stabilisierung, S. 691.

14 Stockhausen: Sechs Jahre Reichskanzlei, S. 107 (v. 17. 2. 1924).

15 Vgl. Hermann Müller an Marx, 18. 12. 1923; AdR. Die Kabinette Marx, Bd. 1, Nr. 32, S. 133–135.

16 Ebd., Nr. 58, S. 230 (Ministerbesprechung v. 11. 1. 1924), Nr. 99, S. 348 (Ministerbesprechung v. 12. 2. 1924).

17 Seeckt an Ebert, 13. 2. 1924; ebd., Nr. 99, S. 349, Anm. 6.

18 Vgl. ebd., S. XIII (Einleitung); Winkler: Weimar, S. 253.

19 Verordnung Eberts v. 28. 2. 1924; AdR. Die Kabinette Marx, Bd. 1, Nr. 122, S. 409, Anm. 7. Vgl. ebd., S. XIV (Einleitung); Winkler: Von der Revolution zur Stabilisierung, S. 693.

20 Zit. nach Meier-Welcker: Seeckt, S. 435.

21 Leo Lania: Hitler-Prozess; Die Weltbühne, XX. Jg., Nr. 10 v. 6. 3. 1924, S. 298–301 (hier S. 298). Ausführlicher auch Leo Lania: Der Hitler-Ludendorff-Prozess, in Schreibheft. Zeitschrift für Literatur, Nr. 87 (2016), S. 170–198.

22 Der Hitler-Prozess, T. 1, S. 60 f. Zum Verlauf des Prozesses vgl. Ullrich: Adolf Hitler, Bd. 1, S. 183–185.

23 Der Hitler-Prozess, T. 4, S. 1591.

24 H. Pringsheim: Tagebücher, Bd. 7, S. 123 (v. 28. 2. 1924). Vgl. im Anhang, S. 547–585 die Prozessberichte der «Münchner Neuesten Nachrichten». Zur Haltung Elsa Bruckmanns vgl. Wolfgang Martynkewicz: Salon Deutschland. Geist und Macht 1900–1945, Berlin 2009, S. 391 f.

25 Wortlaut des Urteils bei Gritschneder: Bewährungsfrist für den Terroristen Adolf H., S. 67–94 (hier S. 92). In einem Artikel in der «Münchener Zeitung» (Nr. 100 v. 10. 4. 1923) bezeichnete auch Karl Alexander von Müller Hitler und Ludendorff als «deutsche Männer, die aus leidenschaftlicher Liebe zu Deutschland gehandelt» hätten. Zit. nach Berg: Karl Alexander von Müller, S. 97.

26 Jacob Altmaier: Zeigner und Hitler; Die Weltbühne, XX. Jg., Nr. 15 v. 10. 4. 1924, S. 463–467 (Zitate S. 466, 463).

27 Berliner Tageblatt, Nr. 158 v. 2. 4. 1924: Nach dem Münchener Urteil. Das erschütterte Rechtsempfinden.

28 Vossische Zeitung, Nr. 157 v. 1. 4. 1924: Der schwarzweißrote Wimpel.

29 Vgl. Ullrich: Adolf Hitler, Bd. 1, S. 188–210.

30 Ministerbesprechung v. 6. 2. 1924; AdR. Die Kabinette Marx, Bd. 1, Nr. 90, S. 322–325 (Zitat S. 324). Vgl. auch zum Folgenden ebd., S. XVI f. (Einleitung); Winkler: Weimar, S. 253; Hehl: Wilhelm Marx, S. 275 f.; Mühlhausen: Friedrich Ebert, S. 719 f.

31 AdR. Die Kabinette Marx, Bd. 1, Nr. 104, S. 362–364 (Zitat S. 363).

32 So Marx in der Ministerbesprechung v. 15. 2. 1924; ebd., Nr. 105, S. 365–367 (Zitat S. 367).

33 Besprechung mit führenden Reichstagsabgeordneten der DNVP v. 19. 2. 1924; ebd., Nr. 113, S. 384.

34 Besprechung mit führenden Reichstagsabgeordneten der SPD v. 19. 2. 1923; ebd., Nr. 111, S. 380 f.

35 Kabinettssitzung v. 14. 3. 1924; AdR. Die Kabinette Marx, Bd. 1, Nr. 144, S. 462. Vgl. Stockhausen: Sechs Jahre Reichskanzlei, S. 112 (v. 13. 3. 1924); Hehl: Wilhelm Marx, S. 277 f.; Mühlhausen: Friedrich Ebert, S. 720.

36 Büttner: Weimar, S. 338.

37 Vgl. Wulf: Hugo Stinnes, S. 524 f.; Richter: Die Deutsche Volkspartei, S. 312 f.

38 Stresemann an Georg Wache (Glatz), 17. 3. 1924; Stresemann: Vermächtnis, Bd. I, S. 355. Wolfgang Stresemann erinnerte sich, dass sein Vater in «düsterer, zugleich zorniger Stimmung» nach Hause gekommen sei: «Den ganzen Abend telefonierte er, diktierte er seinem Berliner Organ ‹Die Zeit› einen langen Kommentar.» Mein Vater Gustav Stresemann, S. 298.

39 Stresemann: Vermächtnis, Bd. I, S. 354.

40 Vgl. Kolb/Richter (Hrsg.): Nationalliberalismus in der Weimarer Republik, Dok. 55, S. 489–491; Stresemann: Vermächtnis, Bd. I, S. 372 f.; Richter: Die Deutsche Volkspartei, S. 316–319.

41 Vgl. Richter: Die Deutsche Volkspartei, S. 319 f.

42 Stresemann an Heinrich Havemann, 23. 5. 1924; zit. nach ebd., S. 321.

43 Vgl. Feldman: Hugo Stinnes, S. 928, 931–935; von Wallwitz: Die große Inflation, S. 278–282.

44 Zit. nach Gordon A. Craig: Deutsche Geschichte 1866–1945. Vom Norddeutschen Bund bis zum Ende des Dritten Reiches, München 1980, S. 395.

45 Deutsche Allgemeine Zeitung, Nr. 173 v. 11. 4. 1924.

46 Vossische Zeitung, Nr. 174 v. 11. 4. 1924.

47 Berliner Tageblatt, Nr. 174 v. 11. 4. 1924.

48 Stockhausen: Sechs Jahre Reichskanzlei, S. 115. Vgl. Morus (d. i. Richard Lewinsohn): Hugo Stinnes; Die Weltbühne, XX. Jg., Nr. 16 v. 17. 4. 1924, S. 518: «Aber seine Zeit war nicht nur um, weil die Inflation (…) aus ist (…), sondern auch, weil das Prinzip, nach dem er zusammenraffte, von ihm bis zum Äußersten erschöpft worden ist.»

49 Vgl. Feldman: Hugo Stinnes, S. 936 ff.

50 Stresemann: Vermächtnis, Bd. I, S. 289.

51 Ebd., S. 300. Vgl. W. Stresemann: Mein Vater Gustav Stresemann, S. 297.

52 Kessler: Das Tagebuch, 8. Bd., S. 206 (v. 21. 1. 1924).

53 Vgl. zusammenfassend Winkler: Weimar, S. 258; Büttner: Weimar, S. 351; Longerich: Deutschland 1918–1933, S. 153 f.; Mommsen: Die verspielte Freiheit, S. 186 f.

54 Aufzeichnung Schuberts v. 29. 2. 1924; zit. nach Link: Die amerikanische Stabilisierungspolitik in Deutschland, S. 272 f.

55 Besprechung mit den Ministerpräsidenten der Länder v. 14. 4. 1924; AdR. Die Kabinette Marx, Bd. 1, Nr. 175, S. 555–565 (Zitat S. 556 f.).

56 Ministerbesprechung v. 14. 4. 1924; ebd., Nr. 177, S. 567 f.; Text der deutschen Note v. 14. 4. 1924; ebd., S. 568, Anm. 6.

57 Vgl. Werner Liebe: Die Deutschnationale Volkspartei 1918–1924, Düsseldorf 1956, S. 76; John G. Williamson: Karl Helfferich 1872–1924. Economist, Financier, Politician, Princeton 1971, S. 395–400.

58 Stresemann: Vermächtnis, Bd. I, S. 397, 400.

59 Stockhausen: Sechs Jahre Reichskanzlei, S. 117 (v. 4. 5. 1924).

60 Vgl. die ausführliche Wahlanalyse bei Heinrich August Winkler: Der Schein der Normalität. Arbeiter und Arbeiterbewegung in der Weimarer Republik 1924 bis 1930, Berlin-Bonn 1985, S. 177–188. Ferner Büttner: Weimar, S. 338 f.; Longerich: Deutschland 1918–1933, S. 156; Richter: Die Deutsche Volkspartei, S. 330 f.

61 Berliner Tageblatt, Nr. 213 v. 5. 5. 1924.

62 Julius Elbau: Die Sieger; Vossische Zeitung, Nr. 213 v. 5. 5. 1924.

63 Kessler: Das Tagebuch, 8. Bd., S. 324 f. (v. 6. 5. 1924).

64 Vgl. AdR. Die Kabinette Marx, Bd. 1, S. XVIII (Einleitung), Nr. 193, S. 613 f. (Ministerbesprechung v. 6. 5. 1924). Vgl. Hehl: Wilhelm Marx, S. 283.

65 Kessler: Das Tagebuch, 8. Bd., S. 326 (v. 9. 5. 1924).

66 Vgl. AdR. Die Kabinette Marx, Bd. 1, S. XVIII f. (Einleitung); Nr. 199, S. 633–638 (Ministerbesprechung v. 15. 5. 1924). Zum Beschluss der DNVP-Fraktion vgl. ebd., S. 636, Anm. 13.

67 Richter: Die Deutsche Volkspartei, S. 336.

68 Abdruck der Erklärung v. 20. 5. 1924 in AdR. Die Kabinette Marx, Bd. 1, Nr. 206, S. 659, Anm. 1.

69 Ministerbesprechung v. 24. 5. 1924; ebd., Nr. 206, S. 660. Vgl. Hehl: Wilhelm Marx, S. 285. Der britische Botschafter d'Abernon notierte: «Wenn die Deutschen eine geschlossene Front vorfinden wollen, können sie nichts Besseres tun, als Tirpitz mit dem Reichskanzleramt zu betrauen.» D'Abernon: Memoiren, Bd. III, S. 82 f. (v. 25. 5. 1924).

70 Ministerbesprechung v. 26. 5. 1924; AdR. Die Kabinette Marx, Bd. 1, Nr. 209, S. 666. Dort auch Anm. 2 der Beschluss der DVP-Reichstagsfraktion v. 26. 5. 1924.

71 Vgl. ebd., S. XIX (Einleitung); Nr. 212, S. 6171 f. (Ministerbesprechung v. 31. 5. 1924); Mühlhausen: Friedrich Ebert, S. 875–878; Richter: Die Deutsche Volkspartei, S. 338; Winkler: Weimar, S. 262 f.; Hehl: Wilhelm Marx, S. 286 f.

72 Stresemann: Vermächtnis, Bd. I, S. 412 (Tagesnotiz v. 30. 5. 1924), S. 413 (Brief Stresemanns an Marx, 2. 6. 1924). Vgl. Richter: Die Deutsche Volkspartei, S. 338.

73 D'Abernon: Memoiren, Bd. III, S. 86 (v. 30. 5. 1924); Stresemann: Vermächtnis, Bd. I, S. 413 (Tagesnotiz v. 3. 6. 1924). Vgl. W. Stresemann: Mein Vater Gustav Stresemann, S. 302.

74 Stresemann: Vermächtnis, Bd. I, S. 413.

75 Vgl. das Rücktrittschreiben Emmingers an Marx v. 14. 4. 1924; AdR. Die Kabinette Marx, Bd. 1, Nr. 176, S. 565 f.

76 Erich Dombrowski: «Unser Banner hat nie geschwankt.» Die Rolle der Deutschnationalen; Berliner Tageblatt, Nr. 263 v. 4. 6. 1924.

77 Vgl. Winkler: Weimar, S. 264; Mühlhausen: Friedrich Ebert, S. 879 f.

78 Vgl. Aufzeichnungen Stresemann v. 13. 5. und 4. 6. 1924; Stresemann: Vermächtnis, Bd. I, S. 407, 416.

79 W. Stresemann: Mein Vater Gustav Stresemann, S. 309 f. Vgl. Stockhausen: Sechs Jahre Reichskanzlei, S. 123 (v. 8. 7. 1924): «Gedrückte Stimmung in der Reichskanzlei, wo man ein Obsiegen des französischen Standpunktes fürchtet.»

80 Ministerbesprechung v. 2. 8. 1924; AdR. Die Kabinette Marx, Bd. 2, Nr. 269, S. 937.

81 W. Stresemann: Mein Vater Gustav Stresemann, S. 311.

82 Stresemann: Vermächtnis, Bd. I, S. 470 f. Zum Verlauf der Londoner Konferenz vgl. ebd., S. 468–501; Link: Die amerikanische Stabilisierungspolitik in Deutschland,

S. 296–306; Hehl: Wilhelm Marx, S. 294–303; Wright: Gustav Stresemann, S. 290 f.; W. Stresemann: Mein Vater Gustav Stresemann, S. 311–316.

83 Stresemann: Vermächtnis, Bd. I, S. 480 f.

84 Ebd., S. 485.

85 Ebd., S. 493.

86 Vgl. Mühlhausen: Friedrich Ebert, S. 884 f.; Link: Die amerikanische Stabilisierungspolitik in Deutschland, S. 312 f.

87 Richter: Die Deutsche Volkspartei, S. 344 und Anm. 42.

88 «Kundgebung zur Kriegsschuldfrage» v. 29. 8. 1924; AdR. Die Kabinette Marx, Bd. 2, Nr. 290, S. 1006 f. Die Erklärung wurde am 30. 8. 1924 in der Presse veröffentlicht.

89 Vgl. AdR. Die Kabinette Marx, Bd. 2, Nr. 298, S. 1020–1031 (Aufzeichnung des Auswärtigen Amtes v. 10. 9. 1924); Nr. 301, S. 1038–1042 (Ministerbesprechung v. 15. 9. 1924).

90 Kessler: Das Tagebuch, 8. Bd., S. 411 (v.29. 4. 1929).

91 Ebd., S. 412 (v. 29. 8. 1924); Berliner Tageblatt, Nr. 412 v. 30. 8. 1924.

92 Erich Dombrowski: Die gestrige Reichstagssitzung; Berliner Tageblatt, Nr. 412 v. 30. 8. 1924.

93 Vossische Zeitung, Nr. 412 v. 30. 8. 1924.

94 Rosenberg: Geschichte der Weimarer Republik, S. 169.

95 Vgl. Winkler: Weimar, S. 264 f.; Büttner: Weimar, S. 357 f.; Wright: Gustav Stresemann, S. 291 f.

96 Vgl. Longerich: Deutschland 1918–1933, S. 159–176; Winkler: Der Schein der Normalität, S. 26 ff., 46 ff.

97 Vgl. Wright: Gustav Stresemann, S. 322 ff.; Berg: Gustav Stresemann, S. 84 ff.; Kolb: Gustav Stresemann, S. 94–98, 108–111.

98 Vgl. dazu kritisch Klaus Hildebrand: Das vergangene Reich. Deutsche Außenpolitik von Bismarck zu Hitler 1871–1945, Stuttgart 1995, S. 400 ff.; Pohl: Gustav Stresemann, S. 261 ff.

99 Kisch: Der rasende Reporter, S. 660.

100 Haffner: Geschichte eines Deutschen, S. 72. Vgl. Bisky: Berlin, S. 487, 502 ff.

101 Vgl. Vollmer-Heitmann: Wir sind von Kopf bis Fuß auf Liebe eingestellt, S. 22 ff., 61 ff.; Ute Planert: Körper, Sexualität und Geschlechterordnung in der Weimarer Republik, in Rossol/Ziemann (Hrsg.): Aufbruch und Abgründe, S. 595–618.

102 Vgl. Gay: Die Republik der Außenseiter, S. 163 f., 175.

103 Vgl. Winkler: Der Schein der Normalität, S. 727 f.

104 Vgl. Winkler: Weimar, S. 267 f., 271–274; Büttner: Weimar, S. 340; Mühlhausen: Friedrich Ebert, S. 894, 897–899.

105 Vgl. Winkler: Weimar, S. 309–312; Büttner: Weimar, S. 341; Longerich: Deutschland 1918–1933, S. 237 f.

106 Vgl. Winkler: Weimar, S. 320 f.; Büttner: Weimar, S. 341 f.

107 Vgl. Winkler: Weimar, S. 334–338; Büttner: Weimar, S. 383 f.

108 Carl von Ossietzky: Zum Geburtstag der Verfassung; Die Weltbühne, XXV. Jg., Nr. 32 v. 6. 8. 1929, S. 189–191 (hier S. 191). Abgedr. auch in Carl von Ossietzky: Sämtliche Schriften. Bd. V: 1929–1930. Hrsg. von Bärbel Boldt, Ute Maack, Günther Nickel, Reinbek bei Hamburg 1994, S. 161–164 (hier S. 164).

109 Betty Scholem an Gershom Scholem, 28. 4. 1925; Mutter und Sohn im Briefwechsel

1917–1946, S. 130. Zur Wahl Hindenburgs vgl. Wolfram Pyta: Hindenburg. Herrschaft zwischen Hohenzollern und Hitler, Berlin 2007, S. 461–476.

110 Th. Sternheim: Tagebücher, Bd. 1, S. 722 (v. 28. 4. 1925).

111 Victor Klemperer: Leben sammeln und nicht fragen wozu und warum. Tagebücher 1925–1932. Hrsg. von Walter Nowojski, Berlin 1996, S. 49 (v. 27. 4. 1925).

112 Kessler: Das Tagebuch, 8.Bd, S. 685 f. (v. 12. 5. 1925).

113 Vgl. Klaus Wernecke: Der vergessene Führer. Alfred Hugenberg. Pressemacht und Nationalsozialismus, Hamburg 1982, S. 142 ff.

114 Vgl. Winkler: Weimar, S. 283 f.; Büttner: Weimar, S. 348 f.; Mommsen: Die verspielte Freiheit, S. 253.

115 Vgl. dazu die klassische Studie von Karl Dietrich Bracher: Die Auflösung der Weimarer Republik, 3. verbesserte und ergänzte Auflage, Villingen 1960.

116 St. Zweig: Die Welt von gestern, S. 367.

117 Martin Feuchtwanger: Zukunft ist ein blindes Spiel. Erinnerungen, München 1989, S. 136. Durch die Inflation sei «ein Abgrund geöffnet» worden, «der sich nie wieder schließen sollte», urteilte auch Hans Mayer: Ein Deutscher auf Widerruf, Erinnerungen, Bd. 1, S. 35.

118 Haffner: Geschichte eines Deutschen, S. 53. Vgl. ebd., S. 72: «So lag, unter der Oberfläche, bereits alles bereit für ein großes Unheil.»

119 Zit. nach Kurzke: Thomas Mann, S. 353.

120 Vgl. Taylor: Inflation, S. 344, 348 f.

121 Wehler: Deutsche Gesellschaftsgeschichte, Bd. IV, S. 259.

122 Vgl. Ullrich: Adolf Hitler, Bd. 1, S. 251.

123 Vgl. Winkler: Weimar, S. 388, 505, 535.

Quellen und Literatur • • • • • • •

1. Quellen

1.1 Archivalische Quellen

Bundesarchiv Berlin-Lichterfelde
Bestand NS 26 (Hauptarchiv der NSDAP) 1, 2, 2a, 3, 100, 1223, 1242, 2180
Bundesarchiv Koblenz
N 1122 (Nachlass Karl Haushofer) 15
N 1128 (Nachlass Hitler) 2, 5, 7, 8, 11, 12, 14, 15, 16
Institut für Zeitgeschichte
Bestand ED 153
Bayerisches Hauptstaatsarchiv München
Nachlass Georg Escherich 10
Nachlass Gustav Ritter von Kahr 51
Nachlass Karl Alexander von Müller 19/1, 19/2
Bayerische Staatsbibliothek München
Nachlass Ernst Hanfstaengl (Ana 405), Schachtel 25, 47
Schweizerisches Bundesarchiv Bern
Nachlass Rudolf Heß, Bestand J1.211 -1989/148 (Privater Schriftwechsel) Bd. 31, 33

1.2. Zeitungen und Zeitschriften

Berliner Tageblatt, 52. Jg., 1923, 53. Jg., 1924
Das Tagebuch, 4. Jg. 1923
Deutsche Allgemeine Zeitung, 62. Jg., 1923
Die Weltbühne, XVII. Jg., 1921 – XX. Jg., 1924
Vossische Zeitung, 1923, 1924

1.3. Gedruckte Quellen

Akten der Reichskanzlei (AdR). Weimarer Republik, Das Kabinett Cuno. 22. November 1922 bis 12. August 1923. Bearbeitet von Karl-Heinz Harbeck, Boppard am Rhein 1968

Akten der Reichskanzlei (AdR). Die Kabinette Stresemann I und II. Bd. 1: 13.8. bis 6. 10. 1923. Bd. 2: 7. 10. 1923 bis 23. 11. 1923. Bearbeitet von Karl Dietrich Erdmann und Martin Vogt, Boppard am Rhein 1978

Akten der Reichskanzlei (AdR): Die Kabinette Marx I und II, Bearbeitet von Günter Abra-

mowski, Bd. 1: November 1923 bis Juni 1924; Bd. 2: Juli 1924 bis Januar 1925, Boppard am Rhein 1973
Becker, Winfried (Hrsg.): Frederic von Rosenberg. Korrespondenzen und Akten des deutschen Diplomaten und Außenministers 1913–1937, München 2011
Brecht, Bertolt: Gesammelte Werke. Bd. 1: Stücke 1, Frankfurt/M. 1967
Deuerlein, Ernst (Hrsg.): Der Hitler-Putsch. Bayerische Dokumente zum 8./9. November 1923, Stuttgart 1962
Deutscher Oktober 1923. Ein Revolutionsplan und sein Scheitern. Hrsg. von Bernhard H. Bayerlein, Leonid G. Babicenko, Friedrich I. Firsov und Aleksandr Ju. Vatlin, Berlin 2003
Der Hitler-Prozess 1924. Wortlaut der Hauptverhandlung vor dem Volksgericht München I. Hrsg. und kommentiert von Lothar Gruchmann und Reinhard Weber unter Mitarbeit von Otto Gritschneder, 4 Teile, München 1998
Glatzer, Ruth (Hrsg.): Berlin zur Weimarer Zeit. Panorama einer Metropole 1919–1933, Berlin 2000
Hemingway, Ernest: 49 Depeschen. Ausgewählte Zeitungsberichte und Reportagen aus den Jahren 1920–1956. Hrsg. von Ernst Schnabel, Reinbek bei Hamburg 1972
Hitler. Sämtliche Aufzeichnungen 1905–1924. Hrsg. von Eberhard Jäckel zusammen mit Axel Kuhn, Stuttgart 1980
Hürten, Heinz (Bearbeiter): Das Krisenjahr 1923. Militär und Innenpolitik 1922–1924, Düsseldorf 1980
Jesenská, Milena: «Alles ist Leben». Feuilletons und Reportagen 1919–1939. Hrsg. von Dorothea Rein, Frankfurt/M. 1984
Kästner, Erich: «... was nicht in euren Lesebüchern steht». Hrsg. von Wilhelm Rausch, Frankfurt/M. 1968
Kafka, Franz: Die Erzählungen, Frankfurt/M. 1961
Kaiser, Georg: Stücke. Erzählungen, Aufsätze, Gedichte, Köln-Berlin 1966
Kisch, Egon Erwin: Der rasende Reporter. Hetzjagd durch die Zeit. Wagnisse in aller Welt. Kriminalistisches Reisebuch, Berlin und Weimar 1978
Kisch, Egon Erwin: Läuse auf dem Markt. Vermischte Prosa, Berlin-Weimar 1985
Kolb, Eberhard/Ludwig Richter (Bearbeiter): Nationalliberalismus in der Weimarer Republik. Die Führungsgremien der Deutschen Volkspartei 1918–1933, 1. Halbbd.: 1918–1925, Düsseldorf 1999
Korrespondenzblatt des Allgemeinen Deutschen Gewerkschaftsbundes, 33. Jg. (1923), Reprint, Berlin-Bonn 1985
Longerich, Peter (Hrsg.): Die Erste Republik. Dokumente zur Geschichte des Weimarer Staates, München-Zürich 1992
Morsey, Rudolf/Karsten Ruppert (Bearbeiter): Die Protokolle der Reichstagsfraktion der Zentrumspartei 1920–1925, Mainz 1981
Ossietzky: Carl von: Sämtliche Schriften, Bd. I: 1911–1921. Hrsg. von Matthias Bertram/Ute Maak/Christoph Schottes, Bd. II.: 1922–1924 Hrsg. von Bärbel Boldt/Dirk Grauthoff/Michael Sartorius, Reinbek bei Hamburg 1994
Roth, Joseph: Werke. Hrsg. von Fritz Hackert und Klaus Westermann, Bd. 1, Köln 1989
Rühle, Günther: Theater für die Republik im Spiegel der Kritik, 1. Bd.: 1917–1925, 2. Bd.: 1926–1933, Frankfurt/M. 1988
Sösemann, Bernd (Hrsg.): Theodor Wolff. Der Journalist. Berichte und Leitartikel, Düsseldorf 1993

Stresemann, Gustav: Vermächtnis. Der Nachlass in drei Bänden. Hrsg. von Henry Bernhard, Bd. I, Berlin 1932
Stresemann, Gustav: Reichstagsreden. Hrsg. von Gerhard Zwoch, Bonn 1972
Toller, Ernst: Prosa, Briefe, Dramen, Gedichte, Reinbek bei Hamburg 1983
Troeltsch, Ernst: Die Fehlgeburt einer Republik. Spektator in Berlin 1918 bis 1922. Zusammengestellt und mit einem Nachwort versehen von Johann Hinrich Claussen, Frankfurt/M. 1994
Tucholsky, Kurt: Gesammelte Werke. Hrsg. von Mary Gerold-Tucholsky und Fritz J. Raddatz, Bd. 2: 1919–1920, Bd. 3: 1921–1924, Reinbek bei Hamburg 1985
Quellen zur Geschichte der deutschen Gewerkschaftsbewegung im 20. Jahrhundert. Hrsg. von Hermann Weber, Klaus Schönhoven und Klaus Tenfelde. Bd. 2: Die Gewerkschaften in den Anfangsjahren der Republik. Bearbeitet von Michael Ruck, Köln 1985
Ursachen und Folgen. Hrsg. von Herbert Michaelis und Ernst Schraepler, Bd. V: Die Weimarer Republik. Das kritische Jahr 1923, Berlin o. J. (1961)
Xammar, Eugeni: Das Schlangenei. Berichte aus dem Deutschland der Inflationsjahre 1922–1924, Berlin 2007

2. Tagebücher, Briefe, Erinnerungen

D'Abernon, Viscount: Ein Botschafter der Zeitenwende. Memoiren, Bd. II und III, Leipzig o. J. (1930)
Bernhard, Henry: Finis Germaniae. Aufzeichnungen und Betrachtungen, Stuttgart 1947
Braun, Bernd/Joachim Eichler (Hrsg.): Arbeiterführer, Parlamentarier, Parteiveteran. Die Tagebücher des Sozialdemokraten Hermann Molkenbuhr 1905–1927, München 2000
Braun, Otto: Von Weimar zu Hitler, Hamburg 1949
Brecht, Bertolt: Briefe 1: 1913–1936. Große kommentierte Berliner und Frankfurter Ausgabe. Hrsg. von Werner Hecht, Jan Knopf, Werner Mittenzwei und Klaus-Detlef Müller, Bd. 28, Frankfurt/M. 1998
Bronnen, Arnolt: Tage mit Bertolt Brecht. Die Geschichte einer unvollendeten Freundschaft, Wien-München-Basel 1960
Diamant, Dora: Mein Leben mit Franz Kafka, in Hans-Gerd Koch (Hrsg.): «Als Kafka mir entgegenkam …» Erinnerungen an Franz Kafka, Berlin 1995, S. 174–185
Die Tagebücher von Joseph Goebbels. Hrsg. von Elke Fröhlich, Teil I, Bd. 1/I: Oktober 1923–November 1925, München 2004
Dittmann, Wilhelm: Erinnerungen. Bearbeitet und eingeleitet von Jürgen Rojahn, Bd. 2, Frankfurt/M.–New York 1995
Ehrenburg, Ilja: Menschen, Jahre, Leben. Memoiren, Bd. 2, 2. Aufl., Berlin 1982
Feuchtwanger, Martin: Zukunft ist ein blindes Spiel. Erinnerungen, München 1989
Geßler, Otto: Reichswehrpolitik in der Weimarer Zeit, Stuttgart 1958
Grosz, George: Ein kleines Ja und ein großes Nein. Sein Leben von ihm selbst erzählt, Reinbek bei Hamburg 1974
Günther, Herbert: Drehbühne der Zeit. Freundschaften, Begegnungen, Schicksale, Hamburg 1957
Haffner, Sebastian: Geschichte eines Deutschen. Die Erinnerungen 1914–1933, Stuttgart–München 2000

Hanfstaengl, Ernst: Zwischen Weißem und Braunem Haus. Erinnerungen eines Außenseiters, München 1970

Herzfelde, Wieland: Immergrün. Merkwürdige Erlebnisse eines fröhlichen Waisenknaben, Berlin und Weimar 1969

Heß, Rudolf: Briefe 1908–1933. Hrsg. von Rüdiger Heß, München-Wien 1987

Hesterberg, Trude: Was ich noch sagen wollte ... Autobiographische Aufzeichnungen, Berlin 1971

Heuss, Theodor: Erinnerungen 1905–1933, Frankfurt/M. 1965

Heuss, Theodor: Bürger der Weimarer Republik. Briefe 1918–1933. Hrsg. und bearbeitet von Michael Dorrmann, München 2008

Jacobsohn, Siegfried: Briefe an Kurt Tucholsky 1915–1926. Hrsg. von Richard von Soldenhoff, München und Hamburg 1989

Kafka, Franz: Briefe 1902–1924. Hrsg. von Max Brod und Klaus Wagenbach, Frankfurt/M. 1975

Kerr, Alfred: Berlin wird Berlin. Briefe aus der Reichshauptstadt 1897–1922. Hrsg. von Deborah Vietor-Engländer, Bd. 4: 1917–1922, Göttingen 2021

Kessler, Harry Graf: Das Tagebuch. Siebter Band 1919–1923. Hrsg. von Angela Rheinthal unter Mitarbeit von Janna Brechmacher und Christoph Hilse, Stuttgart 2007

Kessler, Harry Graf: Das Tagebuch. Achter Band: 1923–1926. Hrsg. von Angela Rheinthal, Günter Riederer und Jörg Schuster unter Mitarbeit von Janna Brechmacher, Christoph Hilse und Nadin Weiss, Stuttgart 2009

Klemperer, Victor: Leben sammeln, nicht fragen wozu und warum. Tagebücher 1918–1924. Tagebücher 1925–1932. Hrsg. von Walter Nowojski unter Mitarbeit von Christian Löser, Berlin 1996

Kortner, Fritz: Aller Tage Abend. Autobiographie, München 1959

Luther, Hans: Politiker ohne Partei. Erinnerungen, Stuttgart 1960

Mann, Heinrich/Félix Bertaux: Briefwechsel 1922–1948, Frankfurt/M. 2002

Mann, Klaus: Der Wendepunkt. Ein Lebensbericht, Frankfurt/M. 1963

Mann, Thomas: Erinnerungen aus der deutschen Inflation (1942), in ders.: Gesammelte Werke in Einzelbänden, Bd. 8, Frankfurt/M. 1983, S. 361–371

Mann, Thomas: Briefe II: 1914–1923. Ausgewählt und hrsg. von Thomas Sprecher, Hans R. Vaget und Cornelia Bernini, Frankfurt/M. 2004

Marcuse, Ludwig: Mein Zwanzigstes Jahrhundert. Auf dem Weg zu einer Autobiographie, Frankfurt/M. 1968

Mayer, Hans: Ein Deutscher auf Widerruf. Erinnerungen, Bd. I, Frankfurt/M. 1982

Meissner, Otto: Staatssekretär unter Ebert-Hindenburg-Hitler, Hamburg 1950

Moltke, Dorothy von: Ein Leben in Deutschland. Briefe aus Kreisau und Berlin 1907–1934. Eingeleitet, übersetzt und hrsg. von Beate Ruhm von Oppen, München 1999

Mühsam, Erich: Tagebücher 1910–1924. Hrsg. und mit einem Nachwort von Chris Hirte, München 1994

Mühsam, Erich: Tagebücher, Bd. 13: 1923. Hrsg. von Chris Hirte und Conrad Piers, Berlin 2018

Müller, Karl Alexander von: Im Wandel einer Welt. Erinnerungen. Bd. III, München 1966

Pörtner, Rudolf (Hrsg.): Alltag in der Weimarer Republik. Erinnerungen an eine unruhige Zeit, Düsseldorf-Wien-New York 1919

Pringsheim, Hedwig: Tagebücher, Bd. 6: 1917–1922, Bd. 7: 1923–1928. Hrsg. und kommentiert von Christina Herbst, Göttingen 2017/2018
Radbruch, Gustav: Der innere Weg. Aufriss meines Lebens, Stuttgart 1951
Reich, Bernhard: Im Wettlauf mit der Zeit. Erinnerungen aus fünf Jahrzehnten deutscher Theatergeschichte, Berlin 1970
Reissner, Larissa: Hamburg auf den Barrikaden. Erlebtes und Erhörtes aus dem Hamburger Aufstand 1923, Berlin 1925
Rheinbaben, Werner Freiherr von: Kaiser, Kanzler, Präsidenten. Erinnerungen, Mainz 1968
Riess, Curt: Das waren Zeiten. Eine nostalgische Autobiographie mit vielen Mitwirkenden, Wien u. a. 1977
Riess, Curt: Weltbühne Berlin, in Pörtner (Hrsg.): Alltag in der Weimarer Republik, S. 32–56
Rilke, Rainer Maria: Briefe zur Politik. Hrsg. von Joachim W. Storck, Frankfurt/M.–Leipzig 1992
Sahl, Hans: Memoiren eines Moralisten, Zürich 1983
Schacht, Hjalmar: 76 Jahre meines Lebens, Bad Wörishofen 1953
Scholem, Betty/Gershom Scholem: Mutter und Sohn im Briefwechsel 1917–1948. Hrsg. von Itta Shedletzky in Verbindung mit Thomas Sparr, München 1989
Severing, Carl: Mein Lebensweg. Bd. I: Vom Schlosser zum Minister, Köln 1950
Stampfer, Friedrich: Erfahrungen und Erkenntnisse. Aufzeichnungen aus meinem Leben, Köln 1957
Sternheim, Thea: Tagebücher 1903–1971, Bd. I: 1903–1925. Hrsg. und ausgewählt von Thomas Ehrsam und Regula Wyss, Göttingen 2002
Stresemann, Wolfgang: Mein Vater Gustav Stresemann, München 1979
Stockhausen, Max von: Sechs Jahre Reichskanzlei. Von Rapallo bis Locarno. Erinnerungen und Tagebuchnotizen. Hrsg. von Walter Görlitz, Bonn 1954
Zuckmayer, Carl: Als wär's ein Stück von mir. Horen der Freundschaft, Stuttgart-Hamburg 1966
Zweig, Stefan: Die Welt von gestern. Erinnerungen eines Europäers, Stuttgart-Hamburg o. J.
Zweig, Stefan: Briefe 1920–1931. Hrsg. von Knut Beck und Jeffrey B. Berlin, Frankfurt/M. 2000

3. Literatur

Alt, Peter-André: Franz Kafka. Der ewige Sohn. Eine Biographie, München 2005
Angress, Werner T. : Stillborn Revolution. Die Kampfzeit der KPD 1921–1923, Wiener Neustadt 1973 (Reprint)
Artaud, Denis: Die Hintergründe der Ruhrbesetzung 1923. Das Problem der interalliierten Schulden, in Vierteljahrshefte für Zeitgeschichte, Jg.27 (1979), S. 241–259
Autorenkollektiv: Ernst Thälmann. Eine Biographie, Berlin-Ost 1980
Bauhaus Archiv – Magdalena Droste: Bauhaus 1919–1933, Köln 1993
Bariéty, Jacques: Die französische Politik in der Ruhrkrise, in Schwabe (Hrsg.): Die Ruhrkrise 1923, S. 11–27.
Beachy, Robert: Das andere Berlin. Die Erfindung der Homosexualität. Eine deutsche Geschichte 1867–1933, München 2015

Becker, Jens: Heinrich Brandler. Eine politische Biographie, Hamburg 2001
Becker, Sabina: Experiment Weimar. Eine Kulturgeschichte Deutschlands 1918–1933, Darmstadt 2018
Behr, Hermann: Die Goldenen Zwanziger Jahre – das fesselnde Panorama einer entfesselten Zeit, Hamburg 1964
Benjamin, Walter: Reise durch die deutsche Inflation. Gesammelte Schriften, Bd. IV,1. Hrsg. von. Tilman Rexroth, Frankfurt/M. 1991
Berg, Manfred: Gustav Stresemann. Eine politische Karriere zwischen Reich und Republik, Göttingen-Zürich 1992
Berg, Matthias: Karl Alexander von Müller. Historiker für den Nationalsozialismus, Göttingen 2014
Beuys, Barbara: Asta Nielsen. Filmgenie und Neue Frau, Berlin 2020
Bienert, Michael: Brechts Berlin. Literarische Schauplätze, Berlin 2018
Birkelund, John P.: Gustav Stresemann. Patriot und Staatsmann. Eine Biographie, Hamburg–Wien 2003
Bischof, Erwin: Rheinischer Separatismus 1918–1924. Hans Adam Dortens Rheinstaatsbestrebungen, Bern 1969
Bisky, Jens: Berlin. Biographie einer großen Stadt, Berlin 2019
Bracher, Karl Dietrich: Die Auflösung der Weimarer Republik, 3. verbesserte und ergänzte Aufl., Villingen 1960
Braun, Bernd: Die Weimarer Reichskanzler. Zwölf Lebensläufe in Bildern, Düsseldorf 2011
Brodersen, Momme: Siegfried Kracauer, Reinbek bei Hamburg 2001
Brüggemeier, Franz Josef: Geschichte Großbritanniens im 20. Jahrhundert, München 2010
Büttner, Ursula: Weimar. Die überforderte Republik 1918–1933, Stuttgart 2008
Cornelißen, Christoph: Gerhard Ritter. Geschichtswissenschaft und Politik im 20. Jahrhundert, Düsseldorf 2001
Craig, Gordon A.: Deutsche Geschichte 1866–1945. Vom Norddeutschen Bund bis zum Ende des Dritten Reiches, München 1980
Danner, Lothar: Ordnungspolizei Hamburg. Betrachtungen zu ihrer Geschichte 1918 bis 1933, Hamburg 1958
Dove, Richard: Ernst Toller. Ein Leben in Deutschland, Göttingen 1993
Erdmann, Karl-Dietrich: Adenauer in der Rheinlandpolitik nach dem Ersten Weltkrieg, Stuttgart 1966
Ersil, Wilhelm: Aktionseinheit stürzt Cuno. Zur Geschichte des Massenkampfes gegen die Cuno-Regierung 1923 in Mitteldeutschland, Berlin 1963
Eulenburg, Franz: Die sozialen Wirkungen der Währungsverhältnisse, in Jahrbücher für Nationalökonomie und Statistik 122 (1924), S. 748–794
Fabian, Walter: Klassenkampf in Sachsen. Ein Stück Geschichte 1918–1930, Löbau 1930
Fabry, Philipp W.: Mutmaßungen über Hitler. Urteile von Zeitgenossen, Königstein/Ts. 1979
Fallada, Hans: Wolf unter Wölfen, Hamburg 1952
Faure, Ulrich: Im Knotenpunkt des Weltverkehrs. Herzfelde, Heartfield, Grosz und der Malik-Verlag 1916–1947, Berlin-Weimar 1992
Feldman, Gerald D.: The Great Disorder. Politics, Economics, and Society in the German Inflation 1914–1923, New York-Oxford 1997
Feldman, Gerald D.: Hugo Stinnes. Biographie eines Industriellen 1870–1924, München 1998

Feldman, Gerald D./Heidrun Homburg: Industrie und Inflation. Studien und Dokumente zur Politik der deutschen Unternehmer 1916–1923, Hamburg 1977

Feldman Gerald D./Irmgard Steinisch: Die Weimarer Republik zwischen Sozial- und Wirtschaftsstaat. Die Entscheidung gegen den Achtstundentag, in Archiv für Sozialgeschichte, Jg. 18 (1978), S. 353–439

Feuchtwanger, Lion: Erfolg. Drei Jahre Geschichte einer Provinz, Frankfurt/M. 1975

Firsov, Fridrich I.: Ein Oktober, der nicht stattfand. Die revolutionären Pläne der RKP und der Komintern, in Deutscher Oktober 1923, S. 35–58

Fischart, Johannes (d. i. Erich Dombrowski): Köpfe der Gegenwart. Das alte und das neue System. Dritte Folge, Berlin 1920

Fischer, Lothar: George Grosz. Vollständig überarbeitete Neuausgabe, Reinbek bei Hamburg 1993

Fischer, Lothar: Anita Berber. Die Göttin der Nacht, Berlin 2007

Fisher, Conan: The Ruhr Crisis, 1923–1924, Oxford 2003

Flechtheim, Ossip K.: Die KPD in der Weimarer Republik, Frankfurt/M. 1969

Franke, Manfred: Schlageter. Der erste Soldat des 3. Reiches. Die Entmythologisierung eines Helden, Köln 1980

Frech, Stefan: Wegbereiter Hitlers? Theodor Reismann-Grone. Ein völkischer Nationalist (1863–1949), Paderborn 2009

Friedrich, Otto: Morgen ist Weltuntergang. Berlin in den zwanziger Jahren, Berlin 1998

Fuegi, John: Brecht & Co. Biographie, Hamburg 1997

Gast, Helmut: Die proletarischen Hundertschaften als Organe der Einheitsfront im Jahre 1923, in Zeitschrift für Geschichtswissenschaft, Jg. 4 (1956), S. 439–465

Gay, Peter: Die Republik der Außenseiter. Geist und Kultur in der Weimarer Zeit 1918–1933, Neuausgabe, Frankfurt/M. 2004

Geyer, Martin H.: Verkehrte Welt. Revolution, Inflation und Moderne. München 1914–1924, Göttingen 1998

Geyer, Martin H.: Teuerungsprotest und Teuerungsunruhen 1914–1923. Selbsthilfegesellschaft und Geldentwertung, in Manfred Gailus/Heinrich Volkmann (Hrsg.): Der Kampf um das tägliche Brot. Nahrungsmangel, Versorgungspolitik und Protest 1770–1990, Opladen 1994, S. 319–345

Geyer, Marin H.: Die Zeit der Inflation 1919–1923, in Rossol/Ziemann (Hrsg.).: Aufbruch und Abgründe, S. 66–92

Gordon jr., Harold J.: Hitlerputsch 1923. Machtkampf in Bayern 1923–1924, Frankfurt/M. 1971

Gräber, Gerhard/Matthias Spindler: Revolverrepublik am Rhein. Die Pfalz und ihre Separatisten, Bd. 1: November 1918 – November 1923, Landau 1992

Gräber, Gerhard/Matthias Spindler: Die Pfalzbefreier. Volkes Zorn und Staatsgewalt im Kampf gegen den pfälzischen Separatismus 1923/24, Ludwigshafen 2005

Gritschneder, Otto: Bewährungsfrist für den Terroristen Adolf H. Der Hitler-Putsch und die bayerische Justiz, München 1990

Gumbrecht, Hans Ulrich: 1926. Ein Jahr am Rand der Zeit, 3. Aufl., Frankfurt/M. 2020

Gutjahr, Dietrich: Revolution muss sein. Karl Radek – die Biographie, Köln-Weimar-Wien 2012

Habedank, Heinz: Zur Geschichte des Hamburger Aufstands 1923, Berlin-Ost 1958

Hallgarten, George W. F.: Hitler, Reichswehr und Industrie. Zur Geschichte der Jahre 1918–1933, Frankfurt/M. 1955
Hamann, Brigitte: Winifred Wagner oder Hitlers Bayreuth, München-Zürich 2002
Hecht, Werner: Brecht Chronik 1898–1956, Frankfurt/M. 1997
Hecker, Hans: Karl Radeks Werben um die deutsche Rechte. Die Sowjetunion und der Ruhrkampf, in Krumeich/Schröder (Hrsg.): Der Schatten des Weltkriegs, S. 187–205
Hehl, Ulrich von: Wilhelm Marx 1863–1946. Eine politische Biographie, Mainz 1987
Heiden, Konrad: Adolf Hitler. Das Zeitalter der Verantwortungslosigkeit. Eine Biographie, Zürich 1936
Hennig, Diethard: Johannes Hoffmann. Sozialdemokrat und Bayerischer Ministerpräsident. Biographie, München-London-New York-Paris 1990
Hensel, Georg: Der Spielplan. Der Schauspielführer von der Antike bis zur Gegenwart, Bd. II, 4. Aufl. München 1992
Herbert, Ulrich: Geschichte Deutschlands im 20. Jahrhundert, München 2014
Hildebrand, Klaus: Das vergangene Reich. Deutsche Außenpolitik von Bismarck zu Hitler 1871–1945, Stuttgart 1995
Hildermeier, Manfred: Geschichte der Sowjetunion 1917–1991. Entstehung und Niedergang des ersten sozialistischen Staates, München 1998
Hipler, Bruno: Hitlers Lehrmeister Karl Haushofer als Vater der NS-Ideologie, St. Ottilien 1996
Hoeres, Peter: Die Kultur von Weimar. Durchbruch der Moderne, Berlin-Brandenburg 2008
Hofmann, Hubert: Der Hitlerputsch. Krisenjahre deutscher Geschichte 1920–1924, München 1961
Holl, Karl: Ludwig Quidde (1858–1941). Eine Biographie, Düsseldorf 2007
Holtfrerich, Carl-Ludwig: Die deutsche Inflation 1914–1923, Berlin-New York 1980
Horn, Wolfgang: Der Marsch zur Machtergreifung. Die NSDAP bis 1933, Königstein/Ts. 1980
Hubert, Eva: Der «Hamburger Aufstand» von 1923, in Arno Herzig/Dieter Langewiesche/Armold Sywottek (Hrsg.): Arbeiter in Hamburg, Hamburg 1983, S. 483–491
Hung, Jochen: Massenkulturen, in Rossol/Ziemann (Hrsg.): Aufbruch und Abgründe, S. 699–721
Jablonsky, David: The Nazi Party in Dissolution. Hitler and the Verbotszeit 1923–1925, London 1989
James, Harold: Krupp. Deutsche Legende und globales Unternehmen, München 2011
Jaretzky, Reinhold: Bertolt Brecht, Reinbek bei Hamburg 2006
Jeannesson, Stanislas: Übergriffe der französischen Besatzungsmacht und deutsche Beschwerden, in Krumeich/Schröder (Hrsg.): Der Schatten des Weltkriegs, S. 207–231
Kastning, Alfred: Die deutsche Sozialdemokratie zwischen Koalition und Opposition 1919–1923, Paderborn 1970
Keiger, John: Raymond Poincaré, Cambridge 2002
Kershaw, Ian: Hitler 1889–1936, Stuttgart 1999
Kessel, Eberhard: Seeckts politisches Programm von 1923, in Konrad Repken/Stephan Kalweit (Hrsg.): Spiegel der Geschichte. Festgabe für Max Braubach zum 10. April 1964, Münster 1964, S. 887–914
Knopf, Jan: Bertolt Brecht. Lebenskunst in finsteren Zeiten. Biografie, München 2012

Kolb, Eberhard: Die Weimarer Republik. 2. durchgesehene und ergänzte Auflage, München 1988

Kolb, Eberhard: Gustav Stresemann, München 2003

Kolb, Eberhard: Der Frieden von Versailles, München 2005

Koszyk, Kurt: Gustav Stresemann. Der kaisertreue Demokrat. Eine Biographie, Köln 1989

Kracauer, Siegfried: Von Caligari zu Hitler. Eine psychologische Geschichte des deutschen Films, Frankfurt/M. 1979

Kreimeier, Klaus: Die Ufa-Story. Geschichte eines Filmkonzerns, München-Wien 1992

Krohn, Claus-Dieter: Helfferich contra Hilferding. Konservative Geldpolitik und die sozialen Folgen der Inflation 1918–1923, in Vierteljahrshefte für Sozial- und Wirtschaftsgeschichte, Jg. 62 (1975), S. 62–92

Krüger, Gerd: «Wir wachen und wir strafen!» Gewalt im Ruhrkampf von 1923, in Krumeich/Schröder (Hrsg.): Der Schatten des Weltkriegs, S. 233–255

Krüger, Peter: Die Außenpolitik der Weimarer Republik, 2. Aufl., Darmstadt 1993.

Krumeich, Gerd/Joachim Schröder (Hrsg.): Der Schatten des Weltkriegs: Die Ruhrbesetzung 1923, Essen 2004

Kurzke, Hermann: Thomas Mann. Das Leben als Kunstwerk, München 1999

Langer, Peter: Macht und Verantwortung. Der Ruhrbaron Paul Reusch, Essen 2012

Lania, Leo: Der Hitler-Ludendorff-Prozess, in Schreibheft. Zeitschrift für Literatur, Nr. 87 (2016), S. 170–198

Large, David Clay: Hitlers München. Aufstieg und Fall der Hauptstadt der Bewegung, München 1998

Large, David Clay: Berlin. Biographie einer Stadt, München 2002

Leicht, Johannes: Heinrich Claß 1868–1953. Die politische Biographie eines Alldeutschen, Paderborn 2012

Leonhard, Jörn: Der überforderte Frieden. Versailles und die Welt 1918–1923, München 2018

Liebe, Werner: Die Deutschnationale Volkspartei 1918–1924, Düsseldorf 1956

Link, Werner: Die amerikanische Stabilisierungspolitik in Deutschland 1921–32, Düsseldorf 1970

Linse, Ulrich: Barfüßige Propheten. Erlöser der zwanziger Jahre, Berlin 1983

Longerich, Peter: Deutschland 1918–1933. Die Weimarer Republik, Hannover 1995

Longerich, Peter: Hitler. Biographie, München 2015

Lunzer, Heinz/Victoria Lunzer-Talos: Joseph Roth. Leben und Werk und Bildern, Köln 1994

Malinowski, Stephan: Die Hohenzollern und die Nazis. Geschichte einer Kollaboration, Berlin 2021

Martens, Gunter/Annemarie Post-Martens: Rainer Maria Rilke, Reinbek bei Hamburg 2008.

Martynkewicz, Wolfgang: Salon Deutschland. Geist und Macht 1900–1945, Berlin 2009

Martynkewicz, Wolfgang: 1920. Am Nullpunkt des Sinns, Berlin 2019

Marx, Christian: Paul Reusch und die Gutehoffnungshütte. Leitung eines deutschen Großunternehmens, Göttingen 2013

Maurer, Trude: Ostjuden in Deutschland 1918–1933, Hamburg 1986

Mayer, Charles S.: Die deutsche Inflation als Verteilungskonflikt, in Otto Büsch/Gerald D. Feldman (Hrsg.): Historische Prozesse der deutschen Inflation 1914 bis 1924, Berlin 1978, S. 329–342

Mehring, Reinhard: Carl Schmitt. Aufstieg und Fall. Eine Biographie, München 2009
Meier-Welcker, Hans: Seeckt, Frankfurt/M. 1967
Meinecke, Friedrich: Werke. Hrsg. von Hans Herzfeld, Carl Hinrichs, Walther Hofer, Bd. 2: Politische Schriften und Reden, Darmstadt 1958
Merseburger, Peter: Mythos Weimar. Zwischen Geist und Macht, Stuttgart 1998
Merseburger, Peter: Theodor Heuss. Der Bürger als Präsident. Biographie, Stuttgart 2012
Metzger, Rainer (Text): Die Zwanziger Jahre. Kunst und Kultur 1918–1933, München 2007
Meyer, Gerd: Die Reparationspolitik. Ihre außen- und innenpolitischen Rückwirkungen, in Karl Dietrich Bracher/Manfred Funke, Hans Adolf Jacobsen (Hrsg.): Die Weimarer Republik 1918–1933. Politik-Wirtschaft-Gesellschaft, Düsseldorf 1987, S. 327–342
Meyer, Winfried: Eine Autobiographie Hitlers aus dem Jahr 1923? Kritische Sichtung einer vermeintlichen Entdeckung, in Zeitschrift für Geschichtswissenschaft, Jg. 68 (2017), S. 213–235
Mommsen, Hans: Die verspielte Freiheit. Der Weg der Republik von Weimar in den Untergang 1918 bis 1933, Berlin 1989
Morsey, Rudolf: Die Deutsche Zentrumspartei 1917–1923, Düsseldorf 1966
Mühlhausen, Walter: Friedrich Ebert 1871–1925. Reichspräsident der Weimarer Republik, Bonn 2006.
Nabokov, Vladimir: Maschenka. König Dame Bube. Frühe Romane I; Gesammelte Werke, Bd. I. Hrsg. von Dieter E. Zimmer, Reinbek bei Hamburg 1991
Nerdinger, Wilfried: Walter Gropius. Architekt der Moderne 1883–1969, München 2019
Neugebauer, Rosamunde: Der Satire wird der Prozess gemacht – der Fall Grosz, in Schuster (Hrsg.): George Grosz, S. 167–174
Neutatz, Dietmar: Träume und Alpträume. Eine Geschichte Russlands im 20. Jahrhundert, München 2013
Ostwald, Hans: Sittengeschichte der Inflation. Ein Kulturdokument aus den Jahren des Marksturzes, Berlin 1931
Palmier, Michel: Walter Benjamin, Frankfurt/M. 2009
Peukert, Detlev J. K.: Die Weimarer Republik. Krisenjahre der Klassischen Moderne, Frankfurt/M. 1986
Planert, Ute: Körper, Sexualität und Geschlechterordnung in der Weimarer Republik, in Rossol/Ziemann (Hrsg.): Aufbruch und Abgründe, S. 595–618
Plewnia, Margarete: Auf dem Weg zu Hitler. Der völkische Publizist Dietrich Eckart, Bremen 1970
Plumpe, Werner: Carl Duisberg 1861–1935. Anatomie eines Industriellen, München 2016
Pohl, Karl Heinrich: Gustav Stresemann. Biographie eines Grenzgängers, Göttingen 2015
Pommerin, Rainer: Die Ausweisung von «Ostjuden» aus Bayern 1923. Ein Beitrag zum Krisenjahr der Weimarer Republik, in Vierteljahrshefte für Zeitgeschichte, Jg. 34 (1986), S. 311–340
Prater, Donald: Thomas Mann. Deutscher und Weltbürger. Eine Biographie, München-Wien 1995
Pyta, Wolfram: Hindenburg. Herrschaft zwischen Hohenzollern und Hitler, Berlin 2007
Richter, Ludwig: Die Deutsche Volkspartei 1918–1933 Düsseldorf 2002
Roehl, John C. G.: Wilhelm II: Der Weg in den Abgrund 1900–1941, München 2008
Rosenberg, Arthur: Geschichte der Weimarer Republik. Hrsg. von Kurt Kersten, Frankfurt/M. 1961

Rossol, Nadine/Benjamin Ziemann (Hrsg.): Aufbruch und Abgründe. Das Handbuch der Weimarer Republik, Darmstadt 2021

Roth, Joseph: Das Spinnennetz. Roman, Berlin 2010

Rothe, Wolfgang: Toller, Reinbek bei Hamburg 1983

Ruck, Michael: Die Freien Gewerkschaften im Ruhrkampf 1923, Köln 1986

Rudloff, Michael (Hrsg.): Erich Zeigner – Bildungsbürger und Sozialdemokrat, Leipzig 1999

Rudolph, Karsten: Die sächsische Sozialdemokratie vom Kaiserreich zur Republik (1871–1923), Weimar-Köln-Wien 1995

Rudolph, Karsten: Linke Republikaner als streitbare Demokraten – Gedanken zur mitteldeutschen Geschichte. Erich Zeigner, die SPD und der «deutsche Oktober», in Deutscher Oktober 1923, S. 65–78

Rupieper, Herman-Josef: The Cuno Government and Reparations 1922–1923. Politics and Economics, The Hague 1979

Sabarsky, Serge: George Grosz. Die Berliner Jahre, Hamburg 1985

Sabrow, Martin: Der Rathenaumord. Rekonstruktion einer Verschwörung gegen die Republik von Weimar, München 1994

Schlemmer, Martin: «Los von Berlin». Die Rheinstaatsbestrebungen nach dem Ersten Weltkrieg, Köln-Weimar-Wien 2007

Schögel, Karl: Berlin: «Stiefmutter unter den russischen Städten», in ders. (Hrsg.): Der große Exodus. Die russische Emigration und ihre Zentren 1917 bis 1941, München 1994, S. 235–259

Schlüter André: Moeller van den Bruck. Leben und Werk, Köln-Weimar-Wien 2010

Schneede, Uwe M.: Infernalischer Wirklichkeitsspuk, in Sabarsky: George Grosz, S. 27–33

Schnorrenberger, Angelika: Der Düsseldorfer «Blutsonntag», 30. September 1923, in Krumeich/Schröder (Hrsg.): Der Schatten des Weltkriegs, S. 289–303

Schreiner, Klaus: «Wann kommt der Retter Deutschlands?» Formen und Funktionen von politischem Messianismus in der Weimarer Republik, in Saeculum, Jg. 49 (1998), S. 107–160

Schröder, Ernst: Otto Wiedfeldt. Eine Biographie, 2. Aufl., Neustadt/Aisch 1981

Schröder, Joachim: Deutsche und französische Kommunisten und das Problem eines gemeinsamen Widerstands gegen die Ruhrbesetzung, in Krumeich/Schröder (Hrsg.): Der Schatten des Weltkriegs, S. 169–186

Schulze, Hagen: Otto Braun oder Preußens demokratische Sendung, Frankfurt/M.–Berlin–Wien 1977

Schuster, Peter-Klaus (Hrsg.): George Grosz, Berlin-New York 1994

Schwabe, Klaus (Hrsg.): Die Ruhrkrise 1923. Wendepunkt der internationalen Beziehungen nach dem Ersten Weltkrieg, Paderborn 1985

Schwarz, Hans-Peter: Adenauer. Bd. 1: Der Aufstieg 1876–1952, Stuttgart 1986

Schwarzenbach, Alexis: «Zur Lage in Deutschland». Hitlers Zürcher Rede vom 30. August 1923, in Traverse (2006), Heft 1, S. 176–189

Schwilk, Heimo: Ernst Jünger. Ein Jahrhundertleben. Die Biographie, München-Zürich 2007

Smaldone, William: Rudolf Hilferding. Tragödie eines deutschen Sozialdemokraten, Bonn 2000

Sontheimer, Kurt: Antidemokratisches Denken in der Weimarer Republik. Die politischen Ideen des deutschen Nationalismus zwischen 1918 und 1933, München 1968

Soutou, Georges: Vom Rhein zur Ruhr: Absichten und Planungen der französischen Regierung, in Krumeich/Schröder (Hrsg.): Der Schatten des Weltkriegs, S. 63–83
Später, Jörg: Siegfried Kracauer. Eine Biographie, Berlin 2016
Spethmann, Hans: Zwölf Jahre Ruhrbergbau, Bd. III, Berlin 1929
Sprengel, Peter: Gerhart Hauptmann. Bürgerlichkeit und großer Traum. Eine Biographie, München 2012
Stach, Reiner: Kafka. Die Jahre der Erkenntnis, Frankfurt/M. 2008
Stamm, Christoph: Großbritannien und die Sanktionen gegen Deutschland vom März 1921, in Francia 7 (1979), S. 340–364
Sternburg, Wilhelm von: Joseph Roth. Eine Biographie, Köln 2009
Taylor, Frederic: Inflation. Der Untergang des Geldes in der Weimarer Republik und die Geburt eines deutschen Traumas, München 2013
Thalheimer, August: 1923: eine verpasste Revolution? Die deutsche Oktoberlegende und die wirkliche Geschichte von 1923, Berlin 1931
Thomassen, Johannes: Arbeiterschaft und rheinischer Separatismus im Krisenjahr 1923, in Geschichte im Westen (1992), H. 1, S. 53–61
Thoss, Bruno: Der Ludendorff-Kreis 1919–1923. München als Zentrum der mitteleuropäischen Gegenrevolution zwischen Revolution und Hitler-Putsch, München 1978
Toland, John: Adolf Hitler, Bd. 1, Bergisch-Gladbach 1981
Tyrell, Albrecht: Vom «Trommler» zum «Führer». Der Wandel von Hitlers Selbstverständnis zwischen 1919 und 1924 und die Entwicklung der NSDAP, München 1975
Ufermann, Paul: Könige der Inflation, Berlin 1924
Ullrich, Volker: Adolf Hitler. Die Jahre des Aufstiegs 1889–1939, Frankfurt/M. 2013
Völker, Klaus: Bertolt Brecht. Eine Biographie, München-Wien 1976
Vollmer-Heitmann, Hanna: Wir sind von Kopf bis Fuß auf Liebe eingestellt. Die Zwanziger Jahre, Hamburg 1993
Wagenbach, Klaus: Franz Kafka in Selbstzeugnissen und Bilddokumenten, Reinbek bei Hamburg 1964
Wallwitz, Georg von: Die große Inflation. Als Deutschland wirklich pleite war, Berlin 2021
Walter, Dirk: Antisemitische Kriminalität und Gewalt. Judenfeindschaft in der Weimarer Republik, Bonn 1999
Wehler, Hans-Ulrich: Deutsche Gesellschaftsgeschichte, Vierter Band: Vom Beginn des Ersten Weltkriegs bis zur Gründung der beiden deutschen Staaten 1914–1949, München 2003
Weiler, Heinrich: Die Reichsexekution gegen den Freistaat Sachsen unter Reichskanzler Stresemann im Oktober 1923. Historisch-politischer Hintergrund, Verlauf und staatsrechtliche Beurteilung, Frankfurt/M. 1987
Wernecke, Klaus: Der vergessene Führer. Alfred Hugenberg. Pressemacht und Nationalsozialismus, Hamburg 1982
Wette, Wolfram: Gustav Noske. Eine politische Biographie, Düsseldorf 1987
Wiliamson, John G.: Karl Helfferich 1872–1924. Economist, Financier, Politician, Princeton 1971
Winkler, Heinrich August: Von der Revolution zur Stabilisierung. Arbeiter und Arbeiterbewegung in der Weimarer Republik von 1918 bis 1924, Berlin-Bonn 1984
Winkler, Heinrich August: Der Schein der Normalität. Arbeiter und Arbeiterbewegung in der Weimarer Republik 1924 bis 1930, Berlin-Bonn 1985

Winkler, Heinrich August: Weimar 1918–1933. Die Geschichte der ersten deutschen Demokratie, München 1993

Winkler, Heinrich August: Geschichte des Westens, Bd. 2: Die Zeit der Weltkriege 1914–1945, München 2011

Wisotzky, Klaus: Der «blutige Karsamstag» 1923 bei Krupp, in Krumeich/Schröder (Hrsg.): Der Schatten des Weltkriegs, S. 265–287

Wörfel, Erhard: Die Arbeiterregierung in Thüringen im Jahre 1923, Erfurt 1974

Wright, Jonathan: Gustav Stresemann 1878–1929. Weimars größter Staatsmann, München 2006

Wulf, Peter: Hugo Stinnes. Wirtschaft und Politik 1918–1924, Stuttgart 1979

Ypersele, Laurence van: Belgien und die Ruhrbesetzung: Wagnisse und Erwartungen, in Krumeich/Schröder (Hrsg.): Der Schatten des Weltkriegs, S. 99–118

Zeidler, Manfred: Reichswehr und Armee 1920–1933. Wege und Stationen einer ungewöhnlichen Zusammenarbeit, München 1993

Zeidler, Manfred: Die deutsche Kriegsfinanzierung 1914 bis 1918 und ihre Folgen, in Wolfgang Michalka (Hrsg.): Der Erste Weltkrieg. Wirkung, Wahrnehmung, Analyse, München-Zürich 1994

Zimmer, Dieter E.: Nabokovs Berlin, Berlin 2001

Bildnachweis

Seite 15: Süddeutsche Zeitung Photo/Scherl/ullstein bild, Berlin
Seite 25: Kunstbibliothek, SMB, Photothek Willy Römer/Willy Römer/bpk Bildagentur, Berlin
Seite 36: ullstein bild, Berlin
Seite 71: IAM/World History Archive/akg-images, Berlin
Seite 80: ullstein bild, Berlin
Seite 97: Leemage/Imago Images, Berlin
Seite 101: akg-images, Berlin
Seite 105: Georg Pahl/akg-images, Berlin
Seite 139: ADN-Bildarchiv/ullstein bild, Berlin
Seite 161: Robert Sennecke/ullstein bild, Berlin
Seite 171: akg-images, Berlin
Seite 178: Bundesarchiv, Bild 102–10883/Fotograf: Georg Pahl
Seite 208: Heinrich Hoffmann/ullstein bild, Berlin
Seite 217: Sammlung Berliner Verlag/Archiv/akg-images, Berlin
Seite 227: ullstein bild, Berlin
Seite 243: Scherl/Historische Archive/Süddeutsche Zeitung Photo, München
Seite 248: Willi Ruge/ullstein bild, Berlin
Seite 273: Ronald Grant Archive/Alamy Stock Foto
Seite 284: Public Domain/Wikimedia Commons
Seite 295: akg-images, Berlin
Seite 307: akg-images, Berlin – © Estate of George Grosz, Princeton, N. J./VG Bild-Kunst, Bonn 2022
Seite 311: akg-images, Berlin
Seite 319: Erich Salomon/akg-images, Berlin
Seite 326: Bundesarchiv, Bild 102–09344A/Fotograf: Hoffmann
Seite 345: Scherl/Historische Archive/Süddeutsche Zeitung Photo, München

Personenregister

Aus dem Verlagsprogramm

Volker Ullrich bei C.H.Beck

Acht Tage im Mai

Die letzte Woche des Dritten Reiches

6. Auflage. 2020. 317 Seiten mit 21 Abbildungen und 1 Karte. Gebunden

«Ein spannendes, fast schon atemloses Buch,
das einen förmlich zum Weiterlesen zwingt.
Selten war Geschichte so packend.»
Simon Rilling, Stuttgarter Zeitung

Die Revolution von 1918/19

2., durchgesehene Auflage. 2018. 127 Seiten. Paperback
C.H.Beck Wissen in der Beck'schen Reihe Band 2454

Die 101 wichtigsten Fragen: Hitler

2019. 160 Seiten mit 9 Abbildungen und Vignetten. Broschiert
Beck Paperback Band 7048

Der ruhelose Rebell

Karl Plättner 1893–1945. Eine Biographie

2000. 266 Seiten mit 17 Abbildungen im Text. Gebunden

Zeitgeschichte bei C.H.Beck

Michael Wildt
Zerborstene Zeit
Deutsche Geschichte 1918 bis 1945
2. Auflage. 2022. 638 Seiten mit 12 Abbildungen. Gebunden

Uwe Wittstock
Februar 33
Der Winter der Literatur
6. Auflage. 2022. 288 Seiten mit 30 Abbildungen. Gebunden

Ulrich Herbert
Wer waren die Nationalsozialisten?
3. Auflage. 2021. 303 Seiten. Gebunden

Jeffrey Veidlinger
Mitten im zivilisierten Europa
Die Pogrome von 1918 bis 1921 und die Vorgeschichte des Holocaust
Aus dem Englischen von Martin Richter
456 Seiten mit 47 Abbildungen und 9 Karten. Gebunden

Hedwig Richter
Demokratie
Eine deutsche Affäre
Vom 18. Jahrhundert bis zur Gegenwart
4. Auflage. 2021. 400 Seiten mit 22 Abbildungen und 3 Grafiken. Gebunden

Frank Bösch
Zeitenwende 1979
Als die Welt von heute begann
2. Auflage. 2020. 512 Seiten mit 20 Abbildungen. Broschiert
Beck Paperback Band 6408